KiWi 145

Über das Buch

Nenne es Schlaf ist die Geschichte von David Schearl, der 1907 als kleiner Junge mit seiner Mutter aus Galizien nach Amerika kommt. Doch das ersehnte goldene Land liegt an der Lower East Side New Yorks – miefige Häuser, düstere Straßen, beklemmende Armut. Hier lebt Davids Vater schon länger, ein Mann mit jähzornigem Wesen und wechselnden Berufen, einer von denen, die nie Fuß fassen werden. Das Verhältnis zu seiner Frau ist gespannt, dem Sohn gegenüber zeigt er sich unnachsichtig und brutal, so daß sich David schutzsuchend an die immer liebevolle Mutter klammert. Genya Schearl, fremd in einer ihr unverständlichen Umgebung – sie spricht nur Jiddisch –, wendet sich ganz dem Sohn zu. Allein durch Davids Augen sehen wir diese enge Welt einer jüdischen Familie, den ewigen Streit der Eltern, den Rabbi, der in der Schule erbarmungslos straft. Durch das Bewußtsein des verängstigten Jungen erleben wir das furchteinflößende dunkle Haus, Davids verzweifelte Mutproben und erste frühreife sexuelle Erfahrungen. Wir empfinden mit ihm die Gemeinheiten der viel besser angepaßten Nachbarskinder, die einer »kühneren, sorgloseren Welt« angehören. David möchte daran teilhaben, sich dem Neuen, Anderen öffnen, gerät aber dadurch in Konflikt mit dem Vater. Mehr und mehr flieht das sensible Kind in Phantasien und Träume, steigert es sich in Schuldgefühle hinein. Die Unvereinbarkeit von innerer und äußerer Welt zerreißt David, treibt ihn schießlich zu einer Wahnsinnstat.
Nenne es Schlaf gehört zu den großen amerikanischen Romanen dieses Jahrhunderts. Die Spannung zwischen Wirklichkeit und Traumwelt, die ungeheuer realistische Darstellung von Figuren und Milieu, in Kontrast gesetzt zu der poetischen Vorstellungswelt des Kindes, der bildhafte, nuancenreiche Stil und die immer wieder aufblitzende Komik – das alles macht den Roman zu einer fesselnden Lektüre. *Nenne es Schlaf*, 1934 in den USA erschienen, ging in der Weltwirtschaftskrise völlig unter. In den sechziger Jahren wiederentdeckt und 1967 in den USA als Taschenbuch veröffentlicht, erlebte der Roman in kurzer Zeit eine Milionenauflage und wurde in zahlreiche Sprachen übersetzt.

Der Autor

Henry Roth, geb. 1906 in Galizien, kam als kleines Kind mit seinen Eltern nach New York, wo die Familie zunächst an der Lower East Side Manhattans wohnt. Henry Roth schrieb *Nenne es Schlaf* zwischen 1929 und 1933, danach – bis auf wenige Kurzgeschichten – nie wieder etwas. Er schlug sich als Gelegenheitsarbeiter durch, arbeitete als Geflügelzüchter, Lehrer. Seit über 30 Jahren lebt er zurückgezogen auf einer Farm in Maine.

Henry Roth

Nenne es Schlaf

Roman

Deutsch von Curt Meyer-Clason

Kiepenheuer & Witsch

Titel der Originalausgabe CALL IT SLEEP

Deutsch von Curt Meyer-Clason

Umschlag Manfred Schulz, Köln, nach einer
Konzeption von Hannes Jähn, Köln
Gesamtherstellung Clausen & Bosse, Leck
ISBN 3 462 01848 5

Für Eda Lou Walton

PROLOG

[Ich bitte dich, stell keine Fragen – dies ist das Goldene Land]

Der kleine weiße Dampfer *Peter Stuyvesant,* der die Einwanderer vom Gestank und Gedränge der Zwischendecks dem Gestank und Gedränge der New Yorker Mietshäuser übergab, schaukelte sanft auf dem Wasser neben der Steinmole im Schutz der verwitterten Baracken und neuen Backsteinbauten von Ellis Island. Der Kapitän wartete, bis der letzte der Beamten, Arbeiter und Hafenwächter an Bord gegangen war, bevor er ablegte und Kurs auf Manhattan nahm. Da es ein Samstagnachmittag und dies die letzte Fahrt am Wochenende war, würden die Zurückgelassenen bis zum kommenden Montag warten müssen. Die Schiffssirene bellte ihre heisere Warnung. Einige Gestalten in Overalls schlenderten aus den hohen Türen des Immigrationsbüros auf dem grauen Gehsteig dem Dock entgegen.

Es war im Mai des Jahres 1907, jenes Jahres, das die größte Anzahl Einwanderer an den Küsten der Vereinigten Staaten landen sah. Den ganzen Tag, wie auch alle Tage seit Frühlingsanfang, hatten sich Hunderte und aber Hunderte von Ausländern auf den Decks gedrängt, Einheimische aus fast jedem Land der Welt, die pausbäckigen kurzgeschorenen Teutonen, die vollbärtigen Russen, die Juden mit ihren Schläfenlöckchen und dazwischen slowakische Bauern mit gefügigen Gesichtern, glattwangige, dunkelhäutige Armenier, pickelige Griechen, Dänen mit gerunzelten Augenlidern. Den ganzen Tag waren die Decks farbenfroh gewesen, eine Palette der lebhaften Kostüme anderer Länder, grüngelbgetupfte Schürzen, geblümte Halstücher, bestickte handgewebte Wollstoffe, Schafwollwesten mit Silberbesatz, grelle Schals, gelbe Stiefel, Pelzmützen, Kaftane, verwaschene Gabardinemäntel. Den ganzen Tag waren kehlige und schrille Stimmen, erstaunte Ausrufe, verwundertes Seufzen, wiederholte Freudenschreie von den Decks in lärmendem Gewoge aufgestiegen. Doch jetzt waren die Decks leer und lagen still im Sonnenlicht, fast so, als ruhten sie vom Druck und Getrampel der Tausende von Füßen aus. Alle Zwischendeckpassagiere der an diesem Tag eingelaufenen Schiffe, die an Land gehen durften, waren bereits an Land gegangen – außer einer Frau mit einem kleinen Kind auf dem Arm. Sie waren gerade in Begleitung eines Mannes an Bord gekommen.

An der Erscheinung dieser Spätankömmlinge war wenig Bemerkenswertes. Der Mann hatte offensichtlich bereits einige Zeit in Amerika gelebt und nun seine Frau und sein Kind nachkommen lassen. Man hätte annehmen können, er habe die meiste Zeit seines Aufenthalts im unteren New York verbracht, denn er gönnte der Freiheitsstatue und der aus dem Wasser aufsteigenden City oder den über den East River gespannten Brücken kaum einen Blick – vielleicht war er auch viel zu aufgeregt, um an diese Wunderwerke viel Zeit zu vergeuden. Seine Kleider waren die gewöhnlichen Kleider, die der gewöhnliche New Yorker zu jener Zeit trug – nüchtern und farblos. Ein schwarzer steifer Hut betonte die scharfen Züge und die vom vielen Sitzen herrührende Blässe seines Gesichts; der locker um seinen hochgewachsenen Rumpf hängende Rock war V-artig am Hals zugeknöpft; und über dem V stak eine enggeknotete schwarze Krawatte in der Furche eines hohen, gestärkten Kragens. Was seine Frau betraf, so schien sie Europäerin zu sein, eher nach dem furchtsam-verwunderten Blick zu urteilen, wie sie von ihrem Mann zum Hafen starrte, als nach ihren Kleidern. Denn ihre Kleider waren amerikanisch – ein schwarzer Rock mit weißer Hemdbluse und eine schwarze Jacke. Offensichtlich hatte er Sorge getragen, sie ihr zu schicken, solange sie noch in Europa wohnte, oder er hatte sie mit nach Ellis Island gebracht, wo sie vor der Abfahrt hineingeschlüpft war.

Nur das kleine Kind in ihren Armen trug unverkennbar ausländische Kleidung, ein Eindruck, der hauptsächlich von dem seltsamen, fremdartigen blauen Strohhut auf seinem Kopf mit den blaugepunkteten, über die Schultern hängenden Bändern herrührte.

Innerhalb einer Menschenmenge hätte, ohne den Hut, kein Mensch Frau und Kind als neu eingetroffene Einwanderer erkannt. Sie trugen keine zu dicken Bündeln verschnürte Laken, keine vollgestopften Spankörbe, keine teuer gehegten Federbetten, keine Vorratspakete mit Würsten, reinem Olivenöl, keine seltenen Käsesorten; die umfangreiche schwarze Schultasche neben ihnen war ihr einziges Gepäck. Und dennoch, trotz ihres mehr als gewöhnlichen Aussehens, äugten die beiden Männer in Overalls, die sich im Heck zigarettenrauchend räkelten, neugierig zu ihnen hinüber. Und die

alte Hökerfrau, die mit ihrem Korb Orangen auf dem Schoß dasaß, schielte mit ihren schwachen Augen unablässig in ihre Richtung.
In Wahrheit war etwas völlig Untypisches an ihrem Gebaren. Die alte Hökerin auf der Bank und die Männer in Overalls im Heck hatten genügend Ehemänner gesehen, die ihre Frauen und Kinder nach langer Trennung begrüßten, um zu wissen, wie sich solche Leute benahmen. Angehörige überschwenglicher Völker wie die Italiener tanzten häufig vor Freude, wirbelten einander im Kreis herum, drehten vor Verzückung Pirouetten: Schweden blickten sich mitunter nur an und atmeten mit offenen Mündern wie hechelnde Hunde; Juden hingegen weinten, verhaspelten sich und stachen sich vor lauter pfeilschnellem Gestikulieren fast die Augen aus; Polen grölten und packten sich in Armlänge, als wollten sie einander Fleischfetzen ausreißen; und nach einem Stubskuß mochten die Engländer vielleicht auf eine Umarmung zusteuern, die sie aber nie ausführten. Doch diese beiden standen still, getrennt; der Mann starrte mit abwesendem, gekränktem Blick grimmig aufs Wasser hinunter – wenn er aber sein Gesicht der Frau überhaupt zuwandte, so nur, um mit harter Verachtung den blauen Strohhut des in ihren Armen ruhenden Kindes anzustieren, und sogleich schweiften seine feindseligen Augen über das Deck, um zu sehen, ob sonst noch jemand sie beobachtete. Seine Frau neben ihm betrachtete ihn unsicher, flehend. Und das Kind an ihrer Brust blickte mit aufmerksamen, erschrockenen Augen von einem zum anderen. Es war ein durchaus ungewöhnliches Wiedersehen.
In dieser sonderbaren, schweigsamen Art hatten sie mehrere Minuten lang verharrt, als die Frau, wie von der Spannung zur Tat getrieben, zu lächeln versuchte und, ihres Mannes Arm furchtsam berührend, sagte: »Und dies ist das Goldene Land.« Sie sprach Jiddisch.
Der Mann knurrte, gab jedoch keine Antwort.
Sie atmete tief auf, wie um Mut zu schöpfen, und sagte zitternd: »Es tut mir leid, Albert, ich war so dumm.« Sie brach ab und wartete auf einen Anflug von Mitteilsamkeit, auf ein Wort, das nicht kam. »Aber du siehst so dürr aus, Albert, so hager. Und dein Schnurrbart – du hast ihn abrasiert.«
Sein jäher Blick stieß zu, dann wandte er sich weg. »Na und?«
»Du mußt in diesem Land gelitten haben.« Trotz seines Tadels blieb sie sanft. »Du hast mir nie geschrieben. Du bist so dünn. Ach!

Dann herrscht also in diesem neuen Land die gleiche Armut. Du hast gehungert. Ich kann's sehen. Du bist verändert.«

»Das spielt keine Rolle«, erwiderte er bissig und übersah ihr Mitgefühl. »Das ist keine Entschuldigung dafür, daß du mich nicht erkannt hast. Wer sonst hätte dich abholen sollen? Wen sonst kennst du hierzulande?«

»Niemand«, kam ihre versöhnliche Antwort. »Aber ich war so erschrocken, Albert. Hör doch. Ich war so verwirrt, und das lange Warten in dem großen Raum seit dem Vormittag. Oh, das entsetzliche Warten! Ich sah, wie sie alle fortgingen, einer nach dem anderen. Der Schuster und seine Frau. Der Kupferschmied und seine Kinder aus Strij. Alle von der *Kaiserin Viktoria*. Aber ich – ich blieb zurück. Morgen ist Sonntag. Man sagte mir, niemand könnte mich abholen kommen. Was, wenn sie mich zurückschickten? Ich war außer mir!«

»Schiebst du mir die Schuld dafür in die Schuhe?« Seine Stimme klang gefährlich.

»Nein! Nein! Natürlich nicht, Albert! Ich wollte es dir nur erklären.«

»Schön, dann werde ich dir es erklären«, sagte er barsch. »Ich tat, was ich konnte. Ich ließ mir den Tag im Laden freigeben. Viermal rief ich die verdammte Hamburg-Amerika-Linie an. Und jedes Mal sagten sie mir, du seist nicht an Bord.«

»Sie hatten keine Dritter-Klasse-Passagen mehr, drum mußte ich Zwischendeck nehmen ...«

»Ja, jetzt weiß ich es. Das ist ja auch in Ordnung. Das war nicht zu ändern. Trotzdem bin ich hergekommen. Es war das letzte Schiff. Und was tust du? Du weigerst dich, mich zu erkennen. Du kennst mich nicht.« Er ließ die Ellbogen auf die Reling sinken und wandte sein verärgertes Gesicht ab. »Das ist die Begrüßung, die ich bekomme.«

»Tut mir leid, Albert.« Demütig streichelte sie seinen Arm. »Es tut mir leid.«

»Und als machten sich diese blauröckigen Pinscher dort drinnen nicht schon genügend lustig über mich, gabst du auch noch das richtige Alter des Balges an. Habe ich dir nicht geschrieben, du sollst siebzehn Monate sagen, weil wir damit den halben Fahrpreis gespart hätten? Hast du mich drinnen nicht gehört, als ich es zu ihnen sagte?«

»Wie konnte ich, Albert?« warf sie ein. »Wo konnte ich? Du standst auf der anderen Seite dieses – Käfigs.«
»Na gut, warum hast du trotzdem nicht siebzehn Monate gesagt? Sieh!« Er deutete auf mehrere Beamte in blauen Röcken, die aus einer Tür des Immigrationsbüros geeilt kamen. »Da sind sie.« Unheilverkündender Stolz zerrte an seiner Stimme. »Wenn der dabei ist, der mich so lange ausgequetscht hat, könnte ich mit ihm ein Wörtchen wechseln, wenn er hier heraufkäme.«
»Kümmere dich nicht um ihn, Albert«, rief sie besorgt aus. »Bitte, Albert! Was hast du gegen ihn? Er konnte ja nichts dafür. Er tat nur seine Pflicht.«
»So?« Mit unbeirrter Entschlossenheit verfolgten seine Augen die sich dem Schiff nähernden Blauröcke. »Schön, aber so genau brauchte er es damit nicht zu nehmen.«
»Im übrigen habe ich ihn doch angelogen, Albert«, sagte sie eilig im Versuch, ihn abzulenken.
»Gerade das hast du nicht getan«, herrschte er sie mit neu erwachtem Unmut an. »Du hast dich durch deine Lüge verraten, weil du nachher die Wahrheit gesagt hast. Und hast mich lächerlich gemacht!«
»Ich wußte nicht, was ich tun sollte.« Verzweifelt zupfte sie an dem Drahtgitter unter der Reling. »In Hamburg hat der Arzt mich ausgelacht, als ich siebzehn Monate angab. Er ist doch schon so groß. Er war bei seiner Geburt schon groß.« Sie lächelte, und ihre besorgte Miene schwand augenblicklich, als sie die Wange ihres Sohnes streichelte. »Willst du nicht mit deinem Vater sprechen, David, Liebes?«
Doch das Kind versteckte nur das Gesicht hinter seiner Mutter.
Sein Vater sah es an, blickte aber gleich wieder zu den Beamten hinunter, dann, plötzlich verblüfft, runzelte er abwesend die Stirn.
»Wie alt hat er gesagt, ist er?«
»Der Arzt? Über zwei Jahre – und wie ich dir sagte, er lachte dabei.«
»Was hat er eingetragen?«
»Siebzehn Monate – ich hab's dir doch gesagt.«
»Warum hast du ihnen dann nicht siebzehn gesagt ...« Er brach ab, zuckte heftig mit den Achseln. »Bah! In diesem Land brauchst du mehr Mumm.« Er machte eine Pause, musterte sie, und plötzlich runzelte er die Stirn. »Hast du seinen Geburtsschein mitgebracht?«

»Also ...« Sie schien verwirrt. »Vielleicht ist er im Koffer – dort auf dem Schiff. Ich weiß es nicht. Vielleicht habe ich ihn zu Hause gelassen.« Ihre Hand wanderte unsicher zu ihren Lippen. »Ich weiß nicht mehr. Ist das so wichtig? Ich hab' nicht dran gedacht. Aber sicherlich könnte Vater ihn uns nachschicken. Wir brauchen ihm nur zu schreiben.«

»Hmm! Na schön, laß ihn runter.« Sein Kopf fuhr jäh herum zu dem Kind. »Du brauchst ihn nicht die ganze Zeit zu tragen. Er ist groß genug, um auf seinen eigenen Beinen zu stehen.«

Sie zögerte, dann setzte sie widerwillig das Kind aufs Deck. Ängstlich, unsicher schlich der Kleine von seinem Vater weg, versteckte sich hinter seiner Mutter und klammerte sich an ihren Rock.

»Schön, nun ist alles ausgestanden.« Sie versuchte fröhlich zu klingen. »Nun haben wir alles hinter uns, nicht wahr, Albert? Wenn ich auch Fehler gemacht habe, jetzt spielen sie keine Rolle mehr. Oder?«

»Ein schöner Vorgeschmack von dem, was mir bevorsteht!« Er drehte ihr den Rücken zu und lehnte sich mürrisch an die Reling. »Ein schöner Vorgeschmack!«

Sie verstummten. Auf dem Kai unten waren die braunen Trossen um die Ankerpfosten geschlungen worden, und die Männer auf dem unteren Deck zogen sie jetzt triefend naß aus dem Wasser. Glocken läuteten. Das Schiff erbebte. Aufgescheucht vom heiseren Gebell der Schiffssirene, flogen die Möwen, die vor seinem Bug im Kreise schaukelten, mit leisem, krächzendem Geschrei vom grünen Wasser auf, und als das Schiff von der steinernen Kaimauer abdrehte, glitten sie mit trägen Krummsäbelschwingen hinter ihm her. Das nach Ellis Island deutende Kielwasser wurde länger und zerfloß glanzlos in Melonengrün. Auf der einen Seite zog sich die untere graubraune Küstenkurve von Jersey hin, die Spieren und Masten seiner Hafenanlagen säumten den Himmel; auf der anderen Seite lag Brooklyn, flach, gespickt mit Wassertürmen; die Hörner des Hafens. Und vor ihnen, aus dem steigend-sprudelnden Glanz sonnenhellen Wassers im Westen, ragte auf mächtigem Sokkel die FREIHEIT. Hinter ihr sank die kreisende Scheibe der späten Nachmittagssonne, und für diejenigen an Bord, die hinüberschauten, waren ihre Züge von Schatten verdunkelt, ihre Tiefen verbraucht, ihre Massen verflacht. Gegen den erleuchteten Himmel wirkten die Strahlen ihrer Krone wie Sporen aus Finsternis, welche die Luft ritzten; Halbdunkel verwischte die Fackel, die in ihrer Hand aussah wie ein schwarzes Kreuz vor makellosem Licht – das verrußte Heft eines zerbrochenen Schwerts. Freiheit. Wieder starrten das Kind und seine Mutter staunend auf die gewaltige Gestalt.

Das Schiff beschrieb einen großen Bogen auf Manhattan zu, sein Bug glitt an Brooklyn vorbei und den Brücken, deren aus der Entfernung sich überlagernde Kabel und Säulen den East River in durchsichtigen, starren Wellen überspannten. Der Westwind, der das Hafenwasser zu glänzenden Klumpen aufharkte, blies frisch und klar – und hinterließ Salzgeschmack, wenn er kurz umsprang. Er peitschte die getupften Bänder des Kinderhuts. Sie fingen des Vaters Auge.

»Wo hast du den Hut aufgegabelt?«

Von seiner plötzlichen Frage aufgeschreckt, senkte seine Frau den Blick. »Der? Den hat uns Maria zum Abschied geschenkt. Die alte Kinderfrau. Sie hat ihn selbst gekauft und hat hinterher die Bänder drangenäht. Findest du ihn nicht hübsch?«

»Hübsch? Du fragst noch?« Sein magerer Kiefer bewegte sich kaum, als er sprach. »Siehst du nicht, daß die Idioten, die dort hinten lungern, uns schon beobachten? Sie machen sich über uns lustig! Was werden die anderen im Zug erst tun? Er sieht wie ein Clown darin aus. Er hat uns ohnehin genug Scherereien bereitet!«

Die barsche Stimme, der wütende Blick, die brüske Handbewegung zu ihm hin, erschreckten das Kind. Ohne den Grund zu wissen, verstand es, daß der Zorn des Fremden ihm galt. Es brach in Tränen aus und drängte sich näher an seine Mutter.

»Ruhe!« befahl die Stimme über ihm.

Das Kind duckte sich und weinte nur noch lauter.

»Schsch, mein Liebling!« Die Hände der Mutter legten sich schützend über seine Schultern.

»Gerade jetzt, wo wir landen«, sagte ihr Mann wütend, »muß er losplärren! Und so wird's wohl den ganzen Heimweg weitergehen! Ruhe! Hörst du?«

»Du bist's, der ihn erschreckt, Albert!« warf sie ein.

»So? Na schön, sieh zu, daß er aufhört. Und nimm ihm das Strohding vom Kopf.«

»Aber Albert, es ist doch kühl hier.«

»Wirst du ihm das Ding abnehmen, wenn ich ...« Ein Knurren

erstickte, was er sonst noch hätte sagen mögen. Während seine Frau entsetzt dreinblickte, fegten seine langen Finger den Hut vom Kopf des Kindes. Im nächsten Augenblick segelte er über die Seite des Schiffs aufs grüne Wasser hinunter. Die Männer in den Overalls am Heck grinsten sich an. Die alte Orangen-Hökerin schüttelte den Kopf und gluckste.

»Albert!« Seine Frau hielt den Atem an. »Wie konntest du?«

»Ich konnte!« donnerte er. »Du hättest ihn erst gar nicht mitbringen sollen!« Er biß die Zähne aufeinander und blickte sich auf dem Deck um.

Sie hob das schluchzende Kind an ihre Brust, preßte es an sich. Mit einem leeren, betäubten Gesichtsausdruck wanderte ihr Blick von dem grimmigen glühenden Gesicht ihres Mannes zum Heck des Schiffes. In der silbergrünen Kielbrandung, die sich wie ein Schlauch durchs Wasser schlängelte, tanzte und rollte der blaue Hut mit ausgebreiteten Bändern auf den Wellen. Tränen traten ihr in die Augen. Rasch wischte sie sie weg, schüttelte den Kopf, als wollte sie die Erinnerung loswerden, und blickte zum Bug. Vor ihr ragten die rußigen Kuppeln und hohen viereckigen Mauern der City auf. Über den gezackten Häuserdächern schwand der von der sinkenden Sonne gebleichte und durchflutete weiße Rauch in die Kerben und Keile des Himmels. Sie drückte ihre Stirn gegen die des Kindes und brachte es flüsternd zur Ruhe. Das war also das weite unglaubliche Land, das Land der Freiheit, der ungeahnten Möglichkeiten, das Goldene Land. Wieder versuchte sie zu lächeln.

»Albert«, sagte sie schüchtern, »Albert.«

»Hm?«

»Gejn wir wojnen do? In New York?«

»Nejn. Bronzeville. Ich hob dir schojn geschribn.«

Sie nickte unsicher, seufzte ...

Mit dreschenden, rückwärtslaufenden Schrauben näherte sich die *Peter Stuyvesant* ihrer Mole – langsam treibend, mit verminderter Kraft, wie widerwillig.

ERSTES BUCH

Der Keller

I

Wie er so vor dem Küchenausguß stand und die hellen Messinghähne betrachtete, die so weit entfernt schimmerten, ein jeder mit einem Tropfen Wasser an der Nase, der langsam anschwoll und dann fiel, wurde David sich wieder einmal bewußt, daß diese Welt ohne Rücksicht auf ihn erschaffen worden war. Er war durstig, aber das eiserne Becken stand auf Beinen, fast so hoch wie sein eigener Körper, und er hätte seinen Arm noch so ausstrecken, er hätte noch so hoch hüpfen können, den fernen Hahn hätte er nie erreicht. Woher kam das Wasser, das sich so geheimnisvoll in der Biegung des Messings verbarg? Wohin ging es, wenn es im Abgußrohr gurgelte? Was für eine seltsame Welt war hinter den Wänden eines Hauses verborgen! Aber er war durstig.

»Mama!« rief er, und seine Stimme übertönte das Rascheln des Fegens im Vorderzimmer. »Mama, ich möchte was trinken.«

Der unsichtbare Besen stand still, um zuzuhören. »Ich komme gleich«, sagte seine Mutter. Ein Sessel quietschte auf seinen Laufrollen; ein Fenster rasselte herunter; der Schritt der Mutter kam näher.

Dann stand sie auf der oberen Stufe des Eingangs (zwei Stufen führten hinauf ins Vorderzimmer) und musterte ihn lächelnd. Sie wirkte so groß wie ein Turm. Das alte graue Kleid, das sie trug, stieg gerade von den starken, nackten Fußgelenken zur Taille, bog um den vollen Busen und über die breiten Schultern und umrahmte ihren runden Hals mit einem Kranz ausgefranster Spitze. Ihr glattes, geneigtes Gesicht war von der Arbeit gerötet, doch nur schwach, verwischt wie die Farbe einer Hand unter Wachs. Sie hatte milde, üppige Lippen, braunes Haar. Unbestimmte, flüchtige Schwärze verschleierte die Höhlen über ihren Wangenknochen und verlieh ihrem Gesicht und ihren großen, braunen Augen in ihren weißen Ovalen einen zurückhaltenden und fast trauernden Ausdruck.

»Ich möchte was zu trinken, Mama«, wiederholte er.

»Ich weiß«, antwortete sie und kam die Stufen herunter. »Ich hab's gehört.« Und einen raschen Seitenblick auf ihn werfend, trat sie zum Becken und drehte den Hahn auf. Geräuschvoll schoß das Wasser heraus. Einen Augenblick stand sie so, unergründlich lächelnd, und ein Finger teilte das ungestüme Strömen, während sie wartete, bis das Wasser kühl war. Dann füllte sie ein Glas und reichte es ihm hinunter.

»Wann werde ich groß genug sein?« fragte er grollend, als er das Glas in beide Hände nahm.

»Die Zeit kommt noch«, antwortete sie lächelnd. Sie lächelte selten frei und offen; statt dessen vertiefte sich nur die dünne Furche längs ihrer Oberlippe. »Hab keine Angst.«

Mit noch immer auf seine Mutter gehefteten Augen trank er in atemlosen, ungleichen Zügen aus, dann gab er ihr das Glas zurück, verwundert, daß sein Inhalt kaum weniger geworden war.

»Warum kann ich nicht sprechen mit dem Mund im Wasser?«

»Niemand würde dich hören. Hast du genug?«

Er nickte, befriedigt murmelnd.

»Mehr wolltest du nicht?« fragte sie. Ihre Stimme klang leicht herausfordernd.

»Nein«, sagte er zögernd, während er eine Erklärung in ihrem Gesicht suchte.

»Hab' mir's gedacht.« Sie warf mit gespielter Enttäuschung den Kopf zurück.

»Was?«

»Es ist Sommer.« Sie deutete zum Fenster. »Das Wetter wird warm. Wen willst du mit den eiskalten Lippen erfrischen, die das Wasser dir gemacht hat?«

»Oh!« Er hob sein lächelndes Gesicht.

»Du erinnerst dich an gar nichts«, warf sie ihm vor und hob ihn mit kehligem Kichern in ihre Arme.

Seine Finger in ihrem Haar vergrabend, küßte David ihre Stirn. Die leise, vertraut duftende Wärme ihrer Haut und ihres Haars.

»Da!« lächelte sie und rieb ihre Nase an seiner Wange. »Aber du hast zu lang gewartet; die süße Kühle ist geschwunden. Lippen für mich«, erinnerte sie ihn, »müssen stets so kühl sein wie das Wasser, das sie benetzte.« Sie setzte ihn ab.

»Ich werde einmal Eis essen«, sagte er warnend, »dann wirst du's mögen.«

Sie lachte. Und dann, nüchtern: »Gehst du heute überhaupt nicht mehr auf die Straße? Der Morgen wird alt.«

»Aaa!«
»Geh lieber gleich. Nur ein Weilchen. Ich muß hier fegen, weißt du.«
»Ich möchte erst meinen Kalender«, schmollte er, sich auf sein Vorrecht gegen die böse Stunde berufend.
»Hol ihn dir eben. Aber dann mußt du hinaus.«
Er zog einen Stuhl unter den Kalender an der Wand, kletterte hinauf, zupfte das fällige Blatt ab und blätterte in den verbleibenden, um zu sehen, wie weit weg der nächste rote Tag war. Rote Tage waren Sonntage, Tage, an denen sein Vater zu Hause war. Sie näherrücken zu sehen, versetzte David immer einen kleinen Stich.
»Jetzt hast du dein Blatt«, mahnte ihn seine Mutter. »Komm.« Sie streckte die Arme aus.
Er zögerte. »Zeig mir, wo mein Geburtstag ist.«
»Mein Schreck!« rief sie mit ungeduldigem Kichern aus. »Ich zeig's dir doch schon seit Wochen jeden Tag.«
»Zeig mir's nochmal.«
Sie blätterte im Block, hob eine dünne Schicht Blätter. »Juli...«, murmelte sie. »Zwölfter Juli ... Da!« Sie fand das Blatt. »12. Juli 1911. Dann wirst du sechs.«
David betrachtete ernst die seltsamen Zahlen. »Noch ein Haufen Blätter«, belehrte er sie.
»Ja.«
»Und dazu ein schwarzer Tag.«
»Auf dem Kalender«, lachte sie. »Nur auf dem Kalender. Und nun komm runter!«
Er packte ihren Arm und sprang vom Stuhl.
»Ich muß es jetzt verstecken«, erklärte er.
»Das mußt du auch. Sonst werde ich mit meiner Arbeit heut' nicht mehr fertig.«
Zu vertieft in seine eigenen Angelegenheiten, um sich ernstlich um ihre zu kümmern, ging er zur Speisekammer, öffnete die Tür zum Vorratsfach und holte eine Schuhschachtel, seinen Schatzkasten, hervor.
»Sieh, wie viele ich schon hab'!« Stolz deutete er auf den feisten Packen zerdrückter Blätter in dem Kasten.
»Wunderbar!« Sie betrachtete den Kasten mit gespielter Bewunderung. »Du blätterst das Jahr ab wie einen Kohlkopf. Bist du fertig für deine Reise?«
»Ja.« Er verwahrte seinen Kasten ohne jeglichen Eifer.

»Wo ist deine Matrosenbluse?« murmelte sie umherblickend. »Die mit den weißen Streifen. Was habe ich nur . . .?« Sie fand sie. »Es ist ein wenig windig.«
David hielt die Arme hoch, damit sie ihm die Bluse über den Kopf streifen konnte.
»Nun, mein Schatz«, sagte sie und küßte sein wieder auftauchendes Gesicht. »Lauf runter und spiel.« Sie führte ihn zur Tür und öffnete sie. »Aber nicht zu weit weg. Und vergiß nicht: Wenn ich dich nicht rufe, wartest du, bis du die Pfeife hörst.«
Er trat in den Eingang hinaus. Hinter ihm sperrte die sich leise schließende Tür wie ein sinkendes Augenlid das Licht aus. Er warf einen prüfenden Blick auf die unter ihm ins Dunkel stürzenden Treppenstufen, und die schlanken Geländerstäbe nacheinander greifend stieg er hinab. David fühlte sich nie allein auf dieser Treppe, doch es wäre ihm lieber gewesen, wenn sie nicht mit einem Teppich bedeckt gewesen wäre. Wie konnte man das Geräusch der eigenen Füße im Dunkeln hören, wenn ein Teppich jeden Schritt, den man tat, dämpfte? Und wenn man außerdem nicht sehen konnte, wie konnte man da sicher sein, daß man tatsächlich da war und nicht träumte? Ein paar Stufen vor dem untersten Absatz hielt er an und starrte unbeweglich auf die Kellertür. Sie schwoll vor Finsternis. Ob sie standhielt? Sie hielt stand. Dann sprang er die letzten Stufen hinunter und rannte durch den schmalen Eingang ins Licht der Straße. Durch die Eingangstür zu fliegen war, wie gegen eine Welle zu prallen. Ein blendender Brecher aus Sonnenlicht zerschellte über seinem Kopf, überschwemmte ihn mit betäubendem Glanz, dann wich er zurück . . . Eine Reihe Holzhäuser, halb in dünnem Schatten, ein durchlöcherter Rinnstein, ein gähnender Ascheneimer, Strandgut am Strand, seine Straße.
Blinzelnd und fast zitternd wartete er eine Sekunde auf der unteren Vortreppe, bis sein wirbelnder Blick zur Ruhe kam. Dann bemerkte er zum ersten Mal, daß auf dem Bordstein in der Nähe des Hauses ein Junge saß, den er eine Sekunde später erkannte. Es war Jussie, der gerade in Davids Haus eingezogen war und einen Stock höher wohnte. Jussie hatte ein hochrotes, feistes Gesicht. Seine größere Schwester lahmte beim Gehen und trug merkwürdige eiserne Schienen an einem Bein. Was tat er wohl, dachte David, was hielt er nur in den Händen? Er stieg von der Vortreppe herunter, kam näher und trat, völlig unbeachtet, neben ihn.

Jussie hatte das äußere Gehäuse eines Weckers losgelöst. Die entblößten metallenen geometrischen Eingeweide tickten, wenn sie angestoßen wurden, rasselten und klimperten sie stockend.
»Er geht noch«, belehrte ihn Jussie feierlich.
David setzte sich. Betört betrachtete er die schimmernden Zahnräder, die sich bewegten, ohne ihre Lichtherzen zu bewegen.
»Wieso geht er?« fragte er. Auf der Straße sprach David Englisch.
»Siehst du's nicht? 's ist doch eine Maschine.«
»Oh!«
»Er weckt meinen Vater morgens.«
»Er weckt auch meinen Vater.«
»Er sagt dir, wann du essen mußt und wann du schlafen mußt. Er zeigt dir wo, aber ich hab's weggenommen.«
»Ich hab' einen Kalender oben.« David klärte ihn auf.
»Pah! Wer hat keinen Kalender?«
»Hab' meinen aufgehoben. Hab' ein dickes Buch draus gemacht, mit Nummern drauf.«
»Wer kann sowas nicht?«
»Aber mein Vater hat's gemacht.« Damit schoß David den Vogel ab.
»Was ist dein Vater?«
»Mein Vater ist ein Drucker.«
»Mein Vater arbeitet in einem Juwelierladen. In Brooklyn. Hast du mal in Brooklyn gewohnt?«
»Nein.« David schüttelte den Kopf.
»Aber wir – gleich neben dem Juwelierladen meines Vaters in der Rainey Avenue. Wo arbeitet dein Vater?«
David versuchte nachzudenken. »Ich weiß nicht«, gestand er endlich in der Hoffnung, Jussie werde das Thema nicht weiter verfolgen.
Er tat es nicht. Statt dessen: »Ich mag Brownsville nicht«, sagte er. »Brooklyn mag ich mehr.«
David fühlte sich erleichtert.
»Wir fanden immer Zigarren im Rinnstein«, fuhr Jussie fort. »Und dann warfen wir sie auf die Damen. Und liefen weg. Wen magst du lieber, Damen oder Herren?«
»Damen.«
»Ich mag meinen Vater lieber«, sagte Jussie. »Meine Mutter schimpft immer mit mir.« Er klemmte einen Fingernagel zwischen zwei Räder. Plötzlich quoll ein hellgelbes Zahnrad heraus und fiel in den

Rinnstein zu seinen Füßen. Er hob es auf, blies den Staub fort und stand auf. »Willst du's?«

»Ja.« David griff danach.

Jussie war dabei, es in die ausgestreckte Hand fallen zu lassen, besann sich aber eines Besseren. »Nein. Es ist klein wie eine Münze. Vielleicht kann ich's in einen Automaten stecken und Kaugummi rausholen. Da, du kannst das da haben.« Er fischte ein größeres Zahnrad aus der Tasche und gab es David.

»Das ist ein Quarter. Willst du mitkommen?«

David zögerte. »Ich muß hier warten, bis die Pfeife bläst.«

»Was für eine Pfeife?«

»Von der Fabrik. Alle zusammen.«

»So?«

»Denn dann darf ich rauf.«

»Warum denn?«

»Weil sie um zwölf Uhr blasen und dann um fünf Uhr blasen. Dann darf ich rauf.«

Jussie beäugte ihn neugierig. »Ich hol' mir jetzt Gummi«, sagte er und schüttelte achselzuckend seine Verblüffung ab. »Im Automaten.« Und fort schlenderte er, auf das Süßwarengeschäft an der Ecke zu.

Das Rädchen in der Hand, fragte David sich wieder, warum jeder Junge in der Straße wußte, wo sein Vater arbeitete, nur er selbst nicht. Sein Vater hatte so viele Stellungen. Kaum erfuhr man, wo er arbeitete, arbeitete er schon anderswo. Und warum sagte er immer: »Die sehen einen scheel an, mit spöttischen Augen! Wie lange kann das ein Mensch aushalten? Das Feuer Gottes soll sie verschlingen!« Ein beängstigendes Bild stieg in David auf – die Erinnerung daran, wie seine Mutter einmal am Abendessenstisch zu sagen gewagt hatte, vielleicht schauten die Männer gar nicht so scheel, vielleicht bildete er sich das nur ein. Dann hatte sein Vater geknurrt. Und mit einer jähen Handbewegung hatte er Speisen und Teller krachend zu Boden gefegt. Andere Bilder tauchten im Gefolge des ersten auf: wie die Tür aufgestoßen wurde und sein Vater hereinkam, bleich und wild, und sich setzte, wie alte Männer sich setzen, und er mit zitternder Hand nach dem Stuhl hinter sich tastete. Er sprach nicht. Seine Kiefer, ja seine Gelenke schienen von lähmender Wut zusammengeschweißt. David träumte oft von seines Vaters Schritten, die auf den Stufen donnerten, von dem sich drehenden schimmernden Türknopf und von sich selbst, wie er Messer packte, die er nicht vom Tisch heben konnte.

Brütend, in seine Gedanken versunken, versunken in die regelmäßigen, genauen Zähne des gelben Rädchens, die feinen hellen Kreise, die rastlos arbeiteten, merkte David nicht, daß eine kleine Schar von Mädchen sich in geringer Entfernung am Straßenrand versammelt hatte. Als sie aber zu singen begannen, zuckte er zusammen und blickte auf. Sie hielten einander bei den Händen, drehten sich langsam im Kreise und sangen mit ernsten Gesichtern und klagendnasalen Stimmen:

»Walter, Walter, wilde Blume,
wächst in die Höh' so weit;
und dann sind wir junge Damen
und alle zu sterben bereit.«

Wieder und wieder sangen sie ihren Kehrreim. Ihre anfangs dunklen Worte erschlossen sich ihm nach und nach und gewannen einen Sinn. Das Lied berührte David seltsam. Walter Wildblume war ein kleiner Junge. David kannte ihn. Er wohnte in Europa, weit weg, da, wo, wie Davids Mutter sagte, er selber geboren war. Er hatte ihn auf einem Hügel stehen sehen, weit weg. Erfüllt von warmer, sehnsüchtiger Trauer schloß er die Augen. Stücke vergessener Flüsse schwammen hinter seinen Lidern vorbei, staubige Straßen, ein unergründlicher Bogen von Bäumen, ein Ast in einem Fenster in makellosem Licht. Eine Welt irgendwo, irgendwo anders.

»Walter, Walter, wilde Blume,
wächst in die Höh' so weit.«

Sein Körper entspannte sich, ergab sich dem Rhythmus des Liedes und dem goldenen Junisonnenlicht. Er schien auf Wellen irgendwo außerhalb seiner selbst zu steigen und zu sinken.

In ihm sprach eine Stimme ohne Worte, doch mit dem Flackern einer stillen Flamme . . .

»Und dann sind wir junge Damen
und alle zu sterben bereit.«

Aus seinen leblosen, sich öffnenden Fingern fiel das Zahnrad zu Boden, klingelte wie eine Münze, rollte auf eine Seite. Das plötzliche Geräusch brachte ihn zu sich und zu der stillen Vorortstraße,

dem Randstein. Die stumme Flamme, die in ihm entbrannt war, flackerte und erlosch. Er seufzte, bückte sich und hob das Rädchen auf.
Wann wohl die Pfeife ertönen würde, hätte er gerne gewußt. Heute dauerte es lange . . .

II

So lange er zurückdenken konnte, war dies das erste Mal, daß er mit seinem Vater allein irgendwohin gegangen war, und schon kam er sich verlassen vor, erregt von bösen Vorahnungen, und verlangte verzweifelt nach seiner Mutter. Sein Vater war so schweigsam und so fern, daß er das Gefühl hatte, sogar an seiner Seite allein zu sein. Was, wenn sein Vater fortging und ihn in einer einsamen Straße stehen ließ. Der Gedanke sandte Schauder durch seinen Körper. Nein, nein! Das konnte er nicht tun!
Endlich erreichten sie die Trolley-Bus-Station. Der Anblick von Leuten ermunterte ihn wieder und verscheuchte eine Weile seine Furcht. Sie stiegen in einen Bus, fuhren eine ihm endlos scheinende Zeit und stiegen in einer belebten Straße unter einer Hochbahn aus. Nervös Davids Arm packend, führte sein Vater ihn über die Straße. Sie hielten vor dem eisernen Gitter eines geschlossenen Theaters. Bunte Programmplakate auf beiden Seiten, der Geruch schalen Parfüms dahinter. Menschen hasteten vorbei, Züge donnerten. David blickte verängstigt umher. Rechts vom Theater, im Fenster einer Eisdiele, tanzte und taumelte greller, farbiger Puffreis, getrieben von einem Ventilator. Ängstlich blickte er zu seinem Vater auf. Der war bleich, grimmig. Die dünnen Adern in seiner Nase stachen wie ein rosarotes Spinnennetz hervor.
»Siehst du die Tür?« Er stieß ihn zur Aufmerksamkeit. »In dem grauen Haus. Siehst du? Der Mann dort kam gerade heraus.«
»Ja, Papa.«
»Jetzt gehst du dort hinein und die Treppe hinauf, und oben wirst du eine zweite Tür sehen. In die gehst du hinein. Und zu dem ersten Mann, den du drinnen siehst, sagst du: Ich bin Albert Schearls Sohn. Er wünscht, daß du ihm die Kleider in seinem Spind gibst und das Geld, das ihm zusteht. Hast du verstanden? Wenn sie's dir gegeben

haben, bringst du's mir runter. Ich warte auf dich. Nun, was sollst du sagen?« fragte er jäh.

David begann, seine Anweisungen auf jiddisch aufzusagen.

»Sag's auf englisch, du Dummkopf!«

Er wiederholte sie auf englisch. Als sein Vater befriedigt war, wurde er losgeschickt.

»Und sag ihnen nicht, daß ich hier draußen stehe«, wurde er gewarnt, bevor er losmarschierte. »Vergiß nicht: du bist allein gekommen.«

Voller Befürchtungen, entmutigt durch die Prüfung, allein Fremden begegnen zu müssen, Fremden, vor denen sein eigener Vater Angst zu haben schien, betrat er den Hauseingang, erklomm die Stufen. Auf dem ersten Absatz stieß er die Tür auf und betrat einen kleinen Raum, ein Büro. Irgendwo im Hintergrund dieses Büros klirrten und ratterten Maschinen. Ein kahlköpfiger, zigarrenrauchender Mann blickte auf, als er hereinkam.

»Nun, mein Junge?« fragte er lächelnd. »Was wünschst du?«

Einen Augenblick waren alle Anweisungen aus seinem Kopf verflogen. »Mein – mein Vater schickt mich her«, er stockte.

»Dein Vater? Wer ist das?«

»Ich – ich bin Albert Schearls Sohn«, stieß er hervor. »Er hat mich geschickt, ich soll seine Kleider aus seinem Spind abholen und sein Geld, das du ihm schuldest.«

»Oh, du bist Albert Schearls Sohn«, sagte der Mann mit verändertem Gesichtsausdruck. »Und er will sein Geld, wie?« Er nickte mit der kurzen, vibrierenden Bewegung einer Glocke. »Einen schönen Vater hast du, mein Junge. Das kannst du ihm von mir ausrichten. Ich hab's ihm nicht sagen können. Er ist verrückt. Jeder, der – Was tut er denn zu Hause?«

Schuldbewußt schüttelte David den Kopf: »Nichts.«

»Wirklich?« kicherte er. »Nichts, wie? Na schön ...« Er brach ab und ging zu einem kleinen Bogenfenster hinter ihm. »Joe!« rief er. »Oh, Joe! Komm mal einen Moment, ja?«

In wenigen Sekunden kam ein grauhaariger Mann im Overall herein.

»Haben gerufen, Mr. Lobe?«

»Ja, hol doch bitte Schearls Zeug aus seinem Spind und wickle es mir ein. Sein Kleiner ist da.«

Des anderen Gesicht verzog sich zu einem breiten, braunzahnigen

Grinsen. »Ist das sein Kleiner?« Wie um nicht zu lachen, drückte er die Zunge auf den Priem in seiner Backe.
»Ja.«
»Sieht aber nicht bescheuert aus.« Und lachte heraus.
»Nein.« Mr. Lobe beschwichtigte ihn mit einer Handbewegung. »Er ist ein braver Junge.«
»Dein Alter hat mir fast mit einem Hammer das Gehirn eingeschlagen«, sagte der Mann an David gewandt. »Weiß nicht, was in ihn gefahren ist, kein Mensch hat ein Wort gesagt.« Er grinste. »Hab' nie so einen erlebt, Mr. Lobe. Heiliger Jesus, er sah aus, als würde er platzen. Haben Sie die Eisenstange gesehen, die er mit seinen Händen verbogen hat? Die sollte ich ihm eigentlich als Andenken mitgeben, wie?«
Mr. Lobe grinste. »Laß mir den Jungen in Ruhe«, sagte er ruhig. »Und hol das Zeug.«
»O. K.« Noch immer kichernd, ging der grauhaarige Mann hinaus.
»Setz dich, mein Junge«, sagte Mr. Lobe und deutete auf einen Stuhl. »Die Sachen deines Vaters kommen in ein paar Minuten.«
David setzte sich. Nach wenigen Minuten betrat ein Mädchen mit einem Stück Papier das Büro.
»Hör zu, Marge«, sagte Mr. Lobe, »stell mal fest, was Schearl zu bekommen hat, bitte.«
»Ja, Mr. Lobe.« Sie betrachtete David. »Was ist das, sein Junge?«
»Mmm.«
»Sieht ihm gleich, oder nicht?«
»Möglich.«
»Ich würde ihn festnehmen lassen«, sagte das Mädchen und schlug ein dickes Hauptbuch auf.
»Was hätten wir davon?«
»Ich weiß nicht, es würde ihn vielleicht zur Vernunft bringen.«
Mr. Lobe zuckte mit den Achseln. »Ich bin schon froh, daß er niemand totgeschlagen hat.«
»Der gehört in eine Gummizelle«, sagte das Mädchen und kritzelte etwas auf ein Papier.
Mr. Lobe gab keine Antwort.
»Er hat sechs zweiundsechzig zu kriegen.« Sie legte den Bleistift nieder. »Soll ich's holen?«
»Mmm.«
Das Mädchen ging zu einem großen, schwarzen Kassenschrank in

einer Ecke, zog eine Schachtel hervor, und als sie etwas Geld abgezählt hatte, tat sie es in einen kleinen Umschlag und übergab ihn Mr. Lobe.
»Komm her«, sagte er zu David. »Wie heißt du?«
»David.«
»David und Goliath«, lächelte er. »Nun, David, hast du eine heile, tiefe Tasche? Laß mal sehen?« Er hob die Enden von Davids Jacke hoch. »Da, die da will ich.« Und er betastete die kleine Uhrentasche an der Gürtellinie. »Wir tun's da hinein.« Er faltete den Umschlag und stopfte ihn hinein. »Aber hol ihn nicht wieder raus. Und sag niemand, daß du da was drin hast, bis du heimkommst, verstanden? Kateridee, ein Kind in seinem Alter mit so einem Auftrag loszuschicken.«
David, der unter Mr. Lobes Arm geradeaus blickte, wurde zweier Gesichter gewahr, die durch das kleine Hinterfenster hereinspähten. Beider Augen waren auf ihn geheftet und musterten ihn neugierig-belustigt wie Menschen, die zum ersten Mal ein Wundertier begafften. Beide grinsten, als das Mädchen, das sich zufällig in ihre Richtung wandte, sie sah; einer der Männer zwinkerte und drehte mit dem Finger an seiner Schläfe. Als Mr. Lobe sich umdrehte, verschwanden beide. Einen Augenblick später kehrte der grauhaarige Mann mit einem in Papier gewickelten Bündel zurück.
»'s ist alles drin, was ich gefunden habe, Mr. Lobe. Sein Handtuch und sein Hemd und eine Jacke.«
»In Ordnung, Joe.« Mr. Lobe nahm das Paket entgegen und wandte sich an David. »Hier, mein Junge. Klemm's dir unter den Arm und verlier's nicht.« Er schob es unter Davids Arm. »Nicht schwer, oder? Nein? Das ist schön.« Er öffnete die Tür und ließ David hinaustreten. »Leb wohl.« Ein trockenes Lächeln huschte über seine Züge. »Kein Vergnügen für dich.«
Das Bündel fest unter den Arm klemmend, ging David langsam die Treppe hinunter. So also verließ sein Vater einen Arbeitsplatz! Er hatte einen Hammer in die Hand genommen und hätte beinahe jemanden umgebracht. David konnte ihn fast vor sich sehen, den Hammer über seinem Kopf schwingend, sein Gesicht in fürchterlichem Zorn verzerrt, die anderen angstvoll ausweichend. Er schauderte bei der Vorstellung, blieb reglos auf der Treppe stehen, entsetzt, der Wirklichkeit begegnen zu müssen. Doch er mußte hinuntergehen; er mußte ihm gegenübertreten; es würde nur schlimmer,

wenn er noch länger auf der Treppe zauderte. Er wollte nicht gehen, aber er mußte. Wäre die Treppe wenigstens zweimal so lang gewesen.

Er hastete hinunter, trat auf die Straße hinaus. Sein Vater, den Rücken an das Eisengitter gedrückt, wartete auf ihn, und als er ihn herauskommen sah, trieb er ihn mit einer Handbewegung zur Eile und setzte sich in Trab. David rannte hinter ihm her und holte ihn endlich ein, und ohne seinen Geschwindschritt zu verlangsamen, nahm ihm sein Vater das Bündel ab.

»Die haben aber lange gebraucht«, sagte er und warf einen feindseligen Blick über seine Schulter zurück. Sein Gesicht bewies, daß er sich während Davids Abwesenheit in Wut hineingesteigert hatte. »Haben sie dir das Geld gegeben?«

»Ja, Papa.«

»Wieviel?«

»Sechs – sechs Dollar, das Mädchen ...«

»Haben sie etwas zu dir gesagt?« Seine Zähne bissen grimmig aufeinander. »Über mich?«

»Nein, Papa«, antwortete er eilends. »Nichts, Papa. Sie haben mir nur – das Geld gegeben, und dann bin ich fortgegangen.«

»Wo ist es?«

»Hier drinnen.« Er deutete auf die Tasche.

»Schön. Dann gib's mir!«

Mühsam zerrte David den Umschlag aus der Tasche. Sein Vater riß es an sich, zählte das Geld.

»Und gesagt haben sie nichts, wie?« Er schien eine endgültige Bestätigung zu fordern. »Keiner der Männer hat mit dir gesprochen, was? Nur das kahlköpfige Schwein mit der Brille?« Er beobachtete ihn scharf.

»Nein, Papa. Nur dieser Mann. Er hat mir nur das Geld gegeben.« Er wußte, daß er, während die Augen seines Vaters auf ihm ruhten, freimütig dreinblicken, daß er mit weitgeöffneten Augen einfältig aussehen mußte.

»Sehr gut!« Seine Lippen dehnten sich einen kurzen Augenblick lang in flüchtiger Befriedigung. »Gut!«

Sie blieben an der Ecke stehen und warteten auf den Bus...

David ließ nie ein Wort über seine Entdeckung verlauten – nicht einmal gegenüber seiner Mutter –, all das war zu entsetzlich, zu unwirklich, um es jemandem anzuvertrauen. Er brütete darüber, bis es in seinen Schlaf eindrang, bis er nicht mehr sagen konnte, wo sein Vater Fleisch war und wo Traum. Wer würde ihm glauben, wenn er sagte, ich habe meinen Vater einen Hammer heben sehen; er stand auf einem hohen Dach aus Dunkelheit, und von unten blickten Gesichter herauf, so viele, daß sie sich in die Länge zogen wie weiße Pflastersteine bis zum Ende der Welt; wer würde ihm glauben? Er wagte es nicht.

III

Der Tisch war mit dem besten Porzellan gedeckt. Ein Brathuhn schmorte im Ofen. Seine Mutter schüttete den letzten rotfunkelnden Wein von Pessach aus der korbbedeckten Flasche in die bauchige Karaffe. Sie hatte die ganze Zeit geschwiegen, doch als sie die Kristallflasche in die Mitte des Tischs stellte, wandte sie sich an David, der sie beobachtete. »Mir ist, ich weiß nicht wie«, sagte sie. »Ich bin unruhig.« Einen Moment blickte sie mit trauervoll-leerem Blick zu Boden, dann kehrte sie ihre Handflächen nach oben, als frage sie sich selber: »Warum nur?« und ließ seufzend ihre Hände ohne Antwort wieder fallen. »Vielleicht, weil ich glaube, daß all meine Mühe umsonst ist.«

David wunderte sich einen Augenblick, warum sie das gesagt hatte, und dann wußte er es wieder. Der Mann kam, jener Mann, dessen Name die ganze letzte Woche auf Vaters Lippen gewesen war – seitdem er seine neue Stellung angetreten hatte. Der Mann war Vorarbeiter. Sein Vater sagte, sie stammten aus derselben Gegend im fernen Österreich. Wie seltsam, daß sie von so weit hergekommen waren, sich nun im selben Geschäft wiedergefunden hatten und entdeckten, daß sie in Brownsville fast Nachbarn waren. Sein Vater hatte gesagt, jetzt habe er einen wahren Freund gefunden, aber seine Mutter hatte geseufzt. Und nun seufzte sie wieder und fragte, ob ihre Mühe umsonst gewesen sei. David hoffte, sie würde sich irren. Er wollte sein wie die anderen Jungen auf der Straße. Er wollte sagen können, wo sein Vater arbeitete.

Bald hörten sie die Stimme seines Vaters auf der Treppe. Seine

Mutter stand auf und blickte hastig umher, um zu sehen, ob alles bereit war, dann ging sie zur Tür und öffnete. Die beiden Männer kamen herein, zuerst sein Vater, der andere Mann hinter ihm.
»Nun, da sind wir«, sagte sein Vater mit nervöser Herzlichkeit. »Das ist meine Frau. Das ist Joe Luter, mein Landsmann. Und das dort drüben«, er deutete auf David, »ist das, was nach meinem Tod für mich beten wird. Mach dir's bequem.«
»Ein hübsches Heim haben Sie hier«, sagte der andere lächelnd zu Davids Mutter. »Sehr, sehr hübsch«, strahlte er.
»Es läßt sich hier wohnen«, antwortete Davids Mutter.
»Auch ein hübscher Junge.« Beifällig musterte er David.
»Schön!« sagte sein Vater brüsk. »Dann wollen wir mal was essen, ja?«
Während sein Vater Luter zu einem Glas Wein nötigte, musterte David den Neuankömmling. Er war zwar nicht so groß wie sein Vater, dafür aber viel breiter, fleischiger, und besaß im Gegensatz zu seinem Vater einen ziemlichen Schmerbauch. Es war nicht leicht, sich an sein Gesicht zu gewöhnen. Nicht, weil es etwa besonders häßlich oder narbig gewesen wäre, sondern weil man fühlte, daß die eigenen Züge die seinen nachzuahmen suchten, solange man sie betrachtete. Sein Mund war so klein und seine Oberlippe so dick und gewölbt, daß David ganz bewußt darauf wartete, daß sie sich entspannte. Und die Art, wie seine Nasenflügel bebten, ermüdete fast, und man hoffte, die tiefen Grübchen in seinen Wangen würden sich bald füllen. Seine Redeweise war langatmig und eintönig, sein ganzes Benehmen verträglich und aufmerksam, und deswegen, aber auch weil er unablässig sein Gesicht verzerrte, machte er den Eindruck großer Liebenswürdigkeit und Gutmütigkeit. Tatsächlich, wie sich bald herausstellte, war er nicht nur liebenswürdig, sondern auch entgegenkommend und höflich und lobte in warmen Worten den Wein und den dazu angebotenen Kuchen, die Sauberkeit des Hauses im Vergleich zu dem seiner Wirtin und beglückwünschte Davids Vater zu einer so ausgezeichneten Ehefrau.
Als das Abendessen aufgetragen wurde, weigerte er sich anzufangen, bis Davids Mutter saß – was sie verlegen machte, da sie stets die anderen zuerst bediente; auch während der Mahlzeit zeigte er sich sehr zuvorkommend und reichte Fleisch und Brot und Salz weiter, bevor er darum gebeten wurde. Wenn er sprach, schloß er jeden in die Unterhaltung ein, bald indem er Fragen stellte,

bald indem er die Augen auf einen von ihnen heftete. All das brachte David nicht wenig aus der Fassung. Da er an nahezu stumme Mahlzeiten gewöhnt war, daran, daß er entweder übersehen oder als selbstverständlich hingenommen wurde, empfand er es als lästig, daß ihm mit einemmal Selbstbewußtsein, daß Fragen wie ein falscher Schuß dem Gewebe und Muster seines Denkens aufgezwungen wurden. Doch besonders lästig fand er Mr. Luters Augen. Sie schienen unabhängig von seiner Rede zu sein, ja diese zu überholen; denn statt einen nur anzublicken, nahmen sie einen aufs Korn und hielten einen fest, bis die Stimme nachkam. Es wurde für David eine Art unbehaglichen Spiels, eine Art heimlichen Kriegspielens, Luters Blick zu schlagen, bevor er ihn fing, auf die Tischdecke hinunterzuschielen oder seine Mutter anzusehen, sobald er diese Augen auf sich zusteuern fühlte.

Die Unterhaltung berührte viele Themen und wanderte von den Problemen des Druckgewerbes und der Möglichkeit einer Gewerkschaft für die Drucker zu den Problemen und Möglichkeiten (und Segnungen, wie Luter lächelnd sagte) der Ehe. Und dann von diesem Land zu dem alten Land und zurück zu diesem. Und ob Davids Mutter koscher kochte – worüber sie lächelte – und ob Davids Vater morgens noch Zeit hatte, seine Gebetsriemen anzulegen, und welche Synagoge er besuchte – worüber dieser belustigt schnaufte. Das meiste, worüber sie sprachen, interessierte David nur von ferne. Was ihn aber faszinierte, war die merkwürdige Wirkung, die Luter auf seinen Vater ausübte. Auf einmal taute sein brüskes, kaltes Wesen etwas auf. Eine schwache, wiewohl beherrschte Ehrerbietung milderte ein wenig den unwiderruflichen Ton, mit dem seine Stimme stets seine Worte umgab. Nun fragte er am Schluß einer Meinung: »Findest du nicht auch?« Manchmal begann er jetzt mit der Bemerkung: »Es will mir scheinen.« Seltsam. Es verwirrte David. Er wußte nicht, ob er Luter dafür danken oder ob es ihn beunruhigen sollte, daß er die harten, unnachgiebigen Kanten vom Charakter seines Vaters abschliff. Es war irgendwie unwirklich anzusehen, daß sein Vater auf diese Weise leutselig wurde, daß er wie eine allzu gespannte Feder langsam nachgab. Und daß er, nur angespornt von Luters kameradschaftlichem Blick, von seiner Jugend zu reden begann, er, der so wortkarg und verschlossen war, von dem David nie gedacht hätte, daß er eine Jugend gehabt hatte, daß er von seiner Jugend sprechen konnte, von den schwarz-weißen

Stieren, die er für seinen Vater gehütet hatte. (Und daß er bei dem Wort »Vater« ein Stirnrunzeln zu verbergen suchte, er, der nie seinen Unmut verbarg.) Und wie man sie mit Maische von der Hefefabrik seines Vaters gefüttert hatte, wie er mit ihnen einen Preis aus der Hand König Franz Josephs gewonnen hatte. Warum brauchte Luter nur so dreinzublicken, damit Vater redete? Warum brauchte Luter nur zu sagen: »Ich mag die Erde nicht. Die ist gut für Bauern«, um seinen Vater zum Lachen zu bringen, um ihm die Antwort zu entlocken: »*Finde* ich auch. Ich *finde*, daß wenn du aus einem Haus kommst und auf die bloße Erde zwischen den Feldern trittst, du derselbe Mann bist, der du im Hause warst. Aber wenn du auf den Gehsteig hinausgehst, bist du jemand anderes. Du fühlst geradezu, wie dein Gesicht anders wird. *Ist's dir nicht auch schon so gegangen?*« Und Luter brauchte nur zu sagen: »Ja. Du hast recht, Albert.« Und sein Vater holte tief und befriedigt Luft. Seltsam. Warum war das bisher niemand anderem gelungen? Warum nicht seiner Mutter? Warum nicht ihm selber? Niemand außer Luter gelang das.

Seine Fragen blieben unbeantwortet. Er wußte nur, daß er, als das Abendessen vorüber war, Luter gern haben wollte. Er wollte jeden gerne haben, der seine Mutter lobte und seinen Vater auf unbegangene Pfade der Freundlichkeit lenkte. Er wollte ihn gerne haben, vermochte es aber nicht. Doch das würde vorübergehen, versicherte er sich. Sobald Luter wiederkam, würde er ihn gern haben. Ja, gleich das nächste Mal. Dessen war er sicher. Er wollte es. Sobald er an dessen Augen gewöhnt war. Ja.

Ein Weilchen nach dem Abendessen stand Luter auf. Sein Vater erhob Einspruch, er sei doch eben erst gekommen, er solle wenigstens noch eine Stunde dableiben.

»Auch ich muß morgen früh zur Arbeit«, mahnte Luter. »Sonst würde ich noch bleiben. Es ist himmlisch hier, verglichen mit der Bleibe bei meiner Wirtin.« Dann wandte er sich an Davids Mutter und streckte ihr in seiner langsamen, lächelnden Art die Hand entgegen. »Ich möchte Ihnen tausendmal danken, Mrs. Schearl, seit der Hochzeit meines verstorbenen Onkels habe ich kein so gutes, reichliches Essen mehr gesehen.«

Sie errötete, als sie seine Hand schüttelte und lachte. »Sie haben alles gelobt, mit Ausnahme des Wassers, das Sie getrunken haben.«

»Ja.« Auch er lachte. »Und das Salz. Aber ich fürchtete, Sie wür-

den es mir nicht glauben, wenn ich gesagt hätte, sein Aroma übertrifft alles.«
Und nachdem man einander »Gute Nacht« gewünscht und er Davids Kopf getätschelt hatte (womit David nicht ganz einverstanden war), ging er fort.
»Ha!« rief sein Vater frohlockend aus, nachdem er gegangen war. »Ich hab's euch gesagt, das verdammte Wandern von einer Stellung zur anderen wird ein Ende nehmen. Ich bin bei Doman's Press fest angestellt. Jetzt geschieht vielleicht etwas mit der Zeit, wer weiß. Es sind noch zwei andere Vorarbeiter da. Aber ich bin ein ebenso guter Drucker wie irgendeiner von ihnen. Ich verstehe mehr von dem eisernen Tausendkünstler als sie. Wer weiß? Wer weiß? Ein wenig Geld. Nach einiger Zeit schlage ich ihm vielleicht sogar vor, daß wir versuchen – Na schön! Kommt Zeit, kommt Rat!«
»Er machte einen sehr guten Eindruck«, sagte seine Mutter.
»Warte, bis du ihn wirklich kennenlernst!«
David konnte sich nicht erinnern, eine so stillvergnügte Stunde in seines Vaters Gegenwart verlebt zu haben wie zwischen Luters Abschied und seinem Schlafengehen.

IV

»Kein einziger?« fragte Luter einigermaßen überrascht. »Auch im alten Land nicht?«
Das alte Land. Davids Gedanken wanderten nach draußen. Alles über das alte Land war hörenswert.
»Nicht einer«, sagte seine Mutter. »Nichts außer Schnee und Regen kam je zu meinem Dorf. Nicht, daß es mir etwas ausgemacht hätte. Ausgenommen einmal – ja. Ein Mann mit einem Grammophon – die, bei denen man mit Kopfhörern hörte. Es kostete einen Pfennig, und soviel war es nicht mal wert. Ich hab' nie etwas so stampfen und quietschen hören. Aber die Bauern waren schwer beeindruckt. Sie hätten geschworen, der Teufel stecke in dem Kasten.«
Luter lachte. »Und mehr haben Sie nicht gesehen, bevor Sie in diesen Wirbel gerieten?«
»Auch davon habe ich so gut wie nichts gesehen. Ich weiß nur, daß

ich Nummer einhundertundsechsundzwanzig Boddeh Stritt wohne ...«

»Bahday Street!« Ihr Mann berichtigte sie. »Ich hab's dir doch schon tausendmal gesagt.«

»Boddeh Stritt«, wiederholte sie, wie um Verzeihung bittend. Er zuckte mit den Achseln. »Es ist ein so seltsamer Name – Bad-Straße auf deutsch. Hier also wohne ich. Ich weiß, in einer bestimmten Straße zur linken liegt eine Kirche, der Gemüsemarkt ist rechts, hinter mir sind der Schienenstrang und die zerbrochenen Felsen und vor mir, ein paar Blocks weg, ist ein bestimmtes Ladenfenster, weiß angestrichen, und darauf Gesichter, wie Kinder sie malen. In diesem Bereich liegt mein Amerika, und wenn ich mich weiter hinauswage, bin ich verloren. Ja, wenn sie das Schaufenster abwaschen würden« – und sie lachte –, »würde ich nie mehr nach Hause finden.«

Sein Vater machte eine ungeduldige Gebärde. »Wo wir von jiddischen Stücken sprechen«, sagte er. »Ich habe einmal eins gesehen. Als ich mit meinem Vater ein paar Tage in Lemberg war, beim Großen Markt. Es hieß ‹Samsons Rache›. Ich sehe ihn noch vor mir, blind, aber noch zottig, wie er auf seine Stunde gegen die Heiden wartet. Ich war ganz überwältigt.«

»Ich dagegen«, sagte Luter, »gehe ins Theater, um zu lachen. Ich sehe nicht ein, warum ich mich dort quälen lassen soll, wenn das Leben einem schon genug zusetzt! Nein, gib mir lieber einen gewiegten Faxenmacher oder die deftigen Witze einer Dirne.«

»Dafür hab' ich wenig übrig.« Sein Vater war kurz angebunden.

»Schön, ich bin auch nicht so wild drauf, verstehst du, ich wollte nur sagen, daß es einen erleichtert, wenn's einem mies zumut ist. Finden Sie nicht auch, daß Lachen die Seele heilt, Mrs. Schearl?«

»Ich glaub' schon.«

»Siehst du! Aber hör, ich hab' eine Idee. Du weißt, daß das Volkstheater seine Plakate immer Dolman zum Drucken gibt. Schön, auf deren Bühne trocknen die Tränen nie – jedenfalls hört man dort jeden Abend ein anständiges Todesröcheln. Wenn dir diese Art von Stücken behagt, kann ich mit dem Agenten reden oder wie er sich schimpft und ihm Freikarten für den ganzen Monat abschwatzen. Du weißt, daß die jede Woche 's Programm wechseln.«

»Ich weiß nicht, ob mir viel daran liegt.« Sein Vater runzelte zweifelnd die Stirn.

»Aber natürlich! Das macht mir überhaupt keine Mühe. Und es kostet dich keinen Cent. Ich besorge einen Freischein für zwei, sollst mal sehen. Ich wollt', ich hätte es vorher gewußt.«

»Bitte, machen Sie meinetwegen keine Umstände«, sagte seine Mutter. »Vielen Dank, aber ich könnte unmöglich ausgehen und David allein zu Hause lassen.«

»Ach, das findet sich«, versicherte er ihr. »Das soll Ihre kleinste Sorge sein. Aber lassen Sie mich erst mal die Freikarten besorgen.«

An jenem Abend ging Luter nach Hause, bevor David zu Bett gebracht wurde. Und als er gegangen war, wandte sein Vater sich zu seiner Mutter und sagte: »Nun, habe ich mich getäuscht, als ich dir sagte, daß dieser Mann mein Freund ist? Hab' ich mich getäuscht? Hier hast du jemand, der Freundschaft auszudrücken versteht, hier wie im Geschäft. Sag mir, erkenne ich einen anständigen Menschen, wenn ich einen sehe?«

»Das tust du«, lautete die sanfte Antwort.

»Und du mit deiner Angst, Fremde ins Haus kommen zu lassen!« fuhr er verächtlich fort. »Hättest du dir einen besseren Gast wünschen können?«

»Darum geht es nicht. Ich freue mich, ihm regelmäßig ein Abendessen zu geben. Aber ich weiß, daß es Freunden meistens besser bekommt, wenn sie nicht zu oft zusammenhocken.«

»Unsinn!« gab er zurück. »Das ist nur dein dummer Stolz.«

V

Spielzeug, gefangen im Mörtel der Begierde, die Phantasie eine Kelle, die Laune der Maurer. Eine Wand, ein Turm, massiv, sicher, unglaublich, den Geist ummauernd gegen eine Schar von Pfeilen, der Geist, die Erfahrung den Strom der Zeit durchschneidend, wie ein Fels das Wasser durchschneidet. Die Minuten glitten vorüber, unerkannt.

Seine Mutter und sein Vater waren ins Theater gegangen, und er war allein mit Luter. Er würde seine Mutter nicht bis zum kommenden Morgen wiedersehen, und der Morgen, nach Mutters Fortgang, war nun fern und zweifelhaft. Tränen waren ihm gekommen, als sie fortging, und Luter hatte gesagt: »Komm, Kind, gönnst du deiner Mutter nicht das kleine spärliche Vergnügen, das sie heute abend vielleicht hat?« David hatte bockig zu Boden geblickt, da er merkte, daß tiefer Groll gegen Luter in ihm anschwoll. War Luter nicht schuld daran, daß seine Mutter fortgegangen war? Wie konnte er es jetzt wagen, ihm seine Tränen vorzuwerfen! Wie konnte er wissen, was es hieß, allein gelassen zu werden! Sie war ja nicht *seine* Mutter.

»Jetzt siehst du ganz wie dein Vater aus.« Luter lachte. »Er macht genau solche Lippen, wenn er die Stirn runzelt.«

Es war etwas in seiner Stimme, was auf merkwürdige Weise weh tat. Gekränkt hatte David sich abgewendet und holte seinen Kasten aus dem Vorratsfach hervor, in dem er seine gesammelten Kalenderblätter aufbewahrte und sonstigen Kram, den er auf der Straße fand. Seine Mutter nannte das seine Juwelen und fragte ihn oft, warum er Dinge gern hatte, die alt und verbraucht waren. Es wäre ihm schwergefallen, darauf zu antworten. Es war jedoch etwas in der Art, wie ein Kettenglied oder ein Schraubengewinde oder eine Gleitrolle abgegriffen war, die ihm ein unbestimmtes Gefühl des Schmerzes verursachte, wenn er mit dem Finger darüber fuhr. Sie waren wie abgetragene Schuhsohlen oder sehr dünne Zehn-Cent-Stücke. Man sah nicht, wie sie sich verbrauchten, man wußte nur, daß sie verbraucht waren und dunkel litten.

Er betastete eine seiner neugefundenen Errungenschaften. Es war einer jener durchlöcherten Metallkorken, die der Haarschneider verwendet, um Duftwasser auf den Kopf des Kunden zu sprühen. Man konnte hindurchblasen, hindurchsehen, man konnte ihn auf eine Schnur ziehen. Er ließ ihn wieder in den Kasten fallen und kramte statt dessen die verzogene Spirale einer kleinen Jalousie-Feder hervor. Trüge man die statt Schuhen an den Füßen, man könnte springen statt gehen. Hoch wie das Dach; und sofort weit weg. Wie der Gestiefelte Kater. Hätte aber die Maus in dem Kater – kurz bevor sie starb – sich in einen Menschenfresser verwandelt – Ich bin eine Maus – ein Menschenfresser! –, dann wäre der arme Kater angeschwollen, angeschwollen und –

Luter seufzte. David zuckte zusammen und sah auf. Ich bin eine Maus – ich bin ein Menschenfresser! Der Gedanke ließ ihn nicht los. Verstohlen beäugte er Luter. Nicht ahnend, daß er beobachtet wurde, hatte Luter die Zeitung niedergelegt und starrte vor sich hin. Etwas Merkwürdiges war mit seinem Gesichtsausdruck geschehen. Die gewöhnlich aufwärts gewandten, liebenswerten Linien seines Gesichts bogen sich entweder in die andere Richtung, also abwärts, oder waren, wo nicht gebogen, scharf und keilförmig an Augen und Mund. Und auch die Augen, sonst immer so rund und weich, waren jetzt zusammengekniffen, so eng, daß die Augenbälle verdunkelt wirkten und fern. Seine obere Zahnreihe nagte an der Haut seiner Lippen und verzog sein Gesicht in brütende Runzeln. Das beunruhigte David. Ein leichter Schauder der Besorgnis durchströmte ihn. Plötzlich empfand er das dringende Bedürfnis, die Nähe eines anderen Menschen zu spüren. Es brauchte nicht seine Mutter zu sein. Irgend jemand käme ihm gelegen. Jussie von oben. Sogar sein Vater.

Luter stand auf. Rasch senkte David den Blick. Entschlossene, braune Beinkleider kamen näher (was denn?), gingen an ihm vorbei (er wurde ruhiger), blieben vor der Wand stehen (er schielte über seine Schulter): der Kalender. Luter wandte die Blätter um (schwarz, schwarz, schwarz, rot, schwarz, schwarz), hielt ein dünnes Bündel hoch und blickte mit geschürzten Lippen auf das Datum, als sei darin etwas weit Kniffligeres und Fesselnderes abgebildet als die bloßen Zahlen. Dann senkte er die hochgebogenen Seiten langsam, behutsam (Warum? Warum so vorsichtig? Sie konnten ja nur auf eine bestimmte Stelle zurückfallen) und rieb sich die Hände.

Auf seinem Rückweg zum Stuhl blickte er auf die leere Schuhschachtel zwischen Davids Knien, leer bis auf die Kalenderblätter.

»Na!« Seine Stimme klang belustigt, doch so, als schwinge ein Unterton von Überraschung mit. »Was ist denn das? Stammen die von dort?«

»Ja.« David sah ängstlich auf. »Ich hebe sie auf.«

»Die Tage von gestern? Was willst du mit ihnen? Darauf kritzeln?«

»Nein. Nur aufheben.«

»Schm!« Sein grunzendes Lachen klang unangenehm in Davids Ohren. »Wenn ich erst so wenige Tage hätte wie du, würde ich mir keine Sorgen drum machen. Und wenn du so alt bist wie ich ...«, er brach ab, erlaubte sich ein kurzes Gekicher, das von einem winzigen Hammer erzeugt zu sein schien, »dann weißt du, daß das einzige, was zählt, die vor dir liegenden Tage sind.«

David versuchte, nicht grollend dreinzublicken, aus Angst, Luter

könne ihm wieder vorwerfen, er sehe aus wie sein Vater. Er wünschte, er würde fortgehen. Doch statt dessen nickte Luter und warf vor sich hinschmunzelnd einen Blick auf die Uhr.
»Zeit zum Schlafengehen. Es ist schon lange acht vorbei.«
Er warf das ganze Spielzeug wieder in die Schachtel, ging zum Wandschrank und verwahrte alles in einer Ecke.
»Kannst du dich allein ausziehen?«
»Ja.«
»Geh erst pinkeln«, riet er lächelnd. »Wie nennt deine Mutter das?«
»Sie sagt Nummer eins.«
Luter kicherte. »Dann hat sie schon etwas Englisch gelernt.«
Nachdem er im Badezimmer gewesen war, ging David in sein Schlafzimmer, zog sich aus und schlüpfte in sein Nachthemd.
Luter schaute hinein. »Alles in Ordnung?« fragte er.
»Ja«, antwortete er und kletterte ins Bett.
Luter schloß die Tür.
Die Dunkelheit war anders ohne die Nähe seiner Mutter. Auch die Menschen waren anders.

VI

Im Schlafzimmer, in das sie gegangen war, um das Tischtuch fortzuräumen, hörte David die Kommodenschublade leise knacken.
»Ach!« kam die Stimme seiner Mutter. »Er hat es vergessen.« Sie trat heraus und hielt in der ausgestreckten Hand ein Päckchen. »Das Geschenk, das er ihnen mitbringen wollte. Nun kommt er mit leeren Händen an.« Sie legte es auf einen Stuhl. »Ich muß daran denken, es ihm morgen zu geben. Vielleicht fällt es ihm auch unterwegs ein, und er kommt zurück.«
Daß Luter zurückkommen könnte, störte David, und er verscheuchte den Gedanken. Er hatte sich so auf den Abend gefreut, wo er sie bis zum Schlafengehen für sich allein haben würde. Es war der zweite Theaterabend. Sein Vater war allein gegangen.
Sie hob den Wasserkessel vom Herd, trug ihn zum Ausguß und schüttete das kochende Wasser ins Becken.
Dann drehte sie sich um und blickte ihn an. »Wenn du mich so

ansiehst«, sagte sie lachend, »komme ich mir vor, als vollführte ich irgendeinen schwarzen Zauberspuk. Und dabei will ich nur Teller abwaschen.« Nach einer Pause: »Möchtest du noch ein Brüderchen?« fragte sie verschmitzt. »Oder lieber ein Schwesterchen?«

»Nein«, antwortete er trocken.

»Für dich wäre es besser, wenn du eins hättest«, neckte sie ihn. »Dann bräuchtest du nicht immer nur deine Mutter anzusehen.«

»Ich will gar nichts anderes ansehen.«

»Deine Mutter hatte acht Brüder und Schwestern«, erinnerte sie ihn. »Einer von ihnen kommt vielleicht einmal hierher, eine meiner Schwestern, deine Tante Bertha – würde dir das gefallen?«

»Ich weiß nicht.«

»Du würdest sie mögen«, versicherte sie ihm. »Sie ist sehr komisch. Sie hat rotes Haar und eine scharfe Zunge. Und es gibt niemand, den sie nicht nachmachen kann. Sie ist zwar nicht dick, aber im Sommer rinnt der Schweiß in Strömen an ihr herunter. Ich weiß nicht, warum das so ist. Männer habe ich so schwitzen sehen, aber niemals eine Frau.«

»Ich werde im Sommer hier ganz naß.« Er deutete auf seine Achselhöhlen.

»Ja«, sagte seine Mutter mit besonderer Betonung. »Ihr ging es auch so. Sie haben es ihr einmal gesagt – aber hast du nie einen Bären gesehen?«

»In einem Buch. Da waren drei Bären.«

»Ja, du hast mir's erzählt. Also, in Europa ziehen die Zigeuner – Zigeuner sind Männer und Frauen, Leute mit dunkler Haut – durch die ganze Welt.«

»Warum?«

»Es macht ihnen Spaß.«

»Du hast mich nach einem Bären gefragt.«

»Ja. Manchmal nehmen diese Zigeuner überallhin einen Bären mit.«

»Essen sie Porridge?« Er hatte das letzte Wort auf englisch gesprochen.

»Was ist Porridge?«

»Mein Lehrer hat gesagt, es ist Haferflocken mit Milch, du machst mir's doch jeden Morgen.«

»Ach ja. Du hast mir's gesagt. Ich bin nicht sicher. Ich weiß, daß sie Äpfel mögen. Wenn aber dein Lehrer ...«

»Und was tat der Bär?«

»Der Bär tanzte. Die Zigeuner sangen und das Tamburin rasselte und der Bär tanzte dazu.«

David kuschelte sich an sie vor Entzücken. »Wer brachte ihn zum Tanzen?«

»Die Zigeuner. Damit verdienten sie ihr Geld. Wenn der Bär müde war, warfen Leute Pfennige in ihr Tamburin – schön! Aber ich wollte dir von deiner Tante erzählen. Jemand hatte ihr gesagt, wenn sie hinter den Bär schliche und die Hände an seinem Fell riebe, würde sie nicht mehr an den Handflächen schwitzen. Eines Tages also, als der Bär wieder einmal tanzte . . .«

Sie brach ab. Auch David hatte es gehört: Fußtritte vor der Tür. Einen Augenblick danach klopfte es. Eine Stimme.

»Ich bin's nur – Luter.«

Mit einem Ausruf der Überraschung öffnete sie die Tür. Luter kam herein.

»Ich bin in Gedanken fortgelaufen«, sagte er in entschuldigungsheischendem Tonfall. »Ich habe mein Geschenk liegenlassen.«

»Tut mir leid, daß Sie zweimal laufen müssen«, sagte sie mitfühlend. »Sie haben's im Schlafzimmer gelassen.« Sie nahm das Päckchen vom Stuhl.

»Ich weiß«, sagte er und legte es auf den Tisch. Er sah auf die Uhr. »Ich fürchte, es ist schon zu spät, jetzt noch zu gehen. Vor neun würde ich ohnehin nicht da sein und wie lang könnt' ich noch bleiben – eine Stunde.«

Insgeheim ärgerte David sich, daß er sich setzte.

Luter knöpfte sich den Mantel auf und blickte mit dem Ausdruck ängstlicher Unentschlossenheit Davids Mutter an. Seine Augen waren glänzender und rastloser als sonst. Wieder fielen David die verdrießlichen Furchen im Gesicht des Mannes auf.

»Ziehen Sie Ihren Mantel doch aus«, schlug sie vor. »Es ist warm hier.«

»Wenn's Ihnen nichts ausmacht.« Er ließ ihn von den Schultern gleiten. »Da ich nun nicht weiß, wo ich hingehen soll.«

»Werden sie nicht enttäuscht sein, wenn Sie nicht kommen?«

»Nein, sie wissen, daß mein letztes Stündlein noch nicht ganz geschlagen hat.« Er lachte. »Bitte, machen Sie weiter mit Ihrer Arbeit und lassen Sie sich nicht stören.«

»Ich war nur beim Tellerabwaschen«, sagte sie. »Ich bin jetzt fertig, bis auf diese Töpfe.« Sie holte die rot-weiße Büchse mit Pulver aus der Ecke des kleinen Bords über dem Ausguß, schüttete etwas in einen Topf und rieb ihn kräftig mit einem Spüllappen aus, wobei sie sich angestrengt darüberbeugte.

David, der an seinem Stuhl lehnte, konnte Luter und seine Mutter zugleich sehen. In den Anblick seiner Mutter vertieft, gab er zunächst wenig acht auf Luter, doch das plötzliche Herüberschielen von Luters Augen zog seinen Blick an. Luter, dessen Augen durch ein unterdrücktes Gähnen verengt waren, starrte seine Mutter an, ihre Hüften. Zum ersten Mal fiel David auf, daß ihr vom Rock umgebener Leib sich in zwei Rundungen abhob. Plötzlich fühlte er sich verstört und kämpfte innerlich mit etwas, was kein Gedanke werden wollte.

»Ihr Frauen«, sagte Luter mitfühlend, »besonders wenn ihr heiratet, müßt arbeiten wie Sklaven.«

»Es ist gar nicht so schlimm. Trotz des uralten Sprichworts.«

»Nein«, sagte Luter nachdenklich. »Alles läßt sich aushalten. Aber ohne Dank schuften ist bitter.«

»Wahr. Aber was hat man davon, selbst wenn man mit Dank schuftet?«

»Nichts kommt von nichts.« Er schlug die Beine auseinander. »Nicht mal bei Millionären, aber Anerkennung gibt dem Trompeter Puste – Anerkennung und natürlich Geschenke.«

»Dann habe ich meine Anerkennung.« Sie lachte, richtete sich auf und wandte sich um, während Luter seinem Mund einen Anschein von Entschlossenheit verlieh. »Ich habe Anerkennung, die wächst.« Belustigt lächelnd blickte sie David an.

»Ja«, sagte Luter mit einem Seufzer. »Aber jeder kann diese Art der Anerkennung ernten. Immerhin ist es gut, Kinder zu haben.« Dann, ernst: »Soll ich Ihnen etwas sagen: Ich habe nie ein Kind gesehen, das so an seiner Mutter hängt.«

David ertappte sich dabei, daß er sich über Luters Bemerkung ärgerte.

»Ja, Sie haben sicherlich recht«, stimmte sie zu.

»Ich glaube schon«, sagte er warmherzig. »Wenn ich an die Kinder meines Vetters denke – der Verwandte, den ich heute besuchen wollte –, die kommen nur zum Schlafen und Essen nach Hause. Abends nach dem Abendessen verschwinden sie sofort im Hause irgendwelcher Nachbarn.« Nachdrücklich hob er den Finger. »Und spielen den ganzen Abend mit anderen Kindern.«

»Hier im Hause gibt's auch andere Kinder«, antwortete seine Mutter. »Aber er scheint sich mit keinem anzufreunden. Nur ein- oder zweimal«, sie wandte sich an David, »bist du oben bei Jussie gewesen oder er bei uns, nicht wahr?«
David nickte unbehaglich.
»Er ist ein seltsames Kind«, sagte Luter mit Überzeugung.
Seine Mutter lachte nachsichtig.
»Dabei aber sehr intelligent«, versicherte er ihr.
Eine Pause entstand, während sie die Spülschüssel in den Ausguß leerte; das graue Wasser gurgelte das Abzugsrohr hinunter.
»Er sieht Ihnen sehr ähnlich«, sagte Luter mit dem Zaudern behutsamen Lobs. »Er hat die gleichen braunen Augen, die Sie haben, sehr schöne Augen und die gleiche weiße Haut. Wo hast du diese weiße deutsche Haut her?« fragte er David spielerisch.
»Ich weiß nicht.« Die Vertraulichkeit des Mannes machte ihn verlegen. Er wünschte, Luter würde fortgehen.
»Und beide habt ihr sehr kleine Hände. Hat er nicht ziemlich kleine Hände für ein Kind seiner Größe? Prinzenhände. Vielleicht wird er eines schönen Tages Arzt.«
»Wenn er mehr als nur Hände hat.«
»Ja«, stimmte Luter zu. »Und doch glaube ich, wird er für sein Brot nicht so schuften müssen wie sein Vater oder wie ich.«
»Ich will es nicht hoffen, aber das weiß nur Gott.«
»Ist es nicht sonderbar«, sagte er plötzlich, »wie Albert sich plötzlich ins Theater vergafft hat? So wie ein Trinker in seinen Schnaps. Wer hätte das gedacht?«
»Es bedeutet ihm so viel. Ich hörte, wie er neben mir wegen eines bestimmten Darstellers auf der Bühne mit den Zähnen knirschte.«
Luter lachte. »Albert ist ein guter Mensch, selbst wenn die anderen Arbeiter ihn sonderbar finden. Aber ich sorge dafür, daß alles friedlich bleibt.«
Wieder lachte er.
»Ja, ich weiß, und ich bin Ihnen sehr dankbar dafür.«
»Oh, es ist nichts. Ein Wort hier, ein Wort da glättet die Wogen. Wahr ist, daß ich ihn nicht so bereitwillig unter meine Fittiche genommen hätte, wenn ich nicht Sie kennengelernt hätte, das heißt, wenn ich nicht bei Ihnen wie Ihresgleichen aufgenommen worden wäre. Nun aber verteidige ich seine Interessen, als wenn er mein

Bruder wäre. Das ist nicht immer so einfach bei einem so sonderbaren Menschen.«

»Das ist sehr freundlich von Ihnen.«

»Keineswegs«, sagte Luter. »Sie haben mir's reichlich vergolten. Sie beide!«

Sie nahm verschiedene trockene Geräte und ging durch die Küche zur Speisekammer. Sie öffnete die Türe, beugte sich vor und hängte sie an Haken. Luters Kopf stellte sich schräg, sein Blick flog zu ihrem Busen. Er räusperte sich mit einem hackenden Geräusch.

»Aber man kann sagen, was man will, Albert ist – wie soll ich sagen, ein nervöser Mensch, bis man ihn kennt, natürlich. Jetzt verstehe ich, warum Sie nie mit ihm ausgehen«, schloß er mitfühlend. »Sie sind eine stolze Frau mit viel Gefühl, oder?«

»Nicht mehr als jede andere. Was hat das damit zu tun?«

»Ich werde es Ihnen sagen. Sehen Sie: Albert, nun ...« Er lächelte und kratzte sich verlegen am Hals. »Sogar auf der Straße benimmt er sich so merkwürdig. Sie wissen das besser als ich. Er sieht immer so aus, als suche er nur spöttische Mienen in den Gesichtern der Passanten. Und wenn Sie mit ihm gehen – und ich gehe jeden Abend mit ihm –, so ist's, als finde er ein ganz bestimmtes Vergnügen darin, hinter einem Krüppel oder einem Betrunkenen oder irgendeinem sonderbaren Kauz herzugehen. Man könnte meinen, er fühle sich so sicherer. Er möchte, daß die Leute auf der Straße jemand anderen ansehen. Irgendeinen, nur nicht ihn. Selbst ein Sprengwagen oder Spielratten auf der Straße geben ihm diese absonderliche Befriedigung. Aber warum rede ich so, wo ich ihn doch leiden kann?« Er brach ab und lachte still vor sich hin.

Davids Mutter sah aufs Tischtuch, gab aber keine Antwort.

»Ja«, kicherte er hastig. »Ich mag besonders die Art, wie er nie von Tysmenicz spricht, ohne das Vieh zu erwähnen, das er einmal gehütet hat.«

»Nun, es gab nicht viel, was er in dem alten Land mehr geliebt hätte.«

»Aber Vieh derart zu lieben«, lächelte Luter. »Wenn ich eine Kuh sah, dachte ich nur daran, daß sie Milch gibt. Wenn ich jetzt an Europa denke und an mein Dorf, gilt mein erster Gedanke, so wie sein erster Gedanke einer Kuh gilt oder einem Preisbullen, gilt mein erster Gedanke den Bäuerinnen. Verstehen Sie das?«

»Natürlich, ein jeder hat seine Erinnerungen.« Nachdem sie die

letzten Teller im Geschirrschrank verwahrt hatte, zog sie einen Stuhl neben den Davids und setzte sich. Auf der einen Seite des Tisches saß Luter, auf der anderen saßen David und seine Mutter.
»Sehr richtig«, sagte Luter. »Ein jeder erinnert sich an das, was ihm zugesagt hat, und ich erinnere mich an die Bauernmädchen. Waren sie nicht eine prächtige Schar in ihren engen, karierten Miedern und ihrem Dutzend Unterröcken?« Bekümmert schüttelte er den Kopf. »So was sieht man hier nie. Nach dem, was man davon in Brooklyn sieht, ist dieses Land arm, und die Frauen sind schmächtig. In Sorvik wuchsen sie wie Eichen. Sie hatten blondes Haar, ihre Augen blitzten. Und wenn sie lächelten mit ihren weißen Zähnen und blauen Augen, wer konnte da widerstehen? Das genügte, daß einem das Blut kochte. Haben die Männer Ihnen nie den Kopf verdreht?« fragte er nach einer Pause.
»Nein, ich habe nie sonderlich auf sie geachtet.«
»Natürlich nicht – Sie waren eine häusliche jüdische Tochter. Außerdem waren die Männer wertloses Pack, grobschlächtige Holzköpfe mit massigen Schultern und einer Nase wie eine Spalterbse. Ihre Frauen waren viel zu gut für sie. Wissen Sie«, seine Stimme wurde ernst, »die einzige Frau, die mich an die Mädchen von damals erinnert, sind Sie.«
Sie errötete, warf den Kopf zurück und lachte. »Ich? Ich bin nur eine häusliche jüdische Tochter.«
»Ich mache Ihnen sonst keinen Vorwurf, aber seit ich in Amerika bin, habe ich nie eine Frau gesehen, die mich so deutlich an jene erinnert. Ihre Lippen waren so voll, so reif, wie gemacht fürs Küssen.«
Sie lächelte merkwürdig auf einer Wange. »Gott weiß, auch in diesem Land muß es genügend österreichische Bauernmädchen geben. Wenn Juden hereingelassen wurden, wird niemand Slowaken aussperren.«
Luter blickte auf den Ring, den er um seinen Finger drehte. »Ja, ich vermute es. Ich habe ein paar gesehen, aber keine gefiel mir sonderlich.«
»Sie sollten sich etwas genauer umsehen.«
Luters Gesicht wurde seltsam ernst, die Linien um seine Nasenflügel vertieften sich. Ohne den Kopf zu heben, glitten seine Augen an Davids Mutter hoch. »Vielleicht kann ich aufhören, mich umzusehen.«
Sie lachte geradeheraus. »Reden Sie keinen Unsinn, Mr. Luter!«

»Mr. Luter!« Einen Augenblick blickte er verärgert. Dann zuckte er mit den Achseln und lächelte. »Da Sie mich jetzt so gut kennen, warum reden Sie mich dann noch so förmlich an?«
»Anscheinend kenne ich Sie doch noch gar nicht so gut.«
»Das braucht ein bißchen Zeit«, räumte er ein. Sein Blick schweifte durch den Raum und blieb auf David haften. »Vielleicht möchten Sie eine Erfrischung?«
»Nein, aber wenn Sie eine wollen, kann ich Ihnen eine Tasse Tee machen.«
»Nein, danke«, sagte er besorgt. »Machen Sie sich keine Mühe. Aber ich weiß, was Sie gerne hätten – Eis.«
»Bitte – keine Umstände.«
»Es ist überhaupt keine Mühe. Unser Kleiner hier wird es uns holen.« Er zog eine Münze aus der Tasche. »Hier, du weißt, wo der Süßwarenladen ist. Bring uns Tutti Frutti und Schokolade. Das magst du doch, nicht?«
Mit besorgten Augen blickte David zuerst auf Luter, dann auf die Münze. Unter dem Tisch drückte eine Hand sanft seinen Schenkel. Seine Mutter! Was wollte sie nur?
»Ich mag's nicht«, stammelte er. »Ich mag kein Eis.«
Die Finger derselben Hand tätschelten ganz leicht seine Knie. Er hatte das Richtige gesagt.
»Nein? Kein Tutti-Frutti-Eiskrem? Dann Bonbons, die magst du doch?«
»Nein.«
»Ich finde, es ist für beides ein bißchen spät«, sagte seine Mutter.
»Ich glaube, dann kaufen wir lieber gar nichts, da er doch bald ins Bett soll.« Luter blickte auf die Uhr. »Jetzt ist es genau die Zeit, wo ich ihn das letzte Mal zu Bett brachte, war's nicht so, mein David?«
»Ja«, zögerte er voller Furcht, einen Fehler zu machen.
»Ich glaube, er schläft schon halb«, sagte Luter ermunternd.
»Er sieht nicht müde aus.« Seine Mutter strich ihm das Haar aus der Stirn. »Seine Augen sind noch weit offen und glänzend.«
»Ich bin nicht müde.« Das wenigstens war wahr. Noch nie war er so seltsam verstört gewesen, noch nie hatte er sich so nahe an einem Abgrund gefühlt.
»Dann darfst du noch ein Weilchen aufbleiben.«
Eine kurze Pause des Stillschweigens entstand. Luter runzelte die

Stirn und entließ ein schwaches Schmatzen aus einem Mundwinkel. »Sie scheinen nicht die üblichen weiblichen Instinkte zu haben.«
»Nein? Ich habe den Eindruck, daß ich mich ziemlich dicht an den ausgetretenen Pfad halte.«
»Neugierde, zum Beispiel.«
»Die habe ich bereits vor meiner Verheiratung verloren.«
»Das bilden Sie sich nur ein. Aber mißverstehen Sie mich nicht, ich meinte nur Neugierde wegen des Päckchens, das ich zurückgelassen hatte. Sie müssen doch gemerkt haben, daß ich den Inhalt nicht zum Segen meiner Verwandten gekauft habe.«
»Es wäre besser, wenn Sie es ihnen jetzt brächten.«
»Noch nicht.« Und als sie nichts erwiderte, zuckte er mit den Achseln, stand auf und zog seinen Mantel an. »Hassen Sie mich ruhig, daß ich es wieder sage, aber Sie sind eine sehr anziehende Frau. Diesmal werde ich mein Paket nicht vergessen.« Er ging zur Tür, wandte sich um. »Darf ich trotzdem morgen wieder zum Abendessen kommen?«
Sie lachte. »Wenn Sie meine Küche nicht leid geworden sind.«
»Noch nicht.« Und er kicherte. »Gute Nacht. Gutnacht, Kleiner. Es muß eine Freude sein, so einen Sohn zu haben.« Er ging hinaus.
Mit einem gezwungenen Lächeln auf den Lippen lauschte sie dem Geräusch seiner sich entfernenden Schritte. Dann zogen sich ihre Brauen verächtlich zusammen. »Sie sind alle gleich!« Einen Augenblick starrte sie mit besorgten Augen vor sich hin. Dann glättete sich ihre Stirn; sie neigte den Kopf und blickte David in die Augen. »Hast du einen Kummer? Du guckst so streng.«
»Ich mag ihn nicht«, gestand er.
»Na schön, nun ist er fort«, sagte sie beschwichtigend. »Reden wir nicht mehr von ihm. Wir wollen nicht mal Vater sagen, daß er hier gewesen ist, sollen wir das?«
»Ja.«
»Dann laß uns zu Bett gehen, es ist schon spät.«

VII

Eine weitere Woche war vergangen. Die beiden Männer hatten gerade zusammen das Haus verlassen. Mit einer Art ärgerlichen Lachens trat seine Mutter zur Tür und machte sich am Riegel des Schlosses zu schaffen. Endlich schob sie ihn weg. Die verbogene Zunge sprang in ihre Kerbe.

»Ach, was für ein Unsinn!« Sie schloß wieder auf, sah zum Licht auf und dann zu den Fenstern.

David wurde immer unruhiger. Warum mußten die Donnerstage immer so rasch kommen? Allmählich haßte er sie ebensosehr wie die Sonntage.

»Warum müssen sie für alles Beweise haben, bevor sie sich zufriedengeben?« Ihre Lippen zogen sich zusammen und glätteten sich wieder. »Schön, da bleibt nichts anderes übrig, als fortzugehen. Spülen kann ich später.« Sie öffnete die Tür und schaltete das Licht aus.

Verwirrt folgte David ihr in den kalten, gaserleuchteten Hausflur.

»Wir gehen rauf zu Mrs. Mink.« Sie warf einen hastigen Blick über das Geländer. »Du kannst mit deinem Freund Jussie spielen.«

David hätte gerne gewußt, warum sie das erwähnen mußte. Er hatte kein Wort davon gesagt, daß er mit Jussie spielen wollte. Er verspürte nicht einmal Lust dazu. Warum sagte sie nicht einfach, sie liefe weg, statt ihm ein Schuldgefühl zuzuschieben. Er wußte, wen sie suchte, wenn sie über das Geländer hinwegspähte.

Seine Mutter klopfte an die Tür. Es wurde geöffnet. Mrs. Mink stand auf der Schwelle. Beim Anblick seiner Mutter strahlte sie vor Vergnügen.

»Hallo, Mrs. Schearl! Hallo, hallo! Kommen Sie rein!« Aufgeregt kratzte sie in ihrem glanzlosen, schwarzen Haar.

»Ich hoffe, mein Besuch kommt Ihnen nicht ungelegen.« Seine Mutter lächelte entschuldigungsheischend.

»Nein, so wahr ich lebe!« Mrs. Mink fiel ins Jiddische. »Sie sind herzlich willkommen! Ein Gast – der seltenste, den ich habe!« Sie zog einen Stuhl heran. »Setzen Sie sich.«

Mrs. Mink war eine flachbrüstige Frau mit gelblicher Haut und gewöhnlichen Zügen. Sie hatte schmale Schultern und hagere Arme. Jedes Mal, wenn David sie sah, wunderte er sich, wie die dünne Haut ihres Halses die schweren, schwellenden Adern festhalten konnte.

»Ich dachte, ich würde nie das Vergnügen haben, Sie bei mir zu sehen«, fuhr sie fort. »Erst kürzlich sagte ich unserer Hauswirtin – Schauen Sie, Mrs. Schearl und ich sind Nachbarn, aber wir wissen nichts voneinander. Ich wage sie nicht einmal heraufzubitten. Ich habe Bedenken. Sie sieht so stolz aus.«
»Ich und stolz?«
»Ja, nicht stolz, edel! Sie gehen mit erhobenem Kopf – so! Und selbst wenn Sie zum Markt gehen, kleiden Sie sich wie eine Dame. Ich habe Sie oft vom Fenster aus beobachtet und zu meinem Mann gesagt – Komm her! Schau, das ist sie! Siehst du, wie groß sie ist? Er ist im Augenblick nicht zu Hause, mein Bild von einem Gatten, er arbeitet bis spät im Juwelierladen. Ich weiß, er wird es bedauern, Sie nicht getroffen zu haben.«
David merkte, daß er Mrs. Minks reißenden Redeflusses rasch müde wurde, und als er sich umblickte, sah er, daß Annie ihn beobachtete. Jussie war nirgends zu sehen. Er zupfte seine Mutter an der Hand, und als sie sich zu ihm hinabbeugte, fragte er nach ihm.
»Jussie?« Mrs. Mink unterbrach sich gerade lange genug, um sagen zu können: »Er schläft.«
»Wecken Sie ihn aber bitte nicht«, sagte seine Mutter.
»Schon gut. Ich muß ihn ohnehin gleich zum Brotholen ins Delikatessengeschäft schicken. Jussele!« rief sie.
Seine einzige Antwort war ein grollendes Gähnen.
»Er kommt gleich«, sagte sie beteuernd.
Nach wenigen Minuten kam Jussie heraus. Einer seiner Strümpfe war heruntergerutscht, und er trat darauf und schlurfte schlaftrunken einher. Er blinzelte, beäugte einen Moment argwöhnisch Davids Mutter und schlich sich dann an David heran: »Warum ist deine Mutter hier?«
»Sie ist gerade gekommen.«
»Warum ist sie gekommen?«
»Weiß nicht.«
In diesem Augenblick humpelte Annie herbei. »Zieh deinen Strumpf hoch, du Schlamper!«
Gehorsam zog Jussie seinen Strumpf in die Höhe. David konnte nicht umhin festzustellen, wie steif und hohl der weiße Strumpf in dem Gestell an Annies eigenem Bein hing.
»Du willst also bei uns bleiben?« fragte Jussie begierig.
»Ja.«

»Hurra! Komm rein ins Vorderzimmer.« Er packte Davids Arm. »Ich hab' ein ...«

Aber David blieb stehen. »Ich gehe ins Vorderzimmer, Mama.«

Von der schwatzenden Mrs. Mink wegblickend, lächelte Davids Mutter ihn in leiser Verzweiflung an und nickte.

»Wart, bis ich dir gezeigt habe, was wir haben.« Jussie zerrte ihn ins Vorderzimmer.

Während Jussie aufgeregt weiterquasselte, blickte David umher. Er war nie in Jussies Vorderzimmer gewesen; Annie hatte ihm immer den Weg versperrt, als sei das verbotener Grund, nun sah er einen Raum, von einer Gasdeckenbeleuchtung erhellt und angefüllt mit dunklen, gediegenen Möbeln. In der Mitte des Zimmers stand ein runder Tisch mit einer Glasplatte und rundherum gleichfalls dunkel gebeizte Stühle. An einer Wand stand ein Büfett, an einer anderen ein Schreibtisch, ein Frisiertisch an einer dritten, Glasschränkchen füllten die Ecken. Alles war behäbig, alle Möbelstücke standen auf den gleichen gedrehten, bombastischen Füßen. An den Wänden über den Möbeln hingen zwei Paar vergilbter Porträts, zwei Brustbilder runzliger Frauen mit unnatürlichen Massen schwarzen Haars und zwei Brustbilder alter Männer, die Schläfenlocken unter ihren Schädelkäppchen und Kinnbärte trugen. Mit dem Ausdruck düsterer Feindseligkeit in ihren flachen Gesichtern blickten sie auf David herunter. Den Weg zum Fenster versperrte ein geblähter roter Plüschsessel, bestickt mit aufgeregt flatternden bunten Papageien. Eine große Puppe in einem violetten Kleid mit leerem Gesichtsausdruck und goldenen Locken saß auf einem der Glasschränkchen. Nach seinem eigenen spärlich möblierten Vorderzimmer fühlte David sich nicht nur verwirrt, sondern seltsam angeheimelt.

»Es ist im Wandschrank im Schlafzimmer meiner Mutter«, fuhr Jussie fort. »Wart nur, ich zeig's dir.«

Er verschwand in der Dunkelheit des angrenzenden Schlafzimmers. David hörte ihn eine Tür öffnen und eine Minute lang kramen. Als er zurückkehrte, trug er einen merkwürdigen Eisenkäfig in den Händen.

»Weißt du, wofür das ist?« Er hielt ihn David unter die Nase.

David musterte das Ding eingehend. »Nein. Wofür ist es?«

»Es kann Ratten fangen, das kannst du damit machen. Siehst du diese kleine Tür? Da geht die Ratte rein.« Er öffnete eine schmale Metalltür an der Vorderseite der Falle.

»Erst hängst du hier was hin, an den kleinen Haken. Dann läuft die Ratte rein. Da war eine fette Ratte im Haus, du konntest sie nachts hören, drum hat mein Vater das da gekauft, und meine Mutter hat Schmalz vom Fleisch reingetan, dann kommt die Ratte rein, und am Morgen schaue ich unters Waschbecken und uuuh, da war sie und rannte hin und her.« Aufgeregt schüttelte Jussie die Falle hin und her. »Und ich ruf' meinen Vater, und er steht aus dem Bett auf und füllt das Waschbecken und eeh!, die Ratte rennt drin rum und rennt im Wasser rund und rund. Und dann hört sie auf. Und dann holt mein Vater sie raus und steckt sie in eine Tüte und wirft sie aus dem Fenster. Buff! Sie fiel in den Rinnstein. Oh, das war eine Ratte! Meine Mutter rannte herum und herum, und hinterher spuckte mein Vater dauernd in den Ausguß. Kscha!«
Angewidert wandte sich David ab.
»Siehst du, ich hab' dir ja gesagt, ich hätte dir was zu zeigen. Schau, so schließt man sie ab.« Er schlug die kleine Eisentür zu. »Wir haben's nicht gehört, weil alle geschlafen haben. Ratten kommen nur im Dunkeln, wenn du sie nicht sehen kannst und du nicht weißt, wo sie herkommen, sie kommen aus dem Keller. Drum wohnen sie auch im Keller – alle Ratten.«
Der Keller! Das erklärte es. Der Augenblick der Angst, wenn er um den untersten Treppenabsatz bog, bevor er auf die Straße hinaustrat. Von jetzt ab würde er doppelt soviel Angst haben.
»Was macht ihr da?« Sie fuhren bei der störenden Stimme zusammen. Annie kam herein. Ihr Gesicht war verzerrt vor Abscheu.
»Iii! Du dummer Blödian! Stell's weg. Sonst rufe ich die Mama!«
»Ach was, laß mich in Ruhe.«
»Willst du's endlich wegpacken?« kreischte sie.
»Ach was, scheiß die Wand an«, brummte Jussie verdrossen. »Man kann überhaupt nichts machen.« Trotzdem trug er die Rattenfalle ins Schlafzimmer zurück.
»Wozu hast du dir's denn zeigen lassen?« fragte sie David ärgerlich. »So ein Hammel!«
»Ich hab' ja nicht gewußt, was es war«, stammelte er.
»Du hast nicht gewußt, was es war! Du bist auch ein Blödian!«
»Hau endlich ab.« Jussie kehrte aus dem Schlafzimmer zurück. »Laß uns in Ruhe.«
»Nein, das werde ich nicht«, sagte sie barsch. »Das ist mein Vorderzimmer.«

»Der will aber nicht mit dir spielen. Er ist mein Freund.«
»Wer will schon was von ihm!«
»Was steckst du dann deine Nase hier rein?«
»Puuuh!« Sie ließ sich auf einen Stuhl plumpsen. Der Metallrahmen klapperte unangenehm gegen das Holz.
David wünschte, sie hätte lange Männerhosen tragen können.
»Komm mit zum Fenster.« Jussie führte ihn durch einen Engpaß zwischen den Möbeln. »Wir müssen die Feuerwehr sein. Wir können das Feuer in einem Haus löschen.« Er deutete auf den Schreibtisch. »Willst du?«
»Na gut.«
»Und wir können auf dem Schlauch herunterrutschen, und wir können einen Feuerwehrwagen haben, und ich werde der Fahrer sein. Willst du?«
»Ja.«
»Dann wollen wir uns Feuerwehrhelme machen. Warte, ich hole Papier in der Küche.« Er rannte fort.
Annie rutschte von ihrem Stuhl herunter und kam herüber. »In welcher Klasse bist du?«
»1 A.«
»Ich bin in 4A«, sagte sie hochmütig. »Ich habe schon eine übersprungen. Und nun bin ich die Beste in meiner Klasse.«
David war beeindruckt.
»Meine Lehrerin heißt Miss McCardy. Sie ist die beste Lehrerin in der ganzen Schule. Sie hat mir drei Einsen gegeben.«
Mittlerweile war Jussie mit mehreren Bogen Zeitungspapier zurückgekehrt.
»Was willst du machen?« fragte sie.
»Was geht das dich an!« forderte er sie heraus. »Wir werden Feuerwehrmänner sein.«
»Kannst du ja gar nicht.«
»Nein?« fragte Jussie ärgerlich. »Warum können wir das nicht?«
»Weil ihr's nicht könnt, darum! Weil ihr damit die ganzen Möbel verkratzt.«
»Wir verkratzen gar nichts!« brauste Jussie auf und wirbelte enttäuscht das Zeitungspapier durch die Luft. »Und jetzt spielen wir.«
»Könnt ihr nicht!«
»Wir werden's aber!«
»Ich geb' dir eine Minute«, sagte sie drohend.

»Aa! Was sollen wir denn dann spielen?«
»Ihr könnt ja Lotto spielen.«
»Ich will kein Lotto spielen«, quängelte er.
»Dann spielt Schule.«
»Ich mag nicht Schule spielen.«
»Dann spielt eben nichts!« sagte sie abschließend.
Eine dicke Speichelblase quoll aus Jussies Lippen, als er mit gesenktem Kopf plärrte. »Ich werd's der Mama sagen!«
»Sag's ihr doch! Sie wird dir eine Ohrfeige geben!« Und sie wirbelte bedrohlich zu David herum. »Und was willst du spielen?«
»Ich weiß nicht.« Er zuckte zurück.
»Kennst du gar keine Spiele?« fauchte sie.
»Ich – ich kenne Kriegenspielen, und ich kenne, ich kenne Versteckspielen.«
Jussie lebte wieder auf. »Dann wollen wir Versteckspielen.«
»Nein!«
»Und du auch!« Er schmeichelte verzweifelt. »Los doch, du auch.«
Annie überlegte noch einmal.
»Los, ich bin's!« Und schon lehnte er das Gesicht gegen die Schreibtischkante und begann zu zählen.
»Geht und versteckt euch!« Er brach ab.
»Warte!« schrie Annie und humpelte weg. »Zähl bis zwanzig!«
David lief hinter den Sessel.
Er wurde als erster gefunden und war daher als nächster »dran«. Nach einem Weilchen wurde das Spiel sehr aufregend. Da David sich in der Wohnung nicht gut auskannte, ergab es sich mehrmals, daß er sich mit Jussie versteckte, wenn Annie dran war, und mit dieser, wenn Jussie suchen mußte. Sie hatten sich in verbarrikadierten Ecken und hinter der Schlafzimmertür versteckt.
Indessen, gerade als das Spiel seinen Höhepunkt erreichte, rief plötzlich Mrs. Minks Stimme aus der Küche:
»Jussele! Jussele, mein Schatz, komm zu mir!«
»Aa!« kam von irgendwoher Jussies verbittertes Blöken.
David, der gerade »dran« war, hörte auf zu zählen und drehte sich um.
»Jussie!« rief Mrs. Mink wieder, doch diesmal schriller.
»Man kann nichts machen«, grollte Jussie und kroch unter dem Schreibtisch hervor. »Was willst du?« bellte er.
»Komm hierher. Du mußt eine Minute für mich runtergehen.«

Annie, die offenbar bemerkt hatte, daß das Spiel vorläufig aus war, kam aus dem angrenzenden Schlafzimmer. »Muß er runtergehen?«
»Ja«, antwortete er scheu, »um Brot zu holen.«
»Dann können wir also nicht spielen.«
»Nein. Dann gehe ich wieder zu meiner Mutter.«
»Bleib hier«, befahl sie. »Wir spielen weiter. Wart, bis Jussie zurück ist.«
Die Stimmen aus der Küche deuteten darauf, daß Jussie überredet worden war. Er erschien wieder in Mantel und Hut. »Ich geh' runter«, verkündete er, und fort war er. Eine unbehagliche Pause folgte.
»Wir können nicht spielen, bis er wieder da ist«, erinnerte David sie.
»Freilich können wir.«
»Was?«
»Was du willst.«
»Ich weiß nicht was.«
»Du weißt was.«
»Was?«
»Du weißt es«, sagte sie geheimnisvoll.
Das war also das Spiel. David war froh, die Regeln so rasch verstanden zu haben.
»Ja, ich weiß«, antwortete er im gleichen geheimnisvollen Ton.
»Ja?« Gespannt blickte sie ihn an.
»Ja!« Er blickte sie ebenso gespannt an.
»Du willst also?«
»Ja!«
»Du willst also wirklich?«
»Ja, ich will wirklich.« Es war das leichteste Spiel, das er je gespielt hatte. Annie war also gar nicht so beängstigend.
»Wo?«
»Wo?« wiederholte er.
»Im Schlafzimmer«, flüsterte sie.
Und sie ging wirklich hin.
»Los doch.« Sie winkte ihm, kichernd.
Er folgte ihr. Die Sache war ein Rätsel.
Sie schloß die Tür: verwirrt stand er da in der Dunkelheit.
»Komm«, sie nahm seine Hand. »Ich zeig' es dir.«
Er hörte sie im Dunkeln herumtasten. Das Geräusch einer sich öffnenden unsichtbaren Tür. Die Schranktür.
»Hier hinein«, flüsterte sie.

Was kam nun? Sein Herz begann zu rasen.
Sie zog ihn hinein, schloß die Tür. Finsternis, riesig und ranzig, vermischt mit dem muffigen Geruch alter Mottenkugeln.
Ihr Atem in dem engen Kabuff ging laut wie ein Sturmwind, der stieß und stieß. Sein Herz klopfte in seinen Ohren. Sie kam näher, drückte ihn sanft mit den eisernen Schienen ihres Gestells. Er hatte Angst. Vor dem Druck ihres Körpers wich er weich zurück. Etwas geriet unter seinen Füßen ins Rollen. Was? Er wußte es sofort und fuhr angeekelt zurück – die Falle!
»Sch!« warnte sie. »Umarm mich!« Sie tastete nach seinen Händen.
Er legte seine Arme um sie.
»Und jetzt küssen.«
Seine Lippen berührten die ihren, einen schlammweichen Punkt in der weiten Dunkelheit.
»Wie spielst *du* schlecht?« fragte sie.
»Schlecht? Ich weiß nicht«, stammelte er.
»Soll ich dir's zeigen, wie ich's spiele?«
Er war stumm, entsetzt.
»Du mußt mich fragen«, sagte sie. »Los, frage mich.«
»Was?«
»Du mußt sagen: Willst du schlecht spielen? Sag's!«
Er zitterte. »Willst du schlecht spielen?«
»Jetzt hast *du's* gesagt«, flüsterte sie. »Vergiß das nicht, du hast es gesagt.«
Nach der Betonung ihrer Worte wußte David, daß er eine schlimme Schwelle überschritten hatte.
»Wirst du's weitersagen?«
»Nein«, erwiderte er schwach. Es war seine Schuld.
»Schwörst du's?«
»Ich schwöre es.«
»Weißt du, wo Kinder herkommen?«
»N–nein.«
»Vom *knisch*.«
»Knisch?«
»Zwischen den Beinen. Wer ihn hineinsteckt, ist der Papa. Der Papa hat den *petzel*. Du bist der Papa.« Sie kicherte verstohlen und nahm seine Hand. Er fühlte, wie sie sie unter ihren Rock führte, dann unter eine taschenartige Klappe. Ihre Haut unter seiner Handfläche. Angewidert fuhr er zurück.

»Du mußt!« beharrte sie, seine Hand ziehend. »Du hast es gewollt!«
»Nein!«
»Tu deine Hand in meinen *knisch*«, schmeichelte sie. »Nur einmal.«
»Nein!«
»Und ich halte deinen *petzel.*« Sie griff danach.
»Nein!« Er bekam eine Gänsehaut.
»Dann umarm mich wieder.«
»Nein! Nein! Laß mich raus!« Er stieß sie weg.
»Warte. Jussie denkt, wir haben uns versteckt.«
»Nein! Ich will nicht!« Er hatte es fast geschrien.
»Dann geh!« Sie gab ihm einen wütenden Stoß.
Aber David hatte bereits die Tür geöffnet und war draußen.
Sie packte ihn, als er das Schlafzimmer durchquerte. »Wenn du was erzählst!« flüsterte sie giftig. »Wo gehst du hin?«
»Ich geh' zu meiner Mama.«
»Bleib hier! Ich töte dich, komm rein!« Sie schüttelte ihn.
Er wollte weinen.
»Und heul nicht«, warnte sie wild, dann versuchte sie ihn verzweifelt festzuhalten: »Bleib hier, ich erzähl' dir eine Geschichte. Du darfst Feuerwehr spielen. Du sollst auch einen Helm haben. Du darfst auch auf die Möbel klettern. Bleib aber hier!«
Er stand still und beobachtete sie starr, halb hypnotisiert von ihren wilden, erschrockenen Augen. Die Wohnungstür ging auf. Jussies Stimme in der Küche.
Einen Augenblick später kam er herein und riß sich atemlos den Mantel ab.
»Ich hab' einen Penny«, jauchzte er.
»Du kannst Feuerwehr spielen, wenn du willst«, sagte sie streng.
»Im Ernst? Wirklich? Hurra! Los, Davy!«
Aber David zögerte. «Ich will nicht spielen.«
»Komm schon.« Jussie griff nach einem Zeitungsblatt und stieß es ihm in die Hände. »Wir müssen einen Helm machen.«
»Geh und mach einen Helm«, befahl Annie.
Eingeschüchtert und fast wimmernd, begann David das Blatt zu einem Helm zusammenzufalten.
Dann spielte er lustlos, ein Auge stets auf Annie, die jede seiner Bewegungen beobachtete. Jussie war ungehalten.
»David!« Die Stimme seiner Mutter rief ihn.
Endlich Befreiung! Mit einem Schrei der Erleichterung riß er sich

den Feuerwehrhelm ab, rannte über die Stufen des Vorderzimmers in die Küche. Da stand seine Mutter; sie schien gehen zu wollen. Er preßte sich an ihre Hüfte.

»Wir müssen jetzt gehen«, sagte sie lächelnd, zu ihm hinunterschauend. »Sag deinen Freunden gute Nacht.«

»Gute Nacht«, murmelte er.

»Bitte nicht so überstürzt«, sagte Mrs. Mink. »Es war solch eine Freude, Sie hier zu haben.«

»Ich muß aber wirklich gehen. Er müßte längst im Bett sein.«

David hatte nichts Eiligeres zu tun, als seine Mutter verstohlen zur Tür zu zerren.

»Diese Stunde war ich im siebten Himmel«, sagte Mrs. Mink. »Sie müssen öfters kommen! Ich habe nie viel zu tun.«

»Vielen Dank.«

Sie eilten die zugige Treppe hinunter.

»Ich hab' gehört, wie ihr im Vorderzimmer gespielt habt«, sagte sie. »Der Besuch hat dir sicherlich Spaß gemacht.«

Sie schloß die Tür auf, zündete die Gasbeleuchtung an.

»Lieber Gott! Wie kalt es hier geworden ist.« Sie nahm den Schürhaken, kauerte sich vor den Ofen und stocherte die tote Glut durch den Rost hindurch. »Bin froh, daß es dir gefallen hat. So hat wenigstens einer von uns dem Abend ein bißchen Vergnügen abgerungen! Welch verrückter Einfall! Und diese Mrs. Mink. Hätt' ich gewußt, daß sie so viel redet, keine hundert Pferde hätten mich da hinaufgebracht!« Sie hob den Kohleneimer und schüttete heftig Kohlen in den Ofen. »Ihre Zunge drehte sich wie die Spule einer Nähmaschine – und dabei nähte sie nicht. Unglaublich! Mir schwamm alles förmlich vor den Augen.« Ungeduldig schüttelte sie den Kopf und stellte den Kohleneimer hin. »Mein Sohn, weißt du, daß deine Mutter eine Närrin ist? Aber du bist müde, nicht wahr? Ich bringe dich jetzt zu Bett.«

Und vor ihm kniend, begann sie seine Schuhe aufzuknöpfen. Als sie ihm die Strümpfe ausgezogen hatte, hob sie seine Beine, musterte sie einen Augenblick, dann küßte sie beide. »Gottlob, dein Körper ist gesund! Wie leid mir das arme Kind dort oben tut!«

Aber sie wußte nicht, was er wußte: daß die ganze Welt in tausend kleine Stücke auseinanderbrechen konnte, die alle summten, alle wimmerten, und niemand hörte sie, und niemand sah sie außer ihm.

VIII

Als David am nächsten Morgen erwachte, schien es ihm, als habe er eine lange Weile mit offenen Augen im Bett gelegen, ohne zu wissen, wer oder wo er war. Nie hatte sein Gedächtnis so lange gebraucht, um zurückzukehren. Fast fühlte er, wie sein Gehirn sich wie eine Flasche unter einem langsam laufenden Wasserhahn füllte. Widerwillige Antennen tasteten schwach in die Vergangenheit. Wo? Was? Eines nach dem anderen regten sich die Weberschiffchen, erwachten, webten den Morgen zur Nacht, die Nacht zum Abend. Annie! Oh! Verzweifelt schüttelte er den Kopf, doch die Erinnerung vermochte er nicht abzuschütteln.

Das Fenster ... Noch fiel Schnee durchs trübe Licht der Gasse, häufte sich weiß aufs Brett, überzog die Scheibe. David starrte eine Weile auf die fallenden Muster der Flocken. Sie fielen langsam und gerade, wenn man sie beobachtete, doch schnell und durcheinander, wenn man durch sie hindurchsah. Ihr eintöniges Sinken gab einem das seltsame Gefühl, höher und höher gehoben zu werden; er schwebte, bis ihm schwindlig wurde. Er schloß die Augen.

Irgendwo von der Straße kam der frostige Klang einer Schaufel, die auf dem steinigen Gehsteig scharrte, ein fernes, schläfriges Geräusch.

All das Lärmen, wenn die Welt den Schlaf zu suchen schien, machte ihn traurig. Warum mußte jemand den Schnee wegschaufeln; warum störte ihn jemand? Er hätte es lieber gesehen, wenn der Schnee das ganze Jahr liegengeblieben wäre. Das dünne Geräusch der Schaufel gab ihm ein Gefühl von trägem Groll. Er zog die Beine hoch und beugte den Kopf auf die Knie. Warmes Bettzeug, der Geruch von Schlaf.

Er wäre wieder eingenickt, doch die Tür ging auf. Seine Mutter kam herein und setzte sich auf den Bettrand.

»Schläfst du?« fragte sie, dann beugte sie sich über ihn und küßte ihn. »Es ist Zeit, daß du aufstehst und in die Schule gehst.« Seufzend zog sie die Bettdecke weg und setzte ihn auf. Noch voller Schlaf wimmerte er ein wenig, dann stand er auf, schaudernd, als seine Füße den kalten Fußboden berührten, und folgte ihr. Die Küche war warm. Sie streifte ihm das Nachthemd über den Kopf hoch und half ihm beim Anziehen. Als er gewaschen und gekämmt war,

setzte er sich zum Frühstück nieder. Er aß unbeteiligt und lustlos.
»Du scheinst nicht gerade hungrig zu sein«, sagte sie. »Du hast kaum die Haferflocken angerührt. Möchtest du mehr Milch?«
»Nein. Ich bin nicht hungrig.«
»Ein Ei?«
Er schüttelte den Kopf.
»Ich hätte dich nicht so lange auflassen sollen. Du siehst müde aus. Weißt du noch den merkwürdigen Traum, den du gestern nacht geträumt hast?«
»Ja.«
»Wie kam nur ein so merkwürdiger Traum zu dir?« sann sie. »Eine Frau mit einem Kind, das widerwärtig wird, eine Menschenmenge, die einer Amsel nachrennt. Ich verstehe es nicht. Aber mein Gott, wie laut du geschrien hast!«
Warum mußte sie ihn wieder daran erinnern! Und das lange Wachliegen hinterher. Annie!
»Warum stößt du nur so gegen den Tisch?«
»Ich weiß nicht.«
»Ist es Wachsweh?« Sie lachte. »Es heißt aber, sowas geschieht nur im Schlaf. Bist du wach?« Sie sah auf die Uhr. »Noch etwas Milch?«
»Nein.«
»Sonst kriegst du beim Mittagessen wieder welche«, warnte sie. »Aber jetzt ist es Zeit, daß du gehst.« Sie holte seine Gamaschen, kniete nieder und knöpfte sie ihm fest. »Soll ich mitkommen?«
»Ich kann allein gehen.«
»Vielleicht wartest du lieber auf Jussie oder seine Schwester.«
Der bloße Gedanke daran ließ ihn innerlich erschauern. Er wußte, er würde weglaufen, wenn er sie träfe. Er schüttelte den Kopf.
»Wirst du schnurstracks in die Schule hineingehen und nicht zu lange draußen im Schnee stehenbleiben?«
»Ja.« Er setzte seine Mütze auf und klappte die fellgefütterten Ohrenklappen herunter. Seine Bücher lagen auf dem Waschtisch.
»Dann auf Wiedersehen.« Sie beugte sich zu ihm herab und küßte ihn. »So ein gleichgültiger Kuß! Ich glaub' fast, du liebst mich heute morgen nicht.«
Aber David gab ihr keinen zweiten. Er machte einen Schritt auf die Wohnungstür zu, fuhr angstvoll zusammen, erinnerte sich, wandte sich um. »Mama, bitte laß die Tür auf, bis – bis ich fort bin, bis du mich drunten hörst.«

»Kind! Was ist los mit dir? Na schön, ich will's tun. Rumort der Traum immer noch in dir?«

»Ja.« Er war erleichtert, daß sie eine Entschuldigung für ihn erfunden hatte.

»Lauf jetzt lieber. Ich bleibe solange in der Türe stehen.«

Beschämt und doch durch ihre Anwesenheit in der Tür beruhigt, eilte David davon. Unten angekommen, war die Kellertür nach wie vor verschlossen. Mit Entsetzen schielte er hinunter, sein Herz schlug wild.

»Mama?« rief er.

»Ja.«

Er sprang die Treppe hinunter, nahm drei Stufen auf einmal, mehr als er je zuvor gewagt hatte, fiel auf die Knie, ließ sein Bücherbündel fallen, aber im nächsten Augenblick schoß er wieder auf seine Füße und raste wie ein gehetztes Tier zum bleichen Licht der Haustür.

Die stumme, weiße Straße wartete auf ihn, Schneewehen über dem Rand des Gehsteigs. Stille Tritte. Vor den Häusern wurden die frischgefegten schwarzen Flächen allmählich wieder grau. Flocken kalt auf den Wangen, belebend. Mit zusammengekniffenen Augen blickte er auf. Schwarz waren die Flocken in der Höhe, schwarz, bis sie die Höhe der Hausdächer erreichten. Dann plötzlich weiß. Warum? Eine Flocke blieb auf seinem Augenlid haften; er zwinkerte, die Augen tränend von der nassen Kühle, er senkte den Kopf. Schnee, von schreitenden Füßen zu rohen, rutschigen Schuppen getreten. Die Geländer vor Kellergeschossen glitten an ihm vorbei, auf ihnen weiße Rohre aus Schnee.

Im Vorübergehen wischte er eines davon blank. Eisig, sein Blut prickelnd, häufte sich der Schnee vor dem Pflug seiner Handfläche. Er drückte ihn zu einem Ball, warf ihn von einer Hand in die andere, bis er ihn fallen ließ.

Er bog um die erste Ecke am Ende der Straße, bog um die zweite. Würde es wieder da sein? Er beschleunigte den Schritt. Es hing noch immer dort neben dem Eingang. Das war der dritte Tag, an dem er es sah, und jedes Mal hatte er vergessen zu fragen, was es bedeutete. Was konnte es bedeuten? Die grünen Blätter waren halb verborgen vom Schnee; sogar die rote Schleife war bedeckt. Die ärmlichen weißen Blumen sahen erfroren aus. Nachdenklich starrte er sie an und ging weiter.

Er bog um die letzte Ecke. Kinderstimmen. Die Schule ein Stückchen weiter weg, auf der anderen Straßenseite.
Wenn er Annie sehen würde, was wollte er tun? Schau weg. Geh vorbei –
Muß hinüber. Vor ihm an der Ecke überschritten Kinder einen ausgetretenen Pfad im Schnee. Neben ihm das unbetretene Weiß der Fahrbahn. Er blieb stehen. Hier konnte er übersetzen. Kein einziger Fußabdruck, nur Wagenspuren. Lieber nicht. Der Schneewall am Bordstein war fast so hoch wie er. Doch niemand war vor ihm hinübergeklettert. Das würde ihm gehören, sein eigener Weg sein. Ja. Er nahm einen Anlauf, kam kaum über den ersten Wall, landete fast knietief im Schnee. Hinter ihm riefen ihm mehrere Stimmen nach, höhnten, aber er stapfte vorwärts, stapfte weiter bis ins weniger Tiefe. Hätte es nicht tun sollen! Er würde voller Schnee sein, naß. Aber wie wunderbar sauber alles ringsum war, weißer als alles, was er kannte, weißer als alles, weißer. Der zweite Schneewall, härter gehäuft als der erste; er kletterte hinauf, sank halb ein, sprang sicherheitshalber auf die andere Seite, wischte sich hastig ab. Der Gehsteigschnee gesprenkelt mit Salz, glattgetrampelt von Kinderfüßen, gerötet von Asche und schmutziger, je näher er der Schule kam.
Gehsteigschnee blieb nie weiß. Das Schulportal. Er trat ein.
Vorbeigehen, wenn er sie sah, vorbeirennen ...

IX

Endlich läutete die Dreiuhrglocke. Aus der Schule entlassen eilte er durch die sich prügelnde Menge lärmender Kinder. Er hatte weder Jussie noch Annie gesehen, und nun, wie zur Mittagszeit, stürzte er pfeilgeschwind den anderen Kindern voraus, aus Furcht, von einem der beiden überholt zu werden.
Es hatte zu schneien aufgehört, und obwohl Wolken noch das Licht trübten, war die Luft wärmer als am frühen Morgen. Neben dem Randstein hockten Schneeburgen, zur Hälfte gebaut in der Mittagspause, und warteten auf Vollendung. Eine lange Rutschbahn erstreckte sich wie ein schwarzes Band im Rinnstein. Wo der Schnee

von den Gehsteigen gefegt worden war, klebten hartnäckig heimtückische graue Eisflecken.
Er ging, so rasch er konnte, behutsam seine Füße setzend: Von Zeit zu Zeit blickte er hastig über seine Schulter zurück. Nein, sie waren nicht da. Er hatte sie abgeschüttelt. Er bog um eine Ecke, blieb mitten im Schritt stehen und starrte auf den seltsamen Anblick vor ihm; vorsichtig schlich er näher.
Eine Reihe schwarzer Wagen stand neben dem schneeüberhäuften Randstein. Er hatte derartige Wagen nie zuvor gesehen. Aber was war der vor dem Haus, dieser merkwürdige Wagen, viereckig und schwarz mit Fenstern an den Seiten? Schwarze Federbüsche auf den Pferden. Warum flüsterten die kleinen Menschengruppen neben dem Eingang so leise und reckten die Hälse, um in den Hauseingang zu spähen? Über der Straße standen in allen Nachbarhäusern die Fenster offen, Männer und Frauen lehnten heraus. In einem von diesen gestikulierte eine Frau zu jemandem hinter ihr. Ein Mann trat vor, verstohlen grinsend, tätschelte ihre vorspringende Hüfte und schob sich an die Stelle neben ihr. Worauf starrten sie alle? Was kam aus dem Haus? Plötzlich fiel es ihm ein. Hier waren die Blumen gewesen! Ja, er kannte den Eingang. Weiß, Pilaster. Blumen! Was? Er suchte jemanden, den er fragen konnte, aber er sah niemanden in seinem Alter. Neben einem der Wagen stand eine kleine Gruppe von Männern, alle gleich gekleidet in langen, schwarzen Mänteln und hohen Hüten. Die Kutscher. Die allein schienen ungerührt, doch sogar sie sprachen leise. Vielleicht konnte er hören, was sie sagten. Er schlich näher, spitzte die Ohren.
»Und was, glaubst du, hatte er die Unverschämtheit mir zu sagen?« Ein Mann mit einem roten, wetterfesten Gesicht war der Sprecher, Rauch von seiner Zigarette schien seine Worte hervorzulocken. »Er sagt, warum bleibst du stehen? Ist das nicht zum Kotzen?«
Sein Blick suchte Bestätigung bei den anderen. Ihre Augen nickten Zustimmung.
Gerechtfertigt fuhr der Mann fort, aber langsamer und mit größerem Nachdruck. »Seine Deichsel fährt mir in meinen Gaul, und er krakeelt, warum hältst du? Ich hätte ihm in die Fresse spucken können, dem Esel!«
»Und schon zum zweiten Mal, oder?« fragte ein anderer.
»Zum zweiten Mal, mein Guter«, gab der erste mit wütender Verachtung zurück. »Es ist das dritte Mal. War nicht Jeff der erste,

den er gerammt hat, und war Tony nicht der zweite? Und gestern mich!«

»Hee!« Ein anderer Mann stieß jäh seinen Nachbarn an. »Da kommt das Ruderboot!«

Hastig ihre Zigaretten wegwerfend, liefen sie auseinander, und ein jeder schwang sich auf den Bock seines Wagens.

Noch verwirrter als bisher, drängte David näher an den Hauseingang. Ein Mann mit einem hohen, schwarzen Hut auf dem Kopf war gerade herausgetreten, stand auf der Stufe und blickte besorgt in den Hausgang. Die Menge verstummte und drängte wie schutzsuchend aneinander. Schrecken schien aus dem Hauseingang zu dringen. Auf ein Zeichen von dem Mann im hohen Hut wurden die Türen an der Hinterseite des merkwürdigen Wagens aufgeschlagen. In seinem düsteren Innern schimmerte Metall, troddelverzierte Vorhänge schlossen das Licht aus. Plötzlich, im Hauseingang, ein kratzendes Geräusch und langsames Scharren von Füßen. Ein leises Stöhnen tönte aus der Menge.

»Er kommt!« flüsterte eine weibliche Stimme und reckte den Hals.

Gefühl der Trostlosigkeit. Angst.

Zwei Männer kamen heraus, sie mühten sich unter dem vorderen Ende einer riesigen, schwarzen Kiste, dann zwei weitere am hinteren Ende. Mit hochroten Gesichtern traten sie behutsam die Stufen hinunter, rückten zum Wagen vor, legten ein Ende der Kiste auf den Wagenboden.

Das war . . .! Ja. Das war! Plötzlich begriff er. Mama sagte – Darin! Ja! Ein Mensch! Innen! Eiskalt erstarrte sein Fleisch.

»Langsam«, mahnte der Mann im schwarzen Hut.

Sie schoben die Kiste hinein und stolperten halb hinterher. Sie knirschte leise und glitt mühelos vorwärts, wie auf Schienen oder Rollen. Der Mann, der die Türen geöffnet hatte, stieß eine lange, versilberte Nadel in ein Loch hinter der Kiste, dann schloß er die Türen mit einer einzigen geschickten Bewegung. Auf ein Nicken von dem Mann im schwarzen Hut rollte der Wagen kurz vorwärts, dann hielt er an. Ein zweiter Wagen fuhr vor dem Haus vor.

Gestützt von zwei Männern kam eine Frau in Schwarz, gebeugt und verschleiert, schluchzend aus dem Haus. Die Menge murmelte, eine Frau wimmerte. David hatte noch nie ein schwarzgesäumtes Taschentuch gesehen. Ihres schien weiß wie der Schnee.

Kinderstimmen. Er blickte um sich.

Annie und Jussie standen da und starrten die Frau an, als sie in den Wagen stieg. Er schauderte, alles zog sich in ihm zusammen, er schlich sich hinter die Menge und rannte los.
Vor dem Eingang seines Hauses blieb er stehen, spähte hinein, trat zurück. Was sollte er jetzt tun? Als er zur Mittagszeit sich dem Haus näherte, hatte er Mrs. Nerrick, die Hausbesitzerin, die Stufen der Vortreppe erklimmen sehen. Wie ein Wahnsinniger rennend, hatte er sie eingeholt und war am Keller vorbeigelaufen, bevor sie ihre Tür geschlossen hatte. Aber jetzt war niemand in Sicht. Jeden Augenblick konnten Annie und Jussie um die Ecke biegen. Er mußte hinein – bevor sie ihn sahen –, aber die Dunkelheit, die Tür, die Dunkelheit. Der Mann auf dem Wagenbock. Allein. Er mußte.
Mach ein Geräusch. Mach Lärm ... Er setzte sich in Bewegung. Was? Lärm. Irgendwelchen.
»Aaaaaaah! Ooooooh!« stammelte er. *»My country 'tis of dee!«* Er lief los. Die Kellertür. Lauter. *»Sweet land of liberty.«* Er schrillte es und wirbelte der Treppe entgegen. *»Of dee I sing.«* Seine Stimme stieg zu Gekreisch an. Seine Füße trommelten auf der Treppe. Hinter ihm die ungeheuerliche Horde des Entsetzens. *»Land where our fodders died!«* Der Treppenabsatz; er machte einen Sprung zur Tür, warf sich gegen sie – stieß sie auf, schlug sie zu und stand, keuchend vor Schrecken.
Da stand seine Mutter und schaute ihn mit staunend aufgerissenen Augen an. »Warst du das?«
Den Tränen nahe senkte er den Kopf.
»Was ist denn?«
»Ich weiß nicht«, wimmerte er.
Sie lachte hoffnungslos und setzte sich. »Komm hierher, du seltsames Kind. Komm her. Du bist ja schneeweiß!«
David ging zu ihr und sank an ihre Brust.
»Du zitterst ja!« Sie streichelte sein Haar.
»Ich habe Angst«, murmelte er an ihrem Hals.
»Immer noch Angst?« sagte sie beschwichtigend. »Verfolgt dich immer noch der Traum?«
»Ja.« Trockenes Schluchzen schüttelte ihn. »Und noch was.«
»Was denn?«
Sie drückte ihn mit ihrem ihn umfangenden Arm an sich. In die andere Hand nahm sie seine beiden Hände.
»Was?« murmelte sie. Ihr weicher Lippendruck gegen seine Schläfen

schien nach innen zu sinken, abwärts, und strahlte eine Ruhe und Süße aus, die nur sein Körper erfassen konnte. »Was noch?«
»Ich habe einen – einen Mann gesehen, der in einer Kiste war. Du hast mir's mal gesagt.«
»Was? Wo?« Ihr verblüfftes Gesicht erhellte sich. »Ein Begräbnis. Gott schenk uns Leben! Wo war es?«
»Um die Ecke.«
»Und das hat dich erschreckt?«
»Ja. Und der Eingang war dunkel.«
»Ich verstehe.«
»Wirst du im Eingang warten, wenn ich dich nächstes Mal rufe?«
»Ja. Ich warte, sooft du willst.«
David seufzte tief und zitternd vor Erleichterung und küßte dankbar ihre Wange.
»Tät' ich das nicht«, lachte sie, »würde Mrs. Nick, die Hausbesitzerin, uns auf die Straße setzen. Ich hab' nie in meinem Leben ein solches Getöse von Füßen gehört.« Als sie seine Gamaschen aufgeknöpft hatte, stand sie auf und setzte ihn auf einen Stuhl. »Setz dich, Liebling. Es ist Freitag, ich hab' so viel zu tun.«
Eine Weile saß David still und schaute ihr zu, fühlte, wie sein Herz sich beruhigte, dann wandte er sich um und blickte aus dem Fenster. Jetzt fiel fadenfeiner Regen und schraffierte die Fenster mit ziellosen Linien. Im Hinterhof wurde der Schnee im Regen langsam aus Weiß zu Grau. Blauer Rauch schlug abwärts, strebte aufwärts, zerfloß. Dann und wann krachte das Haus, wenn der Wind sich in die Seitengasse hinein- und wieder herausdrängte. Durch Nebel und Regen von einem fernen Fluß herbeigetragen, tutete eine Schiffssirene und löste ein seltsames Echo im Herzen aus ...
Freitag. Regen. Schulschluß. Nun konnte er zu Hause bleiben, zu Hause bleiben und nichts tun, den ganzen Nachmittag bei seiner Mutter bleiben. Er wandte sich vom Fenster weg und betrachtete sie. Sie saß vor dem Tisch und schälte rote Rüben. Der erste Schnitt in eine Rübe war, als höbe sie einen Ring von einem winzigen Herd. Plötzlicher Purpur unter der Schale; ihre Hände bekamen Flecken davon. Über ihrer blau-weiß-karierten Schürze war ihr Kopf gesenkt, in ihre Arbeit vertieft, ihre Lippen ernst aufeinandergepreßt. Er liebte sie. Er war wieder glücklich.
Seine Augen wanderten durch die Küche: das Durcheinander des Freitagnachmittags. Töpfe auf dem Herd, Schalen im Ausguß, Mehl

verschmiert auf dem Nudelholz, dem Brett. Die Luft war warm, verschwistert mit vielen Gerüchen. Seine Mutter stand auf, wusch die roten Rüben, ließ sie abtropfen, stellte sie auf die Seite.

»So!« meinte sie. »Jetzt kann ich anfangen aufzuräumen.«

Sie machte den Tisch frei, spülte die schmutzigen Teller, leerte die Schalen, die den Ausguß verstopften, in den Abfalleimer. Dann kniete sie nieder und putzte den Fußboden auf allen vieren. Mit hochgezogenen Knien sah David zu, wie sie das Linoleum unter seinem Stuhl wischte. Der Schatten zwischen ihren Brüsten, wie tief! Wie weit es – Nein! Nein! Luter! Wenn er hinsah! Damals abends! Das darf man nicht! Darf man nicht! Sieh weg! Rasch! Sieh auf – sieh auf das Linoleum da, wie es unter der dünnen Wasserschicht glänzt.

»Jetzt mußt du aber sitzen bleiben, bis es trocknet«, warnte sie ihn, streckte sich und strich sich die wenigen Haarsträhnen zurück, die ihr über die Wange gefallen waren. »Es dauert nur ein paar Minuten.« Sie beugte sich vor, ging rückwärts zu den Stufen, zog den Wischbesen über die Fußspuren, dann ging sie ins Vorderzimmer.

Allein gelassen, befiel ihn wieder Trostlosigkeit. Seine Gedanken kehrten zu Luter zurück. Er sollte heute abend wiederkommen. Warum? Warum blieb er nicht weg? Mußten sie jeden Donnerstag fortlaufen? Zu Jussies Wohnung hinaufgehen? Mußte er wieder mit Annie spielen? Er wollte es nicht mehr. Er wollte sie nie wiedersehen. Und er würde es müssen. Genau wie heute nachmittag bei den Wagen. Der schwarze Wagen mit dem Fenster. Verängstigt. Die lange Kiste. Verängstigt. Der Keller. Nein! Nein!

»Mama!« rief er.

»Was ist denn, mein Sohn?«

»Willst du jetzt – drin schlafen?«

»O nein. Natürlich nicht! Ich richte nur mein Haar her.«

»Kommst du bald wieder?«

»Ja, natürlich. Willst du irgendwas?«

»Ja.«

»Ich komme in einer Sekunde.«

Ungeduldig wartete er auf ihr Zurückkommen. Nach einem Weilchen kam sie heraus. Sie hatte das Kleid gewechselt und ihr Haar gebürstet. Sie breitete ein frisches Handtuch auf die Wohnzimmertreppe und setzte sich.

»Ich kann jetzt nicht rüberkommen, es sei denn, ich muß«, lächelte sie. »Du bist auf einer Insel. Was willst du denn?«
»Ich hab's vergessen«, sagte er lahm.
»Ach, was bist du für ein Gänschen!«
»Es muß doch trocknen«, erklärte er. »Und ich muß aufpassen.«
»Und das tue ich auch, oder nicht! Mein Gott, was für einen Haustyrannen wirst du abgeben, wenn du erst verheiratet bist!«
David war es ziemlich gleichgültig, was sie von ihm hielt, solange sie bei ihm saß. Außerdem mußte er sie etwas fragen, er wußte nur nicht, ob er es wagen sollte. Vielleicht war es doch zu peinlich. Doch wie auch ihre Antwort ausfallen, was er auch erfahren mochte, neben ihr war er immer sicher.
»Mama, hast du jemals jemand Totes gesehen?«
»Heute bist du aber fröhlich!«
»Dann sag mir's.« Da er sich nun auf das gefahrvolle Meer hinausgewagt hatte, war er entschlossen, es zu überqueren. »Sag mir's«, beharrte er.
»Nun«, sagte sie nachdenklich. »Die Zwillinge, die starben, als ich klein war, an die erinnere ich mich nicht. Aber meine Großmutter war die erste, die ich richtig sah und an die ich mich erinnere. Damals war ich sechzehn.«
»Warum starb sie?«
»Ich weiß nicht. Niemand schien es zu wissen.«
»Warum starb sie dann?«
»Was für ein aufsässiger Frager du bist! Ich bin sicher, sie hatte einen Grund. Aber willst du wissen, was ich glaube?«
»Ja«, erwiderte er begierig.
Seine Mutter holte tief Luft und hob einen Finger, um seine schon eifrige Aufmerksamkeit noch mehr zu wecken. »Sie war sehr klein, meine Großmutter, sehr zerbrechlich und zart. Das Licht drang durch ihre Hände, wie das Licht durch einen Fächer dringt. Was hatte das damit zu tun? Nichts. Aber während mein Großvater sehr fromm war, tat sie nur so – genau wie ich nur so tue, Gott verzeih uns beiden. Es ist lange her, da hatte sie einen kleinen Garten vor dem Haus. Er war voll von süßen Blumen im Sommer, und sie pflegte sie alle allein. Mein Großvater, ein stattlicher Jude, konnte nie verstehen, warum sie einen ganzen Frühlingsvormittag damit zubrachte, ihre Blumen zu begießen und die toten Blätter herauszuzupfen, hier etwas zu beschneiden und dort etwas zu hät-

scheln, wenn sie so viele Dienstboten hatte, die es für sie tun konnten. Es war kaum zu glauben, wie billig Dienstboten in jenen Tagen waren – mein Großvater hatte fünf. Ja, er quengelte, wenn er sie im Garten arbeiten sah, und sagte, es sei fast eine Sünde für eine Jüdin ihres Rangs – sie war reich damals, vergiß das nicht –, die Wälder waren noch nicht abgeholzt . . .«

»Was für Wälder?«

»Ich hab' dir doch davon erzählt – die großen Wälder und Holzschläge. Wir waren reich, solange die Wälder noch da waren. Doch nachdem sie kahlgeschlagen und die Holzschläge abgetragen worden waren, wurden wir arm. Verstehst du? Daher wurde mein Großvater immer böse, wenn er sah, wie sie sich wie eine Bauersfrau die Hände in der Erde beschmutzte. Doch meine Großmutter lächelte ihn nur an – ich sehe sie noch vorgebeugt und zu ihm auflächeln und sagen, sie habe ja keinen so schönen Bart, den sie streicheln könne, was mache es da schon aus, wenn ihre Hände ein bißchen schmutzig würden. Mein Großvater hatte einen Bart, der früh weiß geworden war; er war sehr stolz darauf. Und einmal sagte sie ihm, sie sei sicher, der liebe Gott würde nicht zürnen, wenn sie etwas von Esaus Erbe stehle – die Erde und die Felder sind Esaus Erbe –, da Esau selbst, sagte sie, Isaak nach Noten bestehle – sie meinte all die neuen Läden, die von den anderen Nichtjuden in unserer Stadt eröffnet wurden. Was sollte mein Großvater tun? Er lachte nur und nannte sie eine Schlange. Aber warte! Warte! Jetzt kommt die Hauptsache.« Sie lächelte über seine Ungeduld.

»Als sie älter wurde, wurde sie wunderlich. Soll ich dir sagen, was sie oft tat? Wenn der Herbst kam und alles gestorben war . . .«

»Gestorben? Alles?« unterbrach David sie.

»Nicht alles, Gänschen. Die Blumen. Wenn sie starben, wollte sie nicht das Haus verlassen. War das nicht merkwürdig? Tage um Tage blieb sie in ihrem großen Wohnzimmer – es hatte Kristallkandelaber. Du kannst dir nicht vorstellen, wie still sie da saß – sie sah nicht die Dienstboten, hörte kaum, was sie sagten – und hielt ihre Hände im Schoß gefaltet – so. Auch mein Großvater, und mochte er sie noch so darum bitten, konnte sie nicht bewegen, ins Freie zu kommen. Er befragte sogar einen Rabbi darüber – es nützte alles nichts. Sobald der erste Schnee fiel, willigte sie ein, das Haus zu verlassen.«

»Warum?«

»Das ist die Antwort. Sieh zu, daß du sie findest. Als ich sie einmal an einem Spätherbsttag besuchte, saß sie sehr still wie immer in ihrem bequemen Sessel. Als ich aber meinen Mantel ausziehen wollte, sagte sie, laß ihn an, Genja, Liebling, dort auf dem Stuhl in der Ecke liegt meiner. Bring ihn mir bitte, Kind!
Starr vor Überraschung sah ich sie an. Ihren Mantel? Ich dachte nach. Wollte sie wirklich aus eigenem Antrieb in den Herbst hinausgehen? Nun fiel mir zum erstenmal auf, daß sie ihre besten Sabbatkleider anhatte – dunkles, glänzendes Satin, sehr teuer. Ich sehe sie noch vor mir. Und auf dem Kopf – sie hatte sich nie das Haar abschneiden lassen – trug sie einen breiten, runden, perlenbesetzten Kamm, das erste Geschenk, das ihr Großvater gemacht hatte. Er war wie eine bleiche Krone. Ich holte ihr also ihren Mantel und half ihr hinein. Wohin gehst du, Großmutter? fragte ich. Ich war verblüfft. In den Garten, sagte sie, in den Garten. Nun, eine alte Frau muß ihren Willen haben, und so gingen wir in den Garten. Der Tag war grau und windig, voll von wirbelnden, starken Winden, welche die Bäume wie mit einer Hand niederdrückten. Selbst uns blies der Wind fast um, außerdem war es kalt. Ich sagte zu Großmutter: Ist es nicht zu kalt hier draußen? Ist der Wind nicht zu stark? Nein, ihr Mantel sei warm, sagte sie. Und dann sagte sie etwas sehr Seltsames. Erinnerst du dich noch an Petrusch Kolonow? Ich war mir nicht sicher. Ein Goj, sagte sie, ein Klotz. Er hat viele Jahre bei deinem Großvater gearbeitet. Früher hat er einen Nacken wie einen Baum gehabt, aber schließlich wurde er alt und krumm. Und als er so alt war, daß er kein Reisigbündel mehr heben konnte, saß er auf einem Stein und blickte auf die Berge. So redete meine Großmutter, verstehst du?«
David konnte diesen Gedankengängen nicht ganz folgen, aber er nickte. »Warum saß er so da?« fragte er, aus Furcht, sie könne aufhören zu reden.
Sie lachte leicht. »Die gleiche Frage haben drei Generationen gestellt. Du. Ich. Meine Großmutter. Er war ein braver Knecht gewesen, dieser Petrusch, ein Packesel. Und als meine Großmutter ihn fragte, Petrusch, warum sitzest du da wie ein Faß und starrst auf die Berge, war seine einzige Antwort nur: Ich hab' alle meine Zähne verloren. Und das ist die Geschichte, die meine Großmutter mir erzählte, als wir spazierengingen. Du siehst ganz verdutzt aus.« Wieder lachte sie.

Er war es auch, aber sie erklärte einem ja nichts.
»So schlenderten wir umher und die Blätter wehten. Schu-hu-hu! Wie sie stoben, und eines wehte gegen ihren Mantel, und während der Wind es dran festhielt, wie ein Finger, weißt du, nahm sie es weg und zerdrückte es. Und dann sagte sie plötzlich, komm, laß uns umkehren. Und gerade, als wir ins Haus treten wollten, seufzte sie so stark, daß sie erschauerte – tief, so, wie man vor dem Einschlafen seufzt –, und sie ließ die Blattreste, die sie in der Hand hielt, fallen und sagte, es ist schlecht zu sein, wie ich bin. Sogar ein Blatt wird gemeinsam farblos und alt! Gemeinsam. Verstehst du? Oh, sie war weise. Und wir traten ins Haus.«
Seine Mutter brach ab, berührte den Boden, um zu sehen, ob er trocken war. Dann stand sie auf und trat zum Herd, um die kochenden roten Rüben von der heißesten Stelle auf eine kühlere Stelle zu schieben.
»Jetzt, wo der Boden trocken ist«, lächelte sie, »bin ich befreit.«
Aber David fühlte sich hintergangen, er grollte sogar. »Du – du hast mir gar nichts gesagt!« protestierte er. »Du hast mir nicht mal gesagt, was nachher kam?«
»Hab' ich dir's nicht gesagt?« Sie lachte. »Da ist kaum mehr zu sagen. Sie starb im Winter desselben Jahres, bevor der Schnee fiel.« Sie starrte in den Regen, der gegen das Fenster schlug. Ihr Gesicht wurde ernst. Das letzte Blinken ihrer Augenlider, bevor sie sprach, war das langsamste. »Sie sah so zerbrechlich aus im Tod, in ihrem Sarg – wie soll ich dir's beschreiben, mein Sohn? Wie früher Winterschnee. Und selbst da dachte ich bei mir, blick ihr tief ins Gesicht, denn sie wird bestimmt vor meinen Augen schmelzen.« Wieder lächelte sie. »Hab' ich dir jetzt genug gesagt?«
Er nickte. Ohne zu wissen warum, bewegten ihn ihre letzten Worte. Was er gedanklich nicht begriffen hatte, vermittelte ihre letzte Gebärde, die letzte kaum merkliche Heiserkeit ihrer Stimme. War sie in seinem Herzen, diese träumerisch-flüchtige Wehmut, oder war die federleichte Luft der Küche von ihr durchtränkt? Er hätte es nicht zu sagen vermocht. Wäre nur die Luft immer so, wäre er nur immer allein mit seiner Mutter. Jetzt war er ihr nah. Er war ein Stück von ihr. Der Regen vor dem Fenster drückte unablässige Siegel in ihre Einsamkeit, in ihre Vertrautheit, ihre Wesenhaftigkeit. Als sie den Herdring hob, wärmte der rosige Schein, der ihre hohe Braue färbte, gleichzeitig seinen eigenen Körper. Er war ihr

nahe. Er war ein Stück von ihr. Oh, es war gut, hier zu sein. Hungrig beobachtete er jede ihrer Bewegungen.
Sie breitete ein neues weißes Tischtuch über den Tisch. Wie eine Wolke schwebte es in der Luft und ließ sich langsam nieder. Darauf holte sie vom Bord drei Messingkerzenleuchter und stellte sie in die Mitte der weißen Fläche, dann steckte sie Kerzen in jeden.
»Mama.«
»Ja?«
»Was tun sie, wenn sie sterben?«
»Was?« wiederholte sie. »Sie sind kalt, sie sind still. Sie schließen ihre Augen und schlafen ewige Jahre.«
Ewige Jahre. Die Worte hallten in ihm wider. Verzückt wandte er sie wieder und wieder um, als besäßen sie eigenen Glanz, eigenen Umriß. *Ewige Jahre.*
Seine Mutter deckte den Tisch. Messer klirrten leise, Gabeln, Löffel, nebeneinander. Das Salzfaß, geheimnisvolles kleines Gefäß aus mattem Silber, der Pfeffer, graubraunes Auge in der flachen Glasschale, die emaillierte Zuckerdose, kopflose Schultern der Zuckerzange standen über den Rand hinaus.
»Mama, was sind ewige Jahre?«
Seine Mutter seufzte leicht verzweifelt, hob ihre Augen einen Augenblick, dann senkte sie sie auf den Tisch, nachdenklich wanderte ihr Blick über Teller und silbernes Besteck. Jetzt leuchteten ihre Augen auf. Sie griff nach der Zuckerdose und zog die Zange heraus. Nahm vorsichtig einen Zuckerwürfel und hielt ihn ihm vor die Augen.
»So weit reicht mein Verstand«, sagte sie scherzhaft. »Siehst du? Nicht weiter. Würdest du von mir verlangen, ich solle ein gefrorenes Meer mit diesem schmalen Ding da aufheben? Nicht mal ein Eismann brächte das fertig.« Sie ließ die Zange wieder in die Dose fallen. »Das Meer im Vergleich zu dieser . . .«
»Aber . . .« David unterbrach, entsetzt und verwirrt. »Aber wann wachen sie auf, Mama?«
Sie öffnete ihre zwei Handflächen mit einer Gebärde aus Leere.
»Zum Aufwachen ist da nichts übrig.«
»Aber manchmal, Mama«, drängte er.
Sie schüttelte den Kopf.
»Aber manchmal.«
»Jedenfalls nicht hier. Es heißt, es gibt einen Himmel, und im Him-

mel erwachen sie. Ich selber glaube das nicht. Gott vergebe mir, daß ich das vor dir sage. Aber mehr weiß ich nicht. Ich weiß nur, daß sie in der dunklen Erde begraben werden und daß ihre Namen noch ein paar Lebensalter auf den Grabsteinen dauern.«

Das Dunkle. In der dunklen Erde. Ewige Jahre. Es war eine schreckliche Offenbarung. Er blickte sie unbeweglich an. Einen Lappen aufnehmend, der auf dem Spülbecken lag, ging sie zum Herd, öffnete rasch eine Tür, zog eine Pfanne heraus. Die Wärme und der Geruch von frischem Brot drangen wie durch den starren Nebel einer Vision in sein Inneres. Sie breitete eine Serviette neben die Kerzenhalter, hob das Brot aus der Pfanne und stellte es auf das viereckige Stück Leinen.

»Ich muß noch die Kerzen anzünden«, murmelte sie und setzte sich. »Dann bin ich fertig. Ich weiß nicht, warum man aus dem Freitag einen so beschwerlichen Tag für die Frauen macht.«

Dunkel. Im Grab. Ewige Jahre ...

Jähe Regenschauer prasselten gegen das Fenster ... Die Uhr tickte viel zu munter. Nein, nie. Nicht einmal manchmal ... Im Dunklen.

Taumelnd wie Puffreis in dem großen Fenster der Eisdiele. Taumelnd und niedersinkend. Jener Tag. Lange her.

Sein Blick folgte dem ziellosen Fließen des Lichts, das im Raum wirbelte und flackerte und die Umrisse von Tür und Tisch verzerrte.

– Es war Schnee, grauer Schnee. Winzige Papierfetzen, die aus dem Fenster trieben an jenem Tag. Confetti, sagte ein Junge. Confetti, sagte er. Sie warfen's auf die zwei, die heiraten wollten. Der Mann in dem hohen, schwarzen, schimmernden Hut, eilend. Die Dame in Weiß, lachend an ihn gelehnt, das Confetti abwehrend, es aus den Augen fortblinzelnd. Pferdewagen warteten. Confetti auf den Stufen, auf den Pferden. Komisch. Dann stiegen sie ein, beide lachend. Confetti. Pferde. Wagen.

Pferde. Wagen!

– Dieselben!

– An dem Nachmittag. Als die Kiste herauskam! Pferdewagen.

– Dieselben!

– Pferdewagen –!

»Du lieber Gott!« rief seine Mutter aus. »Du erschreckst mich! Warum hüpfst du so auf deinem Stuhl herum? Das machst du heute schon zum zweiten Mal!«

»Es waren dieselben«, sagte er mit betroffener Stimme. Das war somit gelöst. Er sah es deutlich. Alles gehörte zum selben Dunkel. Confetti und Särge.
»Was waren dieselben?«
»Die Wagen!«
»Oh, Kind!« rief sie in belustigter Verzweiflung. »Gott allein weiß, wovon du jetzt schon wieder träumst!« Sie stand von ihrem Stuhl auf und ging zu der Wand, wo die Streichholzschachtel hing: »Ich glaube, ich zünde lieber die Kerzen an, bevor du noch einen Engel siehst.«
Das Streichholz kratzte über das Sandpapier, flammte auf und rief David ins Bewußtsein, wie dunkel es geworden war.
Eine nach der anderen entzündete sie die Kerzen. Die Flamme kroch trunken am Docht hoch, wurde stetig, besänftigte das beständige Messing darunter, spiegelte sich in jeder Flechte des knusprig-goldenen Zopfbrotes auf der Serviette. Zwielicht schwand, die Küche erstrahlte. Der Tag, der in Arbeit und Unrast begonnen hatte, nun blühte er in Kerzenschein und Sabbat.
Mit leichtem, mißbilligendem Lächeln stand seine Mutter vor den Kerzen, und den Kopf vor ihnen neigend, murmelte sie durch die Hände, die sie vors Gesicht breitete, das uralte Sabbatgebet . . .
Die lautlose Stunde, die Stunde lohfarbener Glückseligkeit . . .

X

Seine Mutter stand auf und zündete die Gaslampe an. Plötzlich drückte bläuliches Licht die Kerzenflammen zu bedeutungslosen Kernen von Gelb zusammen. Er betrachtete sie traurig und wünschte, sie hätte die Lampe nicht angezündet.
»Sie werden bald kommen«, sagte sie.
Sie! Bestürzt zuckte er zusammen. Sie kamen also! Luter. Sein Vater. Sie! Oh! Die Stille des Friedens war vorüber. Er fühlte Furcht wie eine Wolke in sich aufsteigen – als seien die Worte seiner Mutter wie auf staubigen Grund geschleuderte Steine gewesen. Das Verschwiegene und die Freude wichen von ihm! Warum mußte Luter kommen? David würde sich schämen, ihn anzusehen, konnte ihn nicht ansehen. Nur an Luter zu denken, gab ihm ein Gefühl

wie damals, als der Junge in der nächsten Schulbank in der Nase bohrte, den Rotz in den Fingern zusammenrollte, sich dann mit leerem Grinsen umblickte und ihn unter seinen Sitz schmierte. Er hätte ihn nie zu Gesicht bekommen, hätte ihn nicht kennenlernen sollen.

»Kommt Mr. Luter auch?«

»Natürlich.« Sie blickte ihn an. »Warum fragst du?«

»Ich weiß nicht. Ich dachte nur – ich – ich dachte, vielleicht mag er nicht die Art, wie du kochst.«

»Die Art, wie ich . . .? Oh! Ich verstehe!« Sie errötete tief. »Ich wußte nicht, daß du dich so gut erinnern kannst.« Sie blickte umher, als habe sie etwas vergessen, dann ging sie die Stufen ins Vorderzimmer hinauf.

Er starrte aus dem Fenster in die Dunkelheit. Noch immer prasselte der Regen. Jetzt eilten sie ihm vermutlich durch den Regen entgegen, eilig, weil es regnete. Wenn er nur fort könnte, bevor sie kamen, sich verstecken könnte, bis Luter wieder weg war, wenn er nur nicht wiederzukommen brauchte, bis Luter für immer gegangen war. Wie konnte er das bewerkstelligen? Er hielt den Atem an. Wenn er jetzt weglief, bevor seine Mutter zurückkam – sich heimlich durch die Tür fortstahl. Einfach so! Die Tür öffnete, die Treppe hinunterschlich. Der Keller! Dran vorbeirennen und weglaufen, oben eine leere Küche zurücklassen. Sie würde umherschauen, unter den Tisch, in den Gang; sie würde rufen – David! David! Wo bist du? David! Er wäre längst fort –

Im Vorderzimmer das Geräusch eines sich öffnenden, sich schließenden Fensters. Seine Mutter kam herein und trug einen grauen, bedeckten Topf in ihren Händen. Regentropfen an beiden Seiten, Wasser in der Senke des Deckels.

»Eine schreckliche Nacht«, sie leerte den überfließenden Deckel in den Ausguß. »Der Fisch ist gefroren.«

Zu spät.

Jetzt mußte er dableiben bis zum Schluß, bis Luter gekommen und wieder heimgegangen war. Aber vielleicht hatte seine Mutter unrecht, vielleicht würde Luter nicht kommen, wenn er doch nur nie wiederkäme. Warum mußte er wiederkommen? Er war gestern hier gewesen, und niemand war zu Hause gewesen. Komm nicht mehr, flüsterte er sich in Gedanken wieder und wieder zu. Bitte, Mr. Luter, komm nicht mehr zu uns! Komm nie mehr zu uns.

Die Minuten vergingen, und genau in dem Augenblick, als es David schien, er hätte Luter ganz vergessen, scharrten die vertrauten Schritte drunten im Eingang. Stimmen auf der Treppe! Luter war gekommen. Mit einem Blick auf das erwartungsvoll gespannte Gesicht seiner Mutter schlich er zum Vorderzimmer und stahl sich die Stufen hinauf ins Dunkle. Er stellte sich ans Fenster und lauschte den Geräuschen hinter sich. Die Tür ging auf. Er hörte ihre Begrüßung. Luters Stimme und seine langsame Redeweise. Jetzt legten sie wahrscheinlich ihre Mäntel ab. Wenn sie ihn nur vergessen wollten. Wenn das nur möglich war. Aber –

»Wo ist, der nach meinem Tod für mich beten wird?« hörte er seinen Vater fragen.

Eine Pause und die Stimme seiner Mutter: »Er ist im Vorderzimmer, glaube ich. David!«

»Ja, Mama.« Eine Welle des Unmuts und Scheiterns schüttelte ihn.

»Er ist dort oben.«

Befriedigt darüber, daß er da war, schienen sie ihn ein Weilchen zu vergessen, aber wieder, und dieses Mal mit einem gefährlichen Unterton von Verstimmung, fragte sein Vater:

»Schön, aber warum kommt er nicht herein? David!«

Nun war kein Aufschub mehr möglich. Er mußte hineingehen. Die Augen an die Füße geheftet, kam er aus dem Vorderzimmer, schlurfte zu seinem Stuhl und setzte sich, die ganze Zeit bewußt, daß die anderen ihn neugierig musterten.

»Was ist mit ihm los?« fragte sein Vater scharf.

»Ich weiß es eigentlich nicht. Vielleicht sein Magen. Er hat heute kaum etwas gegessen.«

»Gut, dann wird er jetzt essen«, sagte sein Vater warnend. »Du gibst ihm zwischendurch zuviel Süßigkeiten.«

»Ein empfindlicher Magen ist etwas Trauriges«, sagte Luter entschuldigend. Und David haßte ihn wegen seines Mitgefühls.

»Ach«, erklärte sein Vater. »Es ist nicht sein Magen, Joe, es ist sein Gaumen – übersättigt von Schleckereien.«

Seine Mutter stellte einen Teller Suppe vor ihn hin. »Das wird dir schmecken«, schmeichelte sie.

Er wagte die Suppe nicht zurückzuweisen, obgleich der bloße Gedanke an Essen ihm Übelkeit verursachte. Sich für den ersten Mundvoll stählend, tauchte er den Löffel in die schimmernde rote Flüssigkeit und hob ihn zum Mund. Statt seinen Mund zu erreichen,

erreichte der Löffel nur sein Kinn, stieß gegen die Senke unter seiner Unterlippe, verbrannte sie und fiel aus seinen kraftlosen Fingern in den Teller. Ein roter Springquell spritzte in alle Richtungen, befleckte seine Bluse, befleckte das weiße Tischtuch. Mit einem Gefühl des Entsetzens sah er die hochroten Kleckse auf dem Tuch wachsen, bis sie ineinander verschwammen.
Sein Vater senkte verärgert seinen Löffel in den Teller. »Lahm wie ein Türke!« fuhr er ihn an und klopfte mit den Fingergelenken auf den Tisch. »Heb endlich den Kopf, oder willst du den auch noch in deinen Teller stecken?«
Er hob verängstigte Augen. Luter schielte zu ihm hinüber und saugte mit behutsamer Mißbilligung an seinen Zähnen.
»Es ist nichts!« rief seine Mutter tröstend. »Tischtücher sind dafür da.«
»Um Suppe darauf zu verspritzen, wie?« gab ihr Mann hämisch zurück. »Und Hemden sind auch dafür da! Sehr gut. Warum dann nicht gleich den ganzen Teller, wenn er schon dabei ist?«
Luter kicherte.
Ohne zu antworten, streckte seine Mutter die Hand über den Tisch und fuhr ihm mit der Handfläche über die Stirn.
»Was soll das nun wieder?« fragte sein Vater. »Willst du etwa nachsehen, ob er Fieber hat? Kind, mit dem Balg ist rein gar nichts los, abgesehen davon, daß du ihn verzärtelst!« Drohend schüttelte er den Finger gegen David. »Und nun iß deine Suppe wie ein Mann, sonst verabreiche ich dir noch ganz was anderes.«
David wimmerte und beäugte seinen Teller in eingeschüchtertem Aufruhr.
»Nimm dich in acht!«
»Vielleicht sollte er sie lieber nicht aufessen«, warf seine Mutter ein.
»Misch dich nicht ein.« Und zu David: »Wirst du sie essen oder nicht?«
Zitternd und der Übelkeit nahe nahm David seinen Löffel und zwang sich zum Essen. Der Übelkeitskrampf ließ nach.
Ungeduldig wandte sein Vater sich an Luter. »Was wolltest du sagen, Joe?«
»Ich wollte sagen«, sagte Luter mit seiner langsamen Stimme, »daß du den Laden abschließen mußt, wenn du gehst – nur eine Tür, verstehst du. Alles andere mache ich zu, bevor ich gehe.« Er griff in seine Rocktasche und, einen Schlüsselring hervorziehend, löste er

einen ab. »Dieser schließt ihn ab. Und was ich noch sagen wollte ...« Dabei reichte er Davids Vater den Schlüssel. »Ich trage vier Stunden ein. Die ganze Arbeit wird dich nicht mehr als zwei kosten – höchstens drei.«

»Ich verstehe.«

»Freilich kriegst du die Überstunden diese Woche noch nicht. Der Buchhalter ...«

»Dann also nächste Woche.«

Luter räusperte sich. »Morgen abend werden Sie einen Esser weniger haben«, sagte er zu Davids Mutter.

»So?« fragte sie in gezwungener Überraschung, und sich an Davids Vater wendend: »Kommst du morgen so spät heim, Albert?«

»Ich nicht.«

»Nein, Albert nicht«, kicherte Luter. »Sondern ich.«

Davids Herz hüpfte in heimlicher Freude.

»Dann soll ich für Sie also morgen kein Abendessen machen?«

»Nein, morgen abend habe ich zu tun«, sagte er unbestimmt. »Vielleicht Sonntag. Nein, ich werde Ihnen was sagen. Wenn ich am Sonntagabend nicht um sieben Uhr hier bin, warten Sie bitte nicht mit dem Essen auf mich.«

»Gut.«

»Ich zahle aber trotzdem für die ganze Woche.«

»Wenn Sie aber nicht kommen ...« gab sie zurück.

»Das macht doch nichts«, sagte Luter. »Das hat nichts zu sagen.« Er nickte und griff nach seinem Löffel.

Während der übrigen Mahlzeit aß David vorsichtig und spähte von Zeit zu Zeit verstohlen auf, um nachzusehen, ob seinem Vater irgend etwas mißfiel. Luter wagte er ohnehin nicht anzuschauen, aus Furcht, der bloße Anblick des Mannes könne ihn zu weiteren Schnitzern verleiten. Als seine Mutter schließlich seine Nachspeise vor ihn hinstellte, hielt er bereits geheime Ausschau nach einem Platz, wo er sich verstecken und dennoch als anwesend gelten und einbezogen werden konnte. Er würde vielleicht Müdigkeit mimen, dann schickte seine Mutter ihn zu Bett, doch noch ging das nicht. Es war noch zu früh. Was sollte er bis dahin tun? Wohin konnte er für ein Weilchen entfliehen? Er ließ die Zimmer der Wohnung an sich vorüberziehen. Das Vorderzimmer? Sein Vater würde sofort fragen: »Was treibt der Junge dort im Dunkeln?« Das Schlafzimmer? Nein. Sein Vater würde das gleiche sagen. Wo nur? Das Badezimmer. Ja! Er würde sich auf den Klosettdeckel setzen. Er würde dort bleiben, bis ihn jemand rief, und dann herauskommen.

Er hatte die letzte Backpflaume gegessen und war gerade dabei, von seinem Stuhl zu rutschen, als er mit einem Seitenblick sah, wie Luters Hand zu seiner Westentasche wanderte und seine Uhr hervorholte.

»Ich muß gehen!« Er schmatzte mit den Lippen.

Er ging! David hätte tanzen mögen vor Freude. Zu schön, um wahr zu sein!

»Schon so früh?« fragte seine Mutter.

Zu seiner Überraschung lachte sein Vater, und einen Augenblick später stimmte Luter ein, als genössen die beiden einen geheimen Witz.

»Ich bin ohnehin etwas spät dran.« Luter stieß seinen Stuhl zurück und stand auf. »Aber zuerst muß ich zahlen.«

David starrte auf seinen Teller, lauschend. Er konnte nur an ein einziges denken – Luter ging und würde in einer Minute fortgegangen sein. Er schaute auf. Sein Vater war gerade ins Schlafzimmer gegangen, und in diesem Augenblick warf Luter einen raschen Blick auf seine Mutter. David schauderte vor Abscheu und senkte hastig die Augen. Den Mantel entgegennehmend, den Davids Vater brachte, schlüpfte Luter hinein, und David konzentrierte seine ganze Kraft darauf, die Fußtritte zu beschleunigen, die sich auf die Türe zu bewegten.

»Nun«, sagte Luter endlich, »eine schöne Woche euch allen. Möge der nach deinem Tod für dich beten wird«, sein Hut deutete auf David, »sich bald erholen.«

»Danke Ihnen«, sagte seine Mutter. »Auch Ihnen eine gute Woche.«

»Kopf hoch«, fuhr ihn sein Vater an. Hastig sah David auf. »Gute Nacht, Joe, und bis morgen. Viel Glück.« Beide Männer lachten.

»Gute Nacht.« Luter ging hinaus.

Mit einem stillen Seufzer der Erleichterung löste David sich aus der inneren Verkrampfung seines Körpers und sah, umherschweifend, die Augen seines Vaters auf die Tür geheftet. Sein Gesicht entspannte sich zu einem unverhüllten Lächeln.

»Der wird noch schön in Druck kommen«, sagte er trocken.

»Was willst du damit sagen?«

Sein Vater brummte belustigt. »Hast du nicht bemerkt, wie sonderbar er heute war?«

»Ich ...« Sie zögerte und beobachtete fragend sein Gesicht. »Jedenfalls ... Warum?«
Er drehte sich zu ihr, und ihre Augen flogen auf ihren Teller.
»Hast du nicht bemerkt, wie befangen er war?«
»Nein. Nun ... vielleicht.«
»Dann merkst du wirklich nicht viel«, kicherte er kurz. »Er will zu einem Heiratsvermittler.«
»Oh!« Ihre Stirn glättete sich.
»Ja. Es ist ein Geheimnis. Verstehst du? Du weißt natürlich nichts davon.«
»Ich verstehe.« Sie lächelte schwach.
»Er ist frei wie die Luft, und jetzt sucht er sich einen Mühlstein um den Hals.«
»Vielleicht braucht er wirklich eine Frau«, mahnte sie. »Ich meine, ich habe ihn oft sagen hören, er wünscht sich ein Heim und Kinder.«
»Ach, Kinder! Neue Sorgen! Nicht um die Kinder ist's ihm zu tun. Ums Geld. Er möchte einen eigenen Laden aufmachen. Jedenfalls behauptet er das.«
»Ich dachte, du hättest gesagt, er käme noch schön in Druck.« Sie lachte.
»Gewiß. Weil er alles übereilt. Würde er noch ein paar Jahre warten, hätte er genug eigenes Geld, um sich selbständig zu machen – ohne eine Frau. Warte ab, hab' ich zu ihm gesagt. Nein, hat er gesagt. Ich brauch' einen Tausender. Ich will einen großen Laden mit vier oder fünf Pressen. Aber er wird schon noch herausfinden, was ein jiddischer Tausender ist. Wenn der am Morgen, nachdem er sich unter den Hochzeitsbaldachin geduckt hat, nicht bis unter fünfhundert zusammengeschrumpft ist, kann er von Glück sagen.« Er rülpste leise, sein Adamsapfel stieß und stieß, dann blickte er mit gerunzelten Brauen umher, als suche er etwas.
»Ich habe gehört, wie er dich gebeten hat, den Laden zu schließen«, sagte sie.
»Ja, er hat mir ein paar Überstunden verschafft. Ich werde vor vier oder fünf nicht zu Hause sein – vielleicht sogar erst später. Bah!« stieß er ungeduldig hervor. »Der Mensch verdient achtzehn Dollar die Woche – sechs mehr als ich –, und nun juckt's ihn, sich einer Ehefrau zu verpfänden.« Er machte eine Pause, blickte von neuem umher. »Wo ist das Tageblatt?«
Seine Frau blickte bestürzt auf. »Das Tageblatt«, wiederholte sie

bekümmert. «Oh, wo hab' ich meinen Verstand gelassen, ich hab' vergessen, es zu kaufen. Der Regen! Ich wollte es später tun.«
Er machte eine verdrießliche Miene.
Geräuschvoll stellte sie das Geschirr in den Ausguß und wischte ihre Hände an einem Handtuch ab. »Ich bin in einer Minute wieder da.«
»Wohin gehst du?«
»Mein Schal.«
»Was ist los mit ihm, hat er keine Beine?«
»Aber ich kann es so viel schneller.«
»Das ist eben das Schlimme mit dir«, sagte er barsch. »Du tust alles für ihn. Laß ihn doch runterlaufen.«
»Aber es ist doch naß draußen, Albert.«
Sein Gesicht verdüsterte sich. »Laß ihn runterlaufen«, wiederholte er. »Kein Wunder, daß er nicht ißt. Den ganzen Tag vergammelt er im Haus! Zieh dir deinen Mantel an.« Sein Kopf fuhr scharf herum. »Reiß dich zusammen, wenn ich mit dir rede.«
David sprang von seinem Stuhl und blickte ängstlich zu seiner Mutter.
»Oh«, warf sie ein, »warum muß denn ...«
»Still! Nun?«
»Na schön«, sagte sie verärgert, aber resigniert. »Ich hol' ihm seinen Mantel.«
Sie brachte seinen Mantel aus dem Schlafzimmer und half ihm hinein, während sein Vater daneben stand und wie stets brummte, er sei groß genug, sein Zeug selbst zu holen. Beklommen versuchte David ihr seine Gummischuhe aus der Hand zu nehmen, doch sie bestand darauf, ihm dabei zu helfen.
»Es kostet zwei Cents«, sagte sie. Sie gab ihm eine Dime-Münze. »Hier sind zehn. Bitte um das Tageblatt und warte, bis man dir das Kleingeld zurückgegeben hat.«
»Acht Cents Wechselgeld«, ermahnte ihn sein Vater. »Und vergiß nicht: Das Tageblatt.«
Als David hinausging, schlenderte seine Mutter hinter ihm in die Diele.
»Gehst du mit ihm runter?« fragte sein Vater.
Ohne zu antworten, beugte sie sich zu David hinunter und flüsterte. »Lauf rasch runter! Ich warte hier!« Und laut, als gäbe sie ihm Anweisungen. »Das Süßwarengeschäft an der Ecke.«
David lief so rasch hinunter, wie er konnte. Die Kellertür war

braun im Gaslicht. Die herbe Nachtluft schlug ihm am Ende des Eingangs entgegen. Er trat hinaus. Regen, nur sichtbar, wo er die fernen Laternen verwischte, fiel noch immer und suchte sein Gesicht und seinen Nacken mit eisigen Fingern. Das Süßwarengeschäft schimmerte in der Nähe der Ecke. Sein Atem ein verwehender Hauch von Backpflaumenkompott, eilte er dorthin, patschte durch unsichtbare Pfützen, seine Zehen rollten sich auf gegen die aufsteigende Kälte. Die Straßen waren beängstigend in solcher Einsamkeit, regenüberflutet, dunkel und verlassen.

Er mochte seinen Vater nicht. Er würde ihn nie mögen. Er haßte ihn.

Endlich der Süßwarenladen. Er öffnete die Tür, hörte über sich das vertraute blecherne Geklingel der Glocke. An einem zerkauten Hühnerknochen nagend, kam der halbwüchsige Sohn des Ladenbesitzers aus dem Hintergrund hervor.

»Was willst du?«

»Das Tageblatt.«

Der Junge nahm eine Zeitung von einem kleinen Stapel auf dem Ladentisch, reichte sie David, der sie entgegennahm und sich zum Gehen wandte.

»Wo ist dein Geld?« wollte der Junge ungeduldig wissen.

»Oh, hier.« David streckte die Hand hinauf und reichte ihm die Dime-Münze, die er die ganze Zeit mit der Hand umklammert hatte.

Den Knochen zwischen die Zähne klemmend, holte der Junge das Wechselgeld und gab es ihm zurück, fettig von fettigen Fingern.

Er trat hinaus, eilte heimwärts. Gehen war zu langsam; seine Mutter wartete auf ihn. Er lief los. Kaum hatte er ein paar Schritte vorwärts gemacht, als sein Fuß plötzlich auf etwas landete, das nicht Gehsteig war. Das Geräusch von hohlem Eisen warnte ihn zu spät – der Deckel eines Kohlenkellers. Er rutschte aus. Nach Luft schnappend, schwankte er in der Luft, suchte sich zu fangen, griff sekundenlang ins Leere, dann – stürzte er vornüber und fiel der Länge nach in den eiskalten Matsch. Geld und Zeitung flogen aus seinen Händen und blieben verstreut im Dunkeln liegen. Erschrokken, mit durchnäßten Knien und Strümpfen raffte er sich auf die Füße und suchte aufgeregt nach dem Verlorenen.

Er fand die Zeitung – triefend. Dann einen Cent. Mehr, da war noch mehr. Besessen stierte er in die Dunkelheit hinein. Noch ein Cent. Also zwei insgesamt. Aber vorher hatte er acht Cents gehabt.

Er tauchte seine Hand hier und dort in den betäubenden Schnee, befühlte den rauhen Gehsteig, verfolgte seine Spuren zurück, tastete. Weiter nach vorn! Zurück! Nichts. Am Randstein vielleicht! Nichts. Er würde sie nie finden. Nie! Er brach in Tränen aus, rannte nach Hause, gleichgültig, ob er fiel oder nicht. Es wäre besser, wenn er jetzt fiele, wenn er sich verletzte. Schluchzend betrat er den Hauseingang. Er hörte oben eine Tür aufgehen und die Stimme seiner Mutter auf der obersten Stufe.

»Kind, ich bin hier.«

Er stieg hinauf.

»Was ist denn? Was ist denn? Du bist ja durch und durch naß!« Sie führte ihn hinein.

»Ich hab' das Geld verloren.« Er jammerte. »Ich hab' nur noch zwei – zwei Cents.«

Sein Vater blickte ihn ärgerlich an: »Du hast das Geld verloren, wie? Hab' ich mir's doch gleich gedacht. Hast dich für deinen Botengang bezahlen lassen, wie?«

»Es ist mir in den Schnee gefallen«, schluchzte er.

»Ist schon gut«, sagte seine Mutter sanft, nahm ihm die Zeitung und das Geld aus der Hand. »Ist schon gut.«

»Schon gut? Wird alles, was er tut, immer schon gut sein? Wie lang wirst du ihm das noch sagen?« Sein Vater entriß ihr das Blatt. »Es ist ja patschnaß. Brauchbarer junger Mann, mein Herr Sohn!«

Seine Mutter nahm ihm den Mantel ab. »Komm, setz dich an den Ofen.«

»Immer schön nachsichtig! Immer nur nachsichtig!« knurrte ihr Mann wütend und warf sich in einen Sessel. »Schau dir dieses Blatt an!« Er schlug es auf dem Tisch auseinander. »Wenn's nach mir ginge, bekäme er ein paar gesunde Knuffe.«

»Es war nicht seine Schuld«, warf sie beschwichtigend ein. »Es ist sehr glitschig draußen, drum ist er hingefallen.«

»Bah! Es war nicht seine Schuld! Ich habe nie was anderes von dir gehört! Er hat eine ausgesprochene Begabung dafür, in jeden schwarzen Augenblick des Jahres zu stolpern. Und nachts schreckt er einen aus dem Schlaf mit seinem Geplärr über Alpträume. Vor ein paar Minuten hat er seinen Löffel in die Suppe gehauen. Jetzt – sechs Cents fortgeschmissen.« Er klatschte mit den Händen auf die Zeitung. »Zwei Cents vergeudet. Wer kann das noch lesen! Paß bloß auf!« Er schüttelte einen drohenden Finger gegen David, der

sich an seine Mutter schmiegte. »Nächstens ist eine Tracht Prügel fällig! Ich warne dich! Die ist seit Jahren fällig.«
»Albert«, sagte seine Frau errötend. »Du bist ein Mensch ohne Herz.«
»Ich?« Sein Vater fuhr zurück, seine Nasenflügel blähten sich böse. »Der Teufel hol' euch beide – ich hätte kein Herz? Und hast du eine Ahnung, weißt du überhaupt, wie man ein Kind erzieht?« Er stieß sein Kinn heraus.
Es folgte ein Augenblick Stille, dann: »Tut mir leid«, sagte sie. »Ich hab's nicht so gemeint. Ich meinte bloß – sowas passiert eben manchmal – es tut mir leid!«
»Ja, ja, es tut dir leid«, sagte er verbittert. »Ich habe kein Herz! Ich Elender, zu schuften, wie ich schufte, um euch beide zu ernähren und euch ein Dach über dem Kopf zu erhalten. Zu schuften und Überstunden zu machen! Alles umsonst! Ich habe kein Herz! Als hätte ich mir von meinem Verdienst den Wanst vollgeschlagen, als hätte ich ihn vertrunken, mich in der Gosse gewälzt. Hat dir jemals irgend etwas gefehlt? Raus mit der Sprache!«
»Nein! Nein!«
»Nun?«
»Ich meinte nur: du siehst ja den Jungen nicht den ganzen Tag, wie ich es tue – drum kannst du auch nicht wissen, wenn ihm etwas fehlt.«
»Ich sehe ihn genug, wenn ich ihn sehe. Und ich weiß besser als du, was für eine Arznei er am nötigsten hat.«
Seine Mutter verstummte.
»Du wirst mir sagen, daß er nächstens einen Arzt braucht.«
»Vielleicht braucht er . . .«
Jemand klopfte an der Tür. Sie brach ab, ging hin und öffnete – Jussie kam herein; er hielt einen hölzernen Kleiderbügel in der Hand.
»Meine Mutter möchte, daß Sie heraufkommen«, sagte er auf Jiddisch.
Davids Mutter schüttelte ungeduldig den Kopf.
»Treibst dich scheint's neuerdings gerne herum«, sagte ihr Mann angewidert. »Vor ein paar Tagen hattest du noch keine Nachbarn.«
»Ich bin nur einmal oben gewesen«, sagte sie entschuldigend. Und zu Jussie: »Sag deiner Mutter, daß ich im Augenblick nicht hinaufkommen kann.«

»Sie wartet aber auf Sie«, antwortete er unbeirrt. »Sie möchte Ihnen ein neues Kleid zeigen.«

»Jetzt kann ich nicht.«

»Ich geh' nicht rauf.» Jussie ging zu Englisch über, als wolle er jede weitere Auseinandersetzung vermeiden. »Ich bleib' hier.« Und augenscheinlich befriedigt, seinen Auftrag ausgeführt zu haben, trat er auf den beklommenen David zu, der noch am Ofen saß. »Schau, was ich habe – Pfeil und Bogen.« Er schwang seinen Kleiderbügel.

»Ich werde doch wohl eine Minute hinauf müssen«, sagte sie zögernd. »Dies Kind – sie wird sich fragen . . .«

»Geh, geh!« sagte ihr Mann mißmutig. »Ich halte dich nicht auf, oder?« Er griff nach der Zeitung, klaubte ein Streichholz aus der Streichholzschachtel, stolzierte in das Vorderzimmer und schlug die Tür hinter sich zu. David hörte, wie er sich aufs Sofa warf.

»Ich bin in einer Minute wieder da«, sagte seine Mutter müde, und ihrem Mann einen hoffnungslosen Blick nachwerfend, ging sie hinaus.

»Willst du nicht spielen?« fragte Jussie nach einer Pause.

»Ich will nicht spielen«, antwortete er mürrisch.

»Warum willst du nicht?«

»Weil ich nicht will.« Voller Abscheu schielte er nach dem Kleiderbügel.

Er hatte oben in einem Schrank gehangen, er war schmutzig.

»Ach was, komm schon!« Und als David sich nicht überreden ließ: »Dann schieß ich auf dich!« drohte er. »Willst du's sehen?« Er hob den Kleiderbügel und zog eine imaginäre Sehne zurück. »Bing! Ich bin ein Indianer. Wenn du keinen Pfeil und Bogen hast, kann ich dich töten. Bäng!« Wieder flog ein Pfeil. »Gerade ins Auge. Warum willst du nicht mitspielen?«

»Ich will nicht.«

»Warum willst du dir keinen Pfeil und Bogen holen?«

»Laß mich allein!«

»Dann schieß ich noch mal auf dich.« Er ließ sich auf den Boden fallen. »Bing! Der ging mitten durch. Du bist tot!«

»Geh weg!«

»Ich will nicht weggehen.« Nun war er böse. »Ich schieße so lange, wie ich will. Du bist ein Feigling.«

David war still. Er begann zu zittern.

»Ich kann dich sogar mit meiner Axt treffen«, fuhr Jussie fort.

»Bist ein Feigling.« Herausfordernd kroch er näher. »Willst du sehen, wie ich dich mit meiner Axt schlage?« Er packte den Kleiderbügel an einem Ende: »Willst du's mit mir aufnehmen?«

»Hau endlich ab!« zischte David wütend. »Geh in deine eigene Wohnung!«

»Ich mag nicht«, sagte Jussie zänkisch. »Ich nehm's mit dir auf. Willst du's sehen?« Er holte aus. »Bing!« Das Ende des Kleiderbügels traf Davids Knie und sandte einen stechenden Schmerz durch sein ganzes Bein. Er schrie auf. Im nächsten Augenblick stieß er mit aller Kraft Jussie seinen Fuß ins Gesicht.

Jussie fiel auf seine Hände. Er machte den Mund auf, brachte aber keinen Ton heraus. Statt dessen traten seine Augen aus ihren Höhlen, als werde er erdrosselt, und zu Davids Schrecken tropfte Blut aus seinen gequetschten weißen Nasenflügeln. Augenblicke lang, die ihm wie Jahre der Todesangst vorkamen, zerrann das Blut langsam auf seiner Oberlippe. Er hielt sich starr und wie in Trance. Plötzlich atmete er ein, das Geräusch war flach, jäh, wie der Laut eines ins Wasser fallenden Steins. Mit entsetzter Behutsamkeit tastete er nach dem scharlachroten Tropfen, der an seiner Lippe hing, und als er das rote Geschmier an seinen Fingerspitzen sah, zog sich sein Gesicht entsetzt zusammen, er warf den Kopf zurück und stieß den zerreißendsten Schrei aus, den David je gehört hatte. So zerreißend war er, daß David fühlte, wie sich seine eigene Kehle verkrampfte, als breche der Schrei aus seinem eigenen Körper und als versuche er ihn zu dämpfen. Die beängstigende Erkenntnis, daß sein Vater nebenan war, ließ ihn hochspringen.

»Hier, Jussie«, rief er verwirrt und versuchte, ihm den Kleiderhaken aufzudrängen. »Hier, schlag mich, Jussie. Los, schlag zu, Jussie!« Und sich selbst kräftig auf die Stirn boxend: »Schau, Jussie, du hast mir wehgetan. Au!«

Vergebens. Wieder kreischte Jussie. Jetzt, das wußte David, war er verloren.

»Mama!« jammerte er entsetzt. »Mama!« Und ging auf die Vorderzimmertür zu, als taumele er in sein Verderben.

Sie ging auf. Sein Vater blickte sie ärgerlich erstaunt an. Dann spannten sich seine Züge, als seine Augen auf Jussie haften blieben. Seine Nasenflügel weiteten sich und wurden blaß.

»Was habt ihr getan?« Seine Stimme klang bewußt ungläubig.

»Ich . . . ich . . .« stammelte David, vor Angst zusammengekrümmt.

»Er hat mich genau in die Nase gekickt!« heulte Jussie.
Seinen flammenden Blick nicht von David lassend, kam sein Vater die Wohnzimmerstufen herunter. »Was?« knirschte er, turmgleich über ihm ragend. »Sprich!« Langsam schwang sein Arm auf den schluchzenden Jussie zu; er war wie eine Wetternadel, die seinen zunehmenden Zorn anzeigte. »Sag: hast du das getan?« Mit jedem Wort, das er sprach, wurden seine Lippen dünner und strenger. Es schien David, als weiche sein Gesicht langsam zurück, doch ohne kleiner, sondern mit der Entfernung nur fahler zu werden, eine weiße, körperlose Flamme. In den geschmolzenen Zügen war nur die Stirnader deutlich zu sehen, pulsend wie ein dunkler Blitz.
Wer konnte die weiße Glut auf diesen Zügen ertragen? Schrecken lähmte seine Kehle. Er rang nach Atem. Sein Kopf wartete darauf, daß seine Augen sich senkten, seine Augen, daß sein Kopf sich senkte. Er schlotterte, und schlotternd riß er sich los von diesem schrecklichen Blick.
»Antworte!«
Antworte. Die Worte hallten in ihm wider. Antworte. Aber sie bedeuteten: verzweifle! Wer konnte seinem Vater antworten? In diesem schrecklichen Befehl war das Urteil schon enthalten. Wie ein gestelltes Wild krümmte er sich zusammen, tötete seinen Geist ab, weil sein Körper sich nicht abtöten ließ, und wartete. Nichts existierte mehr außer seines Vaters rechter Hand – die Hand, die in das Spannungsfeld seines Blicks hineinhing. Nun war ihm fürchterliche Klarsicht gegeben. Fürchterliche Muße. Erstarrt, zeitlos studierte er die sich aufrollenden Finger, die krampfhaft zuckten, studierte die mit Druckerschwärze gefüllten Kuppen seiner Fingerspitzen, betrachtete, als gäbe es sonst nichts auf der Welt, den Nagel seines von einer Presse gequetschten kleinen Fingers, der in einer zackigen kleinen Leiter zum Neumond hinaufkletterte. Fürchterliches Versunkensein.
Der Hammer in der Hand, als er stand! Der Hammer!
Plötzlich duckte er sich. Seine Augenlider sperrten das Licht aus wie eine Jalousie. Die flache Hand schlug ihn mit aller Gewalt auf Backe und Schläfe, sein Gehirn splitterte in Lichtfetzen. Quecksilberkugeln schossen auseinander, verdichteten sich, tosten. Er fiel auf den Boden. Im nächsten Augenblick packte sein Vater den Kleiderbügel, und in der schrecklichen Pause, bevor dieser auf seine Schultern herabsauste, sah er mit der beschleunigten Sehkraft des

Todeskampfes, wie Jussie mit offenem Mund dastand, verstummt, in nutzlosem Schweigen.

»Willst du nicht antworten!« Die ihn anherrschende Stimme war die Stimme des Kleiderbügels, der flammengleich sein Fleisch ätzte. »Dein verfluchtes hinterhältiges Herz! Du Raubtier! Da also! Da! Da! Ich werd' dich schon kleinkriegen. Ich habe dich gewarnt! Aber du hast nicht hören wollen!«

Die hackenden Schläge des Kleiderbügels trafen seine Handgelenke, seine Hände, seinen Rücken, seine Brust. Sie fanden immer noch eine freie Stelle, mochte er sich nach Kräften ducken, verdrehen, krümmen. Er schrie, schrie, und noch immer fielen die Schläge.

»Bitte, Papa! Bitte! Hör auf! Hör auf! Lieber Papa! Lieber Papa!« Er wußte, daß er im nächsten Augenblick seinen Kopf in den Prügelregen strecken würde. Angst! Angst! Er mußte entkommen!

»Jetzt kannst du heulen!« raste seine Stimme. »Jetzt kannst du schreien! Ich hab' dich angefleht! Angefleht! Wie ich den Tod anflehen würde! Du warst dickfellig, oder nicht? Maulfaul warst du! Verstockt . . .«

Die Tür fuhr auf. Mit einem wilden Schrei kam seine Mutter hereingestürzt und warf sich zwischen sie.

»Mama!« kreischte er und hängte sich an ihr Kleid.

»Mama!«

»O Gott!« rief sie entsetzt und riß ihn in ihre Arme. »Halt ein! Halt ein, Albert! Was hast du nur mit ihm gemacht?«

»Laß ihn los!« fuhr er sie an. »Laß ihn los, hörst du!«

»Mama!« David klammerte sich verzweifelt an sie. »Er soll mich nicht mehr schlagen. Er soll nicht mehr!«

»Damit!« kreischte sie heiser und versuchte ihm den Kleiderbügel zu entwinden. »Damit ein Kind zu schlagen. Schande über dich! Steinernes Herz! Wie konntest du sowas tun!«

»Ich hab' ihn bisher nie geschlagen!« Die Stimme klang erstickt. »Was ich getan habe, hat er verdient! Du hast ihn lange genug beschützt! Es war seit langem fällig!«

»Dein einziges Kind!« stöhnte sie, David krampfhaft an sich drükkend. »Dein einziges Kind!«

»Sag mir das nicht! Ich will sowas nicht hören! Er ist nicht mein Kind! Ich wollte, er läge tot zu meinen Füßen!«

»Ach, David, mein geliebter David!« In ihrer Angst um ihr Kind schien sie jeden anderen, sogar ihren Mann zu vergessen. »Was hat

er dir getan! Still! Still!« Mit hastiger Hand wischte sie seine Tränen fort, setzte sich und wiegte ihn hin und her. »Still, mein Liebling! Mein Schatz! Oh, sieh seine Hand!«
»Ich beherberge einen Teufel!« wütete die unerbittliche Stimme. »Einen Schlächter! Und du beschützt ihn noch! Seine Hände werden mich noch schlagen, ich weiß! Mein Blut warnt mich vor meinem Sohn! Dieser Sohn! Schau dir dieses Kind an! Sieh, was er getan hat! Er hat Menschenblut vergossen wie Wasser!«
»Du bist verrückt, du bist wahnsinnig.« Bitterböse drehte sie sich nach ihm um. »Der Schlächter bist du! Das sage ich dir ins Gesicht! Wenn er in Gefahr ist, gebe ich nicht nach, verstehst du mich? In allem anderen sollst du deinen Willen haben, nur nicht mit ihm!«
»Du magst deine Gründe haben! Aber ich prügle ihn, solange ich kann.«
»Du berührst ihn nicht mehr!«
»Nein? Das werden wir schon sehen!«
»Du berührst ihn nicht, hast du gehört?« Ihre Stimme war so ruhig und bedrohlich geworden wie ein Abzugshahn, der, gesichert und in Ruhe, von einem einzigen Haar mit unglaublichem Willen, mit unglaublicher Leidenschaft zurückgehalten ist. »Nie mehr!«
»Und das sagst du zu mir?« Seine Stimme klang verwundert. »Weißt du nicht, mit wem du sprichst?«
»Es ist gleichgültig! Verlaß uns jetzt!«
»Ich?« Wieder die ungeheure Überraschung. Als habe jemand eine vulkanische, unschätzbare Macht in Frage gestellt, die dadurch ins Wanken geriet. »Das sagst du zu mir? Du sprichst mit mir?«
»Mit dir. Ja: Mit dir. Geh hinaus. Oder ich gehe.«
»Du?«
»Ja, wir beide.«
Mit erschrockenen, tränenblinden Augen sah er den Körper seines Vaters zittern, als spiele sich ein fürchterlicher Kampf in ihm ab, er sah, wie sein Kopf vorstieß, sein Mund sprechen wollte, einmal, zweimal, wie er erbleichte und zuckte, wie er sich schließlich wortlos umdrehte und die Wohnzimmerstufen hinaufstolperte.
Seine Mutter blieb einen Augenblick regungslos sitzen, dann zitterte sie und brach in Tränen aus, wischte sie aber weg.
Noch immer stand Jussie da, stumm und verstört, mit blutverschmiertem Kinn.
»Setz dich einen Augenblick dort hinüber.« Sie stand auf und setzte

David auf einen Stuhl. »Komm her, du armes Kind«, sagte sie zu Jussie.

»Er hat mich gegen die Nase gekickt!«

»Still!« Sie führte Jussie zum Ausguß und wischte ihm das Gesicht mit einem nassen Handtuch ab. »So, nun geht's dir schon besser.« Und das Handtuch von neuem befeuchtend, trat sie zu David und setzte ihn sich auf den Schoß.

»Er hat mich zuerst geschlagen.«

»Still jetzt! Kein Wort mehr darüber.» Sie betupfte das aufgeschürfte Handgelenk mit dem kalten Handtuch. »Oh, mein Kind!« stöhnte sie und biß sich auf die Lippen.

»Ich will jetzt hochgehen«, plärrte Jussie. »Ich werd's meiner Mutter sagen.« Er klaubte den Kleiderbügel vom Boden auf. »Wart nur, bis ich's meiner Mutter sag', die wird's dir besorgen!« rief er und lief schimpfend hinaus.

Kummervoll seufzend, schloß seine Mutter die Tür hinter ihm zu und begann, Davids Hemd aufzuknöpfen. Böse rote Stellen bedeckten Brust und Schultern. Sie berührte sie. Er wimmerte vor Schmerz.

»Still!« murmelte sie wieder und wieder. »Ich weiß. Ich weiß, mein Liebling.«

Sie zog ihn aus, holte sein Nachthemd und ließ ihn hineinschlüpfen. Die kühle Luft hatte seine mit blauen Malen bedeckten Schultern und Hände steif gemacht. Er bewegte sich ungelenk, wimmernd.

»Jetzt tut's dir weh, nicht?« fragte sie.

»Ja.« Er hätte am liebsten losgeweint.

»Armer Schatz, ich werd' dich zu Bett bringen.« Sie stellte ihn auf die Füße.

»Ich muß jetzt mal Nummer eins.«

»Ja.«

Sie führte ihn ins Badezimmer, hob den Klosettdeckel. Urinieren tat weh und verschaffte Erleichterung, so wie nur trostloses Stöhnen Erleichterung verschafft. Sein ganzer Körper erschauerte, als seine Blase sich erleichterte. Ein neues Gefühl der Scheu durchdrang ihn; verstohlen schob er sich beiseite, mit dem Rücken zu ihr, verkrümmt, als sie die Kette über seinem Kopf zog. Dann ging er wieder in die helle Küche, in das dunkle Schlafzimmer und schlüpfte ins Bett. In der ersten Kühle der Laken hielt eine Weile müde Trauer an.

»Und nun schlafe«, drängte sie, beugte sich herab und küßte ihn.

»Morgen ist alles wieder gut.«
»Bleib hier.«
»Ja, natürlich.« Sie setzte sich und gab ihm ihre Hand.
Er rollte seine Finger um ihren Daumen, und während er dalag, blickte er zu ihr auf, und seine Augen sogen ihre Gesichtszüge aus den tiefen Schatten. Von Zeit zu Zeit schüttelte ihn ein plötzliches Schluchzen, als wären die Wellen von Schmerz und Pein über ihn hinweggeeilt und kämen nun von fernen Gestaden zurück.

XI

Dezembersonnenlicht, durchsichtig und wolkig, geschmolzen auf den oberen Fensterscheiben. Obgleich es noch früh am Nachmittag war, war die Flut kalter Schatten an den Holz- und Backsteinhäusern schon hoch gestiegen. Graue Schneeklumpen klebten noch auf der dem Wind abgekehrten Straßenseite. Die Luft war kalt, aber windlos. Links neben der Eingangstür dampfte ein Abzugsloch.
Lärm zur Rechten. Er spähte hinaus. Vor der Schneiderwerkstatt nahe an der Ecke stand eine Horde Jungen. Sollte er es wagen, hinüberzugehen? Was, wenn Jussie unter ihnen war? Er suchte nach ihm. Er war nicht dabei. Dann konnte er ein Weilchen hinübergehen. Er würde zurücksein, bevor Jussie auftauchte. Ja.
Vorsichtig schlich er näher. Das war Sidney, Yonk. Er kannte sie. Die anderen? Die wohnten wohl um die Ecke.
Sidney war an der Spitze, die anderen hinter ihm. David stand und beobachtete sie.
»Willst du mitspielen?« fragte Sidney.
»Ja.«
»Dann geh in Reih und Glied. Geh hinter dem Führer. Bum! Bum! Bum!« Er gab den Marschschritt an.
David schloß sich hinter dem letzten Jungen an. Sie marschierten in Schützenkette über die Straße und machten vor einem großen Hydranten halt.
»Spring auf Johnny Pumpe!« befahl Sidney und sprang auf die beiden Stumpfarme der Zapfstelle. »Eins, zwei, drei! Hurra!« Er sprang ab.
Nacheinander sprangen die übrigen hinauf und liefen brüllend hin-

ter ihm drein. Sidney lief im Zickzack auf der Straße vor und zurück, stieß gegen Ascheneimer, rannte Vortreppen hinauf und hinunter, ging nur auf bestimmten Linien des Gehsteigs und überließ sich jeder Laune, die ihm in den Sinn kam. David gefiel das Spiel.
Als er bei der Friseurstange ankam, wartete Sidney, bis seine atemlosen Kohorten aufgerückt waren.
»Folgt der blauen Linie«, befahl er, und am untersten Ende der blauen Spirale beginnend, fuhr er mit dem Finger rund und rund um die Stange, bis er sich auf die Zehenspitzen stellen mußte und das blaue Band außer Reichweite geriet. Als die anderen die Aufgabe erfüllt hatten, kroch er unter den Kragstein des Friseurladenfensters bis zum Ende, streckte den Kopf in den Eingang hinein und sang mit krächzender Stimme:
»Auf der Kanzel spricht der Pfaffe,
Am Friseurstuhl steht ein Affe!«
Die übrigen kreischten ihm die Worte nach, jedoch mit zunehmender Eile und abnehmender Lust und rannten hinter ihm drein. Als David an die Reihe kam, stand der Friseur bereits wutschnaubend auf der Schwelle. David fegte stumm am Eingang vorbei und hastete weiter.
»Er hat's nicht gesagt!« höhnten sie.
»Angsthase, warum hast du's denn nicht gesagt?« schalt ihn Sidney.
»Ich konnt's nicht«, grinste er um Verzeihung bittend. »Er stand ja in der Tür.«
»Nächstes Mal hast du zu tun, was der Führer tut!« warnte ihn Sidney.
Bekümmert beschloß David, sich fortan anzustrengen, ahmte daher getreulich alle Possen seines Führers nach und stockte nicht einmal, als es hieß, die Holztreppe, die zum Keller des Eismanns führte, hinauf- und hinabzulaufen.
Das Spiel hatte den Höhepunkt der Spannung erreicht. Der unmittelbar vor David laufende Junge hatte sich gerade über die niederste der beiden Geländer vor der Schneiderwerkstatt gerollt, und nun war David an der Reihe. Er faßte die Stange, lehnte sich dagegen, wie die übrigen es getan hatten, und begann, sich langsam und vorsichtig darum zu drehen. In dem seltsamen Moment des Chaos, wenn Häuserfirste und Himmel nach unten hängen und die anderen auf den Köpfen in der Luft stehen, kam das umgekehrte Gesicht eines Mannes vorbei und drehte sich mit dem drehenden

Raum. Ein blitzschnelles Erhaschen von schwarzen Höhlen, seinen Nasenlöchern, von Pausbacken unter dem Hutrand – all das bewegte sich unterhalb der Beine. Wie komisch, dachte er, als seine Schuhsohlen wieder auf dem Gehsteig landeten, wenn das unterste zuoberst kommt. Komisch!

Unwillkürlich blickte er der sich entfernenden Gestalt nach.

Mit den Füßen zuunterst sah er wie jedermann aus. Aber – breite Schultern, grauer Mantel. Dazu der Hut. Das war – er wehrte sich gegen das unausweichliche Erkennen. Nein! Nein! Nicht er! Aber der ging ja wie . . . Die Hände in den Taschen. Er war's! Er war's!

»Heda, wo bleibst du denn?« rief Sidney ungeduldig.

Doch David rührte sich nicht und starrte stur geradeaus. Jetzt bog der Mann um, und das Gesicht im Profil überschritt er die Straße.

Er war's! Es war Luter! Er ging zu seinem Haus.

»Wohin gaffst du bloß?« Sidney fühlte sich herausgefordert. »Willst du nicht mehr mitspielen?«

David riß sich aus seiner Trance. »Doch, doch! Natürlich will ich mitspielen.«

Er erreichte seinen Platz in der Kette, doch eine Sekunde später vergaß er, wo er war und blickte entsetzt in die Richtung seines Hauses. Jetzt hatte Luter den Eingang erreicht, ging hinein, war drinnen.

Und jetzt das Spiel. O das Spiel! Nein! Nein! Folge dem Führer! Spiele!

»Los, eil dich!« sagte Sidney. »Du bist dran!«

David blickte ihn ausdruckslos an. »Was hast du gemacht? Ich hab's nicht gesehen.«

»Aa!« machte er angewidert. »Spring die beiden Stufen hinunter.«

David stieg hinauf, sprang hinunter, landete mit scharrendem Aufprall und lief hinter den anderen her.

Er wußte es! Er wußte es! Deshalb war er gekommen. Das Spiel! Er würde sie zum Spielen zwingen. Wie Annie. Im Schrank! . . .

»He, dann spielst du eben nicht mehr mit und fertig!«

Schuldbewußt zuckte David zusammen, als er sah, daß die anderen wieder auf ihn warten mußten.

»Laß ihn nicht mehr mitspielen, Sid.« Sie blickten ihn böse an.

»Er kommt nicht mal mit.«

»Du Vollidiot, du kannst überhaupt nichts.«

»Los, hau ab!«

Ein plötzlicher Schrei und das Getrappel rennender Füße lenkte sie ab. Suchend blickten sie sich um.
»Heda, was spielt ihr?«
Jussie war's, der auf sie zulief. Bei seinem Anblick wollte David sich drücken, doch Jussie hatte ihn bereits erspäht.
»Hoho!« quietschte er. »Schöne Dresche hast du bezogen!«
»Wer hat das?« fragte Sidney.
»Der da!« Er deutete auf David. »Hättst du sehn sollen, Sidney! Bing! Machte sein Vater. Bäng! Und der ging in die Knie und heulte vielleicht los!«
Die anderen begannen zu lachen.
»Aua, aua!« Jussie wand sich zu ihrer Belustigung. »Bitte, Papa, laß mich los! Ach, laß mich doch los! Bäng! Und gab ihm noch einen. Mitten auf den Hintern!«
»Warum hat er ihn verdroschen?« Sie umdrängten ihn.
»Er hat ihn verdroschen, weil er mich in die Nase gekickt hat«, juchzte Jussie. »Genau hier, und das hat vielleicht geblutet.«
»Und hast du dir's gefallen lassen?«
»Ich hab's nicht vor«, knurrte Jussie in Erwartung weiterer Ermunterung.
»Gib ihm Saures, Jussie!« hetzten sie kreischend.
»Los, Jussie, mach ihn fertig!«
»Hau ihm die Schnauze ein!«
Beim Anblick des kneifenden David ballte Jussie die Fäuste und machte eine kampffreudige Miene. »Los, wir wollen uns verprügeln!«
»Ran an den Speck, du Schißhase!« höhnten sie.
»Ich will mich nicht prügeln«, wimmerte er, sich nach einem Ausweg umblickend. Es war keiner da. Sie hatten ihn vollständig umzingelt.
»Laß ihn nicht weglaufen, Jussie! Gib's ihm zwei, vier, sechs, neun!«
Angefeuert, hämmerte Jussie auf seine Schultern los.
»Zwei, vier, sechs, neun: Ich bleu dir's schon noch ein!«
Seine Fäuste trafen die verschiedenen Stellen der gestrigen Quetschungen. Die Stellen, auf denen der Kleiderbügel niedergesaust war, strahlten schmerzhaft aus. Tränen sprangen in seine Augen. Er duckte sich.
»Er heult«, höhnten sie.
»Sieh, wie er heult.«

»Waaaa!«
»Heul Kitze, heul Kitze, saug an Mamas Zitze!« legte einer von ihnen los.
»Heul Kitze, heul Kitze, saug an Mamas Zitze!« alle übrigen stimmten ein.
Mit tränenüberströmtem Gesicht bahnte David sich blind einen Weg durch sie hindurch. Sie gaben ihm den Weg frei und liefen singend hinter ihm her.
»Heul Kitze, heul Kitze, saug an Mamas Zitze!«
Er rannte los. Laut aufjohlend trabten sie hinterher. Mit einemmal packte einer ihn an seinem Mantelgürtel und brachte ihn ruckartig zum Stehen. Die Meute umdrängte ihn. »Hoho, Liese!« lästerten sie und hüpften um ihn herum. »Hoho!«
Plötzlich krampfte ihn blinde, zerschmetternde Wut. Warum jagten sie ihn? Warum? Wenn er nirgendwohin rennen konnte – nicht mal hinauf zu seiner Mutter. Jetzt war es genug. Er haßte sie! Er bleckte die Zähne und kreischte, riß sich von dem Jungen los, der an seinem Gürtel zerrte und holte aus. Jede zitternde Zelle beteiligte sich an dem Stoß. Vor dem wütenden Anprall torkelte der andere rückwärts, stolperte über seine eigenen Füße und stürzte zu Boden. Sein Kopf schlug zuerst auf, mit einem gedämpften, fernen Laut wie eine unterirdische Explosion. Seine Arme sackten neben ihm ab, seine Augen fielen zu, er lag bewegungslos. Mit entsetztem Röcheln starrten die übrigen auf ihn hinunter, ihre Gesichter waren ausdruckslos, ihre Augen traten aus den Höhlen. Von Schrecken gepackt, schnappte David nach Luft und floh auf sein Haus zu.
Am Eingang warf er einen letzten, todesgeängstigten Blick über seine Schulter zurück. Vom Geschrei der Kinder angelockt, war der Schneider aus seiner Werkstatt gelaufen gekommen und beugte sich über den Jungen. Die anderen tanzten hin und her und brüllten:
»Dort ist er! In dem Haus da! Der war's!«
Der Schneider schwang drohend seine Faust. »Bankert!« schrie er. »Ich werd' dir's geben! Warte! Ich ruf' einen Polizisten!«
David flog in den Eingang. Ein Polizist! Ihm wurde schwach vor Angst. Was hatte er getan! Was hatte er getan! Ein Polizist kam näher. Verstecken! Verstecken! Hinauf. Nein! Nein! Er war da. Das Spiel. Er würde es verraten. Wo? Irgendwo. Er duckte sich hinter das Geländer und unter die Stufen. Nein! Dort würden sie ihn suchen. Er schoß hinaus. Wohin? Hinauf. Nein! Gestellt, be-

sessen blickte er um sich ... Die Tür ... Nein! Nein! Nicht dorthin! Nein! ... Es mußte sein! Nein! Nein! ... Der Polizist ... Hinauslaufen ... Nein, sie würden ihn einholen ... Denken, Angst und Flucht, Aufruhr und Unterwerfung schossen abwechselnd durch seinen Kopf in scharfen, fiebrigen Pulsschlägen. Er mußte! Mußte! Mußte! Seine Vernunft schrie jeden Widerstand nieder, und er setzte zur Kellertür hinunter und riß sie auf – Dunkelheit wie ein Katarakt, unerschöpflich, ungeheuerlich.

»Mama!« stöhnte er und spähte hinunter. »Mama!«

Er tauchte den Fuß in die Dunkelheit, tastete nach der Stufe, fand sie, zog die Tür hinter sich zu. Noch eine Stufe. Er drückte sich an die Wand. Eine dritte. Die unsichtbaren Fasern eines Spinngewebes blieben an seinen Lippen hängen. Angeekelt fuhr er zurück und spuckte den Modergeschmack aus. Nicht weiter. Nein! Keinen Schritt weiter. Er zitterte derart, daß er kaum stehen konnte. Noch ein Schritt, und er würde fallen. Schwankend setzte er sich.

Nun Dunkelheit ringsum, vollkommene, klafterlose Nacht. Kein einziger Lichtstrahl zog herein, keine Lichtflocke trieb hindurch. Aus unergründlicher Tiefe drang trüber Morastgestank lichtscheuen Verfalls in seine Nasenflügel. Hier herrschte keine Stille, denn wenn er zu lauschen wagte, konnte er Tappen und Knirschen hören, Getrappel und Geflüster, alles heimlich, alles böse. Schrecklich war das Dunkel. Hier hausten die Ratten, die Horden des Alptraums, die schwammigen Gesichter, die kriechenden, ungestalten Geschöpfe.

XII

Vor Spannung knirschte er mit den Zähnen. Minuten waren vergangen, seit er seinen Willen in einem starren, hämmernden Trancezustand sammelte – damit Luter herunterkam, damit Luter seine Mutter verließ. Aber auf den Stufen vor der Kellertür war alles still wie zuvor. Keine Stimme, keinen Schritt vermochte er in der Stille zu beschwören. Erschöpft sank er an die Treppenkante zurück. Aber sein Gehör hatte sich geschärft. Jetzt konnte er Geräusche vernehmen, die er vorher nicht gehört hatte. Aber nicht über ihm – unter ihm. Wider Willen spähte er in die Unterweltsfinsternis. Sie

bewegte sich – bewegte sich überall auf tausend Füßen. Das heimtückische schreckliche Dunkel klomm die Kellerstufen herauf, klomm ihm entgegen. Er konnte seine grauenhafte Ausdünstung fühlen, die ihn mit zerfurchten Zangen umgarnte. Die faulige Wärme seines Pesthauchs. Näher. Die geblähten, gräulichen Gesichter. Seine Kiefer begannen aufeinanderzuklappern. Eisiges Entsetzen kroch an seinem Rückgrat herauf und herunter wie ein Finger, der auf einem Kamm kratzt. Sein Fleisch floß über vor Angst.
Lauf! Lauf!
Er kroch auf der sandigen Treppe aufwärts, fingerte heulend nach dem Türknopf. Fand ihn, stürzte hinaus mit einem Schluchzen der Befreiung und warf sich ins Licht des Hauseingangs.
Hinaus! Hinaus! Bevor es – bevor jemand kommt.
Die Stufen hinunter und rennen.
– Nein! Dort die Schule! Das Haus da! Andere Richtung!
An der Ecke bog er rechter Hand in weniger vertraute Straßen ein.
Licht! Licht in den Straßen! Jetzt konnte er sehen. Konnte schauen ... Der Mann dort ... kein Polizist ... niemand jagte ihn ... er konnte jetzt gehen.
Die scharfe, nach Kälte riechende Luft belebte ihn, drang durch seinen Mantel, juckte seine Haut darunter. Das behende, spröde Licht an Ecken und höher gelegenen Stockwerken tröstete ihn. Wieder waren die Dinge stetig und verständlich. Mit jedem Atemzug sprang ein Ring des Schreckens von seiner Brust. Er hörte auf zu rennen und ging in keuchendes Gehen über.
– Könnte hier stehenbleiben ... Niemand jagt hinter mir her ... Könnte stehenbleiben, könnte weitergehen ... Bis zum nächsten Block, was?
Er bog um eine Ecke, in eine der seinen sehr ähnliche Straße – Backsteinhäuser und Holzhäuser – aber keine Läden.
– Will eine andere ... könnte in die nächste einbiegen ...
An der nächsten Ecke blieb er mit einem Ausruf des Entzückens stehen und blickte umher. Telegrafenmasten! Warum war er nicht früher hierher gekommen? Auf beiden Seiten der Straße zogen sie sich hin, die Drähte an den Querbalken hingen in den Himmel hinein. Die Straße war breit und durch eine gefurchte, gefrorene Gosse geteilt. An einem Ende wurden die Häuser spärlicher und gingen in freies Feld über. Die verwitterten Masten drängten über die ferne Anhöhe hinweg in den Glanz einer zerzausten Wolke. Er

lachte, füllte seine Augen mit der gefleckten Weite, seine Lungen mit der berauschenden Luft.

– Sie gehen fort und fort ... Fort, fort, fort ... Könnte ihnen folgen.

Er tätschelte den dicken Holzmast neben ihm, prüfte die Astlöcher, dunkler als grau, schlug gegen den geduldigen Schaft und lachte wieder.

– Den nächsten ... Lauf mit ihm um die Wette! ... Hallo, Mr. Hochholz ... Leben Sie wohl, Mr. Hochholz. Ich kann rascher ... Hallo, zweiter Mr. Hochholz ... Leben Sie wohl, zweiter Mr. Hochholz ... Ich kann Sie schlagen ...

Sie fielen zurück. Drei ... vier ... fünf ... sechs ... Zogen näher, schwebten stumm vorbei wie hohe Masten. Sieben ... acht ... neun ... zehn ... Er zählte nicht länger. Und mit ihnen schwand in der Vergangenheit alles, was er fürchtete; alles, was er haßte und floh: Luter, Annie, der Keller, der Junge auf der Erde. Er dachte noch an sie, ja, aber jetzt waren sie winzig, kleine Bilder in seinem Kopf, die sich nicht mehr in seine Gedanken drängten und ihn stachen, sondern weit weg waren, harmlos – etwas über jemand anderes Gehörtes. Er hatte das Gefühl, sie würden völlig aus seinem Geist schwinden, sobald er den Gipfel der Anhöhe erreicht hätte, zu dem alle Telegrafenmasten aufstrebten. Er rannte weiter, manchmal wie aus reiner Freiheitslust hüpfend, manchmal einem säumenden Mast zuwinkend, in sich hineingurgelnd, vor sich hinkichernd, widersinnig müde.

Nun wurden die Häuser spärlicher und wichen langen Strecken mit leeren Grundstücken. Auf beiden Seiten der Straße bedeckten Flecken schaumigen Schnees die glanzlosen Felder. Auf Felsabsätzen verkrallten sich gekrümmte Bäume in den rutschigen Grund. Am Eingang zu einem Hühnerstall hinter einem verwitterten, baufälligen Haus gluckte ein Hahn, kikirikiete und stolzierte hinein. Die Gehsteige hatten seit langem aufgehört; die grauen Steinplatten waren brüchig und zerfurcht, und selbst diese verliefen sich ins Nichts. Ein scharfer Wind kam auf über den freien Grundstücken und nahm Staubgewänder mit, golden in der sinkenden Sonne. Es wurde kälter und einsamer, die winterliche Öde der Stunde vor Sonnenuntergang, wenn die Erde sich zusammenzieht und auf die Nacht wartet –

– Zeit zurückzublicken.

– Nein.
– Zeit zurückzublicken.
– Nur bis zum Ende der Steigung. Dort, wo die Wolken niedersanken.
– Zeit zurückzublicken.
Er spähte über seine Schulter und blieb überrascht stehen. Hinter ihm wie vor ihm stiegen die hohen Spieren in den Himmel.
– Komisch. Nach beiden Seiten.
Er drehte sich um und blickte bald rückwärts, bald vorwärts.
– Als wär's eine Schaukel. Wußte es nicht.
Seine gute Laune schwand.
– Das gleiche. Wußte es nicht.
Seine Beine ermüdeten.
– Es ist weit auf der anderen Seite.
Zwischen Manteltasche und Ärmel war ein Handgelenk kalt, das andere pochte.
Die Schwellungen unter der Schulterhaut schmerzten von neuem.
– Es ist genau das gleiche.
Langsam begann er seine Schritte zurückzuverfolgen.
– Kann umkehren.
Trotz zunehmender Müdigkeit beschleunigte er den Schritt.
Jetzt waren sie alle fort; Luter war fort; sie hatten das Spiel beendet. Er und seine Mutter. Konnte jetzt zurückgehen. Und der Polizist war fort, konnte ihn nicht mehr finden. Konnte jetzt umkehren. Und seine Mutter würde da sein, ja, auf ihn warten. Haßte sie nicht mehr. Wo warst du? würde sie fragen. Nirgends. Hast mir eine schöne Angst eingejagt; ich konnte dich nicht finden. Würde es nicht sagen. Warum sagst du mir nicht, wo du warst? Weil. Warum nicht? Weil – mußte aber zurück sein, bevor Vater kam. Lieber beeilen.
Häuser standen wieder dichter.
Und ich schaute aus dem Fenster, und ich rief, David, David, und ich konnte dich nicht finden. Würde es ihr nicht sagen. Vielleicht ging sie auch auf die Straße hinunter. Wenn aber der Polizist es ihr erzählte. Sie würde es nicht seinem Vater sagen. Nein. Sobald er in seine Straße kam, wollte er sie rufen. Sie würde aus dem Fenster schauen. Was? Warte im Eingang, ich komm' rauf. Sie würde warten, und er würde am Keller vorbeirennen. Ekelhaft! Wünschte, es gäbe Häuser ohne Keller.

Der Himmel zog sich zusammen; die Häuser hatten die Reihen geschlossen. Hoch oben zupfte eine kleine Spatzenschar, perlengleich auf den Drähten zwischen zwei Telegrafenmasten hockend, die einzige trockene Saite ihrer Stimmen. Auf dem Geländer einer Veranda hörte eine graue Katze auf, ihre Pfote zu lecken, und betrachtete sie ernst, dann beäugte sie David, als er vorüberging.
Vielleicht Milchsuppe zum Abendessen, wenn er oben war. Saure Sahne, hmm! Wirf Brotstückchen hinein. Saure Sahne mit Schafskäse! Mmm! Saure Sahne mit Eiern. Saure Sahne mit was noch? Borschtsch ... Erdbeeren ... Radieschen ... Bananen ... Borschtsch, Erdbeeren, Radieschen, Bananen. Borschtsch, Erdbeeren, Apfelstrudel. Nein. Man ißt ihn nicht mit saurer Sahne. Saure. Sahne. Saure. Sahne. Mag sie, mag sie, mag sie. Ich – mag – sie. Ich mag Kuchen, aber ich mag keinen Hering. Ich mag Kuchen, aber was mag ich nicht? Ich mag Kuchen, aber ich mag nicht, mag nicht, mag nicht Heringe. Ich mag mag – wie weit war es noch?
Die Gehsteige verliefen wieder waagerecht.
Luter mochte Hering, mag nicht Luter. Luter mag Hering, mag nicht Luter. Luter mag – würde er heute abend da sein? Er sagte vielleicht. Vielleicht kam er nicht. Wünschte, er käme nie mehr. Käme nie mehr, nie mehr käme. Wünschtich wünschtich nie mehr kommt, und zwar am Montagmorgen – wie weit war es noch?
Ungeduldig ließ er den Blick über die vor ihm liegenden Straßen gleiten. Welche war es? Welche? Welche war – Long Street. Long Street, lauter Holzhäuser. Auf dieser Seite. Ja. Geh auf der anderen Seite. Dann nächste Ecke ... Kommt gleich, kommt gleich ... Bin gleich daheim ... Diese da? ... Sah nicht so aus ... Nächste ich wette ... Hoppla hoppla hoppla ... Ein kleines Haus ... zwei kleine Haus ... drei kleine Haus ... Ecke kommt, Ecke kommt, Ecke – Hier!
– Hier? Dies da? Ja. Sieht anders aus. Nein. Gleich. Holzhäuser. Ja.
Er bog um die Ecke und eilte auf die gegenüberliegende Seite.
– Das gleiche. Sah aber ein ganz klein wenig anders aus. Trotzdem gleich.
Doch am Ende des Blocks war die Ungewißheit nicht gewichen. Obgleich er jedes Haus auf beiden Seiten der Straßenkreuzung musterte, zündete kein einziger Wegweiser in seinem Gedächtnis. Sie waren alle gleich – Holzhäuser und schmale Gehsteige zu seiner

Rechten und Linken. Ein Schauder der Verzweiflung rann durch seinen Körper.

– Diese da? Nein. Vielleicht war er die zweimal gegangen. Als er wegrannte. Hatte nicht aufgepaßt und war sie zweimal gelaufen. Die nächste. Die wird's sein. Finde sie jetzt. Mama wartet. Nächste. Rasch. Und dann einbiegen. Das war's. Er würde gleich sehen. Mußte so sein. Er fiel in einen müden Trott.

– Ja, die nächste. Das große gelbe Haus an der Ecke. Es würde kommen. Würde kommen. Wie er brüllen würde, wenn es kam. Da ist es! Da ist meine Straße! Aber wenn – wenn sie nicht da war. Muß sie sein! Muß sie sein!

Er rannte rascher, fühlte neben sich das weiche Tappen der Siebenmeilenstiefelangst. Die nächste Ecke würde ein Hafen oder eine Bucht sein, und als er näherkam, fiel er in den angstvollen Lauf eines erlahmenden Wilds –

– Wo? Wo war es?

Seine in alle Richtungen schweifenden Blicke flehten die hartnäckige Straße um eine Antwort an, die sie nicht geben wollte. Plötzlich hieb Schrecken auf ihn ein.

»Mama!« Die verzweifelte Klage riß ihm die Lippen auseinander. »Mama!« Die gleichgültigen Häuser verwarfen seinen Kummer. »Mama!« Seine Stimme versickerte in angstvoller Verlorenheit. Und als hätten sie auf ein Signal gewartet, begannen die Straßen in seiner tränentrüben Sicht verstohlen zu kreisen. Er fühlte, wie sie sich unter seinen Füßen drehten, obwohl kein Haus von der Stelle wich – rückwärts und vorwärts, von einer Seite zur anderen – ein heimtückisches, unerbittliches Karussel.

»Mama! Mama!« wimmerte er und lief jetzt blindlings durch eine wie im Alptraum düstere, weite Straße.

Ein Mann bog vor ihm um die Ecke und entfernte sich rasch auf klappernden Absätzen. Eine gespannte, taumelnde Sekunde lang schien er kein anderer als sein Vater; er war ebenso groß. Doch dann riß der Film ab. Es war jemand anderes. Sein Mantel war grauer, er pendelte mit den Armen und ging aufrecht. Sein Vater ging stets nach vorn gekrümmt, die Arme dicht angelegt.

Mit letzter, schwindender Kraft rannte er ihm nach. Vielleicht wußte der Bescheid. Vielleicht konnte er ihm Auskunft geben.

»Mister!« keuchte er atemlos. »Mister!«

Der Mann verlangsamte den Schritt und sah über seine Schulter

zurück. Bei Davids Anblick blieb er stehen und drehte sich in spöttischem Erstaunen um. Unter einer langen, schweren Nase trug er einen hornblonden, gewichsten, gezwirbelten Schnurrbart.
»Was gibt's, Söhnchen«, fragte er laut und leutselig. »Wo brennt's?«
»Ich habe mich verirrt.« David schluchzte.
»Oho!« kicherte er mitfühlend. »Ganz verirrt, wie? Und wo wohnst du?«
»Einhundertundzwanzig Boddeh Stritt«, antwortete er zittrig.
»Wo?« Verblüfft beugte er sein Ohr hinunter. »In welcher Straße?«
»In der Boddeh Stritt.«
»Bodder Street?« Er zwirbelte ein Schnurrbartende noch spitzer und betrachtete David mit schrägem, kritischem Auge. »Bodder Street. Kann nicht behaupten, daß ich je – Oh! Haha!« Wieder platzte er gutgelaunt heraus. »Du meinst Potter Street. Haha! Bodder Street!«
»Boddeh Stritt«, wiederholte David schwach.
»Ja!« sagte er entschieden. »Nun hör mal gut zu.« Er faßte David an den Schultern. »Siehst du die Straße dort?« Er deutete in die Richtung, aus der David gekommen war. »Die dort. Gut: siehst du die Straße danach – etwas weiter weg? Das macht zwei. Du gehst also eine Straße, zwei Straßen weit, aber . . .« – und sein Finger drohte –, »du hältst dort nicht an. Gehst eine weiter. Verstanden. Noch eine!«
David nickte zweifelnd.
»Ja!« sagte er beruhigend. »Sobald du dort angelangt bist, fragst du irgend jemand, wo die Nummer einhundertundsechsundzwanzig ist. Man wird's dir sagen. Einverstanden?« fragte er herzlich und stubste David schonend in die gewünschte Richtung.
Nicht allzu zuversichtlich, aber mit etwas mehr Hoffnung ausgestattet als bisher, schritt David aus und zwang seine widerspenstigen Beine zu einem schwerfälligen Trab. Der war ein großer Mann gewesen, jener Mann, der mußte es wissen. Vielleicht war es Poddeh Street, wie er gesagt hatte. Klang nicht gleich, konnte aber sein. Jedermann sagte es ohnehin anders. Seine Mutter sagte Boddeh Stritt, so. Aber sie konnte kein Englisch. Drum sagte ihr sein Vater vor, es hieße Boddeh Street, so. Und jetzt sagte der Mann Poddeh Street. Pah. Pah. Poddeh. Bah. Bah. Boddeh. Ecke kommt . . . Eine Ecke. Straße kommt . . . Eine Straße.
Nächste und nächste, hat er gesagt. Uuh, könnte er doch nur das gelbe Haus an der Ecke sehen! Uuh, wie er laufen würde! Da war

ein Hund mit langem, weißem Haar, und der lief hinter einem Gummiball her. Hier, Jack! Hier, Jack! Grrrrrh. In der Schnauze. Jeder kannte ihn. Jeder kannte Boddeh Stritt. Ein Lebensmittelgeschäft war da und ein Süßwarengeschäft und ein Friseurladen. Der Friseur hatte einen dicken Schnurrbart, wie der Mann dort, nur schwarz. Und eine große Markise davor. Er war kein Jude. Im Fenster stand ein anderer Friseur, nur war der nicht echt und hielt eine Flasche in der Hand und seine anderen Finger waren so – rund. Und er sah dich mit seiner Flasche in der Hand an, gleich wohin du gingst. Geh dahin, geh dorthin, er sah dich an – schon kam die Ecke. Schon kam die Straße.

Nächste und frage. Nächste und frage. Oh, wenn er sie sah. Oh!

»Ooh, Mama!« betete er laut. »Ich hab' Angst hinzusehen, ooh Mama, mach, daß es die nächste ist!«

Und doch sah er. Im Augenblick, als er sie erreichte – hinauf und hinunter, soweit sein Auge reichte: wieder eine Straße so fremd wie jede, durch die er gekommen war, und wie die anderen mit gedrungenen, eintönigen, schattentoten, ins Leere zurückweichenden Seitenwänden. Er schrie nicht auf; er schluchzte nicht. Noch einen Augenblick starrte er hin. Alle Hoffnung brach in ihm zusammen, sank, in seinem Herzen schrillend. Mit steifem, benommenem Körper stolperte er blindlings auf die undeutlichen Umrisse eines Geländers vor einem Untergeschoß zu, lehnte die Stirn auf die kalte Eisenstange und weinte aus unerträglich großem Kummer. Nur der harsche Laut seines Atems zerriß die Stille.

Minuten vergingen. Er fühlte, bald würden seine Hände die umfaßten Geländerstäbe loslassen. Schließlich hörte er hinter sich langsame Tritte, die näherkamen und scharrend anhielten. Wozu aufblicken? Wozu irgendwas machen? Er war eingesperrt in einem Alptraum, und kein Mensch würde ihn je wieder wecken.

»Heda! Heda!« tönte die spitze, fast pikierte Stimme einer Frau über ihm, und dann klopfte ihm eine Hand geziert auf die Schulter. »Junger Mann!«

David achtete nicht darauf.

»Hörst du mich?« Die Stimme wurde streng. »Was ist los?« Nun drängte die Hand ihn vom Geländer weg.

Mit jämmerlich torkelndem Kopf wandte er sich um.

»Du lieber Gott!« Sie hob eine abwehrende Hand. »Was um alle Welt ist passiert?«

Zitternd und unfähig zu antworten, sah er sie an. Sie war alt, zwergenhaft und dabei merkwürdig massig. Sie trug Grün. Ein dunkelgrüner Hut schwamm hoch auf einer Mähne weißen Haars. An ihrer Hand hing eine kaum gebauschte, kleine, schwarze Einkaufstasche.

»Du lieber Gott!« wiederholte sie, so verblüfft, daß sie schalt: »Kriege ich keine Antwort?«

»Ich – ich habe mich verirrt«, schluchzte er, endlich wieder zu Atem kommend. »Aaa! Ich habe mich verirrt.«

»Na, na, na, du armes Ding!« Und mit vogelgleicher Behendigkeit griff sie nach ihrem Zwicker, der unter ihrem Mantel an einem Zwirnsfaden hing, und musterte ihn mit vergrößerten, grauen Augen. »Tt! Tt! Tt! Weißt du nicht, wo du wohnst?«

»Doch, ich weiß es«, weinte er.

»Dann erzähl mir's.«

»Einhundertsechsundzwanzig Boddeh Stritt.«

»Potter Street? Aber du dummes Kind, das ist doch die Potter Street. Und nun hör auf zu weinen!« Ein kleiner grauer Finger hob sich.

»Sie ist es nicht!« stöhnte er.

»Was ist nicht?« Die Augen hinter den Zwickergläsern zogen sich gebieterisch zusammen.

»Es ist nicht Boddeh Stritt!« Er weinte hartnäckig.

»Bitte, reib dir nicht so die Augen! Du willst sagen, daß das nicht Potter Street ist?«

»Es ist nicht Boddeh Stritt!«

»Bodder! Bodder! Bist du sicher?«

»Ja!« Seine Stimme versickerte.

»Bodder, Bother, Botter, streng dich an und denk nach!«

»Es ist Boddeh Stritt!«

»Und die hier ist es nicht?« fragte sie hoffnungsvoll.

»Neeein!«

»O je, o je! Was sollen wir da tun?«

»Waaa!« jammerte er. »Wooo ist meine Mama? Ich will meine Mama!«

»Nun hör endlich auf zu weinen«, schalt sie wieder. »Du mußt einfach aufhören! Wo ist dein Taschentuch?«

»Waaa!«

»O je! Wie anstrengend du bist!« rief sie aus, als käme ihr ein

neuer Gedanke: »Warte!« Sie frohlockte und kramte hastig in ihrer kleinen schwarzen Tasche. »Hier!« Sie stieß es ihm in die Hand. »Du magst doch Bananen, oder?«
»Aa! Ich will meine Mama!«
»Ich muß dich zu ...« Sie brach ab. »Ich werde dich zu deiner Mutter bringen.«
»Sie tun's nicht!« jammerte er. »Sie tun's nicht!«
»Natürlich tu ich's«, sagte sie mit besänftigendem Nicken. »Und zwar sofort.«
Ungläubig starrte er sie an.
»Wir gehen jetzt. Halte deine Banane gut fest!«

XIII

»Du wohnst also hierhin und dorthin und geradeaus von der Schule?« Ihn nachahmend, glitt die Hand des Polizisten durch die Luft.
Die alte Frau hatte ihn überlistet. Sie hatte ihn zu einem Polizeirevier gebracht und war umgekehrt. Er hatte weglaufen wollen, aber man hatte ihn festgehalten. Nun stand er weinend vor einem barhäuptigen Polizisten mit einem goldenen Dienstzeichen. Ein behelmter stand neben ihm.
»Und Boddeh Street ist der Name, aber buchstabieren kannst du ihn nicht?«
»N–nein.«
»Mm! Boddeh? Body Street, wie? Ich seh' mal lieber auf dem Stadtplan nach.« Er stieß sich vom Geländer ab. »Kennst du sie?« fragte er den Behelmten. »Body Street – klingt nach Leichenhaus.«
»In der Nähe der Schule am Winston Platz? Boddeh? Pother? Hör zu, ich weiß, wo er wohnt! Barhdee Street! Klar, Barhdee! Das ist in der Nähe von Parker und Oirol – Alex' Jagdgrund. Ist's nicht so?«
»Jja.« Hoffnung regte sich schwach. Die anderen Namen klangen vertraut. »Boddeh Stritt.«
»Barhdee Street!« bellte der Helmträger gutgelaunt. »Er will, weiß Gott, daß ich wie ein Jude rede. Klar!«

»Schön!« Der Kahlkopf seufzte. »Du hast uns nur an der Nase rumführen wollen, nicht wahr? Aber schau her, wir sind nicht auf den Kopf gefallen. Wir werden deine Mama im Nu finden.« Er nickte dem Behelmten zu. »Frag ihn, ob er Nummer Eins machen will oder sonst was? Die Sauerei, die der letzte uns hier hinterlassen hat . . .« Seine Stimme erstarb, als er zum Telefon ging.

»Ja!« Der Helmträger tätschelte Davids Schulter. »Wir könnten hier eine Kinderfrau gebrauchen.« Und herzlich: »Komm, mein Junge, du bist in Ordnung.« Und er führte ihn unter einem niederen Torbogen über eine Treppe in einen düsteren, kahlen, hochgewölbten Raum. Stühle standen an der Wand. Gitter schraffierten die hohen Fenster. Sie hielten vor einer weißen Tür, betraten eine Toilette mit gefliestem Fußboden, die nach nüsternätzender Sauberkeit roch. Neben den türenlosen Kabinen zog sich eine dunkelgraue Steinplatte hin, gefurcht von einem schwarzen Wasserfaden, der ins darunterliegende Becken spritzte.

»Tritt nahe heran und mach dein Geschäftchen, mein Kleiner.« Er steuerte den widerwilligen David auf das Pissoir zu. »Komm schon. Es ist Pause. Ich habe auch einen Jungen, der in die Schule geht.« Er drehte den Hahn des Waschbeckens auf. »Und du behältst deine Fäustlinge dabei an! Du bist mir vielleicht einer! So ist's recht! Mal richtig losgebronzt. Was würde deine Mutter sagen, wenn sie sehen würde, daß du deine Hose naßgepinkelt hast! Schöner Betrieb, würde sie sagen. Was für Polypen seid ihr nur? Klar!« Er drehte den Hahn zu. »Nicht öfter als dreimal geschüttelt, verstehst du!«

David wurde wieder in den düsteren Raum gebracht.

»Setz dich irgendwo hin, mein Junge – ans Fenster dort – so ist's recht. Bist ein stilles Kind. Und wir holen dich, sobald deine Mutter kommt. So!« Er machte kehrt und ging hinaus.

Trübsinnig blickte David umher. Die Verlassenheit des riesigen Raums, zehnmal verlassener durch die kahlen, steilen Wände, die langen Reihen leerer schattenversunkener Stühle, die Gitterfenster, welche die Leere eingitterten, all das bedrückte ihn mit einer so lastenden, so endgültigen Verzweiflung, daß sie ihn benebelte wie eine Droge oder Schlaftrunkenheit. Seine lustlosen Augen blickten zum Fenster, sahen hinaus. Hinterhöfe . . . graue Eislachen . . . auf dem toten Gras . . . die an einer Wand niederer Holzhäuser endeten, alle schindelbedeckt, alle schmutzigbraun gestrichen, alle den Himmel mit ausgezackten Spitzgiebeldächern ritzend. Die Jalousien halb heruntergezogen. Aus allen Schornsteinen stieg Rauch ins Winterblau.

Zeit war Verzweiflung, Verzweiflung jenseits aller Tränen ... Nun verstand er, verstand alles, unwiderruflich, unauslöschlich. Trostlosigkeit war zu einem Markstein geworden, ein kristallklares, bitteres, scharfes Reagens, das nie nachlassen, nie schwinden würde. Vertraue auf nichts. Vertraue auf nichts. Vertraue auf nichts. Wo du hinblickst, glaube nie. Was auch immer etwas war oder tat oder sagte, es tat nur so. Heuchelte. Glaube nie. Wenn du Verstecken spielst, ist es nicht Verstecken, es ist etwas anderes, etwas Tückisches. Wenn du »Folge-dem-Führer« spielst, stellt sich die Welt auf den Kopf und ein böses Gesicht geht hindurch. Spiele nicht; glaube nie. Der Mann, der ihm den Weg gewiesen hatte; die alte Frau, die ihn hiergelassen hatte; der Polizist; alle hatten ihn hintergangen. Sie würden nie seine Mutter rufen, nie. Er wußte es. Sie würden ihn dabehalten. Der Rattenkeller darunter. Der Rattenkeller! Der Junge, den er gestoßen hatte, war still. Sargkiste still. Sie wußten es. Sie wußten von Annie. Sie taten so, als wüßten sie's nicht, aber sie wußten es. Nie glauben. Nie glauben. Nichts. Alles verzerrte sich. Alles veränderte sich. Sogar Wörter. Wörter, die man sagte. Willst du, sagtest du. Ich will. Ja. Ich will. Was? Du weißt was. Sie waren etwas anderes, etwas Schreckliches! Vertraue nicht. Nicht mal Gehsteigen, nicht Straßen, nicht Häusern, die du ansahst. Du wußtest, wo sie waren, und sie drehten sich um. Du beobachtetest sie, und sie drehten sich um. Einfach so. Langsam, schlau. Vertraue nicht ...

Draußen auf der Treppe trampelten schwere Schritte abwärts, begleitet von rhythmischem Geklapper, als schlage hohles Metall gegen die Stäbe des Geländers –

»Los, Steve!« Eine laute Stimme wich ins hintere Zimmer zurück. »Tu mal was zur Abwechslung!«

Eine verwischte Antwort stieß auf eine verwischte Erwiderung und Gelächter. Dann kam entschlossenes Auftreten harter Absätze näher. Der Helmträger schaltete die Lichter an, und ein Begleiter wurde sichtbar, ein Mann in Zivil, stämmig, lippenlos und unbeweglich, der ein großes Eßgeschirr in der Hand schwenkte. Der Neuankömmling wandte sich neugierig an den Helmträger.

»Hat er das wirklich getan?«

»Hat er.«
»Donnerwetter!«
»Eine Banane von *der* Größe! Und hätte ich meine Augen nicht schneller als ein Blitz zugedrückt, er hätte sie reingesteckt wie einen Löffel ins Kochfleisch!«
»Ein Bullenschreck, was?«
»Und was für einer, sag' ich dir! Meine Gucker tränen noch! Und er wollte mir auch noch den Wanst verdreschen, daß ich blau würde wie mein eigener Rock!«
»Hmm! In dem Fall geben wir ihm lieber nichts von dem Schokoladenkuchen.«
»Na ja!« Der Helmträger schob seinen Helm hinauf, um sich an seinem rauchroten Haarschopf zu kratzen. »Was meinst du? Seitdem hat er sich ja anständig aufgeführt.«
»So?«
»Mmm! Still wie ein Mäuschen!«
»Na ja, das ist was anderes. Magst du Schokoladenkuchen? Wie heißt er denn?«
»David. David – emm – David in Person.«
»Magst du Schokoladenkuchen – hab' ich dich gefragt!«
»N–nein.« Ängstlich.
»Waaas?« brummte er, und seine Augen verengten sich ungläubig.
»Duu – magst – keinen Schokoladenkuchen? Na sooowaaass! Dann müssen wir dich hierbehalten. Da gibt's keinen anderen Ausweg!« Dabei gab er eine Reihe von beängstigenden Zischlauten von sich, indem er seine aufgeblasenen Nasenflügel zuhielt.
David krümmte sich.
»Er mag keinen Schoko . . .«
»Ruhe!« Der Helmträger kickte gegen den Absatz des anderen. »Natürlich mag er ihn! Ist bei ihm nichts als Schüchternheit . . .«
»Ich will zu meiner Mama!« David begann zu wimmern. »Ich will zu meiner Mama! Mama!«
»Arrr!« Der Helmträger platzte. »Sieh bloß, was du angestellt hast, du Teufel von einem Plattfuß. Quälst ihn wegen nichts und wieder nichts. Machst ihn so kirre, daß er seine eigene Mutter nicht wiedererkennt, wenn er sie zu Gesicht bekommt!«
»Wer, ich?« Müde Belustigung blähte seine Lippen. »Wieso denn, ich hab' ihn ja kaum angeschielt. Was redest du nur?«
»Deine häßliche Fresse ist dran schuld! Geh doch los! Schluß mit

dem Quatsch!« Er bugsierte den anderen aus dem Raum. »Mach dir nichts draus, Junge! Der ist nichts als ein harmloser Bulle, der sich selber gerne bellen hört! Gott soll ihn zurechtbiegen! Wir werden dir deine Mutter besorgen und ein Stück Schokoladenkuchen obendrein! Keine Angst! Und nun sei still und brav!« Er grinste und ging dem anderen Mann nach.

»Mama!« stöhnte er. »Mama! Mama!«

Es war wahr. Alles, was er befürchtete, war wahr. Sie würden ihn hierbehalten – würden ihn für immer hierbehalten! Würden nie im Leben seine Mutter holen! Und jetzt, da er's wußte, war's zu spät. Er hatte zu spät gelernt, nicht zu vertrauen. Er senkte den Kopf und schluchzte.

Wiiiiiiiii!

Von irgendwoher begann eine Sirene zu ertönen – ein ferner, dünner Pfiff, der plötzlich zu einem aufjaulenden Kreischen wurde und ebenso plötzlich erstarb.

Sirenen? Er hob den Kopf. Fabriksirenen! Und die anderen? Keine! Zu weit weg. So weit weg war sie. So weit weg! Aber sie hörte sie – sie hörte die anderen Sirenen, die er nicht hören konnte. Die Sirenen, die er im Sommer hörte. Sie hörte sie jetzt. Vielleicht sah sie aus dem Fenster – jetzt – in diesem Augenblick! Sah auf die Straße hinunter, die Straße hinauf und hinunter, suchte, rief. Dort stand er – draußen – am Randstein. Zwei Davids zu sein, zwei! Einer hier, der andere draußen am Randstein. Schau hin! Warte, bis sie heraussieht! Schau jetzt! Siehst du? Dort steht sie, hinter dem Vorhang. Ja, der dicke Spitzenvorhang – er war nur im Winter da. Jetzt zieht sie ihn auseinander – mit zwei Händen: so – beugt sich vor. Siehst du's? Ihr Gesicht dicht an der Scheibe. Kalt. Und wrrrr! Auf! Wette, sie hat einen Schal an. David! David! Komm rauf! Worauf wartest du? Weil! Warum? Sie wird's vergessen haben. Die – die Tür, Mama. Oh, sie würde lachen. Du Dummerchen! Komm rauf! Ich warte auf dich! Und dann würde er auf dem Treppenabsatz stehen. Eins–zwei–drei. Bis sie durch das Vorderzimmer kam. Eins. Zwei. Drei und die Küche. Dann hinein. Mama? Ja, hier bin ich, würde sie runterrufen. Ja, komm nur! Renn an der Tür vorbei. Bing! Nein. Renn nicht, wenn sie da ist. Sonst bist du zu schnell da. Ein Schritt und noch ein Schritt. Zwei Schritte und zwei Schritte. Drei Schritte und –

»Hihihi!«

Kichernd stapfte der Helmträger durch den Traumnebel. »Bist du die berittene Polizei mit deinen hochgezogenen Beinen?«
David starrte ihn ohne zu antworten mit offenem Mund an. Seine Vision zerfiel.
»Oder ein fliegender Polyp auf seinem Rad?« fuhr der Mann fort, imaginäre Lenkstangen deichselnd. »Hinter was bist du hergejagt? Hinter einem der neuen Stutz-Automobile? Aber schau, was ich mitgebracht habe.« Er öffnete seine großen, roten Pfoten – in der einen hielt er ein Stück braunen Schokoladenkuchen und in der anderen einen roten Apfel. »Wie gefällt dir das?«
Wieder weinte er los.
»Heee! Arrf, du bist mir vielleicht ein sonderbarer Held! Da hol' ich dir Schokoladenkuchen – und dazu noch in einer der verdammten Bierstuben – und hole dir 'n Appel, und da heulst du mir das ganze Lokal voll! Was ist bloß los?«
»Sireeenen!« jammerte er. »Si–sirenen!«
»Sirenen?«
»Ja–a–aaa!«
»Bist du hinter einer Sirene her?« Er bewegte die Hand nach seiner Tasche hin.
»N–n–nei–n! Sie blasen!«
»Ich?«
»N–e–i–n! Meine – meine Mama. Ooooo!«
»Ach was! Vergiß es. Hier hast du ein schönes Stück Schokoladenkuchen. Los! Nimm's! Und den Apfel dazu. So ist's recht! Erst ißt du das eine und dann das andere! Jawoll! Und dann bring' ich dir ein Glas Wasser und dann bist du wieder fein heraus wie – Nein!« brüllte er.
David hatte Kuchen und Apfel fallen lassen. Eine Stimme! Eine Stimme, die er nie wieder zu hören gehofft hatte. Eine Stimme! Starr vor Hoffnung starrte er zur Tür.
»Sieh mal, was du ge . . .« Er brach ab und drehte sich um.
Ein leichter Schritt eilte auf sie zu. Aus dem schlierigen Geschwimm von tausend bedeutungslosen Gesichtern verdichtete sich eines zu aller Bedeutung.
»David! David!«
»Mama!« kreischte er und sprang auf sie zu. »Mama! Mama! Mama!«
Sie fing ihn mit den Armen auf, stöhnend, drückte seine Wange an ihre kalte. »David, mein Liebes! David!«

»Mama! Mama!« Das Schreien ihres Namens war allein schon reine, bebende Ekstase, doch alle Glückseligkeit wurde übertroffen, als er ihren Hals umfing.

»Nun bist du in Sicherheit, allem Anschein nach«, kam die Stimme aus dem Hintergrund.

Ihn noch immer an sich drückend, trug sie ihn ins vordere Zimmer, wo der Kahlkopf, am Geländer lehnend, ihnen zusah.

»Hmm, er kennt seine Mama, wie ich sehe.«

»D–danke vielmals«, stammelte sie.

»Nichts zu danken, Lady. Sind froh, wenn mal Besuch kommt. Hier ist's sonst ziemlich ruhig.«

»Und, Lady«, der Helmträger kam näher. »Ich glaub', Sie stecken ihm lieber ein Schild an, denn der hat uns vielleicht auf Bäume hinaufgejagt mit seinem Pother und Body und Powther! Aber man buchstabiert die Straße ja be–a–«

»Danke vielmals«, wiederholte sie.

»Oh!« lächelte er schief und nickte. »Sie wissen Bescheid.«

Der andere verbarg einen Anflug von Grinsen hinter seinen Fingernägeln.

»Jetzt werd' ich Ihnen was Ulkiges erzählen, Leutnant«, sagte der Helmträger. »Er ist mir mit einer Sirene in den Ohren gelegen. Das ist was Merkwürdiges, werd' ich Ihnen sagen – das läßt doch tief blicken. Er sagte zu mir, sagte er. Ich höre die Sirene meiner Mutter. Ist so was zu glauben? Dabei ist sie noch meilenweit weg!«

»Hat er das gesagt?« Der Kahlkopf schnaubte vergnügt. »Die einzige Sirene, die ich gehört habe, war die Vierzehn drüben an der Chandler-Kreuzung, und das war etwa um . . .«

»Äh . . .«, begann seine Mutter schüchtern. »Herr . . . Mister. Wir . . . wir . . . gehen?«

»Aber natürlich, Lady! Sie können gehen, wann Sie wollen.« Mit einer fließenden Bewegung öffnete er die Arme. »Er gehört ganz Ihnen.«

»D–danke.« Sie sagte es dankbar und wandte sich zum Gehen.

»Heda, noch eine Sekunde!« Der Helmträger ging ihnen nach. »Du wirst uns doch nicht ohne deinen Kuchen verlassen wollen?« Er drückte ihn David in die Hand. »Und deinen Apfel? Nein? Zu viel? Na schön, ich bewahre ihn auf, bis du wieder bei uns reinschaust. Wiedersehn! Und lauf nicht mehr den Telegrafenmasten nach!«

XIV

Hinaus zur Tür! Freiheit! Die kalte Luft der Straße. Der Himmel bezieht sich mit Dämmerung. Und sie trug ihn, ihr Gesicht dicht an seinem! Dinge, die er nie mehr zu sehen gehofft, Glückseligkeit, die er nie mehr zu fühlen gehofft hatte! Befreiung, zu gewaltig, um sie zu begreifen!

»Wie hast du nur . . .?« Sie blieb stehen. »Soll ich dich tragen, mein Liebling?«

»Nein, ich kann gehen, Mama! Ich kann gehen, Mama! Mama! Mama!« Der Zauber in dem Wort schien unerschöpflich, lieh ihm neue Kraft. Er lachte aus reiner Freude über den Klang.

Sie stellte ihn auf den Boden. Hand in Hand gingen sie, so rasch sein Schritt es erlaubte.

»Wir sind nicht weit weg«, erklärte sie ihm. »Aber doch weit genug für ein müdes Kind. Nun sag mir mal, wie bist du nur dort hineingeraten? Wie bist du dort hingekommen?«

»Einer hat mich verfolgt, Mama, und ich rannte und rannte und rannte.« Krallen plötzlicher Angst streiften ihn. »Ist er still?«

»Still? Wer? Der dich verfolgt hat?«

»Jussie. Und – und die anderen Jungen. Sie riefen mich Heulsuse – Heulsuse, weil – Papa – mich – geschlagen hat. Jussiee – er hat's erzählt.«

»Er hat mir nichts erzählt.«

»Ist er – ist er still, Mama?«

»Was meinst du damit?«

»Ich habe nur – hab' ihn nur gestoßen, weil er hinter mir herlief. Mama, ich wollte nicht, daß er still lag.«

»Oh, der Junge? Dem fehlt nichts.«

»Nein?« Elektrisiert vor Erleichterung machte er einen Satz. »Nein? Dann hab' ich's nicht getan!? Mama–a–a!«

»Hast du geglaubt, du hättest ihn verletzt, du Dummerchen?«

»Ich hab' ihm nichts! Hab' ihm nichts! Hab' ihm nichts!« jubelte er. »Oooh, ich hab' ihm nichts getan!«

»Nein. Außer, daß du mich zu Tode erschreckt hast! Aber warum bist du nicht heraufgerannt, als sie dich verfolgten? Hymie sagte, du seist reingelaufen. Wo bist du hingegangen?«

»Wohnen wir hier?« Sie waren um eine Ecke gebogen, und er spähte in die dunkelnde Straße. »Sieht es nicht aus wie . . .?«

»Nein. Noch mehrere Blocks. Bist du müde?«

»Nein, Mama!«

»Wir müssen uns eilen, sonst ist Albert da, bevor wir heimkommen. Er wird nicht wissen, was uns geschehen ist, wenn er in eine leere Wohnung kommt.«

»Wer hat's dir gesagt?«

»Was?«

»Wo ich war.«

»Ein Polizist.«

»Hattest du Angst?«

»Ich war hell verzweifelt.«

»Wegen dem Polizisten?«

»Nein, wegen dir, törichtes Kind! Ich war gerade weinend auf die Straße hinausgelaufen, als er kam.«

»Ein richtiger Polizist? Nur wegen mir? Hat er dir gesagt, wie . . . wie du hinkommen konntest?«

»Er hat es mir aufgeschrieben. Und Leute unterwegs haben mir den Weg gewiesen.«

»Oh.«

»Ja! Nun erzähl mir! Zu allererst, wo bist du hingegangen? Hast du dich irgendwo versteckt und bist dann wieder rausgelaufen? Warum bist du nicht raufgekommen?«

»Ich – ich – bin runtergegangen – ich bin in den Keller hinunter.« Aller Schwung verließ ihn. Tonlos endete seine Stimme.

»In den Keller?« Sie hielt mitten im Schritt an, um zu ihm hinunterzusehen. »Warum ausgerechnet in den Keller? Wozu nur?«

»Ich weiß nicht – ich weiß nicht. Ich wollte mich verstecken – vor der Polizei. Mama!« Plötzlich wimmerte er zu Tode erschreckt. »Mama!«

»Was? Was ist denn, mein Süßes?« Sie faßte seine Hand. »Bist du krank?«

»N–nein.« Er kämpfte schwach mit sich. »N–nein.«

»Wieder voller Angst? Vor dem Keller? Ich kann nicht begreifen, warum du da hinuntergehen wolltest – Oh, aber laß gut sein! Später, Liebling, ja? Erzählst du mir's dann?« Rasch gingen sie eine Weile stumm weiter. »Ist dir warm?«

»Ja.«

»Was hast du dort getan? In dem – in dem – Ach! Ich kann's nicht sagen! Bei der Polizei?«
»Ich mußte mich hinsetzen. Und zuerst – zuerst haben sie mich in die Toilette geführt. Dann hat mir der große Polizist den Apfel gegeben. Und dann den Kuchen.«
»Und was für ein schönes Stück!« Sie lächelte auf ihn nieder. »Ein Stück amerikanischen Kuchen. So einen könnte ich nicht backen. Weißt du, wo du jetzt bist?«
Er blickte im Zwielicht der Straße umher. »Wir sind eine Menge Blocks gegangen«, sagte er versuchsweise.
»Ja. Aber die Straße, die nächste da?«
Er schüttelte den Kopf. In der zunehmenden Dunkelheit fand er die Straße vor sich so fremd wie alle Straßen, durch die sie gekommen waren.
»Das ist Boddeh Street«, belehrte sie ihn. »Deine Schule liegt dort, weiter unten. Aber in der Dunkelheit kann man sie nicht sehen. Und zwei, nein drei Blocks weiter ...«, sie deutete nach links, »wohnen wir.«
»Dort, Mama?« Er starrte ungläubig hin. »Hier!« Er deutete nach rechts. »Hier liegt meine Schule.«
»Drum hast du dich verirrt! Sie liegt nach der anderen Richtung.«
»O–o–oh!« Neues Staunen veranlaßte ihn stehenzubleiben. »Sie – sie dreht sich, Mama! Sie dreht sich herum – zurück.«
»Was?« Ihr Tonfall klang belustigt. »Die Straße?«
»Ja! Sie sind stehengeblieben! Gerade jetzt! Die Schule – jetzt ist die Schule da drüben!«
»Sehr richtig. Die Straßen drehen sich, aber du – du nicht! Mein kleiner Abgott!« Kichernd beugte sie sich herab und küßte ihn. »Aber wir müssen uns beeilen! Ich habe daheim keine Nachricht hinterlassen, und es ist dunkel. Wenn er vor uns kommt, wird er ...« Nervös brach sie ab. »Komm!«
Sie überquerten die Straße, wandten dem Zwielicht den Rücken und hasteten in die Dunkelheit hinein. Schon wurden Lampen angezündet, Straßenlampen, Fenster. Während des ganzen Wegs hatten sie so gut wie niemanden getroffen, und nun, gegen die winterliche Leere und Finsternis, lauschte David mit unermeßlicher Dankbarkeit den klappernden Absätzen seiner Mutter, die Schrittmacher waren für das schnellere, schiebende Getrippel seiner eigenen. Angenommen, er wäre nun allein? Und hörte nur seine eigenen, dem

Griff der Stille abgerungenen leichten Schritte? Angenommen, sein Vater ...? Er erschauerte und faßte außer den zwei Fingern, die er schon hielt, noch den Mittelfinger der mütterlichen Hand.
Sie näherten sich dem unbebauten Gelände. Jetzt wußte er, wo er sich befand, war sich jeden Schrittes sicher. Da war ein Wind, der sich in diesem Gebiet aus Stein und totem Gras tummelte, der würde sie anspringen, sobald sie vorbeikamen. Und er tat es auch. Er schielte in seine Richtung. Hinter dem Stein- und Grasgelände trat gerade ein heller Mondrand knapp über die Häuserdächer. Er sah hinüber, bis das nächste Haus ihm ihn verbarg, dann blickte er weg. Unbestimmte Beklommenheit überkam ihn. Wäre er vor einer Stunde durch ein Wunder an diese Stelle verpflanzt worden, er wäre vor Freude schreiend nach Hause gerast. Aber jetzt brachte ihn jedes vertraute Haus, an dem er vorbeikam – hier war das mit dem schrägen Staketenzaun; das da hatte am Tag gelbe Holzlatten und eine mit einem Geländer umgebene Veranda; jenes dort war ein Backsteinbau mit einem merkwürdig geäderten Querbalken über der Tür –, jedes Haus brachte ihn ein Stück näher nach Hause. Und zu Hause – seine Ängste meldeten sich wieder. Und plötzlich wünschte er sich – aber mit seiner Mutter neben sich – zweimal so weit weg als in dem Augenblick, als sie die Polizeistation verlassen hatten.
»Nach dem nächsten Block, Mama?« Er wußte sehr genau, wie weit sein eigenes Haus entfernt lag.
»Ja.« Ungeduldig blickte sie nach vorn.
»Weißt du, wo die nächste Straße ist, Mama?« Er deutete seitwärts.
»Dort drüben?«
»Ja.«
»Dort habe ich – die Kiste und die Pferdewagen gesehen.«
»Dort war das?«
»Ja. Werden die jetzt – ausziehen? Meinst du?«
»Ich weiß nicht, Liebling. Vielleicht gehört das Haus ihnen. Warum fragst du?«
Er schwieg einen Augenblick, dann: »Ist Papa zu Hause?«
»Ich hoffe nicht.«
»Du – du erzählst es ihm, oder?«
»Was? Wo du gewesen bist? Aber natürlich!«
»Aa!« Grollend sank sein Kopf.
»Wieso, was ist los?« Sanft zupfte sie ihn am Ärmel. »Möchtest du es nicht?«

»Ich – ich dachte, du würdest es ihm nicht erzählen – wenn wir zuerst, noch vor ihm heimkämen.«
»Natürlich nicht, ich war nur besorgt um Albert. Hast du Angst, wenn er es erfährt?«
»Ich – ich war doch in einem Polizeirevier – deshalb.«
»Na und? Du hast doch nichts getan. Ach, du Dummerchen! Verlorenzugehen ist doch kein Verbrechen. Obwohl ich anderen Vorwürfe machen könnte, wenn ich wollte!«
Ein Anflug von beherrschtem Unwillen klang in ihrer Stimme mit, obwohl David wußte, daß er nicht gegen ihn gerichtet war.
»Du wirst nicht zulassen, daß er mich schlägt?«
»Tt! Ich werde nicht erlauben, daß er dich noch einmal schlägt – weder er noch sonstwer; solange ich es vermeiden kann. Bist du nun zufrieden? Jetzt darfst du aber keine Angst mehr haben!«
Eine Weile ging David schweigend, sein Geist war beruhigt, aber sein Herz noch nicht frei von Zweifeln.
»Mr. Luter – kommt Mr. Luter nicht?«
»Heute abend? Nein.« Ihr Schritt wurde etwas langsamer. »Wie kommst du darauf?«
»Wird er wiederkommen, Mama? Wird er überhaupt wiederkommen?«
»Nun, das kann ich nicht . . .« In ihrer Verwirrung sprach sie hastig. »Warum fragst du?«
»Ich – ich mag ihn nicht. Deshalb.«
»Ach, deshalb?« Einen Augenblick verstummte sie. Und obwohl sie an ihrem eigenen Block angelangt waren, wurde ihr Schritt noch bedächtiger, statt sich zu beschleunigen. Als sie wieder sprach, klang ihre Stimme merkwürdig behutsam. »Hat – hat dich irgend jemand anderes erschreckt, Liebes? Irgend jemand außer den bösen Buben?«
»N–nein.« Er fühlte, wie sein Geist hellhörig wurde, wachsam. »Nein. Sonst niemand.«
»Bist du sicher? Hast du – niemanden gesehen? Nichts, das dich erschreckt hätte?«
»Ich – ich habe nur die Jungen gesehen. Und Jussie hat mich verpetzt, und dann haben sie – mich alle verfolgt.«
»Natürlich. Ich bin froh, daß sonst nichts war. Das war weiß Gott genug.«
Ihr Schritt wurde wieder rascher. Ohne Begeisterung erkannte David zwischen den dunklen Häusern sein eigenes Haus. Es berührte

ihn seltsam, daß er erst jetzt, bei Nacht, bemerkte, daß sein Haus kein Giebeldach, sondern ein flaches Dach hatte. Sie wohnten also unter dem Dach, Hymie und Annie. Angenommen, Annie hatte aus dem Fenster gesehen, als seine Mutter seinetwegen zur Polizei gelaufen war. Angenommen, sie sah sie beide jetzt heimkommen! Er schauderte und blickte fort.

»Die ersten Läden unseres Blocks, Mama – die ersten Läden kommen.«

»Ja ... Und sag mir, werde ich noch immer in der Tür stehen müssen, wenn du runtergehst? Oder hast du jetzt gesehen, wie wenig es im Keller zu fürchten gibt?«

»Nein!« Angst regte sich wieder in ihm. »Nein, Mama! Du mußt warten – immer!«

»Wie verzweifelt das klingt!«

»Und ich spiele nie mehr mit irgendwem – nie mehr!«

»Nein?«

»Nein! Nie mehr!«

Er fühlte, wie sich seine Lippen wider Willen schürzten, vorschoben, wie um die Tränen zu lockern. Noch eine Sekunde, und er würde losweinen, aber nun war die Haustür vor ihm, und seine Mutter stieß sie auf. Tiefer Schrecken verscheuchte seine Tränen. Er trat ein – warmer Hauch aus der gasbeleuchteten Eingangshalle, abgestandene Luft durchtränkt mit dem staubigen, lähmenden Geruch von Teppichen. Die Kellertür war braun – wieder verschlossen. Einen Augenblick hätte er gerne gewußt, ob er oder ein anderer sie geschlossen hatte, konnte sich aber nicht mehr darauf besinnen. Furcht drückte auf seinen Rücken, seine Brust, die kalten, metallischen Vierecke eines Drahtnetzes. Er drängte sich an die Mutter, klammerte sich an sie, bis sie die Treppe hinaufstiegen. Sie schien es nicht bemerkt zu haben.

»Wenn er da ist«, murmelte sie laut, »wird er wahnsinnig werden. Nach dem, was ich gestern abend zu ihm gesagt habe! Rasch! Er wird denken, daß ich ... Aber warum nicht!?« Plötzlich schien sie sich auf etwas zu besinnen. »Warum willst du nicht mehr spielen?«

»Ich ...« Er stockte dumpf, ausweichend. »Ich will nicht mehr.« Es war nicht mehr wichtig.

Sie eilte die Stufen hinauf, zauderte eine Sekunde auf dem Treppenabsatz, bis er nachkam, und versuchte die Tür zu öffnen. Unver-

schlossen gab sie nach – und gab Dunkelheit frei. Besorgnis spannte ihre Züge. Sie trat ein.
»Albert!«
Keine Antwort ... Nur das weiche Rucken der Glut im Ofen. Einen wirren, wirbelnden Augenblick lang malte sich David, der auf der Schwelle zögerte, aus, sein Vater sei fort, wie durch ein Wunder fort, für immer.
»Albert!« Sie tastete sich zu der Wand, wo der Streichholzbehälter hing. »Albert!«
»Umm!« Sein aufgestörtes Gestöhn kam aus dem Schlafzimmer. »Du? Genja!« Zum erstenmal klang seine Stimme frei von Härte, frei von Hochmut, Anmaßung, und war nur ein Ruf, wie David ihn allein im Dunkeln verzweifelt hätte ausstoßen können. »Genja!«
»Oh! Gottseidank bist du da!«
»Ja ...« Und schon kehrte die Barschheit zurück und der unbeugsame Hochmut, und die Stimme war wieder die seines Vaters, wach, schroff. »Hmmph! Wo sollte ich denn sonst sein?«
Sie hatte ein Streichholz angesteckt und zündete die Gaslampe an.
»Ich habe alles getan, um vor dir zu Hause zu sein! Hast du dir Sorgen gemacht?«
»Ich?« Wieder absichtlich höhnisch. »Nein ... du hast also beschlossen, doch zurückzukommen? Sogar das einmal fest ausgesprochene Wort schwankt, wie? In der Kälte? In den leeren Straßen, na ...«
»Zurückkommen? Albert, was redest du da! Ich bin nie fortgegangen!« Sie eilte ins Vorderzimmer hinauf. »Schließ die Tür, David, Liebling! Zieh deinen Mantel aus! Setz dich!« Sie trat ein. »Ich hatte gefürchtet, du könntest denken ...!« Plötzlich wurde ihre Stimme leiser.
David schlüpfte aus seinem Mantel, fand einen Stuhl und lauschte mürrisch den Geräuschen im Schlafzimmer. Den gelegentlich hörbaren Worten, abgerissenen Sätzen, Ausrufen, die wie Gipfel aus den leisen Stimmen herausragten, entnahm er, daß ihre Unterhaltung nicht nur von ihm handelte, sondern vom vergangenen Abend. Seine Mutter erklärte, so erriet er, wo sie gewesen, warum sie ausgegangen war. Von Luter schien nicht die Rede zu sein. Er erriet, daß sein Name nicht berührt werden würde. Schließlich rief sein Vater ungeduldig aus:
»Nun, du hast genug gesprochen! Ich glaube dir aufs Wort, daß dein Sohn Tag und Nacht bewacht werden muß!«

»Es war aber nicht seine Schuld, Albert!«
»Meine etwa? Willst du das etwa sagen? Willst du damit andeuten, daß ich der Schuldige bin?«
»Nein! Nein! Nein! Es ist niemandes Schuld! Du hast recht, jedes weitere Wort ist überflüssig. Bist du hungrig?«
»Natürlich.«
»Ich hab' das Kalbfleisch so gemacht, wie du's magst. Und die geschabten Karotten. Willst du sie zum Abendessen?«
»Hmmm.«
David hörte sie ins Vorderzimmer gehen, das Fenster öffnen. Ein paar Sekunden später erschien sie mit zwei zugedeckten Töpfen.
»Heute geht's aber früh zu Bett.« Sie kam herunter und lächelte besorgt. »Um früh zu vergessen.«
Schweigsam, in Strümpfen, tauchte sein Vater in der Tür auf. Seine Weste war aufgeknöpft, der Kragenbund seines offenen Hemds entblößte die Grube seines starken, faltigen Halses. Den Türpfosten mit seinen knochigen, druckerschwärzegefleckten Fingern fassend, blinzelte er ins Licht, dann betrachtete er David mit düsterer Miene.
»Du hast also Bekanntschaft mit der Polizei gemacht?«
David senkte den Blick. Er hatte seinen Vater seit dem letzten Abend, als er geschlagen worden war, nicht mehr gesehen. Das Gesicht war noch immer das Gesicht eines Feindes.
»Ja!« Seine Mutter lachte und blickte vom Ofen herüber. »Aber in aller Freundschaft! Warte, bis ich dir den Kuchen zeige, den sie ihm geschenkt haben. Er ist in meiner Handtasche.«
»Die haben ihm Kuchen geschenkt, wie?«
Die Art, wie sein Vater die Worte aussprach, hatte für ihn etwas merkwürdig Bedeutsames.
»Ja«, fuhr sie fröhlich fort. »Und über mein Englisch werden sie schön gelacht haben!«
»Warum hast du ihn nur so weit weggelassen? Du läßt ihn doch sonst nie aus den Augen.«
»Ich weiß nicht. Bevor ich nach ihm schauen konnte, war er verschwunden.«
»Hmm!« Er warf einen Blick auf David, griff nach der Zeitung auf dem Tisch und vertiefte sich hinein.
Seine Mutter nahm ein Bündel Karotten aus einer Tüte, warf sie in eine Abspülschüssel, und während sie sie putzte, sah sie David liebevoll an.

Er war stumm, erwiderte ihren Blick einen Augenblick lang und straffte dann abwesend das Tischtuch über der Tischkante.
Glaube nicht. Glaube nicht. Glaube nicht. Nie!

XV

Am Sonntag blieb David den ganzen Vormittag im Bett, den Rest des Tages verbrachte er angezogen im Haus. Er hatte am vergangenen Abend und auch an diesem Morgen mehrmals geniest, und da er Rückenschmerzen hatte – die nach Davids Ansicht auf etwas anderes zurückzuführen waren –, meinte seine Mutter, er habe sich bei seiner langen Straßenwanderung eine Erkältung geholt. Sein Vater spottete über die Idee, mischte sich aber nicht ein. Wenngleich dies bedeutete, daß er den ganzen Tag in seines Vaters Nähe verbringen mußte, war David dankbar dafür, weder Jussie und Annie und auch nicht dem Jungen, den er zu Boden gestoßen hatte, noch sonst jemandem begegnen zu müssen. So hängte er sich an seine Mutter oder zog sich in sein Schlafzimmer zurück, mied den Raum, in dem sein Vater saß, und ließ sich so wenig wie möglich blicken. Gegen Abend indes zwang die eintretende Dunkelheit ihn dazu, die Küche mit seinem Vater zu teilen. Daraufhin kramte er seine Spielschachtel hervor, fand einen Winkel, in dem er am wenigsten im Wege war, setzte sich auf den Linoleumboden und begann, mit dem Inhalt der Schachtel, den Brettchen und Stöckchen, einen wakkeligen Zickzackturm zu bauen, den jeder Schritt seines Vaters oder seiner Mutter regelmäßig zum Einstürzen brachte.
Im Verlauf des Spätnachmittags und sogar bis zur Abendessenszeit hatte sein Vater mehrmals vertraulich bemerkt, Luter würde zur Besinnung kommen, seine Wahnidee, hinter einer Frau herzujagen, aufgeben und schließlich zur Abendessenszeit erscheinen ... Und obwohl sie eine Stunde über die übliche Zeit hinaus warteten, erschien er nicht. Erst als Davids Mutter zaghaft klagte, die Hälfte ihres Essens sei verkocht, die andere mittlerweile kalt geworden, gab er das Warten auf, und, in jäher Gereiztheit mit den Achseln zuckend, erlaubte er ihr, das Essen aufzutragen.
»In Tysmenicz«, brummte er säuerlich, als er sich's auf seinem Stuhl bequem machte, »sagte der Bauer, der meines –« (immer blieb er

vor diesem Wort stecken) »Vaters Vieh versorgte, so oft, ein Mensch müßte als Dummkopf geboren sein, um einer zu sein. Mein Freund Luter kommt scheint's bald in die zweite Kindheit – Gott hat ihm eine neue Seele geschenkt.« Mit jäher Ungeduld zog er den Teller näher. »Ich hoffe nur, daß er seine Heirat nicht auf mein Eheglück schiebt!« Die letzten Worte äußerte er mit besonders bedrohlichem Nachdruck.

David, der seine Mutter beobachtete, als sie, neben ihrem Mann stehend, ihn bediente, sah, wie sich ihre Brust wie gegen einen scharf zunehmenden Schmerz hob und dann, ohne zu antworten, den verhaltenen Atem angespannt aushauchte, worauf sie ausdruckslos und ergeben wegblickte. David wußte nur eines: die ihm durch Luters Abwesenheit gewährte Erleichterung war so heiß und glühend wie ein Gebet, und jeder wortlose Nerv in ihm flehte, diesen Menschen nie wiedersehen zu müssen.

Um die Schlafenszeit schien er seltsam ruhig, entspannt und doch nicht entschieden, untätig nach langem Zwiespalt. Hinter der Schutzschicht seiner Gleichgültigkeit traten die gestrigen Ereignisse nur selten an die Oberfläche – wie verspätetes, zufälliges Strandgut eines längst gesunkenen Schiffes. Sie würden nie beantwortet werden, seine Fragen, warum seine Mutter Luter das erlaubt hatte, was Annie mit ihm zu tun versucht hatte; warum sie nicht das zweite Mal weggelaufen war wie das erste Mal; warum sie es seinem Vater nicht erzählt hatte. Oder hatte sie es? Oder war es ihm gleichgültig? Auch würde nie mehr ein Gleichgewicht hergestellt werden zwischen seinem Wissen, was sie getan hatte, und ihrer Ahnungslosigkeit, daß er es wußte; zwischen ihrer Ahnungslosigkeit dessen, was er mit Annie getan hatte und warum er weggelaufen war; und seines Vaters Ahnungslosigkeit von allem und jedem. Die Fragen würden nie mehr gelöst, nie mehr beantwortet werden. Niemand würde etwas sagen, niemand würde es wagen, niemand konnte es tun. Drum glaube nicht, glaube nicht, niemals. Doch wann würde jene absonderliche Bürde, jenes merkwürdige Etwas, das in seiner Brust lastete, das so stachlig, verzweigt, mahnend war, wann würde das verschwinden? Morgen vielleicht? Vielleicht morgen.

Morgen kam. Montag. Die Erkältung vom vorhergegangenen Tag war entweder eingebildet gewesen oder überwunden. David wurde in die Schule geschickt. Sobald er aus dem Haus war, ging er wachsam weiter und schlug sogar einen neuen Weg ein, um Annie oder

Jussie nicht zu begegnen. Das gelang ihm morgens und auch mittags, doch als die Schule aus war, stieß er an der Straßenkreuzung auf sie. David zuckte zusammen, als sie ihn anriefen, sie schienen jedoch alle Feindseligkeiten vergessen zu haben. Statt dessen waren sie nur neugierig.
»Was haben sie mit dir bei der Polizei gemacht?« Jussie nahm seinen Arm, damit er nicht schneller ging als die langsamer humpelnde Annie.
»Nichts!« Trotzig schüttelte er ihn ab. »Laß mich gehen.«
»He, bist wohl wütend!« Jussie blickte verwundert drein.
»Ja, ich bin wütend! Und werde nie wieder froh!«
»Er ist wütend, Annie!«
»*Nischt gefidlt,* laß den Unsinn!« sagte sie verächtlich. »Puuh! Wer will dich schon!«
»Heulsuse!« sagte Jussie geringschätzig.
Aber David lief schon weg.
Zu Hause fiel ihm am Verhalten seiner Mutter unwillkürlich eine versteckte Nervosität, eine Unentschlossenheit auf, als stehe sie unter dem Druck des Wartens. Im Gegensatz zu der fließenden, methodischen Art, mit der sie gewöhnlich in ihrer Küche umging, waren nun ihre Bewegungen abgerissen, unsicher. Mitten in einer Arbeit, einem Satz, stieß sie manchmal plötzlich einen merkwürdigen, unterdrückten Ausruf aus wie ein jähes, bekümmertes Stöhnen, oder sie hob die Hand mit einer undeutlichen, hoffnungslosen Gebärde, oder sie riß die Augen auf, als starre sie ratlos ins Ungefähr, und fuhr sich dabei übers Haar. Alles, was sie tat, wirkte unsicher und unfertig. Sie ging vom Ausguß zum Fenster, ließ das Wasser laufen, dann fiel ihr ein, wie merkwürdig hastig sie war, und sie drehte sich um; an dem Taschentuch, das sie auf die Wäscheleine hängen wollte, griff sie vorbei und ließ es in den Hinterhof fallen. Ein paar Minuten später, als sie das Eigelb vom Eiweiß trennte, um die dicken gelben Eierkuchen zu backen, die zur Suppe gehörten, durchschnitt sie die das Eigelb umgebende dünne Schicht mit der Schale und vermischte es mit dem Eiweiß. Sie stampfte mit dem Fuß, zischte ärgerlich und strich sich das Haar zurück.
»Ich bin wie mein Vater«, rief sie plötzlich aus. »Ärger macht mir Hautjucken! Heute kannst du lernen, welche Sorte von Frauen man nicht heiraten soll.«

Mehrmals im Verlauf des Nachmittags war David nahe daran zu fragen, ob Luter zum Abendessen käme. Doch immer hielt ihn etwas davon ab, so daß er die Frage verschluckte.
Um die merkwürdige Erregung, die das Verhalten seiner Mutter in ihm auslöste, zu vermeiden, wäre er gerne wieder auf die Straße gegangen, selbst auf die Gefahr hin, Annie oder Jussie zu begegnen, doch hier erriet er, wie ungeduldig sie sein würde, wenn er sie bat, im Wohnungseingang zu warten. Sie hatte ärgerlich ausgesehen, als er sie um drei Uhr nach seiner Begegnung mit ihnen verzweifelt gerufen hatte. Da sie nichts dagegen einzuwenden hatte, blieb er zu Hause und beschäftigte sich auf mancherlei Art – bald erschreckte er sich selbst durch Grimassen vor dem Spiegel, bald sah er aus dem Fenster, bald malte er mit dem Finger auf die von seinem Atem beschlagene Scheibe, bald kroch er unter die Betten, bald kritzelte er etwas. Er verbrachte eine geschlagene Stunde damit, sich mit einem Stück Wäscheleine eigenhändig an einen Bettpfosten zu fesseln, um dann einen Fluchtversuch zu machen; eine zweite, indem er mit Hilfe seiner Spielsachen merkwürdige Geräte erfand. So versuchte er sich mit seinen beiden Händen und einem Stuhlbein an dem vierhändigen Spiel, mit zwei Schnüren Muster anzufertigen. Doch das war schwierig, die alten Muster entglitten ihm, bevor sie geknüpft waren, und endeten in Gewirr. Auch seine Gedanken waren zu befangen, beklommen, gespannt.
Mittlerweile hatte er beobachtet, daß seine Mutter immer nervöser wurde. Sie schien weder fähig, sich abzulenken, noch eine unbedingt notwendige Arbeit zu beenden. Sie hatte begonnen, das für Kopfkissen neu eingekaufte Leinen einzusäumen, hatte schließlich die Fäden herausgezogen und den Stoff mit einem gequälten Schrei wieder in die Schublade geworfen. »Der Himmel weiß, warum ich keine kleineren Stiche machen kann! Fast sechs auf ein Yard! Sie würden nicht mal an einem Leichentuch halten!« Später gab sie den Versuch auf, eine Tasse voll großer, roter Perlen aufzufädeln, schüttete sie wieder in die Tasse und schloß die Augen. Die Zeitung bekam nur einen bekümmerten Blick, wurde gefaltet und sank auf ihren Schoß. Dann saß sie eine ganze Weile da und starrte David an, bis dessen Unruhe unerträglich wurde. Hastig flatterten seine Augen im Raum umher, auf der Suche nach etwas, was die Starrheit seines Blicks ablenken konnte. Und glitten über den Kohlensack neben dem Ofen, die Risse in der Decke, das Pessachgeschirr

auf dem Schrank, die Beine des Ausgusses, den Abfalleimer, die Türangeln, den Leuchter, der auf dem Sims mit seiner weichen, bläulichen Flamme brannte.
»Mama!« Er versuchte nicht, die Betroffenheit in seiner Stimme zu verbergen.
Ihre Lider flatterten. Sie, die ihm innerlich immer so nahe gewesen war, nun schien sie ihn kaum wahrzunehmen. »Was!«
»Warum bleibt das Licht da – das Licht im Glühstrumpf? Drinnen im Glühstrumpf?«
Sie blickte auf, nagte einen Augenblick mit den Zähnen an der Oberlippe. »Weil es große Köpfe gibt in der Welt.«
»Aber es zerfließt vollkommen.« Er versuchte ihre Aufmerksamkeit anzuspornen. »Vollkommen, wenn du – wenn du nur ein bißchen hineinbläst.«
»Ja.«
»Und es brennt nicht einmal, wenn du es anzündest?«
»Nein.«
Der dumpfe, ferne Ton wich nicht aus ihrer Stimme – als sei ihre Rede etwas Mechanisches, Gezwungenes.
»Warum?« fragte er verzweifelt. »Warum tut's das nicht?«
»Tut es was nicht? Ich weiß nicht.« Sie stand auf, erschauerte plötzlich. »Es geht einem durch Mark und Bein! Ist es kalt hier drinnen? Oder nur wo ich sitze?« Sie blickte auf den Ofen, folgte ihrem Blick aber erst nach einer langen Pause, als hinke ihr Denken nach, und ergriff den Schürhaken.
»Mir ist nicht kalt!« erinnerte David sie mürrisch.
Doch sie hatte ihn nicht gehört. Statt dessen waren ihre Augen von seinem Gesicht zur Wand gewandert, und sie stand wie über ihn hinweg lauschend, als habe sie ein Geräusch vor der Wohnungstür gehört. Doch da war niemand. Sie schüttelte den Kopf. Und noch immer den Schürhaken in der Hand, hob sie die andere, um den Gashahn unter dem Glühstrumpf einzustellen. –
»Ach!« Gereizt ließ sie ihre Hand sinken. »Wo habe ich nur meine fünf Sinne? Was tue ich nur?« Sie kauerte vor dem Ofen und stieß den Schürhaken mutwillig in die Asche. »Hast du jemals deine Mutter so durcheinander gesehen? So verloren? Gott sei mir gnädig, mir dreht sich alles im Kopf! Ich bewege mich hier, bin aber dort! Ich rege mich dort, bin aber hier. Und mit einemmal bin ich nirgends.« Sie hob die Ofentür und warf eine Schaufel voll Kohle

in die rote Glut. »David, mein Liebling, was wolltest du sagen . . .?« Ihre Stimme war reumütig und beflissen. Sie lächelte. »Was sagtest du? Licht? Warum was?«
Durch ihr erwachtes Interesse ermuntert, begann er mit neuem Eifer. »Wie kommt es zum Brennen?«
»Das Gas? Gas natürlich . . .«
»Warum?«
»Man zündet es an – mit einem Streichholz. Und dann . . . hem. Und dann . . .« So jäh ihre Stimmung vor einer Sekunde umgeschlagen war, so blitzschnell sprang sie zurück. Der merkwürdig überanstrengte Blick machte ihre Augenwinkel zu Spindeln, und ihr Gesicht nahm wieder jenen gehetzten, wachsamen Ausdruck an. »Und dann dreht man den . . . den . . .« Sie brach ab. »Nur eine Sekunde, Liebling! Ich muß eben ins Vorderzimmer.«
Nun war es aus! Er wollte nicht mehr mit ihr reden! Er wollte sie nichts mehr fragen. Nein, selbst wenn sie mit ihm sprach, würde er nicht antworten. Verdrossen sank er in seinem Stuhl zusammen, verdrossen beobachtete er sie die Stufen ins Dunkel hinaufgehen . . . hörte das Fenster aufgehen, sanft, behutsam . . . und sich dann wieder schließen . . . Sie kam herunter.
»Nicht mal die Kälte macht mich wach!« Nervös trommelten ihre Finger auf dem Stuhlrand. »Nichts hilft mir. Mein Kopf ist – oh, es tut mir leid, David, Liebes! Es tut mir so leid! Ich wollte nicht mitten im Antworten weglaufen.« Sie kam zu ihm, kniete nieder und küßte ihn. »Verzeihst du mir?«
Unzufrieden sah er sie an, unverwandt, stumm.
»Gekränkt? Ich tu's nicht wieder! Ich versprech's!« Wo die breite, wachsweiche Fläche ihrer Wangen ins Kinn übergingen, erschienen kleine Falten der Reue – kein Lächeln konnte weiter entfernt sein von den zerstreuten braunen Augen, der gerunzelten Stirn. Sie schüttelte sich. »Ahm . . . Brennt, sagst du. Brennt! Alles brennt! Ja! Oder fast alles. Petroleum, Kohle, Holz, Kerzen, Papier, fast alles. Und so auch Gas – jedenfalls glaub' ich das. Ahm . . . Und so auch Gas, siehst du! Man bewahrt es in großen Fässern auf, verstehst du. Einige groß – wie die Ascheneimer draußen auf der Straße, andere klein wie Tonnen, nur größer. Ich verstehe es nicht!«
»Aber Mama!« Er wollte ihr nicht erlauben, eine Pause zu machen; sonst würde sie in ihre alte Stimmung zurückfallen. »Mama! Wasser brennt aber nicht, wenn du ein Streichholz in eine Pfütze wirfst.«

»Pfitze?« wiederholte sie. »Was ist eine Pfitze? Dein Jiddisch ist jetzt mehr als zur Hälfte Englisch. Ich komm' nicht mehr mit.«
»Pfütze. Das ist Wasser – auf der Straße, wenn es manchmal regnet.«
»Oh! Wasser. Nein, manchmal Tränen – Nein! Du hast recht. Wasser brennt nicht.«
»Brennt immer etwas, wenn es hell ist – wie das da?«
»Ich glaub' schon. Als ich ein kleines Mädchen war, bauten die Gojim einen *Altar* bei einer Stadt unweit von Weljisch, weil zwei Bauern ein Licht zwischen den Bäumen gesehen hatten – und doch brannte nichts.«
»Was ist ein – was du sagtest? Altar?« Nun war es an ihm, verblüfft zu sein. »Heißt das alter Mann?«
»Nein!« Sie lachte kurz auf. »Ein Altar ist ein breiter Stein – etwa so hoch.« Ihre nach unten gewandte Handfläche hob sich ungeduldig auf Brusthöhe. »Er ist oben flach. Und weil der Boden heilig war, zäunte man ihn ein.«
»Aber warum? Sie haben ein Licht gesehen und – nichts hat gebrannt? Und drum war's heilig?«
»Ja. So sagten sie wenigstens. Ich vermute, weil Moses auch einen brennenden Busch gesehen hat, der nicht brannte. Auch dort war der Boden heilig.«
»Ah!«
»Ja. Und wenn du erst zum Chejder, zur jüdischen Schule, gehst, wirst du mehr über diese Dinge lernen als ich.« Sie hörte auf herumzulaufen und ging unversehens zum Geschirrschrank. »Ich glaube, ich decke den Tisch – und tue was.«
»War es heilig?« Er ließ nicht locker.
»Was? Das Licht, das die Bauern sahen? Ach, Unsinn! Mein Vater sagte, in Wirklichkeit sei es eine alte Jüdin gewesen, die auf dem Weg durch die Wälder gelaufen war. Woher sie kam, weiß ich zwar nicht...«
Wieder machte sie eine Pause. Drei Teller hatte sie aus dem Geschirrschrank genommen und auf den Tisch gestellt. Der vierte, noch in ihrer Hand, bewegte sich hin und her, als könne sie unmöglich entscheiden, ob sie ihn auf den Tisch oder wieder auf den Stapel stellen solle, von dem sie ihn geholt hatte. Schließlich stellte sie ihn mit einem kehligen Ausruf auf den Tisch – vor den Stuhl, auf dem Luter gewöhnlich saß.

»Ja! So! So!« Ihr Kopf flog zurück, als pralle der rückkehrende Gedanke gegen ihn. »Ja. Sie war auf dem Heimweg. Ohne Zweifel. Unterwegs überfiel sie die Dunkelheit. Ja. Es war Freitag. Zufällig hatte sie Kerzen bei sich – wenigstens sagte mein Vater das, obgleich er nie erzählte, warum. Vielleicht hatte sie vorausgesehen, daß sie sich verspäten würde. Man kann unmöglich voraussehen, was Frauen alles tun, wenn sie fromm sind.« Ihre Lippen preßten sich aufeinander, und sie errötete kaum merklich, als sie das klirrende Besteck neben Luters Teller legte. »Sie sah es voraus. Wir wollen sagen: Sie sah es voraus. Und als die Nacht einbrach, trat sie neben den Weg, zündete die Kerzen an und sprach über sie den Segen, so wie du es schon bei mir gesehen hast. Und als sie gebetet hatte, ging sie weiter und ließ sie brennend stehen – ein Jude darf sich nicht an Kerzen zu schaffen machen, nachdem sie angezündet worden sind und der Segen darüber gesprochen ist. Dann kamen nachts die Bauern vorbei. Und fromm wie sie oder vielleicht frömmer ...« Mit einem leisen, schmatzenden Geräusch sog sie eine Wange nach innen. Dann stellte sie Tasse und Untertasse vor Luters Teller. »Vielleicht waren sie auch betrunken oder sicherlich benommen, und so sahen sie das Licht im Wald – so erzählte mein Vater – und liefen zurück und weckten das Dorf. Die Dorfleute sahen es, sahen es verschwinden, und als sie näherkamen, fanden sie nichts, hörten nichts, nur die Geräusche des Waldes. Konnten sie mehr verlangen? Priester kamen und Hohepriester und weihten den Ort.« Ihre vorübergehend nachdenklichen Augen flackerten wieder auf und flogen zur Tür. Von neuem lauschte sie.

»Haben die Kerzen keine andere Kerze hinterlassen?« Wieder versuchte David ihre Aufmerksamkeit gefangenzunehmen. »Wie unsere Kerzen? Die aus Wasser und Kerzen sind.«

Ungeduldig zuckte sie mit den Achseln. »Was lag daran, nachzusehen? Die Stelle war heilig; bald erinnerten sich die Leute daran, Engel gesehen zu haben, und damit hatte es ein Ende. Wozu auch nach Kerzenresten jagen? Der Altar tat dem Dorf gute Dienste.«

»Wieso?«

»Leute, arme, unwissende, kamen aus ganz Österreich. Sie brachten ihre Kranken mit, ihre Krüppel. Baten um Hilfe, beteten für die Toten und für bessere Tage. Sie tun's noch heute. Und ...« Sie brach ab, verlor fast den Faden, fand ihn aber ruckartig wieder. »Während sie dort waren, mußten sie ja essen, mußten einkaufen, mußten irgendwo schlafen. Keine Angst, diese kleinen Kerzen entfachten den Tag für die Ladenbesitzer in Lagronow. Verstehst du?«

»Ja, Mama.«

»Sie brachten Lagronow so viel ein, daß Juden, Kaufleute in anderen Dörfern auch da und dort eine Kerze brennen ließen. Aber es gelang nie mehr.«

»Aber das war kein richtiges«, mahnte er. »Das war doch kein richtiges Licht. Und – und ohne zu brennen. Aber Moses, der ...«

»Sch!« Jäh und scharf ihre Warnung.

David lauschte: das rasche Knarren im äußeren Eingang. Der langsame, schwere Schritt, teppichgedämpft. Das war der Gang seines Vaters, ein Stoß von Ungeduld, gefolgt von Entschlossenheit.

Seine Mutter, sehr bleich jetzt, hatte die Tür einen Spalt geöffnet und stand, ein Ohr daran gepreßt. Kein Laut von Stimmen drang herauf, kein zweiter Fußtritt mischte sich hinein. Sie fuhr zurück, vor sich hinstarrend, schloß behutsam die Tür, seufzte, doch ob erleichtert oder besorgt, war nicht zu bemerken, dann stand sie aufmerksam da und wartete, bis er hereinkam.

Er tat es nach wenigen Sekunden, und an der Art, wie die Tür aufflog, erkannte David, daß sein Vater gereizt war. Er trat ein – allein. Die Muskeln unter seinen dunklen Kinnbacken standen hervor, deutlich unterscheidbar wie verdrehte, geblähte Stricke. Seine Augen funkelten finster.

»Albert.« Sie lächelte.

Er gab keine Antwort, sondern riß sich stockenden Atems den Mantel ab, wobei die Jacke stets mitging, nahm den Hut vom Kopf und übergab ihr das Ganze.

»Ich hoffe, du hast nicht zuviel Abendessen vorbereitet«, begann er brüsk, als er sich Krawatte und Kragen losriß. »Er wollte nicht kommen. Hörst du?«

Sie war in Davids Schlafzimmer gegangen, um seinen Mantel aufzuhängen.

»Ja.« Ihre Stimme ging ihr voraus. »Ich kann verwerten, was übrigbleibt. Nichts geht verloren – besonders nicht im Winter – nichts verdirbt.«

»Hm!« Er drehte ihr den Rücken zu, rollte seine Hemdsärmel hoch und beugte sich über den Ausguß. »Mach auch morgen nichts extra für ihn. Morgen kommt er auch nicht.« Die gequetschte Seife flog knallend in den Ausguß. Seine Zähne knirschten, als er sie aufhob.

»Nein?« Ihre Augen, die auf seinem gebeugten Rücken ruhten, weiteten sich unruhig flackernd; ihr Gesicht fiel ein. Doch im nächsten Augenblick klang ihre Stimme gerade so überrascht, wie eine Stimme es wagen durfte, und doch unverbindlich. »Was ist los?«
»Ich wollte, ich hätte ihn so wenig gekannt, wie ich seine Gründe kenne!« Er schlug seine tropfenden Handflächen verärgert gegen seinen schlanken Nacken. »Er sagte keinen Ton! Er wollte nicht mal mit mir nach Hause fahren – mußte irgendwo anders hin – faule Ausrede! Und die Geschichte mit dem Heiratsvermittler! Kein Wort davon! Als wäre davon nie die Rede gewesen! Als wäre es nie wahr gewesen! Morgens nahm er mir die Schlüssel ab, prüfte meine Überstunden und damit Schluß.« Mit einem wütenden Ruck drehte er den Wasserhahn zu, griff nach dem Handtuch. »Der Himmel weiß, was er gefunden oder getan oder erreicht hat! Es geht über meinen Verstand! Aber sag mir, warum?« Das Handtuch hielt im Kreisen inne. »Meinst du, daß, wenn er eine Frau gefunden hat, die ihn annehmbar fand und einen Haufen Geld hat – ich meine sie –, meinst du, daß ihm das zu Kopf gestiegen ist?«
Ihrer Antwort ging ein schwaches, bekümmertes Stöhnen voraus. »Ich weiß nicht, Albert.«
»Sei ehrlich!« Plötzlich drückte er das Handtuch zu einem Knäuel zusammen, starrte sie an und stieß die Lippen vor. »Antworte mir ohne Umschweife!«
»Was ist los, Albert?« Verstört hob sie abwehrende Hände. »Was ist nur los?«
Als er ihre Bestürzung sah, krümmte David sich auf seinem Stuhl und beobachtete die beiden unter dem Rand gesenkter Augen.
»Ich ...« Sein Vater brach ab, biß sich auf die Lippe. »Hab' ich irgendwas gesagt? Hab' ich – wann war es? – am Freitagabend vielleicht so ausgesehen, als machte ich mich lustig? Als ich dir sagte, er wolle zu einem Heiratsvermittler?«
»Natürlich nicht, Albert!« Ihr Körper schien sich zu entspannen. »Nein! Ganz und gar nicht! Du hast nichts gesagt, was irgend jemand hätte verletzen können! Ich meine, er amüsierte sich dabei!«
»Bist du sicher? Bist du sicher, daß er nicht so früh gegangen ist, weil ich – weil ich einen Scherz gemacht habe?«
»Nein. Du hast nichts Ausfallendes gesagt.«
»Hm! Ich hatte mir's halb gedacht! Also, wo laust ihn dann der Affe? Er war wie ein Mensch mit einem geheimen Groll. Er redete

nicht! Sah mir nicht gerade ins Gesicht. Ein Mann, den ich seit Monaten kenne! Ein Mann, der hier Abend um Abend gegessen hat!« Er zog einen Stuhl näher, ließ sich darauf fallen. »Heute mittag hat er sein Lunch mit Paul Zeeman zusammen gegessen. Er weiß, daß ich den Kerl nicht riechen kann. Er hat das nur getan, um mich zu verletzen. Ich weiß!«

»Aber das darf dich doch nicht aus der Fassung bringen, Albert! Ich meine, das darfst du doch nicht als Beleidigung auffassen! Dieses Miteinanderessen –« sie lachte nervös – »kommt mir fast so vor wie eine Schulmädchenlaune.«

»So?« fragte er höhnisch. »Scheinst viel davon zu verstehen! Du hast ihn ja nicht den ganzen Tag gesehen. Es war nicht nur das! Da waren noch andere Dinge! Ich sage dir: in seinem Kopf siedet's! Haß, aus irgendeinem Grund! Rache, die ihre Zeit abwartet! Weißt du?« Plötzlich fuhr er zurück und sah sie mit verengten, argwöhnischen Augen an. »Du siehst gar nicht bekümmert aus – scheinst überhaupt nicht niedergeschlagen!«

»Wieso denn, Albert!« Sie scheute vor dem harten, prüfenden Blick. »Ich *bin* bekümmert! Ich *bin* niedergeschlagen. Aber was soll ich tun? Ich kann nur hoffen, daß diese – diese Feindseligkeit, oder wie man sie nennen soll, nur vorübergehend ist! Was mag es nur sein? Vielleicht ist es ein plötzlicher Kummer. Eine Besorgnis, über die er nicht sprechen will! Wer weiß, womöglich ist morgen alles vorüber!«

»Ja. Mag sein! Etwas mag vorüber sein! Aber ich bin fest davon überzeugt, daß kein Mensch sich mir entfremdet, es sei denn, er fühlt sich von mir ins Unrecht gesetzt. Oder nicht? Und er – er ist jetzt schlimmer als ein Fremder, er ist ein Feind! Er geht mir aus dem Weg, als sei mein Gesicht für ihn ein Greuel! Er schaut an mir vorbei! Ha, das ist mehr als vorübergehend. Das ist – was ist denn los?«

Sie war bleich. Die Wasserkaraffe in der einen Hand, mühte sie sich vergebens, den Wasserhahn aufzudrehen. »Ich bring' ihn nicht auf, Albert! Du mußt ihn zu fest zugedreht haben, als du dich wuschst. Ich brauche Wasser für den Eßtisch.«

»Bist du plötzlich schwach geworden?« Er stand auf, ging mit saurer Miene zum Ausguß, drehte den Hahn auf. »Und was ihn betrifft« – er starrte bedrohlich auf das heraussprudelnde Wasser –, »wenn er sich nicht ändert, soll er sich lieber vorsehen! Sonst wird er feststellen müssen, daß ich mich noch mehr ändern kann!«

Eine Pause trat ein, die Spannung nahm zu. Schweigend stellte seine Mutter die Karaffe auf den Tisch, ging zum Herd und begann, die dampfende gelbe Erbsensuppe in die Schalen zu füllen. Als sie die braunen Pfannkuchen auf die Teller verteilte, fielen einzelne Tropfen zischend auf die Herdplatte. Es roch köstlich. Doch als David einen Seitenblick auf seines Vaters trübes Gesicht warf, beschloß er, vorsichtiger zu essen als je in seinem Leben zuvor. Bislang hatten diese düsteren Augen kaum auf ihm geruht; nun ertappte er sich dabei, wie er sich in sich selbst zurückzuziehen suchte, um aus ihrem Blickfeld zu verschwinden. Und da das mißlang, konzentrierte er sich auf die frostige Feuchtigkeit auf der Glaskaraffe und darauf, wie jeder Tropfen sein Reifwerden abwartete, bevor er herunterglitt.
Sein Vater griff nach dem Brot – das schien den Druck zu lösen. Erleichtert blickte David auf. Seine Mutter kam heran, ihr Gesicht war seltsam besorgt und grübelnd, irgendwie widerspruchsvoll, und paßte so gar nicht zu ihrer Aufgabe, eine Suppentasse zum Tisch zu tragen. Sie stellte sie vor seinen Vater hin und sich aufrichtend berührte sie furchtsam seine Schulter.
»Albert!«
»Hm?« Er hielt mit Kauen inne und drehte den soeben ergriffenen Löffel.
»Vielleicht sollte ich diese Frage nach dem Abendessen stellen, wenn du gelassener bist, aber . . .«
»Was?«
»Du – du tust doch nichts Unbesonnenes? Bitte nicht! Ich flehe dich an!«
»Ich weiß, was ich zu tun habe, wenn die Stunde schlägt«, antwortete er dunkel. »Laß das nicht deine Sorge sein.«
Wider Willen zuckte David zusammen. Vor einem jähen Hintergrund aus Finsternis hatte er ein dunkles Dach gesehen und einen über bleichen, starrenden Pflastersteinen geschwungenen Hammer.
»Pah!« brummte sein Vater und ließ den Löffel sinken. »Salz! Tust du neuerdings keines mehr in dein Essen?«
»Ist's nicht gesalzen? Tut mir leid, Albert! Heute ist mir alles mißlungen – sogar die Suppe!« Sie lachte verzweifelt. »Eine schöne Köchin bin ich!«
»Was macht denn *dir* zu schaffen?« Sein scharfer Blick blieb auf David haften. »Ist er wieder einmal verlorengegangen, oder braut er eine neue Verrücktheit zusammen?«

»Nein! Nein! Er nicht...! Iß zu, mein Kind! Er nicht! Ich weiß nicht! Heute hat mir bei allem Auge und Verstand gefehlt. Jede Stunde hat neue Verwirrung gebracht. Es war einer der verhängnisvollen Tage, die einen abergläubisch machen. In diesem Augenblick liegt eines meiner Taschentücher drunten im Hinterhof. Wer weiß, warum ich's hab' fallen lassen!«
Sein Vater zuckte mit den Achseln. »Wenigstens warst du allein, und es war keiner da, der dich beobachtet hat. Keiner, der dich mit seinen Augen zu Schnitzern verleiten konnte.«
»Meinst du – wieder ihn?«
»Ja! Genau ihn! Zweimal hab' ich die Bogen nicht richtig in die Presse eingeführt. Sie bekamen Falten, knitterten. Die Unterlage war beschmiert! Ich habe jedes Mal zehn Minuten gebraucht, um sie zu reinigen. Ich sag' dir, er lachte sich ins Fäustchen! Ich hab' sein Gesicht gesehen!« Er hörte auf zu essen, hämmerte mit dem Löffel auf den Tisch. »Der brütet was aus! Er wartet, wartet auf etwas! Ich fühlte den ganzen Tag seine Augen im Rücken, aber nie dann, wenn ich mich umdrehte, um ihm ins Gesicht zu sehen! Er lenkte mich von der Arbeit ab. Ich bediente die Presse wie ein Lahmer. Nicht mal an meinem ersten Arbeitstag habe ich so miserabel gearbeitet. Bald war ich zu früh dran, bald zu spät. Bald stand ich verquer. Und dann verfing sich das zerknitterte Papier in der Walze – in der klebrigen Druckerschwärze. Und ich mußte das ganze Ding auseinandernehmen. Und jeden Augenblick das Gefühl, daß er mich beobachtet. Ha!« Er atmete scharf. Seine Lippen verzogen sich, und seine Worte stießen gegen seine entblößten Zähne. »Das ist mehr, als einer aushalten kann! Mehr, als ich mir gefallen lasse! Wenn er Händel sucht, kommt er bei mir an den Richtigen!«
»Albert!« Auch sie hatte zu essen aufgehört und sah ihn schreckgebannt an. »Ich bitte dich, mach mir keinen...« Ihre unsicheren Finger legten sich auf ihren Mund, verschlossen ihre eigenen Lippen.
»Ich sag' dir, er wird noch von mir hören! Ich bin kein Prügelknabe!«
»Wenn – wenn es so schlimm ist, Albert, wenn es nicht anders wird und er – er so weitermacht –, warum k–kündigst du dann nicht? Es gibt auch noch andere Arbeitsplätze!«
»Kündigen?« wiederholte er unheilvoll. »Kündigen! Einfach so. Der erste Mann, dem ich in diesem verfluchten Land vertraut habe, behandelt mich wie einen Feind. Kündigen. Wäre noch schöner!« Ver-

bittert starrte er auf seinen Teller und schüttelte den Kopf. »Du bist gelungen. Jedesmal, wenn ich eine neue Stelle antrat, hast du darum gezittert, daß ich sie behalte. Ich konnte es in deinem Gesicht lesen – du bedrängtest mich, geduldig zu sein. Und jetzt treibst du mich zum Kündigen. Schön, wir werden sehen! Wir werden sehen! Wenn ich aber kündige, wird er's erfahren, keine Angst! Und jetzt tu mir einen Gefallen. Nimm diesen Teller da weg.« Er deutete mit dem Kopf auf Luters Platz. »Es ist, als sei jemand gestorben.«

XVI

Am Dienstagnachmittag konnte er das verzerrte, zerstreute Gesicht seiner Mutter nicht mehr ertragen. Ohne sie zu bitten, vor der Wohnungstür zu warten, floh er auf die Straße hinunter und kam später, ohne sie zu rufen, allein wieder herauf. Weder Annie, die nie vorbeihumpelte, ohne ihre pfriemähnliche Zunge herauszustrecken, noch Jussies wiederholtes »Heulsuse«, auch nicht die Kellertür am Ende der leeren Eingangshalle waren auch nur halb so schwer zu ertragen wie der zähe Kummer im Gesicht seiner Mutter oder die beklemmende Stille des stundenlangen Wartens auf seinen Vater. Wieder und wieder hätte er beinahe gewünscht, daß durch irgendein Wunder Luter zurückkehren würde, wieder neben seinem Vater stünde, wenn die Tür aufginge. Doch seine Mutter stellte nur drei Gedecke auf den Tisch. Es würde kein Wunder geschehen. Das wußte sie. Luter würde nie wiederkehren!

Und wenn sein Vater heimkam, kam er allein. Sein Anblick an diesem Abend war beängstigend. Nie, nicht mal an dem Abend, als er David geschlagen hatte, strahlte er solch grimmige, solch sprühende Wut aus. Es war, als schwele sein ganzer Körper, ein bebender, hämmernder Strom ging von ihm aus, der das Blut gerinnen ließ, ein dunkler, ätzender Hauch, der um so gräßlicher war, als David fühlte, welch entsetzlicher, kochender Vulkan sich hinter dieser dünnen Schicht verbarg. Er weigerte sich zu sprechen. Berührte kaum sein Essen. Seine gewöhnlich engen Augenlider schienen sich über alle menschliche Rundung hinaus geweitet zu haben und enthüllten den ganzen Augenball, in dem die schwarze Pupille fast das Braun der Iris verschluckte. Er sah niemanden an. Sein wahnwitziger, flammender Blick kreiste über ihren Köpfen unablässig um die Wände, als fahre er wieder und wieder dem Stuckprofil unter der Zimmerdecke nach. Zwischen Unterlippe und Kinn flakkerte unermüdlich der Schatten seines zuckenden Mundes. Über den starren, sichelförmigen Nasenflügeln war eine Stelle, die wie gezackt wirkte – so verkrampft und weiß waren sie. Nur einmal brach er das Schweigen, und zwar für einen kurzen Augenblick, mit einer Stimme, die so harsch und mühsam klang wie ein Krächzen.

»Mehl? Wozu? Zwei Sack Mehl? Zwei? Unter dem Bord? Unter dem Pessachgeschirr?«

Stumm blickte sie ihn an, zu verstört, zu erschrocken, um zu antworten.

»Was? Wirst du eingemauert? Oder beginnen etwa jetzt sieben magere Jahre?«

Ihr ganzer Körper, bevor sie antworten konnte, stieß zitternd vorwärts, als wolle sie Schicht um Schicht eines muffigen, erstickenden Gewebes abschütteln.

»Mehl!« Ihre Stimme klang unter dem Druck schrill und hysterisch. »Ausverkauf beim Krämer. Nev-Nevens Street! Dort, auf dem Markt!« Wieder zitterte sie, schluckte, versuchte verzweifelt, sich zu beruhigen. »Ich dachte, da wir soviel brauchen, wäre es klug ... oh!« Entsetzt sprang sie auf. »Du meinst, warum ich sie unter dem Pessachgeschirr gelassen habe! Ich nehme sie weg! Auf der Stelle!«

»Nein! Nein! Laß sie da! Laß sie! Laß sie!« (David dachte, das wütende Ansteigen seiner Stimme würde nie enden.) »Setz dich wieder hin. Die Mäuse gehen nicht dran!«

Benommen setzte sie sich. »Ich packe sie später weg«, sagte sie dumpf. »Ich hätte sie nicht dort lassen sollen. Ich kann nicht mehr nachdenken.« Und sie holte tief Luft: »Man ist jetzt versucht, mehr zu kaufen, als man braucht, die Sachen sind so billig. Möchtest du, daß ich noch irgendwas anderes besorge? Geräucherten Lachs? Saure Sahne, fast so dick wie Butter. Es heißt, sie mischen Mehl darunter! Schwarze Oliven!«

»Mein Kopf platzt.« Von neuem kreisten seine Augen die Wände entlang. »Sprich nicht mehr, als du unbedingt sprechen mußt.«

»Kann ich irgendwas für dich tun? Willst du eine kalte Kompresse?«

»Nein.«

Sie schloß die Augen, wiegte sich leicht hin und her und sagte keinen Ton mehr. David hätte am liebsten losgewimmert, wagte es aber nicht. Die unerträglichen Minuten schienen sich von einem endlosen Alptraum abzuspulen ...

Am Mittwochnachmittag fiel ihm eine neue, noch verwirrendere Veränderung an seiner Mutter auf. Gestern nachmittag und am Tag zuvor war sie mit ihm ungeduldig gewesen, war nicht auf seine Fragen eingegangen, hatte zerstreut und unzusammenhängend geantwortet. Nun hörte sie mit einer Starrheit zu, die ihn noch unruhiger machte. Wo immer er in der Küche umherging, wo er auch stand oder saß, folgten ihm ihre Augen, und darin lag etwas so Besessenes, so Übereifriges, daß er nicht umhinkonnte, ihrem Blick auszuweichen. Heute schalt sie ihn nicht, weil er bei seinem Vesperbrot nach der Schule trödelte oder etwa den Augenblick, wo er hinuntergehen sollte, hinauszögerte. Im Gegenteil, nun war alles umgekehrt. Heute nachmittag aß er rasch, um früher auf die Straße gehen zu können, und es war seine Mutter, die ihn aufzuhalten suchte. »Und dann?« fragte sie, kaum hatte er den Bericht von einem Vorfall in der Schule beendet. »Und was geschah darauf? Was hast du dann gesehen?« Und immer hatte ihre Stimme den gleichen gespannten, beharrlichen Tonfall, und sie hing mit solch fieberhungerndem Blick an jedem Wort, daß ihn mehrmals ein merkwürdiger Schauder durchrieselte, ein Kälteschauer, als tue sich sekundenlang der Fußboden auf und er stürze ins Bodenlose.

»Aber auf dem Nachhauseweg«, drängte sie. »Das hast du mir noch nicht erzählt. Gab's da nichts Neues?«

»N–nein.« Er zögerte, und seine Augen wanderten in der Küche umher, um ihrem überhellen, beharrlichen Blick auszuweichen. Wann war sie endlich zufrieden, hätte er gerne gewußt, wann würde sie ihn gehen lassen? Unruhig kramte er in seinen Erinnerungen, fand die einzige Sache, die er noch nicht berichtet hatte. »Da war ein Mann gestern«, begann er. »Auf der Straße gegenüber der Schule.« Er machte eine Pause und hoffte wider alle Hoffnung, ihr Interesse möchte erschlafft sein.

»Ja! Ja!« Ihre Stimme war wie ein Sporn. »Ja!«

»Und der Mann machte einen neuen Gehsteig. So.« Er legte seine Handfläche auf das grüne Wachstuch des Tischs. »Mit einem Eisen mit einem Griff dran. Ein neuer Gehsteig.«

»Brownsville macht sich!« Sie lächelte ihm mit beängstigender Gespanntheit zu. »Und dann? Du unwilliges, schweigsames Liebes, du! Und dann?«

»Und als der Mann nicht hinsah ... und der Gehsteig war grün – er ist grün, wenn er neu ist.«
»Das hab' ich auch gesehen.«
»Und ein Junge kam, und der Mann sah nicht hin – er schob gerade sein Eisen in eine andere Richtung. Und der Junge trat drauf – so.« Er rutschte von seinem Stuhl und trat das Linoleum mit der Fußspitze. »Und machte ein Loch mit seinem Schuh. So ...«
Ihr Gesicht sackte merkwürdig zusammen, ihre Lippen teilten sich vor dem langsamen Ausatmen. Die gespannten, bleichen Ebenen ihrer Wangen schienen über den Kieferknochen herabzuhängen. Unter den erhobenen Brauen waren ihre durchdringenden braunen Augen in so weite Fernen gerichtet, daß diese zu ihr zurückzukehren schienen. Bekümmert brach David in seiner Erzählung ab, und bekümmert blinzelte er sie an.
»Ich hab' zugehört! Ich hab' zugehört!« Atemlos schüttelte sie den Kopf. »Ja! Ja! Ich hab' doch zugehört!« Durch lange Gänge des Brütens tastete sich ihr vager Blick wieder zu ihm. »Ja!«
»Warum hast du nur so geschaut?« Er schwankte zwischen Ängstlichkeit und Neugierde.
»Es ist nichts! Gar nichts! Das habe ich auch als kleines Mädchen getan und bin in eine neu geteerte Straße hineingestapft. Aber meine war schwarz! Nichts! Gar nichts! Und was war dann? Was hat der Mann gemacht?«
»Der Mann«, fuhr er unbehaglich fort. »Der Mann hat es nicht gesehen. Und er hat es gestern gemacht ... Als ich gestern nach dem Mittagessen wieder in die Schule ging. Jetzt liegen keine Bretter mehr drauf. Jetzt ist es hart wie jeder andere Gehsteig. Und – man kann drauf herumhüpfen. So. Und man kann nichts mehr kaputtmachen. Aber das Loch hat er gemacht. Das Loch ist noch da. Man kann sogar das kleine rote Eisen an seinem Schuh sehen – vorne. Auch das hat ein Loch gemacht! Und ein Stück Zigarette ist auch drin.«
»Natürlich!«
»Warum wird es so, daß man kein Loch mehr machen kann – nicht mal mit einem Schirm? Ich habe einen zerbrochenen gesehen. Es gab nur Funken, wenn man drauftrat.« Er duckte sich unter den hungrigen, runden Augen. »Nun kommst du dran.«
»Nein, du!«
»Aaaaaa!«

»Warum denn nicht?« schmeichelte sie.
»Ich bin ganz fertig – mit meinem Brot«, mahnte er sie ärgerlich.
»Willst du mehr? Noch etwas Milch?« Der begierige Eifer, mit dem ihre Worte einander folgten, schien Buchstaben aus Silben zu quetschen.
Er schüttelte den Kopf, musterte sie von der Seite.
»Bleib noch ein Weilchen bei mir, Liebes.« Sie öffnete ihre Arme. »Du brauchst doch jetzt nicht runterzugehen.«
Er zauderte, schmollte, schlurfte jedoch schließlich zu ihr hinüber und setzte sich auf ihre Knie. Die ganze Zeit wollte er hinuntergehen, entwischen, doch wieder hatte er einen Anflug von Flehen, einen Ton der Erwartung, in ihrer Stimme entdeckt.
»Ich – dann bleibe ich da.«
»Oh, du willst also nicht mehr runter!« Sie machte wieder ihre Arme auf. »Natürlich willst du runter! Ich halte dich nur auf. Komm! Ich hol' dir deinen Mantel!«
»Nein! Nein! Ich will nicht! Nein, Mama! Ich wollte – ich wollte nur aus dem Fenster sehen. Das wollte ich.«
»Nicht mehr? Bist du sicher?«
»Ja. Nur öffnen. Es muß geöffnet werden.« Bedingungen waren erforderlich, um sein Zögern zu rechtfertigen. »Willst du es aufmachen?«
»Natürlich!« Plötzlich drückte sie ihn glühend an sich, wiegte ihn an ihrer Brust. »Was würde ich in bitteren Stunden ohne meinen Sohn tun? Mein Sohn! Aber, Liebling, das Fenster mit der Feuertreppe davor. Nicht das andere. Gut? Mein Schatz! Ich hole dir ein Kissen zum Darauflehnen. Möchtest du jetzt gehen?«
»Ja.« Er wand sich frei.
»Aber zuerst deinen Sweater. Es ist kalt draußen.«
Sie holte ihn. Und als er ihn übergestreift hatte, gingen beide ins Vorderzimmer, wo sie das Fenster vor der kleinen Feuertreppe öffnete, die schweren weißen Vorhänge beiseite zog, den Sims von Töpfen und Milchflaschen freimachte und das Kopfkissen darauf legte.
»Und das brauchst du, um draufzuknien.« Sie zog einen Stuhl heran. »Das schadet ihm nicht und du kannst so viel besser hinaussehen. Deine Fausthandschuhe?«
»Nein. Mir ist nicht kalt.«
Sie lehnte sich über seine Schulter und sog die Luft ein. »Das zieht

in der Nase. Siehst du, wie blau es dort drüben geworden ist über den braunen Häusern. Wie früh! Im Sommer wäre das spät und Albert käme bald. . .«, sie brach ab. Die Finger auf seinen Schultern zuckten. »Ach! Dann habe ich einen Stein auf mein eigenes Herz geworfen!« Mit einer schlaffen, plötzlich ziellosen Hand streichelte sie seine Ohren und seinen Nacken. »Man kann sich nicht lange vor seiner Angst verbergen.« Sie stöhnte leise und trommelte auf die Fensterscheibe, so wie sie gestern und vorgestern auf den Tisch getrommelt hatte. »Wirst du einen neuen Traum für mich stricken, wenn ich später heraufkomme? Nein?« Sie tätschelte seinen Kopf und verließ langsam das Vorderzimmer.

Schwermütig lehnte er sich hinaus und blickte auf die Straße hinunter.

Zur Rechten spielten Kinder in der Nähe der Läden am Ende des Blocks, kleine Mädchen sprangen Seil. Annie drehte. Er konnte ihre Schiene sehen. Wenn er die Augen zusammenpreßte, glaubte er Jussie erkennen zu können, der neben dem Jungen auf einem Dreirad stand, er war jedoch nicht ganz sicher, ob es wirklich Jussie war. Dann hätte er nämlich hinuntergehen und in der Nähe des Hauses bleiben können, ohne belästigt zu werden. Das wäre besser gewesen, statt halb drinnen und halb draußen zu sein. Er hätte gerne gewußt, warum man halb drinnen und halb auf der Straße sein konnte und sich nie die Straße und das Innere des Hauses zusammen vorstellen konnte. Er konnte sich die Straße vorstellen und die gelbe Mauer seines Hauses, aber nicht das Innere. Einmal hatte er Männer gesehen, die die Wand eines alten Holzhauses niederrissen. Dabei hatte er das Hausinnere von der Straße aus sehen können – die Tapete und die Deckenbeleuchtung, die schwärzliche Schicht zwischen Stockwerken, Fenster, offene Türen. Es war seltsam gewesen. Alles hatte zusammengeschrumpft ausgesehen. Alles hatte verängstigt ausgesehen.

Jemand schrie unten auf der Straße. Der Junge auf dem Dreirad hatte zu treten begonnen, gefolgt von dem anderen, der abwechselnd schob oder auf die Achse zwischen den Hinterrädern sprang. Es *war* Jussie. Sie drehten bei, bumsten vom Randstein auf die Straße hinunter, kreisten schwankend, in Zickzacklinien, wie betrunken und prallten wieder gegen den Randstein. Mit einem Gefühl der Eifersucht strengte er sein Gehör an, um zu verstehen, was Jussie unter Kreischen und Gelächter schrie. Er hätte Jussie nicht fahren lassen, hätte er ein Rad besessen. Niemals. Er wäre nicht mal im Block geblieben. Nein, er wäre weit weggefahren. Wohin, weit? Er würde sich wieder verirren. Der Gedanke ließ ihn erschauern. Doch diesmal nicht wieder. Seine Mutter würde ihm die Adresse aufschreiben, und er würde sie immer bei sich tragen, in seiner Tasche. Diesmal würden sie ihn nicht mehr kirre machen. Er würde wegfahren. Vielleicht gab es hinter den Telegrafenmasten, wenn man wegfuhr, weit dahinter, einen Ort wie auf dem Bild im Süßwarenladen. Die Dame, die auf der großen Zigarettenschachtel stand und ein Taschentuch unter den Augen trug und komische Pumphosen ohne Kleid und einen runden Säbel. Ein Ort, wo die Häuser standen, in denen sie wohnte, die alle in scharfen Zacken endeten. Er hatte einmal einen Mann in einem solchen Hut mit einer scharfen Spitze gesehen. Er hatte einen Schnurrbart und stand in der Jüdischen Zeitung, die seine Mutter gekauft hatte. Das Tageblatt! Als er an jenem Abend hinausging und – nein! das Geld verlor – nein! nein! Und – und! Nein! ... Häuser, sagte er. Spitzen hatten sie, ja, nicht Ecken oben wie die über der Straße drüben. Eine gelbe Ecke aus altem Holz. Braune und grüne Ecken. Und die graue mit dem kleinen Fenster darin, das aussah, als wolle das Dach ein Stern werden – es fiel und fiel dann doch nicht. Warum?

Er konnte es nicht beantworten und schaute wieder zu den beiden auf dem Dreirad hinüber. Jussie war abgesprungen, der Besitzer hatte die Füße von den Pedalen gehoben und ließ sich von dem anderen so weit anstoßen, anschieben, wie er konnte. Die Schirme ihrer Mützen zeigten nach hinten. Atemlos trompetend, holperten sie über die löchrige Straße, Davids Haus entgegen. Sie veranstalteten ein Rennen. Man konnte es an ihren Mützen sehen. Als sie näherkamen, ließ die schrille, anspornende Stimme des Fahrers: »Wir schlagen sie, wir schlagen sie! Hurra!« sein eigenes Blut in den Adern kribbeln, jetzt waren sie fast vor dem Haus. Noch eine Sekunde, und sie würden unter seinem Fenster sein – als Jussie plötzlich mit scharfem Scharren seiner rutschenden Schuhe die fliegenden Räder zum Halten brachte und über die Schulter des anderen spähte. Verwundert wandte David den Kopf nach links, um seinem Blick zu folgen.

Nur wenige Meter weg kam ein großer, schlanker Fremder näher, der leicht gebeugt ging und ein weißes, hohes Paket an seinen dunklen Mantel gedrückt hielt, als wolle er es den beiden Jungen vor ihm überreichen. Einen Augenblick riß David die Augen auf, dann aber, im Zeitraum eines einzigen Schrittes, sah er weder einen Fremden noch ein Paket, sondern seinen eigenen Vater, und die rechte Hand an seinem Mantel hing bandagiert in einer Schlinge. Er schrie auf.

»Papa! Papa!«

Langsam hob sich der Kopf, grimmige Kiefer, Hakennase und unbeweglich starrende Augenbälle. Die beiden Jungen, einer fahrend, der andere schiebend, wichen aus. David stieß sich vom Fenster ab und floh schreiend in die Küche. Seine Mutter war schon auf der Treppe, zu Tode erschrocken –

»David, was ist los?«

»Papa kommt! Seine Hand! Seine Hand! Sie ist ganz ...« Er umkreiste seine eigene. »Ganz in Weiß! Er kommt!«

»Lieber Gott! Verletzt! Ist er verletzt?« Sie schüttelte ihn. Ihre erschrockenen Augen schienen die Blässe ihrer Haut zu beleben, die ins Haar geklammerte Hand dessen Bronzeton. »Albert!« Sie flog zur Tür. »Albert!« Ihre Stimme klang heiser im Hausflur. »Albert! Albert!«

David, der zusammengekauert auf den Stufen zum Vorderzimmer saß, hörte die barschen, unterdrückten Worte seines Vaters durch die offene Wohnungstür hereinplatzen.

»Still! Still, sage ich! Und Schluß mit deinem Gejammer! Los, rein mit dir!«

»Blut! Blut!«

Stöhnend, die Hand an der Wange, kam seine Mutter herein – rückwärts, in Armlänge von seinem Vater festgehalten. Sein Gesicht war grau, so grau, daß die bläulichen Stoppeln auf seinem harten, vorstehenden Kinn einzeln sichtbar wurden. Auf dem dikken, weißen Verband um seine Hand glimmte ein roter Punkt, wo der Daumen sein mochte.

»Ja! Blut!« brummte er und schlug die Tür hinter sich zu. »Habt ihr nie Blut gesehen? Erst bellt der Idiot mir vom Fenster zu. Und jetzt du! Jammerliese! Jammerliese! Heul nur zu, heul nur und lad mir alle ratschenden Nachbarinnen auf den Hals!«

»O Albert! Albert!« Sie schwankte vorwärts und rückwärts. »Was ist nur los? Was ist nur passiert?« Tränen netzten ihre Wangenbögen.

»Bist immer eine Närrin gewesen!« brummte er. »Du siehst doch, ich bin noch am Leben! Willst du endlich aufhören?«

»Sag mir's! Sag mir's!« Ihre Stimme erstarb angsterfüllt. »Sag mir ...! Was hast du ... getan? Ich ... ach! Bevor ich ...«
»Getan? Ich?«
»Was? Sag mir's!« Sie atmete schwer. »Rasch!«
»Bist nicht weit von der Wahrheit!« fuhr er sie an. »Hast es fast erraten! Ja! Ich hätte es getan, aber die verdammte Presse hat mich zuerst geschnappt! Ach! Die Presse hat ihn gerettet! Und er weiß es nicht! Ich hätte es ... Was!«
Mit einem geflüsterten Stöhnen neigte sich ihr Kopf. Sie stolperte auf einen Stuhl zu, fiel darauf, sank zusammen, und ihre Arme hingen schlaff herunter. Beim Anblick ihrer furchtbaren Blässe brach David in Tränen aus.
»Bah!« spottete sein Vater böse. »Ich hatte weiß Gott gedacht, du hättest mehr Verstand.« Er ging zum Ausguß, füllte ein Glas Wasser, schob es ihr zwischen die Lippen. Das Wasser rieselte an ihrem Kinn herunter, bespritzte ihr Kleid. »Und du mußt natürlich in Ohnmacht fallen!« schnaubte er verbittert.
»Mir geht's wieder gut!« sagte sie schwach und hob den Kopf. »Mir geht's gut, Albert. Aber – aber du hast ihn doch nicht geschlagen?«
»Nein!« schrie er wütend. »Ich habe dir gesagt, daß ich's nicht getan habe. Er ist weggelaufen. Sorgst du dich mehr um ihn als um mich? Sieht es so bei dir aus?«
»Nein! Nein!«
»Warum fällst du dann in Ohnmacht? Es ist nur mein Daumen. Der Tiegel der Presse. Ich war nicht schnell genug! Er wurde gequetscht, mehr nicht. Du hast kein solches Theater gemacht, als ich mir den Fingernagel da einklemmte, wie?«
Sie krümmte sich, keuchend.
»Ich hab' ihn noch, meinen Daumen, wenn dich das bekümmert. Hättest du mich nicht mit deinem Gejammer taub gemacht, ich hätte es dir früher erzählt! Hilf mir jetzt aus meinem Mantel – oder bist du noch schwach auf den Beinen?«
Unsicher stand sie auf und faßte seinen Mantelkragen.
»Verdammter Kerl!« brummte er und zog behutsam die Schultern heraus. »Der hinterhältige Hund! Gottes Flamme soll eine Kerze aus ihm machen! Du hast nicht mehr Vorrechte als irgend jemand anderes! Das hat er zu mir gesagt, bevor das hier ... Mmmm!« Er stöhnte zwischen den Zähnen, als der Ärmel über seine verletzte Hand rutschte. »Ich hätte die Jacke nicht mitgehen lassen sollen.«

»Ist es so schlimm, Albert?« Sie streckte die Hand aus. »Ich wollte dir nicht ...«
»Laß das Getue sein, ja! Ich brauch' keine Stütze!«
Er blickte auf den Verband, der für Davids tränenblinde Augen doppelt so stark angeschwollen zu sein schien.
»Er hätte die Finger nicht mit zu verbinden brauchen, der Dummkopf!« Er ließ sich auf einen Stuhl fallen, verdeckte die Augen mit seiner knochigen Hand. Sie war stark mit Druckerschwärze beschmiert, ungewaschen. »Ärzte! Die brauchen lieber die ganze Binde auf, als daß sie sich die Mühe machen und sie durchschneiden.« Sein Kopf fiel zurück.
»Kann ich dir etwas geben? Kaffee? Wir haben noch Wein übrig.«
»Nein«, sagte er unwirsch. »Ich bin schon ohne Wein müde genug. Ich werde schon gut schlafen.« Er hackte den Absatz seines glanzlosen schwarzen Schuhs auf die unterste Sprosse seines Stuhls und brummte, als er sich bückte.
»Laß mich's machen!« Sie stürzte vorwärts.
Er winkte ab. »Eine Hand ist genug!« Und riß die Knöpfe auf. »Der Schicksalsengel schlägt immer dann zu, wenn du nicht aufpaßt. Ich dachte, bevor der Hund mich gesehen hat, heize ich ihm noch ein. Und ich hätt's getan!« Seine Zähne knirschten. »Ich hatte genug Gift im Wanst, um eine Horde von Luters fertigzumachen. Statt dessen haben sie mich wie ein Lamm abgeführt.« Dumpf stieß er seinen Schuh weg und sah, wie er auf einer Seite liegenblieb. »Aber man darf eben nicht soviel nachdenken, wenn man eine Druckerpresse bedient. Man darf sich nicht zuviel mit dem beschäftigen, den man haßt. Das ist das Vorrecht des Vorarbeiters. Der hat die Hände frei!« Er schüttelte den anderen Schuh ab. »Ahhh! Aber bleich war er doch, als sie mich ins Chefbüro führten. Er muß gesehen haben, was in meinen Augen war. Er muß gewußt haben, wer dran schuld war. Dabei hatte ich eine brauchbare Hand übrig. Vielleicht war's auch das Blut, das er nicht sehen konnte. Ich hab' ihnen was auf ihrem Teppich gelassen.«
Sie hatte ihn standhaft beobachtet. Und als er zu sprechen aufhörte, durchlief sie ein Zittern. »Hat – hat der Arzt irgendwas gesagt? Wird es bald heilen?«
Er zuckte mit den Achseln. »Es bleibt ihm nichts anderes übrig. Jedenfalls kann ich die Hand wochenlang nicht benützen – wenigstens hat er das gesagt. Sie ist ziemlich zermanscht.«

Sie stöhnte.
»Sie sagten, sie wollten mir was für den Arbeitsausfall zahlen. Sie haben's mir freiwillig angeboten. Weiß nicht warum. Und es wird nicht wenig sein. Morgen gehe ich wieder hin und der Dok... Morgen!« Hörbar rang er nach Atem. »Morgen ist Donnerstag!«
Seine Lippen schwollen haßerfüllt, seine Augen brannten wütend. David und seine Mutter starrten ihn schreckgebannt an.
»Zum Teufel mit ihm und seinen Geschenken!« fauchte er plötzlich. »Soll er mitsamt ihnen verbrennen! Gott soll ihn in Fetzen reißen!«
Sein rechter Ellenbogen fuhr abwärts, aber die Schlinge hielt seine Hand fest. Mit verzerrten Lippen griff er mit der linken Hand hinter sich, fingerte in der rechten Gesäßtasche und holte seine schwarzlederne Geldtasche hervor.
»Zum Teufel mit ihm!«
Er zog einen kleinen, weißen Zettel heraus. Der Theatergutschein Mit mahlenden Fingern zerdrückte er ihn zu einem Ball und warf ihn auf den Tisch.
»Nichts gelingt mir! Alles scheitert! Aber warum hat er mir den bloß geschenkt? Und warum ist er plötzlich umgefallen? Wenn ich das wüßte! Wenn ich das nur wüßte!« Seine linke Hand trommelte auf den Tisch.
Eine schreckliche Stille trat ein, während sie alle auf den zerknitterten Zettel auf dem Tisch starrten. Dann zog sein Vater die bandagierte Hand aus der Schlinge und bewegte sie langsam hin und her, um den verkrampften, knackenden Ellenbogen zu lockern. Sein Gesicht trug einen Ausdruck grimmiger Entrücktheit, als wäre es nicht seine eigene Hand, die er übte, sondern eine fremde. Auf den Gesichtszügen seiner Mutter standen Entsetzen und Mitleid geschrieben. David blickte von einem zum anderen, endlich blieben seine Augen wie die der beiden auf der Hand haften, die sich soeben auf den Tisch gelegt hatte, schimmernd und halbinselhaft auf dem grünen Wachstuch. Minuten schienen in trüber, treibender Leere zu vergehen, in der kein Wort gesprochen wurde. David sah auf. Das Gesicht seiner Mutter war regungslos, als sei ihr angstvoller Blick in Stein gemeißelt. Dafür war seines Vaters Gesicht durchblutet, entspannt; sein tiefer Atem zischte weich durch seine Nasenflügel. Seine Augenlider schlugen langsamer und öffneten sich nicht in einem, sondern in zwei Abschnitten. Er sprach. Schwache Sperrhaken der Anstrengung gegen Müdigkeit und Erschöpfung

machten seine Stimme rauh, abgehackt. Halb wider Willen sagte er:

»Ich gehe nicht mehr zurück zu meiner Arbeit. Ich will nichts mehr mit der Druckerei zu tun haben. Ich hab' die Nase voll. Von jetzt ab arbeite ich nur noch im Freien – und zwar allein, wenn möglich. Aber immer im Freien ... Ich werde mich nicht mehr von Druckerschwärze und Eisen knebeln lassen. Ich will keinen Vorarbeiter mehr zum Freund. Ich will niemand mehr. Ich – ich habe kein Glück bei Menschen.«

Er seufzte barsch, stand auf und gähnte, als ächze er. Sein Verband streckte sich zur Decke, und als er die Hand wieder in die Schlinge senkte, schloß sich ein Auge schmerzgepeinigt ...

»Es kommt mir vor, als sei sie hohl.« Er blickte zum Vorderzimmer, schielte zu David und stand auf.

»Ich hole dir eine Steppdecke«, sagte sie, hinter ihm hergehend.

Er antwortete nicht, und beide stiegen die Vorderzimmerstufen hinauf.

In benommenem Schweigen am Fenster sitzend, blickte David ihnen nach, sah sie verschwinden, lauschte. Das Bett knarrte. In wenigen Minuten hörte er den flinken Schritt seiner Mutter und dann das Rascheln von etwas, das vom Sofa gezogen wurde: die Steppdecke. Dann schloß sich die Schlafzimmertür, und er hörte nur noch das Ticken der Uhr. Das seltsame Hervorbrechen der Angst, die er empfunden hatte, als die Augen seines Vaters auf ihm geruht hatten, bebte noch nach. Er hatte ihn schon vorher gesehen – jenen Blick, das Flackern verhüllten Argwohns, der schlimmer war als Zorn –, hatte ihn fast immer an den Tagen gesehen, wenn sein Vater eine Arbeit aufgab. Warum nur? Was hatte er getan? Er wußte es nicht. Er wollte es nicht einmal wissen. Es erschreckte ihn zu sehr. Alles, was er wußte, erschreckte ihn. Warum mußte er dabei sein, wenn sein Vater nach Hause kam? Warum hatte seine Mutter ihn dabehalten? Warum mußte er es wissen? Man wollte alles wissen, und plötzlich wurde das, was man wußte, etwas anderes. Man vergaß, warum, und doch war es etwas anderes. Es ängstigte einen.

Ein Geräusch im Hauseingang – die Türe unten. Eilige Füße erklommen die Treppe, stiegen hinauf; als sie aber an seinem Stock vorbei waren, blieben sie stehen, stiegen herab, näherten sich unsicher seiner Tür. Er glitt von seinem Stuhl herunter, lauschte, öff-

nete die Tür einen Spalt. Es war Jussie. Seine noch immer nach hinten gedrehte Schirmmütze machte sein rotes Gesicht noch plumper.
»Heeda, Davy!« flüsterte er zögernd und spähte durch die halbgeöffnete Tür.
»Was willst du?« Irgendwie war er jetzt weniger aufgebracht gegen Jussie und sogar erleichtert, ihn zu sehen. Plötzlich fiel ihm ein, daß es nicht Jussie war, den er so verabscheute, sondern seine Schwester. Trotzdem wollte er nicht allzu freundlich sein. »Warum kommst du her?« fragte er mürrisch.
»Bist du immer noch wütend auf mich, Davy?« Mit unschuldiger Entsagung blickte er ihn an.
»Weiß nicht«, murmelte er versuchsweise. »Ja.«
»Dann will ich die Heulsuse zurücknehmen«, bot er friedfertig an. »Ich will dich nie mehr so nennen, ich schwör's. Annie war an allem schuld – sie hat mich verleitet.«
»Magst du sie nicht?« Argwöhnische Frage.
»Nein! Ich bin wütend auf sie! Sie ist eine dreckige Schwatzbase!«
»Dann komm rein.«
Jussie wand sich begierig herein, blickte umher. »Ahh!« Seine Lippen sanken enttäuscht. »Er ist nicht da! Ist er schon wieder weg?«
»Meinen Vater willst du?« Plötzlich durchschaute er Jussies List. »Deshalb kommst du also her? Mach keinen Lärm! Er schläft.«
»Oh!« Und dann, schnüffelnd: »Was für 'n großen Verband er umhatte. Hab's gesehen. Weshalb hat er den denn an?«
»Er hat sich an der Druckerpresse wehgetan. Deshalb. Sein Finger. Drum haben sie ihm den Verband drumgemacht.«
»Ach so? Ich dachte vielleicht – ich kenne einen, der sich am Vierten Juli an der Hand verletzt hat – mit einem Knallfrosch. Er hatte ihn zu Hause, drum hat er ihn angezündet. Dann wollte er ihn aus dem Fenster werfen. Aber das Fenster war geschlossen. Drum wußte er nicht, wo er ihn hinschmeißen sollte. Drum Bäng . . .!«
»Sch!«
Sie wandten sich um. Sie war so leise auf Zehenspitzen aus dem Schlafzimmer seines Vaters gekommen, daß keiner von ihnen sie gehört hatte. Während sie sie stumm ansahen, schloß sie die Vorderzimmertür und kam mit langsamer Unsicherheit die Stufen herunter.
»Sei mir nicht böse, Jussele.« In der leeren Regungslosigkeit ihres

Gesichtes bewegte ein blankes, mechanisches Lächeln ihre Lippen. »Los. Sprich weiter, wenn du willst.«
»Ja.« Ungeduldig faßte Jussie seine Erzählung zusammen, ohne die Sprache zu wechseln. »Ich hab' ihm gerade von einem Knallfrosch erzählt, den ein Junge hielt und der losging! Als er dann losging, hat's ihn an der Hand verletzt, drum mußte er einen Verband tragen wie Mister Schoil.«
Der Name schien sie vorübergehend zu wecken. Müde schüttelte sie den Kopf.
»Und dann machte sein Ohr kling! kling! kling! Genau so! Kling! Kling! Weil der Knallfrosch bäng in seine Ohren hinein geplatzt war! Dann wollte er, daß ich ihm ins Ohr höre, aber ich hab' nichts hören können. Aber er hat gesagt, es mache immer so! Und dann ...« Er brach ab, blickte sie verblüfft an, dann wandte er sich unruhig an David: »Will sie nicht, daß ich Englisch mit ihr rede?«
»Ich weiß nicht«, erwiderte er verdrossen. Seiner Mutter starrer, blinder Blick, ihre zitternden Lippen, zitternd wie bei innerem Sprechen, waren ohne die zusätzliche Demütigung, daß Jussie es bemerkte, schon Qual genug für ihn. »Gehst du jetzt?« fragte er ermunternd.
»Ja, nach oben. Kommst du mit?«
»Nein!« gab er unbeugsam zurück.
»Aber ich geh' doch nur rauf, um meinen neuen Bogen und Pfeil zu holen«, drängte er. »Dann komm' ich wieder runter. Meine Mutter hat ihr Korsett fortgeworfen, und es sind breite, lange, weiße Eisenstäbe drin. Die hab' ich rausgerissen. Und die will ich jetzt alle zusammenbinden. Und huuu! Das wird stark! Und wie! Willst du warten, bis ich runterkomm'? Ich ruf' dich dann.«
Er zögerte, blickte zu seiner Mutter auf. Ihre Brust atmete langsam, tief und erzeugte ein leises, stöhnendes Knirschen in ihrer Kehle. Ihre Augen, stetig, rund und flüssig, schwammen im Glanz unvergossener Tränen. Einen erschütternden Augenblick lang rüttelte ein Gemisch aus mannigfachen wütenden, rasenden Gefühlsregungen den Kern seines Wesens. Er wollte sich wegstehlen, wegrennen, sich irgendwo verstecken, unter dem Tisch, in einer Ecke, in seinem Schlafzimmer, in Tränen ausbrechen, sie anschreien. So vieles stürmte auf ihn ein, daß er wie gelähmt war. Zitternd stand er da, sie atemlos anstarrend, darauf gefaßt, daß sie losweinen würde. Dann, plötzlich, erinnerte er sich! Jussie sah sie an! Er wußte es!

Er sah es! Das durfte er nicht! Er fuhr herum. »Geh du rauf, Jussie! Los! Eil dich! Ich warte hier auf dich. Wenn du runterkommst, geh' ich mit! Eil dich!«
»Soll ich dich dann rufen?« Jussie warf einen verwirrten Blick über seine Schulter auf Davids Mutter.
»Ja! Ja! Aber geh!« Seine Beschämung wegen der Vermutung des anderen war qualvoll. »Geh schon!« Er öffnete die Tür.
Seine Mutter schneuzte sich hörbar. »Du vertreibst ihn ja, Kind!« Tränen trübten ihre Stimme. »Das darfst du nicht tun!«
»Nein! Nein!« Verzweifelt ging David wieder zum Jiddischen über. »Er geht ja von selbst! Ich schicke ihn nicht weg!«
»Ja! Ich gehe ja!« unterstützte Jussie ihn hastig. »Ich ruf' dich dann.« Und fort war er.
»Warum seid ihr so schnell auseinandergegangen?« Wieder schneuzte sie sich, drückte ihre Lider mit Daumen und Zeigefinger herunter und betrachtete ihre feuchten Fingerspitzen.
David ließ den Kopf hängen; aus Angst, selbst loszuweinen, wagte er nicht, sie anzublicken. »Er kommt runter und ruft mich. Dann gehen wir zusammen auf die Straße.«
»Seid ihr wieder Freunde?« Sie hob müde, tränennasse Augen zum Fenster. »Es wird dunkel. Du bleibst mir nicht lange unten, ja? Gehst auch nicht weit weg!«
»Nein.« Der Kloß in seiner Kehle erschwerte ihm das Sprechen. »Ich hole meinen Mantel.«
Rasch lief er in sein Schlafzimmer. In dem kurzen Alleinsein, während er seinen Mantel suchte, begann sein ganzer Körper zu zittern. Aber er spannte sich an, preßte die Lippen aufeinander, um sie ruhig zu halten. Der Krampf ging vorüber. Er zog Hut und Mantel vom Bett und kehrte zurück.
»Ich muß das Gas anzünden«, sagte sie, ohne sich zu regen. »Willst du hierher kommen und dich neben mich setzen?«
»Nein! Ich – ich muß meinen Mantel anziehen.« Er zwängte sich hinein. Er durfte, er durfte ihr nicht näherkommen.
Sie zuckte die Achseln, nicht über ihn, sondern über sich selber. »So machen's die Jahre mit dir, mein Sohn. Jedes neue zeigt dir beide Hände, so ...« Sie hielt ihm ihre beiden verschlossenen Hände entgegen. »Hier, wähle!« Und öffnete sie. »Beide sind leer. Wir tun, was wir können. Aber es ist bitter, zu kämpfen – und nur sich selbst zu retten.« Sie stand auf, ging zum Ofen, hob die Klappe

und spähte in die Glut, die ihre gewölbte Stirn und die flache Wange färbte. »Aber essen müssen wir trotzdem.«

»Ich gehe jetzt, Mama.« Er hatte oben die Türe zuschlagen hören.

»Du kommst mir aber nicht zu spät zum Abendessen, Liebes!« Sie schob die Klappe zurück und drehte sich halb nach ihm um. »Nicht wahr?«

»Nein, Mama.« Er ging hinaus. Er fühlte sein ganzes Wesen vernichtet, entleert, zerschmettert.

Jussie kam aus dem oberen Halbdunkel die Treppe herunter getrampelt, und als er ihn unten sah, rasselte er mit den angelaufenen, dünnen Korsettstangen.

»Heda, siehst du, was das für einen Pfeil-und-Bogen gibt? Schnur hab' ich in der Tasche, damit bind' ich sie zusammen.« Er trat zu David auf den Treppenabsatz, nahm seinen Arm. »Los! Ich zeig' dir, wie ich sie hier und in der Mitte zusammenbinde. Dann schnüre ich sie auf dieser Seite fest.«

Sie stiegen hinunter und näherten sich der Kellertür, bei deren Anblick David eine Welle durchlief, doch weniger von Angst als von Ärger – als fordere er sie heraus, als habe er die Tür in sich zugeschlagen und verriegelt.

»Und vielleicht gehen wir zum Friseurladen, weil beim Friseurladen jetzt Licht ist. Er zündet immer als erster an. Dort haben wir mehr Licht. Kommst du mit?«

»Ja.«

Sie traten hinaus in das frostige Blau der frühen Abenddämmerung, strebten den Läden zu, von denen einige erleuchtet waren; mehrere Kinder standen vor der Schneiderwerkstatt und vor dem Friseurgeschäft. Sie zottelten darauf zu, Jussie bog den Schaft der Korsettstangen.

»Hast du deine Mutter um einen Nickel für die Weihnachtsfeier in der Schule gebeten?«

»Nein, ich hab's vergessen.«

»Mein Lehrer nennt es Christfest, aber die Schulkinder nennen es Weihnachten. Es ist ohnehin ein gojischer Feiertag. In Brooklyn hab' ich einmal Strümpfe aufgehängt. Aber mein Vater hat Eierschalen reingetan und Klosettpapier und einen Kerzenstummel. Und als er mich gesehen hat, hat er gelacht. Es gibt keinen Weihnachtsmann, hast du das gewußt?«

»Ja.«

»Wie sieht so eine Druckerpresse aus, wie sie deinen Vater verletzt hat?«
»Sie ist wie eine große Maschine.«
»Macht sie nicht puff-puff?«
»Nein, sie macht Sachen wie den Kalender, den ich aufhebe.«
»Oh . . .«
Sie näherten sich der Gruppe. Annie war noch dabei. David machte das nichts mehr aus.
»Hee!« Jussie griff eifrig nach seinem Arm. »Da ist Jujjy, der wo gefallen ist, als du ihn gestoßen hast. Willst du wieder Freund mit ihm sein?«
»Ja.«
»Erzähl ihm dafür vom Polizeirevier. Er wird sich freuen! Erzähl mir's auch. Einverstanden?«
»Ja.«
»Hee Jujjy!« Jussie rief ihn. »David ist da! Er will mit dir wieder Freund sein. Er wird dir vom Polizeirevier erzählen. Oder nicht, Davy?«
»Ja.«

ZWEITES BUCH

Das Bild

I

Im Februar fand Davids Vater die Arbeit, die er sich wünschte – er sollte Milchmann werden. Damit er näher bei den Ställen war, zogen sie wenige Tage später in die 9th Street und Avenue D, untere East Side. Für David war das eine neue, gewalttätige Welt, so verschieden von Brownsville wie Stille von Aufruhr. Hier in der Neunten Straße wurde man nicht von der Sonne überfallen, wenn man aus der Haustür trat, sondern vom Lärm – einer Lawine von Lärm. Da gab's zahllose Kinder, wenn man aus der Haustür trat, da gab's zahllose Kinderwagen, da gab's zahllose Mütter. Und in das Gekreische, das Schelten und Keifen stimmte eine scheinbar endlose Reihe von Hökern mit ihrem schrillen Gezeter ein. In der Avenue D ratterten und lärmten Pferdewagen. Die Avenue D war überfüllt von Bierkutschen, Müllkarren und Kohlenfuhrwerken. Es gab auch zahlreiche Automobile, einige plump und geräumig, einige mit hohen Strohhecks, und alle hupten. Hinter der Avenue D, am Ende eines verkommenen, baufälligen Blocks, der mit Baracken, mit Schmieden und einer Fabrik zum Abfüllen von Mineralwasser begann und mit Müllhaufen endete, lag der East River, auf dem viele Schiffssirenen heulten. In der 10th Street knatterte die 8th-Street-Stadtbahn in Richtung Weiche.

Auch sein Zuhause war anders. Jetzt wohnten sie im vierten Stock, dem Obergeschoß des Hauses. Da war keine Kellertür, obgleich ein Ausgang zum Hinterhof führte. Die Stufen waren aus Stein, und man konnte sich selber steigen hören. Die Toiletten lagen im Gang. Manchmal raschelten die Leute darin mit Zeitungspapier, manchmal summten sie, manchmal stöhnten sie. Das war lustig.

Bald wurde er auf seinem Stockwerk heimisch. Ein Oberfenster aus Milchglas warf morgens einen wolkig-gelblichen Schein und nachmittags einen weichen, gräulichen Hauch ins Treppenhaus. Wenn man nach dem Tumult der Straße die unteren, dämmrigeren Treppen erklommen und leicht gespannt auf Toilettengeräusche gehorcht hatte, war das Eindringen in dieses Licht wie die Einfahrt in einen Hafen. Hier herrschte milde, entspannende Stille, leuchtendes

Schweigen, Stetigkeit und Andacht. Er hätte das gerne erforscht, wenigstens herausgefunden, ob die Dachöffnung verschlossen war, doch der Gedanke an diese Höhe, an die geheimnisvolle Leere und Abgeschiedenheit machte ihn mutlos. Da war noch etwas anderes. Die Treppe, die da hinaufführte, war nicht wie die hinabführende Treppe, obwohl beide aus Stein waren. Gewöhnliche Stufen waren vom Tritt so vieler Füße abgeschrägt und ausgehöhlt, unrettbar geschwärzt vom eingetretenen Straßenschmutz. Die zum Dach führenden hingegen besaßen noch den Perlschimmer ihres Graus. Jede Platte war noch viereckig und reinlich. Keine rutschenden Handflächen hatten den gerunzelten Farbanstrich vom Geländer gerieben. Keine Handflächen hatten es elfenbeinglatt und grün wie einen Axtgriff geölt. Sie waren unverletzlich, diese Stufen, und bewahrten das Licht und die Stille.

Ihre Wohnung umfaßte vier Zimmer mit acht Fenstern. Einige gingen auf die 9th Street, etliche auf die Avenue D, und eines blickte hinaus auf den schwindelerregenden Abgrund eines Luftschachts. Eine Badewanne war nicht vorhanden. Man badete in zwei aneinandergrenzenden Waschbecken, deren Trennwand entfernt worden war. Der Boden fühlte sich an wie Sandpapier. Man durfte die Becken nicht zu voll machen, sonst schwappten sie über.

Zu Hause hatte der Alltag sich verändert. Sein Vater ging nicht mehr frühmorgens zur Arbeit, um erst abends heimzukommen. Statt dessen verließ er die Wohnung nachts, in der unglaublichen Tiefe der Nacht, und kehrte früh morgens zurück. In den ersten Nächten war er immer aufgewacht, aber mäuschenstill liegengeblieben und hatte auf den langsamen, schweren Schritt in der Küche gelauscht, dann auf das abwechselnde Geräusch eines bloßen und eines beschuhten Fußes, danach auf das laufende Wasser und die scharrenden Stühle; er hatte lauschend dagelegen, bis sein Vater gegangen war, dann war er in schläfrigen Gedanken hinter ihm die Steintreppe hinuntergeschlichen, hatte sich in der Wärme seines Betts die zunehmende Kälte vorgestellt, den Nachtwind auf der Vortreppe, die Stille, und war wieder durch wolkige Verlassenheit hindurch in den Schlaf gesunken.

Brownsville schwand aus seiner Erinnerung und wurde bald ein wirres, nebliges Land, fremd und andersartig. Er war froh, daß sie umgezogen waren ...

II

Zu Beginn des Monats April hörte David von einer Tante Bertha reden, der jüngeren Schwester seiner Mutter, die in dieses Land kommen sollte. Als seine Mutter zuerst vorgeschlagen hatte, Bertha solle eine Weile bei ihnen wohnen, hatte sein Vater davon nichts wissen wollen. Hatte er nicht Mutter kniefällig gebeten, daß Luter bei ihnen wohnen dürfe? Mochte Luter in Flammen aufgehen, aber hatte er das nicht gesagt? Damals hatte sie sich geweigert; jetzt würde er es ihr heimzahlen. Bertha würde nie und nimmer ins Haus aufgenommen werden.

Aber Davids Mutter ließ nicht locker. »Wo soll das arme Geschöpf denn in einem fremden Land hin?«

»Armes Geschöpf!« hatte sein Vater gehöhnt. Was ihn betraf, so solle sie sich selber ein Obdach unter der Erde suchen. Er wollte nichts mit ihr zu tun haben. Glaubte sie, er habe sie vergessen, diese derbe, schlechtweggekommene Landpomeranze mit ihrem roten Haar und ihren grünen Zähnen? Und ihr Mundwerk! – der Himmel möge ihn beschützen.

Allerdings war sie damals ein junges Ding gewesen, forsch und fahrig. Mittlerweile hatte sie sich wohl verändert.

»Natürlich zum Schlimmen!« hatte er erwidert. »Aber ich weiß, warum du sie hier haben willst. Du willst sie hier haben, damit du ihr den langen lieben Tag ein endloses ›Er-sagte-und-ich-sagte‹ vorschnattern kannst.«

Nein, davon konnte nicht die Rede sein. Bertha konnte sehr geschickt mit der Nadel umgehen. Und war er nicht selber allein, als Fremder, in dies Land gekommen? Hatte er denn mit anderen, die in der gleichen Not waren, kein Mitleid? Und dazu noch mit einer Frau! Konnte er in seiner Unmenschlichkeit erwarten, daß sie einen Menschen ihres eigenen Fleischs und Bluts in dieser Wüste abwies?

Schließlich war er überredet und brummte seine Zustimmung. »Reden hilft da wenig«, sagte er verbittert. »Aber schieb's nicht auf mich, wenn etwas schiefgeht. Merk dir das!«

Tante Bertha kam im Laufe des Mai an, und das erste, was David bei ihrem Anblick einfiel, war, daß die hämische Beschreibung seines Vaters nicht übertrieben gewesen war. Tante Bertha war beklemmend häßlich. Sie hatte einen Wust rebellischen, spröden roten

Haars, dunkler als eine Karotte und heller als eine Geige. Und die Farbe ihrer Zähne, sofern man sie bestimmten mußte, *war* grün. Sie verwendete Salz, sagte sie – wenn sie daran dachte. Als erstes kaufte ihr Davids Mutter eine Zahnbürste.

Sie hatte keine Figur und war hinsichtlich ihrer Erscheinung nicht eitel. »Ach«, sagte sie. »Ich sehe aus wie zwei aufeinandergestellte Butterfäßchen.«

Eine einzige Falte teilte den feisten Unterarm von ihrer Patschhand. Ihre Beine landeten gelenklos in ihren Schuhen. Was sie auch trug, gleichgültig ob neu oder sauber, immer brachte sie es fertig, schludrig auszusehen. »Perlen und Brokat würden an mir stinken«, bekannte sie.

Ihre gerötete Haut schien sich unablässig von einem Sonnenbrand zu schälen. Sie schwitzte mehr als jede Frau, die David je gesehen hatte. Verglichen mit der bleichen Haut seiner Mutter, die stets einen Schimmer aufwies, den anscheinend keine Hitze zu verwischen vermochte, war das rote Gesicht seiner Tante wie ein dampfender Kessel. Als das Wetter wärmer wurde, benutzte sie nur noch die größten Herrentaschentücher und band sich zu Hause stets eine Serviette um den kurzen Hals. »Der Schweiß kitzelt mich im Genick«, erklärte sie.

Bei den seltenen Gelegenheiten, wenn seine Mutter sich ein Kleid kaufte, zog sie es mitunter vor zu stehen, statt zu sitzen und es zu zerdrücken. Seine Tante hingegen machte aus dem ihren rasch einen müden Lumpen, indem sie ihr Sonntagnachmittagsschläfchen in einem neuen Kleid hielt, um das Gefühl loszuwerden, vorsichtig damit umgehen zu müssen.

Abgesehen von ihrem völlig unterschiedlichen Aussehen beobachtete David bald, daß Mutter und Tante im Temperament durch Welten getrennt waren. Seine Mutter war ernst, aufmerksam, maßvoll in ihrer Sprache: seine Tante war fröhlich, derb und schlagfertig. Seine Mutter war unendlich geduldig und behutsam bei allem, was sie tat; seine Tante war rebellisch und fahrig.

»Schwester«, neckte sie sie, »erinnerst du dich an den Salzsee, von dem Großvater immer sprach – in Judäa oder am Jordan, wo immer er lag, auf dem's keine Stürme gab und in dem nichts unterging? So bist du. Du verwendest all dein Salz für Tränen. Eine kluge Frau verwendet aber einen Teil für die Schärfe ihres Verstandes.« Tante Bertha verwendete alles dafür.

III

An einem klaren Sonntagnachmittag im Juli machten David und seine Tante sich zur Hochbahn der Third Avenue auf den Weg. Sie wollten zum Metropolitan Museum. Schweiß rann über die Wangen der Tante, blieb am Kinn hängen, fiel manchmal herab und befleckte den Busen ihres grünen Kleides. Mit ihrem Taschentuch schlug sie tückisch nach den Schweißperlen, als wären es Mücken, und verfluchte die Hitze. Als sie die Hochbahn erreichten, war David gezwungen, ungezählte Leute nach dem richtigen Zug zu fragen, und während der Fahrt schickte sie ihn los, um den Wagenführer zu belästigen.

An der 86. Street stiegen sie aus und wanderten nach weiteren Erkundigungen westwärts zur Fifth Avenue. Je weiter sie sich von der Third Avenue entfernten, desto abweisender wurden die Häuser, desto stiller die Straßen. Der Tante laute Stimme und ihr Jiddisch, die beide fehl am Platze schienen, begannen David aus dem Konzept zu bringen.

»Hmm!« staunte sie vernehmlich. »Kein einziges Kind auf der Straße. Wie ich sehe, sind Kinder in diesem Teil Amerikas nicht in Mode.« Und nachdem sie die Augen aufgerissen hatte: »Bah! Still wie ein Wald. Wer würde schon in diesen Häusern wohnen wollen? Siehst du das Haus dort?« Sie deutete auf einen roten Backsteinbau. »Genau so ein Haus hatte Baron Kobelien mit genau den gleichen Läden. Er war ein altes Ungeheuer, der Baron, er soll verfaulen! Seine Augen waren wässerig, und seine Lippen mampften wie bei einem Wiederkäuer. Sein Rücken war so krumm wie seine Seele.« Und in der Rolle des Barons schwankte sie der Fifth Avenue entgegen.

Vor ihnen stand ein stattliches Gebäude aus weißem Stein, mitten im grünen Park.

»Das muß es sein«, sagte sie. »Jedenfalls hat man es mir im Laden so beschrieben.«

Doch bevor sie die Straße überquerten, beschloß sie, Vorsichtsmaßnahmen zu treffen, und empfahl David, sich ein bestimmtes Klinkerhaus mit Giebeldächern und Eisengittern davor einzuprägen. So einer sicheren Rückkehr gewiß, eilten sie über die Avenue und hielten wiederum am Fuß einer Flucht breiter Stufen an, die zu einem Portal hinaufführten. Eine Anzahl Menschen gingen hinein.

»Wen sollen wir fragen, um sicherzugehen, daß wir hier richtig sind?«
Unweit des Gebäudes stand ein Erdnußverkäufer mit seinem Karren und seiner Dampfpfeife. Sie gingen auf ihn zu. Er war ein dürrer, dunkelhäutiger Bursche mit schwarzem Schnurrbart und hellen Augen.
»Frag ihn!« befahl sie.
»Ist das ein Museum?«
»Das ist das Museum.« Beim Sprechen zuckte er ihr mit seinen Brauen entgegen. »Gehen Sie geradenwegs rein.« Er stieß Brust und Hüften heraus. »Und Sie werden todmüde rauskommen!«
David fühlte sich am Arm gepackt; seine Tante zerrte ihn mit sich fort.
»Leck mich am Arsch«, warf sie ihm auf Jiddisch über die Schulter zu. »Was hat dieser schwarze Wurm gesagt?«
»Er hat gesagt, daß es ein Museum ist.«
»Dann also los. Mehr als einen Fußtritt in den Hintern können wir nicht bekommen.«
Die Kühnheit seiner Tante schüchterte ihn zwar nicht wenig ein, jedoch blieb ihm nichts anderes übrig, als hinter ihr die Treppe hinaufzugehen. Vor ihnen traten gerade ein Mann und eine Frau ein. Seine Tante drückte ihn am Arm und flüsterte hastig.
»Die beiden Leute! Die wissen scheint's Bescheid. Wir wollen ihnen folgen, bis sie wieder rauskommen, sonst verirren wir uns noch in dem unheimlichen Schloß!«
Das Paar vor ihnen schritt durch eine Drehtür. David und seine Tante taten es ihm nach. Die anderen wandten sich rechter Hand und betraten einen Raum voll von grotesken Granitfiguren, die kerzengerade auf Granitthronen saßen. Sie hängten sich an ihre Fersen.
»Wir dürfen die Sachen nur mit einem Auge ansehen«, ermahnte sie ihn. »Das andere müssen wir immer auf sie gerichtet halten.«
Nach diesem Plan hielten sich seine Tante und er dicht an ihre beiden ahnungslosen Führer, wohin diese auch schlenderten. Doch dann und wann, wenn ihr eine Skulptur besonders auffiel, ließen sie ihre Führer so weit vorgehen, daß sie sie fast aus den Augen verloren. Das geschah einmal, als sie das Schauspiel einer zwei kleine Kinder säugenden steinernen Wölfin anglotzte.
»Du lieber Himmel!« Ihr Ausruf war so laut, daß der Wärter stirn-

runzelnd herüberblickte. »Kaum zu glauben – ein Hund mit Schnullerkindern! Nein! Sowas gibt's ja gar nicht!«
David mußte sie mehrmals am Kleid zupfen, um sie daran zu erinnern, daß ihre Fremdenführer verschwunden waren, bevor sie sich losreißen konnte.
Wieder, als sie vor einer riesigen, auf einem ebenso gewaltigen Pferd sitzenden Marmorgestalt ankamen, war seine Tante so überwältigt, daß sie die Zunge ehrfurchtsvoll heraushängen ließ. »So also sahen sie früher aus«, keuchte sie ehrerbietig. »Riesenhaft waren sie, Moses und Abraham und Jakob und die anderen in der Jugend der Erde. Ei!« Ihre Augen traten hervor.
»Sie gehen, Tante Bertha«, warnte er. »Rasch, sie gehen weg!«
»Wer? Oh, sie sollen platzen! Daß sie keine Sekunde stehenbleiben können! Aber komm! Wir müssen an ihnen kleben bleiben wie Schlamm am Schwein!«
Auf diese Art schienen Stunden zu vergehen. David wurde müde. Ihre Jagdbeute hatte sie an Meilen um Meilen von Rüstungen, Gobelins, Münzen, Möbeln und Mumien unter Glas vorbeigeführt, und noch immer zeigte das Paar keinerlei Spuren von Ermüdung. Die Begeisterung seiner Tante für den vorübergleitenden Prunk war seit langem verflogen, und langsam verfluchte sie ihre Führer herzlich.
»Die Pest soll euch holen!« brummte sie jedes Mal, wenn ihre Schrittmacher stehenblieben, um in einen Glaskasten zu spähen. »Habt ihr eure Augen noch nicht vollgesogen! Jetzt reicht's uns aber!« Sie schwenkte ihr durchweichtes Taschentuch. »Euer Herz soll so fürchterlich brennen, wie meine Füße brennen!«
Endlich blieb der Mann vor ihnen stehen, um einem der uniformierten Wärter etwas zu sagen. Tante Bertha machte jäh halt. »Huuurra! Er beschwert sich, daß wir ihm folgen! Gott sei gelobt! Sie sollen uns ruhig auf die Straße werfen! Mehr verlange ich nicht!«
Doch das war leider nicht der Fall; die Wärter schenkten ihnen keine Aufmerksamkeit und schienen statt dessen anderen Besuchern Auskünfte zu erteilen.
»Jetzt gehen sie«, sagte sie mit einem Seufzer der Erleichterung. »Ich bin sicher, er sagt ihnen, wo der Ausgang ist. Was für ein Narr war ich, daß ich dir nicht aufgetragen habe, ihn danach zu fragen. Aber wer hätte das wissen können! Komm, wir können genausogut hinter ihnen hinausgehen, da wir auch hinter ihnen hineingegangen sind.«

Indessen statt zu gehen, trennten sich Mann und Frau nach einer kurzen Strecke, so daß der eine in eine und der andere in eine zweite Tür ging.
»Bah!« Ihre Wut kannte keine Grenzen. »Ach, die gehen ja nur pinkeln. Ich mach' nicht mehr mit. Frag den Holzkopf in Uniform, wie man aus diesem Dschungel aus Stein und Stoff herauskommt.«
Der Wärter gab ihnen Auskunft, doch seine Anweisungen waren so verworren, daß sie sich nach einer Weile von neuem verirrten. So mußten sie einen weiteren und gleich darauf noch einen dritten Wärter fragen. Erst nach einer langen Reihe von Erkundigungen gelangten sie schließlich auf die Straße.
»Pä!« Sie spuckte beim Hinuntergehen auf die Stufen. »Der Blitz soll euch zu Staub zermalmen! Wenn ich je wieder im Leben diese Treppe heraufsteige, will ich wirklich Zwillinge zur Welt bringen!« Und sie zerrte David auf ihren Markstein zu.

Seine Mutter und sein Vater waren zu Hause, als sie eintraten. Vor Erschöpfung stöhnend, ließ die Tante sich auf einen Stuhl plumpsen.
»Du siehst aus, als wärst du in jeden Winkel der Welt gestolpert!« Seine Mutter hob ihn aufs Knie. »Wo hast du das arme Kind rumgeführt, Bertha?«
»Geführt?« stöhnte sie. »Wohin ich geführt worden bin, meinst du wohl? Wir waren an einen Teufel und an eine Teufelin gekettet, die schwarze Magie in den Beinen hatten. Die haben uns durch eine Wildnis von Menschenwerken geschleppt. Eine Wildnis, sag' ich dir! Und jetzt bin ich so müde, daß ich glaube, in meiner Brust schlägt kein Herz mehr!«
»Warum seid ihr nicht fortgegangen, als ihr genug gesehen hattet?«
Sie lachte schwach. »Das Ding ist nicht zum Fortgehen gebaut. Ach, grüner Bürzel, der ich bin, der Dreck Österreichs klebt mir noch unter den Fußnägeln, und schon stürze ich mich in Museen.« Sie steckte ihre Nase in die Achselhöhle. »Pfui, ich stinke!«
Wie immer, wenn sie sich eine derbe Redensart oder Gebärde erlaubte, zog sein Vater eine Grimasse und stampfte mit dem Fuß auf.
»Geschieht dir recht«, sagte er barsch.
»Humpf!« Höhnisch warf sie den Kopf herum.
»Jawohl!«
»Und warum?« Reizbarkeit und Erschöpfung gewannen die Oberhand in ihr.

»Eine ungehobelte Krake wie du sollte erst was lernen, bevor sie auf Amerika losgelassen wird.«

»Mein kultivierter Amerikaner!« sagte sie affektiert und zog die Winkel ihrer Unterlippe herunter, um den grimmigen Zug auf dem Gesicht ihres Schwagers nachzuäffen.

»Wie lang ist's her, seit du auf dem Ozean geschissen hast?«

»Mäuler wie deins«, er starrte sie finster warnend an, »verdienen abzufallen.«

»Genau das sage ich ja, aber sie gehören nicht mir.«

Die unheilverheißende, purpurfarbene Ader an seiner Schläfe begann zu klopfen. »Ich verbiete dir, so mit mir zu reden.« Seine Lider wurden schwer. »Spar dir deine Fischweibratsche für deinen Vater auf, den alten Vielfraß!«

»Und du, was hast du . . .«

»Bertha!« unterbrach seine Mutter mahnend, »laß gut sein!«

Tante Berthas Lippen zitterten einen Augenblick rebellisch, und sie wurde rot, als verdränge sie den übermächtigen Trieb loszupoltern.

»Komm, ihr seid ja beide ganz erschöpft«, fuhr seine Mutter sanft fort. »Warum legst du dich nicht ein Weilchen hin, während ich euch etwas zum Abendessen koche?«

»Gut«, antwortete sie und stürzte aus dem Raum.

IV

»Das ist ein Mann«, sagte Tante Bertha heftig zu ihrer Schwester, »der einen Milchwagen fährt und mit Hausierern und Fuhrleuten verkehrt, der den ganzen Morgen hinter einem Pferdeschwanz hockt, und kaum sage ich einen Ton – was! wenn ich überhaupt nichts, rein gar nichts sage! –, fängt er schon an, mit den Füßen zu stampfen oder raschelt mit seiner Zeitung, als säße ihm ein Schüttelfrost im Nacken! Hat man schon sowas gehört? Er ist prüde wie eine frischgebackene Nonne. Man darf noch nicht mal mehr furzen, wenn er in der Nähe ist!«

»Du nutzt Alberts Abwesenheit aber gut aus, oder?« fragte seine Mutter.

»Und warum nicht? Ich hab' nicht viel Gelegenheit, mich auszusprechen, wenn er in der Nähe ist. Im übrigen schadet es deinem Sohn gar nichts, wenn er erfährt, was ich von allen Vätern halte. Seinen eigenen Vater kennt er. Ein Sauertopf. Ein Stänkerer. Die Welt hat ihn auf beide Backen geschlagen, und das läßt er jeden fühlen, der mit ihm zu tun hat. Mein Vater, der gute Reb Benjamin Krollmann, war dagegen so.« Dabei schüttelte sie sich, murmelte zungenfertig, blickte verstohlen umher und zog einen imaginären Gebetschal um sich. »Sein Beten war eine Entschuldigung für seine Trägheit. Solange er betete, brauchte er nichts anderes zu tun. Soll Genja oder seine Frau sich um den Laden kümmern, er muß sich um Gott kümmern. Ein frommer Jude mit einem Bart – wer wagte es, mehr von ihm zu verlangen? Arbeiten? Gott behüte ihn davor! Er spielte in der Lotterie!«

»Warum sagst du das?« warf seine Mutter ein. »Kein Mensch darf Vater tadeln, daß er fromm war. Zugegeben, es fehlte ihm an Geschäftssinn, aber er tat, was er konnte.«

»Tat was er konnte? Brauchst ihn nicht zu verteidigen. Ich habe ihn gerade erst verlassen, und ich weiß Bescheid. Solange ich an Großvater zurückdenken kann, arbeitete er, bis der Krebs ihn niederstreckte – nachdem Großmutter tot war. Und damals war er siebzig. Aber Vater – Gott behüte ihn vor dem Krebs! – war mit vierzig ein alter Mann – ei ei!« Mit charakteristischer Plötzlichkeit ging sie zur Mimik über. »Ei! Unglücklich! Ei! Mein Rücken, meine Knochen! Der Tod rumort in mir. Autsch! Ich habe Punkte vor den Augen! Bist du's, Bertha? Ich kann nichts sehen. Au, ei! Und stöhnte durchs Haus, als verlange es ihn schon nach der Erde – Gott behüte! Und dabei kein graues Haar auf dem Kopf. Aber wenn auch nur einer von uns ihm in die Quere kam – Hoh! Ho! Dann war er flügge wie ein Fohlen! Und wie er Prügel hageln ließ! Unermüdlich! Genauso wie ein Kapellmeister seinen Taktstock schwingt.«

Seine Mutter seufzte und gab sich lachend geschlagen.

»Es war auch Mutters Fehler«, fügte Tante Bertha warnend hinzu, als erteile sie Anschauungsunterricht. »Eine Ehefrau hätte einen Mann wie den ihren antreiben müssen, nicht hätscheln, nicht bis zum Ruin päppeln. Weich und zahm war sie.« Und Tante Bertha wurde weich und zahm. »Sie ließ sich auf der Nase herumtrampeln. Neun Kinder hat sie zur Welt gebracht, außer den Zwillingen, die zwischen deiner und meiner Geburt gestorben sind. Jetzt ist sie grau. Du würdest weinen, wenn du sie sähest. Blutleer wie ein Lappen im

Wind. Du würdest sie nicht wiedererkennen. Noch immer läuft sie ihm nach. Noch immer hebt sie das Beste für ihn auf – Hühnerbrust und Gänseklein, das Mittelstück des Herings, die knusprigsten Semmeln! Weißt du noch, wie er über den Tisch langte und jedes Brötchen betastete, beknetete in seiner Vielfraßeile, um zu fühlen, wie weich es war? Und dann den frischgebackenen Kuchen vor uns verbarg? Seine Nase in jeden Topf steckte? Aber wenn man ihn sah ...« Sie brach ab und streckte ihre Hände in einer Gebärde gekränkter Unschuld aus. »Was habe ich heute gegessen? Was? Eine uralte Kruste, ein Glas Kaffee. Ich zittere vor Hunger. Bah!«

»Manchmal glaube ich, daß er nicht anders konnte. Es gab so viele Mäuler zu stopfen. Es muß ihn geängstigt haben.«

»Und wessen Fehler war es? Sicherlich nicht Mutters. Denn selbst wenn sie krank war, konnte er ...« In diesem Augenblick tat sie etwas, was sie oft beim Sprechen tat – sie beendete den Satz auf polnisch, eine Sprache, die David allmählich haßte, weil er sie nicht verstand.

»Sag, würdest du nach Österreich zurückkehren, wenn du das Geld dazu hättest?«

»Niemals!«

»Nein?«

»Geld würde ich ihnen schicken«, erklärte Tante Bertha rundweg. »Aber heimgehen – niemals! Ich bin froh, daß ich entkommen bin. Und warum sollte ich nach Hause fahren? Um zu zanken?«

»Nicht mal, um Mutter wiederzusehen?«

»Gott habe mehr Erbarmen mit ihr als mit jeder anderen. Aber was würde es ihr nützen, wenn ich sie wiedersähe? Oder mir? Es würde mich nur bekümmern. Nein! Weder ihr noch Vater noch Jetta noch Adolf noch Hermann, auch nicht Saul, dem Baby, obwohl Gott weiß, wie gut ich ihn leiden konnte. Du siehst, ich bin eine von denen, die sich nicht nach ihrer Heimat sehnen.«

»Dafür bist du noch nicht lange genug hier«, sagte seine Mutter. »Anfangs klammert man sich fester an dieses Land, als es verdient.«

»Fester als es verdient? Warum? Es ist wahr, ich schufte wie ein Gaul und stinke wie einer in meinem eigenen Schweiß. Aber hier ist doch Leben, oder nicht? Hier ist immer Betrieb. Hör doch! Die Straße! Die Wagen! Lautes Gelächter! Ha, gut! Weljisch war so still wie ein Furz in Gesellschaft. Wer konnte das aushalten? Bäume! Felder! Wieder Bäume! Wer kann mit Bäumen reden? Hier finde

ich wenigstens einen anderen Zeitvertreib, als ein Giebeldach runterzurutschen!«
»Vielleicht hast du recht.« Seine Mutter lachte über ihre Heftigkeit. »Mir scheint, daß du in diesem Land Jahre vor mir von Grün zu Gelb überwechseln wirst. Ja, hier gibt es freilich andere Arten des Zeitvertreibs als . . .« Sie brach ab und verzog das Gesicht, obwohl sie lachte. »Der Holzsplitter in deinem Fleisch! Gott, warst du hastig!«
»Es war nichts! Nichts!« Tante Bertha kicherte leichtfertig. »Das hat mein Hintern längst vergessen! Aber das sollte dir beweisen, daß ich hier besser dran bin als dort. Jedermann ist es! Die Ruhe genügte schon, um einem das Gehirn zu sprengen!«
Seine Mutter schüttelte unverbindlich den Kopf.
»Was? Nein?« Tante Bertha mißverstand ihre Gebärde. »Wie kannst du nein sagen?« Sie fing an, ihre Finger abzuzählen. »Wäre A–Adolf als Kind hierhergekommen, hätte er dann zu den Holzschlägen wegzulaufen und sich einen so schlimmen Bruch zu holen brauchen? He? U–und Jetta–a. Sie hätte einen besseren Mann gefunden als den idiotischen Schneider, mit dem sie verheiratet ist. Der findet Diamanten auf der Straße, sag' ich dir, und verliert sie, bevor er zu Hause ankommt. Er sieht Kinder in den gefrorenen Fluß fallen, und im Dorf fehlt kein einziges. Schrecklich! Schrecklich! Und Hermann und die Bauerntrine. Und der Bauer sucht ihn wie eine Axt. Sowas kriegst du in diesem Land nicht zu sehen! Sein Glück, daß er rechtzeitig nach Strij floh, und sein Glück, daß es nicht Rußland war. Das hätte sonst zu einem Pogrom führen können! Da war nichts zu machen, drum wurden sie verrückt, und weil sie verrückt waren, taten sie, was ihnen in den Kopf kam. So war ich auch, und wenn du es wissen willst, meine liebe, zugeknöpfte Schwester, so still und sanft wie du warst«, ihr Tonfall wurde listig, »machte doch so etwas wie ein Gerücht die Runde. Jemand oder etwas. Freilich nur ein Gerücht!« fügte sie hastig hinzu. »Natürlich eine Lüge!«
Seine Mutter wandte sich jäh zum Fenster, und ihre eigenen, belanglosen Worte schnitten ihrer Schwester die Rede ab: »Sieh, Bertha, das neue Automobil! Was für ein hübsches Blau – wärst du nicht gerne reich, um solch eins zu besitzen?«
Tante Bertha schnitt ein Gesicht, trat aber näher und sah hinunter. »Ja. Was für eine Kurbel es vorne hat. Wie eine Drehorgel, nicht?

Weißt du noch, als wir unser erstes Auto auf der neuen Straße nach Weljisch sahen – das schwarze?« Ein kaum merklicher Anflug von Groll kroch in ihre Stimme. »Du ewig Zugeknöpfte, wann wird endlich dein Geheimnis enthüllt werden?«
Etwas seltsam Verhaltenes im Ton und Gesichtsausdruck beider erregte Davids Neugierde. Da aber ihre Unterhaltung in dieser Richtung nicht weiterging, konnte er sich nur vage und vorübergehend wundern, was seine Mutter getan hatte, und hoffen, daß ein anderes Mal der Sinn ans Tageslicht kommen würde.

V

Die Feindseligkeiten zwischen Tante Bertha und Davids Vater erreichten rasch den Siedepunkt. David war sicher, daß bald etwas geschehen müsse, sofern Tante Bertha ihre eilfertige Zunge nicht bezähmen würde. Er staunte über ihre Unbesonnenheit.
An jenem Samstagabend war Tante Bertha mit einem großen Pappkarton nach Hause gekommen. Sie traf später als gewöhnlich ein und hatte dadurch das Abendessen fast um eine Stunde hinausgezögert. Das Fasten hatte nicht dazu beigetragen, Davids Vater in einen freundlichen Gemütszustand zu versetzen. Schon vor ihrem Kommen hatte er gebrummt, und jetzt, obwohl sie sich Gesicht und Hände so rasch wie möglich wusch, konnte er sich nicht verkneifen, ihr gereizt zuzurufen:
»Eil dich. Deinen Gestank kriegst du sowieso nicht runter!«
Als Antwort streckte Tante Bertha einfach ihren üppigen Hintern in seine Richtung. Wütend ihr Gesäß anblickend, sagte er nichts, spielte jedoch wild mit dem Tafelmesser.
Tante Bertha richtete sich bedächtig auf, und sich augenscheinlich nicht der Wut bewußt, die sie in ihm entfacht hatte, begann sie sich abzutrocknen.
»Ich nehme an, du hast eingekauft«, sagte ihre Schwester freundlich und stellte das Essen auf den Tisch.
»Das habe ich.« Sie setzte sich. »Ich mache mich langsam.«
»Was hast du gekauft?«
»Gelegenheitskäufe natürlich!« warf sein Vater geringschätzig ein.

Er schien geradezu auf diese Gelegenheit gewartet zu haben. »Der Ladenbesitzer, der sich nicht an ihr gesundstoßen kann, ohne daß sie es merkt, macht besser seine Bude dicht!«
»Wirklich?« gab sie höhnisch zurück. »Kehr lieber vor deiner eigenen Tür! Ich verbringe nicht mein Leben auf der Jagd nach rostigen Hufen. Das Grammophon, das du im Sommer gekauft hast – ha! Ha! Stumm und reglos wie am Tage vor der Schöpfung.«
»Halt die Klappe!«
»Eure Käsenudeln werden kalt«, sagte Davids Mutter. »Hört ihr!«
Eine Pause entstand, während alle aßen. Von Zeit zu Zeit warf Tante Bertha einen seligen Blick auf den auf dem Stuhl liegenden Pappkarton.
»Kleider?« fragte seine Mutter zurückhaltend.
»Was denn sonst? Die Waren des halben Landes!«
Seine Mutter lächelte über den Eifer der Tante.
»Gesegnet ist dieses goldene Land!« Sie ließ sich von der Begeisterung mitreißen. »Wo man solch herrliche Sachen zum Anziehen findet!«
»Wird dir nicht viel nützen!« sagte sein Vater und führte eine Gabel voll Nudeln zum Mund.
»Albert!« protestierte seine Frau.
Tante Bertha hörte plötzlich auf zu essen. »Wer hat mit dir gesprochen? Kehr vor deiner eigenen Tür! Zupf dich an deiner eigenen Nase! Du bist einer, dem ich nicht zu gefallen brauche.«
»Um mir zu gefallen, müßte der Herr dir eine neue Seele schenken.«
»Dir zum Trotz bleibe ich, wie ich bin!« Verächtlich warf sie den Kopf zurück. »Ich würde mich noch lieber von einem Schwein bewundern lassen.«
»Das würde ihm zweifellos Spaß machen.«
»Sag mir, liebe Bertha«, sagte ihre Schwester verzweifelt, »was hast du denn nun eingekauft?«
»Ach, ein Paket Lumpen! Was kann ich mir von meinem Verdienst schon leisten?« Dann hellte sich ihr Gesicht auf. »Ich werd' sie dir zeigen.«
Einen hastigen Blick auf ihren Mann werfend, hob Davids Mutter eine abweisende Hand, doch zu spät. Tante Bertha hatte ihr Messer ergriffen, und schon schnitt sie die Schnüre des Pakets durch.
»Essen wir oder gehen wir auf den Jahrmarkt?« fragte er.
»Vielleicht ein bißchen später . . .«, schlug seine Mutter vor.

»Keineswegs«, sagte Tante Bertha mit rachsüchtiger Fröhlichkeit. »Er soll sich mästen, solang er will. Mein Appetit kann warten.« Und sie riß die Schachtel auf.

Ein weibliches Kleidungsstück nach dem anderen herausnehmend – einen Korsettschoner, einen Unterrock, Strümpfe –, gab sie munter ihren Kommentar zu jedem Artikel und nannte den Preis. Endlich förderte sie ein Paar weite, weiße Unterhosen zutage und drehte sie bewundernd in den Händen. Ruckartig schob Davids Vater seinen Stuhl herum, um sie nicht sehen zu müssen.

»Sind sie nicht schön!« schnatterte sie weiter. »Sieh den Spitzensaum. Und dabei so billig. Nur zwanzig Cents. Ich habe in dem Laden so kleine gesehen. Es gibt also schlechtweggekommene Frauen, die überhaupt keine Hinterbacken haben!« Sie giggelte. »Wenn ich sie umgedreht von mir weghalte, sehen sie wie die Alpengipfel Österreichs aus.«

»Ja, ja«, sagte seine Mutter ängstlich.

»Ha! Ha!« Entzückt von ihrem attraktiven Einkauf redete sie weiter. »Aber was soll ich tun? Ich bin da unten eben fett. Aber ist das nicht ein Wunder? Zwanzig Cents, so daß ich hier tragen kann, was in Österreich nur eine Baronin tragen könnte. Und dabei so bequem und so hübsch geschnitten – die Knöpfe hier. Schau, wie sie fällt! Das allerneueste, hat man mir gesagt. Erinnerst du dich an die Unterhosen, die wir in Österreich trugen – unter den Strümpfen? Winters wie sommers sahen meine Beine aus wie eine Zigeunerharmonika.«

Davids Vater konnte sich nicht länger beherrschen. »Weg mit dem Zeug!« stieß er hervor.

Tante Bertha zuckte zurück. Dann verengten sich ihre Augen, und sie schürzte eigensinnig die Lippen. »Schrei mich gefälligst nicht an!«

»Weg mit dem Kram!« Er ließ die Faust auf den Tisch sausen, so daß die Teller tanzten und die gelben Nudeln ihre langen Hälse über die Tellerränder warfen.

»Bitte, Bertha!« flehte ihre Schwester. »Du weißt doch, wie ...«

»Bist du etwa auch auf seiner Seite?« unterbrach sie sie. »Ich packe sie weg, wenn's mir gefällt! Ich bin nicht seine Sklavin!«

»Willst du tun, was ich sage?«

Tante Bertha schlug sich mit einer Hand auf die Hüfte. »Wenn's mir gefällt! Es ist höchste Zeit, daß du weißt, was Frauen auf dem Hintern tragen.«

»Ich sage es dir zum allerletzten Mal, du gemeine Schlampe.« Er schob den Stuhl zurück und stand in langsam steigender Wut auf.
David begann zu weinen.
»Laß mich los!« Tante Bertha stieß ihre Schwester zurück, die sich einmischen wollte. »Ist er so fromm, daß er den Anblick von Damenunterhosen nicht ertragen kann? Pinkelt er Wasser wie andere Sterbliche oder nur das reinste Olivenöl?«
Sein Vater ging auf sie zu. »Ich bitte dich wie den Tod!« Das sagte er immer in Augenblicken höchster Erregung. Seine Stimme hatte die schreckliche, dünne Härte angenommen, die bedeutete, daß er gleich zuschlagen würde. »Wirst du das weglegen oder nicht?«
»Versuch's nur!« schrie sie und schwenkte die Unterhose wie einen Köder dicht vor seiner Nase.
Bevor sie zurückweichen konnte, hatte er mit seinem langen Arm ausgeholt und ihr mit einem wütenden Bellen die Hose entrungen. Einen Augenblick später riß er sie entzwei. »Da, du Schlampe!« röhrte er. »Da hast du deine Alpengipfel!« Und er warf sie ihr ins Gesicht.
Rasend vor Zorn stürzte Tante Bertha mit Krallenfingern auf ihn los. Der flache Schlag seiner Handfläche gegen ihre Brust warf sie torkelnd gegen die Wand. Dann machte er auf dem Absatz kehrt, riß Hut und Mantel vom Haken neben der Tür und stapfte hinaus.
Tante Bertha fiel auf einen Stuhl und heulte los, laut und hysterisch. Ihre Schwester, mit tränenfeuchten Augen, versuchte sie zu trösten.
»Wahnsinniger! Wahnsinnig ist er!« stotterte seine Tante erstickt. »Tollwütiges Tier!« Sie hob die Hosenteile vom Boden auf und wrang sie in kummervoller Verzweiflung. »Meine neuen Hosen! Was hatte er nur gegen sie? Sein Kopf soll genauso draufgehen! Oh!« Tränen strömten über ihre Wangen. Strähnen ihres roten Haars fielen über Brauen und Nase.
Davids Mutter streichelte beruhigend ihre Schultern. »Schsch, liebe Schwester! Wein doch nicht so, Kind! Es bricht dir sonst das Herz!«
Tante Bertha jammerte nur noch hemmungsloser. »Warum habe ich nur den Fuß in dieses stinkende Land gesetzt? Warum bin ich überhaupt hierher gekommen? Zehn Stunden am Tag in einem erstikkend heißen Laden – Papierblumen! Stoffblumen! Zehn lange Stunden, immer voller Angst, zu oft pinkeln zu müssen, weil der Vorarbeiter denken könnte, ich will mich drücken. Und nun, wo

ich im Schweiß meines Angesichts eine Kleinigkeit gekauft habe, die mein Herz begehrt, reißt der Schlächter sie in Fetzen. Ai!«

»Ich hab' versucht, dich zu retten, Schwester. Du mußt doch mittlerweile wissen, wie er ist. Hör zu, ich habe etwas Geld. Ich kauf' dir ein neues Paar.«

»Oh! Ich Ärmste!«

»Und auch die hier lassen sich flicken.«

»Soll sein Herz brechen, wie meines gebrochen ist, die lassen sich nicht flicken.«

»Schau her, sie sind genau am Saum gerissen.«

»Was?« Tante Berthas kummervolle Augen weiteten sich. Einen Augenblick lang starrte sie die Unterhosen an, dann sprang sie wie besessen vom Stuhl auf. »Er hat sie mir entgegengeschleudert, sie mir ins Gesicht geschmissen. Er hat mich gegen die Wand gestoßen! Hier bleibe ich keine Minute länger! Das laß ich mir keine Minute länger gefallen. Ich werde meine Siebensachen packen! Ich gehe!« Sie lief zur Tür.

Davids Mutter hastete hinterher. »Warte!« bat sie. »Wo willst du mitten in der Nacht hinrennen? Bitte, ich flehe dich an!«

»Ich geh' irgendwohin! Habe ich Europa nicht verlassen, um dem Tyrann von einem Vater zu entkommen? Und das habe ich dafür eingehandelt – einen Wahnwitzigen! Eine Straßenbahn soll ihm die Knochen zermalmen! Schlage ihn, allmächtiger Gott!« Und sie lief weinend in ihr Schlafzimmer.

Trostlos folgte ihr Davids Mutter ...

Obwohl Tante Bertha nicht am nächsten und auch nicht am übernächsten Tag auszog, wie sie gedroht hatte, wechselte sie mit Davids Vater kein Wort. Das Abendessen wurde stillschweigend verzehrt, und wenn der eine etwas von dem anderen brauchte, wurden David oder seine Mutter als Vermittler eingeschaltet. Indessen, nach mehreren Abenden dieses beklemmenden Zwangs wurden Tante Bertha die selbstauferlegten Ketten zuviel. Ganz plötzlich, eines Abends, brach sie sie.

»Bitte, reich mir die Heringsschüssel«, brummte sie – diesmal unmittelbar an ihren Schwager gewandt.

Sein Gesicht verdüsterte sich beim Sprechen, immerhin schob er ihr widerwillig die Heringsschüssel zu.

So wurde ein Waffenstillstand geschlossen, wurden Beziehungen an-

geknüpft, wenn auch keine freundschaftlichen. Fortan hielt Tante Bertha, soweit das bei ihr möglich war, Frieden.
»Er ist ein tollwütiger Hund«, sagte sie zu ihrer Schwester. »Er muß einfach beißen. Bleibt nichts übrig, als ihm aus dem Weg zu gehen.«
Und das tat sie viele Monate hindurch.

VI

»Welch mitfühlendes Herz!« sagte Tante Bertha spöttisch. »Ja wirklich! Für das Herausreißen eines Zahns verlangt er nur fünfzig Cents! Aber weißt du, was das heißt? Was mich am meisten kränkt, werden die fünfzig Cents sein. Wenn meine Zähne erst mal raus sind und ich wie meine eigene Großmutter aussehe, Gott schenke ihr Ruhe, wo sie liegt, wird er seine Preise erhöhen. Ich durchschaue diese Räuberbande, keine Angst!«
Riesige Mengen von zuckersüßen Vanille-*Bum Bunnies*, wie sie sie nannte, *Pinit bretlech* und *Turra Frurra-Eis* hatte Tante Bertha verzehrt und darauf fürchterliche Zahnschmerzen bekommen. Tante Bertha hatte behauptet, in den letzten Nächten sei ihr Mund zum Umfang einer halben Wassermelone angeschwollen. Ob er tatsächlich so groß geworden war, wußte David nicht, doch wenn er ihre grünlichen Zähne und ihren roten Mund ansah, drängte sich ihm eine gewisse Ähnlichkeit auf. Nach vielem Drängen war es ihrer Schwester endlich gelungen, sie zum Aufsuchen eines Zahnarztes zu bewegen. Morgen abend würde er ihr mehrere Zähne ziehen.
»In Weljisch«, fuhr sie fort, »heißt es *kakn* hilft bei Kopfweh. Aber hier in Amerika – hat er es nicht auch *kakn* genannt? – hilft es bei Zahnweh.«
Seines Vaters Zeitung raschelte warnend.
»Kokain?« fragte seine Mutter hastig.
»Oh, sprichst du es so aus?«
kakn, wie David einst gelernt hatte, war Jiddisch und bedeutete auf dem Klosett sitzen.
»Und noch was«, lachte seine Tante schlau. »Ich werde sechs Zähne los. Von diesen sechs heißen drei *moles*. Ist das nicht ein

Wunder? Er nimmt die *moles* weg, und damit macht er mich *mole.*« David wußte nicht, was *mole* auf Englisch bedeuten konnte. Er wußte aber, daß *mojhel* auf Jiddisch etwas mit Beschneidung zu tun hatte. Tante Bertha war weiß Gott übermütig heute abend ...
Wenn aber sein Vater wegen Tante Berthas Wortspielen, bei denen sie englisch *mole*, Maulwurf und Mondkalb, und englisch *molly*, Muttersöhnchen, mit jiddisch *mojhel*, Beschneider, oder *mojl*, Maul, durcheinandergebracht hatte, so war es Tante Bertha, die am nächsten Abend litt. Seine Mutter berichtete, was geschehen war. Sie hatte sich sehr zahm und sehr still in den Zahnarztstuhl gesetzt, hatte die Augen geschlossen, als die Nadel ihr in den Mund stach, und sich tapfer gehalten. Als aber der erste Zahn gezogen war und Dr. Goldberg sie spucken ließ, hatte sie gespuckt – doch nicht in den Spucknapf neben dem Stuhl, sondern Doktor Goldberg ins Gesicht.
»Sehr lobenswert!« schnarrte sein Vater. »Ein Vorbild für Weise!«
»So!« Tante Bertha vergaß ihre Schmerzen. »Ich hoffe, man wird dir bald alle Zähne ziehen. Dann werden wir sehen, wie tapfer und wie klug du bist! Immerhin hat es mir Genugtuung verschafft, ihn anzuspucken und nicht mich selbst und dich!« Streitsüchtig wandte sie sich an ihre Schwester. »Auch du bist so klug! Du hast gesehen, wie gelähmt ich war vor Angst! Du hast gesehen, daß meine Augen geschlossen waren, weil es in meinem Kopf so wirbelte, daß ich nicht mehr wußte, wo ich war. Er sagte, machen Sie den Mund auf, ich machte ihn auf – weit wie einen Sack! Machen Sie ihn zu, ich machte ihn zu. Spucken Sie! Geh und seh dich nach einem Spucknapf um, wenn du jede Sekunde ohnmächtig zu werden drohst! Ist ihm recht geschehen, wenn er im Weg stand.«
Die Lippen seiner Mutter zitterten vor Lachen, aber sie preßte sie beherrscht aufeinander. »Ich hab' dich nicht kränken wollen, Schwester. Ich weiß, wie sehr du bereits gelitten hast. Es tut mir leid! Doch schau! Jetzt bist du den Goldklumpen, die du so bewunderst, um drei Zähne näher.«
»Näher!?« Tastend berührte sie ihr nacktes, rotes Zahnfleisch. »Leerer, meinst du. Bist du sicher, daß er die neuen nicht in die Löcher pflanzen wird, die er gemacht hat?«
»Nein! Nein!« Seine Mutter beruhigte sie. »Er hat's dir doch gesagt, oder nicht? Sie hängen drin wie ein Gitter.«
»Brücken hat er sie genannt, nicht?« meinte Tante Bertha mit kläglicher Fröhlichkeit. »Es müßte eher *pripetschik* heißen, offener Herd,

es brennt wie Feuer in meinem Mund. Aber dann werde ich hübscher aussehen, oder?«

»Was sonst?« Die Wangen ihres Schwagers fältelten sich in einem säuerlichen Lächeln ...

Nachdem Tante Berthas Zahnfleisch geheilt war, ging sie zweimal wöchentlich zum Zahnarzt; zuerst freilich beschwerte sie sich bitter und ging nur mit allergrößtem Widerwillen hin. Im Verlauf von vierzehn Tagen jedoch wandelte sich ihre Haltung grundlegend. Nun begann sie eifrig, erwartungsvoll hinzugehen und mitunter zweimal so lang zu bleiben. Sie klagte nicht mehr und verlor sich nicht mehr in eingehenden Schilderungen der verschiedenen Arten von Schmerzen, die verschiedene zahnärztliche Instrumente verursachen konnten. All das schien mittlerweile vergessen. Eine neue Erregung hatte sich ihrer bemächtigt, eine schuldbewußte Erregung, die sie zu einem Spiegel laufen, sich eingehend betrachten und sie dann umherblicken ließ, ob jemand sie beobachtete. Nun machte sie sich mit ihrem Haar und ihrer Bluse zu schaffen, sie streckte ihren kurzen Hals, lächelte auf eine Weise, die ihre behelfsmäßigen Goldkronen sehen ließ, besprühte sich mit stark duftendem Parfum. Etwas stimmte nicht. Wenigstens zweimal in der Woche mußte David die Küche verlassen, während sie in den Waschbecken badete. Dann kam der Herbst. Nun kaufte sie Gesichtspuder, der auf ihren Wangen pappte und schuppte, kalkweiß und komisch wirkte und ihre rötlichen Augenbrauen sprenkelte. Etwas stimmte ganz und gar nicht. Mit einemmal stiegen ihre Arztbesuche von zwei- zu drei-, und kurz darauf zu viermal in der Woche an.

Diese ungewöhnliche Häufigkeit, dieser ungewöhnliche Eifer und ihr merkwürdiges allgemeines Verhalten erregten nicht nur die Neugierde Davids und seiner Mutter, sondern auch die stummen, gleichgültigen Fragen seines Vaters. Auf behutsames Antippen seiner Mutter hin hatte Tante Bertha zunächst erklärt, an ihren Zähnen sei viel Arbeit, Arbeit kniffliger und geheimnisvoller Art, diffizile Untersuchungen und Einpassungen, die sich nur fühlen, aber schwerlich darstellen ließen. Freilich gestand sie mit rätselhaftem Kichern, würde sie darauf bestehen, könne die gleiche Arbeit vermutlich ebenso leicht in zwei bis vier Sitzungen bewältigt werden; sie allerdings ziehe es vor, so oft wie möglich hinzugehen. Es war jetzt alles so angenehm, erklärte sie. Es schmerzte kaum noch, beziehungsweise so wenig, daß es nicht der Rede wert war. Man gewöhnt sich an Kummer, erklärte sie. Abgesehen davon war das Wartezimmer, in dem die Patienten sich einfanden, so gemütlich, und die Leute sprachen alle so ein fließendes Englisch, daß es angenehm und zugleich aufschlußreich sei, sich unter ihnen zu befinden. Außerdem wurde verraten, Doktor Goldbergs Frau komme häufig ins Wartezimmer und unterhalte sich mit ihnen in einem »wirklich hocheleganten Englisch«. Besonders behaglich stimmte überdies, daß, während Mrs. Goldberg in ihrem so hervorragenden Englisch parlierte, sie dabei häuslichen Pflichten nachkam, wie etwa Nudeln schneiden oder den Teig zu einem Mürbekuchen kneten. Tante Bertha wollte seiner Mutter eines Tages zeigen, wie man einen Mürbekuchen buk. Es war also alles anheimelnd und hochfein. Natürlich mußte man anständig aussehen! Im übrigen hatte Mrs. Goldberg Tante Bertha einem sehr feinen Mann, allerdings einem Russen, vorgestellt, einem Zuschneider von Kindergamaschen, bei dem die gleiche Behandlung vorgenommen wurde wie bei ihr. Nebenbei war sein Name Nathan Sternowitz, und was für ein lustiger Mann! Wie gesagt, es war alles sehr gemütlich, sehr lustig und sehr fein.

Eine Weile fiel kein Wort mehr darüber – wenigstens nicht, solange David in Hörweite war. Wenige Tage später jedoch, am Freitagabend, beschloß Tante Bertha, ihre Schwester vollends ins Vertrauen zu ziehen. An jenem Abend war die Praxis des Zahnarztes regelmäßig geschlossen, so daß Tante Bertha zu Hause blieb. Sie war wortkarg gewesen, bis Davids Vater gegen halb neun Uhr zu Bett gegangen war, und begann erst zu sprechen, als das regelmäßige Zischen seines Atems hinter der Schlafzimmertür zu hören war. Glücklicherweise durfte David neuerdings bis neun Uhr, freitags und samstags sogar länger, aufbleiben, da er an den darauffolgenden Vormittagen keine Schule hatte. So hörte er alles mit. Der Zufall wollte es, daß seine Mutter auf der Karte eines in der Schule noch nicht begonnenen Geographiebuches für ihn die krummen Grenzen eines rosaroten Österreichs nachfuhr. Auch hatte sie ihm gerade lachend bedeutet, daß Weljisch in Wirklichkeit ein zu kleiner Punkt war, als daß er im vereinten Kerzen- und Gaslicht zu sehen sei, als Tante Bertha sich räusperte und sagte:

»Schön, Genja, dein Mann schläft.«

Die unterdrückte Nervosität ihres Tonfalls ließ David und seine Mutter aufblicken. Tante Bertha runzelte behutsam die Stirn und befingerte ihre Goldkronen. Seine Mutter blickte erst sie an und dann die Schlafzimmertür.

»So ist es. Was gibt's?«

»Morgen geh' ich nicht zum Zahnarzt«, sagte sie kurz angebunden. »Ich bin schon seit Wochen nicht mehr hingegangen – jedenfalls nicht jedesmal, wenn ich ausging. Ich leiste Gesellschaft.«

»Du leistest was?« Seine Mutter runzelte die Brauen. »Was tust du?«

»Gesellschaft leisten! Es ist an der Zeit, daß du etwas von dieser Sprache lernst. Es bedeutet, daß ich einen Verehrer habe.«

»Gelobt sei Gott!« lachte seine Mutter. »Wer ist es – aber ich weiß ja! Dieser Sternowitz!«

»Ja. Ich habe es angedeutet. Aber ich will nicht, daß *er* es weiß.« Warnend nickte sie zur Tür. »Er würde sich diebisch freuen, wenn die Sache platzte. Drum hab' ich auch noch nichts gesagt.«

»Du bist zu hart mit ihm, Bertha«, lächelte ihre Schwester beschwichtigend. »Er wünscht dir gewiß nichts Böses. Wirklich nicht. Es ist eben seine Natur. Er wird ewig so bleiben.«

»Eine bittere Natur«, stimmte Tante Bertha boshaft ein. »Und ewig ist die Zeit, die man unter der Erde verbringt. Dort sollte er ...«

»Ach, Bertha! Still doch!«

»Ja, wir wollen nicht so viel reden. Er könnte uns hören. Schließlich ist er dein Mann. Aber du wirst ihm nichts erzählen, nicht wahr? Nicht, bis alles klar ist. Versprichst du mir's? Denk daran«, und sie betonte ihre Worte, »ich hab' deine Geheimnisse wohl gehütet.«

Bei ihren Worten durchlief David eine Welle der Neugierde. Geheimnisse! Seine Mutter! Aufblickend sah er, wie tiefe Röte den Hals seiner Mutter überzog und hellere Flecken auf dem Wachsschimmer ihrer flachen Wangen erschienen. Ihre Augen begegneten sich. Sie war stumm und berührte das Wasser in den Kerzenhaltern, das schließlich die Flammen löschen würde.

»Verzeih!« sagte Tante Bertha hastig. »Ich wollte wirklich nicht – ich wollte nicht so dick auftragen! Die Zunge soll mir herausfallen, wenn ich dich kränken wollte!«

Seine Mutter blickte nach der Schlafzimmertür, plötzlich lächelte sie. »Keine Sorge! Ich bin nicht gekränkt.«

»Bist du sicher?« fragte Tante Bertha zögernd.

»Natürlich!«

»Du bist aber so rot geworden, ich dachte, ich hätte dich erzürnt.

Oder ...«, ihre Stimme sank zu einem Flüstern, »oder wegen Albert?«
»Nein«, entgegnete sie ruhig. »Nichts von alledem. Der Sohn starrte mir in die Augen.«
»Oh!« Tante Bertha war erleichtert. »Ich hatte schon geglaubt, daß ...« Und sie heftete einen anklagenden Blick auf David. »Hörst du zu, du Halunke?«
»Was?« Leer wanderten seine Augen von dem aufgeschlagenen Buch zu Tante Bertha und sanken wieder auf die Seiten.
»Ach!« verwarf Tante Bertha die Einwände ihrer Schwester. »Er träumt von Weljisch, der kleine Tolpatsch.«
»Ich bin nicht so sicher.« Seine Mutter lachte. »Aber was wolltest du sagen? Der Mann ist was? Gamaschenzuschneider?«
»Ja. Zuschneider von Kindergamaschen. Er hat eine sehr gute Stellung und verdient gutes Geld. Aber ...« Sie kratzte sich heftig am Kopf und ließ den begonnenen Satz in der Luft hängen.
»Na, und wo liegt der Haken? Ist er so unansehnlich? Was?«
»Ach! Pt! Glaubst du an Liebe?«
»Ich?« Seine Mutter lächelte. »Nein.«
»Nein! Erzähl das deiner Großmutter in ihrem Grab. Du hast jeden deutschen Roman in Österreich gelesen. Aber soll ich dir was sagen?« Sie blickte ihre Schwester an, als käme ihr ein neuer Gedanke. »Ich habe dich kein Buch mehr anrühren sehen, seit ich hier bin.«
»Wer hat Zeit, auch nur die Zeitung zu lesen?«
»Die waren schlecht für dich«, fuhr Tante Bertha nach einem Augenblick der Überlegung fort. »Die machten dich wunderlich und machten deine Gedanken noch wunderlicher. Sie flößten dir merkwürdige Ansichten ein, die du nicht hättest haben dürfen.«
»Das hast du mir bereits vorgehalten. Vater desgleichen – unzählige Male.«
»Es wäre besser gewesen, wenn du auf ihn gehört hättest. Sie haben dich verdorben – verstehst du? Du warst nicht – wie soll ich sagen? – gut. Du warst schon gut, die sanfteste von uns allen. Aber du warst nicht wahrhaft jüdisch. Du warst sonderbar. Du hattest keine jüdische Natur.«
»Was ist das für eine Natur?«
»Ach!« machte Tante Bertha ungeduldig. »Siehst du? Jetzt lächelst du! Du bist zu ruhig, zu großzügig. Das ist falsch! Das ist schlecht!

Sei nicht beleidigt, aber vielleicht haben wir vergessen, was für ein trübsinniges, kalbsäugiges Geschöpf du warst. So sahst du aus ...« Tante Bertha ließ das Kinn hängen, ihre rote Zunge baumeln. »Und so ...« Ihre Augen krochen in eine Ritze unter den Lidern. »Immer der bewölkte Blick! Kein Verehrer, den man dir anbrachte, war dir gut genug. Und da waren welche, denen ich zu Füßen gesunken wäre!« Sie reckte ihren Hals höher über den Schultern, um ihren eigenen Wert zu betonen und die folgenschwere Unermeßlichkeit jener Gebärde. »Deutsche Romane! Die bewirkten das! Und dann heiratetest du Albert – ausgerechnet ihn unter allen vorhandenen Möglichkeiten!«

Seine Mutter betrachtete sie mit einem Gemisch aus Ratlosigkeit und Verzweiflung. »Wovon redest du? Von mir, von dir oder von deutschen Romanen?«

»Von gar nichts!« Tante Bertha zuckte verschnupft mit den Achseln. »Ich habe von Liebe geredet. Lupka ...«

Da kam wieder das Polnische. David fühlte Groll in sich aufwallen.

»Ja, ja, ich weiß«, sagte seine Mutter leichthin auf Jiddisch. »Red weiter.«

»Wie kann ich, wenn du dich über alles, was ich sage, lustig machst?«

»Ich? Wieso?«

»Ich weiß, daß du mal verliebt warst, aber wenn ich dich frage, ob du an die Liebe glaubst, antwortest du: Nein.«

»Na schön, ich glaube daran. Dir zuzuhören, überzeugt mich. Aber was hat das damit zu tun?«

»Siehst du? Nun glaubst du daran! Du bist genau, was Vater von dir behauptet hat! Du hattest ein sanftes Herz, aber nur der Teufel verstand dich. Ich bin deine Schwester. Du hast mir nie von dir erzählt. Dich berührt nicht mal das, was mich plagt.«

»Sch!« Seine Mutter hob einen warnenden Finger. »Was plagt dich denn? Sag mir's.«

»Sag mir zuerst, warum du Albert geheiratet hast.« Ihre Stimme sank plötzlich. »Nachdem du wußtest, was er hatte ... was für ein Mann er war ...«

»Ach! Schsch!« Ungeduldig schüttelte seine Mutter den Kopf. »Bertha, Schwester, du bist das dümmste Weib, das mir je begegnet ist. Was ist da groß zu erzählen? Ich war die älteste. Ich hatte drei jüngere Schwestern – dich, Jetta, Sadie –, die mich unter den Traubaldachin bringen wollten. Was sollte ich sonst tun?«

»Auch das kannst du deiner Großmutter erzählen«, fuhr Tante Bertha verdrießlich fort. »Vater sagte keinen Ton. Mutter äußerte sich nicht. Und doch machte ein Gerücht unter uns die Runde – eine Bemerkung. Aber wer? Warum willst du nicht ...«

»Komm! Schluß jetzt!« Mutters Stimme klang abgehackt, sonderbar streng. »Nicht hier!«

David fand gerade noch Zeit, um den Kopf auf das Geographiebuch zu ducken, bevor ihr Blick zu ihm herüberblitzte. In der nachfolgenden Pause hielt er seine Augen darauf geheftet, steif, starr, drehte das Buch bald in diese, bald in jene Richtung und heuchelte tiefste Versunkenheit. Vieles von dem Gehörten hatte er nicht ganz verstanden, alles war so vage, verwirrend, geheimnisvoll. Tante Bertha hatte einen Verehrer. Sein Name war Nathan Soundso. Er machte Gamaschen. Was war Liebe? Aber das kümmerte ihn nicht. Es kümmerte ihn nicht, ob Tante Bertha ein Dutzend Verehrer hatte. Was ihn fesselte, ihn zutiefst aufrührte, waren die beiden Fäden, die er ausgegraben hatte, die beiden Fäden, an die er sich klammerte. Sein Vater hatte etwas getan. Was? Kein Mensch sagte es. Etwa seine Mutter? Selbst Tante Bertha wußte es nicht. Was? Was nur? Er war so aufgeregt, daß er nicht aufzublicken wagte, seine Augen nicht von seinen über das Buch fahrenden Fingern zu wenden wagte. Er betete, seine Mutter möge weitersprechen, möge antworten, möge offenbaren, das preisgeben, was Tante Bertha angedeutet hatte. Aber sie tat es nicht. Zu seiner großen Enttäuschung wechselte sie plötzlich das Gesprächsthema. Als sie wieder sprach, war ihre Stimme wieder ruhig.

»Sag mir, Schwester, warum bist du so reizbar?«

Tante Bertha drehte ihre kurzen, dicken Finger umeinander, kratzte sich wild am Kopf, so daß die Haarnadeln aus ihrem roten Haarschopf hervorschossen. »Weil ich Angst habe.«

»Aber warum nur? Was in Gottes Namen hast du denn getan?«

»Nichts. Meinst du, ich sei ein Narr? Der Mann soll es wagen ...! Aber warum ist es nur so, daß seit deiner Heirat alle in unserer Familie Ehen eingehen, die ich nicht meinem schlimmsten Feind wünschen würde?«

»Ich weiß nicht.« Seine Mutter lehnte sich verzagt zurück. »Fängst du schon wieder die alte Leier an?«

»Hab' ich kein Recht, Angst zu haben?« Sie rieb die Handflächen an ihren Schenkeln, fuhr mit dem Daumen darüber, um zu sehen, ob sie trocken waren, und trocknete sie sodann an ihrem zerzausten Haar. »Wer hätte keine Angst, wenn er das Gefühl hat, wie ein Kalb zur Schlachtbank geführt zu werden?«

»Sei nicht töricht, Bertha.«

»Ein Fluch liegt auf unserer Sippe, sag' ich dir. Sie ist ein gequetschtes Saatkorn.«

»Ach!« machte sie ungeduldig. »Wer ist es? Erzähl mir von ihm.«

»Ich schäme mich.«

»Sollen wir dann nicht das Gespräch beenden?« fragte seine Mutter mit einem Anflug von Endgültigkeit.

»Nein.« Tante Bertha runzelte mürrisch die Stirn. »Selbst wenn du mir nichts von dir erzählst, will ich dir's sagen. Nathan Sternowitz ist – Witwer. Nun ist es heraus! Bist du jetzt zufrieden?«

»Schön, in Gottes Namen denn!« sagte seine Mutter erleichtert, erlöst. »Ist das alles? Hast du deshalb dich und mich so geplagt? Ein Witwer. Ich dachte schon, er habe, ich weiß nicht was – keine Arme oder Beine!«

»Gott behüte!« Und sie fügte eifrig hinzu: »Du findest es also nicht beschämend oder ein Ärgernis, wenn ich einen Witwer heirate – ich bin ja eigentlich keine alte Jungfer.«

»Unsinn!«

»Aber er ist dreizehn Jahre älter als ich. Achtunddreißig, stell dir vor. Und ai! er hat bereits zwei Kinder. Es ist ein Skandal!« stöhnte sie niedergeschlagen. »Es ist ein Skandal!«

»Es ist ein Skandal – wie dumm du bist!« Ihre Schwester lachte kurz auf. »Liebst du ihn?«

»Du lieber Himmel, nein! Und er liebt mich auch nicht, drum frag nicht danach.«

»Na und?«

»Oh, wir mögen uns gegenseitig. Wir lachen viel, wenn wir zusammen sind. Wir reden viel. Aber jeder kann jeden mögen, der gerne – ai!« rief sie verzweifelt aus. »Ich mag ihn! Aber er glaubt nicht an die Liebe! Er sagt, Liebe ist ein Zwicken hier«, sie zeigte auf ihren üppigen Busen und ihre Schenkel, »und ein Zwicken da, und damit hat sich's. Und wenn das alles ist, glaube ich selber nicht daran. Aber ich bin meiner Sache nicht sicher.«

»Es ist wirklich nicht viel mehr.« Die Oberlippe seiner Mutter kräuselte sich zu einem Lächeln. »Wenn du die Sache so ansehen willst.«

»Aber wird man über mich lachen? Die Mädchen im Laden? Oder

die Leute in Weljisch? Wenn sie erfahren, daß ich einen Witwer mit zwei Töchtern geheiratet habe? Sie sind halbwüchsig, weißt du, zehn und elf.«
»Weljisch ist zu weit weg, um dir deshalb graue Haare wachsen zu lassen, Schwester. Und selbst wenn es nur so weit weg wäre wie Brownsville, wo wir gewohnt haben, was sollte es dich kümmern? Und ausgerechnet du kümmerst dich darum, was andere Leute denken! Schande über dich! Ich dachte, du seist mutig!«
»Aber mit fünfundzwanzig eine Stiefmutter zu sein! Oder auch nur mit sechsundzwanzig! Was wird das für ein Gefühl sein? An die Stelle einer Frau zu treten, die im Grab liegt? Au!« Sie kaute am Daumen. »Und man sagt, die Männer vergessen es immer wieder und nennen dich beim Namen ihrer ersten Frau. Rachel! Dabei liegt sie im Grab! Bei dem Gedanken durchrieselt's mich!«
»Davor also hast du Angst? Du bist abergläubisch! Was Dümmeres hab' ich schon lange nicht mehr gehört!«
»Ich weiß nicht«, erwiderte sie mutlos. »Ich hasse die Ruhe, und ich hasse den Tod.«
»Dann hab keine Angst! Vermutlich wirst du keinem von beiden für eine ganze Weile begegnen. Ich sehe, du bist noch ein großes Kind. Aber hör zu. Frauen in ihren Gräbern sind kein bißchen eifersüchtig. Es sind die Toten in dir selbst, die nicht schlafen wollen. Das wäre meine geringste Sorge. Wenn du aber nicht darüber hinwegkommst, wenn dich der Gedanke so beängstigt, warum willst du ihn dann überhaupt heiraten?«
Tante Berthas sonstiger Schwung und Vorwitz waren verschwunden, und damit ihr lautes Wesen, das zu ihr gehörte, selbst wenn sie ruhig sprach. Doch wenngleich ihre Lippen herunterfielen und sie zum Boden zu sprechen schien, tonlos, stockend, blieb noch ein Rest von verbissener, barscher Herausforderung in ihrem Ton und in der Art, wie sie den Kopf zurückwarf. »Ich bin nicht hübsch, das weißt du, nicht mal mit dem neuen Puder im Gesicht oder dem bißchen Gold.« Sie hob den Kopf. »Du brauchst mich nicht aufzumuntern! Kein Mensch sieht mich an, und du weißt, daß ich aufgehört habe, in meinen neuen Kleidern zu schlafen. Geld für Heiratsvermittler – sollen sie ersticken! – habe ich nicht. Was bleibt zu tun? Da kommt nun der erste – und er ist der erste –, und er mag der letzte sein. Ich habe keine Lust, meinen Hintern in einem Laden bis auf die Knochen abzusitzen.« Sie rieb ihre schwieligen Daumen

und Zeigefinger aneinander. »Und mein Leben lang Papierblumen und Stoffblumen zu basteln.«

»Sei nicht dumm, Bertha«, warf ihre Schwester ihr vor. »Du sprichst so, als hättest du keine einzige gute Eigenschaft, als seist du völlig hoffnungslos. Komm, wenn einer dir einen Antrag gemacht hat, werden's auch noch andere tun.«

»Je länger ich warte, desto mehr muß ich sparen. Und bei meinen drei Dollar in der Woche, wenn ich überhaupt was zurücklegen kann, wird's lang dauern.«

»Keineswegs! Denk nicht so viel übers Sparen nach. Gib den Männern ruhig mal eine Chance! Du bist noch nicht lang genug hier. New York, meine liebe Bertha, wimmelt von Männern, die dich haben wollen!«

»Jawohl!« lautete ihre düstere Antwort. »Es wimmelt auch von geschickten, aalglatten Jüdinnen, die Klavier spielen können. Geh doch! Geh doch!« Gereizt schüttelte sie den Kopf. »Wie alt werde ich sein, wenn ich diese Sprache einigermaßen spreche? Dreißig! Alt und verhutzelt! Andere haben Geld, andere können tanzen, können so mit den Händen singen – tu-tu-ru! Ich kann nur lachen und essen – meine einzigen Talente! Wenn ich jetzt keinen Kerl kriege ...« Sie schwenkte die Hand, als würfe sie etwas weg. »Vielleicht gelingt mir nicht mal das!«

»Ach! So rasch wirst du doch nicht die Lust verlieren!« Und nach einer kurzen Pause: »Wie ist er?«

Mißbilligend schob sie die Lippen vor: »Ein Jude wie andere auch.«

»Ja? Und?«

»Dem Aussehen nach nichts, klein wie ich und ebenso unansehnlich, aber dafür schlank. Und hier und hier«, sie deutete auf ihren Haaransatz, »geht ihm das Haar aus. Die Überbleibsel sind braun und kraus. Zwei kleine Augen«, sie seufzte hörbar, »eine lange Nase wie eine Türangel. Er ist sauber. Er raucht nicht – er ist wie Albert!« Sie kicherte bedeutsam. »Aber eine Angewohnheit hat er, die ich ihm austreiben werde – beim Essen schneidet er sein Brot in kleine Würfel. Er zieht sein eigenes Messer aus der Tasche und säbelt los. Pah! Aber er ist nachgiebig und wird nie böse. Er ist lustig. Er spinnt endlose Garne. Du siehst: ich könnte bestimmen.«

»Ich verstehe.«

»Und ich sag' dir mehr!« Eifer spülte ihre Verdrossenheit hinweg. »Er ist nicht langweilig! Er hat Ideen, um Geld zu verdienen. Wir können vorwärtskommen! Diese Woche hat er mich gefragt, ob ich Lust hätte, einen Süßwarenladen zu besitzen, wenn wir heirateten. Er würde ihn kaufen, und ich sollte ihn führen. Weißt du, was das bedeutet? Er würde mit Gamaschenschneiden Geld verdienen. Ich würde im Laden Geld verdienen . . .«

»Und zu Hause?«

»Zum Teufel damit! Ich hasse den Haushalt! Schließlich sind seine zwei Gören alt genug, um das zu übernehmen! Ein Süßwarenladen! So wäre das Leben lustig! He! Es wäre wie ein dauernder Jahrmarkt.«

»Und die Bonbons gingen dir nie aus!« lachte seine Mutter verschmitzt. »Und die magst du doch.«

»Und wie!« Tante Bertha merkte immer noch nichts. »Ist's nicht komisch, wie sowas geht – von den Bonbons zu den Zähnen und wieder zu den Bonbons?«

»Ja. Besonders, wenn dir dabei das Glück hold ist!«

»So Gott will! Könnte ich ihn manchmal zum Abendessen mitbringen?«

»Gewiß doch!«

»Wirst du auch Albert nichts davon erzählen – zumindest nicht, bis ich dir's sage, bis ich sicher bin? Bis ich mit Gottes Hilfe meinen Verlobungsring habe?«

»Nein.«

»Ai!« Tante Bertha legte die Hände zusammen und betete: »Er möge Rachel bald vergessen, das ist mein einziger Wunsch! Und wenn er das nicht tut – «, plötzlich kniff sie giftig den Mund zusammen, »nehme ich zwei Steine und hämmere sie ihm aus dem Schädel!«

»Wenn er dich erst zur Frau hat, wird er sie rasch genug vergessen.« Seine Mutter lächelte . . .

VII

Etwa eine Woche war vergangen. Als David an jenem Nachmittag um die Ecke der Avenue D bog, sah er seine Mutter auf der anderen Straßenseite gehen. Mit einigen Paketen in der Hand eilte sie dem Haus zu. Sie so zufällig zu erspähen, war für ihn prickelnde Freude.

Es war, als erblühe das wogende Durcheinander der Straße zur schlichten Stetigkeit ihrer Gegenwart, als wären nicht Stunden, sondern Tage vergangen, seit er sie zum letzten Mal gesehen hatte. Er stürzte ihr über den Fahrdamm nach.

»Mama!«

Sie blieb stehen und lächelte zu ihm herunter. »Du hier?«

»Ja.« Er ging im Gleichschritt mit. »Wohin gehst du?«

»Heim natürlich«, antwortete sie. »Kommst du mit rauf?«

»Ja.«

»Dann trag das«, sie übergab ihm ein Paket.

Wäsche. Der reinliche Geruch und das gelbe Packpapier sagten es ihm. »Hat der Chinese dir kandierte Nüsse gegeben?«

»Ich hab' nicht daran gedacht, ihn darum zu bitten«, antwortete sie zur Entschuldigung. »Schade!«

»Mmm«, machte er traurig.

»Nächstes Mal denk' ich dran.«

»Was hast du da noch?« Er deutete auf einen kleinen, viereckigen, in Zeitungspapier gewickelten Gegenstand in ihrer Hand.

»Überraschung.«

»Für mich?« fragte er hoffnungsvoll.

»Nun . . .« Sie zögerte. »Für alle.«

»Oh!« Er beäugte es zweifelnd. Es kam ihm zu klein vor, um alle überraschen zu können.

Mittlerweile hatten sie das Haus erreicht und traten ein.

»Darf ich's sehen?«

»Ja, aber erst oben.«

Endlich, vor der Wohnungstür, wartete er ungeduldig, bis sie den richtigen Schlüssel gefunden hatte. Auf Zehenspitzen traten sie ein. Sie sprachen nachmittags nur im Flüsterton, wenn sein Vater im Schlafzimmer schlief.

Seine Mutter löste das Zeitungspapier ab – ein Bild.

»Oh!« Er war ziemlich enttäuscht.

»Bist du nicht einverstanden?« Sie lachte.

David sah es eingehender an. Das Bild stellte ein Stück Ackergrund mit grünen Stengeln dar, zu deren Füßen winzige blaue Blumen wuchsen.

»Doch, es gefällt mir«, sagte er unsicher.

»Ich hab's an einem Trödlerkarren gekauft«, sagte sie mit einem ihrer sonderbaren, unergründlichen Seufzer. »Es erinnerte mich an

Österreich und meine Heimat. Weißt du überhaupt, was du darauf siehst?«
»Blumen?« riet er und schüttelte gleichzeitig den Kopf.
»Das ist Weizen. So wächst er. Er wächst in der Erde, weißt du, der schöne Sommerweizen – er wird nicht von Trödlern mit ihren Handkarren gemacht.«
»Was sind das für blaue Blumen da unten?«
»Im Juli kommen diese kleinen Blumen heraus. Hübsch, nicht wahr? Du hast sie bestimmt schon gesehen, Felder und Felder davon, du hast es nur vergessen, du warst noch so klein.« Sie blickte zu den Wänden auf. »Und wo soll ich es hinhängen? Ich habe irgendwo einen Nagel gesehen, einen Nagel. Als ich ein kleines Mädchen war«, sagte sie unvermittelt, »brach im Nachbarhaus ein Brand aus, und mein Vetter war so aufgeregt, daß er nur heulen konnte – eine Leiter, eine Leiter, eine Leiter! Eine Axt, eine Axt, eine Axt! Leute sagen so dumme Sachen – da! Da ist einer.« Behutsam stellte sie einen Stuhl an die Wand und stieg darauf.
Nie zuvor hatte David seine Mutter so angeregt, so fröhlich gesehen. Er hätte am liebsten über sie gelacht.
Sie trat herunter und besah sich das hängende Bild. »Selbst für Weizen ein bißchen zu hoch, aber lassen wir's gelten. Immer noch besser als ein Kalender.«
»Wofür hast du es mitgebracht?«
Spielerisch drohend hob sie den Finger.
»Weißt du nicht, daß wir Gesellschaft bekommen? Berthas ›Gesellschaft-leistender-Herr‹ kommt zu uns. Hab' ich das richtig gesagt? Sie hat's mich gelehrt.« Nach einer Pause sagte sie: »Bist du begierig darauf, ihn zu sehen?«
»Aaa!« Gleichgültig zuckte er mit den Achseln.
»Ach! Was bist du für ein schlechter Neffe! Bist nicht mal gespannt darauf, den neuen Verehrer deiner Tante kennenzulernen! Wenn sie ihn heiratet, wird er dein Onkel. Dann wirst du einen amerikanischen Onkel haben. Einen gelben. Hast du jemals an so was gedacht? Natürlich nicht! Ach, du Dummerchen!«
David blickte sie stumm an und hätte gerne gewußt, warum das irgend jemanden aufregen sollte.
»Ich glaube wirklich«, fuhr sie in scheltendem, scherzendem Geflüster fort, »daß du an rein gar nichts denkst. Sag's ehrlich: Ist's nicht so? Bist du nur zwei Paar Augen und Ohren? Wenn du mir

nicht die guten Noten nach Hause brächtest, ich würde sagen, du bist ein Dummkopf, mein einziger Sohn!«

»Ich gehe jetzt runter«, antwortete er standhaft.

»Oh, du bist aber ein Dummkopf!« lachte sie bekümmert. »Bertha hat recht! Aber warte! Du mußt heute etwas früher zurück sein, Liebling. Ich muß dich waschen und kämmen und dir für unseren Besuch ein frisches Hemd anziehen.«

»Naaa!« Und schon war er an der Tür.

»Und keinen Kuß?« Sie bekam ihn an den Schultern zu fassen, küßte ihn. »Da! Würzige, spröde Lippen! Komm nicht zu spät!«

Er ging hinunter – verwundert und ein wenig verwirrt. Es machte ihm nichts aus, Dummkopf genannt zu werden. Schließlich scherzte sie nur. Hatte sie dabei nicht gelacht und ihn geküßt? Und außerdem, wenn er sich nicht für seinen künftigen Onkel interessiert hatte, so hatte sie kein Interesse für ihn selber bezeugt. Deswegen die kandierten Nüsse zu vergessen! Wo man sie doch umsonst bekam und sie wußte, wie gerne er sie aß. Er fragte sich, ob der Chinese ihm welche geben würde, wenn er hinginge und ihm sagte, daß seine Mutter gerade Wäsche abgeholt hatte – doch was? Hemden. Ja. Auch sein Vater würde sich fein machen. Vielleicht steife Kragen, obwohl das Paket sich nicht danach anfühlte. Würden Sie mir ein paar Nüsse geben, Mr. – Mr. China-Chinese! Komisch. Geh mal vorbei und schau rein. Komisch. Aber – was? Was? Er hätte gerne etwas gewußt, sagte er sich. Ja. Etwas. Doch jetzt wußte er es nicht mehr. Nicht Chinesisch. Nein. Ob Gesellschaft kam? Vielleicht, nein.

Er trat von der Vortreppe auf die Straße, wandte sich westwärts. Die chinesische Wäscherei lag in der Nähe der Ecke der Tenth Street und Avenue C. Er ging langsam, träge, vom Betrieb der Wagen und Menschen nicht mehr überwältigt, ja noch nicht einmal verwirrt. Jetzt kannte er seine Welt. Mit einer Art nachdenklicher Sicherheit unterschied er die einzelnen Bestandteile des allgegenwärtigen Lärms – die fernen Stimmen, die nahen, das Gebimmel eines Ramschkarrens, den Singsangruf des Alte-Kleider-Aufkäufers, der seine aufgerollte Zeitung wie einen Gummiknüppel schwenkte, das Schlüsselgeklimper an dem riesigen Ring auf dem Rücken des Kesselflickers. Nun war mehr Blau in der Nachmittagsluft; und die Luft, die die Häuser in einem kalten, sonnenlosen, spröden Licht festhielt, war lebendiger. Er sah auf. Beide waren fort – die beiden Käfige auf der Feuerleiter im ersten Stock. Ein Papagei und ein Kanarienvogel. Ook! Ook! schrie der erste. Iii-tii-twiit! der zweite. Ein geschmierter und ein rostiger Flaschenzug. Er hätte gerne gewußt, ob die beiden sich verstanden hatten. Vielleicht war es wie Jiddisch und Englisch oder Jiddisch und Polnisch. So wie seine Mutter und seine Tante bisweilen miteinander sprachen. Geheimnisse. Was? Das hätte er gerne gewußt. Was? Zu kalt. Jetzt. Vögel ziehen südwärts, sagte der Lehrer. Aber Tauben nicht. Spatzen nicht. Wieso? Komisch waren die Vögel. Im Park an der Avenue C. Sie fressen braun, scheißen grün. Auf den Bänken ist Grünes. Auf den Geländern. Wieso? Du nicht? Äpfel sind rot und weiß. Hühner sind weiß. Brot, Wassermelone, Bonbons, lauter verschiedene Farben. Aber – sag's nicht. Es ist böse. Aber jedermann sagt es. Trotzdem ist es böse ... Langsam trieb er dem Drugstore an der Ecke zu, warf einen Blick auf die rote und grüne Flüssigkeit in den großen Glasflaschen und wandte sich nach rechts.

Er hätte gerne etwas gewußt. Er nahm all das Flitterwerk des Geistes aufs Korn, suchte den Gedanken, der sich entzog. Hätte gerne etwas gewußt. Vögel? Nicht Vögel. Böse Worte? Nein. Davor. Wann? Tante Bertha, ihr neuer Mann? Nein. Kann's nicht finden. Komisch. Vielleicht seinen Namen? Mr. – Mr. Was. Ja. Vielleicht. Nein – aber – jetzt kam die Wäscherei, er blickte auf zu dem niederhängenden Schild, die toten schwarzen Buchstaben auf dem toten Rot. Ch-Cha-Char-ley. Charley, amerikanischer Name. Genau wie der Charley in der Schule. Aber vielleicht etwas anderes, so wie Jussie Joey ist. Jemine, vergessen. Jussie! L–i–ng. Ling. Ling–a–ling. Ist jüdisch. Kann nicht sein. Ling. Mag ich nicht. So wie's beim Fleischer hängt. Mister Ling.

Er blieb stehen, besah sich das Schaufenster, und als er nähertreten wollte, riefen ihn schrille Stimmen von hinten.

»He, Davy!«

Er drehte sich um. Es waren Izzy und Maxie; beide wohnten in seinem Block und beide gingen in seine Klasse.

»Wohin gehst du?« fragte Izzy.

»Nirgendwohin.«

»Warum hast du dann in den Chinachinesenladen geguckt?«

»Weil meine Mutter ihre Wäsche abgeholt hat, als ich aus dem Chejder kam, aber sie hat keine Nüsse gekriegt.«

»Und jetzt willst du dir welche holen?« Das begriff Izzy rasch.

»Komm, wir gehen alle rein.«
»Naaa, ich wollte nur gucken«, dachte David blitzschnell. »Vielleicht kommt meine Mutter noch hinterher, dann gehe ich mit rein.«
Einstimmig traten sie an das Fenster heran und spähten im Schutz ihrer Hände hinein. Drinnen, hinter dem grüngestrichenen hohen Ladentisch, besprengte der bezopfte, schlitzäugige Wäscher ein Stück Wäsche mit einem Blechsprüher. Er schien so vertieft in seine Arbeit, daß er sie nicht bemerkte.
»Ich wette, du könntest jetzt reingehen!« drängte Izzy. »He, Maxie, geh du rein und sag, du bist Davy, einfach so. Dann wird er denken, du bist Davy, und er gibt dir was. Und so kriegen wir unsere Nüsse. Ja? Und dann kommt Davys Mama, und wir kriegen nochmal welche.«
»Sonst noch was!« Maxie lehnte ab. »Geh du selber rein! Die haben lange Messer!«
»Wie eine Dame sieht er aus!« sagte Izzy nachdenklich. »Was für einen langen Schwanz er am Kopf hängen hat. Wir wollen mal ans Fenster klopfen. Vielleicht schaut er dann rüber.«
»Vielleicht rennt er euch auch nach«, warf Maxie ein.
Izzy drückte seine Nase an das Glas. »Ich kannte einen Chinamann«, erklärte er, »aber der hat keine Hände gehabt. Drum hat er mit dem Mund und zwei Stöckchen lauter lustiges Zeug auf die Quittungen geschrieben.« Dabei wand er sich und verrenkte sich zu Ideogrammen.
»Wie hat er dann bügeln können, du Schlauberger?« spottete Maxie fast gelangweilt. »Wie hat er denn sein Bügeleisen halten können?«
»Er hat's nicht gehalten. Jemand anderes hat es gehalten.«
»Siehst du, wo die chinesischen Nüsse sind?« Maxie spähte schräg ins Fenster. »In der Schachtel dort? Iiiii! Hamm! Hamm! Erstens sind sie leicht zu knacken. Und innen sind sie weich und gut. Hamm! Schwarzes Holz ist auch drin. Und das ist scharf und glibberig. Wenn man es lang im Mund behält, tut es weh.«
»Ich kenn' einen«, warf Izzy ein, »der hat den Teil, der sticht, mit einem Hammer aufgeschlagen. Und drinnen war ein anderer Teil, weich und gut. Und da drinnen war wieder ein kleiner schwarzer. Und den hat er aufgebrochen. Und drinnen war wieder ein kleiner weicher und guter, und da drin war wieder ein kleiner scharfer. Drum . . .«
»Drum was?« wollte Maxie streitsüchtig wissen.

»Drum hat er's verloren.«
»Pfui.«
Einen Augenblick verstummten sie, dann meinte Izzy versonnen: »Wetten, ich könnte eine Million essen!«
»Ich auch!« fiel Maxie eifrig ein. »Wann kommt deine Mutter?«
David zuckte zusammen. Er hatte nicht gedacht, daß sie es ernst nehmen würden. »Ich weiß nicht«, sagte er ausweichend und trat vom Fenster zurück.
»Du hast aber gesagt, sie kommt noch«, beharrten sie und gingen ihm nach.
»Vielleicht kommt sie nicht mehr, ich weiß nicht.«
»Wo gehst du jetzt hin?« Sie wandten sich südwärts, und er nordwärts, der Tenth zu.
»Nirgendwohin.« Er blickte ausdruckslos drein.
»So eine Flasche!« sagte Izzy heftig. »Der geht nie mit anderen.«
Und sie trennten sich.

VIII

Als er nach Hause kam, war sein Vater bereits aufgestanden. Mit nacktem Oberkörper, während der obere Teil seines dicken Unterzeugs bis über die Knie herabhing, stand er vor dem Ausguß und trocknete das glitzernde Rasiermesser mit zwei zusammengedrückten Zipfeln des Handtuchs. Im bläulichen Glühstrumpflicht wirkte sein rasiertes Gesicht steingrau und härter, aber sympathischer. Wenn er sich bewegte, bildeten die breiten Spindeln und Hügel seiner Muskeln auf Armen und Schultern mächtige Knoten. Brust- und Bauchmuskeln waren viereckig und flach. Spärliches, dunkles Haar kräuselte sich auf der weißen Haut seiner Brust. Er war kräftig, sein Vater, viel kräftiger, als er angezogen wirkte. Als David so an der Tür stand, schien es ihm, als habe er seinen Vater nie zuvor gesehen. Und er stand da fast ehrfurchtsvoll, bis ein einziger flüchtiger Blick seines Vaters ihn auffahren ließ und er zögernd auf seine Mutter zuging. Sie lächelte.
»Nun, mein zweiter Mann«, sagte sie leichthin, »komm her! An die Arbeit!«
Beim Ablegen von Mantel und Sweater umherblickend, sah er, daß

die Küche makellos sauber war. Der Herd war auf Hochglanz poliert. Das frischgewachste Linoleum leuchtete warm. Die Fenster vor dem blauen Zwielicht zeigten keine Flecken. Der bereits hergerichtete Tisch war mit seinem Lieblingstischtuch gedeckt worden, weiß, mit schmalen, große Karos bildenden, goldenen Streifen. Er knöpfte sein Hemd auf, zog es aus und streifte sein Unterzeug ab, gerade als sein Vater sich in das seine zwängte, und während er seine eigenen schlanken, spillerigen Arme sah, blickte er noch rechtzeitig auf, um das letzte Zucken langer Sehnen zu sehen, bevor der nackte Arm verdeckt war. Wie lange würde es dauern, bis jene Knoten oberhalb seiner eigenen Ellenbogen erschienen und diese zähen, gespannten Flechten auf seinen eigenen Unterarmen! Er wünschte, es käme bald, wünschte, es wäre schon soweit, in dieser Minute. Stark, wie stark sein Vater war, stärker als er jemals sein würde. Ein beklemmendes Gefühl von Neid und Verzweiflung durchlief ihn. Nie würde er diese Sehnen besitzen, diese Muskeln, die sogar unter dem dicken Unterhemd zwischen Schultern und Achselhöhle schwollen und schwanden. Nein, nie würde er so stark sein, und doch mußte er es sein, mußte er es sein. Er wußte nicht warum, aber er mußte es einmal sein!

»Schönes, warmes Wasser«, sagte seine Mutter und füllte ein Becken im Ausguß. »Jetzt, wo Feuer im Herd brennt.«

Sie zog einen Stuhl an den Ausguß. David stieg hinauf und begann sich zu waschen. Hinter ihm war es ein paar Sekunden still, dann hörte er über dem um seine Ohren spritzenden Wasser ein krachendes Geräusch, das ihn an das Legen steifgefrorener Wäsche erinnerte. Außerdem brummte sein Vater:

»Man bräuchte ein Stemmeisen, um in diese Ärmel hineinzukommen. Stärken die etwa mit Gips?«

»Anscheinend! Ich weiß wirklich nicht warum.« Sie brach ab. »Aber nur dies eine Mal! Und wenn wir ihm gefallen, nur noch ein zweites Mal!«

»Hmpff!« brummte er, während das Krachen weiterging. »Und hoffentlich bald! Wenn sie glaubt, ausgerechnet ich würde ihr Knüppel zwischen die Beine werfen, ist sie schief gewickelt. Ich würde dieses Gipshemd nicht anziehen, wenn ich nicht hoffte, sie loszuwerden. Das kannst du ihr von mir bestellen, wenn sie deshalb so geheimnisvoll tut.«

»Es war nicht deshalb, Albert. Sie hatte keine Angst, du würdest dich einmischen. Aber schließlich, so etwas passiert – nicht allzu häufig im Leben einer Frau, und sie war ihrer Sache noch nicht mal sicher. Überdies war sie ziemlich verängstigt – ein Witwer, eine Frau im Grab – ein wenig beschämt, verstehst du.«

»Pppp! Ich würde noch sagen, sie hätte Dusel, seine sechste Frau zu werden! Und was ihn betrifft, so weiß es ein Russe nicht besser und verdient's auch nicht besser. Aber all diese geheimen Kniffe – Zahnarzt viermal in der Woche, Goldzähne, Puder, Spiegel! Das Getue! Gott allein weiß, was sie sich da zusammenbraute!«

»Das war gar nicht so geheim, Albert!« Während sie sprach, deutete sie auf David, der sich mit triefendem Gesicht nach dem Handtuch neben dem frischen, weißen Hemd auf dem Waschtisch umgedreht hatte. »Liebe, Heirat, nenn's, wie du's willst, macht einen so – nämlich unsicher, vorsichtig. Man möchte besser erscheinen, als man ist.«

»So ging's dir vermutlich.«

»Ja.« Sie schien zu zögern. »Natürlich.«

»Bah!«

»Natürlich!« wiederholte sie, dann lachte sie. »Du kennst das alte Lied: So oder so bezirzt man den Bräutigam.«

»Bezirzt!« Die mageren grauen Züge wurden schärfer. »Bezirzt!« Und dann, abwesend beiseite blickend: »Viel zu bezirzen – ein Russe und obendrein ein Witwer.«

»Aber Albert!« lächelte sie schlau. »Ein russischer Jude ist auch ein Mann.«

»Zugegeben.«

»Und sie wird ihm eine gute Frau sein. Bertha ist gerissen, und was mehr zählt: sie ist nicht schüchtern. Für Kleider hat sie nichts übrig. Und wenn sie erst einen Süßwarenladen hat, wofür soll sie dann noch Geld ausgeben? Nach dem, was sie mir erzählt hat, ist sie genau die Frau, die dieser Nathan sucht.«

»Wenn sie je einen eigenen Süßwarenladen hat und ihn so führt, wie sie ihr Zimmer sauberhält, dann möge Gott ihren Kunden gnädig sein. Wenn sie hier ihre Haarnadeln wie ein Stoppelfeld auf dem Boden herumliegen läßt, kann man nur drauf treten, dort werden die Leute sie aufessen, glaub mir. Sie werden in jeder Bonbonschale herumfliegen. Und ihren roten Fuchsschwanz, den werden sie im Eis wiederfinden. Hat sie jemals etwas dort hingelegt, wo es hingehört? Tut sie jemals etwas sorgfältig? Und die Mahlzeiten, die sie ihm vorsetzen wird, Herr des Himmels! Mit ihrer Fahrigkeit und blinden Hast wird sein Magen im gleichen Zustand sein wie meiner in den Jahren, bevor du kamst.«

»Oh, das wird sie alles lernen, Albert! Sie wird lernen! Sie wird es müssen! Ich konnte auch nicht kochen, bevor ich heiratete! Schließlich hatten wir Dienstboten, als ich ein junges Mädchen war – die machten all die Hausarbeit, Saubermachen, Kochen.«

»Bah!« unterbrach er sie verächtlich. »Glaub' ich nicht. Sie wird nie etwas lernen! Und was versteht sie schon von Kindern? Nichts! Was für ein Leben werden die ihr machen! Und sie ihnen. Gleich am Hochzeitstag zwei halberwachsene Gören auf dem Hals! Die ihr völlig fremd sind. Ha! Was für ein Blödsinn! Ein Schicksal, das man nur seinem Feind wünscht! Na ja!« Ungeduldig zuckte er mit den Achseln. »Ich verlange nichts anderes, als daß das rasch vorübergeht!«

David, der inzwischen sein reines Hemd und seine Krawatte angelegt hatte, versuchte, die Augen seiner Mutter zu erhaschen. Sie öffnete sie vergnügt und weit.

»Schau, wie dein Sohn glänzt!«

Gleichgültig blieben seines Vaters Augen eine Sekunde auf ihm haften und wandten sich ab. »Warum kämmt er sich nicht?«

»Tue ich gleich!« Rasch ging sie zum Ausguß, befeuchtete den Kamm und strich damit liebkosend durch sein Haar. »Es war brauner, als du noch klein warst, mein Sohn. Mein hübscher Sohn!«

Sein Vater griff nach dem grauen Milchlieferbuch, das auf dem Eisschrank lag, schlug es gleichgültig auf, ließ die Seiten unter seinen Fingern rascheln (David dachte daran, wie sie einst mit Druckerschwärze befleckt gewesen waren) und brummte:

»Das gehört in meinen Mantel.« Dann verstummte er.

Etwa eine halbe Stunde später trafen Bertha und der neue Gast ein. Anwesend sein zu müssen, wenn ein Fremder seinem Vater vorgestellt wurde, war stets eine Qual für David, und diesmal kam es ihm lähmender vor als je. Tante Bertha war durchgedreht und hochrot vor Beklommenheit, wodurch ihre Redeweise und ihre Bewegungen noch hektischer wurden, so daß ihr forscher, flüchtiger Wirbelwind von Wörtern und Bewegungen seinen Vater so steif und störrisch machten, als sei er in Stein gemeißelt. Als die beiden Männer einander die Hand schüttelten, brummte sein Vater lediglich als Antwort auf die Begrüßung und blickte stur über die Schulter des anderen hinweg, ohne ihm in die Augen zu blicken. Unruhig warf Mr. Sternowitz einen kurzen, verstörten Blick auf Tante Bertha, die ihren Schwager zuerst mit einem haßerfüllten Stirnrunzeln durchbohrte und dann mit einem beschwichtigenden Ich-hab'-dir's-ja-gesagt-Lächeln antwortete. Als der peinliche Augenblick vorüber war, setzte man sich auf Vorschlag von Davids Mutter und entspannte sich behutsam.

Während die Unterhaltung, an der Davids Vater nicht teilnahm, in kurzen, nervösen Anläufen durchs Zimmer kreiste und hauptsächlich von Zahnärzten und Geschwüren, vom Unterschied zwischen Tante Berthas *ebses* und Mr. Sternowitz' *alser* handelte, musterte David den Neuling. Er war, wie Tante Bertha gesagt hatte, ein kleiner Mann, langnasig, blauäugig und bläßlich. Ein bleicher, schmaler Schnurrbart, dessen Spitzen er dauernd herabzuziehen und auf die er zu beißen versuchte, säumten den Rand seiner schmalen Lippen. Seine Ohren waren übergroß, sahen weich aus und flaumig, fast wie roter Plüsch. Wenn er sprach, schimmerten in seinem kleinen Mund Goldzähne, und seine bleiche Stirn, die sich leicht in lange Falten legte, kroch in raschen Linien zu bräunlich-krausem Haar hinauf. Oberhalb seines Schnurrbarts erschien sein Gesicht gutmütig, sanft und doch schlau; darunter, trotz des kleinen Mundes und fliehenden Kinns, machte er den Eindruck von mürrischer Hartnäckigkeit. Im allgemeinen wirkte er ziemlich unbedeutend und sogar etwas lächerlich. Als David ihn so eingehend betrachtete, fühlte er zunehmende Enttäuschung, doch weniger um seinet- als um der Tante willen.

Nachdem er den Zahnarzt gepriesen hatte – er und Tante Bertha waren an dem Abend dagewesen, als eine alte Frau in die Sprechstunde gekommen war, um ihr neues Gebiß anzuprobieren, und nachdem sie eine Birne und ein dichtbestreutes Mohnbrötchen verspeist hatte, war sie befriedigt fortgegangen –, schwenkte Mr. Sternowitz zum Gamaschengeschäft über und prophezeite, daß es vom Erdboden verschwinden werde. Neuerdings trügen Kinder weit weniger Gamaschen als früher. Und gerade wegen der Unsicherheit seines künftigen Verdienstes, so teilte er zögernd mit, hielt er es für angebracht, daß eine Ehefrau ein unabhängiges Einkommen habe – worin ihm Tante Bertha nachdrücklich beistimmte. Zunächst unsicher, doch von Tante Bertha und Davids Mutter unablässig angespornt und ermuntert, verlor Mr. Sternowitz allmählich einen Teil seiner Beklommenheit wegen der kühlen Wortkargheit seines Gast-

gebers und begann freier zu sprechen. Doch immer, wenn seine Augen denen von Davids Vater begegneten, nahm sein Gesicht den Ausdruck zustimmungsheischender Demut an. David empfand Sympathie für ihn. Er erriet, daß Mr. Sternowitz, wie er selber, die Notwendigkeit fühlte, sich fortgesetzt vor dem unbarmherzigen, unverwandt prüfenden Blick jener grauen Augen, jenes grauen, gespannten Gesichts zu erniedrigen. Jedermann, mit Ausnahme von Tante Bertha, mußte sich seinem Vater beugen, und je mehr Mr. Sternowitz' Bescheidenheit und Selbstverleugnung zunahmen, desto bekümmerter und herausfordernder wurde sie.
Davids Mutter hatte bereits mit dem Auftragen des Abendessens begonnen, als Mr. Sternowitz, der zur Einleitung nach seinen Bartspitzen geschnappt hatte, sagte: »Mein Vater war Diener!«
Bislang hatte Tante Bertha ihrer Ungeduld nur dadurch Ausdruck verliehen, daß sie die Zunge gegen den Gaumen schnalzen ließ. Doch da sie sich mittlerweile zu anstrengenderen Maßnahmen entschlossen zu haben schien, fragte sie in herausforderndem Tonfall: »Und bei Regenwetter trug er zwei Kinder auf seinem Rücken zum Chejder. Das tat er doch, Nathan, oder?«
»Ja.« Mr. Sternowitz hob die gekränkten Augen von seinem Teller. »Das tat er. Ich glaube, ich habe es dir erzählt.«
»Nun, hast du es wirklich nötig, es vor jedem bei der ersten Begegnung auszupacken? Kannst du's nicht bei dir behalten? Brennt es dir auf der Zunge? Warum erzählst du uns nicht vom Vetter deiner Mutter, der Arzt war? Das ist doch was zum Prahlen!«
Oberhalb seines Schnurrbarts sah Mr. Sternowitz vernichtet aus. »Ich hab' nicht dran gedacht«, sagte er entschuldigend. Doch darunter arbeitete sich sein kleines Kinn vorwärts, wie vorwärtsgestoßen von einem verspäteten Antrieb. Dann blickte er Davids Vater vertraulich an. »Aber er war Hausdiener!« beharrte er.
»Jawohl! Sag ihnen alles!« Grollend warf Tante Bertha den Kopf zurück. »Und deine Mutter war blind, als sie dich trug, und halbblind während deiner Kindheit. Und sie ernährte dich mit Essig statt mit Zuckerwasser. Drum bist du auch so anziehend!«
»Man muß doch über etwas sprechen«, beharrte er. »Besonders wenn alle anderen still sind.«
»Ach! Es gibt so viel anderes zu bereden!« gab Tante Bertha gereizt zurück. »Vermutlich erwartest du bei meinem ersten Besuch deiner Angehörigen, daß ich ihnen im ersten Atemzug erzähle, der einzige

Verehrer, den ich je gehabt hätte ...«, dabei begann sie wild Grimassen zu schneiden und zu gestikulieren, »sei ein Mann gewesen, der s–s–stotterte. Und als der Heiratsvermittler zu ihm sagte: Sprechen Sie! Ochse!, fällt ihm nichts anderes ein als zu sagen: M–m–mochte Ih–ihre G–g–großm–m–mutter g–gerne K–k–k–käse? Bah! Ich werde nichts dergleichen tun!« schloß sie atemlos.
»Hab ein Einsehen, Bertha«, sagte ihre Schwester. »Was spielt es für eine Rolle, ob er es früher oder später erzählt? Wir werden uns doch nach und nach kennenlernen.«
»Vielleicht!« war ihre bedeutsame Entgegnung.
Niedergeschlagen spähte Mr. Sternowitz verstohlen von seinem Teller auf, erst zu Davids noch immer verschlossenem, abweisendem Vater, dann zu der streitsüchtigen Tante Bertha. Zuletzt zwinkerte er befangen, versuchte zu lachen, doch erfolglos und unsicher: »Was hast du gesagt? Ich meine ... zu ... dem Verehrer?«
»Ich hab' gesagt: Sie müssen meine Großmutter fragen.« Schroff preßte sie die Lippen zusammen. »Sie ist tot.«
»Ai!« Mr. Sternowitz knabberte an seinem Schnurrbart und blickte halb kläglich, halb fröhlich umher. »Sie wird mir das Leben zur Hölle machen, nein? Und selbst daß ich ein Vater von Kindern bin, wird mir nicht helfen. Meine erste Frau war älter als ich. Sie hatte aber keine Zunge und gab nach. Möglicherweise werde ich diesmal eine jüngere bekommen und ...«
»Aber zu einer dritten wird es nicht kommen!« grinste Tante Tante Bertha boshaft.
»Nein«, stimmte er gehorsam zu. Und dann, wie um sich selbst zu beruhigen: »Wir sind ja noch nicht verheiratet, oder?«
»Puuh!«
»Was war mit Ihrer Mutter los?« fragte Davids Mutter nach einer Pause.
Mr. Sternowitz, eine Scheibe Brot in der einen Hand, hatte langsam und ziellos begonnen, mit der anderen in seiner Westentasche zu kramen. »Kein Mensch wußte es. Die Ärzte ...«, er zuckte mit den Achseln und zog ein perlmuttverziertes Taschenmesser hervor, »die wußten es auch nicht.« Seine Augen begegneten Tante Bertha. Ihr strenger Blick wanderte von seinem Gesicht zum Messer. Mit merkwürdig entrückter Gebärde bog sich sein Hals steif vorwärts, und auch er starrte das Messer an und drehte es pausenlos in den Händen, als habe er es nie zuvor gesehen. »Ahh, sie wußten es nicht!«

Dann seufzte er: »Ich Ärmster! Ein schreckliches Leben!« Er ließ das Messer in seine Tasche fallen und nahm einen so großen Bissen, daß seine Worte in feuchtem Geschmatze untergingen.

Plötzlich lächelte Tante Bertha liebevoll, wohlwollend. »Schluck's runter, Nathan, mein Augenstern, dann kannst du erzählen, was geschah – oder soll ich's tun?«

Mit geschwollenen Schläfen kaute Mr. Sternowitz rascher und schüttelte schnell den Kopf. Er wollte sprechen.

»Es war so.« Tante Bertha übersah ihn. »Sonst macht er ein Garn daraus, so lang wie eine Ameise braucht, um einen Berg zu erklimmen. Seine Mutter wurde blind, und als die Ärzte sie nicht heilen konnten, nahm sein Vater sie zu einem Rabbi mit, und der kurierte sie. Nicht wahr, Nathan?«

»Ja.« Mr. Sternowitz schluckte verdrießlich.

»Wer war der Rabbi, zu dem man sie führte?« wollte Davids Mutter wissen.

Mr. Sternowitz wurde fröhlicher. »Keiner von den höflichen, guterzogenen Rabbis, i wo! Ist es richtig«, wandte er sich zustimmungsheischend an Davids Vater, »daß ein Rabbi seinen Töchtern erlaubt, russische Offiziere zu empfangen? Oder daß er ein Stutzer sein darf, keine weißen Socken und hohe Stiefel mehr zu tragen braucht und Bart und Schläfenlocken trimmen kann? Ha! Nein!« Er schien den unbeweglichen Blick des anderen Mannes zu deuten. »Das wenigstens ist meine Überzeugung. Je eleganter sie werden, desto weniger besitzen sie von Gottes Macht. Reb Leibisch, dieser Rabbi, war so fromm, daß er seine Frau die gesamten Tageseinkünfte für wohltätige Zwecke ausgeben ließ. Er bewahrte kein Geld über Nacht auf – nicht eine Kopeke. Nicht ein Mann wie Reb Leibisch! Er haßte die Freuden des Lebens. Er nahm nie eine Donnerstagseinladung für den Sabbat an. Er fastete zweimal in der Woche. Das nenne ich mir einen Rabbi! Und als mein Vater sie zu ihm brachte, sagte er nicht: Geht heim, ich werde für eine Arznei zu Gott beten. Nein. Gott stand ihm zur Seite. Er sagte zu meinem Vater: Laß sie gehen! Nimm deine Hände von ihr fort! Dann sagte er: Komm her, meine Tochter! Und sie sagte: Wohin? Ich kann ja nicht sehen! Und er rief aus: Sieh mich an! Mach die Augen auf! Der Allmächtige gibt dir Licht! Und sie machte die Augen auf und sah! Das ist ein Rabbi!«

»Wie gut sie gesehen haben muß.« Tante Bertha schlug sich kräftig auf den Mund. Zum Zeichen der Sühne für ihr Spötteln. »Wenn sie dir Essig gab statt Zuckerwasser.«

»Nicht sofort«, warf Mr. Sternowitz ein. »Aber nach und nach sah sie. Als ich Pskow verließ, konnte sie ziemlich gut sehen, sie schielte zwar und – schau!« lachte er und deutete auf David. »Schau, wie er mich anstarrt. Ist das nicht wunderbar?«

Äußerst beklommen zog David den Kopf ein. Es traf zu. Unwillkürlich hatte Mr. Sternowitz' kurze Erzählung ihn tief beeindruckt. Er hatte ihn angestarrt in der Hoffnung, er würde fortfahren. Doch nun schämte er sich und fühlte aller Augen, zumal die seines Vaters, auf sich gerichtet. Starr blickte er auf seinen Teller.

»Willst du mich etwas fragen?« fragte Mr. Sternowitz nachsichtig.

»Nein.«

»Süßer Golem mit den großen Augen!« neckte seine Tante. »Du wirst ihm doch sicherlich ein Paar Gamaschen besorgen, Nathan. Bald ist Winter.«

»Ganz bestimmt! Ich werde ein Paar stehlen und sie zu Hause fertig machen. Wir müssen nur sein Maß haben. So ein stilles, stilles Kind!« nickte er beifällig. »Genau wie« – eine Sekunde glitt sein Blick zu Davids Vater herüber und kehrte dann hastig zu Tante Bertha zurück. »Wie meine Töchter«, sagte er scherzend. »Nicht wahr, Bertha?«

»Haargenau«, lautete ihre spöttische Antwort. »Aber sie werden auf mich hören, vergiß das nicht!«

»Was denn sonst!« grinste er. »Genauso wie sie auf mich hören! Wie alt ist er, hast du gesagt?«

»Dieser da?« Seine Mutter tätschelte seinen Kopf. »Sieben und ein paar Monate.«

»Gut gewachsen. Daß der böse Blick ihn verschone!« Er legte die Gabel weg und klopfte auf den Tisch. »Meine sind zehn und elf, und sie sind kaum größer. Vielleicht verheiraten wir ihn noch mit einer von meinen.«

»Wo wir vom Heiraten reden ...« Tante Bertha legte plötzlich einen warnenden Finger auf ihre Lippen. »Kein Wort zu der Dentistka, hörst du, Nathan? Sonst wird sie noch eine Heiratsvermittlerkommission einstreichen wollen. Einen Hundedreck wird sie von mir kriegen!«

»Seid ihr schon so weit?« Ihre Schwester lachte. »Möge Freude euch begleiten.«

»Ich?« Mr. Sternowitz streckte seine Handflächen aus. »Ich bin noch nicht so weit. Dafür aber sie – und zwar ist sie weit voraus!«

»Tatsächlich?« Tante Bertha tat beleidigt. »Hast du mir nicht erst gestern abend gesagt, daß du bereits nach einem Süßwarenladen Ausschau hältst – in einer guten Lage, vielleicht an einer Ecke, zu einem annehmbaren Preis, und zwar für mich! Hast du's gesagt, oder nicht? Wenn du meinst, ich hetze dich zu eilig zum Traubaldachin, dann laß bloß Rachels Verlobungsring nicht neu fassen. Puu, ich kann warten!« Ihre wegwerfende Handbewegung schob Mr. Sternowitz beiseite. »Er ist wie alle Männer. Erst überlegt er, wie er einen brauchen kann, dann erst, wann er einen heiraten wird. Bei mir geht das eine nicht ohne das andere.«

»Warte! Warte!« bremste Mr. Sternowitz. »Was habe ich nur gesagt, daß du gleich so hochgehst! Ich habe nur gesagt, daß wir noch nicht die Hochzeit vorbereiten. Ich wollte damit sagen, daß wir noch nicht einmal verlobt sind, mehr nicht. Ich dachte, daß, wenn ich dir einen Ring schenke ...«

»Wenn du mir den Ring schenkst!« Tante Bertha wackelte spöttisch mit dem Kopf.

»Wenn ich dir also den Ring schenke! Wenn ich dir den Ring schenke, wird's besser sein, du ziehst ihn ab, bevor du zum Zahnarzt gehst, verstehst du? Dann gibt's keinen Ärger, kein Mensch wird tuscheln, und wir sparen fünfzig Dollar.«

»Nun sprichst du wie ein Weiser!« sagte Tante Bertha zustimmend. »Warum hast du das nicht gleich gesagt?«

»Laß mich mal einen Augenblick verschnaufen!« sagte Mr. Sternowitz unbehaglich.

»Haben Sie einen passenden Laden gefunden?« fragte Davids Mutter. »Ich meine, haben Sie einen in Aussicht?«

»Noch nicht«, entgegnete Mr. Sternowitz. »Ich habe mich noch nicht ernstlich umgeschaut – natürlich nicht. Aber jetzt will ich's tun. Ich kenne mich da ein wenig aus. Mein Vetter besaß einen, und bei ihm habe ich ganze Nächte verbracht. Die Sache hat allerdings einen Haken. Die meisten Süßwarenläden haben nur zwei Hinterzimmer. Genug für zwei Leute. Aber wir haben – ich meine, ich habe zwei Kinder. Vorläufig wohnen sie bei meiner Schwester. Wenn ich sie also zu mir nehme, brauchen wir wenigstens drei Zimmer.«

»Das wird ein hartes Leben.« Davids Mutter schüttelte den Kopf. »So hinter dem Laden zu wohnen. All der Betrieb und Lärm! Wär's

nicht ratsamer, irgendwo anders Zimmer zu mieten? Vielleicht im gleichen Haus?«
»Wenn wir woanders wohnen«, sagte Mr. Sternowitz, »verpufft der halbe Profit. Warum Geld für Miete rauswerfen, wenn man etwas umsonst bekommen kann? Wir brauchen nur ein Plätzchen zum Schlafen, mehr nicht, und eines für Frühstück und Abendessen.«
»Mir ist's gleich, wo wir wohnen«, sagte Tante Bertha, »solange wir Geld verdienen. Geld, verfluchtes Geld! Was macht's, wenn's ein bißchen ungemütlich ist. Ich habe mich nie gegen Kochfleisch gewehrt, nur weil es mir zwischen den Zähnen stecken blieb. Nun ist's Zeit, Geld zu sparen. Später, wenn wir den Laden verkauft und Geld gemacht haben, sehen wir weiter.«
»Das denke ich auch.« Mr. Sternowitz rieb sich die Hände.
»Schön, dann lauf rasch zum Juwelier!« Träumerisch schaukelte sie vor und zurück. »Wir werden uns eine Zeitlang krummlegen, wir pinkeln im Dunkeln. Aber dann werden wir ein Heim haben. Und wenn wir erst ein Heim haben, wollen wir ein anständiges Heim. Massive Möbel mit roten Füßen, so wie man sie in den Schaufenstern sieht. Alles mit Glasplatten belegt. Hübsche Kandelaber! Ein Phonograph! Wir werden uns hocharbeiten! Dampfheizung wie die großen Herren! Welche Seligkeit, morgens aufzuwachen, ohne bis auf die Knochen durchgefroren zu sein! Ein weißer Ausguß! Eine Toilette innerhalb der Wohnung! Eine Badewanne! Eine richtige Badewanne für mein leidendes Fell im Juli! Eine Badewanne! Und nicht ein Radieschenhobel wie die dort!« Sie deutete auf die Waschbecken. »Jedesmal, wenn ich ein Bad nehme, drückt's mir ein Sträußchen Kirschen in den Hintern!«
Mit schweren Lidern, mit zuckenden Nasenflügeln runzelte Davids Vater die Stirn. Davids Zehen krochen auf dem kleinen Raum seiner Schuhsohlen vor und zurück.
»Hörst du, Nathan?« Wie üblich, schien Tante Bertha nie zu merken, wenn der Zorn seines Vaters zu zünden begann. Und wie früher schiffte sie auch jetzt unbekümmert, mit vollen Segeln, einem Meer überspannter Vorstellungen entgegen. Und sang fast dabei. »Wir werden eine weiße Badewanne haben! Heißes Wasser! Eine weiße Badewanne! Es muß das glatteste Material im Land sein! Das rutschigste im Land! Rutschig wie Rotz soll es sein . . .«
»Genauso wie du's in deinem Elternhaus gewöhnt warst«, brach Davids Vater sein langbewahrtes Schweigen.

»Genauso!« erwiderte Bertha mit dem Groll eines aus dem Schlaf Aufgeschreckten. »Selbst wenn sie wie ein Sarg aussah, war sie aus Zink und glatter als der Gehsteig dort! Als ich in dies goldene Land kam, dachte ich, ich bräuchte nicht in einer aufgerauhten Steinkiste zu baden, die einem den ...«

»Ja, ich weiß, ich weiß!« unterbrach er sie barsch. »Du bist sehr zart gebaut!«

»Aber ich werde mir eine bessere besorgen!« fügte sie rachsüchtig hinzu. »Ich werde mich nicht mit einer Wohnung begnügen, die nur kaltes Wasser hat. Ich werde nicht in einem Dachstock hausen, der gedacht ist für Gojim und arme Leute! Das ist das Land, wo ein Jude sein Glück machen kann, wenn er's in sich hat – und nicht ein Leben lang lammfromm hinter einem Pferdeschwanz zu hocken braucht.«

»Bertha!« rief ihre Schwester. »Bertha! Bist du von Sinnen! Soll der Abend unbedingt böse enden?«

Dank einer außergewöhnlichen Willensanstrengung blieb Davids Vater beherrscht. Er sprach durch die Zähne: »Je schneller du auf dem Weg zu deinem Glück bist, desto lieber ist's mir. Und glaube bloß nicht«, fügte er mit einer bissigen Anspielung hinzu, »daß, wenn ich nicht zu deiner Hochzeit komme, ich etwa nicht tanzen werde.«

Mr. Sternowitz blickte mit zaghaften, halb erschrockenen Augen von einem zum anderen. »Ei, Bertha!« Er suchte unbeschwert zu klingen. »Du bist aber gräßlich! Sich wegen einer – einer Badewanne so zu ereifern! Komm, was ist schon eine Badewanne!«

»Eine Badewanne ist eine Badewanne!« schmollte sie mürrisch. »Was für einen hellen Verehrer habe ich doch!«

Mr. Sternowitz rückte auf seinem Stuhl hin und her, blinzelte, wagte nicht, einen der Tischgäste anzusehen. Die vor wenigen Augenblicken mühsam gewonnene Entspannung war zerstört, und jedermann war von neuem auf der Hut. Und da das Abendessen fast vorüber war, durfte keiner hoffen, die Spannung werde sich lösen, da nun jede Ablenkungsmöglichkeit fehlte. Davids Mutter warf ein paar unbestimmte Bemerkungen hin. Niemand ging darauf ein. In dem peinlichen Stillschweigen murmelte Tante Bertha, die nahe an den Tränen schien, mit angehaltenem Atem vor sich hin: »... mißgönnt mir alles ... seine Gehässigkeit, seine säuerliche Verstocktheit ... möge Gott sein Schicksal schwärzen.« David blickte ängstlich in die Runde und wagte sich kaum auszumalen, was eintreten könnte. Endlich stieß Mr. Sternowitz nach wiederholtem, einleitendem Räuspern das Kinn heraus und lächelte mit gezwungener, unsicherer Herzlichkeit.

»Weißt du was, Bertha«, meinte er, »laß uns einen kleinen Spaziergang machen. Nach einem so feinen Abendessen paßt nichts besser, oder? Wir können auch unterwegs in ein oder zwei Läden hineinschauen.«

»Alles!« antwortete sie herausfordernd. »Solange wir hier herauskommen!«

Beide standen ziemlich übereilt auf, und Tante Bertha lief mit zurückgeworfenem Kopf ins Vorderzimmer, um ihre Mäntel zu holen, und überließ Mr. Sternowitz seinem Schicksal in der Küche. Wie in einer Falle äugte er umher, brummte etwas über das Essen und hielt furchtsam die Vorderzimmertür im Auge. Nach wenigen Sekunden kehrte Tante Bertha zurück, und beide schlüpften in ihre Mäntel. Als sie ihren breitrandigen Hut auf ihrem roten Haar feststeckte, blickte sie unter dem weit herausragenden Rand zur Wand auf – wo das neue Bild hing.

David zuckte zusammen. *Das war's!* Jetzt wußte er es wieder! Was er suchte. Was er unten vergessen hatte! Komisch!

Sie trat näher, musterte es. »Schau, Nathan«, rief sie. »Was für herrlicher Weizen im Garten meiner Schwester gedeiht. Ich hatte ihn gar nicht bemerkt.« Fragend wandte sie sich an Davids Mutter.

»Ich wunderte mich schon, wann es jemand merken würde«, lachte sie. »Vielleicht habe ich es in der Eile zu hoch gehängt.«

»Ganz hübsch«, Tante Bertha besah sich in ihrem Taschenspiegel. »Fängst du ein Museum an?«

»Nein. Es war nur eine Laune. Ich fand auch die zehn Cents, um mir das Bild zu gönnen. Sicherlich hinausgeworfenes Geld.« Sie sah zu dem Druck auf.

»Schön, wir müssen gehen«, sagte Tante Bertha entschlossen. »Ich komme in einem Weilchen zurück, Schwester.«

Gutenachtwünsche wurden ausgetauscht. Tante Bertha und Davids Vater, die erste glühend, der zweite steinern, wechselten verächtliche Blicke. Von Davids Mutter aufgefordert, sie doch recht oft zu besuchen, dankte Mr. Sternowitz ohne übertriebenen Eifer, und nach einem kaum sichtbaren Lächeln von Davids Vater drängte er sich neben Tante Bertha aus der Wohnungstür. Stille trat ein. Mit

einem heftig-dumpfen Knall kippte sein Vater seinen Stuhl gegen die Wand und blickte mürrisch zur Decke auf. Behutsam räumte seine Mutter die Teller weg und blickte dabei ängstlich und abwesend drein. David hätte gewünscht, sie würden sprechen. Denn Stillschweigen machte seinen Vater nur noch unheilvoller. Aber die Stille hielt an, und David, der sich von dieser Spannung umkrallt fühlte, wagte nicht, sich zu regen – zumindest nicht, bis sein Vater sprach und der Druck sich löste –, so daß er als vorläufigen Ausweg nur auf das von seiner Mutter gekaufte Bild blicken konnte.
Unbestimmt begann er sich zu fragen, warum es ihn den ganzen Nachmittag verfolgt, warum es ihn nicht losgelassen hatte. Seltsam. Wie jemand, der einem hinter einer Mauer auflauerte. Daß er erst seit wenigen Minuten wußte, was es damit auf sich hatte. Komisch. Und schließlich herausfand, daß es gar nichts war – nur ein Bild von langen, grünen Weizenähren und blauen Blumen darunter. Und vielleicht nur, weil sie beim Suchen des Nagels so glücklich gewesen war. Sie hatte beim Aufhängen gelacht. Vielleicht war es das. Er wußte nicht, warum sie gelacht hatte. Und sie hatte gesagt, auch er habe echten Weizen in Europa gesehen, vor langer Zeit. Sie sagte allerdings, er könne sich wohl nicht mehr daran erinnern. Vielleicht versuchte er sich daher an den echten, statt an den auf dem Bild zu erinnern. Aber wie nur? Wenn – nein. Komisch. Die Sache wurde verzwickt und verzwickter ...
Plötzlich streckte sich sein Vater, Schuhe und Stuhlbeine schlugen heftig aufs Linoleum. Jetzt würde sein Zorn losbrechen. David starrte ihn an, halb froh über den sicherlich bald nachlassenden Druck, halb geängstigt wegen der bevorstehenden Folgen.
»Die ordinäre Person!« stieß er hervor. »Die Schlampe! Daß ihr beide dieselbe Mutter habt! Sie mit ihrem dreckigen Mundwerk und ihren Badewannen und ihren säuischen Manieren. Eine Million Badewannen würden die nicht sauberkriegen. Sie und ihre Badewannen! Wer hat sie überhaupt aufgefordert, hierher zu kommen! Ich hab' mich lange genug beherrscht. Eines Tages schmeiß' ich sie noch raus!«
Seine Mutter hatte das Geschirrhandtuch aufgehängt und wandte sich langsam um, als beschwichtige sie ihn nur widerwillig, und verhielt sich ruhig, um die Flut seines Unmuts nicht zu hemmen.
»Mir wegen meines Einkommens hinterrücks eins auszuwischen! Und sich noch dick zu tun mit dem Geld, das sie kassieren wird, und

mit den Palästen, in denen sie wohnen wird! Und mich vor einem Fremden lächerlich machen. Als sei ich ein Tagedieb, als schwitzte ich für mein Brot nicht ebenso ehrlich wie jeder andere Mann! Aber das werde ich ihr heimzahlen, keine Sorge! Ich laß mich von niemandem so behandeln. Ich habe Lust, ihre Siebensachen in dieser Sekunde vor die Tür zu schmeißen!«

»Sie wird ohnehin bald fort sein, Albert. Drum hab noch die kurze Zeit Geduld.«

»Geduld mit dieser Wespe!«

»Sie hatte Angst, verstehst du. Sie dachte vielleicht, du könntest ihr die Heiratschancen abwürgen.«

»Ich? Ich ihre Chancen abwürgen? Ich würde sie lieber selber abwürgen! Und ihre dreckige Lästerzunge obendrein. Sie braucht sie nur in Bewegung zu setzen, und schon läuft es mir kalt über den Rücken. Ihre Chancen abwürgen! Ich bin froh, wenn ich sie los bin!«

»Auch sie will keinen Augenblick länger hier bleiben.«

»Sie tut gut daran. Und er! Er ist harmlos. Tat mir leid. Ich dachte, der arme Irre, der weiß nicht, was ihm blüht. Vielleicht hat sie ihr wahres Wesen vor ihm versteckt. Aber jetzt verachte ich ihn! Ein Schwächling! Nach dem, was er gesehen und gehört hat, sie noch heiraten zu wollen – dieses niederträchtige Mundwerk! Das würde sogar einen Wasserträger in einem russischen Bad zum Erröten bringen! Seine Kinder einer wie der anvertrauen! Er verdient nichts als Verachtung!«

»Laß das seine Sorge sein. Er ist sicherlich alt genug, hat genug gesehen und erfahren, um zu wissen, was er will. Vielleicht lernt er sogar, mit ihr fertig zu werden, wer weiß sowas im voraus!«

»Mit ihr fertig zu werden! Ein Knopflochmacher wie der! Dazu braucht man eine Peitschenfaust! Ich sag' dir, der hat schon angefangen, sich sein eigenes Grab zu graben. Aber was schert mich das?« Wütend schüttelte er den Kopf, als ärgere er sich über sich selber, weil er sich für Tante Berthas Zukunft interessiert hatte. »Sie soll irgendwen heiraten und irgendwer sie. Sie soll sich das Geschwätz dieses Narren über Erblindung und Essig ihr Leben lang anhören. Aber wenn sie glaubt, sie kann sich was rausnehmen, nur weil sie einen Kerl bei sich hat, soll sie sich vorsehen. Denn dann treibt sie Scherze mit dem Todesengel!«

»Kümmere dich nicht um sie, Albert! Bitte! Laß sie ihre eigenen

Wege gehen. Sie läßt dich die deinen gehen. Ich weiß es! Vermutlich wird sie ihn nicht mehr mitbringen, wenn sie es vermeiden kann. Sie reden ja bereits von Ringen.«

»Schön, aber solange sie noch bei uns wohnt, soll sie sich vorsehen, sonst verkürze ich ihr den Aufenthalt.« Er schnaubte grimmig durch die Nasenflügel und stierte geradeswegs auf die gegenüberliegende Wand. Beim Anblick des Bildes wurden seine Augen lebendig. Er runzelte die Stirn. »Auf welchem Müllhaufen hast du das gefunden?«

»Das?« Ihre Augen wanderten aufwärts. »Auf einem Trödelkarren in der Avenue C. Ich dachte, mehr als zehn Cents wird der Fehlgriff mich nicht kosten, drum hab' ich's gekauft. Magst du's nicht?«

Er zuckte die Achseln. »Vielleicht hätte es mir gefallen, wenn du's für eine andere Gelegenheit mitgebracht hättest. Aber so ...« Er grollte. »Warum hast du überhaupt ein Weizenbild gekauft?«

»Grün«, sagte sie einlenkend. »Österreichisches Land. Was hättest du ausgesucht?«

»Etwas Lebendiges.« Er griff nach der Zeitung. »Eine saufende Viehherde, wie ich eine in Läden gesehen habe. Oder einen Preisbullen mit glänzenden Flanken und schwarzem Feuer im Auge.«

»Das dürfte nicht schwierig sein. Ich bin sicher, ich finde auch so was für dich.«

»Das will ich mir lieber selbst aussuchen«, sagte er barsch. Und die Zeitung aufschlagend, beugte er sich über sie. »Ich glaube, davon verstehe ich mehr.«

Resigniert hob sie die Brauen, dann warf sie David ein schwaches, vielsagendes Lächeln zu, als wolle sie mit ihm die Erkenntnis teilen, daß sein Vater besänftigt und die Gefahr vorüber war. Und wandte sich wieder dem Ausguß zu.

IX

Am Sonntag – einem hellen Sonntag kurz vor den Wahlen – stand Davids Vater vom Mittagstisch auf und verließ mit der kargen Bemerkung, er wolle sich eine Wahlrede anhören, das Haus. Doch kaum war er draußen, spottete Tante Bertha über sein plötzliches

Interesse an Wahlkandidaten und wies grollend auf das hin, was sie für den wahren Grund seines Fortgehens hielt: Nathan (mittlerweile nannten alle Mr. Sternowitz bei seinem Vornamen) wollte sie am Spätnachmittag besuchen, und ihm wollte Davids Vater aus dem Wege gehen. Eine – wie Tante Bertha giftig hinzufügte – ebenso liebenswerte wie unbeabsichtigte Tat, für die sie sehr dankbar war, da sie nicht einsah, warum man die grobe, säuerliche Gegenwart dieses Mannes dem armen Nathan Sternowitz zumuten sollte. Statt sie also zu beleidigen, hatte Davids Vater ihr in Wirklichkeit einen Dienst erwiesen – doch nun, da er das getan hatte, hoffte sie zuversichtlich, er werde sich unterwegs ein Bein brechen. Und als Davids Mutter Einspruch erhob, teilte Bertha ihr liebevoll mit, daß, wäre ihr Mann nicht die einzige Stütze der Familie gewesen, sie gebetet hätte, er möge sich beide Beine brechen. Da! War das nicht ein Zeichen von Besorgtheit? Dann folgte ihre übliche, ungehaltene Frage, warum ihre Schwester einen Verrückten wie den geheiratet habe.
Davids Mutter hatte gerade das Tischtuch gefaltet, nun schwenkte sie es warnend in Tante Berthas Richtung. »Eines Tages wird er hören, was du sagst, und das wirst du teuer bezahlen müssen.«
»Sogar mit meinem Kragen!« gab sie herausfordernd zurück. »Dann weiß er wenigstens, was ich von ihm halte.«
Ungeduldig schüttelte seine Mutter den Kopf. »Er weiß es! Meinst du nicht, er hätte nicht genug Zeit gehabt, das herauszufinden? Und ehrlich gesagt, bin ich es leid, dafür zu sorgen, daß ihr beiden euch nicht an die Gurgel springt. Albert soll seine eigenen Wege gehen, aber du – du könntest manchmal auch an mich denken, und es mir nicht noch schwerer machen. Ich wollte, wir hätten für eine Weile Frieden. Du wirst heiraten. Du bleibst nicht mehr lange hier. Willst du unbedingt, daß deine letzten Monate bei uns mit einem Kladderadatsch enden?«
»Von mir aus nicht!« Ihre Schwester warf ihren roten Schopf zurück. »Er wird mich nicht wieder an die Wand schleudern. Diesmal stech' ich ihm die Augen aus.«
Seine Mutter zuckte mit den Achseln. »Warum ihn reizen?«
»Ach, du gehst mir auf die Nerven – du und deine Nachsicht! Schütte ihm Gift in den Kaffee – das würde ich tun.«
David, der sie anstarrte, teils aus Verwunderung über ihre Unbesonnenheit, teils aus schuldbewußter Begeisterung, fing den auf ihn

gerichteten ängstlichen Blick seiner Mutter auf. Seine Tante, der er gleichfalls nicht entgangen war, fügte kreischend hinzu:
»Ich würd's tun! Ich würde ihn vergiften! Soll er hören, was ich sage! Ich habe keine Angst vor ihm!«
»Aber Bertha! Ich habe Angst! So was darfst du nicht vor . . . ach!« Sie brach ab. »Genug, Bertha.« Und an David gewandt: »Gehst du jetzt runter, Liebes?«
»Gleich, Mama«, antwortete er. Doch innerlich war er von den tollkühnen Schmähungen seiner Tante viel zu fasziniert, um jetzt schon hinuntergehen zu wollen.
Von seiner Mutter zurechtgewiesen, zog Tante Bertha mißgelaunt die Schultern hoch, schmatzte mit den Lippen, wiegte den Kopf hin und her, doch im nächsten Augenblick verfiel sie von neuem ihrer Übermütigkeit und warf mit hochgeworfenem Kopf ein paar polnische Brocken gegen die Zimmerdecke. Zu Davids Verblüffung schienen die unbekannten Worte seine Mutter zu treffen, denn plötzlich erstarrte sie und rief mit ungewöhnlicher Schärfe:
»Das ist Unsinn, Bertha!«
»Diesmal bist du aber böse, wie?« Ihre Schwester schüttelte mehrere Strähnen zerzausten roten Haars über ihre herausfordernd gerunzelte Nase.
»Jawohl! Ich wollte, du hörtest auf!«
»Geliebter und geheiligter Name, leih mir dein Ohr! Die kann aber böse werden! Doch hör zu! Auch ich habe ein Recht, böse zu werden. Ich wohne jetzt sechs Monate bei euch. Sechs Monate lang habe ich dir alles gesagt, und was hast du mir gesagt? Nichts! Ich bin kein Kind mehr! Ich bin nicht mehr das vierzehnjährige Kind aus der Zeit, als du schon eine erwachsene junge Dame warst. Bald heirate ich. Kannst du mir nicht vertrauen? Glaubst du nicht, daß ich dich verstehe? Aaaa!« Sie seufzte heftig. »Wollte Gott, die Zwillinge wären am Leben geblieben, statt zu sterben. Die wären jetzt alt genug, um es zu erfahren. Und auch ich hätte es erfahren . . . Nun?« fragte sie herausfordernd.
»Ich möchte nicht darauf eingehen.« Seine Mutter war kurz angebunden. »Ich hab' dir's schon vorher gesagt. Es ist zu lange her. Es ist zu schmerzlich. Außerdem habe ich keine Zeit.«
»Bah!« Plötzlich ließ sie sich in einen Stuhl fallen. »Jetzt hast du plötzlich keine Zeit. Genau wie ich gesagt habe. Erst . . .« Sie fiel wieder ins Polnische. »Schön. Das könnte ich dir verzeihen.

Dann ...« Wieder verflüchtigte sich jeder Sinn. »Dann ... Es ist genau, wie ich gesagt habe! Behalte es für dich! Ich werde heiraten, ohne es zu wissen.« Sie verstummte und blickte mürrisch aus dem Fenster.

Auf der anderen Seite des Raums war auch seine Mutter vor einem Fenster verstummt und blickte mit erhobenem Kopf in Gedanken versunken auf den braunen, lasierten Rand des Firstes und die roten Backsteinkamine. Für David sahen die beiden plötzlich absonderlich aus, beide Frauen mit dem Rücken zueinander, beide aus verschiedenen Fenstern blickend, die eine aus dem mit Vorhängen versehenen Fenster hinunter auf die lärmende Straße, die andere aus dem vorhanglosen, stillen Fenster hinauf; die eine sitzend, rastlos und vergeblich versuchend, dicke Knie übereinanderzuschlagen, die andere stehend, reglos, abwesend. Trotz Puder war seine Tante vom Sonnenlicht gerötet, kurznackig und behäbig vor dem offenen Himmel; in dem leichten Schatten, in dem sie stand, war seine Mutter groß, braunhaarig und bleich gegen die beengende Wand des Luftschachts.

Worum ging es nur, dachte er. Was bedeuten die polnischen Worte, die seiner Mutter anscheinend so zugesetzt hatten? Ahnungsvermögen kam ihm zu Hilfe. Er erriet unbestimmt, daß das soeben Gehörte mit den spärlichen Andeutungen zusammenhängen mußte, die er schon früher gehört hatte, die ihn anfangs so seltsam berührt und später erschreckt hatten. Vielleicht würde er jetzt erfahren, worum es ging, aber wenn er es erfuhr, konnte sich wieder einiges ändern, konnte wieder das andere werden, das schon die ganze Zeit hinter dem Vorhandenen gelauert hatte. Er wollte nicht, daß das eintrat, vielleicht sollte er es lieber vermeiden und hinuntergehen. Jetzt, bevor wieder jemand sprach, war die Gelegenheit günstig. Aber was? Sein Atem beschleunigte sich angesichts einer Gefahr, die zugleich Faszination war. Was war es? Warum wollte sie nicht sprechen? Er wollte nur dableiben, bis, bis ... Nein! Lieber gleich runtergehen ...

»Schau, David!« Ohne aufzustehen, reckte Tante Bertha den Hals, um auf die Straße hinunterzusehen. »Komm her. Schau, wie sie die Kiste da kicken.«

David trat zum Fenster, blickte hinunter. In der stillen Straße zerrte und wälzte eine Horde Jungen verschiedenen Alters und verschiedener Größe, deren Geschrei vom Fenster gedämpft wurde, eine mächtige, mit Holz beladene Kiste am Rinnstein entlang, und im Eifer, Hand anzulegen, hemmten sie sich gegenseitig, schubsten sich aus dem Weg, schwenkten Fäuste, vergaßen es sofort wieder und stürzten sich von neuem auf die Kiste.

»Was soll nur das Gekläff?« wollte seine Tante wissen. »Wem gehört nur das Holz?«

»Es gehört niemandem«, belehrte er sie. »Es ist ›Wahltag-Holz‹.«

»Was heißt das?«

»Sie verbrennen es am Wahltag. Sie machen immer ein riesengroßes Feuer am Wahltag. Papa ist dorthin gegangen. Da kleben sie Bilder auf die Fässer und an alle Bierstuben.«

Seine Mutter drehte sich von dem Luftschachtfenster um. »Ich hab's auch in Brownsville gesehen, auf den leeren Grundstücken. Das ist hier so Sitte. An dem Tag, an dem gewählt wird, macht man ein Feuer – es fällt auf einen Dienstag. Ist Nathan amerikanischer Staatsbürger, Bertha?« fragte sie beschwichtigend.

»Natürlich!« Tante Berthas Ton klang noch verschnupft, die Bewegung ihrer Schultern, als sie sich von neuem jäh zum Fenster wandte, wirkte noch immer beleidigt. »Was denn sonst!«

Da David sah, wie hoffnungslos seine Mutter die Brauen hob, beschloß er von neuem, hinunterzugehen. Was auch die Spannung verursacht haben mochte, und es war die auffälligste, die er je zwischen seiner Tante und seiner Mutter beobachtet hatte, so war sie nicht nur rätselhaft, sondern auch lästig. Ja. Er wollte auf die Straße gehen.

»Schön, aber warum schleppen sie sie jetzt schon?« wandte Tante Bertha sich mit verdrießlicher Miene an ihn. »Wollen sie einen Vorgeschmack von dem Kommenden haben?«

»Nein. Sie verstecken sie«, sagte er aus Selbstverteidigung. »In einem Keller. Im Keller von Nummer 732 und 712, ganz in der Nähe, wo der Rabbi wohnt. Aber gestern sind große Männer mit einem Lastwagen von der Straßenreinigung gekommen, einem braunen, und haben alles mitgenommen.«

»Dafür holen sie jetzt mehr! Bah! Amerikanische Dummköpfe! Rennen sich die Kutteln aus dem Leib für ein Straßenfeuer, aus dem dann nie was wird. Wenn sie aber für ihre Mütter Brennholz holen sollen, sind sie dafür zu lahm, haha! Und du!« fragte sie anklägerisch. »Schleppst du Holz?«

»N–nein«, log er. Allerdings traf es zu, daß er höchstens ein- oder zweimal beim Einsammeln von Wahlholz mitgeholfen hatte.

»Ham–m–m!« seufzte Tante Bertha gelangweilt und blickte auf die Uhr. »Noch eineinhalb Stunden, bis mein Naselang kommt. Mir ist einsam zumut.«

»Hör zu, Bertha«, sagte seine Mutter mit plötzlich gespannter Stimme, als habe sie sich zu einem Schritt entschlossen, bete aber darum, daß er nicht notwendig sei. »Willst du es wirklich hören?«

Davids Herz machte vor Aufregung einen Satz. Lieber hinuntergehen, warnte ihn eine innere Stimme fast schwindelerregend. Lieber hinuntergehen. Doch statt dessen kniete er nieder und kroch mit nichtssagendem Gesicht zum Ofen.

Wie von der Tarantel gestochen fuhr Tante Bertha herum und sprang dabei halb vom Stuhl. »Ob ich es hören will?« platzte sie heraus. »So eine Frage! Nach all den Monaten des Bohrens? Ob ich es wirklich hören will?« Sie brach ab. Ihr Blick gierigen Interesses wich einem der Selbstentschuldigung und Selbstbezichtigung. »Nein, nein, Schwester! Wenn es dir schwerfällt, sag nichts. Fang gar nicht erst an! Wirklich, ich schäme mich, daß ich dir deshalb in den Ohren liege.«

»Deshalb brauchst du dich nicht zu schämen!« Das Lächeln seiner Mutter war bitter und nachsichtig zugleich. »Man muß manchmal über diese Dinge sprechen. Ich weiß nicht, was mich treibt, sie so besessen verschweigen zu wollen.«

»Und wie ich dir tausendmal gesagt habe«, Tante Bertha drängte vernünftig, überzeugend, ihren Eifer zügelnd, »es ist so lange her, daß es für dich heute ein Witz sein sollte. Und was es auch ist, kann es *mich* schrecken? Ich kenne dich, Schwester, und dein gutes Herz. Du könntest gar nichts Schlimmes getan haben.«

»Es war schlimm genug. Genug für ein ganzes Leben.«

»So?« Tante Bertha kratzte sich den Rücken am Stuhl. »So?« Und lehnte sich hörbereit an.

»Es gibt nur drei Menschen, die es wissen«, begann sie mühsam. »Mutter, Vater, ich natürlich und – und jemand anderes – teilweise. Ich möchte nicht . . .«

»Aber nein! Nein! Nein! Du kannst mir vertrauen, Genja.«

David wand sich und schauderte vor Erwartung, vor Angst.

»Du erinnerst dich«, begann sie und hielt inne, während ihre Augen seinem aufschauenden Blick begegneten. »Es sei denn.«

Das leichte Nicken ihres Kopfes schien ihre Schwester aufzufordern, ihr in den Bereich einer anderen Sprache zu folgen. Denn als sie wieder sprach, waren ihre Worte in jene fremde, aufreizende Sprache übergegangen, die David nie ergründen konnte. Bekümmert blickte er zu Tante Bertha auf. Sie saß neugierig vorgebeugt, um all das, was sie erwartete, besser verschlingen zu können, wobei ihre beweglichen Züge die seiner Mutter bald nachahmten, bald ihnen widersprachen. Ihr Eifer spannte ihn auf die Folter, stachelte ihn zu angestrengterem Lauschen an. Vergebens. Prüfend blickte er seine Mutter an. Ihr Hals war gerötet. Bald starrten ihre Augen geradeaus und waren dunkel, und sie sprach rasch. Bald verengten sie sich, und ihre hohen Brauen zogen sich zusammen. Kummer. Was schmerzte sie? Nun seufzte sie und ließ die Hand sinken, und ihr Gesicht wurde schlaff und wehmütig und ihre trägen Lider schwer. Was? Doch obgleich er mit aller Macht da und dort und überall in den kehligen und stimmlosen Lauten forschte, um die hartnäckige Tonleiter der Sprache zu durchstoßen, vermochte er es nicht. Sein Geist begriff nichts.

Mürrisch, fast bis zu Tränen aufgebracht, drehte er sich auf den Rücken und sah auf zur Zimmerdecke. Ihm war es gleich, und damit Schluß. Auch er würde ihr nichts mehr erzählen. So! Er wollte hinuntergehen, das würde er tun. Würde ihr nie wieder etwas sagen – aber – horch! Das war ein jiddisches Wort! Ein ganzer Satz! »Nach dem alten Organisten, tot« ... Noch eines! »Allein im Laden« ... Ein Wort! »Hübsch« ... Wie Glimmersplitter auf dem Gehsteig, ein neuer Satz! »Eine Streichholzschachtel« ... Verstohlen drehte er sich auf die Seite, um sie zu beobachten.

»Und er faßte meine Hand.« Ein ganzer Satz tauchte auf.

Tante Bertha, die, eine Hand an der Wange, ihren Kopf entsetzt geschüttelt hatte, hämmerte mit den Fäusten ärgerlich in die Luft. »Selbst wenn er gut erzogen war«, rief sie hitzig, »und selbst wenn er ein Organist war, war er doch ein Goj! Du hättest ihm auf der Stelle eine kleben sollen!«

»Sch!« sagte sie warnend und verbarg von neuem den Sinn hinter einem Schleier polnischer Wörter.

Beschämt über sich selbst, doch insgeheim befriedigt, blickte David teilnahmslos zur Seite. Hier war endlich etwas, worüber man brüten konnte, vielleicht war diesem Etwas sogar ein Sinn zu entringen, jedenfalls konnte man sich daran später erinnern. Ein Goj, hatte Tante Bertha gesagt, ein Organist. Was war ein Organist? Er war gebildet, das war klar. Und was noch, was tat er? Vielleicht würde er es herausfinden, wenn er zuhörte. Er war also ein Goj. Ein Christ. Das klang anders. Christ. Unten, der Pförtner, war Ungar. Auch ein Christ. Christus. Jesus Christus, sagten sie unten. Christ. Das Christfest. Schulfeste. Das war lang her, weißt du noch? Jussie. Du siehst ihn auf der Treppe, Weißblechpfeile, Weißblech, Annie, Bein. Christfest. Jesus Krotzmich, sagte der Gemüsehändler und lachte immer. Krotzmich heißt Kratz mich. Jesus Kratzmich. Komisch. Und warum sagte Tante Bertha, hau ihn? Weil er ein Goj war? Sie mochte keine Gojim. Aber Mama? Sie mochte sie. Warum wohl? Wer war er?

Er drehte sich um und betrachtete seine Mutter. Wann würde ein neuer Satz sich aus dem unbekannten Dickicht lösen? Er wartete ungeduldig, seine Gedanken durchstöberten das Gebüsch . . . Nichts . . . Wie ein Gewebe floß die unbekannte Rede dahin, nahtlos, undurchsichtig, bis . . .

»Bah!« Tante Bertha zerriß es verächtlich. »Alle diese Schurken haben Zungen auf geschmierten Rollen!«

»Auch mein Fehler!« warf seine Mutter ein, aus vergeßlicher Hast ins Jiddische zurückfallend. »Als der Mai kam, wartete ich den ganzen Tag nur noch auf die halbe Stunde im Zwielicht. Wie viele Male am Tag wünschte ich, es wäre Winter, tiefer Winter, wenn der Mond gelb wird vor fünf Uhr. Lang vor Sonnenuntergang war ich schon im Laden, mehr konnte ich nicht tun, um Vater dran zu erinnern, daß er zur Synagoge mußte.«

»Ach! Du warst durchgedreht.«

»Aber das war nur ein Vorgeschmack. Du weißt nicht, wie durchgedreht ich noch werden sollte . . .« Ihre Stimme wurde bebend und voll, wie David sie nie gehört hatte. Ein Tonfall, der sich in seinem Fleisch widerhakte und Pulsschlag auf Pulsschlag einer namenlosen, prickelnden Erregung durch seinen Körper sandte. »Der Tag war schlimmer als die Dunkelheit. Ich hieß das Licht nur willkommen, wenn irgendein polnischer Stadtbewohner starb – erinnerst du dich noch an den Priester und die Fahnen und die Begräbnisprozession, die durch die Stadt zog? Ludwig war immer im Zug und sang die Litanei. Ich konnte ihn beobachten, wenn er vorbeiging, konnte mit den anderen ein Stück mitgehen, ihn ohne Angst anstarren, Liebe . . .«

Mit der gleichen Plötzlichkeit wie vorher stieg der Sinn zum Horizont einer anderen Sprache auf und ließ David gestrandet zurück auf einem tönenden, wiewohl leeren Gestade. Worte hier und da, Sätze, schimmernd wie ferne Segel, spannten ihn auf die Folter, kamen jedoch nie näher.

Innerlich bäumte er sich gegen seine Ohnmacht auf.

Als er so dalag, vor Spannung halb gelähmt, schien es ihm, als müsse sein Kopf bersten, sofern es ihm nicht gelang, in dieses Durcheinander Ordnung zu bringen. Jeder Satz, den er hörte, jeder Ausruf, jedes Wort verschlimmerte nur seine innere Spannung. Nicht zu wissen wurde fast unerträglich. Er fühlte, daß nichts von dem, was er bislang gewußt hatte, so wichtig war, wie dies hier zu wissen. Wer war Ludwig? War er der Goj? Was tat er bei Beerdigungen? Was meinte sie, wenn sie ein Wort über Spankörbe fallen ließ? Über einen Dachboden? Briefe? Bloße Neugierde war in Besessenheit erstarrt. Aber noch immer flackerten die Sätze flüchtig und launenhaft wie bisher, eigensinnig – das jähe, vorübergehende Auftauchen einer Gestalt hinter den Schießscharten einer Brustwehr.

»Und als die Begrüßung vorüber war . . . Und auch Mutter niedergeschlagen . . . Aber viel zu tief die Freude, um es zu bemerken . . . Diese Dinge«, sie tippte auf ihre Stirn, »sie warten auf ihre Zeit im Kopf . . . Stein unter Wasser, bis die Strudel zur Ruhe kommen . . . Und ich suchte ihn . . . Nirgends . . . Und dann erinnerte ich mich . . . ein Blick würde mich trösten . . . die Treppe zum Dachboden . . . auf den Zehenspitzen über die losen Dielen . . . der Spankorb lag . . . sicher dachte ich . . . Vorsicht!« Ihre verschränkten Hände hoben sich, als stemmten sie einen schweren Riegel hoch.

»Du weißt, wie Span kracht . . .«

Ihr plötzliches, unwillkürliches Atemholen war ein tiefer, senkrechter Sturz im gleichmäßigen Fluß ihrer Rede. Ihre Hand flog zu den Lippen. Der Schrecken, der in ihr Gesicht trat, war so groß, daß er David nicht wie etwas Gedachtes oder Erinnertes erschien, sondern wie etwas, das sie in diesem Augenblick sah, etwas, das gegenwärtig war im Raum. Ein Schaudern durchlief ihn, als er sie so sah. »Das Licht vor meinen Augen wurde schwarz! Guter Gott! Auf dem Stapel Mäntel lag das Bild. Blickte auf zu mir, ganz oben!«

»Sie wußten es!« rief Tante Bertha aus.

»Sie wußten es«, wiederholte seine Mutter.

»Aber wie?«

»Später fand ich's heraus. Ich hatte vergessen, daß Mutter jeden Sommer Mottenkugeln in den Koffer legte.«

»Während du weg warst?«
»Nein. Vorher. Sie schickten mich weg, weil sie es wußten.«
»Ah!«
»Und dann meine Verzweiflung! Meine Schande! So was kann man sich nicht vorstellen, wenn man's nicht erlebt hat. Es gibt keine Worte dafür. Ich dachte, ich würde ohnmächtig werden. Ich hob das Bild auf – sie hatten sicherlich die Rückseite gelesen. Alle wußten es. Hätte ich ...«
Und wieder begegneten die Augen seiner Mutter den seinen, und wieder veränderte sich jäh ihre Rede. David stand auf. Er konnte es nicht länger ertragen, die Spannung, das Warten auf ein sinnvolles Wort, das die Oberfläche wie jäh auftauchende Flossen versunkener Formen durchschnitt. Er wollte hinuntergehen, das wollte er tun. Er wollte keine Sekunde länger zuhören. Und wenn die Zeit kam, da er etwas erfahren sollte, was sie nicht erfuhren, würde er es ihnen mit gleicher Münze heimzahlen. Er würde lernen, wie die Mädchen auf der Straße zu reden – wischiwaschi. Schau sie einer sich an! Sie waren so vertieft, daß sie ihn nicht einmal bemerkten. Selbst wenn er aufstand und sie ansah, beachtete ihn keiner. Es würde ihnen nicht einmal auffallen, daß er ins Vorderzimmer gegangen war und seinen Mantel geholt hatte. Es würde ihnen nicht einmal auffallen, wenn er hinuntergegangen war. Nein! Er würde auch nicht Auf Wiedersehen sagen. So. Wortlos würde er hinuntergehen.
Ungeduldig ging er ins Vorderzimmer und fand seinen Mantel. Als er ihn aber anzog, brachte ihn Enttäuschung auf einen schlauen Gedanken. Er würde sich hier hinsetzen und warten. Er würde ihnen ihre letzte Chance geben. Wenn sie nicht wußten, wo er war, würden sie vielleicht Jiddisch weiterreden. Bei offener Tür konnte er im Vorderzimmer genau so gut hören wie in der Küche.
Verstohlen hockte er sich neben der Tür nieder und lauschte. Aber obwohl er außer Sichtweite war, schien seine Mutter es nicht zu gewahren. Die Bedeutung dessen, was sie sagte, war nach wie vor bruchstückhaft.
»Mußte ihn sehen.« Die Worte und Sätze kamen pochend wie bisher. »Trost ... Auf den Kirchenstufen ... Sie hielt beide ... Spielte mit ihrem Sonnenschirm ... Strahlte ihn an wie eine Lampe ... Spitzen, elegante Bänder ... Aber alt, wie ich sagte ... Ich hab' ihr keinen Gedanken gegönnt ... Schließlich ... Und gingen ausein-

ander ... Ging vor ihm her ... Er folgte ... Unter den Bäumen gewartet ...«

Zitternd vor stiller Wut und Verzweiflung, wollte er aufgeben. Sie würde nie richtig sprechen. Nutzlos zu warten, sich zu verstecken. Er würde nichts zu hören bekommen. Als er aber auf die Füße sprang, unterbrach Tante Berthas ungeduldige Stimme die seiner Mutter ...

»Wer war die Frau? Sag. Weißt du es? Ich bin neugierig.«

»Sie? Darauf komme ich noch.« Diesmal waren ihre Worte ausnahmslos jiddisch und völlig verständlich. »Als ich ihm gesagt hatte, was geschehen war, daß sie es wußten und daß ich bereit sei, ihm bis in alle Winkel der Welt zu folgen, antwortete er ... Was für ein Wahnsinn! Denkst du nie über das Morgen hinaus? Wann kann ich dich heiraten? Wohin sollen wir gehen? Womit? Und er hatte recht. Natürlich hatte er recht.«

»Er mag recht gehabt haben.« Tante Bertha spuckte heftig aus. »Trotzdem soll ihn die Cholera ersticken!«

Er hatte sich hingesetzt und umarmte sich insgeheim in schuldbewußter Wonne. Sie hatten ihn vergessen. Vollständig vergessen! Er drückte sich dichter an die Wand und betete, seine Mutter möge weiter Jiddisch sprechen. Sie tat es.

»Irgendwohin, sagte ich. Ich schäme mich, es dir zu sagen, Bertha, aber es ist wahr. Ich sagte zu ihm, ich würde mit ihm gehen genauso, wie er mich gerade sah.«

»Was für ein Narr du warst!«

»Ja. Genau das sagte er auch. Eine Liebesaffäre ist eins, die Ehe etwas anderes. Verstand ich ihn nicht? Nein. Ich bin verlobt, sagte er.«

»Sie!« rief Tante Bertha. »Die ältere Frau, von der du sprachst?«

»Ja.«

»Hast du ihm nicht ins Gesicht gespuckt?«

»Nein. Ich stand wie erstarrt. Liebst du sie, fragte ich. Bah! sagte er. Wie könnte ich? Du hast sie doch gesehen! Ich sag' dir's ehrlich. Sie ist reich; sie hat eine Mitgift. Ihr Bruder ist Straßenbauingenieur, der bekannteste in Österreich. Er wird für alles andere sorgen. Ich für mein Teil bin arm wie die Dunkelheit. Ich könnte nicht mehr erhoffen, als ein abgerissener Organist in einer Dorfkirche zu sein. Und dagegen sträube ich mich. Verstehst du? Solch ein Schicksal wirst du mir sicherlich nicht wünschen! Aber hör zu, sagte er und versuchte mich in die Arme zu nehmen. Wir können weitermachen. In einem Weilchen, wenn diese verdammte Hochzeit vorbei ist, machen wir weiter wie bisher. Und bleiben, was wir einander bisher gewesen sind. Niemand braucht es zu wissen! Ich stieß ihn weg. Macht dir das soviel aus? fragte er. Weil ich heiraten muß? Willst du dir deshalb alle Liebe ausreißen, die du für mich empfunden hast?

Ich weiß nicht, warum. Könnte es nicht sagen. Aber plötzlich war mir's, als müßte ich lachen. Es war, als breche alles in mir aus in Gelächter. Nach dem Wahnsinnslächeln auf meinem Gesicht hat er vielleicht gedacht, ich gäbe nach, denn er packte mich am Arm und sagte: Sieh mich an, Genja! Verzeih! Schau, wie arm ich bin! Ich hab' nicht mal anständige Kleider, um zu heiraten. Genja, ich zahl' dir's zurück. Verschaff mir ein Stück Stoff, wenn du mich liebst! Dein Vater hat doch ein Geschäft! Ein Weilchen nur, und wir werden zusammensein für immer!

Wie soll ich es in Worte fassen – der vollste Todesbecher! Es kam mir vor, als seien Himmel und Luft erfüllt mit Gelächter, aber mit seltsamem, schwarzem Gelächter. Gott verzeih mir! Und Worte mischten sich darin, wie wenn Zähne knirschen. Seltsame Worte über Rosen! Ich kam gelaufen, kam gelaufen mit Rosen! Wie ein Kind! Lebwohl und Lebwohl! Wahnsinn, sag' ich dir, Bertha, schierer Wahnsinn!

Schön, er ließ mich stehen. Schließlich kam ich zu Hause an. Mutter stand bereits in der Tür und wartete auf mich, Vater will dich im Laden sprechen, sagte sie.

Ich wußte warum und wandte mich ab und ging zum Laden. Sie kam mit, beide gingen wir hinein, sie schloß die Tür hinter mir. Keiner von euch war da. Ich wurde von dir ferngehalten. Vater stand hinter dem Ladentisch. Nun, meine zarte Genja, sagte er – du weißt, wie beißend sein Spott sein konnte –, ist Galle ein würziges Getränk? Wie schmeckt sie auf der Zunge? Leckt man sich die Lippen danach? Ich antwortete nicht. Ich konnte nur weinen. Weinen! So! Er war wie eine Mutter, die den Verstand verloren hat. Weinen! Ah! Er rieb sich den Wanst, als habe er einen Leckerbissen verspeist. Ah! Es tut meinem Herzen so gut! Quäl mich nicht, Vater, sagte ich. Ich habe genug gelitten! Ha! sagte er, als sei er erschüttert. Leidest du? Erbärmliches, jammervolles kleines Kind! Ich verhielt mich still und ließ ihn reden. Das nennst du Leiden, rief er, war-

um? Weil er dich unter sich gehalten hat wie Kot im Klosett und dich jetzt fallen läßt? So war Vater!« Ein tiefer Seufzer unterbrach sie.
»Ich weiß«, sagte Tante Bertha rachsüchtig. »Auch ihm soll die Zunge herausfallen.«
»Er redete weiter. Wie Schraubenzwingen waren seine Worte in meiner Brust. Eine schlimmere Qual, als ich ertragen konnte. Ich versuchte, an ihm vorbei zur Tür zu laufen. Er packte mich und schlug mich auf beide Wangen.«
Jetzt klang ihre Stimme seltsam kehlig, dumpf, mühsam.
»Dann war mir alles gleichgültig. Plötzlich war mir alles gleichgültig. Ich kann dir nicht sagen wie, aber plötzlich schien aller Schmerz zu enden. Ich zuckte zusammen. Plötzlich kam ich mir kleiner vor als das gemeinste Geschöpf, das auf der Erde kriecht. Ach, niedrig, leer! Seine Worte fielen jetzt auf mich wie in leere Luft. Und wohin willst du gehen? schrie er. Esaus Dreck. Er hat eine neue! Er hat eine neue! Eine Reiche! Hat dir einen Tritt gegeben, oder nicht? Du verlogene Schlampe! Mittlerweile rief Mutter immer wieder: Man wird dich draußen hören, Benjamin, man wird dich hören! Er antwortete nur: Sollen sie mich hören, darf ich nicht heulen mit Brand im Herzen! Ich platze, sag' ich dir. Ich ersticke! Dann riß er sich das Schädelkäppchen vom Kopf und warf es mir ins Gesicht und stampfte mit den Füßen wie ein Kind in Krämpfen. Ach! Es war entsetzlich!
Schließlich begann Mutter zu weinen. Ich bitte dich, Benjamin, rief sie, das geht über deine Kräfte. Du wirst einen Schlag bekommen, halt ein! Halt ein in Gottes Namen!
Und Vater hielt ein. Plötzlich sank er auf einen Stuhl und bedeckte sein Gesicht mit den Händen und wiegte sich vor und zurück. Weh mir, weh mir! stöhnte er. Irgendwo, auf irgendeine Weise habe ich gesündigt. Irgendwie, irgendwo, habe ich Ihn beleidigt. Ihn! Warum sucht Er mich sonst mit einem so großen Kummer heim? – Du kennst ihn ja!«
»Ich kenne ihn!« sagte Tante Bertha vielsagend.
»Siehst du nun, was du angerichtet hast, meine Tochter, sagte Mutter, war dein Herz aus Eisen? Hast du kein Mitleid gehabt mit einem jüdischen Herzen? Kein Mitleid mit deinem Vater? Ich weinte ... Was sollte ich tun? Wenn sie sich selbst zugrunde gerichtet hat, sagte Vater, soll sie es tun! Soll sie sterben! Aber ich! Ich!

Und meine armen, jungen Töchter und die Töchter, die noch kommen sollen. Wie soll ich sie verheiraten? Wer wird sie heiraten, wenn das bekannt wird? Er hatte recht. Ihr alle würdet ihm Zeit seines Lebens auf der Tasche gelegen haben. Schön, er jedenfalls wünschte, er wäre tot. Sch, sagte Mutter, keiner wird ein Wort sagen, niemand wird es je erfahren. Aber ja! Sie werden es erfahren, sage ich! Verruchtheit wie die ihre kann nicht verborgen bleiben! Und wer weiß, wer weiß, morgen wird ein anderer Goj Gefallen in ihren Augen finden. Sie hat mit den Gojim angefangen. Warum soll sie jetzt aufhören? Und wieder krakeelte er. Ich sag' dir, sie wird mir noch einen *benkart* ins Haus bringen, wird mich mit Schande in den Staub treten. Woher willst du wissen, ob sie nicht bereits einen in ihrem liederlichen Bauch hat – Da hast du einen feinen Vater!« Ihre letzten Worte klangen verbittert.
»Benkart!« (David an der Tür klammerte sich an das Wort.) Was? Kenne es. Nein, nicht. Hab's schon gehört. In ihrem Bauch. Horch!
»Und du hast ihn vorher noch verteidigt!« warf Tante Bertha ihr vor.
»Schön, ich war ja nicht ganz unschuldig!«
»Weiter!«
»Wenn du sie aus dem Haus jagst, sagte Mutter, werden alle es erfahren. Auch deine anderen Töchter hast du verflucht. Ich? Ich soll sie verflucht haben? Sie ja! Dies schamlose Stück hier! Und er spuckte mich an. Aber du mußt ihr verzeihen, bat Mutter. Nie! Nie! Sie ist verdorben! Und so ging es weiter, bis Mutter mich am Arm packte und sagte, sie wird vor dir niederknien, Benjamin, sie wird zu deinen Füßen weinen, nur vergib ihr – vernichtet, sag' ich dir, weniger als nichts.« Die Stimme seiner Mutter wurde merkwürdig flach und eintönig, als zähle sie eine Liste von Dingen gleicher Unwichtigkeit auf. »Mutter führte mich zu ihm. Aus ihrer Schürzentasche zog sie Ludwigs Bild hervor. Ich mußte es auf dem Bett liegen gelassen haben, als ich es aus dem Spankorb nahm. Sie drückte es mir in die Hand und sagte, schau auf, Benjamin. Sieh, sie reißt es in Fetzen. Sie wird nie mehr sündigen. Aber schau sie bitte an. Er hob die Augen, und ich zerriß es – einmal und wieder und warf mich zu seinen Füßen nieder und weinte auf seiner Hand.
Du kannst dir nicht vorstellen, wie elend ich mich fühlte. Noch jetzt kann ich kaum darüber sprechen, so nahe geht es mir. Aber glücklicherweise hat ein Schatten noch nie einen Fels zerbrochen, und

man kann ihn fragen, warum er tausendmal lebt und doch nie stirbt.«

»Hat er dir schließlich vergeben?« fragte Tante Bertha.

»O ja! Auf seine Weise. Er sagte, Gott möge dir vergeben. Solltest du jemals einen Juden heiraten, sehe ich es als Zeichen an. Du siehst, daß ich einen geheiratet habe. Etwa sechs Monate später lernte ich Albert kennen.«

»Ich verstehe«, sagte Tante Bertha. »So also ging die Sache aus.« Dann, begierig: »Und er, Esau, das Schwein, hat er sich dir je wieder genähert?«

»Nein. Natürlich sah ich ihn oft aus der Ferne. Und einmal noch in der Nähe – wenige Tage, bevor sie nach Wien gingen. Um zu heiraten.«

»So weit, nach Wien? Humpf! Und die Stadtkirche, sie soll in Schutt und Asche sinken, war die dem neuen Aristokraten nicht gut genug?«

»Nein, ich glaub' nicht, daß das der Grund war. Ihr Bruder hatte dort Geschäfte, wenigstens sagten mir seine Diener das, die in den Laden kamen.«

»Hat er mit dir gesprochen?«

»Wann?«

»Du sagtest, du hast ihn noch einmal aus der Nähe gesehen.«

»O nein, wir sprachen nicht miteinander. Er sah mich nicht. Eines Nachmittags stand ich auf der Straße, als ich einen gelben Pferdewagen auf mich zukommen sah. Er hatte zwei gelbe Räder – das Modell, in dem die Reichen jener Zeit spazierenfuhren. Noch bevor ich sah, wer ihn kutschierte, wußte ich, daß es der Bruder seiner Verlobten war. Er fuhr oft zu der Stelle, wo die Männer an der neuen Landstraße arbeiteten. Ich versteckte mich im Weizenfeld in der Nähe. Diesmal war's nicht der Schwager, sondern Ludwig selbst und die große Dame neben ihm. Sie fuhren vorbei. Ich fühlte mich leer wie eine Glocke, bis ich auf die blauen Kornblumen zu meinen Füßen blickte. Sie munterten mich auf. Das war, glaube ich, das letzte Mal, daß ich ihn sah.«

– Blaue Kornblumen! Sie mag sie! Weizen! Das war ... Drin an der Wand! Aha! Später ansehen! Horch! Horch jetzt!

»Das war also die häßliche Plage, die die neue Straße mit sich gebracht hat«, sinnierte Tante Bertha säuerlich. »Aber alles in allem hattest du Glück, Schwester, das Glück, daß jemand kam, um den

Feind Israels aus dem Weg zu räumen. Sonst, Gott behüte, hättest du ihn geheiratet – pfui! Wie gräßlich! Wo hättest du deinen Kopf versteckt, wenn der Tag gekommen wäre, wo er dich dreckige Jüdin genannt hätte! Oi! Dann wärst du besser gestorben! Du siehst also«, warf sie fröhlich ein, »die Straße hat dir schließlich kein Verderben gebracht. Immerhin«, schloß sie in gewissenhafter Frömmigkeit, »mög' es Gottes Wille sein, daß der Erbauer dieser Straße und seine Schwester und sein Schwager Jahre erleben, so schwarz und so lang wie diese Straße! Nein!«

– Straße. Schwarz! Schwarz! Wo hab' ich das schon gehört? Schwarz? Jetzt nicht.

Seine Mutter hatte eine Pause gemacht. Dann schnalzte sie angewidert mit den Lippen. »So, jetzt ist es heraus. Und das es heraus ist, weiß ich nicht, ob ich froh bin, daß ich's getan habe oder nicht.«

»Paah!« spottete Tante Bertha angriffslustig. »Wieso denn? Ich hab' dir doch versprochen, daß ich niemand etwas davon erzähle. Außerdem, wem sollte ich es schon sagen? Etwa den Nähmädchen in der Blumenfabrik? Nun, Nathan vielleicht. Aber der würde es nie ... Wovor hast du solche Angst?« unterbrach sie sich. »Würde Albert eifersüchtig werden, wenn er es wüßte?«

»Ich weiß nicht. Ich habe ihn nie auf die Probe gestellt. Außerdem scheint er nichts von diesen Dingen wissen zu wollen, dabei hab' ich einfach ein wenig Angst vor deiner – nun – Unbesonnenheit! Doch komm!« sagte sie jäh. »Wir wollen von den Lebenden reden.«

»Ja!« Tante Berthas Stimme klang bereitwillig. »Mein Nathan wird bald hier sein. Ist schon aller Puder von meiner Nase herunter?«

Seine Mutter lachte. »Nein. Der hält wohl länger.«

»Ich kann ihn noch immer von der Nase auf die Backen herunterstreichen. Das ist der Vorteil, wenn du viel draufschmierst. Weißt du, daß Nathan für dein Gebäck schwärmt?«

»Freut mich zu hören. Heute gibt's Kipfel.«

»Schade, daß wir keinen Schnaps haben.«

»Schnaps? Wieso Schnaps? Ein Russe will Tee!«

»Ja«, lachte Tante Bertha. »Und Gott sei Dank ist er ein guter, nachgiebiger Mensch und ein Jude. Ich werde nie Liebeskummer haben wie du. Aber man kann nie wissen. Doch sag mir«, kam sie plötzlich vom Hundertsten ins Tausendste, »dein Mann sagt, ich täte alles mit der linken Hand, seit ich einen Verlobungsring trage. Stimmt das?«

»Aber nein! Überhaupt nicht!«

David zuckte zusammen. Sie hatten begonnen, in der Küche umherzugehen, und er kauerte noch immer neben der Wohnungstür. Sie würden ihn sehen. Sie würden wissen, daß er Bescheid wußte. Das durfte nicht geschehen. Geräuschlos stand er auf, schlich zum äußersten Fenster und spähte angestrengt hinaus. So tun, als habe er die ganze Zeit hinausgeschaut, als habe er nicht zugehört. Ja. Aber jetzt wußte er Bescheid. Was? Hatte sich irgend etwas verändert? Nein. Alles war gleich geblieben. Sicher. Brauchte sich nicht zu ängstigen. Was war geschehen? Sie hatte jemand gemocht. Wen? Lud–Ludwig, sagte sie. Ein Goj. Ein Organist. Vater mochte ihn nicht, ihr Vater. Und seiner vielleicht auch nicht. Sie wollte nicht, daß er es wußte. Hiii! Er wußte mehr als sein Vater. Aber dann heiratete sie einen Juden. Was hatte sie vorher gesagt? Bankert, ja, Bankert im Bauch, sagte ihr Vater. Was hieß das? Er wußte es fast. Jemand sagt – wer? Wo? Hii! Frag nicht weiter. Sieh hinaus, bevor sie reinkommen.

Unwillkürlich begriff er, daß er seine Anwesenheit im Vorderzimmer erklären mußte, und so glitten seine Augen eilends über die Straße auf der Suche nach einem Gegenstand, der ungewöhnlich genug war, um die Neugierde sofort von ihm abzulenken, sobald er seine Mutter darauf aufmerksam machen konnte. Jenseits des Gewirrs von Hausdächern sah man das dünne Band des grau-grünen Flusses und die Kamine auf dem dahinterliegenden Ufer; vor dem staubblauen Himmel über dem Horizont zog und zerfloß der kalte, weiße Rauch eines unsichtbaren Schleppers. Nein. Das ging nicht. Darüber konnte er sie nichts fragen. Was dann? Er drückte die Stirn gegen die kalte Fensterscheibe und spähte auf die Avenue hinunter. Fußgänger gingen rascher, seit der November gekommen war; die Hälse in die Krägen eingezogen, die Hände in den Manteltaschen, stemmten sie sich leicht gegen den Wind. Nun war der Atem von Zugpferden und eiligen Ziehkarrentrödlern zu sehen. Es wurde kälter ... Auch die Abzugskanäle taten das ... Wann sah er das? Konnte fragen warum. Nein. Ein Neger ging vorüber. War das einer? Ja. Auch weiß. Das konnte er fragen. Warum atmet er weiß, wenn er schwarz ist? Nein! Dummkopf! Sie werden lachen!

Aber etwas, etwas mußte er fragen, was ihn angeblich fesselte, sonst würden sie es erraten ...

Zwei kleine Jungen überquerten die Straßenbahnschienen auf der Avenue D und kauerten am Bordstein nieder. Einer von ihnen hatte einen runden, lohfarbenen Gegenstand getragen, den David erst erkannte, als der Junge ihn abgestellt hatte. Es war eine kopflose Stehauf-Zelluloidpuppe mit eiförmigem Gesäß. Er hatte diese Art schon in Süßwarenläden gesehen. Aber was hatten die beiden vor? Sie sahen so entschlossen, so erwartungsvoll aus. Er blinzelte, um besser zu sehen. Frohlockend sagte er sich, daß das eine Entschuldigung sei, das war das faszinierende Schauspiel, das ihn die ganze Zeit gebannt hatte. Wenn sie sich nur beeilen wollten. Einer von ihnen, anscheinend der Besitzer, zog etwas aus der Tasche, strich es gegen den Gehsteig – ein Streichholz. Es vorsichtig schützend, hielt er es an eine eingerissene Stelle der Puppe – sie brannte mit einer gelben Stichflamme. Die beiden wichen zurück. Er konnte ihre gedämpften Rufe hören. Dann deutete einer auf die Stelle, wo die Puppe gewesen, wo nun nichts übrig war außer Ruß am Randstein. Der andere beugte sich herunter und hob etwas auf. Es glänzte wie ein Stückchen Metall. Beide starrten es an – dasselbe tat David von seinem Hochsitz.

Hinter ihm hörte er, wie seine Mutter seinen Namen nannte. Er drehte sich um und lauschte.

»Ich hab' ihn ganz aus den Augen verloren«, sagte sie beiläufig. »Ist er runtergegangen, Bertha?«

»Merkwürdig«, lautete die Antwort, »ich dachte, ich hätte ihn ins ... Ach nein, ich glaube, er ist hinuntergegangen.«

»Ohne auf Wiedersehen zu sagen?« Die Stimme seiner Mutter ging ihr durch die Tür voraus. »Oh!« Sie blickte ihn scharf an. »Bist du noch da? Ich dachte – was tust du denn in dem kalten Zimmer?«

»Auf der Straße«, antwortete er, ernst aufs Fenster deutend. »Komm hierher, Mama, ich zeig' dir einen Trick.«

»Ah, dann ist er also da.« Auch Tante Bertha kam herein. »Selbst für seine Verhältnisse ist er ungewöhnlich ruhig gewesen.«

»Er will mir einen *drik* zeigen«, lachte seine Mutter. Unter *drik* verstand sie Kick, was im Jiddischen gleich klingt.

»Ein ›Drick‹«, fragte Tante Bertha grinsend. »Wo? In den Hosenboden?«

»Siehst du, da unten?« fuhr er unbeirrt fort. »Der Junge mit der grünen Wollmütze? Der hat eine Puppe verbrannt und einen *mejik* gemacht. Und jetzt hat er ein Stück Eisen. Siehst du es? In seiner Hand? Schau!«

»Weißt du, was das Gefasel des Einfaltspinsels zu bedeuten hat?« fragte Tante Bertha.

»Noch nicht.« Lächelnd spähte seine Mutter auf die beiden Jungen hinunter. »Ja. Ich sehe ein Stück Eisen. Was meinst du mit *mejik*?«

»In dieser Sorte von Puppe«, erklärte er, »ist ein kleines Stück Eisen. Dadurch steht sie auf, wenn du sie umwirfst. Aber die Puppe ist verbrannt. Nun ist nur das Eisen übrig.«

»Aha!« Noch immer lächelnd zuckte sie mit den Achseln; sie begriff, daß *mejik* eigentlich *mi-jichje* bedeutete, »wer leben soll ...«, und von ihm beim Feiertagsgottesdienst aus den Worten von der Entscheidung des Himmels über Leben und Tod der Menschen aufgeschnappt worden war. »Nun, komm trotzdem in die Küche. Hier wirst du dich noch erkälten. Weißt du, daß es kälter wird, Bertha?«

David folgte ihnen aus dem Vorderzimmer. Leicht, dachte er in nebelhafter Genugtuung. Leicht, sie zu narren. Aber sie narrten nicht ihn. Jagten ihm auch keine Angst ein. Nichts hatte sich geändert ... Jiiii! Das Bild! Doch jetzt nicht. Schau dir's später an, wenn niemand da ist ... Grün und blau ist es ... sch!

DRITTES BUCH

Die Kohle

I

Gegen Ende Februar, wenige Wochen nach Tante Berthas Hochzeit, kam Davids Vater etwas später als gewöhnlich von der Arbeit heim. David war schon zu Hause. Der Morgen war klirrend kalt gewesen, überraschend kalt für die Jahreszeit; der Nachmittag war trüb und graupelig geworden. Mit seiner gewohnten Schroffheit warf sein Vater die triefende blaue Milchmannsmütze aufs Waschbecken und schälte sich aus der durchnäßten Regenhaut; dann schlüpfte er aus der Jacke und aus dem grauen Sweater. Die beklemmende Trostlosigkeit, die David vor langer Zeit empfunden hatte, wenn das Aufstehen seines Vaters ihn geweckt hatte, fühlte er jetzt wieder, da er ihn beobachtete und sich an die bittere Kälte und die lange Dunkelheit erinnerte. Keuchend arbeitete sein Vater sich aus den schweren Gummistiefeln heraus und stieß sie unter einen Stuhl. Sie hinterließen eine schmierige Spur auf dem Linoleum.

»Du bist etwas spät heute Nachmittag«, wagte seine Frau zu sagen.

»Ja.« Erschöpft ließ er sich auf einen Stuhl fallen. »Mein Gaul ist auf dem Weg zum Stall gestürzt.«

»Das arme Tier! Hat es sich verletzt?«

»Nein. Aber ich mußte es ausschirren, Asche holen und es wieder anschirren. Und die ganze Zeit gaffte eine Horde von Hohlköpfen. Es kostete viel Zeit. Morgen früh kann mir gestohlen bleiben, wenn's wieder friert.« Er streckte sich, und seine Kiefermuskeln zitterten. »'s ist an der Zeit, daß sie mir ein besseres Tier stellen.«

Nach einem Jahr Tätigkeit als Milchmann war das einzige, worüber sein Vater sich unablässig beschwerte, das Pferd, das er lenkte. Und David, der das graue, knochige Tier fast jeden Tag sah, mußte zugeben, daß die Klagen seines Vaters begründet waren. Es hieß Tilly und hatte ein Auge, wolkig wie versengtes Zelluloid oder ein Tropfen Öl auf einer sonnenlosen Pfütze. Es stand immer so geduldig da, selbst wenn Kinder ihm Haare aus dem Schweif zogen, um Ringe daraus zu flechten. Und doch schien es nicht schwächer oder schlechter zu sein als die meisten Pferde, die durch die Ninth

Street trabten. Es war einfach eine von Vaters Besessenheiten, so hatte David geschlossen, um von dem Pferd, das er führte, genau die gleiche ungeheure Kraft zu verlangen, die er selbst zu besitzen schien. Obwohl er die arme Tilly unendlich bedauerte, hoffte David für seinen Vater, die Molkereigesellschaft möchte sie durch ein muntereres Tier ersetzen.

»Hol mir doch die alte Decke«, sprach sein Vater weiter, »damit, wenn's morgen friert, ich mir etwas um die Beine wickeln kann. Diese plötzliche Kälte geht einem durch Mark und Bein.«

»Natürlich«, sagte sie beflissen. »Willst du nicht deine Schuhe ausziehen?«

»Nein.«

David fand es merkwürdig, welch feiner Unterschied zwischen der Schroffheit seines Vaters als Milchmann und seiner Schroffheit als Drucker bestand. Die erste schien lediglich das Ergebnis von Erschöpfung bei einem von Natur aus nervlich belasteten Menschen; die zweite das Ergebnis eines Zwiespalts, einer Unausgeglichenheit. Jetzt war seine Schroffheit ungleich weniger gefährlich für seine Umwelt.

»Dein Haferbrei ist fertig«, sagte seine Mutter. »Und nachher Tee?«

Er knurrte, warf die Arme über die Rückenlehne seines Stuhls und sah zu, wie sie den aufgekochten Haferbrei in eine Schale schöpfte.

»Etwas Marmelade.«

»Ich bring's gleich.« Sie stellte einen Topf eingemachter Erdbeeren auf den Tisch.

»Das habe ich immer als Junge gegessen.« Er strich die tiefrote Marmelade auf den Brei.

David hatte auf diese Bemerkung gewartet. Das sagte er immer, wenn er Haferbrei aß, und das war eine der wenigen Tatsachen, die David aus der Kindheit seines Vaters erfahren hatte.

»Ich habe gedacht«, fuhr er fort, während er auf den dampfenden Löffel blies, »es fiel mir ein, als ich über ein Dach ging.«

»Ich wünschte, du müßtest keine Dächer überqueren!«

»Reg dich nicht über Dinge auf, die du nicht verstehst«, winkte er kurzerhand ab. »Ich behaupte ja nicht, daß ich eine Bergziege bin. Ich klettere nur über Mauern, ich springe nicht über Durchgänge. Außerdem stören mich auch nicht die Dächer, sondern nur, wer auf ihnen steht. Aber nachdem ich dir das zum zehnten Mal gesagt habe, wo war ich stehengeblieben?« Er legte den Löffel hin und blickte sie verblüfft an. »Nichts bringt einen so leicht von seinen Gedanken ab wie brave, weibliche Fürsorge ... Ja! Jetzt weiß ich's wieder.« Er blickte auf David. »Der für mich beten wird. Ich dachte, wenn mir irgendwas passiert ... Und ich meine nicht die Dächer ... Irgendwas! Es wäre mir ein Trost zu wissen, daß er, was er sonst noch werden mag – und Gott allein weiß, was einmal aus ihm wird –, nur meinetwegen kein ausgesprochener Heide wird.«

»Wie meinst du das?«

»Ich meine, ich habe selbst ziemlich wenig von einem Juden. Aber ich will sichergehen, daß wenigstens er halbwegs ein Jude wird. Ich möchte einen Chejder, eine jüdische Schule, für ihn finden und einen Rabbi, der nicht unerschwinglich ist. Ich hätte ihn schon längst hingeschickt, wenn deine rothaarige Schwester sich nicht angemaßt hätte, mir Ratschläge zu erteilen.«

David erinnerte sich des Vorfalls. Sein Vater hatte ihr bedeutet, sie solle vor ihrer eigenen Tür kehren.

Seine Mutter schüttelte skeptisch den Kopf. »Ein Chejder? Könnte er nicht etwas später anfangen? Das tun die Kinder in Amerika häufig.«

»Tun sie das? Ich bin nicht sicher. Jedenfalls ist er dadurch beschäftigt und aus dem Haus. Außerdem schadet es ihm nichts, zu lernen, was es bedeutet, ein Jude zu sein.«

»Er ist jetzt gar nicht mehr so oft zu Hause wie früher.« Sie lächelte David zu. »Er läßt mich sogar oft allein. Und zu lernen, was es bedeutet, ein Jude zu sein – ich glaube, er weiß bereits, wie schwer das ist.«

Sein Vater nickte kurz – zum Zeichen, daß sein Beschluß gefaßt war. »Du wirst gut daran tun, einen strengen auszusuchen – einen Rabbi, meine ich. Der Junge braucht die Kandare, da ich sie ihm nicht anlegen kann. Es würde ihm nur gut tun, einem Lümmel von acht, der bisher nichts anderes kennt, als verhätschelt zu werden.«

David war erst sieben. Aber die Neigung seines Vaters, sein Alter zu erhöhen, um seine Schuld zu vermehren, war ihm seit langem vertraut. Er hatte sogar aufgehört, sich darüber Gedanken zu machen.

»Wo ist mein Tee?« fragte er abschließend.

II

Eine Ecke des weißgekalkten Chejder-Hauses glänzte noch im scheidenden Sonnenlicht. Es war nur ein Stockwerk hoch, und die Fenster reichten fast bis zum Boden. Seine größeren Nachbarn, die hohen Mietshäuser, die es einrahmten, schienen ihre schmutzigen Feuerleitern ärgerlich vorzustrecken. Rauch ringelte aus einem kleinen, schwarzen Kamin in der Mitte des Dachs empor, und darüber lockte ein tausendfältiges Gewirr von Wäscheleinen den Himmel in sein dunkles Netz. Die meisten Leinen waren nackt, doch hier und da hing eine mit weißer und bunter Wäsche behängte herunter, von der dann und wann ein Tropfenschauer auf den Hof oder das Chejderdach pladderte.

»Ich hoffe«, sagte seine Mutter, als sie auf der Holztreppe in den Hof hinunterstiegen, »daß du begabter für die alte Sprache bist, als ich es war. Als ich in den Chejder ging, wiegte mein Rabbi immer den Kopf und schwor, ich hätte ein Kalbshirn.« Sie lachte. »Aber ich glaube, ich war nur solch eine Niete, weil ich meine Nase nie weit genug weg von seinem Atem kriegen konnte. Hoffentlich ist dieser nicht so versessen auf Zwiebeln!«

Sie überquerten die kurze Fläche des Hofs, und seine Mutter öffnete die Chejdertür. Muffiger Geruch schlug ihnen entgegen. Drinnen schien es dunkel zu sein. Bei ihrem Eintritt verstummte das Stimmengesumm.

Der Rabbi, ein Mann mit einem Schädelkäppchen, der neben einem seiner Schüler am Fenster gesessen hatte, stand bei ihrem Anblick auf. Gegen das Fenster wirkte er untersetzt, massig und merkwürdig rundlich unter dem viereckigen Umriß des Schädelkäppchens.

»Guten Tag.« Er trat auf sie zu. »Ich bin Reb Jidel Pankower. Sie wünschen?« Er ließ dicke, behaarte Finger durch einen glänzendkrausen Bart gleiten.

Davids Mutter stellte sich vor und erklärte ihr Anliegen.

»Und das ist er?«

»Ja. Der einzige, den ich habe.«

»Nur einen so hübschen Stern?« Er kicherte und kniff mit tabakstinkenden Fingern David in die Wange. David wich kaum merklich zurück.

Während seine Mutter und der Rabbi den Stundenplan und die Art von Davids Unterricht besprachen, musterte dieser seinen künftigen Lehrer eingehender. Er war keineswegs wie die Lehrer in der Schule, doch David hatte schon vorher Rabbis gesehen und wußte, daß er nicht so sein würde. Er wirkte alt und war fraglos unordentlich. Er trug weiche Lederschuhe wie Pantoffeln, ohne Schnürsenkel oder Knöpfe. Seine Hosen waren sackartig und fleckig, eine große, gestreifte, zerknüllte Hemdbrust war zwischen seinem Gürtel und der bauschigen Jacke zu sehen. Der Knoten seiner Krawatte, die einem Ohr näher war als dem anderen, hing von seinem schmutzigen Kragen herunter. Die sichtbaren Gesichtszüge waren grob und fett glänzend. Sein schwarzes Haar unter dem Schädelkäppchen war kurzgeschoren. Wiewohl voller Bedenken wegen seiner künftigen Beziehungen zu dem Rabbi, fühlte David, daß er sein Schicksal hinnehmen müsse. War es nicht der Beschluß seines Vaters, daß er den Chejder zu besuchen habe?

Vom Rabbi wanderten seine Augen durch den Raum. Kahle Wände, ihr brauner Anstrich voll von langen welligförmigen Rissen. An einer Wand stand ein rundbauchiger Ofen, dessen Form ihn an seinen Rabbi erinnerte, abgesehen davon, daß er rotglühend war, während der Rabbi Schwarz trug. An der anderen Wand lief eine lange Reihe von Bänken bis zum Tisch des Rabbi entlang. Jungen verschiedenen Alters saßen darauf, schwatzend, streitend, um allerhand Gegenstände spielend, sich balgend um etwas, was in Davids Augen wie eine Handvoll Stöcke aussah. Auf der unmittelbar vor dem Tisch des Rabbi stehenden Bank saßen mehrere andere, die offenbar darauf warteten, zum Lesen in dem Buch aufgefordert zu werden, das vor dem Polsterstuhl des Rabbi lag.

Was bei Davids und seiner Mutter Eintritt leises Gesumm gewesen war, stieg mittlerweile zu Dröhnen an. Es sah aus, als habe die eine Hälfte der Jungen die andere zu einem wortgewaltigen oder handgreiflichen Gefecht herausgefordert. Der Rabbi entschuldigte sich bei Davids Mutter, drehte sich zu ihnen um und stieß unter donnernden Faustschlägen gegen die Tür ein wütendes »*scha,* Ruhe!« hervor. Nach und nach verebbte der Lärm. Mit bösen, funkelnden Augen durchmaß er den Raum, zwang sich dann zu einem Lächeln und kehrte zu Davids Mutter zurück.

Endlich war alles besprochen, und der Rabbi notierte Namen und Anschrift seines neuen Schülers. David begriff, daß er seine Unterweisung zwischen drei und sechs Uhr nachmittags empfangen sollte und daß die Ausbildungskosten fünfundzwanzig Cents in der Woche betragen würden. Überdies sollte der Unterricht am selben Nachmittag beginnen. Das war eine unliebsame Überraschung, so daß er zunächst Einspruch erhob, doch als seine Mutter ihn drängte und der Rabbi ihm versicherte, daß seine erste Stunde nicht lange dauern würde, stimmte er zu und empfing traurig den Abschiedskuß seiner Mutter.

»Setz dich dort drüben hin«, sagte der Rabbi kurz, sobald seine Mutter fortgegangen war. »Und vergiß nicht«, dabei führte er ein krummes Fingergelenk an seine Lippen, »in einem Chejder heißt es still sein.«

David setzte sich, und der Rabbi ging an seinen Fensterplatz zurück. Statt sich jedoch hinzusetzen, griff er unter seinen Stuhl und zog eine kurzriemige Peitsche hervor, hämmerte mit dem Griff vernehmlich auf den Tisch und verkündete mit drohender Stimme: »Nun wird's mir aber still!« Und da verängstigte Stille unverzüglich alle Münder verschloß, setzte er sich. Dann hob er ein auf dem Tisch liegendes Stöckchen auf und deutete auf das Buch, worauf ein neben ihm sitzender Junge Laute in einer seltsamen, geheimen Sprache herunterzuleiern begann.

Eine Weile lauschte David angestrengt dem Tonfall der Wörter. Es war Hebräisch, das wußte er, die gleiche mysteriöse Sprache, die seine Mutter vor den Kerzen gebrauchte, die gleiche, die sein Vater gebrauchte, wenn er während der Feiertage in einem Buch las – und zwar bevor er Wein trank. Nicht Jiddisch – Hebräisch. Gottes Sprache, hatte der Rabbi gesagt. Wer sie sprach, konnte mit Gott reden. Wer war Er? Jetzt würde er über Ihn lernen ...

Der neben David sitzende Junge rutschte näher. »Fängst du gerade Chejder an?«

»Ja.«

»Uhh!« stöhnte er und deutete mit den Augen auf den Rabbi. »Der ist lausig! Der haut zu!«

David betrachtete den Rabbi mit entsetzten Augen. Er hatte schon erlebt, wie Lehrer in der Schule Schüler wegen Ungehorsams schlugen, wenn er selber auch nie gezüchtigt worden war. Der Gedanke, mit der vom Rabbi hervorgeholten tückischen Peitsche verprügelt zu werden, versiegelte ihm die Lippen. Er verweigerte sogar die Antwort, als der Junge ihn fragte, ob er passende Streichholzschachtelbilder habe, und schüttelte hastig den Kopf. Achselzuckend glitt der Junge auf der Bank zu seinem alten Platz zurück.

Auf einmal, bei der Ankunft mehrerer zu spät kommender älterer Jungen, gerieten die Zungen von neuem in Bewegung, und Stimmengewirr füllte den Raum. Als David sah, daß der Rabbi mehrmals die Peitsche schwang, ohne sie niedersausen zu lassen, schwand seine Furcht ein wenig. Dennoch wagte er nicht, sich an der Unterhaltung zu beteiligen, und hielt die Augen ängstlich auf den Rabbi gerichtet.

Als der Junge, der bei Davids Eintritt gelesen hatte, fertig war, trat ein anderer an seine Stelle, doch dieser schien weniger fähig, das flinke Geleier seines Vorgängers nachzuahmen. Zunächst, als er stockte, berichtigte ihn der Rabbi, indem er das sprach, was offensichtlich die richtigen Laute waren, denn der Junge wiederholte sie regelmäßig. Doch allmählich, als sein Schüler seine Fehler wiederholte, schlich sich ein barscher, warnender Tonfall in die Stimme des Rabbi ein. Nach einer Weile zupfte er den Jungen am Arm, sobald er ihn verbesserte, dann schlug er ihn schmerzhaft auf den Schenkel, und schließlich, kurz bevor der Junge fertig war, versetzte der Rabbi ihm eine schallende Ohrfeige.

Im Lauf der Zeit sah David diese Prozedur bei fast allen vorlesenden Jungen teilweise oder ganz wiederholt. Allerdings gab es mehrere Ausnahmen, und diese, soweit David beobachten konnte, entkamen der Strafe, weil das ihren Lippen entströmende Geleier ebenso atemlos und ununterbrochen war wie ein Trommelwirbel. Er bemerkte auch, daß immer, wenn der Rabbi eine dieser handgreiflichen Korrekturen vornahm, er zuerst das Stöckchen, mit dem er den Takt auf die Buchseite schlug, fallen ließ und eine Sekunde darauf, je nach den Erfordernissen des Falls, zu einer Ohrfeige oder einem Peitschenschlag ausholte. So daß stets, wenn er den Stock losließ, sei es, um sich am Bart zu kratzen, sein Schädelkäppchen zurechtzurücken oder eine halbgerauchte Zigarette aus einer Schachtel zu fischen, der Schüler vor ihm regelmäßig einen Arm hochstieß oder seinen Kopf zur Abwehr duckte. So schien das Fallenlassen des Stöckchens eine Warnung an seine Schüler zu sein, daß ein Hieb im Anzug sei.

Das Licht im Fenster wich blanker Blässe. Der Raum war warm; die stillstehende Luft hatte sogar die Widerspenstigen eingelullt. Schläfrig fragte David sich, wann er wohl an die Reihe kommen würde.

»Aha!« hörte er den Rabbi spöttisch ausrufen. »Bist du's, Herschele, Gelehrter aus dem Land der Gelehrten?«

Dies war an den Jungen gerichtet, der gerade auf den leeren Platz vor dem Buch geschlüpft war. David hatte ihn schon vorher beobachtet, einen feisten Burschen mit ausdruckslosem Gesicht und offenem Mund. Nach seinen feige und verdrossen geduckten Schultern zu schließen, lag es auf der Hand, daß er mit dem Rabbi nicht auf gutem Fuß stand.

»Herry wird's lernen«, kicherte einer der Jungen neben David.

»Vielleicht wirst du heute ein wenig glänzen«, schlug der Rabbi mit eisigem Lächeln vor. »Wer weiß, vielleicht lernt auch eine Marionette einmal furzen. Los!« Er ergriff das Stöckchen und deutete auf die Seite.

Der Junge begann zu lesen. Obwohl ein großer Junge, so groß wie jeder einzelne, der ihm vorangegangen war, las er langsamer und stockte häufiger als alle anderen. Ganz offensichtlich bezähmte der Rabbi seine Ungeduld, denn statt den Schüler zu schlagen, zog er wüste Grimassen, sooft er ihn verbesserte, stöhnte mehrmals, stampfte mit dem Fuß unter dem Tisch auf und nagte an der Unterlippe. Die anderen waren still geworden und hörten zu. Ihr angespanntes Schweigen – ihre Gesichter lagen nun im Halbdunkel – schien nach Davids Empfinden darauf hinzuweisen, daß sie jeden Augenblick eine Katastrophe erwarteten. Der Junge wurstelte weiter. Soweit David beurteilen konnte, machte er denselben Fehler immer wieder, denn der Rabbi wiederholte stets von neuem den gleichen Laut. Endlich war der Rabbi mit seiner Geduld am Ende. Er ließ den Zeigestock fallen; der Junge duckte sich, doch nicht tief genug. Die blitzschnell ausholende Handfläche des Rabbi knallte gegen sein Ohr wie ein Klöppel gegen einen Gong.

»Gipskopf!« donnerte er. »Wann wirst du lernen, daß ein *bejs* ein *bejs*, ein b ist und nicht ein *wejs*, ein w? Du Misthaufen! Wo sind deine Augen?« Er schüttelte eine bedrohliche Hand gegen den zusammenzuckenden Jungen und nahm den Zeigestock wieder auf.

Doch ein paar Augenblicke später, der gleiche Fehler und die gleiche Verbesserung.

»Daß ein Teufel wegfliege mit deines Vaters Vater! Helfen Prügel bei dir gar nichts? Ein *bejs*, Esau, Schwein! Ein *bejs!* Denk dran, ein *bejs*, ein b, und wenn du an Krämpfen stirbst!«

Der Junge wimmerte und las weiter. Kaum hatte er einige weitere Laute ausgesprochen, als er wieder vor dem schrecklichen Abgrund stockte und wie aus reiner Bosheit den alten Fehler wiederholte.

Das schlug dem Faß den Boden aus. Die Wirkung auf den Rabbi war fürchterlich. Ein entsetzliches Gebell spaltete seinen Bart. In Sekundenschnelle hatten die Zangen seiner Finger die Backen des heulenden Schülers gepackt, und, des Jungen Kopf hin- und herreißend, brüllte er:

»Ein *bejs!* Ein *bejs!* Ein *bejs!* Alle Hintern haben nur ein Auge. Ein *bejs!* Soll dein Gehirn überkochen! Ein *bejs!* Schöpfer des Himmels und der Erde, es gibt zehntausend Chejder in diesem Land, und ausgerechnet mich wählst du aus, um mich zu quälen! Ein *bejs!* Niederträchtigster von Gottes Dummköpfen! Ein *bejs!*«

Während er raste und den Kopf des Jungen mit einer Hand hin- und herzerrte, hämmerte die andere den Zeigestock mit solcher Wut auf den Tisch, daß David jeden Augenblick erwartete, den schlanken Stock ins Holz gerammt zu sehen. Statt dessen brach er ab!

»Er hat ihn abgebrochen!« verkündete sein Banknachbar mit diebischer Freude.

»Er hat ihn abgebrochen!« Das unterdrückte Gekicher lief durch die Reihen.

Selbst erschrocken von dem Gesehenen, fragte sich David, worüber die anderen so belustigt sein mochten.

»Ich hab's nicht gesehen«, japste der Junge am Tisch. »Ich hab's nicht sehen können! Es ist so dunkel hier drinnen!«

»Soll dein Schädel schwarz werden!« intonierte der Rabbi in kurzen, besessenen Schreien. »Und deine Augen blöde und dein Schicksal so finster und düster, daß du ein Mohnsamenkorn Sonne nennst und einen Kümmelsamen den Mond. Steh auf! Fort mit dir! Sonst leere ich noch mein bitteres Herz über dich aus!«

Tränen strömten über seine Wangen, und laut klagend schlich der Junge aus der Bank und verdrückte sich.

»Bleib hier, bis ich dir erlaube, wegzugehen«, rief der Rabbi ihm nach. »Putz dir deine Rotznase, los, sage ich! Wenn du so eilfertig lesen könntest wie deine Augen pinkeln, wärst du weiß Gott ein großer Gelehrter!«

Der Junge setzte sich, wischte sich mit seinem Rockärmel über Nase und Augen und schnaufte trübsinnig vor sich hin.

Mit einem Blick aufs Fenster kramte der Rabbi in seinen Taschen, zog ein Streichholz hervor und entzündete die niedrige Gaslampe, die in Kopfhöhe an der Wand hing. Während er prüfte, ob das auf dem Tisch aufgeschlagene Buch zu lesen war, drehte er die Flamme knauserig herunter. Dann setzte er sich wieder, schloß die Tischschublade auf und entnahm ihr ein neues Stöckchen, das dem soeben zerbrochenen aufs Haar glich. David hätte gerne gewußt, ob der Rabbi, da er wußte, was ihnen bevorstand, sich einen großen Vorrat an Stöcken schnitzte.

»Zurücktreten!« Er winkte den Jungen weg, der sich widerwillig an den soeben freigemachten Platz am Tisch geschoben hatte. »David Schearl!« rief er, die Barschheit seiner Stimme mäßigend. »Komm her, mein Goldjunge!«

Angstschlotternd kam David näher.

»Setz dich, mein Kind.« Noch immer ging sein überanstrengter Atem heftig. »Hab keine Angst!« Dabei zog er aus der Tasche ein Heft Zigarettenpapier und einen Tabakbeutel, drehte sich sorgfältig eine Zigarette und tat ein paar Züge; dann drückte er sie aus und legte sie in eine leere Zigarettenschachtel. Beklommenheit packte Davids Herz. »Nun denn«, er schlug die letzte Seite des Buchs auf. »Zeig mir, wie gesegnet dein Verstand ist.« Er drückte Davids gespannte Schulter auf den Tisch herunter, und das neue Stöckchen ergreifend, deutete er auf eine große Hieroglyphe auf dem oberen Teil der Seite. »Das hier heißt *komez*. Siehst du? *komez*. Und das ist ein *alef*. Nun, sooft man ein *komez* unter einem *alef* sieht, sagt man o.« Sein heißer, tabakgeschwängerter Atem umwirbelte Davids Gesicht. Die Worte seiner Mutter über ihren Rabbi durchzuckten ihn. Er verdrängte sie und bohrte seinen Blick in den gezeigten Buchstaben, als wolle er seine Augen damit versiegeln.

»Sprich mir nach«, fuhr der Rabbi fort. *»komez–alef–o!«*

David wiederholte die Laute.

»So!« befahl der Rabbi. »Noch einmal! *komez–alef–o!*«

»Und dies«, fuhr der Rabbi fort, nachdem David die Laute mehrere Male wiederholt hatte, und deutete auf den nächsten Buchstaben, »heißt *bejs*, und ein *komez* unter einem *bejs* – bo! Sag's! *komez–bejs–bo!*«

»komez–bejs–bo!« sagte David.

»Gut gemacht! Nochmal!«

So ging die Lektion weiter mit Wiederholung und Wiederholung. Ob aus Angst oder Fähigkeit, David legte die ersten Schritte ohne nennenswerten Fehler zurück. Und als er entlassen war, zwickte der Rabbi ihn lobend in die Wange und sagte:

»Kannst heimgehen. Du hast einen eisernen Kopf!«

III

»Ungleich!« sagte Izzy.
»Gleich!« sagte Solly.
»Schummler!« sagte Izzy. »Halt gefälligst nicht deine Finger zurück, bis du siehst, was ich ausspiele.«
Sie spielten wie gewöhnlich um Zeigestöcke, und David stand dabei und sah das Glücksrad kreisen. In anderen Ecken des Hofs waren andere in das gleiche Spiel vertieft. Heute befand sich eine beträchtliche Anzahl Zeigestöcke im Umlauf – einige hatten die Schublade des Rabbi geplündert. Sonst war nichts stibitzt worden, weder seine Gebetsriemen noch seine Uhr, auch nicht sein Briefpapier, nichts außer seinen Zeigestöckchen. Er war wütend gewesen, doch da jedermann ausdruckslos dreingeschaut hatte, war er außerstande gewesen, einen Schuldigen zu finden. Doch nun waren sie alle hier und spielten darum. David hatte seine helle Freude daran. Tatsächlich machte ihm alles Spaß, was mit den Zeigestöcken zu tun hatte. Sie waren einige der wenigen Dinge, welche die Langeweile des Chejder erträglicher machten. Als er zum ersten Mal einen gesehen hatte, dachte er, der Rabbi schnitze sie eigenhändig, doch bald stellte er seinen Irrtum fest: der Rabbi zerbrach so viele, daß er den ganzen Tag nichts anderes zu tun gehabt hätte. Nein, die Stöckchen waren nichts als gewöhnliche Lutscherstiele. Und sogar das war belustigend. Ein groteskes Bild war in seiner Vorstellung entstanden: er sah seinen strengen, schwarzbärtigen Rabbi den ganzen Tag Dauerlutscher lecken. Aber seine Mitschüler klärten ihn rasch auf. Sie brachten ihm die Stangen. Ein Lutscherstiel-Geschenk bedeutete eine gewisse Nachsicht von seiten des Rabbi, eine gewisse Bevorzugung. Doch die Gabe mußte umfangreich sein, sonst vergaß der Rabbi sie, und da wenige seiner Schüler sich mehr als einen Lutscher am Tag leisten konnten, spielten sie darum. Heute war das Glück Izzy hold.
»Hast du noch mehr?« fragte er.
»Ja«, sagte Solly. »Alles oder nichts! Ungleich!«
»Wart eine Sekunde. Ich bin ganz naß.« Er beugte sich zur Seite und wrang seine Kniehosen und Rockschöße aus. Vor einer Weile hatten sie so laut gestritten, daß jemand im Nachbarhaus einen Kübel voll Wasser mitten auf sie herabgeschüttet hatte. Izzy hatte den Löwenanteil abgekriegt.

»Juhuuuu!« ertönte es aus der Entfernung. Sie spähten umher.
»Wer ist es?«
»Will nachsehen.« Jonk, der in der Nähe des Zauns stand, kletterte an einer Wäschestange hoch. »Es ist Moisch«, verkündete er. »Er hat drei Zaunlatten.«
»Nur drei?« Geringschätzig nahmen sie ihr Spiel wieder auf.
Ein Geräusch von näherkommendem Geschlurf und Geklapper. Moisch kletterte über den Zaun. »Irgendwelche Pförtner?« fragte er.
»Keine Pförtner«, sagte Jonk verächtlich und rutschte an der Wäschestange herunter. »Du schlägst nicht genug Lärm, deshalb. Solltest mal Wildy hören.«
»Wer schlägt nicht genügend Lärm? Ich habe gekläfft wie sonst was. Wer gewinnt?«
»Wer glaubst du? Wildy gewinnt. Er hat vier Latten und einen Pförtner. Mrs. Lechtenstein vom Haus Siebenhundertachtundsechzig. Sie hat mit ihrem Besen losgeschlagen, aber Wildy hat sich geduckt.«
Über den Zaun zu klettern war einer der Wege, auf denen die Schüler des Rabbi in den Chejder gelangten. Das in den Chejderhof führende Tor war für die meisten von ihnen viel zu prosaisch; sie zogen es vor, sich ihren eigenen Anmarschweg zu schaffen. Und der Meister darin, wie in allem anderen, war Wildy. Wildy näherte sich seinem dreizehnten Geburtstag und infolgedessen seiner Bar-Mizwa-Feier, und das machte ihn zu einem der ältesten Schüler im Chejder. Er war das Idol von jedermann und hatte sogar gedroht, den Rabbi an der Nase zu ziehen.
»Wo ist Wildy jetzt?« fragte jemand.
»Er wartet darauf, daß Schaih und Toik runterkommen.« Jonk blickte vielsagend an einem der Häuser hinauf. »Er will ihnen beweisen, daß sie nicht die größten sind, die in den Chejder kommen.«
»Ich habe drei Zeigestöcke«, sagte Moisch. »Wer will dagegen setzen?«
»Ich setze.« Izzy hatte gerade seinen Gegner ausgeschaltet. »Wo hast du sie her? Hast du sie gemopst?«
»Nee. Da sind zwei Mädchen in meiner Klasse, und noch einer – ein Goj. Die haben alle Lutscher gekauft, und der Goj auch. Und ich bin immer mitgegangen, rund und rund, und als sie sie aufgegessen hatten, warfen sie die Stöckchen weg. Und ich habe sie aufgesammelt. Der Goj ist halt blöd.«

»Hast Dusel gehabt«, sagten sie neidisch.
Daß man mehr brauchte als nur Dusel, das wußte David wohl. Man brauchte vor allem viel Geduld. Er hatte diese Methode, Lutscherstiele einzusammeln, selbst probiert, hatte es aber zu langweilig gefunden. Freilich brauchte er es in Wirklichkeit nicht zu tun. Er war zufällig helle genug, Strafe zu vermeiden, und konnte Hebräisch so schnell wie jeder andere lesen, wenn er auch noch immer nicht wußte, was er las. Die Übersetzung der fünf Bücher Mosis, *chumesch* genannt, sollte später an die Reihe kommen.
»Juhuuu!« Diesmal kam der Schrei von oben. Sie blickten aufwärts. Schaih und Toik, die Brüder, die im dritten Stock des Hinterhauses wohnten, waren über ihre Feuerleitern heruntergeklettert. Als einzige im Chejder hatten sie das Vorrecht, den Hof über die Feuerleiter zu betreten – und machten ausgiebigen Gebrauch davon. Die übrigen schauten neidisch zu. Doch kaum waren sie einige Stufen heruntergestiegen, als ein neuer Schrei erschallte, diesmal von größerer Höhe. Wildy war's, und zwar auf dem Dach! »Juhuuuuuu!«
Jedermann hielt den Atem an.
»Ich hab' euch doch gesagt, daß ich von höher runterkommen würde als sie«, mit einem triumphierenden Schrei stieg er auf die Leiter und kam mit Tatarata heruntergeklettert.
»Hiii, Wildy!« hauchten sie ehrfurchtsvoll – alle, ausgenommen die beiden Brüder, die ihn verdrossen beäugten.
»Wir werden's dem Pförtner sagen.«
»Dann verhau ich euch«, antwortete er leichthin und wandte sich zu den übrigen. »Ihr wißt, was ich tun kann, wenn einer von euch mitmacht. Ich mache jede Wette, daß ich bis zum vierten Stock rauf komme, und ich mache jede Wette, daß ich dort die Wäscheleine zu fassen kriegen kann, und ich mache jede Wette, daß ich sie halten kann, bis mich jemand zur Wäschestange rüberzieht, und ich mache jede Wette, daß ich wieder runter kann!«
»Hiii, Wildy!«
»Und eines Tages fang' ich ganz drüben bei der Avenue C an und spring über alle Zäune in allen beiden Blocks!«
»Hiii!«
»He, Jungs, ich geh' rein.« Izzy hatte das letzte Zeigstöckchen gewonnen. »Kommt mit. Ich werd' sie ihm geben.«
»Wieviel hast du?« Sie trabten hinter ihm drein.
»Schau!« Ein dickes Bündel stak in seiner Hand.

Sie traten zum Lesetisch. Der Rabbi sah auf.
»Ich habe Zeigstöcke für Sie, Herr Rabbi«, sagte Izzy auf Jiddisch.
»Laß mal sehen«, lautete die argwöhnische Antwort. »Ein ganz schöner Beitrag.«
Izzy war still.
»Weißt du auch, daß meine Stöckchen gestern gestohlen wurden?«
»Ja, ich weiß.«
»Schön, wo hast du diese denn her?«
»Ich hab' sie gewonnen.«
»Von wem?«
»Von allen!«
»Diebe!« Unheilverkündend schüttelte er die Hand gegen sie. »Ein Glück für euch, daß ich keines wiedererkenne.«

IV

Zwei Monate waren seit Davids Eintritt in den Chejder vergangen. Der Frühling war eingekehrt und mit dem milderen Wetter ein Gefühl behutsamer Zufriedenheit, ein merkwürdiges Innehalten in ihm, als warte er auf ein Zeichen, ein Siegel, das ihn für immer aus seiner Wachsamkeit befreien und ihm für immer sein Wohlbefinden gewähren werde. Mitunter dachte er, er habe das Zeichen bereits gesehen – er ging zum Chejder; er ging häufig am Samstag zur Synagoge; er konnte Gottes Silben gewandt aussprechen. Doch er war nicht sicher. Vielleicht würde ihm das Zeichen offenbart, wenn er endlich gelernt hatte, aus dem Hebräischen zu übersetzen. Jedenfalls war sein Leben wunderbar ausgeglichen, seit er den Chejder besuchte, und das schrieb er seiner wachsenden Annäherung an Gott zu. Nun machte er sich nie mehr Gedanken über die Stellungen seines Vaters. Er wartete nicht mehr mit der alten Angst, daß der Kreis sich vollende. Es schien kein Kreis mehr dazusein. Auch schien seine Mutter sich nicht mehr um die Arbeit seines Vaters zu sorgen; auch sie wirkte ruhig und befriedigt. Und die seltsamen Geheimnisse, die er vor langem aus der Erzählung seiner Mutter aufgelesen hatte, schienen in ihm abgesunken und meldeten sich nur noch an mahnenden Straßenecken zwischen Häusern oder in seinem Gehirn.

Alles Lästige, Vergangene – entschied David – ruhte derart verloren in einem selbst. Man brauchte sich nur vorzustellen, daß es nicht da war, so wie sich der Keller im eigenen Haus fortbeschwören ließ, wenn ein heller Hof zwischen Eingang und Kellertreppe lag. Man brauchte nur einen hellen Hof. Zeitweise glaubte David fast, er habe diese Helligkeit gefunden.
Es war ein paar Tage vor Pessach. Der Morgen war so fröhlich gewesen, wärmer und heller als irgendein Tag der vergangenen Osterzeit. Keiner war so vielverheißend gewesen – ein Sommerblatt im Buch des Frühlings. Den ganzen Nachmittag hatte er rastlos und unaufmerksam auf das Drei-Uhr-Klingeln gewartet, das ihn aus der Schule entlassen würde. Statt der Tafel hatte er das scharfe Sonnengitter studiert, das die rote Mauer unter der Feuertreppe schraffierte; und hinter seinem großen Geographiebuch hatte er aus Löschblatt und Bleistift ein Segel gebaut, um den sanften Luftzug einzufangen, der durchs offene Fenster drang. Miss Steigman hatte ihn ertappt, hatte die Lippen steil geschürzt, stets dunkelte der schwere Flaum darüber, wenn sie das tat, und schrie: »Raus aus deiner Bank, kleiner Faulpelz! Und zwar augenblicklich! In dieser Sekunde! Setz dich neben die Tür und bleib dort sitzen! So eine Kühnheit!« Sie gebrauchte immer dieses Wort, und immer fragte sich David, was es bedeutete. Dann begann sie zu rülpsen, wie immer, wenn man sie ärgerte.
Selbst auf seinem neuen Platz war David unfähig, still zu sitzen; er zappelte und wartete, betastete die Maserung der Schulbank, rollte seine Schuhsohle verstohlen über einen runden Bleistift, versuchte ein auf sein Buch gefallenes Haar in kleine Knoten zu schnüren. Er hatte gewartet und gewartet, doch nun, da er frei war, was nutzte es ihm? Die Luft dunkelte, der nackte Wind spann eine graue Muschel aus dem vom Rinnstein aufgescheuchten Staub und Unrat. Der Straßenkehrer zog seinen schwarzen Regenmantel an. Das Wetter hatte ihn hintergangen, das war's! Jetzt konnte er nirgendwohin gehen. Er würde naß werden. Daher konnte er genausogut als erster im Chejder ankommen. Untröstlich überquerte er die Straße.
Aber wie konnte seine Mutter am Morgen gewußt haben, daß es regnen würde? Sie war ans Fenster getreten und hatte hinausgeschaut, dann hatte sie gesagt: Die Sonne geht zu früh auf. Na und – Wiii!

Vor seinen Füßen wurde ein flaches Zeitungsblatt von einem feuchten Windstoß in die Luft gepeitscht, einen Augenblick sackte es ab, flatterte träge und verschmolz zu Himmel. Einen Lidschlag lang schaute er ihm nach, dann beschleunigte er den Schritt. Vor Schaufenstern blähten sich Markisen, knatterten. Schreiend lief ein Junge seiner davonfliegenden Mütze über die Fahrbahn nach.
»Wau! Schau!« Der Schrei ließ ihn den Kopf wenden.
»Schande! Schande! Jeder kennt dich im Lande!« sang besessen ein Chor von Jungen und Mädchen. »Schande! Schande! Jeder kennt dich im Lande.«
Hochrot und kichernd schlug ein hochgewachsenes Mädchen seinen Rocksaum nieder. Über plumpen X-Beinen der flüchtige Anblick von weißen Spitzenhöschen. Dann ließ der Wind nach, und das Kleid sank. Von neuem drehte sich David um und empfand leisen Ekel, einen Anflug des alten Abscheus. Mit welch bereitwilligen Krämpfen die im Gehirn einbalsamierten Bilder aus ihren Nischen sprangen, alte Gebärden nachäfften und verschwanden! Es rief jene Zeit wach, die lang zurücklag. *Knisch* und Schrank. Pu! Und jene Zeit, als zwei Hunde ineinander steckten. Pu! Der Mann schüttete Wasser auf sie. Schande! Schande!
»Sophieee!« Über ihm der Ruf. »Sophiee!«
»Ja, Mama–a–a!« Von einem Mädchen auf der anderen Straßenseite.
»Komm rauf! Sofort!«
»Ach was!«
»Gleich oder es setzt was!«
Unwirsch die Schultern schüttelnd, lief das Mädchen über die Straße. Das Fenster rasselte herunter.
Einen milchbefleckten, ranzigriechenden Kinderwagen vor sich herschiebend, watschelte ein viereckiges Gesäß vorbei, von irgendwoher zog ein Arm zwei schwankende, durch Handschlag aneinandergekettete Kinder, die gegeneinander, gegen ihre Mutter bumsten wie ermüdende, gepeitschte Kreisel. Ein Junge lief vor dem Wagen her, und der rammte ihn von hinten.
»Au! Können Sie nicht aufpassen, wohin Sie gehen?« Er rieb sich sein Fußgelenk.
»Rotznase! Kriegst eine Ohrfeige, wart nur!«
»Aaaa. Geh'n Sie doch weg!«
Ein Regentropfen platzte auf seinem Kinn.

– Es wird ...
Er warf sein Bücherbündel über die Schulter und fiel in einen raschen Trab.
– Bevor ich naß werde.
Vor ihm flog die Hauptmasse zerzauster Wolken hinter ihrer Vorhut der Küste jenseits des East River zu. Und auf der anderen Seite des Flusses wurde der weiße Rauch der nahen Schornsteine herabgedrückt und vom Sturm geschüttelt wie die Essen eines fliegenden Schiffes. Auf der Straße zogen Wagenräder schwarze Spuren. In der Höhe flatterten Vorhänge aus offenen Fenstern. Die Luft zerplatzte in tausend schrille, splitternde Schreie, dann und wann unterbrochen vom plötzlichen Kriegsgeheul eines Jungen oder dem ungeduldigen Gezeter einer Mutter. Im Eingang zum Chejder blieb er stehen und warf einen sehnsüchtigen Blick die Straße hinauf und hinunter. Die schwarzen Gehsteige waren verwaist. Der Regen schüttelte bleiche Strähnen in die zunehmende Dämmerung. Gegen das buntscheckige Wolkengeschiebe in der schroffen Furche des Westens wehte, steif wie ein Schlüssel, eine einsame Flagge auf dem First eines Schulhauses. Im Schutz eines Hauseingangs auf der anderen Straßenseite brüllte eine Horde Kinder eintönig zum Himmel empor:
»Regen, geh woanders nieder, komm mal nächste Woche wieder.
Regen, geh woanders nieder, komm mal nächste Woche wieder.
Regen, geh ...«
Er sollte lieber hineingehen, bevor die übrigen Schüler des Rabbi kamen. Sonst würden sie ihn überholen. Er machte kehrt und stapfte durch den dämmrigen, zerfallenen Gang. Der Hof war düster. Wäschestangen knarrten und schwankten, Flaschenzüge knirschten. In einem hochgelegenen Fenster beschimpfte ein massiges, nacktarmiges Weib jemanden, der hinter ihr fluchte, und hievte hastig die wie bauschige Säcke über den Sims hängende Bettwäsche herein.
»Man sollte dir's Gehirn rausreißen!« ertönte ihre Stimme über den Hof. »Warum hast du mir nicht gesagt, daß es regnet?«
Er stürzte in den Regen hinein, rutschte auf den zerbrochenen Bodenplatten aus und prallte gegen die Chejdertür. Als er hineinstolperte, wandte der Rabbi, der gerade die Gasbeleuchtung anzündete, den Kopf.
»Ein schwarzes Jahr soll dir blühen!« brummte er. »Warum kommst du nicht rein wie ein normaler Mensch?«

Wortlos schlich er zu der Bank an der Wand und setzte sich. Warum brüllte er ihn so an? Er war ja nicht mit Absicht hereingebraust. Hiii! Das hellerwerdende Gaslicht enthüllte einen zweiten Schüler im Raum, den er bisher nicht bemerkt hatte. Es war Mendel. Sein Hals stak in einem weißen Verband, kränklich weiß unter dem verschwommen-gelblichen Geflacker der Gasbeleuchtung, er saß, den Kopf in die Hände gestützt, am Lesetisch. Mendel ging auf sein Bar-mitzwe zu, hatte aber nie *chumesch*, die fünf Bücher Mosis, lesen gelernt, weil er erst spät in den Chejder gekommen war. Er hatte Glück, so sagten alle, weil er einen Furunkel im Nacken hatte, was ihn von der Teilnahme am Schulunterricht befreite. Auf diese Weise war er die ganze Woche als erster im Chejder angekommen. David hätte gerne gewußt, ob er es wagen konnte, sich neben ihn zu setzen. Der Rabbi sah verärgert aus. Dennoch beschloß er es zu tun und schlüpfte unauffällig neben Mendel in die Bank. Der aufsässige Medizingeruch reizte seine Nasenflügel.

– Pfui! Es stinkt!

Er rutschte weg. Trübäugig und hängelippig maß Mendel ihn mit einem raschen Blick und drehte sich dann zum Rabbi. Dieser holte ein dickes blaues Buch von einem Stapel auf dem Bord und setzte sich auf seinen Polsterstuhl.

»Merkwürdig dunkel«, sagte er und blinzelte zum regenbesprühten Fenster hinüber. »Ein stürmischer Freitag.«

David erschauerte. Verlockt vom milden Mittagswetter, war er in seinem dünnen, blauen Jerseyhemd von zu Hause weggegangen. Jetzt, ohne Feuer in dem rundbauchigen Ofen und ohne andere Körper, die dem feuchten Raum ihre Wärme liehen, war ihm kalt.

»Nun«, sagte der Rabbi und strich sich den Bart, »das ist das Kapitel aus den Propheten, das zum entsprechenden Wochenabschnitt aus den fünf Büchern Mosis gehört – etwas, was ihr bei eurer Bar-Mizwa-Feier lesen werdet, sofern ihr so lange lebt.« Er befeuchtete Daumen und Zeigefinger und zupfte die obere Kante jeder Seite so, daß das ganze Blatt sich aus seiner Hand zu winden und aus eigener Kraft fluchtartig umzuschlagen schien. David entdeckte zu seiner Überraschung, daß im Gegensatz zu den anderen Büchern des Rabbi bei diesem noch keine Ecken abgerissen waren. »Es ist der *sidre*, der Abschnitt für diese Woche«, fuhr er fort. »Und da du keinen Chumesch kannst, werde ich dir sagen, was er bedeutet,

nachdem du es gelesen hast.« Er nahm den Zeigestock auf, doch statt auf die Seite zu deuten, hob er plötzlich die Hand.
Wider Willen zuckte Mendel zusammen.
»Ach!« kam das ungeduldige Knurren des Rabbi. »Warum hüpfst du wie eine Ziege? Kann ich *dich* schlagen?« Und er bohrte sich mit dem stumpfen Ende des Stöckchens im Ohr, wobei sein dunkelhäutiges Gesicht sich von seiner Knollennase bis zu den Barträndern und zu seinem Schädelkäppchen schmerzhaft zusammenzog. Dann schabte er das bräunliche Wachsklümpchen am Tischbein ab und deutete auf die Seite. »Fang an, *beschnos mos.*«
»beschnos mos hamelech usijahu waereh es adonoi«, stimmte Mendel sein Geleier an.
Mangels einer besseren Beschäftigung schaute David auch hin und maß sich stillschweigend mit Mendel. Doch das Tempo erwies sich als zu schnell für ihn – Mendels zungenfertiges Kauderwelsch brachte sein eigenes zauderndes Gemurmel zu Fall. Er gab die Jagd auf und starrte verloren auf das regennasse Fenster. In einem Haus hinter dem dunklen Hof waren Lichter aufgeflammt, und verschwommene Gestalten bewegten sich davor. Regen prasselte aufs Dach, und ein- oder zweimal sickerte gedämpftes Rumpeln durch das stetige Gepladder, als werde ein schwerer Gegenstand auf dem Fußboden über ihnen herumgezerrt.
– Bett auf Rädern. Oben. (Seine Gedanken strichen abwesend zwischen den Grenzen der leiernden Stimme und dem leiernden Regen umher.) Hiii, wie es regnet. Regnet sich ein. Selbst wenn es aufhört, kann ich nicht fortgehen. Wenn er Chumesch läse, könnt' ich mit ihm um die Wette lesen, könnte ihn schlagen, bestimmt. Denn dann müßte er aufhören ... Warum mußt du Chumesch lesen? Kein Vergnügen ... Erst liest du: *adonoi elahenu blablabla,* und dann sagst du: Und Moses sagte, du darfst nicht, und dann liest du noch mehr blablabla, und dann sagst du, du darfst nichts Unsauberes, nichts vom Trejfe-Metzger essen. Mag's ohnehin nicht. Große, braune Säcke hängen an den Haken. Schinken. Und alle möglichen Sorten grauer Wurst wie mit Marmor drin. Pfui! Und Hühner ohne Federn in Kisten und kleine Hasen in dem Laden auf der First Avenue an der Hochbahn. In einem Käfig mit Salatblättern. Auch Steine essen sie, an den Ständen. Steine in allen Farben. Sie brechen sie mit einem Messer auf und tun Ketchup auf den Rotz drin. Jiii! Und lange, schwarze, magere Schlangen. Pfui! Gojim essen alles ...

»weeschma es kol adonoi omair es mi eschlach.« Mendel las heute nachmittag sehr rasch. Der Rabbi wandte die Seite um. Oben das ferne, rumpelnde Geräusch.

– Wieder das Bett auf Rädern ... Aber wie wußte es Moses? Wer sagte es ihm? Gott sagte es ihm. Iß nur koscheres Fleisch, dann geht es. Darfst kein Fleisch essen und darauf Milch trinken. Mama machte sich nichts draus, es sei denn, wenn Bertha zusah! Wie sie mit ihr schimpfte, weil sie die Fleischmesser unter die Milchmesser mischte. Das ist Sünde ... Daher sagte Gott zu ihm, iß auf deinen eigenen Fleischmärkten ... Damals mit Mama, als wir auf den Hühnermarkt gingen. Wo alle Hühner umherliefen – kuckakucka – wann habe ich das gesagt? Kucka. Hiii! Komisch. Hab' ich irgendwo gesagt. Dann machte der mit dem Messer Sing! Iii! Blut und Flügel. Und warf's auf den Boden. Selbst wenn du koscheres Fleisch siehst, magst du's nicht essen. –

»Genügt!« Der Rabbi klopfte mit seinem Stöckchen auf den Tisch. Mendel hörte zu lesen auf und ließ sich mit einem erleichterten »Ppphhh« zurückfallen.

»Jetzt werde ich dir erzählen, was du gelesen hast, dann werde ich dir erklären, was es bedeutet. Hör gut zu, damit du's auch behältst. *beschnos mos hamelech.*« Die Nägel von Daumen und Zeigefinger stießen zusammen. »Im Jahr, als König Usia starb, sah Isaia Gott. Und Gott saß auf seinem Thron, hoch im Himmel und in seinem Tempel – verstanden?« Er deutete aufwärts.

Mendel nickte und verzog das Gesicht, als er den Verband um den Hals lockerte.

– Hiiii! Und er sah Ihn. Möcht' wissen, wo? (Davids Interesse erwachte, und er hörte gespannt zu. Das war etwas Neues.)

»Nun!« faßte der Rabbi zusammen. »Rings um Ihn standen die Engel, Gottes gesegnete Engel. Wie schön sie waren, kannst du dir selbst ausmalen. Und sie riefen: *kadosch! kadosch! kadosch!* – Heilig! Heilig! Heilig! Und der Tempel klang und erzitterte vom Klang ihrer Stimmen. So!« Er machte eine Pause und spähte in Mendels Gesicht. »Verstanden?«

»Jä«, machte Mendel verständnisvoll.

– Und da waren Engel, und er sah sie. Möchte wissen, ob –

»Als aber Isaia den Allmächtigen in Seiner Erhabenheit und Seinem schrecklichen Licht sah – Weh mir! rief er, Was soll ich tun! Ich bin verloren!« Der Rabbi ergriff sein Schädelkäppchen und zerdrückte es. »Ich, ein gewöhnlicher Mensch, habe den Allmächtigen gesehen. Ich, ein Unreiner, habe Ihn gesehen! Sieh, meine Lippen sind unrein, und ich lebe in einem unreinen Land – denn die Juden zu jener Zeit waren sündig ...«

– Rein? Licht? Möcht' wissen, ob –? Wollte, ich könnte ihn fragen, warum die Juden schmutzig waren. Was taten sie? Lieber nicht! Wird böse. Wo? (Verstohlen, während der Rabbi noch sprach, lehnte David sich vor und warf einen Blick auf die Seitenzahl.) Achtundsechzig. Kann vielleicht nachher fragen. Seite achtundsechzig. Das blaue Buch – Hii! Es ist Gott.

»Aber gerade als Isaia aufschrie – Ich bin unrein – flog einer der Engel zum Altar und ergriff mit Zangen eine feurige Kohle. Verstanden? Mit Zangen. Und mit dieser Kohle flog er herab zu Isaia, und mit dieser Kohle berührte er seine Lippen – Hier!« Die Finger des Rabbi durchstachen die Luft. »Du bist rein! Und im Augenblick, als die Kohle Isaias Lippen berührte, hörte er Gottes Stimme sagen, Wen soll ich senden? Wer wird für uns gehen? Und Isaia sprach und ...«

Ein plötzlicher Stimmenschwall vor der Tür unterbrach ihn. Fußgetrappel im Hof. Die Tür sprang auf. Eine sich stoßende, sich balgende Bande stürmte herein und versperrte den Eingang. Mit lähmendem Gelächter schubsten sie einander vorwärts und rückwärts –

»Laß mich!«

»Laß du mich!«

»Du hast mich gepufft, lausiges Stinktier!«

»Der nächste nach Davy.« Einer flog zum Lesetisch.

»Moische ist in eine Pfütze gesaust.«

»Hee! Laß ihn nicht rein!«

»Nächster nach Sammy!« Ein neuer stürzte nach dem ersten vor.

»Dann komm' ich!«

»Ruhe!« kreischte der Rabbi. »Schlachten sollte man euch, in Bausch und Bogen! Hört ihr! Kein einziger soll übrigbleiben!«

Das Lärmen ließ nach.

»Und du dort, mögest du ein Krüppel werden für immer, mach die Tür zu!«

Der Mahlstrom am Eingang löste sich auf.

»Rasch! Mag euer Leben damit abgeschlossen sein!«

Jemand zog die Türe hinter sich zu.

»Und nun, süßer Sammy«, seine Stimme nahm einen giftig-

schmeichlerischen Ton an, »bist du etwa nächster? Ich geb' dir nächster. In deinem Bauch wird es nächster. Raus mit dir! Und zwar dalli!«
Hastig kletterte Sammy über die Bank nach hinten.
»Und du auch.« Er winkte David weg. »Geh und setz dich dort drüben hin.« Und als David zögerte. »Fix. Sonst ...!«
David sprang aus der Bank.
»Und zwar still!« krächzte er. »So, als seien eure Zungen verfault.« Und als völlige Stille eingetreten war: »Nun«, sagte er aufstehend, »ich gebe euch etwas zu tun ... Jizchok!«
»Waaaah! Ich hab' nichts getan!« jammerte Jizchok erschrocken.
»Wer hat dich aufgefordert zu sprechen? Komm hierher!«
»Was wollen Sie von mir?« fragte Jizchok weinerlich.
»Setz dich her.« Er winkte ihn zu der dem Lesetisch nächststehenden Bank. »Und sprich nicht auf Gojisch mit mir. Raus mit dir da, du! Und du, David, bleib sitzen, wo du bist – Simche!«
»Ja!«
»Neben ihn. Srool! Moische! Avrum! Jankel! Schulim!« Er sammelte alle jüngeren Schüler zu einer Gruppe. »Schmiel! Und du, Meyer, du sitzt hier.« Mit einem warnenden Blick ging er zum Schrank hinter seinem Pult und holte eine Anzahl kleiner Bücher hervor.
»Aa! Puh!« spuckte Jizchok flüsternd. »Wieder die Hagada, die lausige Geschichte vom Auszug aus Ägypten!«
Sie saßen still, bis der Rabbi zurückkehrte und die Bücher verteilte. Moische, der in Davids Nähe saß, ließ sein Exemplar fallen, sprang dann aber hastig danach und küßte es dem Rabbi zuliebe und betrachtete es mit dem Ausdruck schwachsinniger Frömmigkeit.
»Erst, Lauseköpfe«, begann der Rabbi, als die Verteilung beendet war, »die Vier Fragen des Pessachfestes. Lest sie wieder und wieder. Laßt sie aber diesmal wie einen Sturzbach von euren Lippen fließen. Und wehe dem Gipskopf, der sie immer noch nicht auf Jiddisch aufsagen kann! Schläge wie Sand am Meer werden auf ihn niederprasseln! Und wenn ihr das getan habt, schlagt dann das *Chadgadje*, das Lied von einem Zicklein, auf. Lest es ganz durch. Aber vergeßt nicht, still wie der Tod – nun?« Schmaike hatte die Hand gehoben, als sei er in der Schule. »Was willst du?«
»Können wir einander abhören?«
»Verschimmelte Gehirne! Müßt ihr euch noch immer abhören?

Wenn's sein muß! Aber seht euch vor, daß ich kein einziges gojisches Wort von euch zu hören bekomme.« Er trat zu seinem Stuhl zurück und setzte sich. Etliche Sekunden lang maß sein wütender Blick die lange Bank, dann sanken seine Augen vorübergehend auf das vor ihm aufgeschlagene Buch. »Ich habe dir erzählt«, er wandte sich an Mendel, »wie es kam, daß Isaia Gott sah, und was dann geschah . . ..«

Doch als hätten seine eigenen Worte die ihrigen entfesselt, begann siedendes Geflüster den Raum zu füllen.

»Laß mich vorlesen. Laß mich doch mal! Ach, scheiß die Wand an. Los, Solly, hör mich ab. Du hast mich gepufft! Mendy hat noch seinen Verband an . . .«

»Sagte, wen soll ich senden?« Die Worte des Rabbi gingen im Lärmdickicht unter. »Wer wird für uns gehen?«

»Izzy Pissy! Pillenäugiger Mulligan! *ma-nischtane* . . . wodurch unterscheidet sich dieser Abend . . . – Willst du mit mir spielen, Jonk?«

– Könnte ihn nicht fragen. (Davids Augen blieben auf der Seite haften.) Würde böse werden. Vielleicht später, wenn ich vorlesen muß. Wo war es? Ja. Seite achtundsechzig. Ich werde sagen, auf Seite achtundsechzig in dem blauen Buch, das neu ist, da wo Mendel gelesen hat, haben Sie gesagt, der Mann sah Gott. Und ein Licht –

»Wie viele? Ich hab' mehr als du. . . . denn an allen anderen Abenden . . . Hab' auch mal ein Geschwür am Kopf gehabt. Warst du unter der Markise? Wir waren alle drunter. Im Regen.«

»Und sag diesem Volk, diesem gefallenen Volk . . .«

»Ja, und ich trete dich in den Hintern! Ungleich! . . . an diesem Abend einzig Maze . . . Weil mir einer Sand auf den Kopf geschmissen hat, hab' ich ein dickes Geschwür gekriegt. Hab' einen Blitz gesehen, grad' wie ich reingekommen bin.«

– Wohin ging er, um Ihn zu sehen? Gott? Hat er nicht gesagt. Möcht' wissen, ob's der Rabbi weiß. Wollt', ich könnt' ihn fragen. Seite achtundsechzig. Weit, weit weg vielleicht. Aber wo? Hii! Irgendwo, so wie ich . . . Als ich – als ich – in der Straße weit weg . . . Hallo, Mr. Hochholz, auf Wiedersehen, Mr. Hochholz! Hiii! Komisch!

»Komm hierher, Joey, hier ist Platz. Der Rabbi will – Die Latten sind alle glitschig. Warum heulst du denn?«

»Wird niemals geheilt, wird niemals rein.«

»Ein Blitz, du Dussel! He, Solly, er sagt . . . denn an allen anderen

Abenden ... Ja, mein Vater wird deinen großen Bruder verdreschen. Gleich!«

– Irgendwo sah Jsaia Ihn, einfach so. Mache jede Wette! Saß auf einem Stuhl. Er hat also Stühle gehabt, konnte also sitzen. Hii! Sitz Schiß! Psst! Bitte, lieber Gott, hab's nicht so gemeint! Bitte, lieber Gott, jemand anders hat das gesagt! Bitte –

»Wie sagst du dann Blitz, Schlauberger? Moische hat sein Pusterohr verloren. Und dann, nach dem Sand, hab' ich mir Wasser auf den Kopf gegossen. Und dann – lausiges Biest! – hat Miß Ryan es weggenommen!«

»Wie lange? fragte ich. Herr, wie lange ...«

– Und warum hat der Engel das getan? Warum wollte er Isaias Mund mit Kohle verbrennen? Er sagte, Du bist rein. Aber Kohle macht doch Rauch und Asche. Wie kann er dann rein sein? Hätte er nicht einfach sagen können, Dein Mund ist rein? Etwa nicht? Warum war er eigentlich nicht rein? Er hat ihn nicht gewaschen, da mach' ich jede Wette. So daß ...

»*Blitzstrahl*, du Hammel! Ein Blitz! Kannst du nicht Englisch reden? Ha! Ha! ... alle Arten von Grünzeug und an diesem Abend ... Zwei mehr! Ich hab' Kreidestummel damit geschossen. Das schoß vielleicht gut, mein Pusterohr. Mein Vater wird deinem Vater einen Tritt in den Hintern geben, daß er ...«

Mit einer *zwang*, hat er gesagt. *zwang*. Wo hab' ich das schon gesehen? *zwang*, irgendwo. Mama? Nein. Beim Schmied am Fluß. Zange und Hufe. Ja, muß so sein. Mit der Zange, *zwang* heißt Zange. Und warum mit einer Zange? Kohle war heiß. Daher. Aber er war doch ein Engel. Haben Engel Angst? Angst, verbrannt zu werden? Hiii! Muß heiß gewesen sein, wahnsinnig heiß. Wie ich zusammengezuckt bin, als der Rabbi die Finger vorgestoßen hat, als er Kohle sagte. Glaubte fast, ich brenne. Möcht' wissen, ob Isaia losgebrüllt hat, als die Kohle ihn berührte. Vielleicht verbrennt Engelkohle keine lebenden Personen. Möcht' wissen –

»Da! Klack! Gehört mir! Wieviel Latten hast du gehabt? Ich hab's von einem Baum im Park abgerissen, mein Pusterohr. Drei Latten. Also ein Blitz, du Schlauberger!«

»Und das ganze Land war wüst und leer.«

»Drei ist gelogen, sagt mein Vater. Ja? Wir tunken sogar einmal ein an diesem Abend ... Muß immer einen Hut aufhaben, wenn's blitzt ...«

– Er hat dreckige Wörter gesagt, mach' jede Wette. Scheiße, Pisse, Fickbiest – Halt! Du sagst's ja selber! Wieder Sünde! Drum hat er – Hiii! Hab's nicht so gemeint. Aber dein Mund wird nicht dreckig. Fühl' keinen Dreck. (Er fuhr mit der Zunge im Mund herum.) Vielleicht drinnen. Tief, tief drinnen, wo du's nicht schmecken kannst. Was hat Isaia gesagt, daß es ihm den Mund dreckig gemacht hat? Richtig dreckig, damit er es gemerkt hat? Vielleicht –

»... denn an allen Abenden essen wir ... Der Regen hat meinen Pützel naß gemacht. Autsch! Laß los! Du darfst Bücher nicht mit Zeitungspapier einbinden. Meine Lehrerin hat's verboten. Und nachdem sie mir mein Pusterohr weggenommen hatte, hat sie mich auch noch an den Titten gezwickt! Lausige Bestie! Entweder sitzen oder lehnen wir ... Was ist das nächste Wort? Mein Handball ist ins Klo gefallen. Jetzt hab' ich sechs Zeigestöcke!«

– Man könnte es nicht mit einer gewöhnlichen Kohle machen. Du würdest ganz verbrennen. Sogar heißer Tee, wenn du den trinkst – ooh! Aber wo kann man Engelskohle herbekommen? Mr. Eismann, geben Sie mir einen Eimer Engelskohle. Hii! Hii! In einem Keller ist Kohle. Aber andere Kohle, schwarze Kohle, keine Engelskohle. Nur Gott hat Engelskohle. Wo ist Gottes Keller, das möcht' ich wissen. Wie hell es dort sein muß. Hätt' keine Angst wie damals in Brownsville. Weißt du noch?

»Los, Chick! He, Louie! Du bist der letzte! Hab' nasse Füße! Schau! Ich! Ja! Ha! Zwei!«

– Engelskohle. In Gottes Keller gibt es –

Alle Nachzügler waren hereingestapft. Ein Gewoge von Geplapper ließ den Chejder erbeben.

»Und–nicht–ein–Baum ...« Als der Rabbi sich mehr und mehr bückte, schoß seine Stimme eine steile Leiter der Bedrohnis empor. »Soll – aufrechtstehen im Land!« Er richtete sich auf, und sein Crescendo endete in Gedröhn. »Neein!« Sein endgültiges, niederschmetterndes Gebell mähte die letzten schrillen Halme der Stimmen um. »Nun bin ich an der Reihe!« Die Peitsche in der Hand, stand er grimmig lächelnd auf und ging auf die stumme, geduckte Reihe zu. »Da!« Die Geißel pfiff herab und hieb auf einen Schenkel. »Das ist für dich!«

»Aauu!«

»Und für dich!«

»Autsch! Was hab' ich denn getan ...«

»Und für dich und deine geölte Zunge!«
»Aufhören! Oh!«
»Und für dich und das Feuer in deinem Hintern! Wirst du jetzt stillsitzen!«
»Uuh! Au!«
»Und für dich und dein Grinsen! Und für dich und dein Gejohl und für dich und dein Gestänker. Fang! Fang! Halt's fest! Tanz!«
Die Schnüre flogen, Beine sackten weg. Schmerzgezeter schrillte von den Bänken hoch, da und dort. Keiner entging dem Gericht, nicht einmal David. Schließlich erschöpft und nach Atem schnaubend, hielt der Rabbi inne und stierte sie an. Unterdrücktes Fluchen, Gewimmer, Schneuzen durchlief die Bank von einem Ende zum anderen.
»*scha!* Ruhe!«
Dann verstummte auch das.
»Und jetzt zu euren Büchern. Steckt die Nasen hinein. Die Vier Fragen zum Pessachmahl. Nun! Anfangen. *ma nischtana* ... was unterscheidet ...«
»Was unterscheidet diese Nacht«, bellten sie, »von allen anderen Nächten? In allen anderen Nächten essen wir gesäuertes oder ungesäuertes Brot.«
»*schulim* – Ruhe!« Das Kinn des Rabbi sank, seine Stimme tauchte hinterher zu unheilverkündendem Baß. »Habt ihr die Sprache verloren?«
»In dieser Nacht«, eine neue Stimme verstärkte den bereits machtvollen Chor, »nur Maze!«
Als sie die Vier Fragen, die die Zeremonie des Seder-Abends festlegen, alle beantwortet hatten, wiederholten und übersetzten sie diese dreimal ins Jiddische.
»Und nun das *chad-gadje*, das Lied vom Zicklein«, befahl der Rabbi. »Und zwar einstimmig. Dalli!«
Eilends wandten sie die Seiten um.
»*chad-gadje, chad-gadje*«, bellten sie unregelmäßig, »*disabin abe bisrai suse, chad-gadje, chad-gadje* ...«
»Dir sollen die Zähne ausfallen, Simche«, knurrte der Rabbi giftig grinsend. »Worüber hast du zu feixen?«
»Über nichts!« protestierte Simche empört. »Ich hab' nicht gefeixt!«
Er hatte aber gefeixt – einer hatte *gad-chadje* statt *chad-gadje* gesungen.
»So!« sagte der Rabbi säuerlich, als sie geendet hatten. »Und wo ist

der gesegnete Kopf, der sich noch an gestern erinnert? Wer kann das ins Jiddische übersetzen? Ha, wo ist der?«
Zögernd hoben sich ein paar Hände.
»Aber alles zusammen!« warnte er. »Kein Stückwerk, alles und zwar ohne Stocken. Sonst...«, er knallte mit der Peitsche, »die Nudeln!«
Verängstigt ließen die Anwärter ihre Hände sinken.
»Was? Keiner? Kein einziger?« Seine Augen glitten auf und ab. »Ach, ihr!« Spöttisch abwinkend verwarf er das Angebot der älteren Schüler, die den Chumesch kannten. »Es wär' an der Zeit, daß ihr das endlich beherrschtet! Also keiner!« Verbittert schüttelte er ihnen den Kopf entgegen. »Mögt ihr nie wissen, wo eure Zähne sind! Hi! Hi! Also keiner strebt mehr danach, Jude zu sein. Weh euch! Sogar ein Goj weiß von seinem Dreck mehr als ihr von Heiligkeit. Weh euch, wehe!« Anklagend blickte er David an. »Auch du? Ist dein Schädel voll von Kot wie der der anderen? Sprich!«
»Ich weiß es«, gestand er, heuchelte jedoch zugleich Verdrossenheit, um nicht den Haß der anderen zu erregen.
»Nun! Hast du Rippen in der Zunge? Fang an! Ich warte!«
»Ein Zicklein, ein einziges Zicklein«, nahm er behutsam den Faden der Geschichte auf, »ein Zicklein, das mein Vater für zwei Susim gekauft hatte. Ein Zicklein, ein einziges Zicklein. Und eine Katze kam und fraß das Zicklein, das mein Vater für zwei Susim gekauft hatte. Ein Zicklein, ein einziges Zicklein. Und ein Hund kam und biß die Katze, die das Zicklein gefressen hatte, das mein Vater für zwei Susim gekauft hatte. Ein Zicklein, ein einziges Zicklein.« Je weiter er fortfuhr, desto mehr fühlte er, wie die anderen sich duckten, um auf ihn loszuschlagen, falls er eine einzige Sprosse der langen Leiter von Schuld und Sühne verpaßte. Vorsichtig kletterte er über die Kuh und den Schlachter und den Todesengel hinweg. »Und dann kam der Allmächtige, gesegnet sei Er... (*Hii! Der Letzte. Keiner mehr danach. Wußte es nicht. Aber einmal, Mama, hii!)* Ungerufen drängten sich die fremden Gedanken in die Lücke. Einen Augenblick stockte er. (Nein! Nein! Nicht anhalten!) »Gesegnet sei Er«, wiederholte er eilends, »und tötete den Todesengel, der den Schlachter getötet hatte, der den Ochsen getötet hatte, der das Wasser getrunken hatte, das das Feuer gelöscht hatte, das den Stock verbrannt hatte, der den Hund geschlagen hatte, der die Katze gebissen hatte, die das Zicklein gefressen hatte, das mein Vater für

zwei Susim gekauft hatte. Ein Zicklein, ein einziges Zicklein!« Atemlos gelangte er ans Ende und fragte sich, ob der Rabbi böse mit ihm war, weil er in der Mitte angehalten hatte.
Aber der Rabbi lächelte. »So!« Er klatschte mit beiden Handflächen gegeneinander. »Diesen da nenn' ich mein Kind. Das ist Gedächtnis. Das ist Intelligenz. Du wirst vielleicht noch ein großer Rabbi – wer weiß!« Mit befriedigter Miene strich er seinen schwarzen Bart und betrachtete David einen Augenblick, dann steckte er plötzlich seine Hand in die Tasche und förderte eine abgenutzte schwarze Börse zutage.
Ein Gemurmel ungläubigen Staunens erhob sich aus der Bank.
Den gabelartigen Metallverschluß aufreißend, klimperte der Rabbi mit dem Inhalt und griff nach einer Kupfermünze. »Da! Weil du den Kopf eines Jidden hast. Nimm sie!«
David hob mechanisch die Hand und schloß sie um das Geldstück. Stumm schnappten die anderen nach Luft.
»Und jetzt wirst du lesen!« sagte er, von neuem herrisch. »Und ihr übrigen Hohlköpfe, nehmt euch in acht! Ein einmal tuscheln, und ich reiß' euch in Fetzen, aber in Fetzen von Fetzen!«
Leicht benommen von diesem Stimmungsumschwung, folgte David ihm zur Lesebank und setzte sich. Während der Rabbi sich sorgfältig eine Zigarette drehte, blickte David aus dem Fenster. Der Regen hatte aufgehört, doch der Hof war noch immer dunkel. Er fühlte eine seltsame Stille, die das Draußen umfangen hielt. Hinter ihm flackerte irgendwo in den Bänken das erste Geflüster auf. Der Rabbi zündete seine Zigarette an, schloß das Buch, aus dem Mendel vorgelesen hatte, und schob es beiseite.
– Könnt' ihn jetzt fragen, da mach' ich jede Wette. Hat mir einen Pfennig gegeben. Wegen Isaia und der Kohle. Wo? Ja. Seite achtundsechzig. Ich könnte fragen –
Tscha! Wuuuh! Eine dünne Rauchschwade tanzte über den Tisch. Der Rabbi griff nach dem abgewetzten Buch und nahm den Zeigestock auf.
»Rabbi?«
»Ja?« Er drückte die Seiten zusammen und blätterte um.
»Als Mendel von – von dem Mann las, von dem Sie sagten, daß er...« Er kam nicht zu Ende. Zweimal, als schwenke jemand eine Laterne über den Hausdächern hin und her, durchzuckte violettes Licht den Hof und schlug gegen die gegenüberliegenden Mauern –

dann kam einen Augenblick Dunkelheit und ein Donnerschlag und ein Rollen, wie wenn ein Faß die Kellertreppe hinunterpoltert.
»*sch'ma-Jissra'ejl*, hör, Israel!« Der Rabbi zog den Kopf ein und packte David am Arm. »Weh mir!«
»Autsch!« kreischte David und kicherte, als der Druck nachließ.
Hinter ihm scharfe, aufgeregte Stimmen. »Hast du's gesehen! Bäng! Bäng, der hat aber geballert! Hab' dir's doch gesagt, daß ich schon vorher einen Blitz gesehen habe!«
»Scha, Ruhe!« Der Rabbi hatte seine Haltung wiedergewonnen. »Blitz vor Pessach! Ein warmer Sommer!« Und zu David gewandt, als erinnere er sich: »Warum hast du geschrien und warum hast du gelacht?«
»Sie haben mich gezwickt«, sagte er vorsichtig, »und dann ...«
»Und dann?«
»Und dann haben Sie sich gebückt – wie wir, wenn Sie den Stock fallen lassen, und ich habe gedacht –«
»Vor Gott«, unterbrach ihn der Rabbi, »darf niemand aufrecht stehen.«
– Vor Gott.
»Aber was hast du gedacht?«
»Ich dachte zuerst, es sei ein Bett. Oben. Aber es war's nicht.«
»Ein Bett! Aber es war's nicht!« Er starrte David an. »Spiel nicht den Dummkopf mit mir, weil ich dir einen Cent gegeben habe.« Er stieß David das Buch entgegen. »Los denn!« befahl er barsch. »Es wird spät.«
– Kann jetzt nicht fragen.
»Fang an! *schohain ad marom* ...«
»*schohain ad marom* ... der auf den Höhen wohnt, und heilig ist sein Name, und es steht geschrieben, singt, ihr Gerechten, zu Gott!«
Sein Denken versank in Eintönigkeit.
Nach kurzem Vorlesen war David entlassen, glitt aus der Bank und ging zu den Sitzplätzen der übrigen, um sein Bücherbündel zu holen. Schloime, der es auf dem Schoß gehalten hatte, stand eifrig auf und überreichte es ihm.
»Die wollten's dir wegnehmen, aber ich hab's festgehalten«, erklärte er ihm. »Was wirst du dir kaufen?«
»Nichts.«
»Aa!« Und eifrig: »Ich weiß, wo's Orangenkugeln gibt – acht für einen Cent.«

»Ich werde mir nichts kaufen.«
»Du geizige Laus!«
Die anderen umschwärmten sie. »Hab' dir's doch gesagt, du kriegst nichts fürs Halten der Bücher. Jaa, da kannst du mal sehen! Aa, zeig mal her, deinen Penny. Na schön, wir kommen mit. Wer hätte das nicht auch aufsagen können!«
»Ruhe!«
Sie hasteten zu ihren Plätzen zurück. David schlängelte sich durch die Tür.

V

Die Luft war frischer, das Dunkel heller geworden. Der mittlerweile kühlere Wind kräuselte die dunklen Pfützen zwischen den Pflastersteinen und hob die Wäscheleinen. Von irgendwoher sprühten dicke Wassertropfen herab, obgleich Mauern und Zäune breite trockene Stellen aufwiesen. Noch immer die Münze in der Tasche pressend, erklomm David die braunen, wassergefleckten Stufen, durchschritt den warmen Gang und trat auf die Straße hinaus. Gehsteige und Fahrbahn trockneten wieder zu Grau, im Rinnstein schrumpften die dunklen Rillen. Im Westen, erleuchtet vom Sonnenuntergang, türmten sich silberne Wolkengebirge und warfen dunkles Silberlicht in den gezackten Steinrahmen der Straße.
– Zeige ihr den Cent, wenn ich raufkomme. Und sie wird's Papa erzählen. Was wird er sagen? Wette, er wird's nicht glauben. Wird sagen, ich hab' ihn gefunden. Aber ich könnt's vor ihm aufsagen – das Ganze von vorn. Ein Zicklein, ein einziges Zicklein, und dann müßte er – der Süßwarenladen.
Er blieb stehen, blickte nachdenklich auf das Durcheinander von Spielsachen und Blechtrompeten, Masken, Limonadeflaschen und Zigarettenplakaten.
– Nein. Muß ihr's erst zeigen. Schau, was ich gekriegt habe. Dann könnte ich was kaufen. Was? Bonbons? Nein. Hätte gerne die kleinen Kugeln mit Flitzstange. Man bläst sie hoch und fängt sie auf. Bin nicht gut im Fangen. Wann werd' ich's können? Warte vielleicht lieber bis morgen, wenn ich noch einen Cent kriege. Und dann – Hii! Dann geh' ich zu Tante Berthas Süßwarenladen. Wann war ich

dort? Lange her, damals mit Mama! Zu weit. Und die Mädchen, Esther und Polly. Kann sie nicht ausstehen. Wie die sich zanken, hii! Wie die Suppe essen! Papa würde mich totschlagen, wenn ich so äße. Aber Onkel Nathan schimpft nur, und Tante Bertha schimpft mit ihm. Weißt du noch, Onkel Nathan und seine Mama? Als er von Essig und Licht sprach. Licht! Hii! Und Isaia und die Engelskohle. Auf seinem Mund. Aber vergiß es nicht. Blaues Buch – so groß. Auf Seite achtundsechzig. Vielleicht frage ich nächstes Mal. Vielleicht weiß Mama Bescheid. Cent? Wo? O hier. Hätte ihn fast nicht gekriegt. Als das Komische mitten in das *chad-gadje* sprang. Ja. Ich sagte –

»Klejn jingele.«

Er zuckte zusammen und blickte auf. Fast wäre er in sie hineingerannt – ein zerknittertes, altes Weiblein mit einem Gesicht voller so kurzer, haarfeiner Furchen, daß sie die welke Haut wie Regen schraffierten. Sie ging gebeugt. Eine weiß-blau gestreifte Schürze bedeckte die Vorderseite ihres verschossenen schwarzen Seidenkleids. Das Weiß ihrer Augen war wolkig wie altes Elfenbein und von einem Netz roter Äderchen durchzogen. Ihre Nasenflügel waren naß. Zwischen ihrer Stirn und dem weißen Kopftuch stach eine steife braune Perücke hervor wie ein Riff.

»Klejn jingele«, wiederholte sie in zitterndem Diskant mit unsicher hin- und herschwankendem Kopf. »Bist du ein Jude?«

Einen flüchtigen Augenblick lang fragte David sich, wie er sie hätte verstehen sollen, wäre er kein Jude gewesen.

»Ja.«

»Es wird dir jedenfalls nicht schaden«, murmelte sie. »Bist noch nicht alt genug, um zu sündigen. Komm mit mir, und ich geb' dir einen Cent.«

Er starrte sie an. Dem Ganzen haftete etwas Beängstigendes und zugleich Traumhaftes an. Wie mit der alten Hexe, die Pfefferkuchenbuben backte. Das war in Zwei A Eins gewesen.

»Willst du mir den Gasofen anzünden, ja?«

Das hatten sie auch gemacht – es war nur kein Gas. Hii! Er fühlte sich getrieben, die Beine unter den Arm zu nehmen.

»Ich hab' die Kerzen angezündet«, erklärte sie, »und jetzt ist's zu spät.«

»Oh!« Jetzt verstand er. Es war Freitag. Aber warum hatte sie sie so früh angezündet? Es war ja noch nicht Nacht.

»Kommst du mit?« fragte sie und wandte sich zum Gehen. »Du bekommst einen Cent.«
Schließlich war das seine Straße. Sein Haus lag nur zwei Häuser weit weg. Außerdem würde er einen zweiten Cent bekommen. Er ging mit. Sie schlurfte auf ein nahestehendes Haus zu und wuchtete sich mühsam die Vortreppe hinauf. Ihr Keuchen auf der zweiten Stufe wurde auf der fünften ein Stöhnen.
Über ihm blieben die müden, zerknitterten, zerschlissenen Schuhe auf der Schwelle stehen. Er holte sie ein.
»Jetzt brauchen wir keine Stufen mehr hinaufzusteigen«, brummelte sie und wartete, bis ihr lauter Atem zur Ruhe kam. »Verflucht sei der schwarze Schlaf, der mich überraschte. Als ich aufwachte, war's dunkel, und ich, noch ganz schlaftrunken, hab' die Kerzen angezündet. Ich war zu verwirrt, um zuerst auf die Uhr zu sehen, und zu benommen, den Gasofen anzuzünden. Weh mir!« Schwankend setzte sie sich in Bewegung. Nach ein paar Schritten im Eingang blieb sie vor einer Tür stehen, öffnete sie und trat ein. Die Küche gefegt, düster, der Linoleumboden glanzlos; vier Kerzen schimmerten auf dem schweren, rot-weißen Tischtuch. Fischgeruch. Abgestandene Luft.
»Zieh erst einen Stuhl heran«, sagte sie, »und zünd mir das Gas da oben an. Kannst du die Streichhölzer erreichen?«
David zog die von ihr bezeichnete Schublade auf und fand eine Streichholzschachtel; dann schob er einen Stuhl unter die Gasleuchte und kletterte hinauf.
»Weißt du wie?« fragte sie.
»Ja.« Er riß ein Streichholz an, öffnete den Gashahn und zündete an.
»Gut! Und jetzt unter den Töpfen.«
Er entzündete beide Flammen.
»Kleiner!« sagte sie. »Noch kleiner. So klein wie's geht.«
Als er das gemacht hatte, deutete sie auf ihre Börse auf dem Tisch. »Hol sie«, sagte sie, begann zu nicken und nickte, als könne sie nicht mehr aufhören. »Und hol einen Cent heraus.«
»Ich will keinen . . .«, er zögerte.
»Geh! Geh!«
Während sie ihn beobachtete, fischte er einen Penny heraus.
»Mach sie wieder zu.« Als er das getan hatte: »Bist ein braves Kind. Gott segne dich!« Und sie öffnete ihm die Tür.

VI

Nein, dachte er, als er hinausging, sie ist keine Hexe – nur eine alte Frau aus der 9th Street, nicht mehr. Und doch überdeckte unergründliche Wehmut die Freude, die er über den Gewinn eines zweiten Cents hätte empfinden sollen. Selbst wenn er nicht in einen Pfefferkuchen verwandelt worden war, machte ihm etwas das Herz schwer. Warum nur? Vielleicht eine Sünde? Ja, wette, das ist es. Aber zu jung, sagte sie. Nein. Wette, niemand ist zu jung. Welches ist also der Sündenlohn? Er sah sie an. Dies der Indianer. Dies Lincoln. Den Lincoln hatte er gerade bekommen. Aber die kühle Luft der Straße vertrieb die Gewissensbisse, wie sie den Küchengeruch aus der Nase trieb. Er wandte sich heimwärts und beschleunigte den Schritt. Die Dämmerung verschluckte die Allee im Osten. Die Fabrikschornsteine jenseits des dunklen Flußufers hatten ihre Pilgerfahrt in die Nacht begonnen. An der Ecke von Avenue D stieß der schattenhafte Lampenanzünder mit bleichem, aufwärtsgewandtem Gesicht die glimmende Spitze seiner langen Lanze in die milchige Glaskugel der Straßenlampe. Einen Augenblick blieb David stehen, um zu sehen, ob das Gas im Strumpf aufflammen würde. Ein schwacher Knall, und die Kugel füllte sich mit einer gelben Blüte. Er erklomm die Stufen der Vortreppe und überlegte dabei, ob Lampenanzünder sich je von ihrer Gotteslästerung aus der Fassung bringen ließen oder ob sie alle Gojim waren. Als er die Eingangstreppe hinaufstieg, kamen ihm Knabenstimmen entgegen.

»Aber man muß es.«

»Stimmt nicht!« antwortete eine andere.

»Es ist noch nicht Schabess.«

»Doch. Es ist ja dunkel.«

»Hier drinnen ist's dunkel, aber es ist nicht Schabess.«

Vor der halbgeöffneten Tür eines Klosetts, auf dem ein Junge hockte, standen seine zwei Kumpane.

»Ich werd's zerreißen«, tönte die rebellische Stimme von drinnen. »Es ist nichts anderes da.«

Und als David an der Türe vorbeiging, sah er, wie der auf seinem Thron hockende Junge einen langen Streifen aus einem der auf dem Boden liegenden Zeitungsblätter riß.

»Nun hast du dein Fett weg!« sagte einer der Zuschauer rachsüchtig.

»Es ist sogar eine doppelte Sünde«, fügte der andere hinzu.
»Und warum soll das eine doppelte Sünde sein?« wollte der Hokkende mit herausfordernder Stimme wissen.
»Weil's Schabess ist«, befand die selbstgerechte Stimme. »Das ist die eine Sünde. Du darfst am Schabess nichts zerreißen. Und weil's eine jüdische Zeitung ist mit Jüdischem drauf, ist's die zweite. Da hast du's!«
»Ja!« fiel die andere Stimme ein. »Du hättest nur eine Sünde begangen, wenn du eine englische Zeitung zerrissen hättest.«
»Warum gebt ihr mir dann nicht eine englische Zeitung?« fragte die erste Stimme erbost. »Von jetzt ab werde ich nie mehr was mit euch teilen.«
»Dann eben nicht.«
Das Geräusch ihrer keifenden Stimmen verlor sich unter ihm.
– Sieht überall, Er. Hab' gewußt, ich hätte nicht das Gas anzünden sollen. Der eine Cent ist böse. Wirklich böse. Aber ein Cent ist gut. Gleicht sich aus, oder? Vielleicht wird Er dann nicht böse. Hii, hab' nicht gewußt, daß er überall ist. Wie kann Er in jedes Dunkel sehen, wenn Er Licht ist – hat der Rabbi gesagt – und wenn's richtig dunkel ist. Wie kann Er in richtiges Dunkel sehen und wir können Ihn nicht sehen? Was ist wirklich dunkel? Wirkliches Dunkel. Hii! Damals – Annie – der Schrank. Keller – Luter. Sch! Nicht! Hii! Das war Sünde. Eil dich! Das war Sünde! Überall ist das Sünde. Hab's nicht gewußt. Eil dich! Hat ihn mit Kohle berührt. Eil dich!
Begierig blickte er zu dem Oberfenster seiner Tür auf. Es war unbeleuchtet – nur gefleckt von indigofarbenem Zwielicht. Sein Herz sank. Dann war sie ausgegangen – seine Mutter war weg –, und nur sein Vater war da, wahrscheinlich schlief er. Beengt von zwei Ängsten, dem Dunkel und seinem Vater – blieb er unentschlossen stehen. Er würde ihn wecken müssen, wenn die Tür abgeschlossen war, und das, das war gefährlich. Die Ladensprossen seiner Erinnerungen schnappten auf und zu – ein bruchstückhaftes, flüchtiges, aber doch deutliches Bild. Lieber wieder runterlaufen und auf der Straße warten, bis sie heimkommt. Nein. Er wollte zuerst den Türknopf versuchen – nur einmal. Er drehte ihn um, und die Tür ging auf. Seltsam. Auf Zehenspitzen schlich er in ein blaues Zimmer, sah ein blaues Waschbrett auf einem blauen Waschzuber, hörte das kehlige Atmen seines Vaters im angrenzenden Schlafzimmer. Er wich

dem Geräusch aus – wo war nur sie? – und betrat das Vorderzimmer. Sie saß am Fenster, der Umriß ihres dunklen Gesichts stach ab vom Frostblau der Scheibe. Sein Herz machte einen Satz.

»Mama!« Er versuchte, seine Stimme zu einem Flüstern zu zwingen, aber es mißlang.

»Oh!« Sie zuckte zusammen. »Du hast mich erschreckt!« Dann streckte sie die Arme aus.

»Hab' nicht gewußt, daß du da bist.« Er trat in den kostbaren Kreis ihrer Umarmung.

»Mein Kopf ist wie eine alte Glocke«, seufzte sie und drückte ihn an sich. »Träge und ohne Gehör, aber mitunter murmelnd, ein bißchen unsicher.« Dann lachte sie und küßte ihn auf die Stirn. »Hast du im Regen nasse Füße bekommen?«

»Nein, ich bin noch gerade rechtzeitig in den Chejder gerannt.«

»Dieser Pullover ist zu dünn.«

Er hatte den Indianer-Cent die ganze Zeit in der Hand gehalten, damit er nicht gegen den anderen klimperte. Nun hielt er ihn hoch.

»Schau, was ich bekommen habe.«

»Na, so was!« sagte sie erstaunt. »Wie hast du das gekriegt?«

»Der Rabbi hat ihn mir gegeben.«

»Der Rabbi?«

»Ja. Ich war der einzige, der noch das *chad-gadje* vom letzten Mal wußte.«

Sie lachte und liebkoste ihn. »Mein weiser Salomon!«

Er atmete tief auf. Er hatte sie schon vorher gefragt, doch der Gedanke war kaum zu fassen. Er mußte es von neuem hören.

»Wer ist Gott, Mama?«

»Das fragst du genau die Richtige«, lächelte sie. »Hat das der Rabbi euch noch nie erklärt?«

»Man kann ihn nichts fragen.«

»Warum willst du das so genau wissen?«

»Ich weiß nicht. Ich meine, du hast mir nicht gesagt, wie er aussieht.«

»Weil ich es selber nicht weiß.« Sie kicherte über seinen Kummer. »Aber ich will dir was sagen . . .«

Das schmerzhafte Stöhnen seines im Schlafzimmer erwachenden Vaters unterbrach sie.

»Genja!«

»Ich bin hier, Albert.«

»Hmm!« Er schien immer Beruhigung zu brauchen, war immer rasch beruhigt. Und war wieder still. David hoffte, sie würde sich beeilen, bevor er hereinkam.

»Ja«, fuhr sie fort. »Ich sage dir, was mir eine fromme alte Frau in Weljisch gesagt hat, als ich ein kleines Mädchen war. Mehr weiß ich nicht. Sie sagte, Er ist heller als der Tag, heller als die Nacht. Verstehst du? Aber sie sagte immer dazu, sofern die dunkelste Mitternacht hell genug sei, um zu sehen, ob ein schwarzes Haar gerade oder kraus sei. Heller als der Tag.«

Heller als der Tag. Soviel schien endgültig, schien mit seinem eigenen Glauben übereinzustimmen, soviel konnte er begreifen. Es erinnerte ihn an die Stufen des *chad-gadje*. »Und wohnt Er im Himmel?«

»Und auf der Erde und im Wasser und in der Welt.«

»Aber was tut Er?«

»Er hält uns in Seiner Hand, heißt es – uns und die Welt.«

Sein Vater war hereingekommen, trocken hustend, seine schlaftrunkene Kehle räuspernd. Dunkel stand er in der Tür. Da war Raum für eine weitere Frage, mehr nicht.

»Könnte Er uns zerbrechen? Uns? Die Straßen? Alles?«

»Natürlich. Er hat alle Macht. Er kann vernichten und errichten, aber Er erhält.«

Sein Vater machte ein ungeduldiges Geräusch mit den Lippen. »Warum sitzt ihr im Dunkeln?«

»Meine Wäsche«, lachte sie entschuldigend. »Die kleinen Vorhänge für Pessach. Es wurde dunkel, als ich daran ging, sie aufzuhängen. Und ich dachte, am Freitag sehen mich die Nachbarn besser nicht, sonst fangen sie gleich an zu klatschen. Weißt du, daß dein Sohn einen Cent im Chejder gewonnen hat?«

»Wofür? Weil er solch helle Fragen stellt? Errichtet und vernichtet. Tolpatsch auf einem Sandhaufen.« Er gähnte. Seine ausgestreckten Arme stemmten sich gegen beide Seiten des Türrahmens, bis dieser krachte. »Wir brauchen Licht.«

VII

Es war Montagmorgen, der Morgen der ersten Pessachnacht. Heute war man froh, ein Jude zu sein. Keine Schule. David war gerade die Treppe hinuntergestiegen, in der Hand den Holzlöffel, in den sein Vater am Vorabend die letzten Krumen des gesäuerten Brotes gesammelt, sie mit einer Feder zusammengefegt und in einem Stofffetzen eingebunden hatte – *chomez* –, gesäuertes Brot, Speisen, deren Genuß am Pessachfest verboten ist und die im Feuer verbrannt werden müssen. Nun hielt er auf der obersten Stufe der Vortreppe ein Weilchen inne und sah dem ungarischen Pförtner zu, der eines der Messinggeländer vor der Tür polierte. Es hatte einen ungesunden Geruch, das Messing, wie etwas Modriges, aber wenn die Sonne das glänzende Metall traf, versprühte es funkelndes, gelbes Licht. Verfall. Glanz. Komisch.

»Du nicht anfassen!« warnte der Pförtner unwirsch, während er das Geländer glattrieb. »Nicht da stehen!« Doch beim Anblick des Löffels und der Feder in Davids Hand leuchteten seine Augen. »Maze, wie?« Ein Grinsen stieg zu seinen tiefen Stirnrunzeln hinauf, schwebte dort und versank. »Nicht verbrennen vor dies Haus.«

David stieg die Stufen hinunter und ging auf die Mitte des Blocks zu. Dort hatte jemand ein kleines Feuer entfacht. Sobald er den Löffel in die Flammen geworfen hatte, war seine Pflicht erfüllt, und er konnte tun, was ihm gefiel bis zur Chejder-Zeit – heute sollte er etwas früher beginnen. Mit zwei Cents, die oben auf ihn warteten – er hatte sich vorgenommen, sie erst nach dem Mittagessen auszugeben, wenn sie vermutlich durch einen weiteren von seiner Mutter vermehrt waren –, hatte er einen aufregenden Nachmittag vor sich.

Drei Jungen, alle größer als er, bewachten die Flamme, und als er nähertrat, rief einer von ihnen:

»Was willst du?«

»Ich möchte meinen *chomez* hier draufwerfen.«

»Wo ist dein Cent?«

»Was für ein Cent?«

»Wir verbrennen *chomez* für einen Cent. Wir drei sind Teilhaber, oder nicht, Chink?«

»Klar, das ist unser Feuer.«
»Warum läßt du mich nicht meins verbrennen? Ich hab' nur ein kleines.«
»Nein!«
»Mach dir dein eigenes Feuer.«
»Hau ab, wenn du keinen Cent hast, wir wollen nicht deinen lausigen *chomez* . . .«
Ein plötzliches scharrendes Geräusch, gefolgt von einem Geschnatter fremder Worte, ließ sie alle herumfahren.
»Mannagia chi ti battiavo!«
Die breite, glitzerkantige, halbgefüllte Schaufel kam auf sie zugepflügt.
Die Herren der Flamme wurden plötzlich Flehende. »Heda, Mister! Bitte nicht wegstoßen! Es ist Sünde. Schauen Sie doch! Das ist *chomez*! Er liegt ja auch im Rinnstein. Was wollen Sie denn?« Sie umtanzten ihn. »Es ist ja auf dem Gully. Es macht ja die Straße nicht weich, wenn wir auf Gully etwas verbrennen.«
»Ich tret' euch in den Arsch! Haut ab!« Die unerbittliche Schaufel fraß sich durch die auseinanderstiebenden Kohlen.
»Lausebiest!« kreischten die Wächter. »Lassen Sie unser *chomez* in Ruhe! Wir dürfen hier brennen – die Polypen erlauben es!«
»Warten Sie, bis ich Vater rufe!« drohte der eine, der zuerst David in Schach gehalten hatte. »Der wird Ihnen das Handwerk legen! He, Papa! Papa! Komm raus!«
Ein Mann mit kurzem Bart und blutverschmierter Schürze schaute aus einem Fleischerladen heraus.
»Papi! Sieh, wie der unseren *chomez* mit seinem ganzen Scheiß fortschiebt!«
Mit einem empörten Schrei kam der Fleischer angestürzt, und ein paar Sekunden danach seine gleichfalls beschürzte Frau.
»Warum schieben Sie das weg, wie?« Der Fleischer schwenkte eine ärgerliche Hand gegen die nun mit Abfall und Mist gemischte, erstickte, schwelende Glut.
»Was wollen Sie eigentlich?« Erbost blieb der Straßenkehrer stehen, schwarze Brauen stießen unter seinem weißen Helm zusammen wie kohlenschwarze Ruten. »Sie haben hier überhaupt nichts zu sagen! Ich fege diese Straße. Die haben hier kein Feuer zu machen!« Seine umständlichen Gebärden zickzackten durch den Raum.
»Ach so? Ich darf Ihnen nichts sagen, wie? *Farschtunkene gojim!«*

Der Fleischer pflanzte sich unmittelbar vor dem auf der Schaufel liegenden Dreckhaufen auf. »Gehen Sie jetzt mal weiter!«
»Verdammter Hurensohn! Wirst was erleben!« Heimtückisch lehnte er sich auf den Schaufelgriff. Der rauchende Haufen sprang vorwärts. Der Fleischer machte einen unbeholfenen Satz zur Seite, um nicht von dem verschiedenen Unrat niedergemäht zu werden.
»Willst du mich etwa umstoßen?« brüllte er. »Ich werd' dir's Genick brechen.«
»Vai a fanculo te!« Der Straßenkehrer warf seine Schaufel zu Boden. »Komm schon! Scheißjude!«
Doch bevor einer von ihnen zuschlagen konnte, hatte die Frau des Fleischers ihren Mann am Arm gepackt.
»Hornochse!« kreischte sie auf Jiddisch. »Willst du dich mit einem Italiener anlegen? Weißt du nicht, daß die ein Messer in der Tasche tragen – alle miteinander! Rasch!« Sie zerrte ihn rückwärts. »Und hinein!«
»Ist mir gleich«, stürmte ihr Mann, obgleich er nicht versuchte, sich von ihr loszumachen. »Und ich? Hab' ich keine Messer?«
»Bist du wahnsinnig?« schrillte sie. »Sollen italienische Halsabschneider ihn zusammensäbeln, aber nicht du!« Und ihre Anstrengungen verdoppelnd, hievte sie ihn in den Laden zurück.
Als Herr der Walstatt hob der noch immer brummende, zähneknirschende Straßenkehrer seine Schaufel auf, und die zurückweichenden Jungen anstarrend, stieß er wütend auf den vor ihm aufgehäuften Hügel ein. David, der vom Randstein aus zugesehen hatte, hielt es für richtiger, den Rückzug anzutreten – zumal da er noch immer den Holzlöffel in der Hand hielt.
Aber was tun mit dem Löffel? Man mußte ihn verbrennen, sonst beging man eine Sünde. Man konnte ihn jetzt aber nicht mehr verbrennen, weil der Straßenkehrer da war. Man konnte natürlich warten, bis der Kehrer fortging, und ein Feuerchen entfachen. Aber das war auch keineswegs besonders angenehm. So würde er eben hierbleiben und warten müssen, bis der Mann gegangen war. Er konnte jetzt nirgendwo hingehen – nicht mit einem riesigen Holzlöffel in der Tasche. Vielleicht würde er ihn verlieren, und das wäre Sünde. Jedenfalls belästigte seine bloße Gegenwart die Freiheit des Geistes. Auch wollte er nicht allein ein Feuer anstecken – der Polizist könnte es mißverstehen. Und der Straßenkehrer könnte sogar zurückkommen.

Wohin sollte er gehen? Wo ein anderes Feuer finden? Vielleicht vor einem anderen Häuserblock? Aber vielleicht würde man ihm nicht erlauben, seinen Löffel hineinzuwerfen. Man würde ihm wiederum einen Cent abverlangen. Für eine Brotkruste! Vielleicht könnte er sich an ein Feuer anschleichen und es hineinwerfen? Nein, sie würden es wieder rausschmeißen – nein. Er müßte es verbrennen, sonst würde er sündig. Wo nur hingehen?
Er war bereits ziellos in Richtung Avenue D unterwegs; nun, an der Ecke, blieb er stehen und blickte gedankenlos um sich. Seventh Street ... Eighth Street ... Der Fluß ... Der Fluß! Dort! Dort war niemand. Dorthin wollte er ohnehin. Er könnte vor dem Müllplatz ein winziges Feuer machen und dabeibleiben. Genau dort! Die Streichhölzer? Ja, er hatte vier. Rasch hingehen, es anzünden und sich dann auf die Kaimauer setzen. Das war's.
Froh darüber, eine Lösung gefunden zu haben, überquerte er Avenue D, ging an den Mietshäusern vorbei und verweilte einen Augenblick vor der offenen Tür der Schmiede. Drinnen stand das halbdunkle, geduldige Pferd, der halbdunkle Schmied. Der ätzende Geruch versengter Hufe hing im Raum. Nun glomm ein Huf unter dem Hammer – ong–dschonga–ong–dschong–dschong–dschong – klang es auf dem Amboß, während die Zange ihn wendete.
– *zwang. zwang.* Im Keller ist ein –
Er ging an der Mineralwasserabfüllfabrik mit ihrem Gerassel und Gegurgel, dann an den Stallungen vorbei. Aus dem dunklen Mistgestank trat ins Sonnenlicht der Negerstallbursche in Lackschuhen, in die er wegen entzündeter Ballen Löcher geschnitten hatte. Er lachte – kräftige Zähne und zurückgeworfener Kopf –, und sein Gelächter, Ärmel im größeren Ärmel der Fröhlichkeit, tat sich auf wie ein Teleskop, reichhaltig, warm, ansteckend. David grinste, als er vorbeiging. Neben Pfützen pickten graue Sperlinge gelbe Haferkörner zwischen den Pflastersteinen, und zwischen den Pflastersteinen wuchsen wunderbare Grashalme. Und dort, kurz bevor das Ufer unter die bemoosten Kaipfosten absank (eingerammt in schwarzen Felsengrund zwischen moosgrünen, verrosteten, geplatzten Ölfässern und schaumbekränztem Strandgut), kauerte er sich, den Salzgestank der Ebbe in der Nase, vor den Rand des offenen Müllhaufens nieder.
– Genau hier auf den Pflastersteinen ginge es. Niemand hier, niemand schaut her. Nimm kleine Stücke. Dort ist ein großes Papier.

Fang's, bevor's wegfliegt. Großes Stück kracht. Langer Riß. Ein zweites. Der Junge in der Toilette. Der beging eine Sünde. So zerreißen. Kleine Stücke. Wette, Er sieht zu. Gott. Immer. Kleine, kleine Stöckchen. Dort drüben Gras dazwischen. Wer bringt Gras hierher? Brennt nicht. Und der Italiener tat eine Sünde. Wie der Junge gesagt hat. Wette aber, der Fleischer hatte ein größeres Messer. Pappe, auch gut. Möcht' wissen, ob Er sehen kann, daß ich gut bin? Ist wie ein Zelt. Bleib drauf liegen, *chomez!* Warte.

Er zog eines seiner Streichhölzer hervor, riß es an einem Pflasterstein an, und, die Flamme schirmend, hielt er sie an die Papierzipfel unter dem Brennholz. Eine lebendige, goldene Flamme erwachte; Holz und Pappe fingen Feuer, in wenigen Minuten brannte der ganze Zunderhaufen lichterloh. Befriedigt, doch seltsam sehnsüchtig, kauerte er vor dem Feuer nieder und beobachtete, wie die ersten winzigen Flammenperlen an dem wirren Gefädel des Stofffetzens hinaufliefen, die Feder und Löffel hielten. Blauer, steigender Rauch glitt an seiner Nase vorbei.

– Hii, wie Federn stinken! Nein, sie stinken nicht! Es ist heilig, und Er schaut zu. Federn stinken nicht! Nein!

Blitzschnell verbrannte der Stoff. Federn und Löffel sanken in die zusammensinkende Asche, trennten sich; die halbversengten Krumen zerliefen und wurden verzehrt.

– Kein *chomez* mehr. Alles schwarz verbrannt. Schau, lieber Gott, ich war gut. Nun sind nur weiße Mazess übrig. Kann gehen. Setz dich nicht auf den Rand des Kais, sagt Mama. Sie hat Angst davor. Ich hab' keine Angst. Nur einmal, eine klitzekleine Weile. Ich war doch gut, oder?

Ein paar Schritte weiter zum Fluß hin wichen die Pflastersteine den breiten Holzplanken des Kais. Auf der einen Seite verfaulte ein mit Farbblasen bedecktes Boot leer im Wasser, auf der anderen zerrte ein leerer Leichter an seinen vergilbten Trossen und rieb sich ächzend an der Kaimauer. Auf einem Pier zwei Blocks weiter weg tauchte der schwarze Rachen eines Kohlenkrans gähnend in die Luke eines Kohlenschleppers und schwenkte tropfend zurück zu den riesigen Behältern. Als er fast ans Ende des Docks gelangt war, setzte er sich und lehnte sich mit übers Wasser baumelnden Beinen an den runden, gehörnten Pfosten, an dem Schiffe vertäut waren. Hier draußen war der Wind frischer. Die ungewöhnliche Ruhe regte ihn auf. Unter ihm und unter seinen Handflächen verströmte splitterndes Holz Wärme. Darunter beleckte verschwiegen, unsichtbar und immer etwas düster das unermüdliche Wasser die Pfähle. Vor ihm der Fluß und zur Rechten die langen, grauen, ihn überspannenden Brücken –

– Wie der geschwungene Säbel auf den Mekka-Zigarettenschachteln.

Der schnitt die Rauchfahnen eines langen Schiffes ab, das darunter hindampfte. Möven, geschnäbelte Gesichter, so häßlich, wie ihr Flug anmutig war, segelten auf Sichelschwingen durch die weite Luft. Ein Schlepper auf der anderen Seite versetzte einem schwerfälligen Lastkahn forsche Stöße. Mit einer Länge Vorsprung an seinen trägen Gefährten vertäut, schnaubte er munter in den Fluß hinaus und gewann an Schnelligkeit.

– Er macht dem Dicken beim Fahren einen Schnurrbart.

Das sonnendurchhellte, rhythmische Sprühen schoß vor dem stumpfen Bug auf, hing weiß in der Luft, fiel herunter.

– Backsteine darauf. Wette, ein ganzes Haus.

Eine Wolke schnitt das Sonnenlicht vom Kai ab; sein Rücken wurde kühler, der Wind schärfer ... auf dem anderen Ufer dunkelten Schornsteine langsam und schraffierten verhüllte Fernen mit eisengrauen Schatten.

– Wie Gabeln ragen sie auf. Wie Gabeln für ... Pssst! War heute gut. Schau dich anderwärts um.

Sein Blick wanderte linker Hand. Als die Wolke zu weichen begann, bannte ein langer, schmaler Sonnenstreifen Silber aufs Wasser.

– Hii, hab' ich vorher nicht gesehen!

Zu einem Streifen erweitert, zu einer Allee.

– Wie ein Schiff, das gerade vorbeigefahren ist.

– Eine makellose Fläche, rein wie Silberfolie, bis an die geschlossenen Ufer. Seine Augen waren geblendet.

– Feuer auf dem Wasser. Weiß.

Seine Lider wurden schwer.

– Im Wasser, sagte sie. Heller als der Tag. Weißer. Und Er war.

Minuten vergingen, während er staunte. Der Glanz war einschläfernd. Er konnte die Augen nicht abwenden. Sein Geist gab nach, verschmolz mit dem Licht. Im geschmolzenen Schein überschnitten sich Erinnerungen und Gegenstände. Schornsteine wurden zu Staketen, die in der Stille vorüberflackerten. Bleiche Bänke wurden grau, dann dämmrig, zogen sich zusammen, und in der schwimmenden Trübheit sah er spärliche Zähne, die auf einer Lippe kauten; Leitern auf dem Erdboden wurden zu hastigen Fingern, die einen Schenkel drückten, dann wieder zu Schornsteinen. Einen Augenblick standen sie aufrecht in der Luft, nur um auf silbernen Wellpappeglanz zu fallen. Er hörte das Schrubben auf einem Waschbrett und das klatschende Seifenwasser, roch wieder den scharfen Wäschegeruch und hörte eine Stimme, Worte sprechend, die sich öffneten wie der Blasebalg eines glänzenden, silbernen Akkordeons – heller als der Tag – heller ... Sünde geschmolzen zu Licht ...

Uh dschag dschag, ag dschag!

– Kucka kucka ... Ist ein Huhn ...

Uh dschag ag dsch dsch dsch – Tiu wiit!

– Nein ... Kann nicht sein ...

Ag dschag, ag dschag, ag – Tiu wiit!

Was! Er fuhr auf wie aus einem Traum. Zittern schüttelte ihn von Kopf bis Fuß so heftig, daß es in seinen Ohren pfiff und dröhnte. Seine Augen weiteten sich und starrten. Was? Wasser! Dort unten! Er warf sich gegen den Anlegepfahl zurück.

Unmittelbar vor ihm, mit nur einem kleinen Zwischenraum aus Wasser, schäumte ein kleiner Schlepper vorüber. Mittschiffs, an einer Tür, den Rücken zur Maschine aus hellem Messing gewendet, stand ein Mann im Unterhemd und hielt sich mit ausgestreckten Armen an beiden Türpfosten fest. Wieder pfiff er schrill aus beweglichen Lippen, grinste, spuckte aus und rief: »Wach auf, Jung!« Sein plötzlicher, belustigter Ruf rollte über das Wasser. »Sonst schlägst du noch ein Loch ins Wasser!« Dann streckte er seinen dunkelblonden Kopf hinein, als spräche er zu jemand hinter sich.

Entsetzt, stocksteif, sah David den Schlepper sich vorbeiwälzen. Urzeiten schienen zu vergehen, aber trotz allen guten Willens konnte er sich nicht rühren. Zweimal seufzte er so tief, als hätte er stundenlang geweint. Mit der Plötzlichkeit zerspringender Fesseln brach der Zauber, und er blickte umher, zu schwach auf den Beinen, um aufzustehen. Was hatte er gesehen? Er konnte es nicht sagen. Es war, als habe er in eine andere Welt geblickt, eine Welt, die, einmal verlassen, sich nicht zurückrufen ließ. Er wußte nur, daß sie vollkommen und betörend gewesen war.

VIII

Lange Zeit saß er so. Allmählich kehrte Standhaftigkeit in ihn zurück. Die Dockplanken versteiften sich und wurden fest. Er stand auf. – Die komischen kleinen Lichter alle weg. Wie wenn du auf dem Klosett zu stark drückst. Lieber nach Hause gehen.
Er ging auf das Ende des Docks zu. Als er näherkam, lenkten die Pflastersteine seinen Blick nach links. Drei aus der Eighth Street kommende Jungen kletterten leichtfüßig über das wirre Durcheinander des offen daliegenden Müllhaufens. Bei Davids Anblick riefen sie hallo, sprangen auf den ebenen Boden hinunter und kamen auf ihn zugeprescht. Alle drei trugen ihre Mützen schiefgestellt und Pullover, rot und grün, verschmiert, zerrissen an Brust und Ellbogen. Zwei waren größer als David, sehnig, blauäugig, mit sommersprossigen Himmelfahrtsnasen. Der dritte, dunkelhäutig und untersetzt, sah älter aus als die übrigen und trug ein aus einem dünnen Metallstreifen gefertigtes Schwert, das aussah wie eine Zinkplatte mit einem am oberen Ende verschnürten Querbalken. Ein Blick auf ihre derben, feindseligen Gesichter, vom Müll rost- und rußbeschmiert und zu heimtückischer Wachsamkeit zusammengezogen, genügte David. Blitzschnell durchforschten seine Augen die Runde nach einem Schlupfloch. Es gab keins – ausgenommen nach rückwärts zum Dock. Gestellt, blieb er stehen, sein verschreckter Blick schwankte von einem bedrohlichen Gesicht zum anderen.
»Was suchst du hier auf dem Dock?« brummte der Untersetzte mit schiefgestelltem Mund. Das Sonnenlicht flog über das Zinkschwert, als er damit herumfuchtelte.
»N–nichts. Ich habe hier nichts getan. Da waren Schiffe . . .«
»Wie alt bist du?«
»Ich bin – ich bin schon acht.«
»Warum bist du dann nicht in der Schule?«
»Weil es, weil . . .« Aber etwas warnte ihn. »Weil ich – weil mein Bruder Masern hat.«
»Das ist ein Haufen Pferdescheiße, Pedey.« Das kam von dem Sommersprossigen. »Der schwänzt.«
»Ja. Das kannst du Sweeney erzählen.«
»Wir sollten dich an einen Polypen ausliefern«, fügte der zweite Sommersprossige hinzu.

»Wette, der Polyp wird's euch bestätigen«, sagte David eifrig, der hoffte, so ungeschoren davonzukommen.
»Naa! Wir wissen Bescheid.« Ungehalten verwarf Pedey die Idee. »Wo wohnst du?«
»Dort.« Er konnte genau die Fenster seines eigenen Stockwerks sehen. »Das Haus dort an der 9th Street. Meine Mutter wird gleich rausgucken.«
Pedey schielte in die von David angegebene Richtung.
»Das ist ein scheißfeiner Block, Pedey«, bestätigte der zweite sommersprossige Anführer mit unheilvollem Eifer.
»Ja. Bist ein Jude, nicht?«
»Bin keiner!« warf er hitzig ein. »Ich bin kein Jude!«
»Nur Scheißfeine wohnen in dem Block!« entgegnete Pedey streng.
»Ich bin ein Ungar. Meine Mutter und mein Vater sind Ungarn. Wir sind die Pförtnersfamilie.«
»Warum hast du dann raufgesehen?«
»Weil meine Mutter dort die Böden schrubbt.«
»Sprich Ungarisch!« forderte der erste Anführer.
»In Ordnung. Abaschischischababajo tomama wawa. So ...«
»Aa, du redest nichts als Scheißdreck!« spottete der zweite Anführer böse. »Los, Pedey, der soll seine Abreibung kriegen.«
»Ja!« drängte der andere Sommersprossige. »Los! Mit dem stimmt was nicht! Ji! Ji! Ji!« Er schwenkte seine beiden Handflächen unter dem Kinn.
»Naa!« Pedey stieß seinen Nachbarn scharf an. »Der ist in Ordnung. Laß ihn laufen.« Und zu David: »Hast du Kies? Wir spielen um Pennys.«
»Nein, hab' nichts dabei. 's ist alles zu Hause.« Er hätte gerne die beiden Cents mitgehabt, nur um loszukommen.
»Laß deine Taschen sehen!«
»Hier, ich kann dir's zeigen.« Hastig stülpte er sie nach außen. »Nicht mal in der Uhrtasche.«
»Los, Pedey«, drängte der erste Anführer näherkommend.
»Laß mich los!« wimmerte David zurückweichend.
»Naa! Laß ihn laufen«, befahl Pedey. »Der ist in Ordnung. Wir werden ihm den Zauber zeigen. Was meinst du?«
»Ja! Einverstanden!« Die anderen zwei unterstützten ihn.
»Los! Willst du einen Zauber sehen?«
»N–nein. Ich will nicht.«

»Du willst nicht!« Pedeys Stimme schwoll wütend an. Die anderen stampften ungeduldig auf.

»Was – was ist das für ein Zauber?«

»Los, wir zeigen's dir – nicht wahr, Wiesel? Dort drüben.« Sein Schwert deutete über den Müllhaufen in Richtung der Tenth Street. »Wo die Straßenbahnschienen sind.«

»Aber was wollt ihr denn machen?« Noch immer zauderte er.

»Wir werden's dir schon zeigen.« Sie schnitten ihm den Rückzug ab. »Und hier ist mein Schwert – los, nimm's, sonst ...« Er stieß es David in die Hand. Er nahm es. Sie trabten los.

Am Fuß des Müllhaufens blieb der mit Wiesel angeredete Anführer stehen. »Wartet eine Minute«, verkündete er, »ich will mal kurz pissen.«

»Ich auch«, sagte der andere und blieb gleichfalls stehen. Sie knöpften ihre Hosen auf. David drückte sich seitwärts.

»Lagerbier«, sang Pedey, als er sich auf Stirn, Mund, Brust und Nabel klopfte, »kommt von hier ...«

»Siehst du!« Triumphierend deutete Wiesel auf den geduckten David. »Hab' dir doch gesagt, daß mit dem was nicht stimmt. Warum pißt du nicht?«

»Brauch' nicht. Hab' vorhin gepißt.«

»Quatsch mit Scheiße!« Er hob ein Bein.

»Puwiii!«

Mit Freudengeheul hieben die anderen zwei auf ihn ein.

»Eli, eli, Schoten« – sie droschen ihm auf den Rücken – »furzen ist verboten ...«

»Laß los!« Wiesel stieß sie ungnädig von sich.

»Hast gefurzt ... Hee!« Pedey stürzte sich auf David. »Bleib stehen, sonst hau' ich dir die Visage ein! Los schon! Und versuch bloß nicht abzuhauen!«

Eingekeilt in den Dreierverband erklomm David den Müllberg und stapfte vorsichtig über die wüste Eisenmoräne. Nur eine Hoffnung hielt ihn aufrecht – einem Menschen auf der anderen Seite zu begegnen, auf den er zulaufen konnte. Vor ihm ergoß sich die weiche, unparteiische Aprilsonne auf einen Hügel zerbeulter Öfen, zersplitterter Räder, geknickter Abflußrohre, Tonscherben, zackig geplatzter Bootsmaschinen. Begierig spähte er darüber hin – doch dahinter lag nur die plötzlich fremde, leere Straße und die funkelnden, am Ende gegabelten Straßenbahnschienen.

»Puuuh! Was für ein Gestank!« Pedey spuckte aus. »Wer hat sein Loch aufgemacht?«
Von irgendwoher in dem Kehricht- und Trümmerfeld drang der Pesthauch vermodernden Fleischs in seine Nasenflügel. Eine tote Katze.
»Los, eil dich.«
Als sie sich der Straße näherten, trat David, der den Schritt beschleunigt hatte, in rostigen Draht, die zähe Wurzel eines erbarmungslosen Bodens, so daß er auf das Schwert fiel und es verbog.
»Er hat in die Hose gepinkelt«, blaffte der zweite Anführer.
Pedey grinste. Nur Wiesels Züge blieben unbeweglich. Er schien stolz darauf zu sein, nie zu lachen.
»Halt's doch fest, du saublöder Bankert«, bellte er, »jetzt hast du's verbogen!«
»Wart eine Sekunde«, Pedey hob den Arm, als sie den Rand des Müllhaufens erreicht hatten. »Ich muß mal Ausschau halten.« Er rutschte hinunter, und nach einem flüchtigen Blick auf Avenue D rief er: »Los! Dalli. Die Luft ist rein.«
Sie folgten ihm.
»Jetzt werden wir dir zeigen, was ein Zauber ist.«
»Da kannst du was erleben«, fiel Wiesel vielsagend ein.
»Ja, das ist noch besser als Kintopp!«
»Was soll ich denn tun?« Ihre wachsende Aufregung vermehrte seine Angst.
»Eil dich und nimm das Schwert und geh auf die Schienen und werf's hinein . . . Schau, so. In die Mitte.«
»Ich will aber nicht.« Er begann zu weinen.
»Geh los, du Plärrtante.« Wiesels Faust ballte sich.
»Fort mit dir!« Das Gesicht des anderen Anführers zog sich zusammen.
»Bevor wir dir die Pisse aus dem Leib kicken.«
»Geh, dann lassen wir dich auch laufen«, versprach Pedey. »Los! Dalli!«
»Wenn ich's nur drauf lege?«
»Ja. Wie ich dir's gezeigt habe.«
»Und dann laßt ihr mich gehen?«
»Klar. Los, geh schon. Es tut ja nicht weh. Du wirst alle Kintoppstreifen der Welt sehen. Und Varieté dazu! Geh, bevor eine Straßenbahn kommt.«

»Klar, und alle Engel obendrein.«
»Geh schon!« Ihre Fäuste zogen sich zurück. Die Leute auf der Avenue D schienen meilenweit weg zu sein. Die Tür der Bierstube in der Mitte des Blocks war geschlossen. Ostwärts kein Mensch! Keine Seele! Jenseits der schwärzlichen Felsen des Flußufers hatte der Wind die silberne Niederung in gekräuselte Schuppen zerzaust. Er war in die Falle gegangen.
»Los doch!« Ihre Gesichter waren grausam, ihre Körper steif vor Erwartung.
Er ging auf die Schienen zu. Die langen schwarzen Furchen zwischen jedem Strang sahen so harmlos aus wie eh und je. Hunderte von Malen war er gedankenlos über sie hinweggelaufen. Was war nur jetzt daran, daß die anderen ihn so scharf beobachteten? Brauchst es nur hinzuwerfen, dann würden sie ihn laufen lassen. Wirf's hin, nicht mehr. Er ging näher darauf zu, stand auf Zehenspitzen auf den Pflastersteinen. Die Spitze des Blechschwerts schwankte vor ihm, klirrte gegen den Stein, als er sie hineinzustecken versuchte, und endlich fand er den Schlitz, und nun rasselte es ein Stück weit in die weiten, grinsenden Lippen, wie eine Zunge in ein Eisenmaul. Er trat zurück. Aus geöffneten Fingern tauchte die Klinge ein in Finsternis.
Macht!
Wie eine Tatze, die von unten alle düsteren Fasern der Erde aufreißt, stürmte Macht, gewaltige, entfesselte, empor an den Tag! Und Licht, hemmungsloses, schreckliches Licht donnerte aus Eisenlippen herauf. Die Straße erbebte und dröhnte, und wie eine gemarterte Kreatur hüpfte das Blechschwert verkrümmt aufwärts und fiel strahlverzehrt herab. Geblendet, benommen vom Glast der Weißglut, torkelte David rückwärts. Eine Sekunde später rannte er wie wahnsinnig in Richtung Avenue D.

IX

Als er sich umblickte, war das Licht erloschen, das Gedonner verklungen. Pedey und seine Kumpane waren geflohen. An der Kreuzung waren mehrere Leute stehengeblieben und starrten flußaufwärts. Augen drehten sich nach David um, als er sich der Avenue D näherte, doch da niemand ihm in den Weg zu treten versuchte, stob er um die Ecke und floh der Ninth Street entgegen. Der Milchwagen seines Vaters stand am Randstein. Sein Vater war also zu Hause. Er würde erraten, daß etwas schiefgegangen war. Er sollte lieber nicht hinaufgehen. Er schlenderte am Haus vorbei, überquerte die Straße und fiel in Trab. Am Chejdereingang drehte er bei, schlüpfte in den schützenden Gang und trat hinaus in den sonnenhellen, leeren Hof. Die Chejdertür war verschlossen. Er war viel zu früh gekommen. An allen Gliedern zitternd, geschwächt von Angst, sah er sich nach einem Ruheplätzchen um. Die breiten Holztürenflügel, die eine Kelleröffnung verdeckten, standen sanft geschrägt in die Sonne. Ein neues Messinghängeschloß verband sie schimmernd in der Mitte – zu viele Schüler des Rabbi hatten die Türen auf ihrem unterirdischen Weg in den Chejderhof zugeknallt. Dorthin schleppte er sich, dann ließ er sich auf einen der hölzernen Flügel fallen und schloß die Augen. In dem roten Meer sonnendurchleuchteter Lider schwankten und versanken seekrank seine Gedanken. Obgleich die Planken warm waren und die Sonne warm war, klapperten seine Zähne, und er schlotterte, als wehe ein eiskalter Wind. Mit gepeinigtem Stöhnen drehte er sich auf die Seite, fühlte aber kaum das warme Schloß unter seiner Wange. Tiefes, schüttelndes Schluchzen griff nach seinem Adamsapfel. Heiße Tränen drängten sich durch seine versiegelten Lider, tropften ungehemmt über Wangen und Nasenflügel. Er weinte still.

Wie lange er so lag, wußte er nicht. Nach und nach schwand die Qual, sein Blut taute auf, das Schluchzen beruhigte sich. Leer und kraftlos öffnete er die Augen; die rauhwandigen vertrauten Häuser, die schrägen Zäune, die buntgewürfelte Wäsche, Wäschepfosten, Sonnenlicht, der enge, vollgestopfte Flecken Blau über ihm – all das war gut. Eine gelbgesprenkelte Katze kroch behutsam auf eine Feuerleiter hinaus, sprang hinunter auf einen Zaun. Wirklichkeit, warm und greifbar. Aus offenen Fenstern der Laut von Stimmen, Topfrasseln, Wasserrauschen im Auguß, Gelächter, laute, vertraute Gesprächsfetzen übertönend. Das tat gut. Im schwachen, sich drehenden Wind hingen und trieben Kochgerüche, starke, würzige. Von irgendwoher aus der Höhe schallte mit einemmal anhaltendes Hacken. War das Fleisch oder Fisch oder vielleicht die bitteren Pessachkräuter? Sein lahmer, leerer Körper dehnte sich und füllte sich mit Gewißheiten.

Hack. Hack. Das Geräusch war vertrauenerregend. Seine Gedanken übernahmen den Rhythmus des Geräuschs. Etwas in ihm sang. Eigenwillig entströmten ihm Wörter. Hack. Hack. Hatte sich ihm gezeigt, gezeigt. Hatte sich ihm im Fluß gezeigt, gezeigt. Hack. Hack. Zeigte sich ihm, zeigte sich. Wenn Er es will. Zeigte sich ihm, zeigte sich.

– Im Dunkeln, hack, hack. Zeigte sich ihm im Fluß, zeigte. Im Dunkeln, war im Fluß gegenwärtig. Trat hervor, wenn Er es wollte, war da. Blieb drinnen, wenn Er wollte, kam heraus, wenn Er wollte, war da ...

– Könnte es in seinen Händen zerbrechen, wenn Er wollte. Könnte es in Seinen Händen halten, wenn Er wollte. Könnte es zerbrechen, könnte es halten, könnte es zerbrechen, könnte es halten, könnte es zerbrechen, könnte es halten, war da.

– War da im Dunkeln, in den Hauseingängen. War da im Dunkeln, in den Kellern. War, wo Keller verriegelt sind, wo Kohlen sind, wo Kohlen sind, ist

– Kohle!

– Kohle!

Er fuhr auf, kerzengerade.

»Rabbi!« Sein bestürzter Schrei klang durch den Hof. »Rabbi! Kohle ist unten! Weiße im Keller!« Jubelnd sprang er auf die Füße, blickte wild umher. Auf all den bunten, ihn einengenden Mauern stand eine einzige Vision geschrieben. »Kohle ist unten! Weiße!« Benommen taumelte er auf die Tür zu. »Rabbi!« Er rüttelte daran; sie gab nicht nach. »Rabbi!« Er mußte hineinkommen. Er mußte einfach. Er raste um die Ecke des Chejder. Das Fenster! Er klammerte sich daran. Lose, unverriegelt, quietschte es auf. Kein Zaudern. Durfte nicht sein. Eine riesige Hand stieß ihn vorwärts. Er sprang hinauf, landete mit dem Bauch auf dem Sims, schwankte halb einwärts, halb auswärts, robbte, Hände vorausgestreckt, in den Chejder hinein.

Der Schrank! Wo sie alle drin waren! Er rannte darauf zu. Er konnte nicht hinaufreichen. Er zog den Stuhl des Rabbi heran, stellte sich drauf, riß die Tür auf. Das blaue! Das blaue! Fieberhaft suchte er unter ihnen – fand es. Hüpfte hinunter, schon blätternd. Seite achtundsechzig war es – sechsundzwanzig – vierzig – zweiundsiebzig – neunundsechzig – achtundsechzig! Gleich oben! Mit all deiner Macht! Er schlängelte sich in die Bank.

»*beschnas mos hamelech Usijahu* ... Im Jahre, da der König Usia starb, sah ich den Herrn sitzen auf einem hohen und erhabenen

Stuhl, und sein Saum füllte den Tempel. Seraphim standen über ihm; jeder hatte sechs Flügel: mit zweien deckte er sein Gesicht, mit zweien deckte er seine Füße, und mit zweien flog er.«

Alle seine Sinne lösten sich auf in Laute. Die unbekannten, unbestimmt erahnten Zeilen donnerten in seinem Herzen mit grenzenlosem Sinn, brandeten heraus und überfluteten die letzten Gestade seines Seins. Im Raum schwebend, sah er jemanden auf ungreifbarem Pflaster gehen, das stieg mit steigenden Bäumen. Ob Bäume oder Telegrafenmasten, jeder einzelne kreuzförmig und blattreich, wer konnte es sagen, und doch standen Formen da, gepflanzt in ungeschmälertem Licht. Und ihre Gesichter erstrahlten, weil das Licht in ihrer Mitte leuchtendes Gelächter war. Er las weiter.

Das Buch kehrte zurück. Der Tisch wurde härter ... Hinter ihm drang das Geräusch eines sich im Schloß drehenden Schlüssels durch unendliche Räume zu ihm. Das Schloß sprang auf – plötzlich in nächster Nähe.

Wirklichkeit schlug zu mit eiserner Pranke. Entsetzt auffahrend, sprang er über die Bank, stürzte aufs Fenster zu. Zu spät! Der Rabbi in langem, schwarzem Rock und schwarzem Hut trat ins Licht der geöffneten Tür. Mit erschrockenem Stöhnen wich er zurück, doch als er den Eindringling erkannte, weiteten sich seine Augen zornerfüllt, und mit schräggestelltem Kopf kam er näher.

»Wie bist du reingekommen?« fragte er wütend. »Wie?« Sein Blick traf das offene Fenster. Schwankend zwischen Unglauben und Zorn starrte er darauf. »Bist du hereingekrochen?«

»Das Buch!« stammelte David. »Das Buch! Ich wollte es!«

»Du bist in meinen Chejder eingebrochen!« Der Rabbi schien keine einzige Silbe gehört zu haben. »Du hast das Fenster aufgemacht! Du bist hereingeklettert! Das hast du gewagt?«

»Nein! Nein!«

»Still!« Er achtete nicht auf den Aufschrei. »Ich verstehe.« Und bevor sich David rühren konnte, fuhren die schweren Hände des Rabbi auf seinen Nacken nieder, und er wurde zu der auf dem Fußboden liegenden Peitsche gezerrt. »Fürchterlicher Bankert!« fauchte er. »Du bist hereingekrochen, um mir meine Stöckchen zu stehlen.«

»Ich hab' sie nicht gestohlen! Ich hab' sie nicht mal berührt!«

»Aber du hast sie schon früher gestohlen!« überschrie ihn der Rabbi. »Schlaufuchs! Du! Ich dachte, du wärst anders! Hi! Willst du dich bücken!« Er stieß die Hand nach der Peitsche aus.

»Ich hab's nicht getan! Ich bin nur wegen des Buchs gekommen. Das blaue Buch mit der Kohle darin! Der Mann und die Kohle!«

Ohne seinen Eisengriff zu lockern, senkte der Rabbi die Peitsche. »Der Mann! Die Kohle! Willst du mich für dumm verkaufen?« Doch nun klang Unsicherheit in seiner Stimme mit. »Hör auf mit dem Gekreisch!« Und David hinter sich herziehend, riß er die Schublade des Lesetischs auf, in der er seine Zeigestöckchen verwahrte. Ein Blick genügte. Wütend stieß er die Schublade zu. »Was für ein Mann? Was für eine Kohle?«

»Hier im Buch! Der Mann, den der Engel berührte – Mendel hat es vorgelesen! Isaia!« Plötzlich war ihm der Name wieder eingefallen. »Isaia!«

Der Rabbi starrte auf das Buch, als wolle er es mit den Augen verbrennen, dann wanderte sein Blick langsam zu Davids Gesicht. In der Stille klang sein stockender, schlagflußartiger Atem so laut wie Schnarchen. »Sag mir, bist du nur hereingeklettert, um in dem Buch zu lesen?« Seine Finger ließen Davids Schulter los.

»J–a! Über d–diesen Isaia.«

»Aber was willst du damit bezwecken?« Seine offenen Handflächen hielten kaum das Gewicht seiner Frage. »Kannst du denn ein einziges Wort *chumesch* lesen?«

»Nein, aber ich habe mich daran erinnert und wollte – wollte es lesen.«

»Wozu?« Unter seinem von ziellosen Fingern zurückgeschobenen Hut schaute sein Schädelkäppchen hervor. »Bist du verrückt oder was? Hättest du nicht warten können, bis ich kam? Bei mir hättest du dir den Bauch vollschlagen können mit Lesen.«

»Ich wußte nicht, wann Sie – Sie kommen würden.«

»Aber warum wolltest du es lesen? Und warum mit solch schwarzer Hast?«

»Weil ich eine Kohle wie – wie Isaia gesehen habe.«

»Was für eine Kohle? Wo?«

»Wo die Straßenbahnschienen sind, habe ich sie gesehen. Auf der Tenth Street.«

»Straßenbahnschienen? Dort hast du eine Kohle gesehen?« Völlig verwirrt schloß er die Augen.

»Ja. Aus der Mitte, aus der Rille, kam ein großes Licht heraus!«

»Ein was...! Ein...! Aus der Rille? In der Rille hast du ein Licht gesehen? Ein schwarzes Jahr soll über dich kommen!« Plötzlich hielt er inne. Seine Stirn verdüsterte sich. Sein Bart hob sich. Sein Kopf fuhr zurück. »Hat man schon so etwas gehört!« Donnernde Lachsalven barsten aus der Höhle hinter seinen Schläfenlocken. »*Scha! Scha! Scha! Oi! Scha! Scha!* Das muß erzählt werden!« Eine hastige Hand zog seinen rutschenden Hut zurück. »Er hat ein Licht gesehen! *Oi! Scha! Scha!* In der Rille! *Oi! Scha! Scha! Scha!* Ich geh' in Stücke wie ein Hering! Gestern hat er ein Bett im Donner gehört! Heute hat er ein Gesicht in einer Rille. *Oi! Scha! Scha! Scha!*« Minuten schienen zu vergehen, bevor er wieder ernüchtert war: »Dummkopf!« keuchte er schließlich. »Gott zerschelle dir den Schädel an der Wand! Gottes Licht erscheint nicht zwischen Straßenbahnschienen!«

Beschämt und doch ungeheuer erleichtert stand David stumm, mit zu Boden gesenktem Blick. Der Rabbi wußte nicht, wie er es wußte, welcher Art das Licht war, was es bedeutet, was es ihm angetan hatte. Aber mehr würde er nicht enthüllen. Es genügte, daß das Licht ihn vor dem Auspeitschen gerettet hatte.

Nach einem kurzen, hoffnungslosen Schnauben trat der Rabbi beiseite und hängte Mantel und Hut am Haken auf. Als er zurückkehrte, kniff er David ins Ohr. »Komm und lies, Einfaltspinsel«, befahl er mit belustigter Geringschätzung. »Und solltest du dich wieder in meinen Chejder stehlen, wenn ich nicht da bin, wird dich nichts vor Strafe retten. Nicht mal ein Licht!«

David schlüpfte in die Bank. Der Rabbi zog das abgegriffene Buch heraus und nahm das Zeigestöckchen.

»Fang an!« sagte er. »Bileamus Weissagung über Israel: *ma towu ...*«

»*ma towu oholeha jaakow meschkanoseha Jisroel* – wie fein sind deine Hütten, Jakob, und deine Wohnungen, Israel!« In atemlosem, chaotischem Strom sprudelte er die hebräischen Laute hervor. »Wie die Täler, die sich ausbreiten, wie die Gärten an den Wassern, wie die Aloebäume, die der Herr gepflanzt, wie die Zedern an den Wassern ...« Es fiel ihm schwer, das Gesicht beim Lesen der hebräischen Wörter nicht zu verziehen. Lachgekräusel bebte in seinem Bauch. Er las schneller, um ihm zu entkommen. Gekräusel schwoll zu Gewoge. Ungeheure Heiterkeit hämmerte in seiner Kehle und gegen seine Flanken. Schneller!

»Neeein!« Der Rabbi packte ihn am Arm. »Ist der Teufel hinter dir her oder was? Du schießt ja los wie ein Schurke.«

Mit unermeßlicher Anstrengung bremste David seine Geschwindigkeit. Kurzes Fistelkichern drängte sich aus seinen Lippen.
»Dummkopf, worüber grinst du, wie?« Aber seltsam genug, dehnte auch hinter seinem schwarzen Bart ein leises Lächeln seine Lippen. »Lies«, brummte er, »bevor ich dir eine Ohrfeige versetze.«
David senkte den Kopf, biß sich auf die Lippen, bis er dachte, seine Zähne müßten aufeinanderstoßen und las weiter.
Der Lachreiz wogte so überwältigend in ihm, daß er fürchtete, ohnmächtig zu werden, wenn er ihn weiterhin zu verdrängen suchte. Kalter Schweiß trat ihm auf die Stirn. Er glaubte platzen zu müssen, wenn er seiner aufgestauten Heiterkeit nicht bald Luft machen konnte. Dem Erbrechen nahe vor lauter Selbstbeherrschung, las er die Seite zu Ende und sah flehend auf.
»Geh!« Der Rabbi zwickte ihn ins Ohr.
Die Erleichterung war so groß, daß sie ernüchternd auf ihn wirkte.
»Spiel wieder mit den Schienen!« Vielsagend schwenkte er die Handfläche. »Dann wird nur der Tod unter deinen Leiden fehlen. Deine Mutter sollte . . .«
Doch schon stürmte David lachgeschüttelt zur Tür. Durch den Hof jagte er, die Stufen hinauf, und kaum hatte er den Eingang erreicht, als der Anfall ihn einholte. Dort gegen die Wand gelehnt, schrie er, bis seine Augen und seine Hose naß waren, er schrie, bis er's nicht länger aushielt, schreiend zu Boden fiel und sich von der einen Seite zur anderen wälzte.
– Hii! Ist das nicht zum Brüllen! Hiii! Au! Ist das komisch! Au! Au! Oh! Au! Ich mache mir in die Hose! Ist das komisch! Au! Komisch!
Allmählich, unter Keuchen, Kichern, Grinsen, neuem Kichern, löste sich der Krampf. Er rappelte sich auf die Knie, er stand auf, schwankte. Plötzlich rannen Tränen, ebenso frei von Bitternis wie von Gründen, ebenso reichlich wie zufällig, über seine Wangen. Erschreckt wischte er sie hastig mit dem Ärmel ab und stolperte schnaubend aus dem Gang, während seine Rippen bei jedem Schritt ächzten.
– Hii! Worüber lache ich nur? Jetzt weine ich. Wahnsinnig geworden! Naß bis hinunter. Ooh! Verdammt nochmal! Hii, hab' auch ein Bad nötig! Sie wird's sehen. Pinkelbüxen. Hii, war das komisch! Ooh! Nicht mehr! Nein! Nein! Vergiß es! Hii! Wahnsinnig! Weiß nicht was! Geh und werde trocken. Los, geh schon!

Er wandte sich westwärts, wanderte unsicher in Richtung Avenue C, von Zeit zu Zeit ging er gespreizt, um seine schenkelscheuernden nassen Hosenbeine zu lüften. Beim Gehen blickte er begierig umher, als könnten vertraute Anblicke den Sturmwind in ihm rascher besänftigen. Die Läden, in die er spähte, schlossen bereits oder waren kurz davor – sogar Süßwarenläden, die doch selten zumachten. In der Bäckerei war kein Brot mehr zu sehen. Statt einem Haufen Semmeln lag auf dem Wachstuch des Schaufensters eine achtlos hingeworfene, weiße, zerdrückte Bäckerschürze. Im Fleischerladen wurden die Hackblöcke gescheuert, an den schimmernden Fleischerhaken wurden große Papiersäcke aufgehängt. Vor dem Gemüsestand baute eine alte Frau im blauen Kopftuch eine Apfelpyramide ab. In den Spiegel blickend, rasierte der weißgewandete Friseur sich selber. Der auf der Schwelle stehende Schmied wusch seine rußigen Hände in Petroleum. Eilige Gesichter huschten vorüber, alle ins gleiche vorgebeugte Lächeln versunken, alle dem gleichen Ziel entgegenstrebend. Und jetzt kreischten Hausfrauen, und jetzt brüllten Hausierer, und jetzt brummten greise Juden mit kantigen oder gespaltenen Bärten aus den Fenstern, aus den Türeingängen, von Gehsteigen, von den Fahrbahnen herauf, herunter und herüber den Gruß –

»Einen guten *jontef* – schönen Feiertag!«

Erlösung lag in der Luft – Pessach – Erlösung aus Ägypten und aus dem Winter, aus Knechtschaft und Tod!

– Immer noch naß! Jii! Geh lieber noch einen Block weiter.

Er überquerte Avenue C und ging weiter westwärts. Hier und dort tauchten bereits fein herausgeputzte Kinder aus Hauseingängen und auf Vortreppen auf. Glänzend, mit frischgeflochtenen Zöpfen, breiten Schleifen, blankgewaschenen Gesichtern, gebügelten Sabbathkleidern, sonderten sie sich in kleinen Gruppen von ihren ungepflegten Gespielen ab – oder traten mit neuer, von ihrer Reinlichkeit verursachten Befangenheit auf sie zu. An der Avenue B lag die offene Parkfläche vor ihm und dahinter, in der Entfernung, stießen die Türme der City gezackte Spitzen durch Dunst und Helligkeit. Er betrat den Park und setzte sich auf eine Bank; und während er zusah, wie die Kinder sich auf dem braunen, kahlen Boden tummelten, lüftete er, die Hand in der Tasche, seine Hose. Endlich trocken und einigermaßen erholt, stand er auf und trat den Rückweg an.

Während er im Park saß, hatte er nichts gefühlt als Teilnahmslosigkeit, dumpfe, ebenso hohle wie bleierne Leere. Jetzt aber, während er heimwärts wanderte, entspannte, entfaltete sich sein Geist. Alles Gelächter war von ihm gewichen und damit auch alle Tränen, nun empfand er nur noch tiefe, ungestörte Güte, wortlosen Glauben, Festigkeit, sanftmütig und liebevoll. Mit jedem Schritt, den er tat, schien sein Körper weniger ihm selbst zu gehören, seine Glieder fühlten sich leicht an und sonderbar, seine Beine glitten über den Gehsteig mit stiller, federleichter Gelassenheit. Selbst der Schwung seines Arms an seiner Seite sandte juckende Wirbel zu seiner Brust hinauf, als liebkose ihn ein fremde Hand. Die kühle, leicht bewegte Aprilluft drang weinselig in seine Nasenflügel und lockte die Brust zum Schwellen. Das Sonnenlicht auf seinem Gesicht wusch seine Wangen mit so linder Sorge, es füllte die Kehle, trieb sie an, und ...

J–i–i! Twii–twii–twii. Twiit! Twitt! Tschiip! Tschiip! It!–Rrook! Iii! Pfeifen. Dachte, es sei der Mann dort. Im Schlepper. In dem Hemd. Pfeifend. Nur Vögel. Kanarienvogel. Von der Dame dort. Auch Polly – Polly will einen Keks – ist schon draußen. Auf der Feuerleiter. Pfeife.

Widerwillig näherte er sich seinem Hauseingang, stieg die eiserne Vortreppe hinauf, trat widerwillig in den Hauseingang, seufzte.

– Hii! War schon dunkler. Komisch. Hii! Schau! Schau! Ein Licht! In der Ecke, wo die Kinderwagen – Nein. Sieht nur so aus. Auf der Treppe auch. Ist in Wirklichkeit nicht da. Sondern drinnen in meinem Kopf. Besser drinnen. Kann's mitnehmen. Komisch! Ist jedenfalls nicht mehr so dunkel. Hab' sogar keine Angst. Weißt du noch, wie ich war? Wie lang ist's her? Angst. Rannte immer hinauf bingbäng-biff. Hii! Hii! Komisch war ich. Nun bin ich groß. Kann allein raufgehen. Kann langsam raufgehen, langsam, so langsam wie ich will. Kann sogar hier stehen, und es macht mir nichts aus. Sogar zwischen den Fenstern, sogar wenn niemand im Klosett ist, sogar wenn niemand im ganzen Haus ist. Macht mir so gar nichts mehr aus. Bin jetzt groß, deshalb. Möcht' wissen, ob – ja, alles trocken jetzt. Kann nun reingehen. Sie wird mir ohnehin frische Unterwäsche geben, wie alle anderen Kinder. Für Pessach ...

– Komisch. Kann's noch immer sehen. Dort. Und hier drüben. Und in der Ecke, wo's wirklich dunkel ist. Es steckt die ganze Zeit da drin, hii, kann nie mehr Angst kriegen. Nie mehr. Nie mehr. Nie mehr ...

– Vi–ier–ter Stock. Alles fort. Hii, bin ich glücklich!

Er seufzte.

VIERTES BUCH

Der Schienenstrang

I

Ruhig waren die Monate verflossen. Sommer war gekommen und die Versetzung und die glänzende, unausdenkbare, unvorstellbare Aussicht auf die Schulferien – die unvorstellbar geblieben war. Aber David empfand darüber keinerlei Enttäuschung. Mochten die anderen Jungen mit ausgedehnten Besuchen an die Küste oder ins Gebirge oder in Sommerlager prahlen! Für ihn war das bloße Verstreichen der Zeit schon Freude. Sein Körper war zu lyrischer Trägheit erwacht, zu goldenem Lungern in seinem Innern. Er fühlte sich sicher, zu Hause wie auch auf der Straße – nach zusätzlicher Tätigkeit verlangte es ihn nicht.

Es war ein Tag jener Jahreszeit, an dem die Sonne einen gefallenen Flügel mit einem Schauspiel des Aufwärtsstürmens umgibt, ein Tag aus Hitze und Licht. Licht, so gewaltig, daß stämmige Backsteinmauern ihm kaum standhalten konnten, wenn es sich an sie lehnte; Licht, das mit einem einzigen Strahl Fensterscheiben zu zertrümmern schien; das wie Nietnägel gegen arglose Augen prallte. Ein Tag, an dem Wolken Verteidiger der Gehsteige spielten und dem Glast wehrten mit ihren zarten Schilden und fleckenlos wurden durch das, was sie abschirmten. Ein Tag so hell, daß Straßen, wenn für Augenblicke beschattet, erschlafften, Fassaden und Mauern wie entspannt sanken und neue Kraft sammelten gegen neue Sonnenbrunst. Es war später Juli.

Heimwandernd vom Freibad an der Sixth Street wünschte David, schon hochrot und schwitzend, er wäre wieder dort. Es war erfrischend gewesen unter der Brause. Auf dem kühlen, glatten Marmorgang konnte man fast die Länge eines Häuserblocks auf dem Bauch entlangrutschen – jedenfalls sah es so lang aus. Aber sobald man in die heißen Straßen kam, schwand die Kühle. Nur das Haar blieb feucht – und das war das Schlimmste –, der Mann am Eingang fuhr einem immer mit den Fingern durchs Haar und jagte jeden fort, der sich ein zweites Mal hereinzuschmuggeln suchte.

Er trabte weiter und atmete von Zeit zu Zeit durch den Mund, weil die Luft so heiß geworden war, daß sie die Nasenflügel zu versengen schien. Obwohl er die Avenue C noch nicht überquert hatte, lag die Straße so verlassen da und die Sonne war so hell, daß er das gleißende Messing am Geländer vor seinem Haus erkennen konnte. Er blickte zur Uhr des Drugstore an der Ecke – sie zeigte ein Viertel nach neun Uhr. Nach neun? Wo war der Milchwagen seines Vaters? Gut! Er war schon fort. Trotz seines neuerdings verstärkten Sicherheitsgefühls überkam ihn immer wieder die gleiche Empfindung von Erleichterung. Gut! Jetzt brauchte er nicht an ihn zu denken. Er konnte hinaufgehen und sein zweites Frühstück verzehren – sein erstes vor dem Gang zum Schwimmbad war ein Glas Milch gewesen. Danach gehörte der Tag ihm. Er beschleunigte den Schritt –

Was taten die da?

Nahe am Randstein, schräg über die Avenue D hinweg, hockte ein Kreis von vier oder fünf Jungen, deren schrille, begierige Schreie die betäubte Stille der Straße durchstießen. Einen oder zwei erkannte er – sie wohnten irgendwo in der Ninth Street. Da war auch Izzy, der in seinen Chejder ging. Worüber beugten sie sich so gespannt? Als er sich seinem Haus näherte, sah er aus ihrer Mitte eine träge Rauchspirale aufsteigen, dann, einen Augenblick später, hörte er jubelndes Gejohle. Auf Zehenspitzen ging er näher, um über ihre Köpfe hinweg das Geschehen mit einem Blick zu erhaschen. Eine schwarze Schachtel? Eine rote? Nein. Was dann? Ihre Köpfe steckten dicht zusammen. Das bedurfte einer Minute der Überlegung. Er überquerte die Avenue, schlich heran.

»Hab' dir's doch gesagt!« Ihre schrillen Stimmen prallten aufeinander. »Sieh doch, wie's brennt! Leg's jetzt rein! Gib mir's!«

Zwischen auf- und abtanzenden Köpfen sah er einen verrosteten Puppenofen und daraus aufsteigende blaßgelbe Flammen. Rauch drang durch die Risse. Die gleichfalls rauchumschwelte kleine Ofentür stand offen. Zwischen den Füßen des Jungen, der den Ofen bediente, lag eine große braune Papiertüte zu einem dichten Schaft aufgerollt. Ihre Gesichter waren gerötet. Sie plapperten und rieben sich rauchgeätzte Augen. Einer blies angestrengt in die Flamme.

»Was machst du da?« David zupfte Izzy am Hemd.

»Wir werden alle gleich ganz prima futtern!« platzte ihm die Antwort entgegen.

»Was? Was werdet ihr denn futtern?«

»Puffreis! Schau!« Er deutete auf die aufgerollte Tüte. »Einen Nikkel die Tüte. Es ist Hühnerfutter, aber der Wagen ist entzweigebrochen, und so ist alles auf den Kai gelaufen.«

»Oh!«

»Kriegst auch was, wenn du wartest.«

»Ja?«

»Klar. Siehst du den schönen Ofen, den wir haben? Kuschy hat ihn auf dem Müllberg gefunden.«

Kuschy hatte die Tüte auseinandergerollt und schüttete gelbe Körner in den Ofen.

»Rühr mal drin um!« rieten sie ihm. »Verteile sie mit einem Stock. Und nun mach zu. Miam! Jum! Miam! Ich werd' einen ganzen Sack aufessen.«

»Tu Salz dazu«, schlug Kuschy vor. »He, Toik, du wohnst doch im ersten Stock. Geh und hol welches!«

»Nee! Wir essen es so!«

»Siehst du?« schloß Izzy. »Du kriegst welchen, wenn du wartest.«

Betört von der Aussicht, schlängelte David sich zwischen die anderen und kauerte sich nieder. Der Ofen rauchte lustig und wurde röter und röter, während bald der eine, bald der andere ihn heizte. Alle Gesichter schwitzten ausgiebig.

»Es ist heiß«, stellten sie schließlich fest. »Wette, jetzt ist er gebraten. Los, mach auf, Kuschy! Nimm den Stock. Woo! Puffreis!«

Mit dem Stockende schob Kuschy die Ofentür auf. Köpfe drängten sich dichter zusammen. Drinnen auf dem rotglühenden Boden des Ofens waren die einst gelben Körner zu verrußten Perlen geschrumpft.

»Aaa! Scheiße!« Ein Stöhnen des Ekels stieg aus gereckten Hälsen. »Die sind ja nicht weiß!«

»Aber vielleicht können wir sie auch so essen«, tröstete einer der Unentwegten. »Ist's nicht Puffreis?«

»Klar, ich wette, sie schmecken gut. Ich versuch' sie zuerst. Gib mir ein paar in die Hand. Oi? Verdammt heiß!«

»Da–a–a–a–vid! Da–a–a–vid!«

»Ich?« Aufgestört blickte er umher.

»Da–a–a–vid!«

Oben! Oh, es war seine Mutter, die aus dem Fenster lehnte.

»Wa–a–as?«

»Komm rauf!«

»Ja–a–aaa!«
Ihr Kopf verschwand.
Seltsam. Sie rief ihn fast nie vom Fenster aus. Was sollte das – Hiii! Er starrte nach vorn. Dort, vor dem Haus, stand der Milchwagen seines Vaters. Das war noch seltsamer. Was tat er zu dieser Stunde zu Hause? Er kam nie so spät morgens nach Hause. Etwas mußte los sein. Beunruhigt überquerte er die Straße und musterte den Rappen, der seinen Hafersack auf dem Bordstein ruhen ließ. Vielleicht war es ein anderer Milchmann. Nein, das war fraglos Billy, das schwarze, kräftige Tier, das man seinem Vater kürzlich bewilligt hatte. Mißmutig ging er in die Halle, stieg die Treppe hinauf und zauderte eine Sekunde, bevor er die Wohnungstür öffnete – die vertraute blaue Mütze und die schwarze Peitsche im Waschbecken. Sein Vater saß bereits am Tisch, warf einen Blick auf ihn, als er eintrat, und wandte sich dann an seine Mutter, die vor der Kühltruhe stand:
»Hast du noch etwas saure Sahne da?«
»Jede Menge«, antwortete sie, dem eintretenden David zulächelnd, »auch noch ein paar Schalotten?«
»Mir genügt's . . .« Und zu David: »Wasch dir die Hände und setz dich.«
Völlig ratlos trat David zum Ausguß. Als er zum Tisch zurückkehrte, hatte seine Mutter sein Gemisch aus Mittagessen und Frühstück vor ihn hingestellt, Dinge, die er gerne aß: goldgeschuppten, geräucherten Weißfisch, Gurken und Tomaten, Pumpernickel, Milch, violette Pflaumen. Das Wasser lief ihm im Munde zusammen, der erwachende Hunger ließ ihn seine anfänglichen Befürchtungen vergessen. Er hatte gerade den Weißfisch geöffnet – das Mittelstück, das sich wie ein goldenes Buch auftat –, als sein Vater mit kurzem Nicken sagte:
»Wenn du fertig bist, bleibst du mir in der Nähe des Wagens, damit ich dich finden kann.«
David suchte die Augen seiner Mutter.
»Du gehst mit Vater«, erklärte sie.
»Ich?«
»Ja!« warf sein Vater ein. »Zuck nicht so zusammen, als hättest du den schwarzen Engel gesehen.«
»Es wird nicht für lange sein«, versicherte seine Mutter. »Eine Stunde – oder, Albert?«

»Vielleicht länger«, lautete seine kurze Erwiderung.
»Er muß aber zum Chejder«, erinnerte sie ihn. »Im Sommer beginnt er früh.«
»Ich hab' dir ja schon gesagt, daß er rechtzeitig hinkommt. Ich will dir was sagen, wenn du ihn davon abhältst, zuzusehen, wie ich sein Brot verdiene, wird er glauben, ich sei einer von Gottes Spielgefährten.«
»So hab' ich's nicht gemeint«, antwortete sie. »Ich . . .«
»Ja! Ja! Ja! Ein anderes Kind wäre schon lange mal mitgegangen – hätte sogar darum gebettelt. Aber genug – du bleibst beim Wagen.« Er fischte ein tropfendes Radieschen aus der Sahne, warf sich, noch kauend, zurück. Einige Sekunden trat Stille ein.
»Wann kommt er«, wagte seine Mutter zu fragen, »der andere, meine ich?«
»Vielleicht morgen. Kann's nicht sagen.«
»Armer Mann!«
»So was kommt vor .. Mein Dusel, daß ich noch eine überzählige Stange Eis dabei hatte. Sonst hätt' ich bei der Hitze nicht genug zur Verfügung gehabt. Aber immer noch besser Sommer als Winter.«
»Wenigstens sind die Straßen nicht so vereist.«
»Ja. Und man sieht die Stufen um vier Uhr morgens. Und der Griff des Flaschenträgers ist nicht so gefroren, daß er wie Feuer durch den Handschuh brennt.«
»Das ist alles sehr bitter, Albert.«
»Mm!« knurrte er. »Was weißt du schon! Ich verkaufe meine Tage für ein bißchen Silber – ein bißchen Papier –, sechzehn schmierige Scheine pro Woche –, und ich werde sie nicht mal mit Gold je zurückkaufen können. Das genügt schon, um manchmal wütend auf Mensch und Tier zu werden.«
»Andere Männer arbeiten auch.«
»Brauchst du mir nicht zu sagen!«
Wieder trat Stille ein, während sein Vater aß und mit müden Augen auf den Tisch blickte.
»Und möchtest du wirklich deine Tage zurück?« Sie setzte sich und legte die Hände in den Schoß.
Er knurrte: »Was für eine Frage!«
»Ich möchte sie nicht zurück.«
»Du meinst, Tage, wie du sie gehabt hast? Wie diese?«
»Irgendwelche.«

»Hmph!« brummte er. »Wirst du nicht rasch genug Großmutter, ohne daß du dich beeilst?«
»Nein«, lächelte sie und hob ihre braunen Augen zur Decke. »Schon morgen möchte ich eine sein.«
»Du spinnst wohl!«
»Wenn ich sagen kann wie meine: es ist vorbei. Ich trat hinaus in die Sonne, ich atmete einmal tief auf und plötzlich war ich Großmutter – Wirf alle Uhren weg!«
»Wurde sie weise beim Altwerden?« fragte er mit trockenem Hohn.
»Sie messen nichts, hätte sie gesagt. Nur der Flügelschlag der Kraniche in den Gezeiten ihres Flugs lohnt das Rechnen. Alles übrige ist wie das Geklapper an Purim – Errettung vom längst gehängten Haman.«
Er kicherte kurz und hämisch. »Du und deine Großmutter.«
Sie lachte mit.
Er schob seinen Teller weg, atmete schwerfällig, fuhr mit wettergebräunten kräftigen Fingern durch sein sich lichtendes, schwarzes Haar, glättete die Rille am Hinterkopf, die sein Mützenrand eingeschnitten hatte.
»Nichts mehr?« fragte sie.
»Nein.« Er stand auf, warf den Kopf zurück, streckte sich. Langsam überzog Müdigkeit wie ein Spinnennetz das gespannte, unbewegliche Gesicht.
»Nicht später als halb elf.«
»Ich weck dich, Albert.«
Er stapfte ins Schlafzimmer, schloß die Tür hinter sich zu. Das Bett krachte ...
»Mama!« flüsterte David.
»Ja, Kind?«
»Was will er denn?«
»Oh ...! Da ist ein Milchmann. Der hat sich die Hand an einer Milchflasche aufgeschnitten – ganz gräßlich!« Sie schauderte. »Sie haben die Strecke unter die übrigen aufgeteilt.«
»Warum braucht er mich?«
»Er beliefert die Gasfabriken – die Strecke des anderen. Und er will, daß du im Wagen sitzt, während er weg ist.«
»Aaa! Ich will nicht mit!«
»Ich weiß. Auch mir ist nicht wohl dabei«, gestand sie. »Der andere führte immer einen Hund im Wagen mit – jetzt bist du der Hund.«

Sie lächelte. »Nur dies eine Mal, ja? Es wird dir Spaß machen, mitzufahren und neue Straßen zu sehen. Es ist auch kühl, wenn das Pferd trabt.«
Grollend schüttelte er den Kopf. Ihre Worte weckten eine schlimme Ahnung in ihm.
»Komm!« lockte sie. »Nur dies eine Mal.«
Launisch stocherte er in seinem Essen. »Wie weit sind die Gasfabriken?«
»Überhaupt nicht weit. Twentieth Street – glaub' ich, hat dein Vater gesagt.«
»Das *ist* aber weit!«
»Sch!« Sie blickte unruhig zur Schlafzimmertür. »Iß auf.«
»Nur eine Hälfte vom Fisch«, sagte er mürrisch.
»Magst du den Fisch nicht mehr?«
»Nein.«
»Warum hast du solche Angst, Kind? Du gehst doch nicht weg von mir! Trink wenigstens deine Milch aus.«
Aber ihm war der Appetit vergangen. Erst nach langem Drängen gelang es ihr, ihn zum Aufessen zu bewegen.
»Kann ich jetzt gehen?« fragte er aufstehend.
»Willst du nicht hier warten? Hier ist's kühler als auf der Straße.«
Er zögerte einen Augenblick. »Nein, ich geh' runter.«
»Also gut«, seufzte sie. »Bleib aber bitte in der Nähe des Wagens.«
Sie beugte sich zu ihm hinunter und empfing seinen Kuß auf ihre Stirn. »Komm gleich nach dem Chejder nach Hause.«

II

Er stieg die Treppe hinunter, und als er auf die Straße hinaustrat, blickte er begierig in Richtung Avenue D. Er wäre gerne zum Puffreisofen zurückgekehrt, um seine Unruhe zu vergessen und gleichzeitig in der Nähe des Wagens zu sein. Doch nun waren sie fort. Der Puffreisofen lag neben dem Randstein, ein eiserner Trümmerhaufen. Offensichtlich war das die Quittung für seine Widerspenstigkeit. Aber wo waren sie hingegangen? Vielleicht aßen sie. Aber nein, es war ja noch nicht Mittagszeit. Es war erst zehn Uhr.

Er setzte sich betrübt und streckte die Beine quer über die oberste Stufe der Vortreppe, wo die beschattete Schwelle des Eingangs an die glühendheiße Treppe grenzte. Unmittelbar vor dem Eingang im wütenden Sonnenglast schlug das klatschnasse Pferd mit Hufen und Schweif verzweifelt nach dem funkelnden Mückengeschwirr. Vom vielen Stoßen war sein Strohhut auf die Seite gerutscht. Gelber Hafer, aus dem Futtersack geschleudert, lag verstreut im graugrellen Rinnstein. Von der Hitze gedämpft, summte die ferne City. Er wünschte, er hätte nicht mitzufahren brauchen.

Nur wenige Minuten hatte er so gesessen und sich den Kopf wegen einer Ausflucht zerbrochen, wegen einer stichhaltigen Entschuldigung, die es ihm erspart hätte, seinen Vater zu begleiten, als das Geräusch trappelnder Füße zu ihm drang. Er sah auf die Straße hinunter. Mit dem ihnen vorauseilenden schrillen Schrei »Hier ist ein Wagen!« liefen Kuschy und ein anderer Junge am Hauseingang vorbei und hielten jäh vor dem Milchwagen.

»Der hat ein schönes Rad, Maxey.« Kuschy griff in die Speichen und hockte sich nieder, um die Nabe zu prüfen. David bemerkte, daß an seiner Hand so etwas wie ein flaches Stück Eisen hing.

»Ja, und wie!« Maxey, einen kurzen Stecken in der Faust, ließ sich begierig neben ihn hinplumpsen.

Weniger von Besitzgefühl als von Neugierde getrieben, stand David auf. »Hee, was sucht ihr da? Der Wagen gehört meinem Vater.«

»Tu bloß nicht so dick!« gab Kuschy nach einem einzigen Blick über die Schulter kriegerisch zurück.

»Wir nehmen dir ja nichts weg«, erklärte Maxey. »Wir brauchen nur Wagenschmiere von der Achse.« Eifrig stocherte er mit seinem Stecken im schwarzen Innern der Nabe.

»Stich tief rein!« Kuschy gab die Anweisungen.

»Was wollt ihr damit?« David ging die Stufen hinunter.

»Wir wollen fischen.« Maxey drückte einen langen schwarzen Batzen Schmiere heraus. »In der Tenth Street. Wir sind Teilhaber. Wir haben's zuerst gesehen.«

»Los!« Kuschy unterbrach ihn. »Laß sie nicht fallen!«

Mit einem über die Schulter zurückgejohlten »Juppie« rasten die beiden Teilhaber Avenue D entgegen und verschwanden um die Ecke.

Neugierig gemacht und voller Verlangen, mit ihnen zu laufen, blickte David ihnen nach. Halb elf, hatte sein Vater gesagt. Das war noch lange hin. Er konnte ihnen ein Weilchen zusehen und zurück sein, bevor sein Vater herunterkam. Niemand würde es erfahren. Unwillkürlich, so schien es ihm, zog es ihn zur Ecke und um sie herum. Sie hatten gesagt, sie würden in der Tenth Street sein, also im nächsten Block. Sollte er sich so weit fortwagen? Im letzten Augenblick beschloß er, es lieber nicht zu tun. Es war zu riskant. Er wollte nur bis zu dem neuen Fotografengeschäft in der Mitte des Häuserblocks gehen und dann umkehren. Er spähte ins Schaufenster. Es war voll von Bildern, großen und kleinen, Hochzeitsporträts: Braut und Bräutigam standen steif, weit getrennt, trotz ihres augenscheinlichen Beieinanderseins, ihre Gesichter in einem Anflug von Lächeln erstarrt; Bilder von Preisboxern in Trikots und Schärpe; Kinderbilder: kleine Mädchen saßen und hielten winzige Muffs dahin, wo ihre plumpen Beinchen an die kleinen Oberkörper stießen; die kleinen Jungen lagen stets auf den Bäuchen. Und gräßliche, vergrößerte Aufnahmen von alten Männern und Frauen, koloriert und glasklar, die überdimensionale Fläche ihrer braunen, eingesunkenen Wangen gefurcht, so wie der Wind Sand furcht. Bilder, Bilder. Wie zogen sie nur die kleinen Bilder zu großen auseinander? Und die Glasstange, die über das Schaufenster hinlief, wo hatte sie das grüne Licht her, das die Farbe eines jeden vorbeigleitenden Gesichts veränderte?

Er sollte lieber umkehren. Aber die Tenth Street lag ja in nächster Nähe. Er wollte nur mal kurz hineinschauen und dann zurücklaufen. In welche Richtung eigentlich?

Ein Blick in Richtung Avenue C genügte: alle, die um den Puffreisofen gehockt hatten, drängten sich nun vor einem Gebäude diesseits der Holzdrechslerwerkstatt. Er fiel in einen forschen Trab und trat näher. Die meisten von ihnen hatte er schon vor einer Weile gesehen. Atemlos, schweigsam, versunken, knieten sie auf allen vieren auf dem Eisengatter über dem Keller. Alle Gesichter deuteten nach unten, alle Augen waren auf etwas darunter geheftet. Keiner blickte auf, als David zwischen sie kroch.

Kuschy besorgte das Fischen. David spähte hinunter. Wegen der Tiefe des Kellers brauchte er einige Zeit, bis sich seine Augen an die Finsternis gewöhnt hatten. Die Augen zu Schlitzen verengend, unterschied er endlich auf dem schmutzigen Fußboden etwas silbrig Schimmerndes. Nach und nach verdichtete sich der Schein zur runden, beschmierten Oberfläche einer Münze. Und darüber, wie ein

Pendel hin- und herschwingend, hing das flache Eisenstück an Kuschys Hand. Als seine Augen vollständig an das Dunkel gewöhnt waren, erkannte David, daß die Oberfläche des Senkbleis vollständig mit Wagenschmiere bestrichen war.
»Laß es fallen!« zischte einer ins Gitter hinein. »Jetzt! Es ist genau darüber!«
»Halt's Maul!« fauchte Kuschy zurück.
Das sinkende Lot beschrieb zunehmend kleinere Kreise. Eine Sekunde lang schwebte es genau über der funkelnden Münze – dann fiel es darauf wie auf eine Jagdbeute!
»Vorsichtig, Kuschy!« kamen die geflüsterten Ermahnungen. »Vorsichtig! Vorsichtig! So ist's recht! Es wird dran kleben, los! Du hast's! Wette eine Million. Langsam! Langsam!«
»Juppie! Juppie!« murmelte Maxey jubilierend.
Mit fast herausfallenden Augen, gespannt vor Aufregung, zog Kuschy entschlossen an der Leine. Das beschmierte Eisen regte sich, stieg – die nun ebenfalls beschmierte Münze rührte sich nicht und blieb liegen wie zuvor. Höhnisches Gekakel kam von allen Lippen, außer von denen der beiden Teilhaber.
»Ich schlag' euch den Zinken ein«, knurrte Kuschy, puterrot und blitzwütend.
»Wartet bloß ab!« Maxey spuckte giftig aus. »Bittet mich noch mal um was. Bubiküßchen kriegt ihr von mir! Nur zu, Kuschy, du holst sie schon noch rauf! Ran an den Speck, nochmal!«
Jetzt, da der Druck gewichen war, plapperten alle wild durcheinander. »Siehst du! Hab's dir doch gesagt, daß das Ofeneisen Pech bringt! Du hättest was anderes nehmen sollen. Aaa! Ich hätt's besorgt, wenn du nicht so gemault hättest.«
»Du kriegst es nie im Leben«, verkündete Izzy überheblich. »Ich gehe jede Wette ein, daß ich's bekäme.«
»Einen Scheißdreck bekommst du's!«
»Und ich sag' dir nicht wie«, fügte er gehässig hinzu.
»Einen Scheißdreck kriegst du's«, wiederholte Kuschy. »Und einen feuchten Kehricht dazu.«
»So, so . . .«
»Ja und meine Faust in deine Fresse!«
Die Opposition verstummte, von neuem senkte Kuschy das Eisenteil; von neuem sank es und kam ohne die Münze wieder herauf. Wieder versuchte er es. Je häufiger die Wagenschmiere die Münze

berührte, eine desto dunklere Färbung bekam diese, eine Färbung, die ihrer Umgebung zunehmend ähnlicher wurde und desto schwerer zu unterscheiden war. Die Minuten vergingen. Während Kuschy fischte, ließen die anderen ihren Zungen freien Lauf.

»Wenn's ein Nickel wäre«, sagte eine brütende Stimme zwischen dem Gitterwerk, »könnt' ich mir für zwei Cents einen Zopf Knallfrösche kaufen und mir um den ganzen Arm wickeln. Und für drei Cents ging' ich ins Kino.«

»Du kannst für drei Cents Knallfrösche kaufen«, berichtigte Izzy vorlaut den Traum des anderen.

»Warum?«

»Weil du schon für zwei Cents oft genug ins Kino kannst. Kinder zahlen doch einen Nickel für zweimal, oder? Die anderen zahlen drei Cents.«

»Schlawiner«, höhnte Kuschy und hob das Senkblei vergebens zum zwanzigsten Mal. Die übrigen grölten zustimmend.

»Du kannst auch umsonst rein, Schlauberger!« behauptete einer. »Wie findest du das? Du tust einfach so, als schaust du dir die Bilder draußen an. Und wenn der Kartenverkäufer nicht hinsieht – zack! Fegst du rein – und drin ist's stockdunkel.«

»Ja!« konterte Izzy. »Und zack! Wenn er dich erwischt? Dann bist du angeschmiert. Wißt ihr noch, wie Hoisch gefaßt wurde? Wie der losheulte!«

»Nimm mal an, ich hätte einen Nickel«, verkündete eine andere Stimme ekstatisch. »Dann ging' ich zu Kaplan auf der Avenue C und kaufte mir tausend Gummibänder und machte mir einen Springer – einen richtigen, großen Springer . . .«

»Eine große Menge taugt gar nichts«, unterbrach Izzy mit Autorität. »Ich kenn' jemand, der hat einen Springer gemacht – größer als so.« Seine beiden Handflächen glitten auf dem Gitter etwa dreißig Zentimeter auseinander. »Der hat mehr als eine Billion Gummibänder dafür verwendet, und trotzdem sprang der nicht höher als der Keller hier. Drum hat er fünf kleine gemacht, und die kleinen sprangen zehn Stock hoch, wenn man sie genügend anstieß.«

»Zehn Stock?«

»Ja!«

»Aufschneider!« schrien sie im Chor.

»So?«

Ein kurzes Schweigen trat ein, während die Augen wieder an der

Münze auf dem Kellerboden hingen. Mittlerweile war sie kaum mehr zu erkennen, doch noch immer fischte Kuschy und lehnte alle Angebote jener ab, die vorschlugen, die Münze durch Draufspukken zu säubern. Die verstreichende Zeit vergessend, spähte David mit den anderen hinunter.

»Die kriegst du nie«, sagte Izzy schließlich. »Vielleicht ist es auch gar kein Nickel«, sagte er boshaft.

»Vielleicht wirst du auch nicht so leicht auf Trab gebracht!« entgegnete Kuschy unheilvoll. Es war allen klar, daß das lange Versagen seine Geduld erschöpft hatte.

»Du jedenfalls bringst mich nicht so leicht auf Trab«, brummte Izzy.

»Soll ich dir's zeigen?« Das Senkblei schwankte heftig auf dem Kellerboden.

»Bist hartgesotten, wie?«

»Ich spuck' dir gleich ins Auge.«

»Du und wer noch?«

»Ich und ich selber!« Das Lot flog hoch. Im nächsten Augenblick stand Kuschy auf seinen Füßen.

(Von irgendwoher dunkles Hufgetrappel)

»Soll ich dir's zeigen?« fragte er herausfordernd.

»Ja!« Auch Izzy stand auf.

David zuckte zurück. Er verabscheute Prügeleien. Warum mußten sie sich prügeln und alles verderben? Aber bevor die beiden Ringkämpfer Zeit hatten, aufeinander loszustürzen, ließ ein lauter, herrschsüchtiger Befehlsruf sie auffahren. Aller Augen wandten sich zur Fahrbahn. Mit einem Schrei wich David zurück. Auf dem Trittbrett des Milchwagens stehend, im kurzärmeligen, in der Sonne blitzenden Hemd, schlug sein Vater mit dem Peitschengriff gegen den Wagen. »Komm her!« polterte er auf Jiddisch.

David flog zum Randstein. »Ich wußte es nicht, Papa! Ich wußte es nicht. Ich dachte, du – du wärst noch nicht fertig.«

»Steig ein!«

Er konnte das verwunderte Flüstern der anderen Jungen auf dem Gehsteig hören. Mit kopfloser, ratloser Hast klammerte er sich an das erste beste, woran er hinaufklettern konnte, an die Speichen des Wagenrads. Seine vom Knien verkrampften Füße rutschten auf der Nabe ab. Die derbe Hand seines Vaters hakte sich unter seine Achsel und zerrte ihn hinauf.

»Blöder Holzkopf!« stieß er hervor. »Sei froh, daß ich dich gefunden habe. Sonst hätt' ich dir den Hintern versohlt . . .!« Er zog an den Zügeln. »Hü, Billy!« Der Wagen rollte ab. »Warum ich dir nicht das Hirn zerdebbere, weiß ich selber nicht.«

Flennend kauerte David sich an die hinter ihm ratternden losen Milchkästen.

»Wenn ich die Zeit hätt' . . .!« begann er vielsagend. »Aber wenn du nochmal nicht tust, was ich dir sage!« Mit einem wütenden Seitenblick lehnte er sich durch die fensterartige Öffnung der Vorderseite und versetzte dem Pferd einen kurzen Hieb mit dem Peitschenende. »Los, Billy!«

Das Pferd fiel in einen schwerfälligen Galopp. Auf der Avenue C bogen sie ab und fuhren nordwärts. Die Zügel ein paar Sekunden auf dem vorderen Brett ruhen lassend, griff sein Vater nach hinten und zog eine Milchkiste neben David. »Setz dich! Aber halt' dich an der Seite fest, damit du nicht runterfällst, wie nur du's fertig bringst.«

Sie fuhren rasch weiter; Ninth Street fiel weit zurück – für immer, schien es ihm. Von dem drohenden Blick seines Vaters durch vorübergehende Verkehrsstörungen befreit, blickte David unglücklich auf die im Türausschnitt vorübergleitenden Häuser. Er kam sich seltsam vor – fast wie im Fieber. Ob er zu lange in den Keller hinuntergespäht hatte oder ob die Angst vor seinem Vater alle Dinge, die er sah, verwischte und verzerrte, er konnte es nicht sagen. Doch hatte er das Gefühl, als habe sein Geist die Macht über die Wirklichkeit verloren. Die Häuser, Gehsteige, Gespanne, die Menschen auf der Straße besaßen nicht mehr jene Einzigartigkeit und Gewißheit, die ihnen bislang angehaftet hatte. Nun verwirrten ihn feste Körper und führten ihn mit insgeheim veränderlichen Konturen in die Irre. Nicht einmal den Rhythmus und das Geklapper der Hufe konnte er genau erkennen; etwas Fremdes und Bösartiges hatte sich mit den vertrauten Geräuschen und Gesichtern der Welt vermengt. Das noch kurz zuvor so blendende Sonnenlicht war gleichsam von einem unsichtbaren Schleier getrübt. Dem Stein war etwas von seiner Beständigkeit genommen, dem Eisen etwas von seiner unbeugsamen Genauigkeit. Oberflächen waren leicht gewölbt, eingesunken, Ecken waren abgeflacht. Die unveränderlichen Gesichtszüge der Weltmaske, nun überschnitten sie sich, verschoben ihr Zusammenspiel so verschwiegen und genau wie Uhrzeiger, so jäh wie ein Lidschlag. Es war seltsam. Das war schon vorher geschehen.

Unbestimmter, verschwimmender Schmerz füllte seine Brust. Wieder und wieder seufzte er, unwillkürlich, schaudernd, verstohlen. Plötzlich wurde ihm bewußt, wie unbewußt glücklich er noch vor einer Weile gewesen war, unsagbar frei und glücklich – Juli, Juni, Mai. Nun war's vorbei. Wieder war er gehetzt.

Er sah von der Straße zu seinem Vater auf. Zu groß für den Wagen, beugte er sich vor, schwarze Zügel lagen lose in der wetterfesten Hand. Nichts an ihm hatte sich verändert. Mochten Welten seufzen und frieren – er blieb derselbe – immer der schmale, unergründliche Mund, immer der herbe Stolz der gespannten Nasenflügel, die schwerlidrigen Augen. Unter der steilen, unerschütterlichen Felswand seiner Fremdheit war manchmal Obdach zu finden, doch niemals Schutz.

Sie wandten sich ostwärts und ließen die Gehsteige hinter sich. Auf den kopfsteingepflasterten Straßen klangen die Pferdehufe bald hart, bald hohl. Der Wagen tanzte und ratterte. Als die Straßen leerer wurden, wurden auch die Häuser kleiner und schäbiger. Kinder waren nicht zu sehen, nur Katzen, die sich vor baufälligen Hauseingängen sonnten. Sie bogen um eine Ecke. Zwischen den riesig ragenden Gastürmen sah der Fluß aus, als sei das jenseitige Ufer nur ein quer durch den Himmel getriebener stumpfer Keil, so übereinstimmend blau waren Wasser und Himmel. Hier gab es keine Wohnhäuser mehr. Vom Randstein quer durch den Gehsteig lief ein langer, tiefer, unbedeckter Graben. Daraus stieg, als sie näherkamen, der süßliche Pesthauch der eisernen Eingeweide der Stadt. Sein Vater beschrieb einen großen Bogen, fuhr an dem mit roten Laternen gesäumten, rosterdigen Ufer vorbei und zum Randstein vor und zügelte dort sein Pferd.

»Mach Platz!« sagte er.

David rutschte auf die Seite. Sein Vater griff rückwärts in den Wagen, holte zwei eiserne Traggestelle hervor und stellte sie auf den gerillten Wagenboden. Beide Traggestelle belud er mit dem Inhalt dreier mit eisbedeckten Milchflaschen gefüllter Kisten, und als jedes Fach besetzt war, baute er weitere Flaschen in schimmernden weißen Pyramiden darauf. In der letzten Kiste staken zwischen dem Bruchеis nur vier Flaschen. Diese ließ er an ihrem Platz und schob beide Gestelle an die Wagentür. Dann kletterte er ins Sonnenlicht hinunter, hob sie nacheinander herunter, stöhnte dabei, und die Sehnen seines Halses bäumten sich wie Bogensehnen.

»Vergiß es diesmal nicht«, sagte er sich umblickend. »Bleib da, wo ich es dir gesagt habe, hörst du?« Er nickte kurz und vielsagend. Dann setzte er sich in Bewegung und marschierte mit steifem, abgehacktem Schritt durch niedrige, schäbige Barackenbauten in einen engen Weg. Während er sich entfernte, schraffierten immer tiefer werdende Schatten die gespannten Muskeln seiner langen, nackten Arme. Unter seinem flachen, federlosen Gang sprang und knirschte der Kies. Der Weg beschrieb eine Kurve um den Gasbehälter. Mit einem letzten Geklapper seiner Flaschen verschwand er.

III

Unwirklich still ... Vor dem schläfrigen, abnehmenden Gesumm der City war nur das Geräusch des weich auf seiner Kandare kauenden, seine Zügel schüttelnden Pferdes zu hören. Die trockenen Pflastersteine, deutlich in der Nähe und gesäumt von abblätternden Plakatwänden, berußten Schuppen, leeren Lagerhäusern, zogen sich in mittlerer Entfernung zu Geschupp zusammen, verwischten sich weiter weg und glitten dann durch eine schmale Häuserfurche in den staubblauen Himmel hinauf. Selten und dann auch zu weit weg, als daß ein Laut zu hören gewesen wäre, überquerte ein Pferdewagen die Straße. Der aufsässige, feuchte Gestank aus dem Graben im Gehsteig vermischte sich mit dem Geruch von abgestandener Milch im Wagen. Die Zeit schleppte sich dahin.
Zwei Männer bogen schräg um die Ecke. Nach der seltsamen Stille und der seltsamen Unruhe in ihm empfand David das Scharren der Sohlen auf dem Gehsteig als willkommene Abwechslung. Einer der Männer schien nahe daran, die Straße zu überqueren, doch sein Kumpan zupfte ihn kurz am Ärmel, sagte etwas, und beide schwenkten von ihrer Marschrichtung ab und schlenderten gemächlich dem Wagen entgegen. Sie hatten ihre Röcke über die Schultern gehängt und wischten sich beim Gehen die Gesichter mit dem Futter ab. Ein grauer Strick umspannte die Hosen des einen, der andere hatte seinen Hosenträger mit Sicherheitsnadeln an der Hose befestigt. Beide trugen schmutzige, unter dem Halsbund zerschlissene, gestreifte Hemden. Ihre Züge, als sie deutlicher wurden, waren

stumpf und roh, pockennarbig und purpurn wie Pfirsichkerne. Der Schlankere war der Zottigere von beiden. Sein Haar, das Blond eines Jutesacks, wirkte matt unter dem braunen Filzhut. Der Untersetztere hatte unter seiner schiefsitzenden Mütze eine mondförmige Stirn, lustige Schweinsaugen und zwischen Pausbacken einen an den feisten Lippen rauchversengten Schnurrbart, der geöltem Hanf glich. Vielsagend war die Art, wie sie sich angestoßen und dann ihre Marschrichtung geändert hatten, und nun, als sie in nächster Nähe auf den Wagen zugebummelt kamen, hoffte David, sie würden vorbeigehen, ohne anzuhalten.

»Hab' dir's doch gesagt, daß es ein Junge ist«, hörte er den Untersetzten sagen. Und der fügte laut hinzu: »Hallo, großer Junge!« Auf der Höhe der Wagentür grinste er leutselig, breit und ließ gelbe Zahnstümpfe wie angeknabberte Maiskörner sehen. »Was hast du gesagt?«

»Heiß, nicht wahr?« grinste der andere neben ihm. »Wuu!« Speichel glänzte und sammelte sich auf seiner oberen Zahnreihe, gemächlich saugte er ihn, als er herabsank.

Ohne zu antworten, starrte David sie unentschlossen an.

»Der Wagen vom Alten?« fragte der erste, und sein dicker Finger glitt von seinem Bart herab und kratzte eine Pustel am Kinn auf. »Hat eine mächtige Ladung fortgeschleppt, nicht wahr?« Seine hellen, freundlichen Augen hefteten sich auf den Kiesweg. »Nicht wahr?«

»Ja.«

»Schon lange her?«

»Ja.«

»Netter Junge, wie?«

Der andere nickte und streckte die Zunge nach dem fallenden Tropfen heraus. »Vielleicht will er das Gashaus sehen? Feines Werk!«

»Klar! Ich wette mein Hemd, daß er das will! Bist du jemals in einem Gashaus gewesen?«

»Nein!« Ängstlich kam Davids Antwort. Er wünschte, sie gingen weiter.

»Nein? Sag, sollen wir dir die ganzen Werke zeigen?«

»Nein.«

»Paßt du auf?« Er lehnte sich zur Wagentür hinein.

»Ja«, brummte der andere. Er hatte seine Stellung so verschoben, daß er den Kiesweg teilweise einsehen konnte.

»Los!« drängte der Untersetzte freundschaftlich. »Wir können dir all die Feuer zeigen – die größten Feuer, die größten Hochöfen in New York. Dir und deinem Alten.« Plötzlich beugte er sich vor. Mit schwarznägeligen, ausgestreckten Fingern packte er Davids Gesäß. Der riß sich los, sprang zurück.

»Nein!« Plötzliche Furcht veranlaßte ihn, sich an die gegenüberliegende Wagenseite anzuklammern. »Nein! Ich will nicht fortgehen – nirgendwohin! Lassen Sie mich in Ruhe!«

»'s wird heiß, Augie, wie?«

Der andere kakelte. »Geht nicht, Wally. Wir müssen das Zeug schnappen und verduften.«

»Ja«, sagte der andere gedehnt und lächelnd, und dann forsch: »In Ordnung, Kleiner, dann zeigen wir sie dir diesmal nicht – ich seh', dein Alter hat etwas Milch dagelassen, oder? Schön kühl, wette ich. Nun, wir kaufen die paar Flaschen. Er kennt uns, verstehst du...? Klar, Augie?«

»Schieß los!«

»Nur ein paar.« Er schob das Eis weg, fischte seelenruhig zwei Flaschen Milch heraus. »Wir kriegen die jeden Tag. Sag ihm, Hennessy hat sie genommen. Drei-Sterne-Hennessy – er weiß Bescheid.« Er reichte dem anderen eine Flasche. »Wir zahlen regelmäßig«, fügte er hinzu und schlurfte in die Richtung, aus der er gekommen war. »Bis dann, großer Junge. Das Gashaus zeigen wir dir ein andermal.«

Mit schreckensbleich zitternden Lippen und atemlos vor Bestürzung sah David, wie sie die Flaschen in ihre Jacken wickelten und den Schritt beschleunigten, als sie sich der Ecke näherten, darum bogen und verschwanden.

Er schnappte nach Luft. Sie hatten die Flaschen gestohlen! Das wußte er! Er wußte es in dem Augenblick, als der Mann danach griff, daß er sie stehlen würde. Was würde sein Vater sagen? Du hast den Wagen im Stich gelassen! Du hast den Wagen verlassen! Und obschon ich dir gesagt habe, du darfst es nicht. Nein, Papa! Ich hab' ihn nicht verlassen! Ich dachte, du kenntest sie! Das haben sie behauptet. Du hast den Wagen verlassen! Ich hab's nicht getan! Sie kamen... Seine Gedanken schienen in tausend rasiermesserscharfe Scherben zersplittert zu sein, die in seinem Schädel wüteten. Au! Wenn er kommt! Wenn er hereinsieht! Und zwei fehlen. Warum hast du sie nicht daran gehindert? Warum hast du nicht gesagt, sie sollen warten, bis ich komme? Warum hast du nicht laut geschrien? Ich hab's doch, Papa! Ich meine ...! Sie haben gesagt ...! Die Peitsche ... da! Er würde sie nehmen. Au!

Seine Fingernägel stießen besessen unter seine Mütze, kratzten den Schädel, der kribbelte und brannte, als habe er plötzlich einen Hautausschlag bekommen. Kalter Schweiß trat auf Gesicht und Hals, und sein sich windender Körper fühlte sich mit einemmal hohl und schmerzhaft an. Ohne den Wunsch oder die Kraft, sie zu beruhigen, lauschte er dem krankhaften Geklapper seiner Zähne. Schon fühlte er die Peitschenhiebe auf dem Rücken, duckte sich und hob die Hände zum Gesicht.

– Au! Au! Papa! Papa! Au! Nicht! Ich kann nichts dazu. Sie wollten mich packen. Mich rausstoßen ... (Er versuchte sich selbst zu entfliehen, wie er es schon einmal im Dunkeln hinter seinen Handflächen getan hatte. Wohin konnte er fliehen? Wohin? Wie damals. Als er im Keller war und rannte. In äußere Bilder floh. In der Straße jetzt, wo ...? Mama! Mama! Mach ihren Blick. Mach, wie sie blickt. Ihr Gesicht. Mach's. MACH'S! Ich will ihr Gesicht. Mama! MAMA! Mach ihren Blick. (Er wollte sich konzentrieren, mit aller Willenskraft jede Ablenkung vermeiden – scheiterte. Versuchte es von neuem, scheiterte. Das Gesicht wollte sich nicht einstellen. Das Gesicht seiner eigenen Mutter entzog sich ihm.) Kann's nicht! Kann's nicht! Oh, Mama! Mama! Ich kann's nicht ...! (Er wiegte sich vorwärts und rückwärts.) Ich tu' so, als ginge ich zuerst nach Hause. Ja. So krieg' ich's. Alle Straßen. Rrrp! Ninth Street. Nun die Vortreppe hoch. Heiß ist das Messinggeländer. Nicht berühren, sagt Pförtner. Kalt im Winter. Drinnen die Halle ... Nein! Nein! Nicht diese! Nicht diese! Komisch! Der alte Eingang von früher, der von Brownsville, hat sich hereingeschoben. Alter Kellerflur. Hab's, zurück in der Ninth Street. Festhalten. Laß sie nicht fahren. Hier Kinderwagen unter der Treppe. Milchgestank darauf. Los jetzt. Erster Stock, sieh die Stufen, sieh die Toiletten. Blupp! Ausgerutscht, runtergerutscht. Hiii! Kinderwagen. Sie wartet. Oben. Vierter Stock, wartet. Los jetzt! Bing! Ein, zwei, drei, vier ... Aaaa, Scheiße ... ausgerutscht! Kinderwagen. Milchgestank reißt mich, reißt mich zurück. Diesmal springen! Die ganze Strecke hinauf! Ein einziger Sprung für den ganzen Weg! Achtung, fertig, los ...! Falsch! Im falschen Hauseingang! Nein! Nein! Keine Kellertür. Nicht in meinem Haus. Nicht offen! Wie ... Wie ich's gerade gerochen habe. Die Straße ist aufgegraben. Die Straße – Gestank, wo sie gerade graben. Aaa! (In plötzlicher Wut knirschte er mit den Zähnen.) Ich gehe rauf! Gehe trotzdem rauf! Kannst mich nicht abhalten! DU KANNST ES NICHT! Jetzt halt' ich's fest! Jetzt! (Seine Finger zwickten seine Nase, bis sie schmerzte.) Jetzt geh' ich! Was ...!

Knirschende Absätze auf dem Kies. Entsetzen! Seine Augen klappten auf. Zwergenhaft zwischen den riesigen Gastanks kam sein Vater über den Pfad gebogen. Er ging schnell, die Augen wie immer gesenkt, die leeren grauen Flaschen klapperten in den Traggestellen. Lauter, lauter, näher, schienen sie auch in Davids Herzen zu klirren. Mit jedem Schritt, den sein Vater tat, ging der Atem in seinem eigenen Körper mühsamer, erstickter. Am Wagen machte er halt und hob düstere Augen, um die Traggestelle an Bord zu hieven. Ihre Blicke trafen sich. Das erste Gestell schwebte den Bruchteil einer Sekunde, bevor es landete.

»Was ist los?«

David begann zu weinen.

»Was ist los?« Seine Stimme klang plötzlich messerscharf. »Sprich!«

»Die ... die Flaschen da ...«, stammelte er, »sie haben sie mitgenommen.«

»Was?« Er beugte sich hinein, fegte behende das Eis beiseite, blickte auf in stürmischem Staunen. »Wer hat sie genommen?«

Er jammerte. »Z–zwei Männer.«

»Wer? Hör auf mit dem Geplärr!«

»Zwei Männer. Ein großer und ein kleiner. Und sie ... Hennessy haben sie gesagt. Hennessy.«

»Hennessy?« Er legte den Kopf schräg, sein Stirnrunzeln verdunkelte sein Gesicht. »Wo haben sie gesagt, daß sie arbeiten?«

»Das haben sie nicht gesagt!«

»Warst du im Wagen?« Seine Lippen wurden schmal, seine Stimme wechselte mitten im Wort die Lage, Zeichen sich ansammelnder Wut.

»Ja! Ich war da! Im Wagen!« Die vorbereiteten Worte sprudelten hervor. »Sie kamen und sagten, du würdest sie kennen, und ich dachte, du würdest sie kennen. Und sie nahmen ...«

»Und du hast es zugelassen? Verdammter Dummkopf!« Er knallte das zweite Traggestell auf die Wagenplatte, sprang auf. »In welche Richtung sind sie gegangen?«

»D–dorthin! Um die Ecke!«

»Hast dich wieder mal selbst übertroffen!« schnarrte er. »Hopp, Billy! Hopp!« Er riß die Peitsche aus der Hülse, schlug auf das Pferd ein, das schwerfällig lospreschte. Die Räder rieben am Randstein. »Hopp!« Wieder ein Peitschenhieb. Hufe klangen im hämmernden, gewaltsamen Galopp. Der Wagen schlingerte, drängte um die Kurve auf kreischender Achse, leere Flaschen stießen in ihren Kisten gegeneinander. Sein Vater, wütend mahlende Kiefer, blitzende Augen, maß die Straße mit einem Blick. Sie war leer, sonnenhell und leer! »Wo sind sie?« brummte er durch verkrampfte Lippen. »Ah, die zu fassen kriegen!«

Kein Zeichen von ihnen, obwohl er jedes Gebäude und jeden Eingang absuchte. Sie waren fort. Das Pferd galoppierte weiter. Doch schon an der nächsten Kreuzung kamen zwei Männer aus einer Gasse geschlendert . . . leere Milchflaschen in ihren Händen!

»Die da?« schnappte er begierig.

»Die!«

»Aah!« Sein unterdrückter Schrei rasselte frohlockend in seiner Kehle. »Hopp, Billy! Hopp!« Er zog wild am linken Zügel. Das Pferd raste auf den Gehsteig hinauf. Der Wagen drohte umzukippen, donnernd rutschte seine Ladung seitwärts.

»Scheiße, Augie!« brüllte der Untersetzte. »Er ist hinter uns her!«

Sie fielen in unbeholfenen Trab, der Kürzere hing hinterher. Der Wagen holte sie ein. Mit dem heiseren Schrei »Gib's ihm, Wally!« lief der Hagere plötzlich langsamer und holte aus. Die im Bogen auf sie zufliegende schwere Flasche hing eine Sekunde in der Sonne. Dann zerschellte sie wie eine Bombe vor dem Pferd. Das stieg, warf den Kopf auf die Seite, hochrote Nüstern, wilde rollende Augen. Eine Sekunde später kam eine zweite Flasche durch die Luft geflogen, aber zu knapp geschleudert, und platzte auf dem Boden. Wieder sauste die Peitsche nieder.

»Jetzt krieg' ich euch!« Sein Vater knirschte mit den Zähnen. »Jetzt krieg' ich euch!« David wußte, daß sie verloren waren.

Das angreifende Pferd preschte auf sie zu. An der Ecke, in einem Abstand von wenigen Metern, stoben beide Männer wie auf Verabredung in entgegengesetzte Richtungen los. Sein Vater verfolgte den auf dem Gehsteig rennenden Untersetzten. Noch einen Augenblick, und das Pferd mußte auf gleicher Höhe sein. Einmal zog er an den Zügeln, dann warf er sie David zu. »Halt du sie fest!« Peitsche in der Faust, sprang sein Vater vom fahrenden Wagen auf die Straße.

Der Flüchtige, gestellt vor einer Stalltür, die nicht aufging, warf sich zusammengerollt zur Seite.

»Weshalb jagst du hinter mir her?« Seine vergilbten Zähne waren entblößt, seine Augen Schlitze aus Angst und Wut.

»Hanh!« Seines Vaters Schnarren war fast wie Gelächter, aber das Knirschen seiner Zähne klang wie das Spannen einer Trosse. »Hast meine Milch gestohlen!«

»Ich? Was redest du da für Bockmist? Hab' sie im Leben nie gesehen.«

»Und die Flaschen, die du geschmissen hast?« Er schien bloß mit dem Mann zu spielen. David wußte, die Fragen hatten nichts zu bedeuten. Ihm wurde schwach, und er wartete auf das Ende.

»Ja! Ich hab' sie geschmissen!« stieß der andere wild hervor. »Paß nächstes Mal zum Scheißteufel besser auf, wem du nachjagst . . .«

Swisch! Das Zischen der Peitsche schnitt ihm das Wort ab. Der lange, steife Riemen rollte über seine Schulter, klatschte!

»Auaaa!« heulte der vor Schmerz und Wut. »Du Judenbankert! Hast mich geschlagen!« Mit hämmernden Fäusten stürzte er auf Davids Vater los.

»Hanh!« Wieder der wahnsinnige Freudenschrei. Ein langer, starrer Arm schoß vorwärts, wie ein Rammbock stieß er seinen kickenden, fäusteschwingenden Gegner um – während die andere Hand die Peitsche niedersausen ließ. Wieder! Wieder zischte sie herab! Bei dem Anblick wurde es David förmlich übel. Er schrie auf. Plötzlich zerbrach die Peitsche mit scharfem Krachen. Sein Vater schleuderte sie beiseite. Und als der andere, wutentbrannt heulend, sich auf ihn werfen wollte, hob er die Faust, ballte sie wie zu einem Keil und ließ sie, vor Anstrengung stöhnend, auf seinen Hals niederprellen.

»Uh!« Ein leises, fast kindliches Stöhnen brach aus dem offenen Mund des Mannes. Dann sackte er zusammen, sank an den Beinen von Davids Vater herunter und fiel seitlich auf die Erde. Er rührte sich noch einmal, wobei ihm die Mütze vom Kopf rutschte. Die spärlichen Strähnen seines Haars glitten wie in einem Scharnier langsam auf die Seite und enthüllten den gelbgefleckten Skalp. Dann lag er still.

Noch eine Sekunde stand Davids Vater turmhoch über ihm, seine Wut wogte wie eine im Sonnenlicht glänzende Aura. Dann, mit einem letzten wutheißen Blick auf die leeren Straßen, hob er die

zerbrochene Peitsche vom Boden auf, stapfte zum Wagen zurück, sprang hinein und schlug herauslehnend das Pferd mit dem Zügelende. Das Tier machte einen Satz vorwärts. Rasch verließen sie die Straße, wandten sich südwärts, mischten sich in den zunehmenden Verkehr.
Die Minuten vergingen in beklemmendem Schweigen. Nach und nach wurde das dunkle Gesicht seines Vaters grau, das wütende Funkeln seiner Augen bewölkte sich. In seinen zitternden Händen begannen die Zügel in winzigem Gekräusel zu wippen. Sein heiserer Atem ging lauter, fuhr durch seine rauhe Kehle in jähem, heftigem Keuchen, das sein Kinn jedesmal zum Zittern brachte, als sei es auf Sprungfedern gelagert. So hatte David ihn das letzte Mal in Brownsville gesehen. Das Jetzt rief all die alten Schrecken wach.
»Du!« sagte er endlich, und seine Worte waren so barsch und kehlig, daß sie kaum Form annahmen. »Verlogener Sohn! Du bist schuld!«
Seine Hand bewegte sich. Wie die Giftzähne einer Schlange bissen die beiden messingbeschlagenen Enden der Zügel zweimal in Davids Schulter. Er gab keinen Ton von sich. Er fühlte sie sogar kaum, so erstarrt war er vor Angst.
»Sag deiner Mutter ein Wort«, fuhr die erdrosselte Stimme fort, »und ich prügle dich tot! Hast du gehört?«
»Ja, Papa!«
Inmitten des Betriebs von Straßenbahnen und Automobilen fuhren sie langsam der Ninth Street entgegen.

IV

Es fiel kein weiteres Wort. Der Wagen ratterte über die gepflasterte Straßenbahnspur, bog ein und hielt am Randstein.
»Steig aus, Trottel!« Die Stimme seines Vaters klang wieder klar und scharf; seine Gesichtsfarbe kehrte zurück. »Denk daran, was ich gesagt habe – kein Wort!«
Stumm kletterte David aus dem Wagen.
»Und verlauf dich nicht!« fuhr er ihn an. »Schnurstracks zum Chejder!«
»Ja, Papa!« Er fühlte, wie töricht sein eigener Blick war.

»Unh!« brummte er erbost. »Rasch jetzt!« Dann schlug er das Pferd mit dem Zügelende, und der Wagen ratterte von neuem nordwärts. Mit benommenem, schiebendem Schritt überquerte David die Straße und schleppte sich dem Chejder entgegen.

– Darfst ihr's nicht erzählen. Darfst es nicht! Au!

Wie sollte er es für sich behalten? Er brauchte nur das Zwinkern seiner Augen eine Sekunde hinauszuziehen, und schon flitzten die schrecklichen Szenen wie auf einer Leinwand hinter seinen Lidern vorüber – das gräßliche Flackern der wuchtigen Gastanks, Pflastersteine, Gräben, Entfernungen, die bösartigen Straßen, der schwarze Bogen der Peitsche hing noch in der Luft, obwohl sie längst gelandet war, das von Heimtücke verzerrte Gesicht und die Hand, die erhobene Hand. Im bedeutungslosen Lärm der Straßen konnte er noch das Gescharr ihrer Füße hören, das Grunzen seines Vaters, den Aufprall seiner Faust, das Wut- und Schmerzgeheul. Die fürchterlichen Bilder ließen sich nicht abschütteln, wie angeschweißt klebten sie in seinen Gedanken. Es war etwas geschehen! Etwas war geschehen! Selbst die Ninth Street, seine ihm vertraute Ninth Street, war entstellt, heimgesucht von etwas, das er zwar fühlen, doch mit keinem Sinn wahrnehmen konnte. Gesichter, die er so oft angesehen hatte, daß er sie kaum mehr sah, waren in geheime Schatten verdreht, verschmiert, verflacht, verquirlt in bislang nie offenbartem krausen Kummer und hämischem Grinsen. Der Hausflur des Chejders, als er ihn durcheilte, Kreidegeschmier, an der Wand glimmernd, Linoleum, zu Fallen eingetreten – all das wirkte plötzlich zusammenhanglos, verworren und endlos. Er ertappte sich dabei, daß er wieder gegen die alte Hausflurangst ankämpfte, plötzlich beschleunigte er seinen Schritt. Launenhaft gezackt von eingelegten Keilen aus Licht und Schatten der Schulhof, graue Wäschestangen schräg im schweren Licht, schrägstehende, angeschlagene Zaunlatten, rote Mauern, sonnendurchweichte Mauern, der zerhackte Himmel. Unwirklich. Der Chejder selbst, Geflüster im plötzlichen Dämmer, verknotete Gestalten, rissige Bänke, der lange Tisch, das nichtige, unablässige Dröhnen, fantastische Formen, Ausblicke. Unwirklich.

Etwas, etwas war geschehen. Dumpf saß er da, beobachtete die anderen einen Augenblick, wandte sich ab. Ihr Streiten und Schwatzen hatte Bedeutung eingebüßt; nichts war übriggeblieben als graue, leerlaufende Torheit, eine hohle, verhexte Welt. Es war, als höre er alle Geräusche durch ein Gähnen hindurch oder mit wassergefüllten

Ohren, als sähe er alle Dinge durch einen Glasbecher. Wann würde sie bersten, diese über seine Sinne gestülpte Glasglocke?
Wäre er doch zuerst nach Hause gerannt, hätte er es doch seiner Mutter gesagt.
Zeit schleppte sich hin. Der Chejder füllte sich. Zum Glück war er früh gekommen – er würde bald lesen, dann entwischen. Von ferne, wie durch eine Mauer, hörte er seinen Namen rufen. Er stand auf, schob sich zur Bank, als ziehe sein Wille allein den ganzen Kloß seines Körpers nach, und setzte sich an den Tisch.
»Du siehst blaß aus«, sagte der Rabbi spöttisch, als er das Buch flachdrückte. »Ist dir's heute nicht gut? Ha?«
»Nein.«
»Schön, warum hast du dann nicht in der Bank gewartet, bis du dran kamst?«
»Ich hab's nicht gewußt.«
»Das ist mir neu!« Höhnisch hob er die Brauen. »Nun, fang an! *Naasinu ha schamajim weadabeira.*«
»*haasinu ha schamajim weadabaira* – merkt auf, ihr Himmel, ich will reden, und die Erde höre die Rede meines Mundes.« Zwischen dem massiven Typendruck der Buchseite wirbelnd, rangen und kämpften zwei Leiber. Er stockte.
»Was fehlt dir? Bist heute etwas blind, wie?«
Ohne zu antworten, fuhr er auf Hebräisch fort: »Meine Lehre f–falle wie der Regen, und m–meine Rede flie–fließe wie der Tau.«
Die Buchstaben drängten sich zusammen, setzten sich in Bewegung, marschierten auf – als Lampenmasten, Pflastersteine, Kieswege, Laternen auf Erdhügeln. Peitschen in der Luft. Immer wieder stammelte er, blieb stecken, verbesserte sich, las weiter. Der Rabbi hatte begonnen, sein Lesen mit leise aufsetzendem Zeigestock zu begleiten.
»Hast heute irgendwas getan, ha?« Er senkte sein schiefgestelltes, buschiges Gesicht auf Davids Höhe und starrte ihn mit argwöhnischen Augen an – Tabakgeruch, Schweiß, glanzlose Nüstern unter roter, fleckgetupfter Nase. Die falschen Zähne. Widerwärtig. David wich zurück.
»Natürlich etwas Gutes, nicht? Nein?« Seine Stimme stieg. »Antworte! Bist du taub?«
»Nein«, erwiderte er mürrisch. »Hab' nichts getan.«
»Warum liest du dann wie ein Gipsgolem? Ha? Sieh mich an! Heb die Haspen deiner Augen.«

Er blickte eine fliehende Sekunde lang zu dem ärgerlichen Gesicht auf und senkte die Augen.
»Feuer soll dich treffen!« Hämisch schob sein Daumen die Buchseite um. »Lies weiter!«
David wartete, bis die Seite niedergesunken war, dann heftete er den Blick mit aller Macht auf die Buchstaben. Die Anstrengung schien ihm jedes Gramm Kraft zu rauben, denn trotz aller Mühe stockte er, verhaspelte er sich mehrmals. Tiefer und tiefer sank sein Kopf auf das Buch. Schließlich gab der Rabbi ihm einen Klaps.
»Geh!« sagte er säuerlich. »Genug Mist für einen Tag! Genug für ein Jahr! Und wenn du gehst«, sein Daumen und Zeigefinger trafen sich erläuternd zu einem Kreis, »mach, daß du nach Hause kommst und dann setz dich ausgiebig aufs Klo, damit du einen klaren Kopf bekommst.«
Kaum zuhörend, glitt David aus der Bank.
»Und hörst du!« warnte er. »Wenn du morgen wieder so leierst, kriegst du von mir eine Abreibung.«
Stimmen verhöhnten ihn, als er durch den Chejderraum ging. »Schlauberger! Hornochse! Geschieht ihm recht, Geizkragen! Kriegst den Arsch versohlt! Sein Vater wird's ihm mit der Peitsche besorgen. Ich hab' gesehen . . .«
Er drehte sich um. Izzys Stimme sank zu einem Flüstern. Er rannte durch die Tür. Im Chejderhof schmückten neue Lichtkeile die alte Unwirklichkeit. Oben auf der Holztreppe lag der lange Gang leer und voll düsterer Schatten. (– Achtung! Fertig! Los! –) Er raste hindurch, erreichte das Straßenlicht mit prickelnder Schädeldecke. – (Bin ein beschissener Angsthase! Plötzlich wieder furchtsam. War's doch vorher nicht. Und er – hasse ihn! Stinkmaul. Hasse sie alle! Mama, zu dir! Mama –)
Schon im Schutz ihrer Arme, rannte er auf dem Gehsteig seinem Haus entgegen. (– Hoffe, er ist nicht zu Hause! Hoffe, hoffe, er ist nicht da!)
Er war bis auf wenige Meter zu seinem Hauseingang getrabt, als eine laute, sich überschlagende Stimme aus der Höhe ihn zum Halten brachte. Er blickte auf. Mit feistem Busen gegen den Sims eines Fensters im zweiten Stock klatschend, kreischte eine Frau aufgeregt auf die Straße hinunter. »Beatrice! Beatrice! Schnell!« Sie beugte sich so gefährlich weit aus dem Fenster, als wolle sie in ihren eigenen Hauseingang hineinsehen. Und schon kam ein halbwüchsiges

Mädchen mit fliegenden bebänderten Zöpfen herausgerannt. David blickte sie verwundert an.
»Wo ist er, Mama?« Das Mädchen erreichte den Rand des Gehsteigs und schrie hinauf.
»Dort! Schau! Sieh!« kreischte die Frau hinunter. »Das rote Haus, siebensechsundvierzig!«
»Wo? Ich seh' nichts!«
»Dort! Oi! Sieh doch! Im dritten Stock!«
Mit starr geöffnetem Mund stierte das Mädchen auf das Haus über der Straße. »Ja!« johlte sie. »Ich seh' ihn! Ich seh' ihn, Mama!«
»Los! Fang ihn! Renn! Renn hinauf!«
Eine kleine Menge versammelte sich, Kinder und Erwachsene. Kuschys Gesicht war unter ihnen. »He, was ist los? Sag, was ist denn?«
»Dort ist er! Dort in dem Haus!« Das Mädchen schnatterte und deutete hinauf.
»Wer?«
»Der Kanarienvogel! Von meiner Mutter!« Und getrieben von der schrillen Stimme ihrer Mutter oben, lief sie über die Straße. »Er ist aus dem Käfig entwischt! Ich zahle eine Belohnung.«
Kaum war sie im Haus verschwunden, als aus einer Mauernische desselben Hauses ein heller, gelber Vogel abwärts glitt, unschlüssig flatterte, über die Straße segelte und auf dem Schneckensims von Davids Nachbarhaus landete. Dort blieb er einen Augenblick sitzen, während die Straße zu ihm aufgaffte, dann flog er zum Dach hinauf.
»Wiii! Hast du ihn gesehen?« Die Menge wurde aufgeregt. »*Oi, a fejgele!* Kann nicht gut fliegen! Fang es! Sie zahlt eine Belohnung!«
»Mein Dach!« Einer der Jungen riß sich die Mütze vom Kopf und raste auf den Eingang los. »Ich krieg' ihn mit meinem Hut!«
»Juppie!« Kuschy hetzte hinter ihm her. »Eine Belohnung!«
»Juppie!« Ein dritter folgte.
»Juppie!« Ein vierter verschwand im Haus.
Wenige Sekunden später streckte das Mädchen mit den Zöpfen den Kopf aus dem Fenster.
»Fortgeflogen!« Stimmen aus der Menge bellten zu ihr hinauf. »Aufs Dach über die Straße!«
»Er ist fortgeflogen, Mama!« schrie sie.
»Hab's schon gesehen«, schoß ihre Antwort zurück. »Er soll tot runterfallen!«

Mutter und Tochter zogen die Köpfe zurück. Währenddessen reckten sich auf dem Gehsteig die Hälse, den Himmel absuchend. Kein Vogel erschien.

»Die werden ihn nie zu fassen kriegen. Naaa!«

»A nechtiger tog!« Allmählich zerstreute sich die kleine Menge.

– Mama!

Er erwachte aus seiner Träumerei.

– Hornochse, ich! Los, rasch!

Er rannte die Vortreppe hinauf, zögerte aber im Eingang, spähte hinein. Wieder juckten seine Haarwurzeln. Er brachte es nicht übers Herz, ins Dunkel hineinzugehen. All die alte Furcht belauerte ihn von neuem. Warum war sie zurückgekehrt? Über seine Feigheit bis zu Tränen erbost, ging er auf dem Vorbau rastlos auf und ab, bald auf ein Geräusch im Eingang horchend, bald die Straße hinauf oder hinunter nach einem vertrauten Gesicht spähend. Endlich hörte er im Hause, vermutlich auf einem höheren Stock, eine Tür dumpf zuschlagen. Er sprang in den Eingang hinein, raste wie besessen die Treppe hinauf. Zwischen dem ersten und zweiten Stock begegnete er der massigen Gestalt einer Frau, schob sich an ihr vorbei und hinauf – lauschte aber dabei auf ihre ersterbenden Schritte. Im vierten Stock stürzte er atemlos auf die Tür zu – sie war verschlossen!

»Mama!« schrie er.

»Du, David!« Ihre aufgeschreckte Stimme.

Riesige Erleichterung. »Ja, Mama, mach auf!« Der Fuß, den er zurückgezogen hatte, um in seiner Wut und seinem Schrecken gegen die Tür zu treten, sank auf den Fußboden zurück.

»Warte!« Ihre Stimme klang hastig. »Ich mach' gleich auf.«

Was tat sie nur? Wie als Antwort hörte er Wasserplätschern und hinterher das Prasseln fallender Tropfen. Sie hatte ein Bad genommen, jetzt stieg sie heraus. Ein Stuhl krachte, als sei sie hinaufgestiegen, dann Tappen nackter Füße auf dem Fußboden. »Sekunde noch«, bat sie.

»In Ordnung.«

Stille. Füße, die sich entfernten, wiederkehrten. Die Tür ging auf. Und als sei das breiter werdende Licht ein Keil, barst die nebelhafte, quälende Glocke über seinen Sinnen und löste sich auf – Farben und Formen, Laute und Gerüche wurden von neuem deutlich.

»Mama!«

»Ich wollte dich nicht warten lassen.« Sie war barfuß. Ihr verblichener, gelber, von Wasserflecken verdunkelter Bademantel klebte an Brust und Schenkel. »Ich habe so schnell gemacht, wie ich konnte.« Von ihrem glänzenden braunen Haar lief noch Wasser auf das um ihre Schultern gebreitete Handtuch. Die sonstige Blässe ihres glatten Halses und Gesichts war gerötet und beperlt von Wasser. »Was starrst du mich so an?« Sie lächelte, zog den Bademantel dichter um sich und schloß die Tür hinter ihm.

»Hat mir nichts ausgemacht, zu warten.« Er lächelte mit ihr. Fast konnte er fühlen, wie seine aus den Fugen geratenen Gedanken wieder reibungslos in ihre alten Geleise glitten.

»Trotzdem hast du mit deiner alten Wut an der Tür gerüttelt«, lachte sie. Und das tropfende Haar an den Busen drückend, beugte sie sich herunter und küßte ihn. Die warme, schwach nach Seife duftende Feuchtigkeit ihres Körpers, unsagbar süß. »Bin so erleichtert, daß du wieder da bist.«

Wo war sein Vater? Hinter ihr stand die Schlafzimmertür offen. Niemand lag im Bett. Nicht da. Glückseligkeit. Grenzenlos.

»Du bist noch naß!« kicherte er plötzlich. »Sogar der Boden!«

»Ja. Muß es trockenwischen.« Sie wickelte das nasse, tropfende Haargewirr ins Handtuch. »Die halbe Wanne ist auf dem Boden. Bin in solcher Hast rausgestürzt. Weiß nicht, warum ich deinetwegen so erschrocken bin – besonders wenn ich denke, daß du es bist.« Während sie sprach, beugte sie sich seitwärts, tauchte den Arm in die Wanne, um den Stöpsel herauszuziehen. Das seifige Wasser schlürfte und gurgelte. Im Fensterlicht zeigte ihr Körper dämmrige Umrisse, Hüfte und Knie spendeten Rosa zum Gelb. »Hast du auf dem Wagen viel gesehen?«

Heftig schüttelte er den Kopf.

»Nein?« Ihr Lächeln schwand. »Warum läßt du den Mund so hängen?«

»Ich hasse es! Ich hasse es!« Mehr konnte er nicht tun, um nicht in Schluchzen auszubrechen.

»Warum?« Erstaunt sah sie ihn an. »Was ist geschehen?«

»Nichts. (– Darf's nicht sagen. Darf's nicht!) Es hat mir nur nicht gefallen, sonst nichts.«

»Furchtsames kleines Herz! Ich weiß. Morgen brauchst du nicht mitzugehen – selbst wenn der andere nicht wieder bei der Arbeit ist, ein anderer wird die Strecke übernehmen.«

»Nie mehr?«
»Nie mehr was? Mitfahren?«
»Ja.«
»Nein, nie mehr.« Sie setzte sich, ihr Handtuch ein komischer Turban auf ihrem Kopf. »Komm her.«
Er lächelte befangen und ging zu ihr. »Du siehst komisch aus.«
»Wirklich?« gluckste sie und half ihm auf ihren Schoß hinauf. Der Trost, an ihrer Brust zu ruhen, linderte den stechendsten Schmerz.
»Bist du nicht gern ein Milchmann?«
»Nein.«
»Auch kein Milchmannsgehilfe?«
»Nein.«
»Was möchtest du dann sein?«
»Ich weiß nicht.«
Sie lachte. Wie sein Ohr nach dem plätschernden, sich windenden Ton lechzte. »Heut' morgen hab' ich im Fleischerladen eine Frau sagen hören, ihr Sohn werde einmal ein großer Arzt werden. Hmm! Ich dachte, wie gesegnet ist dein Leben! Und wie alt ist Ihr Sohn? fragte der Fleischer. Sieben, antwortete sie. Der Fleischer verfehlte fast den Knochen, den er abhacken wollte. Und du bist acht und hast mir's noch nicht verraten. Jedenfalls brauchst du nicht mehr mitzufahren – willst du noch Milch? Du magst doch das neue Hefegebäck, oder?« Sie rieb ihre feuchte Stirn an seinen Lippen. »Mit Rosinen drin?«
»In Ordnung.« Er gab nach. »Aber nicht jetzt.« Die Nähe ihres Körpers war etwas zu Seltenes, als daß er es so rasch aufgeben konnte.
»In Ordnung«, machte sie ihn nach, und zwar so drollig, daß er lachen mußte. »Aber laß mich aufstehen.«
»Nein!«
»Ich muß mich aber doch anziehen«, bat sie. »Diese Kluft ist klammer als ein Brunnenrand. Ja?« Sie stand auf, widerwillig rutschte er von ihrem Knie. »Aber erst bring' ich dir Milch und Gebäck.«
Er sah, wie sie zur Brotbüchse ging, mehrere honigfarbene Rosinenbrötchen herausnahm, sie auf einen Teller legte und dann eine halbvolle Literflasche Milch aus der Eistruhe holte –
– Wagen! Sie! Au!
Ein Schauder durchlief ihn.
– Vergessen!

Sie füllte ein Glas, stellte Gebäck und Milch auf den Tisch.
»Du kannst essen, während ich mich anziehe«, schmeichelte sie. »Es ist noch mehr von beidem da, wenn du willst.« Und das Handtuch von ihrem Kopf wickelnd, ging sie ins Schlafzimmer.
Er setzte sich, mampfte gemächlich die rosinengefüllte Knusprigkeit, blickte begierig auf die Schlafzimmertür, darauf wartend, daß sie herauskäme.
Er blickte zur Uhr auf dem Sims auf. »Zehn – elf Minuten nach zwei.«
Wieviel Uhr ist es, David?« Ihre Stimme übertönte das Rascheln ihrer Kleider.
»*Nach* zwei?«
»Ja.«
»Dann wird er auch heute nachmittag keinen Schlaf kriegen.«
– Er!
»Die doppelte Fahrt nimmt ihm viel Zeit – als ob er nicht ohnehin genug arbeitete. Immerhin muß er bald heimkommen.«
– Bald! Heim!
Das zerkaute Stück lag regungslos in seinem Mund.
»Weißt du noch, die Zeit, als du nicht die Uhrzeit ablesen konntest?« begann ihre Stimme wieder nach einer Pause. »Du konntest sie nur nach den Sirenen bestimmen. Und einmal hast du Kalenderblätter gesammelt – wo sind sie jetzt?«
– Er! Sehe ihn! Nein! Nein! Lauf runter! Rasch, bevor er kommt!
Er schluckte den halbgekauten Kloß hinunter, steckte den Rest des Brötchens in die Tasche und schüttete die Milch laut und hastig hinunter.
– Nimm noch eins, wird sie sagen.
Er ließ ein zweites Kuchenbrötchen in die Tasche gleiten. »Ich geh' runter, Mama.«
»Was!« Ihre Stimme klang überrascht.
»Darf ich?«
»Bist du schon fertig?« Sie trat aus dem Schlafzimmer. Ihr Kleid, das zwischen ihren ausgestreckten Armen schwebte, »Wie hast du nur ...«, blieb wie eine Wolke auf ihrem Kopf liegen, »so rasch aufgegessen?« – sank über den Hals herab, die Achselhöhlen, den spitzengesäumten Unterrock. Sein Gesicht strahlte. Ihre Augen suchten den Tisch ab.
»Ich war hungrig.«

»Schön.« Sie hob die langen Haarflechten aus dem Nacken. »Aber so rasch hast du noch nie gefuttert. Waren sie gut?«
»Ja.« Er drückte sich schon zur Tür.
»Du fegst rein und raus, als ob dein Kutscher nicht warten wolle. Aber bleib nicht zu lang.«
»Nein.«
Sie glättete ihr Kleid, kauerte sich nieder, küßte ihn. »Wie launenhaft du bist! Komm mir aber vor dem Abendessen zurück!«
»Ja.«
»Nimm dich in acht auf der Straße, ja?«
»Ja.« Er machte die Tür auf und schloß sich in das Halbdunkel des Treppenhauses hinaus.
– Bin nicht mehr so ängstlich. Komisch, hab's vergessen. Aber schnell ...

V

Wieder auf der Straße, floh er über die Fahrbahn auf die nun von Häusern beschattete Seite und ging westwärts der Avenue C zu. Seine in alle Richtungen Ausschau haltenden Augen, um seinen Vater erkennen zu können, bevor dieser ihn erkannte, erspähten Izzy, der aus dem Chejdereingang herausgeflitzt kam. Er wollte nicht mit ihm sprechen. Die spöttische Anspielung auf die Peitsche nagte noch an ihm. Zwar drückte er sich gegen ein Schaufenster, als Izzy ostwärts auf die Avenue D zulief, dennoch trafen sich ihre Blicke; Izzys scharfe Augen erkannten ihn.
»He!« In seiner Stimme klang ein neuer, freundschaftlicher Ton mit. »Warum sagst du nichts? Wo ist die Bande?«
»Hab' sie nicht gesehen.« Behutsam taute er auf.
»Los, wir suchen sie.« Izzy packte ihn forsch am Arm. »Möcht' wissen, wo Kuschy steckt.«
»Hast du dich nicht mit ihm geprügelt?« Er ließ sich führen.
»Ach was! Er ist ein wüster Angeber, weiter nichts! Hat dir dein Vater eins mit der Peitsche gegeben?«
»Nein! Hat er den Nickel gekriegt?«
»Naa! Es war gar kein Nickel – genau wie ich's ihm gesagt habe –

der war aber wütend, dein Vater – Junge, Junge!«
»Nein, er war's nicht.« Warum mußte Izzy unbedingt das Thema wechseln? »Was war's dann?«
»Was? Der Nickel? Eisen, wie ich gesagt habe.«
»Oh!«
»Und der Rabbi war ganz schön wütend auf dich.«
»Ja«, gab er gereizt zu.
»Gib ihm lieber ein paar Zeigestöcke«, riet er. »Mir hat er eine Ohrfeige verpaßt, der lausige Bankert! Und Strooly auch – bäng! Er ist halt blöd. Wette eine Million Dollars, sie sind alle in der Avenue D.«
Sie bogen um die Ecke – da waren sie und hockten auf dem Bordstein.
»Siehst du? Hab's dir ja gesagt.« Izzy schoß vor und ließ David stehen. »Heda, Bande!«
»He, Izzy!« riefen sie im Chor.
»Macht mal einem alten Kumpan Platz!«
»Los, setz dich!« befahlen sie und räumten ihm zusammenrückend ein Plätzchen neben Kuschy ein.
David fühlte sich gestrandet, ging zögernd näher und blieb vor ihnen stehen.
»Wo bist denn du abgeblieben?« fragte Kuschy.
»Ich war mit meiner Mutter weg.« Izzy sonnte sich in ihren Blicken. »Schuhe einkaufen – die besten, die's in East Side gibt. Warte, bis du sie siehst. Mit Knöpfen und vorne flach – mit denen kannst du Fußball spielen. Er hat drei Dollar verlangt, aber meine Mutter hat mir gesagt, ich soll sagen: Pfui Teufel, was für lausige Schuhe! Drum haben wir sie für zwei gekriegt. Dann bin ich zum Chejder gegangen.«
»Ich mag die spitzen lieber«, entgegnete einer aus der Reihe. »Man kann einem damit besser ins Loch treten!«
»Jaa! Ha! Ha!« platzten sie heraus, die kluge Wahl gutheißend.
»Sind aber schwer auszuziehen«, warf Izzy seelenruhig ein. »Was nutzen sie dir dann?«
»Mir sind Gummistiefel lieber«, meinte ein anderer – eine Niete am Ende der Rangliste. »Kannst besser drin laufen.«
»Gummistiefel! Du Schaf!« überfiel Izzy ihn zunächst höhnisch, um ihn dann mit Beweisen zu schlagen. »Tennisschuhe, du Dämlack! Da gehen doch alle Nägel durch, stechen durch die Sohle wie nichts . . .

weißt du noch, Kuschy«, plötzlich lachte er schallend, »als ich zu dir sagte, er hat Blitz gesagt – im Chejder? Gummi kommt auf Sohlen, du Schaf!«
»Aaaa, du Schlauberger!«
»Und wo wart ihr?« Izzy überhörte den Verweis.
»Wir?« Kuschy machte eine bedeutsame Pause. »Wir haben einen Kanarienvogel gesehen.« Etliche Auserwählte grinsten, als sei es ein Geheimwitz.
»Was für einen Kanarienvogel?«
»Los, erzähl's ihm«, drängte einer.
»Ich war auch dabei!« warf ein anderer ein.
»Halt!« warnte Kuschy sie. »Mein Bruder!« Und sich vorlehnend, so daß er beide Flügel sehen konnte: »Heda, ihr Kleinen, haut ab. Los!«
»Naaa!« Die Sechsjährigen beider Flügel protestierten.
»Fort mit Schaden!« lärmten die anderen. »Schert euch!«
»Die Straße gehört nicht euch!« riefen sie aufsässig.
»Wollt ihr ein blaues Auge?«
»Ich sag's meiner Mutter«, drohte einer der Junioren.
»Du kannst gleich eins kriegen!« Kuschy rappelte sich halb hoch.
Maulend rückten sie auf den Randstein einen halben Meter von den anderen ab.
»Also, was für einen Kanarienvogel?« wollte Izzy wissen.
Sie drängten sich näher zusammen.
»Du kennst doch Schloime Salmonowitz, der Siebenfünfundvierzig wohnt?«
»Der mit dem Geschwür und der Binde um den Kopf?«
»Ja!«
»Ja, der war in meinem Chejder. Na und?«
»Sadie Salmonowitz also kam schreiend die Treppe runtergerannt, der Kanarienvogel meiner Mutter, der Kanarienvogel meiner Mutter ist weggeflogen! Ich zahl' eine Belohnung ...«
»Hast du die Belohnung gekriegt?« fragte Izzy begierig. »Wieviel war's?«
»Wart eine Sekunde. Und dann haben wir ihn auf Siebensechsundvierzig gesehen, über der Straße drüben, und flapp, fliegt er zurück, und flapp, rauf aufs Dach ...«
»Mein Haus!« fiel ein anderer ein. »Er flog ...«
»Maul halten!« Kuschy riß den Faden der Erzählung an sich. »Auf

Schmilkes Haus ist er geflogen. Wir haben also alle unsere Hüte gepackt und sind in den Hausflur hineingerannt. Man fängt sie mit dem Hut – so!« Ohne Ankündigung riß er seinem Nachbarn die Mütze vom Kopf und schleuderte sie in hohem Bogen auf die Straße.

»Ha–a! Ha–a! He–e! He–e!« Von der schweren Kugel der Heiterkeit getroffen, purzelten sie wie Kegel auf dem Gehsteig durcheinander. »He–e! He–e! Ha–a! Ha–a! Ha–a!«

»Schnauze halten, Schlauberger!« Den gewitzten Prahlhans angrinsend, stand der Eigentümer auf, um seine Mütze aufzuheben. Unverzüglich schoben sich alle Hintern zusammen und nahmen seinen Platz in Beschlag. Doch zurückgekehrt, ließ er sich zwischen die aufeinandergedrängten Thronräuber fallen, und nach viel Stoßen, Fluchen, Geschiebe und Gescharre eroberte er sich wenn nicht seinen angestammten, so doch wenigstens einen brauchbaren Sitz.

»Das ist also der Witz dabei?« fragte Izzy verächtlich, als das neue Gleichgewicht endlich wiederhergestellt war.

»Nee!« krähten Kuschy und einige andere. »Das ist nicht der Witz!«

»Was denn?«

»Dann rannten wir die Treppe hinauf aufs Dach. Und der Schmielke ist auf sein Schienbein gefallen, der Blödian . . .«

»Wollt ihr sehen, wo ich mich geschnitten habe?« Schmielkes Strumpf fuhr herunter und enthüllte frisch geschürfte Haut. »Genau auf dem Knochen!«

»Und dann?«

»Wart's doch ab«, sagte Kuschy entzückt von Izzys gereiztem Ton. »Wir sind also raufgestiegen – mäuschenstill! Haben keinen Muckser getan, weil wir den Kanarienvogel nicht erschrecken wollten. Wir kommen aufs Dach raus, laufen rum, schauen rum – nichts mehr da!«

»Dafür haben wir aber einen anderen Kanarienvogel gesehen!« Schmielke kochte über.

»Was soll das heißen?«

»Psst!« Kuschy warf einen prüfenden Blick nach beiden Seiten, ob die Kleinen noch Abstand hielten. »Dann sind wir zum Luftschacht rübergeklettert, weißt du, der zwischen siebeneinsundfünfzig und siebenneunundvierzig.«

»Ja.«

Neugierde bannte ihre Bewegungen. Aller Augen waren auf Kuschy gerichtet. Auch David lehnte sich vor.

»Dann haben wir alle runtergeschaut – und was glaubst du, haben wir gesehen? Hi, hi! Wir haben eine Dame gesehen, die sich in einem Waschbecken gewaschen hat! Hii! Hii!«
– *Waschbecken!* (David erstarrte.)
»Was für eine Dame?« fragte Izzy.
»Weiß nicht. Hab' ihr Gesicht nicht sehen können.«
»Was also hast du gesehen?«
»Alles! Junge, Junge! Große, vorstehende Titten!« Seine beschreibenden Hände, welche die Luft formten, zogen andere Hände mit, als seien alle an dieselbe Erregung gekettet. »Sie saß im Waschbecken!«
– *Sie! Meine! Aa, meine!*
Rasende Scham schlug wie ein Blasebalg Flammen in seine Wangen und seine Ohren, trieb wie ein Kolben Blut gegen seine Schädeldecke. Wie angenagelt stand er mit schwankenden Knien, schlotternd.
»Und dann?« drängte Izzy.
»Und dann ist sie aufgesprungen, und wir haben alles gesehen . . .!«
»Dicken Busch unterm Bauch!« Die anderen vermengten Geplapper und Gebärden. »Fetten Hintern haben wir gesehen! Groß . . . wuu! Was für ein Kanarienvogel! Wii! Und den ganzen *knisch*! Alle Haare!«
»Tatsächlich? Kein Schmu?«
»Klar.«
»Hast du sie noch weiter beobachtet?«
»Nein. Sie hat uns direkt angesehen.«
»Sie hat nicht zu uns hergesehen!«
»Hat sie wohl, sag' ich!«
»Hat sie nicht!«
»Hat sie wohl! Warum ist sie denn plötzlich herausgehopst?«
»Und dann?«
»Dann sind wir runtergelaufen . . . wii! Was war das für ein Kanarienvogel, den wir da gesehen haben!«
– Aaaaa! Lausiger Hurensohn! Bring sie um! Tritt sie in den Hintern! Dreh ihnen den Kragen um! L–lauf weg . . . wirst gleich heulen!
»Welcher Stock war das? Mensch, wollt', ich wär' dabeigewesen. Junge, Junge! Erzähl noch mehr . . . Los, gehen wir hin . . .«
Wie fliegender Hagel auf seine Nacktheit geißelte und betäubte ihn

ihr schrilles Geschrei. Blind vor Haß schlich er sich weg – unbemerkt.

(– Au! Au! Sie dürfen's nicht sehen! Sie dürfen's nicht erfahren. Au!) Heiße Tränen, brennender, weil lange unterdrückt, sprangen in seine Augen. Er wandte sich ab, ließ den Kopf fallen und lief zur Ecke.

– Aaaa! Mama! Es war meine Mama! Hätt' sie treten sollen, sie treten sollen und wegrennen. Lauf zurück! Tritt sie! Tritt sie in den Bauch. Los, du Feigling! Feigling! Feigling! Feigling! Ich hasse sie! Alle! Alle! Jeden einzelnen! Hätt' nicht hingehen sollen. Geh nie wieder hin! Red nie wieder mit ihnen! Hasse die ganze Bande! Und sie – warum hat sie sich anschauen lassen? Vorhänge, warum hat sie sie nicht zugezogen? Sind keine da! Sind keine da! Und sie hat sich von mir anschauen lassen! Böse auf sie! Au! Sie dürfen mich nicht weinen sehen! Heulsuse! Heulsuse!

Blindlings stolperte er über die Straße, stürzte in den Hauseingang. Die dunkle Treppe. Endlich erreichte er sein eigenes Stockwerk.

– Habe Angst. Mach' mir nichts draus. Hab' vorher Angst gehabt. Hab' die ganze Zeit Angst gehabt.

– Muß aufhören zu weinen. Sie wird fragen, warum. Was soll ich sagen? Haben dich vom Dach aus gesehen. Nein, nein, sag' nichts ... das Dach ... Dach? Bin nie ... oben gewesen ... möcht' wissen ...

In atemloser Unentschlossenheit starrte er vor seiner Wohnungstür zur Dachluke hinauf. Die saubere, unbegangene Treppe, die hinaufführte, lockte und wehrte zugleich; verführerisch strömte das Licht durch das Oberlicht herab, still, unbewohnt – und rief in ihm beherrschend das Bild des Schnees wach, in den er einst gesprungen war, das Bild des Lichts, in das er einst emporgestiegen war. Hier war ein besserer Hafen als diese beiden, eine dauerhaftere Reinheit. Warum hatte er früher nie daran gedacht? Er brauchte nur seine Feigheit zu bezwingen, und ihm gehörten diese Einsamkeit und dieses Strahlen, rasch mußte er hinaufgehen, bevor jemand herauskam. Er stieg die Stufen hinauf, die sich anders anfühlten, als funkle der unverwischte Glimmer durch seine Sohlen hindurch – und hielt vor der Tür. Nur ein Riegel verschloß sie, er ließ sich hochheben. Er zog daran mit gekrümmtem Finger. Plötzlich schnappte er auf – mit panischem Schrecken sah er die schwere Tür aus seiner Hand schwingen, gemächlich, auf widerwilligen Angeln in den Himmel hinaufquietschen. (– Runter! Lauf runter! Er warf

einen verängstigten Blick über seine Schulter. – Nein! Feigling! Bleib, wo du bist! Los! Geh hinaus! Es ist hell! Wovor hast du Angst?) Versuchsweise hob er einen unsicheren Fuß auf die hohe Schwelle. (– Au!) Das rotbemalte Eisenblech knackte mit fürchterlichem Gedonner. (– Geh zurück! Lauf! Nein! Geh nicht! Los, mach Lärm! Wen kümmert es? Los, Feigling! Er hielt den Atem an und zog die knackende Tür zu. Sie blieb geschlossen.
– Hii!
Zittrig seufzte er, hob den Kopf und mit sich drehendem Körper, der auf festen Füßen stand, blickte er umher.
Der gewaltige Julihimmel, glänzend und seidig, Klafter um Klafter. Zu rein war der Zenit, zu rein für das getrübte, zwinkernde Auge; das Auge übersäte ihn mit faseriger Dunkelheit, übersäte ihn mit Gesprenkel und Gewoge treibender Schatten. (– Selbst hier oben verfolgt einen das Dunkel, wenn auch weniger heftig.) Und westwärts die blendende Spirale der Sonne, die Scheibe und Trompete, lichttönende dreifache Trompete. Er blinzelte, senkte die Augen und schaute sich um. Ruhe. Aschengeruch, der kalte, unterirdische Atem von Schornsteinen. (– Selbst hier oben verfolgt einen der Keller, wenn auch weniger heftig.) Und ringsum Dächer, Firste, verrußt und rot und sonnenhell und rot, Dachgewirr bis zum gezackten Horizont. Taubenschwärme kreisten. Wo sie niedriger flogen, hingen sie wie schwebender, ungekräuselter Rauch in der Luft, näher und höher glitzerten sie wie gewelltes Wasser in der Sonne. Ruhe. Sonnenlicht auf der Stirn, weiter weg wie eine Metallschicht auf Turmspitzen und Wassertürmen und Kaminkappen und den goldenen Klippen der Straßen. Ostwärts Brücken, zerbrechlich im staubfeinen Licht. – Hii! Allein ... Hab' keine Angst.

VI

Als er nach einem Weilchen vom Dach heruntersteig, schlich er ein paar Stufen über seinen Treppenabsatz hinunter. Er wollte genau vor seiner Wohnung anhalten und auf seine Tür zugehen. Auf diese Weise würde sein Nachhausekommen natürlicher erscheinen. Und das tat er auch.
Seine Mutter sah seltsam aus, als er eintrat – so seltsam, daß er

einen Augenblick lang glaubte, seine List sei fehlgeschlagen, daß er glaubte, er sei entdeckt. Doch ein zweiter Blick beruhigte ihn, und wenn er ihn auch einerseits beruhigte, beunruhigte er ihn doch in anderer Beziehung. Nicht Wissen oder Wachsamkeit oder Argwohn waren der Grund für das Leuchten in ihrem Gesicht und für ihre Ruhe, sondern etwas anderes, etwas, was er seines Wissens kaum je an ihr beobachtet hatte – eine unbestimmte Mattigkeit, eine tiefe, unbegreifliche Zufriedenheit. Was war das? Warum sank die Hand, die einen Finger auf ihre Lippen gelegt hatte, um ihn zu warnen, er habe zu viel Lärm gemacht, so langsam und mit einer so eigenen, befangenen Anmut herab, als sei ihr ganzer Körper entzückt über die Bewegung ihrer eigenen Glieder und verweilte daher entzückt darin? Dies berührte eine Saite in seiner Erinnerung, berührte sie mit Fingerspitzen. Etwas, was er getan, gefühlt hatte? Was denn? Der Hauch von Erregung schwand in ihm, bevor er ihn fassen, verstehen konnte. Es war verwirrend. Er sah sich in der Küche um. Die Schlafzimmertür war geschlossen – sein Vater schlief. Und auf dem Waschbecken lag ein umfangreiches Paket mit durchgeschnittenen Schnüren, doch noch mit dickem braunem Packpapier umwickelt; daneben übereinander eine neue Peitsche mit weißem Griff und die alte schwarze, abgebrochene. Er fühlte, wie seine Beine sich versteiften, sich gegen den jähen Sog des Schreckens stemmten. Er wandte sich ab. Seine Mutter hatte den Finger von ihren Lippen genommen und begrüßte ihn. (Doch wo waren die ausgestreckten Arme, mit denen sie ihn immer willkommen geheißen hatte?) Und dann lächelte sie. (Doch galt dieses Lächeln ihm oder der inneren Trägheit, die sie erfüllte und ausgeglichen machte?) Seine Augen schossen zu dem Paket und den Peitschen auf dem Waschbecken hinüber und kehrten zu ihr zurück – fragend. Sie schien seine Frage zu übersehen und wollte statt dessen wissen:

»Warum ist deine Nase so sonnenverbrannt? Wo bist du gewesen?«

Die Verwunderung, die ihre sonderbare Erscheinung in ihm ausgelöst hatte, ließ ihn fast seine Vorsicht vergessen. Er war nahe daran, ihr die Wahrheit zu erzählen – besann sich aber eines Besseren: »Auf dem Gehsteig.«

Seine Augen schwankten zwischen ihrer Taille und dem Linoleum hin und her. »Wir saßen alle da. Es war heiß.«

»Dein Vater hat eine neue Peitsche gekauft«, lächelte sie. »Hast du mich das fragen wollen?«

»N–nein.«
»Ach, nein? Ich dachte, du wärst wie wild darauf, zu wissen, ob du die zerbrochene haben könntest. Vielleicht wird Albert sie dir ...«
Aber schon schüttelte er den Kopf. (Es fiel schwer, nicht die ganze Zeit heftig, ja gewalttätig zu sein. Manchmal brachen fast die Schleusen seiner Beherrschung.)
»Was ist das?« Er deutete auf das Paket. »Darf ich mal hineinsehen?«
»Natürlich! Aber ich warne dich«, lachte sie, als er zum Waschbecken ging. »Diesmal ist es wirklich eine große Überraschung.«
Ein alter Unterton schwang in ihren Worten mit, jetzt war er jedoch zu erfahren, um die Frage zu stellen: »Ist es für mich?« Statt dessen hob er nur das dicke Packpapier hoch – schaute hinein und zwinkerte und schaute von neuem hin! Hinter seinem Rücken hörte er ihr erwartungsvolles Lachen. Vor ihm, auf einer schildförmigen Holzplatte, krümmten sich zwei prachtvolle Hörner weitausladend und nach oben, blaßgelb bis zu den Elfenbeinspitzen. Die Spanne zwischen ihnen war so weit, daß er fast beide Arme ausstrecken mußte, bevor er sie berühren konnte. Obwohl sie bewegungslos lagen und ihre Sockel fest aufs dunkle Holz geheftet waren, bebte in ihnen noch immer schreckliche Macht, Macht, die, wenngleich sie unbeweglich dalagen, die Brust dennoch ächzen ließ, als seien sie unentwegt bedrohlich, unentwegt im Angriff.
»Und das?« Ihre Stimme klang hell von Belustigung. »Weißt du, was das ist?«
Er blickte sie groß an. »Von einer ... einer K–kuh«, stammelte er. »Ich hab' sie auf Bildern gesehen. Und – und wenn Tante Bertha mich ins Kino mitnahm.«
»Eine Kuh, aber eine Er–Kuh!« lachte sie. »Ein Bulle. Ich weiß nicht, ob du als Kind in Österreich je einen gesehen hast. Sie waren ungeheuerlich – Mauern aus Fleisch und Kraft.«
»Hat er es gekauft?«
»Natürlich. Als er die Peitsche kaufte.«
»Oh! Hat er es deshalb mitgebracht?«
»Ja, natürlich, es hat ihn an die Zeit erinnert, als er mit Vieh zu tun hatte. Siehst du«, erklärte sie, »als dein Großvater, sein Vater, Aufseher in der Hefefabrik des Barons war, mußte Albert das Vieh hüten. Sie wurden mit Maische gefüttert – davon hat er doch schon gesprochen, nicht wahr?«

»Was will er damit machen?« fragte er nach einer Pause.
»Es aufhängen, natürlich. Im Vorderzimmer.« Ihre Augen wanderten zu dem Kornblumenbild an der Wand. »Er wird kaum einen Nagel finden, der stark genug ist.«
Er verstummte. Irgendwie konnte er kaum glauben, daß sein Vater seine Trophäe nur der Erinnerung zuliebe gekauft hatte. Wenn man die Hörner ansah und die gewaltige Kraft des Tiers, das sie einst besessen hatte, ahnte, dachte man unwillkürlich an einen anderen Grund. Und doch vermochte er ihn nicht zu finden. Warum aber schienen zwei voneinander so entfernte Dinge in seinen Gedanken so eng miteinander verknüpft? Es war, als hätten die auf dem Waschbecken liegenden Hörner sie verbunden, als durchstoße eine Spitze das eine Bild und eine Spitze das andere – den auf dem Gehsteig ausgestreckten Mann und jenen geheimnisvollen besinnlichen Blick, den er beim Heimkommen im Gesicht seiner Mutter entdeckt hatte. Warum? Warum dachte er an beides in ein und demselben Atemzug? Er konnte es nicht sagen. Er fühlte nur, daß in den Hörnern, in ihrer verhaltenen Kraft, eine Bedrohung, eine Herausforderung lag, die er annehmen, der er begegnen mußte. Er wußte nur nicht wie.

VII

Als David am nächsten Morgen an das Dach dachte, dachte er daran mit einer so selbstsüchtigen Freude, daß sie ihn davon abhielt, weiterzudenken. Das Dach, dieser Himmelsbereich, dieser stille Balkon auf den Zinnen des Stadtbetriebs forderte, daß man alle Gedanken dort oben dachte. David sammelte sie und sortierte aus, was er denken wollte, wenn er dort oben war – sobald er die Treppe erklommen hatte, würde er ihnen erlauben zu sprießen. Und kurz darauf stand er oben. Straßenlärm und durch die Luftschächte heraufdringende Stimmen machten seine Einsamkeit nur wirklicher, die Entrücktheit seiner Träumereien nur kostbarer.
Er hatte eine alte, verwitterte Kiste auf der schattigen Seite des Dachbodentreppenhauses gefunden und auf diesem Sitz einige Zeit seinen sich entfaltenden Gedanken nachgehangen, als eine irgendwo

quietschende Tür ihn aufschreckte. Sein erster Gedanke war, Izzy oder Kuschy könnte wieder auf der Jagd nach dem bereits Gesehenen sein. Und während er den Tritten auf dem quakenden Blech lauschte, saß er starr da und knirschte vor Wut mit den Zähnen. Welches Recht hatten sie, wiederzukommen und ihn zu quälen, nachdem er ein wenig Frieden gefunden hatte? Mußten sie ihn aus jedem Plätzchen, aus jedem Unterschlupf, das er entdeckt hatte, vertreiben? Das würde er nicht zulassen! Er würde sie nicht wieder durch den Luftschacht hinunterspähen lassen. Er würde kämpfen, kratzen, mit den Füßen stoßen! Hinter dem Aufbau versteckt, horchte er noch ein paar Sekunden. Fußtritten folgte ein anderes Geräusch – ein hohler rätschender Lärm wie von über einen Zaun scharrenden Füßen. Dann wieder die Tritte, doch nicht mehr auf Blech. Wer war das? Er hörte flatterndes Geschwirr. Schwaches Tappen. Das leise, gespannte Schnappen einer sich straffenden Schnur. Das konnte nicht die Bande sein. Was dann? Behutsam schielte er um die Ecke des Schuppens.

Auf dem hohen Anbau, der das Treppenhaus des nächsten Daches mit Ausnahme der letzten Stufe bedeckte, stand ein Junge, Drachenschnur in der Hand, eine Spule rasselnd zu seinen Füßen, und in der Luft, knapp von ihm entfernt, sank und stieg ein hochroter Drachen mit einem Stoffschweif. Sein blondes Haar, kaum weniger blond als seine Braue, hing wie eine goldene Klaue in seine Stirn. Er hatte eine Stubsnase; seine Wangen waren leicht gerötet, und seine Augen waren blau. Die Zähne über die Lippe geschoben, den Kopf ins Licht gehoben, beobachtete er aufmerksam seinen Drachen, ihm bald Leine gebend, ihn bald zu neuen Höhen aufschüttelnd. Der schwankte gemächlich, strebte in höhere Lüfte, dann blieb er stehen und entschwebte an der durchhängenden, schimmernden Leine.

Als er ihn beobachtete, fühlte David, wie Verwandtschaft sich zwischen ihnen anbahnte. Beide waren allein auf dem Dach, beide Bewohner desselben Bereichs. Das schuf Verbindung zwischen ihnen. Doch David sah dem anderen an, daß er in aller Selbstsicherheit aufs Dach gekommen war – für ihn war das nur eine andere Phase seines Lebens. David hingegen war versuchsweise heraufgekommen, furchtsam, weil er nicht gewußt hatte, wohin er gehen sollte. Plötzlich wünschte er, diesen sorglosen, zuversichtlichen Fremden kennenzulernen. Freilich hatte er das Gesicht nie zuvor gesehen – das blonde Haar, die blonden Augen gehörten nicht zur Ninth Street. Wie sollte er es anstellen? In Gedanken überschlug er die verschiedenen Arten des Bekanntwerdens. Er wollte, er hätte dem anderen etwas anbieten können – das Rosinengebäck, das er gestern weggeworfen hatte, oder ein Stück Schnur. Sehnsüchtig sah er ihm zu.

Mit einer Hand in der Luft, als hänge die Stetigkeit der Leine von seinem Gleichgewicht ab, fühlte er hinter sich nach dem abschüssigen Boden unter seinen Füßen und setzte sich. Zufrieden lehnte er sich zurück und pfiff kurze, abgehackte Töne. David wußte nicht, ob er aus seinem Versteck heraustreten oder sich mit dem bloßen Beobachten des Drachens begnügen sollte. Er entschied sich für das zweite. Plötzlich erstarrte er –

Es war schwer zu sagen, welcher Straße sie näher waren. Der Eleventh oder der Twelfth, jedenfalls konnte er sie deutlich sehen. Zwei, vielleicht auch drei Jungen krochen mit tief vornübergebeugten Leibern über die Dächer, bald tauchten sie auf, bald duckten sie sich hinter Kaminkappen und Oberlichtern. Noch wenige Sekunden, und sie mußten unter dem hängenden Bogen der Drachenschnur sein – freilich tief darunter. Er blickte scharf auf den Drachenbesitzer. Keinerlei Gefahr vermutend, lag dieser zurückgerekelt und pfiff noch immer zum Himmel auf. Als David auf die noch fernen Jungen blickte, hatten sie sich bereits von Händen und Knien aufgerichtet und drehten etwas kräftig in der Luft.

»Psst!« Er sprang aus seinem Unterschlupf. »Pssst!« Nicht zu sprechen wagend, machte er wilde Bewegungen, als zöge er eine Drachenschnur ein.

»Was?« Der andere rappelte sich auf. »Was ist los?« Und als David heftig in die Richtung der fernen Plünderer deutete, schrie jener aufgeregt: »Jesus! Die schießen ja mit der Schleuder drauf! Jesus!« Und so rasch seine Hände vermochten, holte er die Leine ein.

Die Schleudern waren abgeschossen worden. Beide verfehlten ihr Ziel, fielen zurück an ihren Leinen. Die Jungen schossen von neuem. Aber während der Drache nach Hause gesegelt kam, stieg er höher und höher – immer weiter aus ihrer Reichweite. Schließlich gönnte sein Besitzer sich Ruhe, triumphierend vor sich hinbrabbelnd.

»Jesus! Haste sie gesehen! Dort laufen sie! Verstecken sich dort hinten! Beide! Haben ihn aber nicht gekriegt. Lausige Micks, fast hätten sie ihn erwischt! Waaa!« kreischte er und rümpfte die Nase gegen die beiden fernen Gestalten. »Ihr frechen Holzköpfe! War-

tet, bis ich euch kriege, ich prügle euch die Pisse aus dem Wanst!«
Welche Schimpfworte die anderen zurückbrüllten, war kaum zu hören, doch David konnte sehen, wie sie die Fäuste unter dem Kinn schüttelten.
»Ha! Ha! Schau sie dir an!« gellte der Blonde zu ihm hinüber. »Schau, was sie tun! Die denken, ich bin ein Jude! Sieh sie dir an! Blöde Holzköpfe! Blöde Holzköpfe«, johlte er wieder. »Saublöde Holzköpfe!« Dann blickte er zu Boden. »Tschi! Sieh dir meine Drachenleine an – ein einziges Wirrwarr! He, komm mal her, ja? Hilf uns mal einen Moment!«
David schüttelte den Kopf.
»Was ist los, kannst du nicht reden?« Der andere starrte ihn an.
Kräftig nickend, deutete David auf das Dach zu seinen Füßen.
Der andere grinste verständnisinnig. »Los schon«, flüsterte er heiser und winkte ihn mit dem Kopf heran. »Es ist kinderleicht!«
– Lieber nicht.
Auf einem Dach eine Mauer zu überklettern, war nicht ungefährlich, besonders angesichts des bedrohlich nahen, abgrundtiefen Lichtschachts. Der Gedanke machte ihn schwindelig.
»Geh dort rüber«, drängte der andere.
(– Ich hab' keine Angst. Will keine haben!) Atemlos ging er auf Zehenspitzen über das knackende Blech, kletterte über die niedere Mauer auf das zweite Dach hinüber. Eine neue Mauer und die blauen Augen blickten neugierig über den Schuppenrand auf ihn herunter.
»Vor wem hast du Angst?«
»Vor nichts. Ich wohne im obersten Stock. Ich wollte nur nicht, daß meine Mutter mich hört.«
»Oh. Würde sie es dir nicht erlauben?«
»Nein. Sie würde mich runterrufen.«
»Dann komm hier rüber. Hier kann dich niemand sehen.«
»Wie denn?«
»Spring auf das kleine Fenster rauf. Dann auf die dicken Bolzen. Siehst du sie?«
David versuchte es. Der andere, ein Auge auf seinem Drachen, streckte ihm eine helfende Hand entgegen. »Setz dich aufs Zeitungspapier«, forderte er David auf, als er hochgeklettert war. »Halt meinen Drachen, dann kann ich die Leine auf die Spule wickeln.«

»Ja.«

»Laß aber nicht los!« Er gab David die Leine zu halten. »Er hat noch ziemlich Druck drauf.«

»Hiii!« Das Zupfen in seiner Hand war fast lebendig. »Er fliegt!«

Der andere lachte. »Klar fliegt er. Du kannst dich damit hinsetzen.«

Er selbst kauerte sich nieder und begann die Schnur zu seinen Füßen zu entwirren. »Die lausigen Micks! Schau, was ich ihretwegen angestellt hab'! Los, setz dich!«

»Ist's deiner Mutter gleich, ob du hier raufkommst?«

»Der? Klar. Die arbeitet!«

»Oh! Wo ist dein Vater?«

»Hab' keinen. Mein Alter hat bei der Eisenbahn gearbeitet. Er wurde zwischen zwei Zügen zerquetscht, als ich noch klein war und wir in Patterson gewohnt haben. Wie heißt du?«

»Davy. Davy Schearl.«

»Mein Name ist Leo Dugovka. Ich bin ein Polnisch-Amerikaner. Du bist Jude, oder?«

»J–ja.«

»Sag, warst du bei den Jungen, die gestern über das Dach liefen?«

»Nein, ich war nicht dabei«, erwiderte er heftig.

»Denen schlag' ich noch den Schädel ein, wenn ich sie nächstens erwische. Wegen denen ist bei uns fast der Stuck von der Decke gefallen.«

»Ja.« Davids Herz erwärmte sich für Leo. »Solltest's ihnen mal geben. Und zwar nicht zu knapp!«

»Warte nur, bis ich sie zu fassen kriege!« Leo arbeitete rasch mit seiner Spule. »Ich werd' denen eins verpassen.«

»Ich hab' dich nie in diesem Block gesehen. Wohnst du schon lang hier?«

»Nee, wir haben bisher nicht hier gewohnt, aber meine alte Dame hat eine Stellung in einer großen Bank auf der Sixth, Ecke Avenue C, bekommen – du weißt, die mit den duften weißen Steinen und den goldenen Buchstaben – First National.«

»Ja«, sagte David erstaunt. »Mit Eisenstäben und der großen Uhr. Hat sie dort was mit dem ganzen Geld zu tun?«

»Ja, sie macht alle Schalter sauber und die Büros und all das.«

»Oh! Und wer gibt dir zu essen?«

»Hol' ich mir selbst.«

»Hii!« David sog die riesige Freiheit in sich ein. »Kommst du immer hier rauf?«
»Nee! Ich treib' mich meistens in der West Eleventh herum. Wo wir früher gewohnt haben. Das ist ein irischer Block, nur ein paar Jungen von der Hogan's Alley gehören zur ›All Saints‹-Jugendgruppe.«
»Oh!« machte David erstaunt. »Hii, das ist weit, West Eleventh.«
»Ja, aber ich habe Rollschuhe.«
»Rollschuhe, hiii!« Leos Segnungen kannten keine Grenzen – keinen Vater, fast keine Mutter, Rollschuhe.
»Mit denen komm' ich in einer Minute hin. Hast du welche?«
»Nein.«
»Willst du dir nicht ein Paar besorgen und dann mitkommen?«
»Kann ich nicht.«
»Lebt dein Alter nicht mehr?«
»Doch, aber der kauft mir keine.«
»Du kannst doch deine alte Dame bitten.«
»Sie kann's auch nicht.«
»Jesus' Juden kaufen nie was für ihre Kinder.«
David suchte den Horizont ab, um die peinliche Pause zu füllen. »Sie sind nicht mehr da, die – die Micks«, wagte er zu sagen.
»Keine Sorge! Sie haben sich nur geduckt, paß bloß auf!« Er schielte zu den fernen Dächern hinüber. »Ich werd' aber meinen Drachen nicht mehr steigen lassen.«
»Nein.« Er war über den Wechsel des Gesprächsstoffs erleichtert. »Wieviel kostet ein Drachen?«
»Dieser da kostet zwei Cents. Du mußt aber einen Haufen Leine mitkaufen, sonst kannst du ihn ja nicht steigen lassen.«
»Kann er nicht mit Baumwollgarn fliegen?«
»Nee! Das reißt. Ich hab' mal einen großen Drachen gehabt – zweimal so groß wie dieser – und der hatte vielleicht einen Zug – und da ist mir sogar rote Schnur gerissen. Der ging weit über die St. James Pfarrkirche hoch, drüben an der Twelfth und Avenue C – du kannst das Kreuz sehen, siehst du's?«
»Ja.«
»War voll von Botschaften, und er ist fortgeflogen und wurde zerfetzt. Hab' auch fast alle meine Leine verloren – die ist an den Dächern hängengeblieben.«
»Warum habt ihr das?« David blickte hinaus auf die vom dunsti-

gen westlichen Blau abstechende ferne Kirchturmspitze. »Das komische Kreuz überall?«
»Komisch?« Leos Stimme klang gereizt. »Was ist da komisch dran?«
»Nicht komisch – das meinte ich nicht!« Er lenkte rasch ein. »Ich meine, warum habt ihr das?«
»Kreuze sind was Heiliges.« Leo unterwies ihn streng. »Alle. Christus, unser Erlöser, ist an einem von ihnen gestorben.«
»Oh! (*Erlöser! Was?*) Hab' ich gar nicht gewußt.«
»Klar, selbst wenn du eins trägst, bringt's dir Glück. Als meine alte Dame ihren Blinddarm herausgeschnitten bekam, hat sie jede Nacht eins unter ihr Kopfkissen gelegt, und deshalb ging's ihr auch bald besser.«
»Hiii!«
»Ja, und jedes Mal, wenn ich im Hudson schwimmen geh', bekreuzige ich mich dreimal – so. Hinterher kannst du Kopfsprung machen, soviel du willst, und stößt doch nie auf Grund – hast du das nicht gewußt?« Und als David ausdruckslos dreinblickte: »Sieh mal her!« Und, wie um seine Beweisführung zu untermauern, knöpfte er sein Hemd auf und zog das heraus, was wie ein an einer Schnur hängendes, viereckiges Stückchen Leder aussah. »Weißt du, was das ist?«
Er musterte es, schüttelte den Kopf. Etwas in Gold gestanztes, vielleicht ein Bild, doch zu verblichen, um deutlich erkennbar zu sein. »Vielleicht ein Mann und eine kleine Dame«, riet er. »Ich kann's nicht richtig sehen.«
»Ein Mann und eine Dame!« Leo drehte triumphierend den Kopf zur Seite. »Junge, Junge, was Juden alles nicht wissen! Das ist ein Skapulier, verstehst du? Und das ist ein Bild der Heiligen Mutter mit Kind. Jesus! Erkennst du nicht mal die Jungfrau Maria, wenn du sie siehst?«
»Nein«, sagte er schuldbewußt.
»Jesus!« erwiderte der andere ungläubig; dann hob er das Lederstückchen höher, um es eingehender zu prüfen. »Es schabt sich scheint's ab.« Er schob es unter sein Hemd zurück. »Vielleicht weil ich damit immer im Fluß schwimmen geh'.«
»Und du hast vor nichts Angst, wenn du's anhast?«
»Nein! Ich hab' dir's doch gesagt!«
»Donnerwetter!« David seufzte und blickte halb ehrfürchtig, halb neidisch auf Leos Brust.

Keine Angst! Leo hatte keine Angst!

»He, paß auf den Drachen auf!« Hastig nahm Leo ihm die Leine ab. »Du darfst ihn nicht so absacken lassen, sonst stößt er noch auf ein Dach.«

– *Keine Angst.*

VIII

Die vergangene Stunde war eine der glückseligsten in Davids Leben gewesen. Bis zu diesem Augenblick hatte er nie irgend jemandes Freund sein wollen, nun hätte er alles darum gegeben, um Leos Freund zu sein. Je länger er ihn reden hörte, je länger er ihn beobachtete, desto überzeugter wurde er, daß Leo einer selteneren, kühneren, sorgloseren Welt angehörte. Glanz umgab ihn. Er tat, was ihm behagte und wann es ihm behagte. Er war nicht nur frei von Eltern, er trug auch etwas um den Hals, das ihn fast gottähnlich machte. Neben ihm sitzend, war Davids einzige Sorge gewesen, sich bei Leo einzuschmeicheln, ihn zu unterhalten, ihm das Bewußtsein zu nehmen, daß die Zeit verging. Immer wenn Leo lachte, war Davids Brust vor Freude geschwellt, selbst wenn Leo ihn verspottete, spürte er Dankbarkeit. Es war richtig, daß Leo ihn verspottete. Leo war ein höheres Wesen, sein Lachen war gerecht. Als Leo ihn fragte, ob Juden Amulette auf dem Leib tragen, hatte David den *arbe-kanfess* beschrieben, den viereckigen kleinen Gebetsmantel, an dessen Zipfeln die *zizess*, die Schaufäden, angebracht sind und den einige jüdische Jungen unter dem Hemd trugen. Auch die *t'filn*, die Gebetsriemen mit den zwei Lederkästchen, die, wie er gesehen hatte, Männer in der Kirche um Arme und Stirn banden – er hatte ihm davon erzählt, in der Hoffnung, daß Leo lachen würde. Er lachte. Und selbst als Leo von der *m'suse*, der Kapsel mit den zwei Bibelabschnitten auf einem Pergamentstreifen, die alle Juden am Türpfosten über der Schwelle anbrachten, meinte: »Oh! Suse nennt ihr sie? Miss Suse. Meine alte Dame hat eins von der Tür abgerissen, als wir einzogen, und ich hab's eingedrückt, und Jesus!, es war voller Chinesisch auf Klopapier – rund herum.« David war nicht gekränkt gewesen. Er hatte lediglich ein leichtes Schuldgefühl empfunden, ja, Schuld, weil er damit alle Juden in seinem Haus verriet, die *m'susess* über der Türschwelle hatten; aber wenn Leo es komisch fand, dann war es komisch und spielte keine Rolle. Er hatte sogar lahm hinzugefügt, das einzige, was Juden um den Hals trügen, seien Kampferkügelchen gegen Masern, nur um den ansteckenden Laut von Leos Gelächter zu hören. Doch schließlich sprach die Zeit ihr Machtwort. Die Sonne war zum Zenith aufgestiegen, und Leo begann die Drachenleine einzuziehen. Unmutig beäugte David den näherkommenden Drachen.

»Wirst du ihn nicht mehr fliegen lassen?« fragte er wider besseres Wissen hoffnungsvoll.

»Nee, ich geh' jetzt runter.«

David hoffte, er würde zum Mitkommen aufgefordert werden. Er wurde es nicht. »Kommst du morgen nicht wieder?« drängte er.

»Ich geh' zur Eleventh, ich hab's dir doch gesagt.«

Seine Antwort war wie ein Schlag. Er entglitt ihm. Er würde ihn vielleicht nie wiedersehen! »Wollt', ich hätte Rollschuhe!« sagte er glühend. »Junge, Junge, ich wollt', ich hätte Rollschuhe!« Plötzlich kam ihm ein neuer Gedanke. »Um welche Zeit gehst du nach Haus? Gehst du nicht um zwölf Uhr heim zum Essen?«

»Nee. Ich kauf' mir für fünf Cents Frankfurter mit Brötchen.«

Der letzte Hoffnungsfetzen. Leos Freiheit war unerreichbar. David kam sich völlig ausgesetzt vor. »Dann seh' ich dich nicht wieder?« fragte er jämmerlich.

»Woher soll ich das wissen?« Leo stieg bereits im Windfang herunter.

»Ich bring' dir Kuchen . . .« David ging hinter ihm drein. »Große Stücke, wenn du morgen hier raufkommst.«

»Nee!«

»Kann ich mitkommen? Ich lauf' zu Fuß nebenher.«

Doch Davids Anbiederungsversuche mißfielen Leo. »Scher dich! Und häng' dich nicht an mich. Bist noch nicht groß genug.«

»Doch, das bin ich!«

»Ich wette, du bist noch längst nicht zehn.«

»Klar bin ich das!« log er unbekümmert. »Ich werde bald elf.«

»Schön, aber ich werde zwölf. Außerdem hast du keine Rollschuhe.« Ungeduldig öffnete er die Dachluke. »Klettre jetzt lieber rüber, denn ich geh' runter.« Und als er den ersten Schritt abwärts tat: »Bis bald!« Und schloß die Dachluke hinter sich.

»Bis bald!« rief er ihm durch die eisenbeschlagene Tür nach. »Bis bald, Leo!« Im nächsten Augenblick hätte er am liebsten losgeheult. Ein Weilchen stand er da und starrte gegen die Tür, dann setzte er trauervoll aufs andere Dach über und hockte sich auf seine Kiste. Ohne Leo war das Dach mit einem Mal leer, es hatte all seine Anziehungskraft eingebüßt. Auch saß es sich auf der Kiste nicht mehr bequem – jetzt fühlte er ihre harten Kanten, die in seine Schenkel schnitten. Doch die durch den Verlust erzeugte Regungslosigkeit hielt ihn an Ort und Stelle fest, und brütend lehnte er sich ans Oberlicht. Rollschuhe. Das war der wahre Grund, warum er Leo verloren hatte – weil die ihm fehlten. Fast konnte er den Abgrund sehen, der sich zwischen ihm und Leos fliegendem Drachen auftat. Außerdem mochte er Leo, selbst wenn er ein Goj war, gut leiden, hatte ihn besser leiden gemocht als jeden anderen im ganzen Block. Hätte er doch bloß ein Paar Rollschuhe! Dafür bestanden freilich recht geringe Chancen. Einen Penny am Tag bekam er von seiner Mutter; das machte zwei am Dienstag, drei am Mittwoch. Es würde ewig dauern, und man brauchte Dollar um Dollar. Hätte er ein Paar Rollschuhe, er könnte die verhaßten Jungen seines eigenen Blocks verlassen und in Leos Block gehen, zum Central Park, wohin Leo, wie er sagte, immer ging. Der Park mit den Bäumen, wo er mit Tante Bertha hingegangen war, das weiße Museum – Tante Bertha! Ihr Süßwarenladen! Sie mußte Rollschuhe in ihrem Süßwarenladen haben! Sie hatte vielleicht sogar ein altes Paar, das sie ihm umsonst geben konnte! Warum hatte er nicht schon früher daran gedacht? Dorthin wollte er jetzt gehen. Nein, jetzt konnte er nicht hin. Er mußte zum Mittagessen und zum Chejder. Morgen würde er gehen. Ach, warten bis Leo ihn mit seinen Rollschuhen sah! Froh rannte er die Stufen hinunter.

IX

Ohne seiner Mutter zu sagen, wohin er ging, hatte er sich an jenem Morgen früh zu Tante Berthas Süßwarenladen aufgemacht. Es war ein langer Weg gewesen, doch hohe Hoffnungen hatten ihn getragen. Nun sah er wenige Blocks weit weg den vergoldeten Mörser

und Stößel über einem bestimmten Drugstore-Fenster. Das war Kane Street. Seine Brust begann fieberhaft zu pochen, als er näherkam.
Was, wenn sie keine Rollschuhe hatte? Nein! Sie mußte welche haben! Er bog um die Ecke, wanderte ostwärts. Ein paar Häuser noch, und da lag der Süßwarenladen. Erst wollte er ins Schaufenster hineinsehen. Begierig auf die eisernen Schneckengewinde des Kellergeländers neben dem Ladenfenster springend, drückte er die Nase an die Scheibe und musterte die Auslage. Ein wildes, grelles Gewirr aus Indianerkopfschmuck, Schulheften, Bleistiftschachteln, Pappmachépuppen, amerikanischen Flaggen, unausgeschnittenen Bogen von Kriegsschiffen und Fußballspielern – doch keine Rollschuhe, auf denen seine umherschweifenden Augen haften bleiben konnten. Hoffnung schwand. Nein, drinnen mußten sie liegen.
Tante Bertha wäre dumm, wenn sie etwas so Wertvolles ins Schaufenster legte.
Er spähte durch einen Spalt in dem Durcheinander. Hinter dem Ladentisch sitzend, mit einer Hand ein tropfendes Brötchen über einer Kaffeetasse haltend, schimpfte Tante Bertha mit rückwärts gewandtem Kopf jemanden im Hinterzimmer aus. David hörte ihre Stimme durch die Tür herausschallen. Er kletterte vom Geländer herunter, schlich um die Ecke des Schaufensters und trat ein –
»Faulpelze! Vermoderte Bettwanzen!« kreischte sie, ohne sein Eintreten zu merken. »Esther! Polly! Wollt ihr aufstehen! Oder soll ich meine Lunge auf euch ausspucken! Rasch, ihr stinkenden Kühe, hört ihr! Nein!«
Tante Bertha hatte sich verändert, seit David sie zum letzten Mal gesehen hatte. Ohne Korsett sah sie feister und schmuddeliger aus. Die letzten Reste von Ordentlichkeit an ihrer Erscheinung waren verschwunden. Ihre schweren Brüste, sichtbar unter ihrer mit Fruchtsaft und Schokolade befleckten Bluse herunterhängend, schwappten schlampig von einer Seite zur anderen. Strähnen ihres bastartigen roten Haars klebten an ihrem feuchten Hals. Dafür war ihr Gesicht seltsam mager und gespannt, als ziehe sie ein Gewicht unter ihrer gewölbten Schürze nieder. »Wartet!« fuhr sie fort. »Wartet, bis euer Vater heimkommt. Hi! Der wird euch mit seinen Zähnen zerreißen! Stinkende Schlampen, es ist fast neun!« Sie drehte sich um. »Nun?« Und ihn erkennend: »David!« Das hektische Gefunkel in ihren Augen schmolz zu Freude.

»David! Mein kleines Bonbon! Du?«
»Ja.«
»Komm her!« Sie breitete fette Arme aus wie Äste.
»Laß dir einen Kuß geben, mein Honigtöpfchen! Hab' dich nicht mehr gesehen – wie lange? Und Mama – warum ist sie nicht mitgekommen? Und wie geht's deinem Vater?« Ihre Augen weiteten sich wild. »Noch immer böse?« Und sie begrub ihn in einer feisten, nach kaffeegewürztem Schweiß riechenden Umarmung.
»Mama geht's gut.« Er machte sich frei. »Papa auch.«
»Was machst du denn hier? Bist du allein hergekommen? Den ganzen Weg?«
»Ja, ich . . .«
»Willst wohl Süßigkeiten? Ha! Ha! Ich kenn' dich doch, du Schlauberger!« Sie langte in eine Glasdose. »Hier hast du Ananas mit Mandeln. Sprichst du jetzt besser Englisch?«
»Ja.« Er steckte sie in die Tasche.
»Und einen Schluck Sodawasser?«
»Nein, mag ich nicht.« Er antwortete auf Jiddisch, aus irgendeinem Grund zog er seiner Tante heimatliche Mundart ihrem Englisch vor.
»Und bist so früh dran!« schnatterte sie bewundernd weiter. »Nicht wie meine beiden Weibsbilder, die faulen Stinktiere! Dabei bist du jünger als sie. Wenn du nur mir gehörtest statt – Vieh!« Wütend brach sie ab. »Selbstsüchtige, vermoderte Luder! Die können nichts als schnarchen und futtern! Aber jetzt zerre ich die aus ihren Flohkisten, Gott helfe mir!« Doch gerade als sie schwerfällig auf die Türe zugehen wollte, kam ein Mann in den Laden herein.
»Hallo! Hallo!« rief er laut. »Warum laufen Sie davon? Nur weil ich reinkam?«
»Aber nein! Gott behüte!« rief sie mit gespielter Heftigkeit aus. »Wie ist es uns ergangen?«
»Wie es allen Juden ergeht. Man schlägt sich durch. Können Sie mir tausend Gulden leihen?«
»Haha! Was für ein Witzbold! Die einzigen grünen Rinden, die ich je sehe, sind die, welche ich von Gurken schäle.« Und zu David gewandt: »Geh rein, mein Süßer! Sag ihnen, ich werde sie den Heiden zuliebe opfern, wenn sie nicht aufstehen! Das ist der einzige meiner Schwester«, erklärte sie.
»Nicht übel!« sagte der andere anerkennend.
David zögerte. »Soll ich wirklich reingehen?«

»Ja! Ja! Vielleicht beschämst du die Säuinnen so, daß sie sich aufraffen.«
»Sind Ihre flüggen Vögel noch im Nest?«
»Was denn sonst?« erwiderte sie angewidert. »Träg wie Katzen. Geh ruhig rein, mein Sonnenschein.«
Widerwillig schob David sich an ihr vorbei, und einen letzten vergeblichen Blick auf die überfüllten Borde werfend, drückte er die Schnapptür auf und ging hinein. Hinter dem engen Gang öffnete sich die von den gewaltigen, buntgescheckten Säulen der achtlos gestapelten Pappschachteln noch beengtere Küche mit ihrem schalen Geruch ungespülter Bratpfannen. Der Holztisch in der Mitte war leer bis auf eine halbvolle Flasche Ketchup mit verwegen aufgesetztem Verschluß. Ineinander geschichtete Töpfe hockten noch auf dem Gasherd. Von einer Ecke des Herdfachs unter den Kochern tropfte Kaffee in eine Pfütze auf dem Boden. Der Ausguß war mit Geschirr verstellt; daneben auf dem Waschbecken lag eine geplatzte Tüte mit Semmeln. Aufgeschlagene Zeitungen, zerknitterte Kleider, Schuhe, Strümpfe hingen von Stühlen oder lagen verstreut auf dem Fußboden. Der Raum hatte drei gleichfalls verschlossene Türen, von denen eine, an der ein Besen lehnte, auf den Hof ging.
– Hii! Dreckig . . . Welche?
Ein Kichern zu seiner Linken. Vorsichtig trat er näher.
»Kommt sie?« fragte eine behutsame Stimme.
»Psst!«
»He!« rief er mit unverbindlicher Stimme. »Eure Mama will, daß ihr aufsteht!«
»Wer bist du denn?« Kam es herausfordernd von der anderen Seite.
»Ich bin's, Davy.«
»Davy wer?«
»Davy Schearl, Tante Berthas Neffe.«
»Oh! Dann mach die Tür auf.«
Er drückte sie auf – der zähe Gestank getrockneten Urins. Nur von einem kleinen Fenster erleuchtet, das auf die schmutziggrauen Backsteine eines Luftschachts ging, war das Zimmer düster. Erst nach ein paar Sekunden hoben sich die beiden Köpfe, die aus den grauen, zerdrückten Bettdecken hervorsahen, von der Finsternis ab.
»Er ist's!« tönte eine Stimme vom Kopfkissen.
»Was suchst du denn hier bei uns?« Endlich konnte er Esthers Stimme unterscheiden.

»Ich hab's euch doch gesagt«, wiederholte er. »Eure Mama will, daß ihr aufsteht. Sie hat mir gesagt, ich soll's euch sagen.« Nach übermittelter Botschaft trat er den Rückzug an.

»Komm zurück!« tönte es befehlend. »Trottel! Was du im Laden gesucht hast, habe ich gefragt.«

»N–nichts.«

»Weshalb bist du dann hergekommen?« fragte Polly argwöhnisch. »Bonbons?«

»Nein, nicht deswegen. Ich wollte nur Tante Bertha besuchen.«

»Aaa, der hat nur Bockmist im Kopf. Los, Polly!« Esther lag an der Wand. »Raus mit dir!« Sie setzte sich auf.

Polly klammerte sich an ihre Bettdecke. »Steh du zuerst auf.«

»Nein, erst du! Du hast gehört, was Mama gesagt hat!«

»Laß sie reden«, grollte Polly.

»Ich mach' die Küche nicht allein sauber«, Esther stellte sich im Bett auf. »Du tust auch dein Teil!«

»Steig nicht über mich weg. Das bringt Pech.«

»Ich tu's aber, wenn du nicht aufstehst.«

»Versuch's, du ... Geh am Fußende rüber ...«

Doch noch während sie sprach, hüpfte Esther über sie weg.

»Lausiges Biest!« quietschte Polly. Und da ihre Schwester mit unsicheren Schritten auf dem Bett hopste, packte sie sie am Saum ihres Nachthemds und riß sie zurück. Schwerfällig torkelte Esther gegen die Wand.

»Autsch! Verrottete Laus!« schrie Esther dafür. »Du hast mir am Kopf wehgetan.« Und sich hinabbeugend, schlug sie die Bettdecke zurück. »Jiiii!« schnatterte sie, als die überrumpelte Polly einen Augenblick lang mit entblößtem Nabel dalag. »Jiiii! Freivorstellung! Freivorstellung!«

»Freivorstellung bist du!« Wütend packte Polly ihre Schwester am Nachthemd. »Du stinkende Scheißkatze! Schande! Schande! Freivorstellung!« Und schon kickten vier nackte Schenkel, wanden und verknoteten sich, und die beiden Schwestern wälzten sich auf dem Bett, schlugen aufeinander los und kreischten. Nach einer Minute des Gezeters riß die zerzauste Esther sich mit einem letzten heimtückischen Schlag los, sprang aus dem Bett und rannte jaulend an David vorbei in die Küche.

»Ich bring' dich um, du – du verrottete Stinkerin!« schrie Polly hinter ihr her. »Ich schlag' dir den Schädel ein!«

Auch sie rollte aus dem Bett.
»Ja, ja, versuch's nur!« Wutbibbernd verkrümmte Esther ihre Finger zu Krallen.
»Ich sag's Mama! Ich sag' ihr, was du mir getan hast!«
»Ich geh' nicht mit dir runter!« Ihre Schwester spuckte aus. »Deswegen mußt du jetzt allein gehen.«
»Ist mir piepe. Auch ihm werd' ich's sagen!«
»Dann bring' ich dich um!«
»Ja! Weißt du, was Polly tut?« Esther fuhr zu ihm herum. »Sie pinkelt jede Nacht ins Bett! Das tut sie! Jede Nacht Schlag zwölf muß ihr mein Vater den Pißpott bringen ...«
»Ist ja nicht wahr!«
»Klar ist es wahr! Da!«
»So, jetzt geh' ich nie mehr mit dir runter, du lausige Scheißkatze. Nie mehr! Nie!«
»Dann eben nicht!«
»Und ich hoffe, daß der schlimmste Totschläger dir den Arsch aufreißt.«
»Bettpinklerin!« stichelte Esther hartnäckig. »Bettpinklerin!«
»Und der wird kommen, buuu!« Polly schlug mit der Hand in die Luft, in gespieltem Schrecken traten ihre Augen aus den Höhlen. »Buuu! Wie der Mann mit der Maske im Fortsetzungsfilm. Wuuu!«
»Aaa, halt's Maul!« Esther zuckte zurück. »Dann bringt Mama mich eben runter!«
»Sonst noch was!« krähte ihre Schwester schadenfroh. »Stinkende Scheißkatze! Und wer bleibt im Laden?«
»Du!«
»Das würde dir so passen!«
»Dann pinkle ich in den Ausguß!« drohte Esther.
»Mit allem Geschirr drin! Probier's mal! Du weißt ja, was Mama dir verpaßt, wenn ich ihr's sage.«
»Dann warte ich eben! Aaa! Er geht mit mir runter!« kreischte sie in plötzlichem Triumph. »Ätsch!« Und ihre Zunge flog heraus. »Ätsch! Davy geht mit mir runter!«
»So? Wart nur, bis ich Sophie Seigel und Jeddie Katz sage, daß du einen Jungen mit in die Toilette genommen hast und ihn hast zuschauen lassen. Warte, bis ich's denen erzähle!«
»Stecken und Steine brechen mir die Beine, aber Wörter tun mir nicht weh!« sang Esther boshaft. »Ich werd' ihn nicht zuschauen

lassen. Los, Davy, komm mit! Wart, ich zieh' mir die Schuhe an.«
»Geh nicht mit!« fuhr Polly ihn wütend an. »Oder du wirst was erleben!«
»Und du von mir!« Mit heftiger Gebärde steckte Esther ihre Füße in die Schuhe. »Ich klebe dir eine, daß du Rad schlägst! Komm, Davy, komm!«
»Was willst du?« Mit benommenen, ungläubigen Augen starrte er von einer zur anderen.
»Ich werd' dir auch Bonbons schenken«, schmeichelte Esther.
»Wirst du nicht!« konterte Polly.
»Wer hat dich was gefragt, Bettpinklerin?« Sie packte David am Arm. »Los, ich zeig' dir, wo du mit mir hinsollst.«
»Wo gehst du hin?« Er zögerte.
»Runter ins Klo, du Trottel! Nur Nummer eins. Sooo!« Sie sog scharf ihren Atem ein. »Eil dich! Ich geb' dir im Laden, was du willst.«
»Tu's bloß nicht!« ermahnte ihn Polly. »Einen feuchten Kehricht gibt sie dir! Aber ich werd' dir was geben!«
»Ich auch!« Schon zerrte Esther ihn hinter sich her.
»Laß los!« Er stemmte sich gegen ihr Ziehen. »Ich will nicht...« Allerdings hatte sie »was du willst« gesagt! Eine Vision von hellrädrigen Rollschuhen tauchte vor ihm auf. »In Ordnung.« Er ging hinter ihr her.
»Schande! Schande!« japste Polly auf ihren Fersen. »Jeder kennt deinen Namen. Er geht in dein Klo mit!«
Sich vor Verlegenheit krümmend, lief er Esther über die Schwelle nach.
»Maul halten, Bettpinklerin! Scher dich um dein eigenes Bienenwachs!«
Sie schlug ihrer Schwester die Tür ins Gesicht. »Hier herüber.«
Eine kurze Holztreppe führte in den muffigen Hinterhof, in kurzer Entfernung fiel eine zweite Steintreppe in den Keller ab. Beim Anblick der Unterweltsfinsternis begann sein Herz dumpf und mühsam zu pochen.
»Wußtest du nicht, daß unser Klo im Keller ist?« Dabei stieg sie vor ihm die Stufen hinunter.
»Ja, aber ich hab's vergessen.« Eine Sekunde schreckte er vor der Kellertür zurück.
»Bleib in meiner Nähe!« warnte sie.

Er folgte ihr vorsichtig. Modrige Feuchtigkeit sonnenloser Erde. Ihre unverschnürten Schuhe scharrten vor ihm in die sie verschluckende Dunkelheit hinein. Auf beiden Seiten glommen die trübgrauen, einst geweißten Kellermülltonnen, die nach nasser Kohle rochen, nach verfaulendem Holz, Firnis, Rupfen. Nun leiteten ihn nur ihre Schritte; ihr Körper war verschwunden. Der dornige Kamm der Angst ritzte seine Wangen, seinen Nacken, seine Schultern.

– Schon gut! Schon gut! Jemand ist bei dir. Aber wenn sie ... Au!

Seine tastende Hand stieß gegen sie.

»Wart 'ne Sekunde, ja?« flüsterte sie gereizt.

Sie hatten die Hälfte des Weges zurückgelegt.

»Bleib hier!« Ein Türknopf ratterte. Er sah eine Tür aufgehen. Ein winziges, grämlich graues, von rußigen Spinnweben verdüstertes Fenster warf trüben Schein auf ein beschmiertes Klosettbecken. Darüber im Dunkeln saugte und gurgelte der Wasserkasten. Dumpfer, schaler Kotgestank, stehendes Wasser, Verfall. »Du bleibst mir hier im Dunkeln stehen!« sagte sie. »Und lauf mir nicht weg, sonst bring' ich dich um – Srooooo!« Ihr scharfer Atem pfiff. Sie machte sich am zerbrochenen Sitz zu schaffen.

»Kann ich draußen warten?«

»Nein!« Ihr Schrei war fast verzweifelt, als sie sich hinplumpsen ließ. »Bleib im Dunkeln stehen. Du kannst gucken ...« Gezisch und Gesprudel. Dann ein langes, erleichtertes »Oooh!« Und: »Hast du keine Schwester?«

»Nein.« Er schlich zur Tür.

»Hast du Angst im Keller?«

»Ja.«

»Dreh dich rum!«

»Mag nicht!«

»Du spinnst ja. Es heißt doch immer, Jungens hätten keine Angst.«

»Du hast gesagt, ich kann haben, was ich will, ja?«

»Also was willst du?« In Gruftstille dröhnte die Wasserspülung.

»Habt ihr Rollschuhe?«

»Rollschuhe?« Sie fegte hastig an ihm vorbei, dem Hoflicht entgegen. »Komm! Rollschuhe haben wir nicht.«

»Habt ihr nicht? Auch keine alten?«

»Wir haben überhaupt keine.« Sie stiegen in die neue Helligkeit des Hofes hinauf. »Was glaubst du, daß das hier ist?« Ihre Stimme wurde kühner. »Ein Süßwarenladen mit zwei Schaufenstern? Und wenn ich welche hätte, würd' ich sie dir nicht geben. Rollschuhe kosten Geld.«

»Dann hast du also keine?« Das klang wie ein letztes Zerren am eingerosteten Flaschenzug der Hoffnung. »Auch keine kaputten?«

»Neee!« Das war endgültig.

Verzweiflung lähmte die Spannkraft seiner begierigen Tritte. Ihre schmutzigen Fesseln stoben an ihm vorbei die Stufen hinauf.

»He, Polly!« hörte er sie krächzen, als sie in die Küche stürmte. »He, Polly . . .!«

»Hau ab, Stinktier!« fauchte die Stimme der anderen.

»Weißt du, was er will?« Esther deutete mit spöttischen Fingern auf ihn, als er eintrat.

»Was denn?«

»Rollschuhe! Hiii! Hiii! Rollschuhe will er!«

»Rollschuhe!« Ihre Heiterkeit wirkte ansteckend auf Polly. »Was für ein Bubi! Wir haben keine Rollschuhe.«

»Jetzt brauch' ich ihm gar nichts zu geben!« jubelte Esther. »Wo er was will, was wir gar nicht haben . . .«

»Aha!« Tante Berthas roter Haarschopf schaute zur Tür herein. »Gott sei gelobt! Gesegnet sei Sein heiliger Name!« Sie blickte mit übertriebener Inbrunst himmelwärts. »Ihr seid beide auf! Und das sogar zur gleichen Zeit? Ai, ji, ji! Gibt's denn so was?«

Die beiden schnitten mürrische Grimassen.

»Jetzt geht's aber in die Küche, an die Schweinerei, die ihr mir gestern abend hinterlassen habt! Ihr zwei rohen Steiße! Soll ich etwa alles allein tun? Und wann krieg' ich endlich meine Einkäufe gemacht?«

»Aaa! Schimpf nicht schon wieder!« sagte Esther vorlaut.

»Cholera fahr dir in den Wanst!« schlug Tante Bertha prompt zurück. »Los, eilt euch! Der Kaffee steht auf dem Herd!« Sie blickte hinter sich. »Komm raus, David, mein Goldstück! Komm aus dem Dreckloch raus.« Eilends zog sie den Kopf zurück.

»Aaa, leck mich doch an der Achse!« blaffte Polly. »Bist ja nicht meine Mutter!« Und schnippisch zu David: »Los, du Döskopf! Raus mit dir!«

Bekümmert, niedergeschlagen, rannte er durch den Gang und war doch erleichtert, der Küche entkommen zu sein.

»Rollschuhe!« Ihr Gespött tönte hinter ihm her. »Blöder Benny!«

Er trat in den Laden. Tante Bertha, deren ausladendes Gesäß den Gang versperte, deren Brüste sich auf dem Ladentisch plattdrückten, beugte sich gerade vor, um einem Kind eine Lakritzstange auf die andere Seite hinüberzureichen.

»Oi!« stöhnte sie und streckte sich, als sie den Penny entgegengenommen hatte. »Oi!« Und zu David gewandt: »Komm her, mein Licht. Du weißt nicht, was für eine Hilfe du mir gewesen bist, die beiden aus den Federn zu kriegen. Hast du jemals eine so dreckige, unverschämte Trödelbande gesehen? Die sind zu faul, eine Hand ins kalte Wasser zu stecken, jawohl! Und ich muß schwitzen und dazu noch ein freundliches Gesicht machen!« Sie schloß ihn in die Arme. »Möchtest du haben, was ich dem kleinen Jungen eben gegeben habe – Lakritz? Ha? Schwarz wie Pferdegeschirr.«

»Nein.« Er machte sich los. »Du hast wohl nicht irgendwelche Rollschuhe, Tante Bertha?«

»Rollschuhe? Was sollte ich mit Rollschuhen, Kind? Und dazu noch auf diesem kleinen Dunghaufen? Ich kann ja nicht mal Pistolen für fünf Cents oder gar Hörner mit Rot, Weiß und Blau verscheuern. Wie soll ich da Rollschuhe verkaufen? Oder möchtest du lieber Sahneeis? Es ist schön kalt und gut.«

»Nein.«

»Ein bißchen Halwa? Oder Crackers? Komm, setz dich ein Weilchen zu mir.«

»Nein, ich geh' nach Hause.«

»Aber du bist doch grad' erst gekommen.«

»Ich muß gehen.«

»Ach!« rief sie ungeduldig. »Laß mich dich ein bißchen anschauen ... Nein? Na schön, nimm wenigstens den Penny!« Sie langte in ihre Schürze. »Kauf dir, was ich nicht habe!«

»Danke schön, Tante Bertha.«

»Komm wieder, und du kriegst einen mehr. Süßes Kind!« Sie küßte ihn.

»Grüß deine Mutter von mir!«

»Ja.«

»Laß dir's gutgehen!«

X

Hat jemand gespuckt?
Er blickte auf, vor sich, hinter sich. Gegen Norden und Süden war die gezackte Spindel des Himmels ein gleichförmiges Steingrau.
– Dummkopf. War keine Spucke. Eil dich!
Regenschirme erschienen. Die schwarzen Einkaufstaschen vorübereilender Hausfrauen überzogen sich mit taugesprenkeltem Firnis. In ihren kistenartigen Zeitungsständen bauten die schattenhaften Verkäufer schräge Bretter über die Papierstapel. Als das Geniesel zunahm, wurden die freudlosen Häuserfassaden noch trüber, der Inhalt nebliger Schaufenster verschwamm. Dichte, schlierige Öde saugte alles auf, vertrieb alle Farben ins Dunkle, verschmolz einzelnes, verschlammte Unterscheidbares – nur die Schienen der Pferdebahn glimmten noch auf der schwarzen Fahrbahn so weißlich wie zuvor. Er ekelte sich vor sich selber.
– Nässe auf meinem Hemd, Haar, Hii! Noch zwei Blocks. Spute dich!
Regen hatte Gehsteig und Straße mit einer schleimigen Schicht überzogen. Mit gedämpften Schritten trottete er behutsam heimwärts, duckte sich unter Markisen, wo er konnte, umging die herausragenden Vortreppen. Nicht allzu durchnäßt erreichte er die Ecke.
»Lauf! Lauf! Zuckerpuppe! Lauf! Lauf! Zuckerpuppe!« Geschützt gegen das Gepladder gaben Kinder im trockenen Unterschlupf der Hauseingänge den Ruf weiter – ein höhnendes Spießrutenlaufen für die, welche durch den Regen hasteten. Einige dieser Zwerghähne krähten behaglich im eigenen Hausflur. Das eine oder andere Gesicht gehörte zu denen, die auf dem Randstein gehockt hatten, als Kuschy ihnen die Geschichte vom Kanarienvogel erzählt hatte. Grollend heftete er die Augen auf die Straße vor sich und lief die Eisenstufen der Vortreppe hinauf. Er hatte nicht vor, sie anzusprechen. Doch als er sich anschickte, in den Hausflur zu huschen, vertrat ihm einer von ihnen den Weg –
»He, du bist doch Davy, oder?«
»Ja.« Mürrisch blickte er auf. »Was willst du?«
»Ein Junge hat nach dir gefragt.«
»Ja«, stimmte ein anderer ein. »Rollschuhe hatte er dabei.«
»Nach mir? Ein Junge mit Rollschuhen?« Sein Herz sprang vor ungläubiger Freude. Plötzlich schoß Wärme durch jede seiner Adern.

»Nach mir?«
»Ja.«
»Leo? Hat er gesagt, er heißt Leo?«
»Leo, ja. Vierter Stock, siebenfünfundvierzig. Er ist ein Goj.«
»Was will er denn?« fragte er begierig.
»Er sagt, du sollst gleich hochkommen.«
»Ich?«
»Ja, er hat grad nach dir geschaut...«
Aber David war schon die Treppe hinuntergesprungen und raste durch den Regen auf Leos Haus zu. Er setzte den Vorbau hinauf, stolz, als hätte Leos Besuch sein Wesen mit prickelnder, härtender Glut durchdrungen, als sei sein Sein in eine neue Form der Sicherheit geschweißt. Auch hier füllten Kinder den Hausflur, doch ohne ein Wort oder eine Sekunde des Zögerns drängte er sich an ihnen vorbei. Er war Leos Freund! Und erklomm die Treppe ohne einen Anflug von Furcht. Im obersten Stock blieb er stehen, blickte umher – alle im Dämmer liegenden Türen waren geschlossen.
»He, Leo!« sang er, und die Kühnheit seiner eigenen Stimme überraschte ihn. »He, Leo, wo wohnst du?«
Er hörte eine antwortende Stimme, und fast sogleich entfaltete eine der Türen einen Lichtfächer.
»Komm rein.« Leo kam heraus.
»Leo!« Hätte David es gewagt, er würde ihn umarmt haben. »Hast du nach mir gefragt?«
»Ja, es hat zu regnen angefangen, drum bin ich zurückgekommen. Wollte nicht, daß meine Rollschuhe ganz rostig werden.«
»Hii, bin ich froh, daß ich nach Hause gegangen bin!« David folgte ihm in die Küche.
»Ich war grad beim Putzen.« Leo setzte sich auf einen Stuhl, nahm einen öligen Lappen vom Boden auf und begann kräftig die einzelnen Teile zu polieren.
»Du bist ja ganz allein.« Er fand einen Sitz an der Wand.
»Klar.«
»Wie kommst du in deine Wohnung rein?«
»Mit einem Schlüssel. Wie denn sonst?«
»Junge, Junge!« sagte er bewundernd. »Du hast einen eigenen Schlüssel und alles?«
»Klar. Schau, wie er glänzt!« Er hielt den funkelnden Rollschuh hoch.

»Mensch, du verstehst dich aber drauf.«
»Wenn du das jeden Tag machst, rosten sie nie.«
»Nein. Aber schau, was ich dir mitgebracht habe, Leo.« Mit vor Entzücken hüpfendem Herzen hielt er ihm zwei Pralinen hin.
»Hii!« Leo hopste vor Begeisterung. »Was für welche?«
»Mandeln und Ananas!«
»Junge, Junge! Beide für mich?«
»Ja.« Jetzt bedauerte er, nicht die anderen Süßigkeiten angenommen zu haben, die seine Tante ihm angeboten hatte.
»Bist ein netter Junge!« Leo legte die Pralinen auf den Tisch. »Wo hast du sie her?«
»Willst du sie nicht essen?« fragte er begierig.
»Nein, ich heb' sie mir für später auf. Will erst was anderes essen.«
»Oh! Meine Tante hat sie mir gegeben – hii! Hab' vergessen, dir zu erzählen. Sie hat einen Süßwarenladen.«
»Spaß beiseite! Wo wohnt sie?«
»Unten in Kane Street. *Du* kommst da rasch hin – du hast Rollschuhe.«
»Oh, da gehen wir aber manchmal hin! Vielleicht können wir dabei eine ganze Schachtel Geleebohnen mausen. Hast du keine Gummidrops gekriegt?«
»Nein«, erwiderte er selbstkritisch. »Hätt' ich kriegen können – Mensch!«
»Die sind prima!« Leo hatte die Rollschuhe beiseite gelegt und ging zur Brotbüchse, die auf einem Bord neben dem Ausguß stand. »Will jetzt was futtern.« Er holte einen Laib Brot hervor. »Willst du was?«
»Bin nicht besonders hungrig.« Plötzlich war er schüchtern. »Es ist noch früh.«
»Na und?« Er löste das bedruckte Wachspapier von dem Laib. »Ich esse, wann ich will.«
»Gut.« Leos Unabhängigkeit war ansteckend.
»Hab' noch was Feines für uns«, sagte er vielversprechend und ging zur Kühltruhe. »Etwas, was wir nicht jeden Tag kriegen.«
Während Leo unter den Tellern kramte, warf David verstohlen glückselige Blicke um sich. Es verschaffte ihm ein trauliches, abenteuerliches Gefühl, mit jemand so Erfinderischem wie Leo allein in einem ganzen Haus zu sein. Hier gab es keine Eltern, die sich einmischten, keine Befehle, denen es zu gehorchen galt – nichts. Nur

sie beide, die in einer abgesonderten, eigenen Welt lebten. Auch waren gojische Küchen nicht viel anders als jüdische. Wie seine eigene war diese ein würfelförmiger Raum mit Ofen, Ausguß und Waschbecken an den Wänden. Und die Wände waren grün, und die weißen Vorhänge hingen an über die Fensterrahmen gespannten Schnüren, mürbe vom vielen Waschen, und das geblümte Linoleum war ausgetreten wie sein eigenes. Beide waren genauso geschrubbt und ordentlich; und wenn der Reinlichkeit von Davids Küche ein Hauch von Wärme anhaftete, hatte Leos den kühlen, flachen Geruch von Seife. Das war der ganze Unterschied zwischen beiden, vielleicht bis auf ein Bild in der dämmrigen äußersten Ecke des Raums – ein Bild, das wegen der geringen Beleuchtung trotz Davids angestrengtem Hinstarren keine vernünftige Form annehmen wollte.

»Hat sie einen richtigen, großen Süßwarenladen?« Vor der Kühltruhe kniend, bestrich Leo Brotscheiben mit Butter. Nun schob er mehrere Gegenstände von einer größeren Schüssel auf eine kleinere. »Auch eine Sahneeismaschine?« Er stand auf.

»Meine Tante? Nein. Sie hat nur ...« Er brach ab und starrte mit offenem Mund auf das, was Leo auf den Tisch gestellt hatte. Auf einem Teller lag ein Stapel Butterbrote, aber auf dem anderen ein Haufen seltsamer rosafarbener Dinger, lauter Beine, Zangen, Körper – »Was ist denn das?«

»Die da?« Leo wieherte über seine Überraschung. »Kennst du das nicht? Das sind Krebse.«

»Kre ...? Oh, Krebse. Die ich in einer Kiste in der Second Avenue gesehen habe, waren grünlich.«

»Ja, aber sie werden immer rot, wenn du sie kochst. Sind verdammt gut! Willst du was davon?«

»Nee!« Sein Magen sträubte sich.

»Hast du nie welche gegessen?«

»Nee! Juden dürfen das nicht.«

»Jesus! Juden dürfen überhaupt nichts essen!« Er nahm eines der Ungeheuer in die Hand. »Zum Glück bin ich kein Jude!«

»Ja«, stimmte David vage zu. Doch zum ersten Mal, seit er Leo begegnet war, freute er sich über seine eigenen Lehrsätze. »Wie ißt du sie?«

»Leicht!« Leo riß die scharlachrote Zange ab. »Man beißt einfach hinein, siehst du?« Er tat es.

»Hii!« David staunte.
»Da sind Butterbrote.« Leo reichte ihm eine Scheibe. »Aber *das* darfst du doch essen, nicht? Es ist nur amerikanisches Brot.«
»Ja.« Während David sie entgegennahm, beäugte er sie neugierig. Im Gegensatz zum eigenen Brot war diese Scheibe weder trübgrau noch braun, sondern teigbleich und weich wie Kleister. Während die Kruste des Brotes, das seine Mutter kaufte, steif und dick war wie Pappe, hatte dieses eine biegsame, geschmeidigeHaut, dünn wie die sparsamste Kartoffelschale oder die Holzspäne eines frisch gespitzten Bleistifts. Und die Butter – er kostete sie – war gesalzen! Er hatte nie vorher Salzbutter gegessen. Wenn auch der erste Bissen breiig schmeckte, laugig, war tatsächlich nichts Widerwärtiges daran –
»Wir dürfen alles essen, was wir wollen«, erzählte ihm Leo und sog an einer abgebrochenen Zange. »Alles, was gut ist.«
»Ja?« Während er den durchnäßten Kloß in der Backe drehte, landeten seine Augen von neuem auf dem Bild, das sich nach wie vor im Dämmer verbarg.
– Ein Mann. Was? Kann nicht sein.
»Ich habe jede Brotart gegessen, die es gibt«, fuhr Leo stolz fort. »Italienische Brotstangen, holländischen Pumpernickel, jüdisches Roggenbrot – sogar, wie nennt ihr das noch, Matzen – Tatzen ...« Er wieherte. »Das ist ja nichts anderes als große Knäckebrote – hast du schon mal Spaghetti gegessen?«
»Nein. Was ist das?«
»Die Makkaronis essen das genauso wie Kartoffeln. Und Junge, Junge, das schmeckt!« Er rieb sich den Bauch. »Könnte allein einen Eimer voll verdrücken. Wir wohnten früher neben Aglorinis – die waren Italiener –«
– Genau wie mein Bild – zu Hause – mit den Blumen. Es ist was anderes, wenn du's weißt. Du mußt es wissen, sonst kannst du's nicht sehen.
»Und Lily Aglorini brachte immer einen großen Teller voll für mich und die alte Dame rüber. Das war, als meine alte Dame ihnen Kuchen schenkte, als sie noch in einem Restaurant arbeitete. Und wieviel Käse sie drauf streuen! Heiliger Jesus! Kein Wunder, Makkaronis können Knoblauchfürze lassen!«
– Ein Mann, sicherlich. Muß es sein. Nur seine Gedärme hängen raus. Und brennen. Hii, was für ein verrücktes Bild. Selbst meines ist nicht so. Wird aber bestimmt böse, wenn ich ihn frage –

»Wollt', meine alte Dame könnte richtige italienische Spaghetti machen – he!« fragte er unvermittelt. »Was siehst du so an?«
»N–nichts!« David senkte schuldbewußte Augen. »Was ist...« (– Nein, frag ihn nicht!) »Hii!« Er fühlte heiß die in seine Wangen schießende Röte und brach verwirrt ab. (– Trottel! Hör doch nächstes Mal zu!)
»Was ist was?« fragte er und grinste ihn lange, mit offenem Mund, an.
»A... ja!« Wie auf dem Dach, fand er wieder eine bequeme Ausflucht. »Ich weiß nur nicht, wie ich's sagen soll. Meine Mutter, sie sagt es – nur ist es Jiddisch.« Er grinste abwertend.
»Na schön, sag's halt!« erwiderte er ungeduldig.
»Was ist ein Orr– ein Orrganiist? So hat sie's gesagt.«
»Ein Organis', meinst du! Organis'... klar! Wir haben einen in unserem Chor. Er spielt die Orgel.«
»Ja?«
»Sehen aus wie Klaviere, nur pfeifen sie – oben drauf, verstehst du? Haben lange Pfeifen und so was. Hast du das nicht gewußt?«
»Ich hab's nicht genau gewußt – nur auf Jüdisch.«
»Ja, das ist es. Schön, aber wer hat denn hier eigentlich von Kirchen gesprochen?«
»Niemand!« Und mit um Verzeihung bittender Hast: »Spaghetti hast du gesagt.«
»Ja!« kam die gekränkte Antwort.
»Fährst du Rollschuh' auch im Winter?«
»Nein, wo denkst du hin!« Jetzt biß Leo an. »Wie kannst du mit Schnee auf dem Boden Rollschuh fahren? Da fährt man Schlittschuh auf Schleifbahnen. Hast du jemals eine, die 'nen Block lang ist, gemacht?« Von neuem war er in seinem Element. »Wir haben eine gemacht – ich und Patsy McCardy und Buster Tuttle – sie ging von der Eleventh runter bis zur Stevens Street.«
»Hiii!« David entspannte sich wieder.
»Und Lily Aglorini will darauf rutschen und bäng!« Die Krebsschale schnitt einen roten Bogen durch die Luft. »Genau auf ihren Hintern! Bums! Und sie ist den ganzen Block längsgerutscht, die Beine in der Luft!«
– Eingeweide, wie Hühner, offen. Und er hält sie. Hat er einen Backenbart oder hat er keinen?
»Und dann sind die Pferde drauf gestürzt und der Polyp hat Asche

darüber gestreut. Aber ich und Patsy haben sie vielleicht aufgezogen, weil sie eine rote Unterhose anhatte.«
– Schau einfach nicht mehr hin, das ist alles!
Doch Leo hatte einen Blick über seine Schulter geflitzt. »Oh!« fragte er in grollender Überraschung. »Dahin hast du die ganze Zeit geschaut?«
»Überhaupt nicht! Ehrlich ...!«
»Klar hast du, mach mir doch nichts vor«, entgegnete er unwirsch. »Schon zum zweiten Mal hast du nicht zugehört!«
»Ich hab's nicht so gemeint ...« Er ließ den Kopf hängen.
»Dann sieh weiter hin!« Der Krebs krachte unter ärgerlichen Zähnen. »Schau dir's genau an, los!«
»Darf ich?«
»Dafür ist's da! Natürlich darfst du!«
Wie um Vergebung bittend, rutschte er vom Stuhl und ging hin. »Ah, jetzt sehe ich's richtig.« Angestrengt blickte er hinauf. »Es ist was ganz anderes, als was ich dachte.« Der Mann war bärtig, doch statt seine Eingeweide in der Hand zu halten, deutete er auf seine Brust, auf der das rote Herz sichtbar leuchtete.
»Was hast du gemeint, daß er wäre?«
»Hab's nicht recht sehen können«, erwiderte er ausweichend.
»Hast du das noch nie gesehen?«
»Nein.«
»Es ist Jesus und das Heilige Herz.«
»Oh! Was macht es so?«
»Macht was?«
»Daß er innen so leuchtet.«
»Weil er eben so heilig ist.«
»Oh.« Plötzlich verstand David. »Genau wie er!« Gebannt starrte er auf das Bild. »Der Mann, von dem mir mein Rabbi erzählt hat – der hatte das auch!«
»Hatte was?« Leo stellte sich neben ihn.
»Das Licht dort!«
»Das kann der nicht haben«, stellte Leo dogmatisch fest. »Das ist christliches Licht – das ist viel größer. Größer als jüdisches Licht.«
David hatte sich umgedreht, um Leo ins Gesicht zu sehen, doch jetzt hielt er inne und blickte auf die gegenüberliegende Wand. Unmittelbar über seinem Stuhl hatte die ganze Zeit die gleiche bärtige Gestalt gehangen. Doch erst jetzt erkannte David sie. Sie

bestand aus fleischfarbenem Porzellan und hing, die Hüften von einer Art Babywindel umwickelt, an einem schwarzen, gefirnißten Kreuz. »Ist er das?«
»Klar! Hast ihn doch schon vorher gesehen, oder nicht?«
»Irgendwo, ja. Hab' aber nicht gewußt, daß er genau über mir war.« Mit einem Gefühl der Scheu betrachtete er das Kruzifix. »Ich hab' ihn einmal in einem italienischen Beerdigungsladen gesehen. Er hat immer Nägel, nicht?«
»Ja.« Leo griff nach einer zweiten Scheibe Brot.
»Ich hab' aber nicht gewußt, daß er ein – du wirst doch nicht böse sein, wenn ich dich frage, oder?«
»Nee!« Und nahm noch einen Krebs. »Frag nur!«
»Warum ist der Teller auf seinem Kopf dort drüben zerbrochen?« Er deutete auf das Kruzifix. »Und hier drüben – ist er nicht zerbrochen.« Er deutete auf das Bild.
»Ha! Ha!« platzte er durch einen Mundvoll Essen heraus. »Mensch, bist du blöd! Das ist kein Teller, das ist ein Heiligenschein. Hast du nie einen Heiligenschein gesehen? Der ist aus Licht gemacht! Und auch das da ist kein Teller!« Er deutete auf die Gestalt am Kreuz. »Das ist eine Krone aus Dornen – schärfer als Nadeln, die haben die Juden ihm aufgesetzt.«
»Juden?« wiederholte David, entsetzt und ungläubig.
»Klar. Juden, das sind Christenmörder. Die haben ihn dort oben aufgehängt.«
»Nein?«
»Klar, ihr!«
»Hiii! Wann denn?«
»Ist lange her. Tausende von Jahren.«
»Oh!« In der Ferne lag etwas Tröstliches. »Hab' ich nicht gewußt.« Hundert andere Fragen zupften an seiner Zunge, doch neue Enthüllungen befürchtend, unterdrückte er sie. »Hii! Dann ist er also innen und außen Licht, oder?« Mehr wagte er nicht zu sagen.
Ohne zu antworten, leckte Leo sich die Finger und griff nach den Pralinen. »Umm! Mandeln! Junge, Junge! Wetten, ich könnte zehn von denen auf einmal in den Mund stecken. Kriegst du die jedes Mal, wenn du hingehst?«
»Ich geh' ja nicht hin.«
»Nein? Jesus, ich würd' jeden Tag hingehen, wenn meine Tante einen Süßwarenladen hätte!«

»'s ist zu weit weg.« Er antwortete, weil er wußte, daß Leo eine Antwort erwartete, doch in seinem Innern geschah etwas Seltsames, etwas, das gegen seine Seiten und seine Brust anschwoll, das seine Handflächen feucht und klebrig machte, seine Rede dämpfte und lähmte wie im Zustand der Schläfrigkeit.
»Was denn?« Leo saugte die Reste von den Zähnen. »Kannst dich ja auch hinten an einen Wagen hängen und mitfahren!«
»Hab' keinen gesehen.« Er wunderte sich, daß Leo nicht das Pochen seines Herzens hörte.
»Hast keinen gesehen!« schnaubte er ungläubig. »Auf der Avenue C – dort bist du doch langgegangen, oder?«
»Ja.« Das seltsame Gefühl war fast ebenso fühlbar geworden wie Schleim beim Atmen. Ein beklemmender Wunsch schien ihm Übelkeit zu bereiten. Er mußte fragen! Er mußte fragen!
»Nun, weshalb bist du diesmal hingegangen?«
»Wegen Rollschuhen. Ich dachte, vielleicht ...« Seine Stimme verebbte.
»Hat sie keine gehabt?«
»Nein.« Er entdeckte, daß die aufreizende Helligkeit von Leos Stimme ihm gegen den Strich ging – eine Helligkeit, die ihn immer wieder aus einer leidenschaftlichen und doch ungeheuerlichen Trägheit aufstachelte.
»Bring sie doch dazu, daß sie dir ein Paar kauft. Das wär' das Richtige. Ich würd's tun. Sie kriegt sie billiger und dann ...«
»Leo!«
»Was?«
»Kannst du mir ...« Langsam hob sich sein Finger und deutete. »Kannst du mir einen von den ... den ...« Er konnte den Satz nicht beenden.
»Einen von den was?« Befremdet tappte Leo sich mit der Hand auf die Brust.
»Ja.« Er fühlte sich schwindelig.
»Mein Skapulier? Jesus, bist wohl durchgedreht. Wofür, zum Teufel, willst du das haben?«
»Ich will's nur so.«
»Versuchst du witzig zu sein oder was?« fragte er argwöhnisch.
»Nein!« Heftig schüttelte er den Kopf. »Nein!«
»Du bist doch ein Jude, oder nicht?«
»Ja, aber ich ...«

»Schön, ihr dürft aber so was nicht tragen – weißt du das nicht? Die sind für Katholiken.«
»Oh!«
»Ich hab' sowieso keines – nur einen zerrissenen Rosenkranz, und den hat meine alte Dame in einem Restaurant gefunden.«
»Was ist das, ein Rosenkranz?« fragte er begierig. »Kann ich den haben?«
»Sonst noch was! Bist wohl durchgedreht, wie?«
»Ich geb' dir einen Haufen Kuchen und Bonbons dafür – sogar meinen Cent. Schau!« Er zeigte ihn vor.
»Nee! Er gehört ja nicht mir und er ist viel mehr wert. Jesus! Hätte ich gewußt, daß du so ein Quälgeist bist, hätt' ich dich nicht raufkommen lassen.«
»Ich hab's ja nicht gewußt.« Er fühlte, wie seine Lippen zitterten.
»Ach was, du weißt nie was!« Ein barsches Stillschweigen entstand.
»Soll ich runtergehen?« Seine Stimme klang trostlos.
»Nein, kannst hierbleiben«, knurrte Leo. »Aber hör auf, ein Quälgeist zu sein, ja?«
»In Ordnung, ich werde nichts mehr fragen«, antwortete er demütig.
»Ist deine Tante auch geizig?« Leo überhörte gereizt seine Entschuldigung.
»Nein.« Er stieß jeden Wunsch und jede Enttäuschung beiseite und widmete Leo alle seine Aufmerksamkeit. »Sie gibt mir alles.«
»Warum tust du denn dann nicht, was ich gesagt habe – sie bitten, ein Paar Rollschuhe zu kaufen und sie dir auf Pump zu verkaufen oder so was.«
»Vielleicht frag' ich sie nächstes Mal.«
»Klar. Geh jeden Tag hin, bis sie dir sie endlich gibt. Das ist der Dreh!«
»Das mag ich nicht.«
»Was, sie bitten?«
»Nein. Ihre Kinder. Die sind nicht ihre richtigen Kinder.«
»Du meinst Stiefkinder.«
»Ja.«
»Was ist los mit ihnen? Rotzig oder so was? Warum gibst du denen nicht eins aufs Dach?«
»Die sind größer als ich. Und die hacken nur immer auf einem rum.«

»Du hast doch keine Angst vor ihnen, oder? Brauchst dich von ihnen doch nicht rumstubsen lassen!«
»Ich hab' eigentlich keine Angst vor ihnen, aber sie sind so dreckig und wollen, daß du mit ihnen in den Keller gehst und alles.«
»Keller?« Leo wurde interessiert. »Warum hast du nicht gesagt, daß sie Mädchen sind?«
»Hab' doch gesagt, daß ich sie nicht mag.«
»Bist du mit runtergegangen?«
»Ja.«
»Bist du wirklich? Was hast du da getan? – aber keinen Beschiß jetzt, ja!«
»Getan?« David wurde beunruhigt. »Nichts.«
»Nichts!« Leo sperrte ungläubig den Mund auf.
»Nein. Sie hat gesagt, ich soll in der Toilette warten, und dann hat sie gepinkelt.«
»Du hast nichts getan, und sie haben gesagt, du sollst mit ihnen in den Keller gehen?«
»Nur die eine hat das gesagt.« Verwirrt wehrte er sich gegen Leos Hartnäckigkeit.
»Oh!« krähte er. »So eine Flasche!«
»Sie hat nämlich gesagt, sie würd' mir irgendwas dafür geben.«
»Jiii, und du hast sie nicht drum gebeten?«
»Ich wollte Rollschuhe – ein altes Paar.« Er trat einen lahmen Rückzug an. »Ich dachte, vielleicht hat sie welche.«
»Junge, Junge, bist du ein Armleuchter! Und du hast gesagt, du bist zehn. Junge, Junge! Hat sie dich's sehen lassen?«
»Wie?« Er wollte nicht einmal sich selber eingestehen, daß er es erraten hatte.
»Ach was, mach mir doch nicht weis, daß du's nicht gewußt hast . . .« Er spreizte die Beine. »Den Schlitz!«
»Sie haben sich im Bett gebalgt«, gestand er widerwillig und brach ab; er wünschte, er hätte nie davon angefangen.
»Na und?« Leo forderte die Preisgabe der letzten Bedenken.
»Nichts. Sie haben sich nur gegenseitig gestoßen, mit ihren Beinen, drum – drum hab' ich's gesehen.«
»Jesus!« seufzte Leo. »Keine Unterhosen?«
»Nein.«
»Wie groß sind sie?«
»Größer als ich – ungefähr so viel.«

»Größer noch als ich?«
»Nein.«
»Also meine Größe – Junge, Junge! Warum hast du denn Angst gehabt, du Flasche! Die sind doch nicht deine wirklichen Kusinen. Junge, Junge, wenn ich und Patsy dabeigewesen wären – Junge, Junge! Wollt', er wär' nicht im Ferienlager. Einmal haben wir Lily Agostini in der Eleventh mit in die Wohnung genommen, und da haben wir so getan, als würden wir Freiübungen auf dem Sportplatz von St. Joseph machen – Rumpfbeugen, verstehst du? Wir haben sie über einen Stuhl gebeugt und ihr die Unterhose runtergezogen – Junge, Junge! He! Gehen wir hin, du und ich – was hältst du davon? Ich mag Judenmädchen!«
»Du meinst, du willst es tun – du willst spielen ...« David fuhr zurück.
»Klar. Los, Mensch, wir beide gehen jetzt gleich hin.«
»Nee!« rief er verstört. »Ich will nicht!«
»Was ist denn los – sind sie jetzt nicht da?«
»N–nein. Aber ich – ich muß jetzt gleich heim.« Er rutschte vom Stuhl. »Es ist Zeit zum Essen.«
»Schön, dann hinterher – wenn du gegessen hast!«
»Hinterher muß ich zum Chejder.«
»Was ist denn das?«
»Wo man Hebräisch lernt – bei einem Rabbi.«
»Kannst du nicht schwänzen?«
»Dann kommt er zu uns nach Hause.«
»Komm trotzdem her, bevor du da hingehst.«
Wieder stülpte sich die verzerrende Glocke der Unwirklichkeit über seine Sinne. Wieder versank die Welt, verschob sich und Leo mit ihr – ein Fremder. Warum traute er irgend etwas, irgend jemandem?
»Ich will nicht«, stammelte er schließlich.
»Was! Ich dachte, du wärst mein Kumpel!« höhnte Leo verächtlich. »Also so einer bist du, wie?«
Verdrossen starrte David zu Boden.
»Ich sag' dir was«, begann die Stimme von neuem eifrig. »Du willst doch Rollschuhfahren lernen, oder nicht? Oder nicht?«
»Ja – ja.«
»Na also, ich bring's dir bei – und zwar gleich. Ich leih' dir meine, wenn wir dorthin gehen – jeder kriegt einen Rollschuh.«
»Nee! Ich geh' jetzt runter.«

»Hör zu, mein Engel – los, ich geb' dir ein paar von meinen Schachfiguren – hab' einen ganzen Haufen Könige. Schau, du brauchst doch überhaupt nichts zu machen, wenn du nicht willst. Wir beide geh'n zusammen hin, und du bleibst draußen stehen. Ich will ja auch nichts tun – will sie bloß mal kurz befummeln.«
»Ich will nicht.« David war schon an der Tür.
»Geizkragen! Willst alles für dich allein wie? Schön, laß dich nur nicht wieder blicken, sonst hau ich dir noch in die Fresse!« Als David die Tür öffnete: »He! Wart eine Sekunde!« Er packte ihn am Arm. »Komm wieder rein!« Er zerrte David hinein. »Los, komm schon! Ich sag' dir, was ich dir gebe . . .«
»Ich will aber nichts!«
»Wart 'ne Sekunde! Warte doch!« Noch immer auf David einredend, zog er einen Stuhl durch die Küche zu einem Geschirrschrank über der Anrichte, kletterte hinauf und holte einen staubigen Holzkasten herunter, den er beim Heruntersteigen auf den Tisch fallen ließ. Der Form nach erinnerte er an die Kreidekästen in der Schule, zumal er den gleichen Schiebedeckel hatte. Doch es konnte kein Kreidekasten sein. Denn David hatte gerade Zeit genug, das in kühnen schwarzen Buchstaben gedruckte Wort *Gott* zu erkennen – wenngleich die Buchstaben seltsamerweise dicht über einem großen schwarzen Fisch standen. Doch bevor er sich näher darüberbeugen konnte, um die kleineren Buchstaben unter dem Fisch zu lesen, riß Leo mit einem »Hier ist, was du wolltest«, den Deckel runter. Drin lag ein Gewirr von Flitterkram, Ringen, Broschen und Kameen. Leo kramte darin. »Hier, siehst du das?« Er zog eine zerrissene Schnur heraus; daran waren schwarze Perlen in zwei verschiedenen Größen aufgereiht; an einem Ende baumelte ein winziges Kreuz, daran hing eine Figur, die der an der Wand glich. »Das ist der zerrissene Rosenkranz, den meine alte Dame gefunden hat, es fehlen bloß ein paar Perlen. Ich geb' ihn dir. Los, Mensch, er ist echt heilig.«
Fasziniert starrte David darauf. »Kann ich ihn anfassen?«
»Klar kannst du das, nur zu!«
»Tut er dasselbe wie das, was du um den Hals hast?«
»Na klar! Er ist sogar noch viel, viel heiliger.«
»Und du willst ihn mir geben?«
»Tu ich – kannst ihn behalten! Wenn du mich morgen dorthin mitnimmst, soll er dir gehören. Was sagst du dazu, schlägst du ein?«

Mit schwindelndem Kopf starrte er auf die greifbaren, unverbrüchlich gegebenen Perlen. »Ich schlag' e–ein.« Noch zögerte er.
»Bist ein feines Kerlchen!« Begeistert wirbelte Leo die Perlen in der Hand. »Schau, du brauchst ja gar nichts zu machen – du stehst nur Schmiere, wie ich gesagt habe. Sie sind ja nicht deine echten Kusinen – was geht's dich also an! – Junge, Junge! Was hast du gesagt, wo du sie hin mitgenommen hast?«
»Ich hab' sie nicht mitgenommen – sie hat mich mitgenommen.« Nun, da er zugestimmt hatte, packte ihn ernstlich der Schrecken.
»Schön, wenn auch – wohin also?«
»In den Keller – ihren Keller – unter dem Laden, wo die Toilette ist.«
»Werden wir sie dahin mitnehmen, ja?«
»Aber dafür mußt du durch den Laden.«
»Was? Kann man nicht von außen reinschleichen?«
»In den Laden?«
»Nein, in den Keller.«
»Ich weiß nicht.«
»Klar kannst du das! Wetten, daß die Tür offen ist – wann gehen wir hin?«
»Wann willst du hin?«
»Morgens – früh – zehn Uhr. Wie wär's damit? Ich treff' dich an deiner Vortreppe mit meinen Rollschuhen. In Ordnung?«
»In Ordnung«, willigte er trübsinnig ein. »Aber jetzt geh' ich runter.«
»Wozu die Eile?«
»Ich muß wirklich. Muß heim.«
»Also, bis dann! Und vergiß nicht – zehn Uhr.«
»Nein – zehn Uhr.«
Er ging hinaus, die Tür schloß sich unter Leos letztem Kichern. Er tastete sich zur düsteren Treppe und stieg hinunter. Hoffnung und Furcht und Verwirrung hatten sein Denken erstickt. Sein Geist war betäubt, und er fühlte sich wie in der Schwebe, wie benommen vor Kälte. Wortlos, bildlos fühlte er wieder, wie Vergangenheit und Zukunft im Morgen zerflossen. Entweder fand er eine Lösung für seine Befürchtungen oder er war verloren. Er trat in den trostlosen Regen hinaus wie in eine böse Vorahnung . . .

XI

Später Morgen.

Sein nervöser Blick wanderte vom beschlagenen Fenster zur Uhr und wieder zum Fenster –

»Kreise, kreise, kreise kleines Mühlrad ...« Ihre Stimme, kaum deutlicher als ein Summen, klang jetzt seltsam fern. »Arbeit ist kein Spiel, die Stunden stehlen sich davon wie ein kleines Mühlrad.« Während nur ihre Beine in die Küche baumelten – die schlaffen Sohlen abgetragener Hauspantoffel hingen von nackten Fersen herunter –, saß seine Mutter auf dem Sims und putzte die Außenseiten der Fensterscheiben. Unter den kräftigen Strichen des Lappens verbreiterten sich die schneeigen Gestade des Putzpulvers schnell von einem Kanal zu einem Golf. In der sich weitenden Helligkeit erschien zuerst ihr Hals, kerzengerade zwischen dem erhobenen Kinn und dem alten, blauen Kleid, dann ihr Gesicht, bleich und vielschichtig, und zuletzt ihr braunes Haar, das die Sonne in dünnem, goldenem Dunst einfing. »Kreise, kreise, kreise, kleines Mühlrad ...«

– Wollte, sie käme herein! Kriege Angst, wenn sie so dasitzt. Ist auch der vierte Stock – 's geht tief, tief hinunter! Wenn sie ...! Oh! Nicht! Ausgerechnet dieses Fenster! Kann das Dach von hier aus sehen. Ja, dort waren sie – Hurensohn! Von dort aus haben sie zugesehen.

Gereizt blickte er zu dem anderen geöffneten Fenster, das auf die Straße ging. Der Himmel über den Hausdächern, reingewaschen und wolkenlos nach dem Regen, neckte ihn mit seiner Heiterkeit. Auf der Straße, zu tief unten, um sichtbar zu sein, stieg die Flut des Trubels mit dem Morgen, und ein Babel von Geräuschen und Stimmen drang über den Sims herein wie über einen Damm. Die Luft war ausnehmend kühl. Zwischen den zugezogenen Vorhängen eines auf der anderen Straßenseite geöffneten Fensters kämmte eine Frau einem kleinen Mädchen das Haar mit einem viereckigen, schwarzen Kamm. Sooft der Kamm sank, zuckte das Kind zusammen, und sein Gewimmer trieb auf dem Gewoge des aufsteigenden Straßenlärms herüber.

– Läusekamm. Tut weh. Still den Kopf ... Möcht' wissen, möcht' wissen, ob! Ist schon spät, aber wage nicht hinauszusehen. Ob er noch wartet ... Kann kaum mehr da sein. Muß schon gegangen sein. Bestimmt! Jetzt ist es? Fast halb zwölf. Zehn hat er gesagt. Muß schon fort sein. Halb zwölf und halb zwölf und alles ist gut ... wo? Der Nachtwächter im Buch. In Drei A, ja. Uhr. Hatte mal irgendwo eine. Hicky, dickory, dock. Glock. Hab' nie eine gehabt. Aber – das Rad – was? Einmal ... Einmal hab' ich ... Sag's wieder und du erinnerst dich. Hickory, dickory – verrückt! Warum sagen sie das? Hickory, dickory, wickory, chickory. Im Kaffee. In einem weißen Kasten für acht Cents mit gelben Rändern. In einem Kasten. Kasten. Gestern. *Gott* stand darauf und heiliger als Judenlicht mit der Kohle. Wen kümmert das? Aber der Fisch, warum der Fisch? Konnte die kleinen Buchstaben nicht lesen. Wollt', ich hätt's gekonnt. Wetten, die erklärten es. Die Perlen bringen Glück, hat er gesagt. Brauchst vor nichts mehr Angst zu haben. Hii, hätt' ich doch! – aber nein, will's nicht mehr – und damit Schluß. Geh nicht hin. Und der komische Traum, den ich gehabt habe, als er ihn mir gegeben hat. Wie war der noch? Hab's schon vergessen. Auf einem Dach waren wir; mit einer Leiter. Und er klettert hinauf zur Sonne – zack, eins, zwei, drei! Runde Kugel! Runde, schimmernde Kugel – Wo hab' ich gesagt – siehst du? Runde Kugel, und er hat sie mit einem Kieselstein zerschmissen und hat sie in den Eimer gesteckt. Dann hab' ich sie gegessen. Besser als Marmorkuchen. Besser als alles, was ich je gegessen habe. Möcht' wissen, woraus sie ist – aus nichts, du Trottel! Träume. Hab' nur geträumt –

Das Quietschen des Fensters unterbrach seine wirre Träumerei.

»So!« seufzte seine Mutter erleichtert, als sie sich unter den Fensterrahmen duckte. »Jetzt fehlt nur ein anständiger Regen, damit alles wieder schmutzig wird.«

Sein Blick folgte dem ihren. Makellos sauber wie sie waren, verrieten die Scheiben von ihrer Gegenwart nicht mehr als juwelenreiner Atem – bis auf die Stellen, wo winzige, von unerklärlichen Schatten umhauchte Trübungen zarte Spiralen bildeten.

»Nun sind sie sauber«, versicherte er mit Nachdruck. »Jetzt brauchst du nicht mehr dort draußen zu sitzen.«

»Ja, das sind sie.« Und sie wusch ihre Hände unter dem Wasserhahn. »Jetzt häng' ich meine Vorhänge auf.« Und nach dem Handtuch greifend: »Du willst wohl heute nicht runtergehen, oder?« Ihr Lächeln wirkte verblüfft.

»Doch!« protestierte er vorsichtig. »Aber vielleicht später.«

»Weißt du«, sagte sie und faltete den Vorhang auseinander, »du

warst in letzter Zeit fast so wie in Brownsville, als du wie Pech an mir klebtest. Und wie du dich vor der kurzen Treppe gefürchtet hast! Das kann dir doch jetzt nichts mehr ausmachen?«
»Nein.« Plötzlich war er böse auf sie, weil sie ihn in die Enge trieb. »Ich weiß nicht, was ich unten tun soll. Ich hab' dir's doch gesagt.«
»Was ist aus all deinen Freunden geworden?« Ihre flinke Hand wickelte die Vorhangschnur um einen Nagel. »Sind sie alle umgezogen?«
»Ich weiß nicht – jedenfalls mag ich sie nicht.«
»Ach!« sagte sie hoffnungslos. »Der Knäuel, mit dem die Katze gespielt hat, ist leichter zu entwirren als mein Sohn. Gestern hat es von Mittag bis zum Einbruch der Nacht geregnet – und du bist wie ein Butterfaß die Treppen hinauf- und hinuntergepoltert. Und nach dem Abendessen, zwischen Alberts Schlafenszeit und deiner, bist du unruhig wie ein Vogel am Fenster gesessen – nur schweigsamer. Ich hab' dich doch gesehen!« Sie hob einen leise mahnenden Finger. »Was ist denn nur los? Was denn?«
»Nichts!« schmollte er launisch. »Nichts ist los.« Aber in Gedanken war er schon dabei, eine Entschuldigung zu schmieden.
»Ich weiß doch, daß etwas los ist«, beharrte sie ernst. »Heute morgen bist du aufgewacht, als ich erwachte – um sieben –, und gestern auch. Aber gestern, hätte ich dich gelassen, du hättest dein Frühstück verschmäht, so eilig hattest du's, runterzukommen. Heute – nun, was ist es?« Leichte Ungeduld färbte ihren Tonfall.
»Nichts.« Er versuchte, sie abzuschütteln.
»Willst du's deiner Mutter nicht sagen?«
»Es ist nur ein Junge.« Nun mußte er antworten. »Er – er will mich schlagen. Er hat gesagt, er würd's tun, wenn er mich erwischt. Das ist alles.«
»Ein Junge? Wer?«
»Ein großer Junge – Kuschy – so heißt er. Gestern haben sie gesagt, da läge ein Cent in dem Keller auf der Tenth Street. Und sie sind alle rübergelaufen, um ihn herauszukriegen. Und Kuschy hat gesagt, er hätte ihn nicht hochgekriegt, weil ich ihn geschubst hätte.«
»Na und?«
»Er und seine Kumpanen wollen mich deshalb verhauen.«
»Ach, ist das alles? Nun, dem kann nachgeholfen werden.«
»Wie denn?« Die augenblickliche Zufriedenheit mit sich selber wurde zur Unruhe. »Was willst du tun?«

»Ich geh' mit dir runter.«
»Nein!«
»Natürlich tu' ich das. Ich lasse nicht zu, daß dich irgendeiner hier oben einsperrt. Du brauchst sie mir nur zu zeigen, und dann . . .«
»Nein, das darfst du nicht tun«, unterbrach er sie verzweifelt. »Wenn du runtergehst und mit ihnen redest, rufen sie mich Schißkatze!«
»Was heißt das?«
»Das ist eine Katze, die Angst hat.«
»Und hast du keine?« lachte sie. »Hast du nicht doch ein bißchen Angst?«
»Ich hätte keine, wenn sie nicht so groß wären.« Er versuchte, die Abschweifung hinauszuzögern. »Du solltest sehen, wie groß sie sind. Und es sind zwei große.«
»Um so mehr Grund, daß ich mit dir runtergehe.«
»Aber ich will nicht runtergehen!« Nachdrücklich: »Ich will hierbleiben.«
»Du tust doch nur so.«
»Nein, überhaupt nicht! Ich habe Hunger.«
»Ich hab' dir ein Stück Kuchen und einen Apfel angeboten«, erinnerte sie ihn. »Erst vor einem Weilchen, als ich mit dem Fensterputzen angefangen habe.«
»Da war ich eben noch nicht hungrig.«
»Ach!« spottete sie und schaute auf die Uhr. »Du bist wie die fetten, leuchtenden Fliegen in Österreich, die vorwärts und rückwärts fliegen oder in der Luft schweben können, als seien sie festgenagelt. Und was willst du tun, wenn du gefuttert hast – hier bleiben, bis der Messias kommt?«
»Nein. Dann lauf' ich zum Chejder, spiel' im Hof und warte auf den Rabbi.«
»Ich möcht' wissen, ob du die Wahrheit sagst.«
»Ich sage die Wahrheit.« Sein gekränkter Blick hielt stand.
»Nun denn.« Sie seufzte. »Was möchtest du haben – ein Omelette mit Gelee?«
»Hm! Hm!«
»Also schön!« Sie lächelte zärtlich. »Solange ich dich zum Essen bringen kann, fühle ich mich sicher – das ist unser einziges Verständigungszeichen.« Plötzlich hoben sich ihre Brüste, und ihre Nasenflügel weiteten sich. »Aber warum seufze ich?« Dann ging sie zum

Geschirrschrank und holte mehrere Teller heraus. »Ich glaube, das kommt vom Fensterputzen. Es erinnert mich immer an Brownsville und das Fenster mit dem Geschmier und den Gesichtern drauf. Möcht' wissen, ob sie es mittlerweile abgewischt haben.« Sie ging zur Kühltruhe. »Ist es nur eineinhalb Jahre her, seit wir umgezogen sind? Es kommt mir weiter weg vor als eine Fahrt zu fünf Cents.« Sie verstummte und schlug die Eier am Schüsselrand auf.

– Hiii. Glück, daß mir das eingefallen ist. Kann sie jederzeit an der Nase herumführen. Sie merkt's nicht. Dann krieg' ich das schwarze Ding in dem Kasten eben nicht. Und wenn schon!

Der Gasofen knallte leise unter dem Streichholz. Sie nahm eine Bratpfanne vom Haken an der Wand und stellte sie auf die Feuerstelle – doch eine Sekunde später schob sie sie beiseite, als hätte sie es sich anders überlegt, und trat ans Straßenfenster.

– Hoffe, er ist nicht ... Hoffe, er ist noch nicht da! (Sein angstvoller Gedanke holte den ihren ein.)

»Gut!« rief sie triumphierend und zog den Kopf ein. »Ich hab's genau getroffen. Manchmal glaube ich an Vorahnungen.«

– Aaa! Wünschte, sein Pferd wäre gestürzt oder so was Ähnliches!

»Jetzt kann ich zwei Männer auf einmal abfüttern«, lachte sie. »Welch seltenes Vergnügen!« Und sie lief wieder zur Kühltruhe.

Er erstarrte, und seine Ohren spitzten sich über das Geräusch des raschen Eierschlagens hinweg. Plötzlich hörte er es, eigenwillig, hohl, nahe. Der Türknopf drehte sich – das herbe, wettergedunkelte Gesicht.

»Ich bin soweit!« sagte sie fröhlich. »Auf die Sekunde!«

Wangen entspannten sich in einem gewohnheitsgemäßen »Puu«, er warf die Mütze aufs Waschbecken und lehnte seine neue Peitsche dagegen. David schielte zum Herd hinüber. Seine Mutter hatte die alte, zerbrochene zwischen Herd und Wand fallen lassen. Sein Vater ging zum Ausguß und wusch sich die Hände.

»Müde?« fragte sie, während sie den goldenen Schaum in die zischende Pfanne schüttete.

»Nein.«

»Gelee-Omelette und Dörrerbsen- ist dir das recht?«

Er nickte.

»Ist er noch immer weg?«

»Deshalb komm' ich wieder so spät.« Er trocknete sich die Hände ab. »Bis morgen.«

»Ach! Ich bin froh, wenn er wieder da ist.«
Er begegnete ihrem Blick mit dunklen, gleichgültigen Augen und ließ sich auf einen Stuhl fallen. »Wie kommt's, daß der Erbe zu Hause ist?« Seine schmalen Lippen zuckten und zogen die flachen Wangen in Falten.
– Nicht! Sag's ihm nicht! Au! (Doch er wagte nicht, sie flehend anzusehen.)
»Oh!« sagte sie leichthin. »Da ist einer hinter ihm her. Einer der großen Straßenjungen.«
– Aaaa! Sie hat's ihm gesagt. Ich hasse sie!
Der gleichmütige Blick seines Vaters drehte sich wie eine langsame Radspeiche von ihrem zu Davids Gesicht. »Weshalb?«
»Wegen einem Geldstück in einem Keller. Sie versuchten alle, es hochzukriegen – wie weiß ich nicht. Aber der andere – wie war noch sein Name?«
»Kuschy«, antwortete er mürrisch.
»Ja. Dieser Kuschy hat behauptet, er hätte ihn in dem Augenblick gestoßen, als er es raufzog – das Geldstück. Es ist ja immer das gleiche. Du kennst doch die üblichen kindlichen Streitereien.« Sie beugte sich über den Herd. »Freilich, wenn's um Geld geht, ist's vielleicht nicht mehr so kindlich.«
»Ein Keller?« Der schärfere Tonfall seiner Stimme war kaum wahrnehmbar. »Wann?«
– Au! Er meint, ich hätte alles erzählt!
»Gestern hast du gesagt, oder, David?« Sie stand mit dem Rücken zu ihm. »Macht's dir was aus, wenn wir den Kaffee von heute morgen trinken?«
»Ja.« Davids geängstigte Augen hoben sich unter dem düsteren Zwang der Augen seines Vaters. »Ich – ich hab' doch gestern gesagt.«
Sein hageres Kinn straffte sich. Sinkende Augenlider dämmten schwelenden Unmut. »Sonst noch was?«
Und obschon David wußte, daß die Frage an ihn gerichtet war –
»Das ist alles!« lachte seine Mutter, wie überrascht über das Interesse ihres Mannes. »Außer, daß ich angeboten habe, mit ihm runterzugehen, da der andere Junge gedroht hat, ihn zu verprügeln.« Sie stellte das Omelette und die Kaffeekanne auf den Tisch. »Aber er will nicht – sagt, sie würden ihn – wie nennen? Angstkatze?« Sie warf einen prüfenden Blick auf den gedeckten Tisch. »Hab' ich

alles, was ich brauche? Wasser, ja. Guter Gott!« rief sie aus, als sie zum Ausguß ging. »Ist's nicht an der Zeit, daß ich Englisch sprechen lerne?«

– Sie weiß, es war nicht so! (David wappnete sich.) Weiß, es war nicht gestern. Weiß, ich habe gelogen.

»Hmpf«, machte sein Vater und entspannte sich. »Er ist groß genug, um sich allein durchzuschlagen.« Ein seltsamer, verstohlener Hauch von Befriedigung lag auf seinem Gesicht.

»Und wenn die anderen größer sind als er, Albert?« Milde Einspruch erhebend, stellte sie die beschlagene Wasserkaraffe auf den Tisch. »Du weißt doch, sie ...«

»Gut«, unterbrach sein Vater. »Wenn sie dir über sind, sag ihnen, ich komm mit der Peitsche, wenn sie dich anrühren.« Und zu ihr aufblickend, begann er Brot zu schneiden. »Nur um ihnen Dampf zu machen«, fügte er hinzu.

»Ja.« Sie setzte sich unsicher. »Aber es hat keinen Sinn, sich wegen einer Drohung Feinde zu schaffen – und besonders nicht wegen der Drohung eines Knirpses.«

Er gab keine Antwort. Und während der Pause, in der das Essen ausgeteilt wurde –

– Hat meine Partei ergriffen. Hiii! (Mechanisch hob David die Gabel. Sie hat's ihm gesagt, und er weiß, daß ich gelogen habe, trotzdem hat er meine Partei ergriffen. Was hab' ich getan – hab' ich ihn vielleicht zum Narren gehalten? Naaa! Wie er mich angesehen hat –

»Weißt du«, seine Mutter lächelte nachdenklich, mit schräggestelltem Kopf. »Es ist fast sieben Jahre her, seit ich aus dem Schiff an Land gekommen bin, und ich habe noch nie mit jemandem Krach gehabt. Ich hätte keine Lust, jetzt zum ersten Mal einen Streit vom Zaun zu brechen.«

»Es wäre auch ein Wunder, wenn du's tätest.« Seine Stimme klang tonlos. »Dein Leben waren immer so abgeriegelt wie das einer Nonne.«

»Aber nicht ganz so geschützt, Albert.« Sie sah leicht verärgert aus. »Verglichen mit deinem, ja. Aber wenn ich einkaufen gehe, verteilen die Karrentrödler Wörter, die so scharf sind wie Senfpflaster, ja noch schärfer als ihre Zwiebeln und Karotten ... Straßenverkäuferinnen sind nicht zu schlagen.«

– Sicherlich weiß er es. Wette eine Million. Er saß ja im Wagen. In dem Augenblick, als Kuschy aufstand. Und sie hat ihm gesagt, es war gestern. Aber er hat nichts erwidert –

»Ich meine, was soll ich antworten, wenn eine von den eingeborenen Weibern die Rätsche ihrer bösen Zunge auf Englisch gegen mich losläßt? Tsche! Tsche! Sie schnattern und zischen wie ein Sieb voller Glut.« Dünn wie ein Schatten oder ein Windhauch auf dem Wasser löste ein seltenes Lächeln das Gesicht seines Vaters. »Dann *tschetschetsche* eben auf Jiddisch zurück.«

»Aber ich komme mir dabei so gedemütigt vor«, lachte sie.

»Dann antwortest du eben überhaupt nicht. Werde rot und zieh' ab mit hoch erhobenem Kopf.«

»Ach!« Neugierig sah sie ihn an. »Das ist zu einfach. Hätte ich in einem Laden gearbeitet wie Bertha, ich wüßte jetzt Bescheid – *die* verspritzt Gift und Galle.«

»Kann man wohl sagen! Da wird einem ganz übel davon!«

Seine Lippen kräuselten sich kaum.

»Findest du? Seit sie den Süßwarenladen hat, klingt sie in meinen Ohren eher wie ein Wasserfall ...«

»Aber einer mit Schlamm drin!«

»Oder mit Sand. Ich wollte ...«

»Der einem zwischen den Zähnen knirscht!«

»Du bist witzig heute.« Ihre Neugierde schien auf ihrem Gesicht festgewachsen zu sein.

Wieder bissen seine Kiefer aufeinander, und er griff nach seiner Kaffeetasse.

– Ist er auf meiner Seite? Nein. Das kann nicht sein. Natürlich ist er's nicht. Aber was, wenn – oh! Er weiß, daß ich gelogen habe. Das ist – Trottel! Iß! Sie werden's merken!

»Sprichst du so gut, weil du's bei den Gojim gelernt hast?«

»Teilweise. Als ich in Bierstuben aß, um Geld für deine Überfahrt zu sparen, hab' ich immer zugehört – in Bierstuben reden die Leute laut. Eines Tages war ich so kühn, einen Betrunkenen etwas zu fragen. Der dachte, ich sei's auch. Da wußte ich, daß ich einen Anfang gemacht hatte.«

»Und dabei haben sie dich mit guter Koscher-Kost ernährt.« Jetzt lag stilles Mitgefühl in ihrem Blick.

»Wenn du fünfzehn Cents am Tag ausgibst, damit dir die Puste nicht ausgeht, fragst du den Rabbi nicht mehr, ob er dein Fleisch gesegnet hat.«

»Bin froh, daß du einen stärkeren Magen hattest als der Mann, der so billig zu einem Entengericht kam. Davon nach Hause schrieb – und daran starb.«

»Hm!«

»Hast du heute Zeit für ein Schläfchen?« Sie streckte die Hand aus und streichelte die seine – eine ebenso seltene Gebärde wie sein Lächeln.

Sein Gesicht verdüsterte sich. Er räusperte sich. »Ich hab' noch eine Stunde übrig.«

David glitt von seinem Stuhl. »Kann ich jetzt runtergehen, Mama?«

»Warte, du kriegst noch eine Birne.«

»Kann ich sie nicht essen, wenn ich runtergehe?«

»Fühlst du dich jetzt sicher?« Sie ging zur Kühltruhe.

»Ja.« Er warf einen raschen Blick zu seinem Vater hinüber.

»Und du willst nicht, daß ich aus dem Fenster schaue, wenn du unten bist?« Sie drückte ihm die gekühlte, schimmernde Frucht in die Hand. »Bis du herausgefunden hast, ob dieser Kuschy da ist oder nicht?«

»Nein. Ich lauf' gleich zum Chejder rüber.« Und als seine Mutter sich herunterbeugte, um ihn zu küssen –

»Halt dir jeden Krach vom Leib!« Ein kaum merklicher Unterton von Härte schwang in der Stimme seines Vaters mit. »Hast du gehört?«

»Ja, Papa.« Von neuem streiften sich ihre Blicke. Er griff nach dem Türknopf.

»Und vergiß nicht, deine Birne zu essen«, erinnerte sie ihn. »Sie ist süß wie . . .« Ihre Stimme erstarb hinter der sich schließenden Tür.

Er lief die Treppe hinunter, und als er die Straße erreicht hatte, blickte er hastig um sich. Nirgends ein Zeichen von Leo. Gut, das war eine Erleichterung! Er wollte sofort zum Chejder gehen und im Hof bleiben, bis der Rabbi kam. Er schwenkte um den Milchwagen seines Vaters, überquerte schräg die Straße und wandte sich westwärts –

Das plötzliche Geschwirr von Eisenrädern hinter ihm – bald lauter auf dem Gehsteig, bald sekundenlang über das hohle Schild einer Kohlenrutsche dröhnend –

»He, du!«

Er brauchte sich nicht umzudrehen.

Leo, Mütze in der Hand, offener Mund in gerötetem Gesicht, überholte ihn, bremste mit einem schürfenden Rollschuh und kam adlergleich ausgebreitet vor ihm zum Stehen. Wie er so auf seinen Rollschuhen stand, sah er fast wie ein Erwachsener aus, und sein hellblonder Kopf überragte David.

»Du läufst wohl weg, wie?« Seine Stubsnase krauste sich in bösem Spott. »Warum hast du mir nicht gesagt, daß du nicht hingehen willst – statt mich hier den ganzen Tag herumwarten zu lassen!«

»Ich hab' ja nicht gesagt, daß ich nicht hingehen will.« David blickte besänftigend lächelnd auf.

»Schön, warum bist du dann nicht runtergekommen? Worauf wartest du noch? Du weißt, wir haben zehn Uhr ausgemacht.«

»Ich mußte oben bleiben, bis mein Vater kam, siehst du? Dort steht sein Wagen.« Er deutete darauf, in der Hoffnung, Leo würde die Gedankenverbindung, die, wie er wußte, gar nicht bestand, selber herstellen.

»Na und?« meinte er nach einem flüchtigen Blick.

»Nichts. Aber meine Mutter war krank, drum mußte ich warten ...«

»Was für ein Scheißdreck! Du weißt so gut wie ich, daß du lügst.«

»Nein, ich lüge nicht!«

»Na gut! Also los, wenn du mitkommst. Bevor du zu deinem Dingsda mußt – wie heißt er noch?«

»Ich kann nicht. Ich muß sofort hin. Willst du eine Birne?«

»Was!« Leo übersah die angebotene Frucht. »Nachdem du gesagt hast, daß du mitgehst? Versuch mich bloß nicht abzuwimmeln, sonst zieh' ich meine Rollschuhe aus und brat' dir ein paar über. Hör zu! Ich mach' doch gar nichts! Hab' dir doch gesagt, daß ich nichts machen werde – wovor hast du denn Angst?«

»Meine Tante ist auch da«, erwiderte er schwach. »Im Laden. Sie wird's merken.«

»Wie soll sie das spitz kriegen, du Holzkopf? Wir machen einen großen Bogen um sie, verstehst du? Wir bringen die runter in den Keller, wenn niemand guckt. Natürlich versuchen wir's nicht, wenn sie aufpaßt! Los! Ich geb' dir einen von meinen Rollschuhen.« Und seinen Rollschuhschlüssel hervorziehend, glitt er über den Randstein hinunter. »Setz dich, ja? Du weißt doch, was ich für dich habe, oder nicht? Setz dich!« Und als David neben ihm niederkauerte: »Ist das für mich?« Er griff nach der Birne.

»Ja.«

»Sieht nicht schlecht aus.« Er leckte sich die Lippen.
»Hast du's mitgebracht?«
»Was?« Dabei mampfte er. »Du meinst den Rosenkranz? Klar, wo glaubst du denn, daß er ist, etwa oben in der Wohnung?« Sich seitwärts lehnend, beförderte er ein paar Perlen aus der Tasche hervor. »Siehst du sie? Die gehören dir, vergiß das nicht.« Und sie wieder zurücksteckend, machte er sich an dem linken Rollschuh zu schaffen – dann schüttelte er ihn ab. »Los jetzt, zieh den an. Ich bring' dir bei, wie man fährt – brauchst keine Angst zu haben. Gib mir deinen Huf. So, siehst du?« Der Riemen straffte sich unter Davids Fußgelenk, dann packten die Zwingen seine Sohle. »Stoß dich mit dem anderen Fuß ab – schau dir an, wie ich's mache. Und nun fahr! So ist's richtig! Braves Kerlchen. Also los! So ist's richtig!« Er warf den Birnengriebs auf die Straße und fuhr ab Richtung Avenue D. »Wenn wir uns irgendwo anhängen können, sind wir im Nu da – du wirst's sehen.«
»Hii!« Die neue Freiheit der Bewegung war berauschend. »Hii, das ist prima!«
»Hab' ich's dir nicht gesagt!« drängte er jubelnd. »Fahr zu, ich sag's dir doch, es ist leicht wie Blätterteig – Junge, Junge, lernst es aber verdammt fix!«
Sie bogen um die Ecke, und noch immer trompetete Leo ihm ermunternd zu.

XII

Lachend, atemlos plappernd, hatten sie sich bis zwei Blocks vor Kane Street schleppen lassen, als der Lastwagen von ihrer Marschrichtung abbog. Sie ließen los. Der vergoldete Mörser und Stößel ragte auf – so nah! In Sekundenschnelle ernüchtert, fiel David zurück.
»Wollen wir nicht lieber umkehren?«
»Nee!« platzte Leo heraus. »Wozu, glaubst du, sind wir hergekommen? Es ist doch schon der nächste Block, oder?«
»Nein«, antwortete er lustlos. »Der übernächste, aber ich ...«
»Also los!« Leo stürmte voraus. »Komm schon, ja?«
Jetzt blieb ihm nichts übrig als zu folgen. Sein Blut, das noch vor

einem Augenblick sorglos und fröhlich geklungen hatte, jetzt pochte es beklommen, bedrückend, unheilvoll. Sie erreichten die Ecke, um die sie biegen mußten –

»He, Leo!« David zupfte ihn am Ärmel. »Wann gibst du's mir?«

»Was denn?« fragte er ungeduldig.

»Den Rosenkranz, oder wie du's nennst, in deiner Tasche?«

»Ach so – wenn wir da sind!« Leo winkte heftig ab. »Wozu das Gesabbel? Führ mich erst zu deinem Dingsda, ja?«

»Auf dieser Seite.« Vorsichtig fuhr er voraus. »Siehst du, wo die Eisstangen liegen – vor der Tür dort?«

»Ja.« Leo sondierte das Gelände. »Ist ja kaum mehr als ein Kramladen! Wo hast du – wau!« In unterdrücktem Jubel senkte er die Stimme. »Hab' ich's dir nicht gleich gesagt? Da sind doch Stufen unter dem Laden, genau wie ich mir's gedacht habe!« Er stieß David unsanft in die Rippen. »Komm mit!«

Während sein Herzschlag zu panischem Pumpen anschwoll, trottete David auf der Straße hinter ihm her. Es kam ihm merkwürdig vor, daß die Leute, die auf der Vortreppe standen oder vorübergingen, ihm nicht seine zunehmende Angst ansahen.

»Bind den Riemen los.« Leo kniete nieder, um seinen abzuschnallen.

»Was willst du tun?« Neben ihm kauernd, löste David seine Schnalle mit klammen Fingern.

»Nichts! Brauchst keine Angst zu haben.« Sein Flüstern klang seltsam vor dem lauten Hintergrund der Straße. »Gib her, ich schraub' dir die Zwingen auf.« Er tat es und stand auf, beide Rollschuhe in der Hand. »Kannst du jemand im Laden sehen?«

»Ich seh' von hier aus nicht gut.«

»Schön, schleich dort rüber. Jesus! Stell dich nicht so dämlich an. Und bleib nicht egal stehen.«

Von seinem augenblicklichen Beobachtungsposten aus blinzelte David über die sonnengebadete Straße in den schummrigen Hauseingang hinein. »Meine Tante ist da!« Er flüsterte und beschleunigte den Schritt. »Und ich glaub', Polly auch.«

»Es sind aber zwei Mädchen drin!« entgegnete Leo scharf, als sie vorbeigingen. »Ich habe sie genau gesehen, als ich davor war.«

»Ja, aber die andere kenn' ich nicht.«

»Und die war nicht da, wie heißt sie denn? Die eine, die mit dir runtergegangen ist? Gut, gehen wir noch mal zurück.« Sie machten kehrt.

»Nein. Konnte sie sowieso nicht sehen. Gehen wir lieber noch mal zurück.«

»Und zügle deine Rösser, ja? Kannst du nicht mal eine Minute warten, bis sie auftaucht?« Mißmutig warf er sich gegen das Geländer neben einer Vortreppe. »Du hast doch jede Menge Zeit, was soll denn die Aufregung – he, duck dich! Duck dich, fix!« Er stieß den verblüfften David hinter sich. »Jetzt kommen sie raus! Bleib stehen, wo du bist, sonst sehen sie dich!« Und nach ein paar Sekunden: »Jesus, das war knapp, aber sie gehen in die andere Richtung. Alles in Ordnung.«

Er trat zur Seite und machte David Platz, damit er sie in Augenschein nehmen könne. »Welche ist ihre Schwester?«

»Die dünne von beiden.« Verstohlen schaute David den beiden Mädchen nach. »In dem gelben Kleid mit der schwarzen Einkaufstasche, das ist Polly.«

»Und was ist –«, Leos blaue Augen weiteten sich vielsagend, »wenn sie zurückkommen?«

»Weiß nicht!« Er wich zurück. »Ich kenn' sie nicht – die andere.«

»Ach, Quatsch!« Leo war zwischen Ärger und Begeisterung hin und her gerissen. »Mit dir kann man überhaupt nichts anstellen. Los, wir wollen sie nochmal begutachten. Vielleicht ist das Esther-Mädchen noch drin.« Wieder zerrte er David am Laden vorbei. Doch nichts von ihr zu sehen. Nur Tante Bertha saß hinter dem Ladentisch und las Zeitung. »Ah, Jesus, was ein Pech!«

»Siehst du, Esther ist nicht drin.« David fühlte, daß er nun kühner vorgehen konnte. »Wenn wir hier stehen bleiben, werden die Kinder und alle Leute uns beobachten.«

»Zum Teufel mit ihnen! Die Straße ist frei, oder nicht? Wer kann mich daran hindern, hier spazierenzugehen, das möcht' ich mal wissen.« Trotzdem sank seine Unterlippe enttäuscht herab. »Sie wohnt doch im Hinterhaus, nicht wahr?«

»Ja«, sagte er bereitwillig. »Hinter dem Laden. Du mußt da durchgehen, wo meine Tante sitzt, und das geht eben nicht.«

Doch statt Leo von der Vergeblichkeit jeder weiteren Bemühung zu überzeugen, spornte er ihn mit seinem Rat nur noch mehr an. »Und das geht nicht, was?« lautete die herausfordernde Antwort. »Gut, dann schau mir zu! Los!« Er trat vom Randstein herunter.

»Was hast du vor?« Verdattert blieb er zurück.

»Paß nur auf, daß die fette Dame dich nicht sieht.« Vertrauensvoll faßte Leo ihn am Arm. »Und tu, was ich dir sage, kapiert?« Sie hielten vor der Vortreppe des nächsten Hauses, westlich vom Süßwarenladen. »Sobald niemand hersieht, schleich dich zu dem Keller dort hinüber und duck dich. Inzwischen steh' ich Schmiere, verstehst du?«

»Nee!«

»Los doch! Sei kein Spielverderber!« Er wurde noch vertraulicher. »Du willst doch den Rosenkranz, oder? Schön, dann klettere runter – und ich komm' nach. Ich geb' ihn dir dort, sofort.«

»Was willst du dann machen?«

»Dann gehen wir in den Hof.« Sein Freimut war überwältigend. »Ist sie da, fein, ist sie nicht da, auch fein – du kriegst ihn trotzdem. Und dann gehen wir heim.«

»Und dann ist Schluß?«

»Ich schwör's. Nun aber los, pirsch dich ran!«

Mit einem ängstlichen Blick nach allen Seiten schlich David zu der Kellertreppe unter dem Ladenfenster.

»Duck dich!« signalisierte Leo mit schiefem Mund.

Er glitt die Stufen hinunter. Einen Augenblick später kam Leo nach und schob sich an ihm vorbei zu der geschlossenen Tür.

»Hoffentlich ist die Scheißtür offen.« Er lehnte sich dagegen. »Ja!« zischte er in unterdrücktem Triumph, als die Tür aufschwang. Der plötzliche Windzug trug vertrauten Kellergeruch herauf. Am anderen Ende des dunklen Gangs erschien ein schmaler Streifen Licht – die Tür stand einen Spalt offen. »Los!« flüsterte Leo verstohlen. »Bloß keinen Lärm.«

»Gibst du's mir jetzt?« Er zögerte an der Schwelle.

»Klar! Sobald wir im Hof sind.« Als David in die klebrige Dunkelheit trat, schloß Leo die Tür hinter ihm. »Mach keinen Lärm, ja? Wo ist das Scheißhaus?«

»Dort drüben.« Die nahtlose Dunkelheit verschluckte die deutende Hand. »Dort ist die Tür. Was willst du denn . . .«

»Psst! Komm mit. Vielleicht ist sie drin.«

»Sie geht nie allein runter.«

»Wir wollen trotzdem reingucken.«

Er tastete sich hinter ihm her . . . Ein Streifen Finsternis auf einer düsteren Wand.

»Ist es das?«

»Ja.«

Eine Pause. »Da ist niemand.«

»Nein.«
»He, wie sagt man noch?« Leos Atem war warm auf seiner Wange. »Die jüdischen Wörter, die ich dich unterwegs während der Freifahrt gefragt habe?«
»Welche?«
»Du weißt doch! Scheine – scheine?«
»*schejne mejdel*«, antwortete er widerwillig.
»Ja! *schejne mejdel! schejne mejdel.* Und das andere. *toch-tochess*, nicht?«
»Ja.«
»Dann also los!«
Sie schlichen sich vor. Da wo der Keil der Helligkeit durch die kaum geöffnete Tür drang, blieb Leo stehen und spähte in den Hof. »Wohnt sie dort oben, wo die Treppe ist?«
»Ja.«
»Hier, nimm das, ja – bevor wir loszischen.« Ein Rollschuh klirrte leise, als er David den Riemen in die Hand drückte.
»W–was soll ich denn machen?« David hielt ihn weit von sich ab, als sei er gefährlich geworden.
»Nichts. Du tust überhaupt nichts«, drängte Leo beruhigend. »Komm einfach mit mir raus und tu so, als ob du ihn gerade abschnallst – mach ein bißchen Lärm, verstehst du? Und wenn sie hinten ist, sagst du einfach, ich bin ein Freund von dir, und ich laß dich mit meinen Rollschuhen fahren und so was. Und dann red' ich sie an.«
»Und dann gibst du's mir?«
»Hab' ich's dir nicht immer wieder versprochen?« Leo blickte kühn auf die geöffneten Fenster im Umkreis. »Niemand guckt.« Beide stiegen in den strahlend hellen Hof hinauf.
»Jetzt!« flüsterte er, fiel auf ein Knie und zerrte David neben sich herunter. »Als seist du gerade gekommen – mach Lärm, aber richtig. Los!« Er hieb seinen Rollschuh auf den Boden. »Ja! Sonst noch was!« Seine Stimme stieg in lauter, gespielter Prahlerei an. »Ob ich dich schlagen kann? Haha! Jederzeit! Zwei Blocks? Was ist das schon! Ich nehm's auch zehn Blocks weit mit dir auf – sag doch was, um Christi willen!«
»Ja! Ja!« steuerte David zittrig bei. »Zehn Blocks, auf keinen Fall. Ja! Ja!«
»Ach, Quatsch! Da geh' ich jede Wette ein!« Sein Geprahle wurde

noch lauter. »Was wettest du? Einen Dollar? Laß mal deinen Kies sehen . . .« Das Schnappschloß einer Tür klapperte. »Klar kann ich das. Schlag dich auf jeder Strecke . . .«
Auf halber Höhe eines sich öffnenden Türspalts spähten zwei Augen heraus. Ein loser Zopf schwang in der Sonne. Esther, eine Illustrierte in der Hand, blickte verblüfft und böse heraus.
»Du!« zu David. »Was suchst du in meinem Hof?«
»N–nichts, ich . . .«
»Hallo, Kind!« sagte Leo freundlich und seelenruhig.
»Mund halten!« kam es empört zurück. »Ich verpetz' dich bei meiner Mutter – Ma . . .!«
»He!« unterbrach sie Leo mit seinem kurzen Ruf. »Wart 'ne Sekunde, ja?« Und als sie innehielt und eine Schnute zog: »Ist der Bursche nicht dein Vetter?«
»Was hast du denn damit zu tun?«
»Schön«, sagte er in schmerzlicher Überraschung. »Darf er deshalb nicht in deinen Hof?«
»Nein, das darf er nicht.« Mit Nachdruck stieß sie den Kopf heraus. »Warum ist er nicht durch die Ladentür reingekommen? Mama!«
»Das werd' ich dir sagen.« Leo versuchte verzweifelt, sie in ein Gespräch zu verwickeln. »Gib uns eine Chance, ja?«
»Wieso denn?« fragte sie mit verächtlichem Mißtrauen.
»Die Sache ist die . . .« Leo ging auf die Stufen zu und senkte vertraulich die Stimme. »Dazu ist er viel zu schüchtern.«
»Weshalb soll er denn so schüchtern sein?«
»Verstehst du«, grinste er blinzelnd zu ihr hinauf, »er mußte mal kurz, mehr nicht – weißt Bescheid, oder?«
»Ich weiß nicht Bescheid.« Wiewohl etwas besänftigt, gab sie sich noch immer unversöhnlich.
»Hast du nicht gemußt, David? Du mußtest doch auf die Toilette.«
»Ja, das stimmt.« David ließ sich gängeln. »Ich mußte mal.«
»Siehst du?« Leo trug seinen Fall nüchtern vor. »Deshalb.«
»Warum seid ihr dann nicht wieder nach vorn gegangen?« Noch immer sah sie argwöhnisch aus.
»Haha!« Leo blitzte ein bewunderndes Grinsen zu ihr hinauf. »Er hat gesagt, seine Kusine sei eine ganz fesche. Darauf sage ich: glaub' ich nicht. Darauf sagt er: ich zeig' sie dir. Junge, Junge!« Diese Bekräftigung klang überzeugend. »Junge, Junge!«

»Puu!« Sie schloß die Augen und warf die Zöpfe herum. »Alles Schmu.«
»Klar hat er das gesagt, oder etwa nicht, Davy?«
»Ja.« Er grinste unsicher zu Boden.
»Also? Und ich sage, wenn sie wirklich so fesch ist, wie du sagst, darf sie meine Rollschuhe benutzen.«
»Wer will schon deine Rollschuhe!«
»Du etwa nicht?« Er warf einen beleidigten Blick auf David. »Warum hast du mir dann gesagt, sie will sie?«
»Ich ...«
»Er sagt zu mir«, seine hilflose Stimme übertönte Davids, »er sagt, sie will es lernen, in Ordnung, sage ich – wenn sie wirklich fesch ist, bring' ich ihr's bei. Jesus! Was bist du für einer! Ich dachte, du bist mein Freund.«
»Aaa! Ihr seid nichts wie Angeber!« Esthers Mißtrauen geriet ins Wanken – sie lächelte. »Jetzt verzieht euch aber lieber, sonst verpetz' ich euch noch bei meiner Mutter.«
»Jetzt weiß ich, warum du wolltest, daß ich mitkomme.« Leo klammerte sich noch immer an seinen Groll gegen David. »Du wolltest dir bloß meine Rollschuhe ausleihen, damit du schneller herkommen konntest, das ist alles. Du bist mir einer!« Er setzte sich in Bewegung, doch in keine bestimmte Richtung.
»Wem gehören die Rollschuhe denn?« Sie kam eine Stufe der Holztreppe herab. »Dir?«
»Klar gehören die mir. Kugellager und alles. Fahren wie der Blitz. Willst du fahren lernen?«
»Wie heißt du?«
»Leo – ah – Leo Ginzberg.«
»Du bist doch kein Jude!«
»Wer ist keiner!« Trotz aller Heftigkeit fand er noch Zeit, David einen triumphierenden Blick zuzuwerfen. »Sagt dir der Name nichts?«
»Aa, du Lügenbold«, kicherte sie.
»Was wettest du? Glaubst du einem Kerl wie mir etwa nicht?«
»Ja, und wie!«
»Ich kann halt nicht so gut reden, weil wir immer auf der Westseite drüben gewohnt haben. Aber ich kann trotzdem was sagen. Willst du's hören?«
»Mit Vergnügen!«

»*schejn mejdel,* da hast du's! Und das bist du. Hast du's gehört? *tochess!* Mm! Junge, Junge! Ist das was, oder nicht?«
»Uuuuh! Was hast du da gesagt?«
»*tochess.* Na und?«
»Iii!« Ihr schrilles Gequieke klang eher entzückt als schockiert.
»He, was sagst du nun?« Leo wurde ernst. »Warum kommst du nicht runter in den Hof und fährst ein bißchen Rollschuh?«
»Nee, ich kann nicht.«
»Willst du's nicht lernen?«
»Nee!«
»Klar willst du's! Ich bring' dir's in einer Stunde bei. Komm schon!«
»Nee, hier kann man nicht Rollschuh laufen.« Sie warf einen Blick über ihre Schulter. »Gleich ruft mich meine Mutter.«
»Schön, du kannst ja rauflaufen, wenn sie dich braucht«, schlug Leo großzügig vor. »Kein Mensch wird dich festhalten wollen.«
»Ja.« Ihre Augen suchten die höhergelegenen Fenster ab. »Aber jeder kann zusehen.«
»Ich verstehe! Klar. Dann komm doch raus, ja? Wir warten draußen auf dich – dort beobachtet dich niemand.« Und als er sah, daß sie zögerte, deutete er großspurig auf David und sich selber. »Wir beide gehen jetzt raus, verstehst du? Wir warten auf dich auf der anderen Straßenseite. Was sagst du dazu?«
»Mmm!«
»Dann fahren wir dich rund um den Block – wo uns niemand kennt. Hast doch keine Angst, oder? Komm, bevor er zu seinem Dingsda muß.«
»Was für ein Dingsda?«
»Du weißt schon – wie heißt es noch, Davy?«
»Du meinst Chejder?«
»Ja.«
»Aber *du* gehst nicht hin!« höhnte sie.
»Schön, aber *er.*« Leo grinste. »Drum mach fix! Komm, Davy!« Und sich bei David einhakend: »Wir warten draußen auf der anderen Seite der Straße auf dich, nicht vergessen!«
Ein sprödes Kichern war die einzige Antwort.

XIII

»Jesus, Junge!« flüsterte Leo aufgeregt, als sie ins Dunkel zurücktauchten. »Wir haben sie rumgekriegt – warum hast du nicht gesagt, daß sie Titten hat?«

»Gibst du's mir jetzt?« Bei seinem inneren Schwanken blieb nur eine Hoffnung auf Standhaftigkeit.

»Immer mit der Ruhe, ja!« wies Leo ihn unsanft zurück. »Du kriegst es schon noch, nur keine Bange. Ich will bloß nicht, daß du abhaust, sowie du's in den Fingern hast – Jesus!« sagte er verwundert. »Bist richtig durchgedreht, weißt du! Hast du denn keine Lust, sie ein bißchen umsonst zu knutschen?«

»Nein!« Die Dunkelheit verbarg zwar den Widerwillen in seinen Zügen, doch nicht in seiner Stimme.

»Junge, Junge, dann schau mir zu!« Behutsam zog er die Tür zu. »Warte nur, bis wir sie runter kriegen – Junge, Junge! Gib's mir jetzt, ja?« Als sie heraustraten, riß er den Rollschuh aus Davids nachgiebigen Fingern. »Und wart hier eine Sekunde, ja! Ich will mal kurz Ausschau halten.« Vorsichtig kroch er die Treppe hinauf. »Los!« Eine herrische Hand zeigte nach oben.

David lief die Stufen hinauf und holte ihn ein, als er sich vom Laden fortschlich. Gemeinsam überquerten sie die Straße.

»Warte hier auf sie!« Er trat in den Schatten einer Markise. »Siehst du sie schon?« Vor lauter Eifer hüpfte sein Kopf von einer Seite zur anderen. »Jesus, wenn sie nicht rauskommt, werde ich jemand die Pisse aus dem Leib prügeln – Wo ist mein Rollschuhschlüssel? Los, wir gehen mal vorbei – Dalli! Möcht' wissen, wann die andere Kleine – die Schwester von ihr, zurückkommt. Gehn wir lieber in diese Richtung, wenn sie rauskommt – damit wir nicht in die andere reinlaufen – He!« Blitzschnell stieß er den reglosen David in die Rippen. »Das ist sie! Sie hat uns gesehen! Los!«

Esther stand in der Tür. Mit einem einzigen heimlichen Winken des Kopfes setzte Leo sich westwärts in Bewegung, ging eine kurze Strecke, bog jäh um und lief auf die andere Straßenseite hinüber. David zottelte hinterher.

Selbstverständlich, gelassen, kam sie näher.

»Komm, Kind!« Er ging auf sie zu. »Wollen mal die Dinger anziehen.«

»Ich glaub', ich will nicht.« Gleichgültig steckte sie die Nase in die Luft.

»Klar willst du.« Er überrumpelte sie mit seiner Begeisterung. »Warte, bis dir der Wind um die Nase weht, wenn du schnell fährst, und rauf in die Hosen.«

»Aaa, hi hi!« wieherte sie, seinen Feuereifer abschüttelnd, »Halt die Klappe, du!«

»Setz dich auf die Vortreppe, ja?« schnarrte er gebieterisch und schubste sie gleichzeitig auf die Stufen hinter ihr. »Damit man sie dir anschnallen kann.«

»Ich will aber nicht!« quietschte sie und strampelte genüßlich protestierend mit den Beinen. »Du läßt mich bestimmt hinfallen – ich weiß.«

»Quatsch, wer wird dich denn hinfallen lassen!« Er bremste das spröde Stoßen ihres Fußes und stellte ihn sich aufs Knie. »Halt still, ja! Ich muß den Rollschuh ein bißchen zurechtziehen.« Der Rollschuhschlüssel fiel neben ihn auf den Gehsteig. »Wart eine Sekunde.« Mit keck gerecktem Kopf nach Esther blickend, beugte er sich seitwärts fast auf den Boden, hob ihn auf, ließ ihn wieder fallen –

»Oooh!« quietschte sie vorwurfsvoll. »Aufhören!« Beide Hände hielten den Saum ihres Kleides unter den Knien fest. »Bist wohl wahnsinnig geworden!«

»Wer, ich?« Leo richtete sich mit lammfrommer Miene auf. »Ich hab' nur nach meinem Rollschuhschlüssel geguckt.«

»Stimmt ja gar nicht – du!«

»Na, na! Glaubst du mir etwa nicht? Gib das andere Bein her, ja, du siehst ja Hirngespinste.« Und während er die Zwingen des anderen Rollschuhs befestigte: »Darf ich meinen Schlüssel in dein Schloß stecken?«

»Was sagst du da?« Sie lehnte sich vor.

»Ich sage, macht's dir was aus, wenn ich meinen Schlüssel in dein Schloß stecke?«

Ihre Augen traten hervor. »Au!« kreischte sie und warf sich zurück. »Was hast du gesagt!« Dabei kicherte sie hinter ihren Handflächen und zog ihren Rock herunter. »Halt die Klappe!«

»Was hab' ich denn gesagt?« fragte er, ohne mit der Wimper zu zucken.

»Das weißt *du* ganz genau!« Ihre zwei Zöpfe flogen um ihren sich wild schüttelnden Kopf. »Schäm dich!«

»Au! He, Davy«, er grinste ihm vielsagend zu. »Was hab' ich dir gesagt?«

»Ich weiß nicht.« David sah ihn apathisch an.

»Hast's ja gesehen! Ich hab' nur von meinem Rollschuhschlüssel gesprochen – los, auf!« Er strampelte auf die Füße. »Gib die Hände.«

»Iii!«

»Loos, looos!« Er zog sie auf die Füße und – »Wuuu!«, als die Rollschuhe unter ihr wegglitten: »Hab' dich, wo ich dich haben will.« Er packte sie unter Hinterbacken und Brust und richtete sie auf. »Junge, Junge!«

»Laß los!« Sie stieß ihn zurück, verlor das Gleichgewicht und »Iii!« klammerte sich an ihn. »Wir werden beobachtet!«

»Schon gut, hab dich nicht so!« Leo wurde der strenge Lehrer. »Halt dich an Davy und meiner Schulter fest, so!« Er schubste den widerwilligen David auf die andere Seite. »So ist's recht. Halt dich an uns fest!«

»Langsam!« warnte sie, »oder ich mach' nicht mit ...«

»Schon gut! Wir fahren ganz langsam! Komm, wach auf, Davy! Leben zeigen!« Und beide setzten sich in Trab. »So ist's fein! Braves Kind! Ich halt' dich fest, wenn du auf deinen – du weißt ja – fällst, Junge, Junge! Geh aus dem Weg, Jungchen.« Er schob einen Jungen aus ihrer Fahrbahn. »Der kleine Bankert kann uns nicht aufhalten, oder? Braves Kind! Machst deine Sache fein. Kriegst schon ein bißchen Wind dort hinauf, was? Braves Kind!« Und er machte sie sich mit kurzen schmeichelnden und ermutigenden Ausrufen gefügig.

Als sie sich der Ecke näherten, wurde Esthers Kreischen schriller und schriller, Leos Rufe eifriger, sein stützender Arm wurde aufdringlicher und sank tiefer. Zu ihrer Linken trabte David, der kaum merkte, daß sie sich an ihm festhielt, wortkarg weiter und lauschte beklommen auf ihr gellendes, aufgeregtes Geschrei. An der Ecke hielt Leo atemlos an –

»Macht Spaß, was?«

»Ja, ooh!«

»Willst du noch schneller fahren?«

»Nee–ee!« entgegnete sie herausfordernd.

»Klar willst du – he, Davy«, sagte er, plötzlich besorgt. »Bist ganz ausgepumpt, wie?«

»Ich? Uh ...«

»Klar bist du's!«
»Er ist ja auch nicht so groß wie du.« Esther trat für ihn ein. »Ich kann mich an ihm nicht so gut festhalten.«
»Ja.« Leo stimmte zu, dann meinte er feierlich: »Deshalb beibst du lieber hier, Davy, und wartest auf uns. Ich zieh' sie allein weiter.«
»In Ordnung«, sagte er mürrisch.
»Nee, er soll doch mitkommen.« Esther bedauerte ihre Unbesonnenheit.
»Los doch!« Er faßte sie an der Hand. »Er will ja nicht! Wi–i–i!« Er ahmte die Sirene eines Feuerwehrwagens nach und stampfte auf. »Halt dich fest!« Und bevor sie sich aus seiner Umklammerung reißen konnte, rannte er los – und verzückt schrie Esther hinter ihm her.

XIV

Von dumpfer Trostlosigkeit befallen, sah er sie auf die gegenüberliegende Ecke zurasen, sah Esther herumgewirbelt und aufgefangen, sah beide kreischend außer Sichtweite biegen und fegen. Er sank in sich zusammen, als ziehe ihn seine böse Vorahnung nieder, schlurfte ziellos zum Randstein und hockte sich hin.
– Ich weiß ... ich weiß ... ich weiß ... (wie ein schwerer Stein, der knapp aus dem ihn umgebenden zähen Erdreich herausragt, regten sich wirre Gedanken in ihm und beruhigten sich wieder. Ich weiß ... ich weiß ... die machen's jetzt. Daher ... Mach dir nichts draus. Ich weiß.
Gleichgültige Augen glitten über den seichten Glast der Straße, blieben an belanglosen Klippen hängen, verweilten, kehrten zurück, verweilten, wie ein Weberschiffchen. Mehrere Jungen spielten am Straßenrand Murmeln. Sie spielten mit den größeren, den zu zwanzig Cents, und bezahlten einander mit kleinen, in der Größe von Stahlperlen. Eine Weile sah er ihnen zu, dann kehrten seine Gedanken zum eigenen Elend zurück.
– Kriege Angst ...
– Möcht' wissen, wo sie sind. Könnten inzwischen um den Block gefahren sein. Zweimal. Sogar um zwei Blocks. Sind vielleicht weg-

gegangen. Nee, die bleiben sicherlich dort. Ich weiß. Kommen hoffentlich nicht wieder – kommen aber doch –
– Kriege Angst . . .
– Klappe halten! Krieg' keine. Wenn er sie also rumkriegt – dort unten – dann was? Was soll ich dann tun? Ich werde ihn fragen. Nur fragen, mehr nicht. Werde sagen, gib sie mir, die Glücksperlen, los! Hast gesagt, du würdest es tun, jetzt wird er sie mir geben. Muß sie mir geben. Und dann? Anderswo hingehen. Dann gehe ich also. Und nehm' sie mit, ja. Und ich schau hinein und laß sie langsam runterfallen, langsam, so ist's recht – hiii! Und wenn ich es kriege, dann ist alles in Ordnung. Ich werd's die ganze Zeit tun, dann wird alles in Ordnung sein.
– Ein Zwanziger versuch' ich zu kriegen – ein Zwanziger-Licht. Das erste Mal war's größer, ein großes Fünfundzwanziger-Licht. Aber selbst wenn's ein Zwanziger ist, bin ich's zufrieden. Selbst wenn's nur ein Zehner-Licht ist, bin ich's zufrieden. Könnte es heil machen. Er sagte wie seines. Innen und außen. Möcht' wissen, wie groß es ist. Hab' nicht gefragt. Brauch' aber keine Angst mehr zu haben, auch wenn's nur ein Zehnerlicht ist. Muß auch aufpassen – verlier sie nicht. Wo soll ich sie hintun? Gibt einen Haufen Orte. Könnte sie auf dem Dach verstecken. Oben auf dem Schornstein, wo niemand hinsieht. Ja – aber! Fällt vielleicht rein. Hii! Mensch! Dame findet sie im Herd. Schau! Oh! Was? Ein Kreuz! Oi! *Gevalt,* wie meine Tante sagt. Nee. Lieber im Haus. Unter dem Bett – nein. Mama macht sauber. Dann wo denn . . . hinter dem Spie–ja! Großer Spiegel auf dem Fußboden. Jedesmal, wenn ich reingucke, denke ich dran . . .
»Rede, wie ich's dir gesagt habe!« Der scharfe Unterton griff in kein Zahnrad des Straßenlärms.
Er zuckte zusammen, drehte sich um.
»Hallo, Davy!« Keck und unbekümmert trug Leo jetzt die Rollschuhe. Neben ihm hob Esther schuldbewußte Augen vom Boden auf, zierte sich, kratzte sich ausgiebig unter einem Zopf. »Hab' dir doch gesagt, er schläft. Er schläft fast immer, nicht wahr, Davy?«
Sie kicherte.
David stand auf, beobachtete sie unsicher.
»Sind ganz schön Rollschuh gelaufen, wie, Esther?«
Leo gab das Stichwort.
»Ja.« Und wie auswendig gelernt: »Bist ein guter Läufer.«

»Klar bin ich das.« Und dann, überschwenglich: »Solltest mich erst mal sehen, wenn ich in Hochform bin! Und die kann vielleicht laufen, Davy! Warte, bis sie den ausgebreiteten Adler macht – ganz weit auseinander, so!«
»Klappe halten!« Sie errötete, scharrte mit den Füßen.
Eine Pause entstand.
»Uh – ich muß gehen, Esther.« Jäh packte er Davids Arm.
»Willst du nicht . . .? Willst du nicht . . .?« David war verstört. »Wo gehst du hin?« Mechanisch paßte er seinen Schritt an, als stemme er sich gegen einen Körper, der ihn angegriffen und verfehlt habe. »Gehst du heim?«
»Naaa!« Leo führte ihn zwei oder drei Schritte beiseite und flüsterte ihm mit gesuchter Bescheidenheit laut ins Ohr: »Muß mal kurz pinkeln.«
»Oh!«
»Das hab' ich zu ihr gesagt, verstehst du!« Die letzten Worte zischte Leo und stieß ihm dabei in die Rippen. »Verstehst du!« Dann rief er unverbindlich zurück: »Du gehst doch in den Laden, nicht wahr, Esther?«
»Weiß noch nicht.« Sie zuckte mit muffiger Gleichgültigkeit die Achseln.
»Komm schon«, schnarrte er, grinste, als er sie weich werden sah, und blinzelte. »Los, Davy!« Mit drängender Hand hetzte er David wieder zum Laden. »Sie kommt ja hinter uns her!«
Als David sich umdrehte, sah er aus einem Augenwinkel, daß sie nachlässig hinter ihnen herpendelte. Als sie die Kellerstufen erreicht hatten, blieben sie stehen. Leo tat so, als mache er sich an seinen Rollschuhen zu schaffen, und blickte in die Runde. Ein paar Häuser weiter war auch Esther stehengeblieben und beobachtete sie mit einem affigen, unsicheren Grinsen – wie um ihr Unbeteiligtsein zu beweisen.
»Guck ihr nicht nach!« schnappte Leo. »Spring runter!«
Bis ins Mark geängstigt, der nahenden Krise gewiß, stolperte David die Stufen hinunter. Bevor er noch den Boden erreichte, trappelten Leos Füße hinter ihm her, und mit einem »Los, dalli!« riß er die Tür auf. Gemeinsam traten sie ein. Die Tür schwang zu. In der muffigen Düsterkeit hatte sich nichts verändert bis auf die nun größere Lichtkerbe im dunklen Hintergrund.
»Jesus!« Leos klappernde Rollschuhe erhöhten den Jubel in seiner

Stimme. »Hab' dir doch gesagt, ich krieg' sie rum! Hab' ich's gesagt oder nicht? Hab' ich's nicht gesagt? Junge Junge!« Und dann hastig: »Du weißt natürlich von nichts, kapiert? Nicht vergessen – ich muß nur mal kurz pinkeln!«
»J–ja.«
»Junge, Junge!« Seine rastlosen Füße steppten auf dem festgestampften Erdboden. »Warte bloß, bis sie runterkommt.«
(Bitte ihn jetzt!) »Du – bist du . . .?«
Doch als übertrage die Dunkelheit seine Gedanken – »Ja! Ja!« unterbrach ihn Leo gereizt. »Kannst du nicht warten, bis sie runterkommt! Jesus, hab' ganz vergessen!« Er fegte an der Toilette vorbei. »Laß mal sehen, ob die Türen aufgehen, bevor sie kommt . . .« Und stieß gegen jede der grauen Türen der Kohlenkeller. »Junge, Junge!« Und als eine aufging: »Haufen Platz da drin. Schau mal her!« Er winkte David heran. »Haufen Platz, nicht?« Zwischen der Tür und der formlosen, schwarzen Masse im Hintergrund gestapelten Mobiliars lag eine klare, saubere Fläche.
»Und jetzt einen für dich!« Er versuchte die Türklinken jenseits des schwarzen Gangs und fand eine weitere, die aufging. »Wenn also jemand kommt, dann hier hinein, kapiert? Vielleicht ihre alte Dame oder sonst wer. Sobald du was hörst – zack und hinein, verstanden? Aber bleib dicht an der Tür, damit du sie sehen kannst, bevor man dich sieht – dann ducken und mäuschenstill! Verstanden? So sind wir sicher – alle drei!« Er blickte auf die offene Tür. »Wo bleibt sie nur, zum Teufel? Und hör zu, wenn sie runterkommt, und ich sag' was, sagst du immer ja, verstehst du? Und schau blöd drein, mehr nicht, einfach blöd dreinschauen! Ich geb' dir's auch, wie ich gesagt habe – gleich wenn sie kommt. Und nicht vergessen! Dort hinein, und zwar dalli – Pst!«
Beide hatten es gehört – das Scharren von Füßen, draußen.
»Versteck dich!« Leo schob ihn vor sich her in den Kohlenkeller, schloß die Tür. »Pst!« Er linste durch einen Türspalt. »Wer zum Teufel ist das nur?«
Gespannte Stille: Nur der Laut ihres Atems in der Schwärze. Hinter ihm die harten Kanten, Griffe der aufgetürmten Möbel, und höher oben etwas Nachgiebiges, ein Sack oder eine Matratze. Wirre, formlose Erinnerungen. Wieder die scharrenden Füße, behutsam näherkommend.
»Möcht' wissen, ob – Jesus, das muß sie sein! Halt meine Roll-

schuhe!« Er stieß die Tür ein paar Zentimeter weiter auf, schlüpfte hindurch und lief auf Zehenspitzen dem Hoflicht entgegen.
Während David ihn durch die Kohlenkellertür beobachtete, erstarrte er vor Schrecken.
»He, komm!« Leo hatte sich in den Schatten hinter dem Türflügel gedrückt. »Komm runter, ja. Wir sind hier.« Eine Pause. »Komm, Kind.« Wieder seine überredende Stimme. »Du kennst mich doch.«
Draußen schlurrten Schritte, stiegen langsam den länglichen Lichtstreifen hinab. Ein kurzes Kleid. Esther.
»Nein, ich komm' nicht!« Sie stockte auf der letzten Stufe.
»Na schön, dann hör mal zu! Ich will dir was sagen.«
»Sag mir's hier!« Sie spähte in die Dunkelheit.
»Guck mal, du willst doch nicht, daß ich losbrülle oder so was? Oder rauskomme, wo uns jeder sehen kann?«
»Dann eben hier. Ich bleib' stehen, wo ich bin.« Sie stieg die letzte Stufe hinunter und blieb auf der Schwelle stehen. »Nun sag, was du zu sagen hast.«
»Ah, hier kann ich dir das nicht sagen!« Leo klang gekränkt und zugleich verzweifelt. »Gib mir eine Chance, ja? Hör zu!« Er nahm sie am Arm. »Wir wollen nicht, daß der Dummkopf dort hinten hört, was ich zu sagen habe – he, Davy!« Und gebieterisch: »Komm raus, ja!«
David kam aus dem Kohlenkeller gekrochen und schlich näher.
»Wo war er denn?« Esther beäugte ihn verstohlen.
»Gleich dort drin. Gleich dort drin!« Leo zog sie näher zu sich heran. »Jetzt bleibst du hier.« Er wandte sich streng an David. »Ich will mit Esther reden – nur eine Sekunde, Esther, mehr nicht!«
Sie folgte Leo hinein. Sie strichen an David vorbei, und ihre Gesichter erschienen ihm in der finsteren Atmosphäre starr und bleich. Dann verschluckte sie die tiefere Dunkelheit bei der Toilette –
»Nicht weiter!« kam es scharf von Esther.
»Hast doch keine Angst, oder?« Obschon er selber in der Finsternis zauderte, war Leos heisere Stimme deutlich: »Ich bin doch bei dir!«
»Ach was!« kam es unwirsch.
»Also hör zu ... Ich wollte eigentlich nur ... Wiii! Junge, Junge!«
»Laß das!« zischte sie laut. »Sag mir's, sonst geh' ich wieder raus!«
»Also hör! Siehst du den Kohlenkeller dort? Wart, ich zeig' ihn dir.« Die Tür quietschte schwach.
»Ja«, sagte sie argwöhnisch.
»Schön: ich sag' also zu ihm, weißt du, wem der Kohlenkeller ge-

hört? Er gehört Esthers alter Dame. Sie hat mir's gesagt, sage ich, siehst du?«

»So?«

»Dann sagt er, was ist denn da drin? Worauf ich sage, was meinst du . . . Süßwaren!«

Sie kicherte.

»Ist er nicht ein Trottel!« Leos amüsiertes Geschnaube pflichtete ihr eifrig bei. »Und dann sage ich, weißt du, was ich und Esther tun werden? Wir schleichen uns rein und finden einige, weißt du, Pralinen, Gummidrops. Er sagt, krieg' ich auch welche? Klar, sage ich, wenn wir was finden . . . Wiii! Esther!«

»Nicht doch!« kam es kleinlaut. »Stimmt doch alles gar nicht!«

»Doch, es stimmt! Das hab' ich gesagt. Und ich sage zu ihm, steh Schmiere für uns – mm! Willst du . . . Iii!«

Stille.

»Nein!« kam es protestierend. »Und dann?«

»Dann sag' ich . . . steh Schmiere für uns . . . und . . . und . . . dann sagt er . . .«

»Ooh!«

»Er wird Schmiere stehen. Wiiiii . . . Kind! Was sagst du?«

Geflüster. Geraschel.

»Er beobachtet uns. Da drin ist es besser als hier. Dort kann er uns nicht sehen!«

»Oh!«

»Wart 'ne Sekunde, ich will meine Rollschuhe holen. He, Davy!« Leichtfüßig, atemlos tauchte Leo aus der Dunkelheit in den Dämmerschein. »Du kriegst die Bonbons, wie ich's gesagt habe. Hier!« Als er die Rollschuhe aus Davids Faust riß, glitt seine andere Hand an die Seite. »Da, nimm's! Und jetzt steh Schmiere!«

Das leise Klimpern eines Häufchens wuchs plötzlich in seiner Handfläche. *Sie!* Ein Schauder durchlief ihn.

»Nicht vergessen!« Leos Stimme entfernte sich schnell. »Bis wir wiederkommen!«

Verstohlenes Gegurgel, Zischen, Gemurmel.

»Komm!«

Die Kohlenkellertür quietschte. Füße scharrten. Schwaches Gewimmer. Und die Tür knarrte wieder, schnappte zu. Jetzt kaum noch ein Flüstern, Geschiebe, verschmelzend mit dem Gesumm der Dunkelheit.

– Mir! Er gehört mir! (Wieder ging sein Puls stoßweise.) Mir! Ich hab' ihn. Groß–klein–groß–klein–klein–klein–groß–abgerissen. Hiii! Und Er, hängend ... Was!
Dünnes Kreischen sickerte durch Tür und Dunkel. Esthers.
– Aaaa! (Ekel füllte ihn. Er stolperte aufs Hoflicht zu.) Geh ins Licht, dann hörst du nichts! Die richtigen? (Plötzliche Qual des Zweifels. Er musterte sie.) Ja, die richtigen! Dieselben! Hat mich nicht hintergangen. Aus dem Kästchen mit Gott. Mir! (Verkrampfte Finger drückten sie) Macht mir nichts. Hab keine Angst! Wenn mir's gelingt! Wenn mir's gelingt! Ooh, wenn mir's gelingt! Hab nie mehr Angst! Nie mehr! Geh weiter! Nein, warte! Nein, jetzt! Wo?«
Pfeilgeschwinde Augen blieben auf der lauschigen Nische hinter der offenen Tür haften. Er quetschte sich hinein, zog die Tür so weit zurück wie möglich und, eingesperrt wie in einer Zelle, hockte er sich erst nieder, dann streckte er die Beine aus und lehnte die Wange an den von zwei Türangeln unterbrochenen schmalen Lichtstreifen.
– Eil dich! Schau hin, wo's dunkel ist, wirklich dunkel ... Schau ... Nein ... Nutzt nichts. Man sieht noch zuviel, dann geht's nicht. Mach sie also zu. Das gleiche. Genau wie er gesagt hat. Es ist innen und außen. Wie der mit den Lichteingeweiden. Bleib still. Wie groß bin ich? Zwanziger, hab' ich gesagt. Aber jetzt nicht. Erst mußt du's kriegen. Nachher ist's ein Zwanziger. Wie das Licht in der Halle, als ich's gesehen habe. Hii, wie ich gepinkelt habe ... Eil dich! Also, jetzt stehst du auf ihnen – ganz allein. Niemand in der Nähe. Es wird mir allein gehören. Ein Fünfundzwanziger dachte ich dann – es war größer. Du stehst auf ihnen – hast es schon gesagt. Auf deinen Knien. Fühlst, wie sie waren? Heiß – brennend heiß. Tat schon weh, bevor Kuschy sich mit mir prügeln wollte und Papa kam. Eil dich! Runter, sieh runter! Kannst du sehen? Möglich. Kaum. Schau trotzdem! Los jetzt! Los! Bevor es weggeht! Laß es runter! Eines ist – ist eine kleine Perle. Wirklich leicht! Zwei. Rascher! Diese kleine. Diese – kleine. Diese – rascher. Und das – ihn jetzt – genau darüber. Lang genug? Hii. Will's hoffen. Genau darüber!
Vorbei an treibenden Luftblasen aus Grau und eisigen Nadeln aus Grau, unter einer Mausefalle, einem Zahnrad, unter einer Stufe und einem Zwerg mit einem Sack auf dem Rücken, vorbei an zertrampeltem Schnee und zufallenden Glastüren, unter dem Schimmer auf einem sich drehenden Türknopf und unter einem Vogel auf Rasen

sanken die Perlen, sank goldene Gestalt auf dem leise schwankenden, kreisenden Kreuz, sanken sie in massige Finsternis. Auf dem Grund der tiefen Grube aus Schweigen glomm das runde Licht, bebte und glomm wie eine Münze.

– Berühr sie! Berühr sie! Laß ihn drauffallen!

Und weg war's!

– Aaaa! Wo? Wo? Schau schärfer hin! Beug dich näher! Hol's wieder! Wieder!

Aber es kam nicht wieder.

»Ich werde es kriegen«, sagte er fast hörbar. »Ich *werde* es!«

Seine Zähne knirschten, sein Kopf quirlte vor verzweifelter Wut, sein Blut schwirrte in seinen Ohren. Wie ein sich zusammenziehender Knoten versteifte sich sein Körper, seine Fäuste ballten sich, sein Atem dämmte sich und stockte. Er fischte danach.

»Ich werde es kriegen!«

Ohne daß er es wahrnahm, tropfte Speichel von seinen Lippen. Zurückgedrängter Atem preßte angstvoll geschwollene Adern gegen seinen Hals. Seine flatternden Nasenflügel schnaubten. Vergeblich schnappte er nach Luft. Noch immer suchte er halb erstickt die Tiefe ab. Dann packte ihn Dunkelheit, wirbelnd und wild, wie steinerner Wind, hob ihn kreisend unter greifbaren Trommelschlägen, stieß ihn in eine rauschende Brandung aus zerschlagenen, splitternden Formen, und er stürzte hinab in einen klagenden, klaftertiefen Schacht. Eine Flammenzunge – und schreiendes Nichts.

Die gequälte Brust rebellierte, schnappte nach Luft in kreischendem Keuchen. Er sank gegen eine Wand und lehnte daran mit strudelnden Sinnen ... Langsam kamen die brausenden Schatten zur Ruhe. Wolkige Luft verdrängte das taumelnde Dunkel wie starre Verzweiflung.

– Hab's verloren ... (Bleischwer sein Denken) Verloren ... Hat es aufgesaugt ... Kellerboden schmutzig ... Wie der Cent damals ... Fort. Fort ...

Geräusch im Hof draußen. Die seinen Geist umhüllende dichte Schicht der Trägheit dämpfte es wieder. Er lauschte. Näherkommendes Scharren von Schuhen vor der Tür. Er setzte sich kerzengerade auf, starrte auf die Spalte zwischen Tür und Türpfosten.

– Wer? Kann nicht rufen!

Gespitzte Ohren sondierten die Tiefen des dämmrigen Gangs, in dem Esther und Leo waren – alles war still.

– Hoffentlich hören sie es! Hoffe! Hoffe! Hii! Au! Sei still!
Die Schritte kamen näher – unbewegliche Augen an den Lichtstreifen geheftet, stopfte er die Perlen in seine Tasche, drückte sich wieder zurück in die Ecke, ließ das Kinn sinken, um in Ruhe zu atmen. Die behutsamen Schritte kamen näher. Den Bruchteil einer Sekunde stand wie die Figur eines Wandgemäldes Polly, die Lippen neugierig gespitzt, in dem Lichtstreifen still und verschwand. Weiche Tritte hinter der Tür, wieder erschien sie in dem düsteren Rahmen zwischen ihm und der Türkante. Er sah sie in den Keller vordringen, sich auf die Zehenspitzen erheben und den Kopf von der einen Seite auf die andere legen, lauschen –
Dahinter Gemurmel. Unterdrücktes Kichern.
– Aaaa (Er knirschte mit den Zähnen gegen seine innere Wut.) Warum waren sie nicht still! Polly hatte sie gehört!
»Nein! Nicht mehr!« Lauter: »Laß los!« Die unsichtbare Tür flog lärmend auf.
»Au! He!«
»Nein! Laß mich raus!« Gestampf. »Laß mich – unh!« Als hätte jemand sie gestoßen, endete Esthers Schrei in entsetztem Grunzen.
»Polly!«
»Iiii!« kreischte ihre Schwester. »Du!«
Einen Augenblick schienen alle drei die Sprache verloren zu haben.
»Ach, ist's nur deine Schwester, ja?« Leo machte seiner unsicheren Stimme mit Rollschuhgeklapper Mut.
»Du warst mit ihm da drin!« Pollys Stimme war ein Gemisch aus Schadenfreude und Argwohn.
»War ich nicht!« Esthers schriller Schrei stieg wütend an. »Wirst gleich was erleben!«
»Hab' dich gesehen! Hab' dich gesehen! Ich wußte, daß du nicht von selbst rauskommen würdest. Wart bloß, bis ich's erzähle!«
»He, wart 'ne Sekunde«, mischte Leo sich hastig ein. »Wo ist Davy? Er wird dir erzählen, was wir gemacht haben. He, Davy! Wir haben ihn zum Narren gehalten, verstehst du? Er ist dort drin! Wette eine Million!« Eine Kohlenkellertür knarrte. »He, Davy!« Eine Pause. »Wo zum Teufel ...«
»Aaa, Davy!« höhnte Polly giftig. »Du Feigling! Schieb's bloß nicht auf jemand anders, denn *mich* hältst du nicht zum Narren!«
»Wer versucht, es auf jemand anderes zu schieben?« Leo war pikiert. »Er ist hier, sag' ich dir doch – irgendwo. He, Davy!«

»Ja, das stimmt!« bestätigte Esther stürmisch. »Er war bei uns!«
»He, Davy! Komm zu uns rüber! Los schon!« Seine Stimme hallte durch den Keller. »Sonst kannst du was erleben! Los, komm raus!«
Niedergeschmettert von Schuldbewußtsein und Schrecken drängte David sich tiefer in seine Ecke.
»Muß weggelaufen sein, der kleine Bankert – He, Davy!« bellte er. »Hooo, wart nur, ich krieg' dich schon!«
»Aaa, Klappe halten!« sagte Polly verächtlich. »Hör auf, mir was vorzumachen!«
»Weshalb schaust du mich denn so blöd an?« fragte Esther stürmisch.
»Das weißt du ganz genau!« antwortete ihre Schwester vielsagend. »Weißt schon warum.«
»Warum?«
»Rotznase! Du hast dich mit dem da drin säuisch aufgeführt! Das hast du gemacht! Mit dem Lausekerl! Du meinst wohl, ich hab' das nicht längst begriffen, wie?«
»Hab' ich nicht!« schrie Esther.
»Hast du!«
»Wer ist ein Lausekerl?« bullerte Leos Stimme.
»Du! Wer denn sonst? Du hast sie da reingesperrt, du verrotteter Lausekerl!«
»Nenn mich bloß nicht Lausekerl!«
»Und ob – verrotteter Lausekerl!«
»Ich hau dir eine runter, du stinkige Schlampe!«
»Mir? Was sagst du da! Oooo!« Ihre Stimme erstarb in entsetztem Begreifen. »Ooooh, wenn ich das erzähle – Er ist auch noch ein Goj! Du dreckiger Christ, raus aus meinem Keller ... ich ruf' sofort meine Mutter. Raus mit dir!«
»Deine Mutter kann mich mal! Ruf sie nur, wenn du's wagst. Ich verdresch euch beide.«
»Rühr sie ja nicht an!« fuhr Esther ihn wütend an. »Hau ab, du! Los! Abhauen, sag' ich!«
»Maul halten!« Diesmal war er getroffen. »Du warst doch selber drin – warum ergreifst du jetzt ihre Partei?«
»Ooooo! Hooo!« Esther brach in lautes, enttäuschtes Gejammer aus. »Raus mit dir! Waaa!«
»Raus mit dir, du dreckiger Christ!« Pollys Kreischen übertönte das Schelten ihrer Schwester. »Dreckiger Lausekerl, hau ab!«

»Na schön . . .«, sagte er spöttisch. »Behaltet eure Unterhosen an! Macht's unter euch selber aus.« Seine Stimme trat den Rückzug an.

»Dreckiger Lausekerl!«

»Ssst!« pfiff er höhnisch aus sicherer Entfernung. »Erzähl ihr nur, was ich getan habe, Kind. Ihr Judenhuren! Wir haben den Zeppelin versteckt! Jaaa! Schlampen! Brrt!« trompetete er. »Schlampen!« Rollschuhe klapperten. Die Tür schlug zu.

»Oooh! Hoooo!« Esthers Schluchzen erfüllte den Keller.

»Heul nur, du Drecksau!« wetterte Polly. »Geschieht dir recht! Mit dem gojischen Lausekerl in den Keller zu gehen!«

»Du – du sagst aber nichts, gelt?« jammerte Esther gebrochen. »Er hat mich dazu gezwungen! Ich wollt' ja nicht mit!«

»Hat dich gezwungen?« wiederholte sie höhnisch. »Mama hat gesagt, du warst im Hinterzimmer. Du brauchtest nicht mit, wenn du nicht wolltest! Ich sag's ihr doch.«

»Nein!« Wie besessen fing ihre Schwester an zu flennen. »Bin ich ihm nicht in die Quere gekommen, als er dich schlagen wollte? Hab' ich das nicht getan? Poppa bringt mich um, wenn du's ihm sagst. Das weißt du genau!«

»Laß ihn doch!« kam die unerbittliche Antwort. »Dann gehst du nämlich nicht mehr mit Gojs. Außerdem hast du mich immer Bettpinklerin genannt! Da hast du's!«

»Ich will dich nie wieder so nennen, Polly. Nie mehr! Nie mehr in meinem ganzen Leben!«

»Ja, puuu! Das soll einer glauben!«

»Ich tu's nicht mehr, nie mehr!«

»Laß mich los!«

»Sag's nicht! Auu!«

»Laß mich los!«

David, versteinert in seiner Nische aus Dunkelheit, sah, wie sie die kreischende Esther hinter sich her zur Kellertür zerrte.

»Sag's nicht! Sag's nicht!«

»Laß los!« Hörst du? Polly packte hilfesuchend den Türknauf und riß die andere Hand los. »Ich *werde* es . . .«

»Iiiii!« kreischte Esther. »Sieh! Sieh!«

»Was?« sagte sie wider Willen.

»Er ist's! Er! Davy!«

Er hatte sich hochgerappelt, duckte sich –

»Er ist schuld! Er hat ihn mitgebracht!«

Nun war er in die Falle geraten und hatte nur einen Wunsch: zu entkommen.
»Du!« schrie Esther. »Jetzt geb' ich dir's aber – verrottetes kleines Biest! Du bist an allem schuld!« Und schlug mit beiden Händen zu, traf ihn auf beide Backen, kratzte.
Vor Schmerz keuchend, duckte er sich und stob unter ihren Armen davon. Grölend vor Wut lief sie ihm nach, packte ihn am Kragen, hämmerte ihm auf Rücken und Kopf. Wie in einem Alptraum wehrte er sich im Dunkeln, um freizukommen.
»Mama!« schrie Polly am anderen Ende. »Mama!«
»Polly!« Esther ließ ihn los. »Polly! Warte! Polly!« Sie flog ihrer Schwester nach. »Warte. Sag's nicht! Sag's nicht! Polly! Polly!«
Ihr besessener Schrei hallte in seinen Ohren, er stürzte zur Straßentür, raste die Kellerstufen hinauf. Ohne sich darum zu kümmern, ob jemand ihn sah oder nicht, sprang er auf die Straße hinaus und floh entsetzt zur Avenue D.

XV

Er war gerannt und gerannt, nun stach sein eigener Atem ihn wie mit Messern in die Lunge, und seine Beine wurden ihm so schwer, daß sie den Gehsteig mit hochzuheben schienen. Schwankend vor Erschöpfung, fiel er in einen angstvollen Stolperschritt, zog seine Socken hoch und keuchte so heiser, daß Leute sich nach ihm umdrehten. Nur ein Gedanke in dem kreischenden Chaos des Schrekkens und Abscheus, in das sein Geist gestürzt war, blieb unversehrt: den Chejder zu erreichen – sich unter den anderen zu verlieren.
– Als wäre ich nie hingegangen. Als wär' ich nie hingegangen!
Bald rannte er, bald ging er, dann rannte er wieder. Und immer als einziges Ziel vor Augen – den Chejderhof, den sorglosen Lärm des Chejder. Und immer als einzige Last:
– Als wär' ich nie hingegangen! Als wär' ich nie hingegangen!
Fourth Street. Im flachen Geschmier der Häuser erkannte er oder glaubte er die Ecke seines eigenen Hauses in der Ninth zu erkennen. Das stachelte seine erlahmenden Beine an, beschwichtigte irgendwie den Aufruhr und die wütend schnappende Meute in und hinter ihm.

– Schon fast zu Haus'; geh nicht. Geh rum. Aber so müde, hundemüde. Nein! Geh rum! Geh rum!

In der Seventh schnitt er ab nach Westen, betrat Avenue C und bog in der Ninth wiederum nach Osten, schleppte seine erschlafften Beine schulwärts. Er mußte! Er mußte! Er würde schreien, wenn er nicht vergaß! Ein flüchtiger Blick auf sein Haus, als er den Chejdereingang erreichte. Er schlüpfte in den Flur, rannte hindurch.

Der Chejderhof. Der Hafen! Endlich der Hafen! Mehrere von den Schülern seines Rabbi waren schon da. Bummler, saumselige Nachzügler. Lachend und schwatzend hockten sie da oder räkelten sich in der blendenden Sonne, oder sie lehnten träge, mit nickenden Köpfen an der glatten Mauer des strengen Würfels, den der Chejder bildete. Sein Herz hüpfte ihnen entgegen; Tränen der Erlösung stiegen so randhoch in seinen Augen, daß ein Atemzug sie zum Überlaufen gebracht hätte. Er war immer einer von ihnen gewesen, war immer dort, war niemals weg gewesen. Stumm, während alle Furcht in der steigenden Flut der Dankbarkeit wich, ging er die Holztreppe hinunter, trat näher. Sie blickten auf –

»Bist der letzte!« sagte Izzy, nachlässig und gewissenhaft.

Er grinste beflissen. »Ja.«

»Nach mir!« sagte Solly streng.

»Nach mir!« Schloime.

»Nach mir!« bestimmten Zuck, Lefty, Benny, Simche.

»In Ordnung!« Er war nur zu froh, daß man über ihn verfügte als Pfand dafür, daß sie ihn aufnahmen, als Pfand dafür, daß sie ihn an ihrer kostbaren Ziellosigkeit, Unschuld, guten Laune teilnehmen ließen. »Ja, ich bin der letzte. Bin der letzte.« Fand ein Plätzchen an der Chejdermauer und kauerte sich nieder. Er stellte sich ganz auf sie ein. Er wollte nur zuhören, nur vergessen.

Solly redete – in seiner Stimme lag mächtiges, wehmütiges Sehnen.

»Ich wollt', ich hätt' einen Stuhl wie den!«

»Ich auch! Ja! Wollte, ich hätt' drei Stühle wie den!«

Ihr Amen war so traurig, als beflügle sie wenig Hoffnung.

»Brauchst ja auch nicht alle zu geben, oder?« Izzy kämpfte gegen Verzweiflung. »Wenn du nicht um sie spielen willst, warum willst du ihm dann alle geben, wenn du so viel hast?«

»Wleil ilch wlill, dlechshalb.« Benny war dickköpfig. Außerdem litt Benny an einem Sprachfehler – kein Wort, das er aussprach, erreichte je seine Lippen, vielmehr sprudelte er es durch seine Zahnlücken heraus. Doch David war nur zu froh, daß Benny so zähflüssig sprach. Es bedeutete, daß er all seine Fähigkeit auf das Gesagte konzentrieren mußte. Versuchte man, zu erraten, was Benny meinte, konnte man alles andere vergessen. »Wlenn ilih schie ihm lalle gebe, Schlälscht lel misch vielleischt nilscht scho loft.«

»Ja, der kriegt immer allerhand ab«, erinnerte der nüchterne Simche die übrigen. »Der Rabbi versteht nie, wovon er redet.«

»Stimmt!« gab Izzy mitfühlend zu. »Wir wissen, daß du allerhand abkriegst, Benny, aber ein Zeigestock spielt auch keine Rolle, oder? Wie viele hast du?«

»Nle Mlenge.«

»Wie viele?«

»Schliebenundschlanchig.«

»Siebenundzwanzig.«

»Siebenundzwanzig!« echoten sie staunend. »Da hat er genug für einen Monat!«

»Wenn du ihm also sechsundzwanzig gibst«, beharrte Izzy, »wird er da nicht sowieso tot umfallen? Keiner hat ihm je sechundzwanzig gegeben. Nur Hoisch, als er sie gewonnen hat, nachdem Wildy sie geklaut hatte. Laß mal sehen!«

Nach einem Augenblick des Zögerns öffnete Benny mehrere Knöpfe seines Hemds, zog einen Packen sorgfältig gebündelter Hölzchen heraus und zeigte sie zärtlich vor. Sie waren an einem Ende zugespitzt und von der gleichen Länge und Farbe wie Zeigstöcke – wenn auch nicht ebenso gerade.

Hälse reckten sich. Etliche seufzten. Davids Herz überschwemmte Welle auf Welle der Dankbarkeit. Oh, er war so froh, unter ihnen zu sein! Zu vergessen!

»Wie echte Zeigstöcke!«

»Kann man sie biegen?«

»Hast du sie alle selbst geschnitzt?«

»Hiii, ich wollte, ich hätte auch so einen Stuhl!«

Und als Benny sich anschickte, sie wieder in seinem Busen zu verwahren –

»Willste uns nicht eines geben?« bettelte Izzy. »Schau, ich hab' ein Streichholz! Laß uns eins rauchen – nur eins – ja, Benny?«

»Nein!«

»Aa, sei doch keine geizige Laus!« lärmten sie.

Benny zögerte. »Dalf ilch dlann auch dlauchen?«

»Klar! Du darfst rauchen, soviel du willst!«
»Also, was meinst du?«
»Nlur leins.« Er gab nach und zog ein einzelnes Röhrchen aus dem Bündel.
Izzy griff jubelnd danach. »Nun schaut her!« ermahnte er sie. »Das wird rauchen wie ein Dampfer.« Und das Streichholz zwischen seinen Beinen auf dem Steinboden anreißend, hielt er es an ein Ende des Rohrs, während er am anderen sog. Das vordere Ende glimmte auf, das hintere verbreitete dichten, duftenden Rauch.
»Jiii!« Sie machten große Augen. »Schau nur: der raucht richtig!«
»Hab's euch doch gesagt!« Izzys Gesicht dehnte sich triumphierend.
»Ich kenn' die Stühle, sie krachen, wenn du dich draufsetzt. Krrk! Krrk! Nicht wahr, Benny?«
»Jla. Vlegiß nicht, dlaß ilch bleim Dlauchen als elstlel dlanklomme.«
»Gleich hinter Benny!«
»Nächster nach Simche!«
»Ich! Ich bin der nächste nach . . .!«
»Du! Wer glaubst du, wer du bist?«
»Geh doch los!«
»So ein Nerv! Wer kommt als nächster, Izzy?«
Nach viel Gezänk wurde die Reihenfolge festgelegt.
Ihnen nahe zu sein, das sprunghafte Gesprudel ihrer Stimmen zu hören, dem Geflacker ihrer Launen nachzugeben, war, wie in fiebernd-vertrautem Vergessen zu baden. Ihr Gezänk, ihr Gekreisch ertränkte die Erinnerung; das unermüdliche Gestoße ihrer Körper, ihre wirbelnden Bewegungen, ihre krampfhaften Grimassen – all das spannte einen fließenden, zähen, sich ständig erneuernden Schleier zwischen ihn und den Schrecken. David vergaß. Er war wieder unter seinesgleichen.
Einer – Srooly – kam aus dem Chejder, und kaum stand er vor der Tür, schielte er sie überrascht an. »Der Polyp wird euch schnappen.«
»Ja!« höhnten sie. »Er hat keine Angst vor uns! Ha! Ha! Ho! Ho!«
Noch immer schielend, trat Srooly näher. »Was raucht ihr da?«
»Siehst du's nicht, Pillauge Mulligan? Eine Zigarre!«
Er beugte sich vor. »Ist ja ein Stock, du Lügenbold!«
»Klar! Ein Rauchstock, er könnte auch ein Zeigstock sein. Aber wir wollten ihn nicht.«
»Uh! Wie geht das?«

»So.« Lefty, der an der Reihe war, klärte ihn mit einer Rauchwolke auf. »Da geht ein kleines Loch durch, von einem Ende zum anderen.«
»Laß mich mal ziehen«, bat Srooly.
»Gehört mir«, verkündete Izzy. Und da keiner seinen Anspruch in Frage stellte: »Ich werd' es ausdrücken und später weiterrauchen – wenn Lefty fertig ist.«
»Laß mich erst noch ziehen.«
»Wenn du mir vorher ein paar von deinen Fliegen gibst.«
»Schlauberger! Du läßt ja Lefty umsonst rauchen.«
»Na und? Dann rauchst du eben nicht!«
»Aaa! Ich pfeif' drauf!«
»Puh! Wer will schon deine Fliegen!«
»In Ordnung!« sagte Srooly. »Ich geb' dir eine.«
»Her damit!«
Srooly förderte ein ziemlich kleines, viereckiges Fläschchen zutage, schielte nachdenklich auf die Fliegen darin. »Die meisten hab' ich grad auf dem Müllhaufen an der Twentyseventh gefangen. Ich nehm' immer nur die größten.«
»Los schon, Lefty!«
»Aa, wart 'ne Sekunde, ich hab's grad erst gekriegt!« Lefty paffte kraftvoll.
»He! Hab's ganz vergessen!« fiel es Srooly plötzlich ein. »Wer kommt als nächster dran? Geh lieber rein, hat der Rabbi gesagt. Weil nur Moisch noch drin ist.«
»Ich?« Schloime stand auf. »Wartet auf mich, ja, Bande! Nicht vergessen!« Und fort war er.
Srooly hielt das Fläschchen gegen das Licht. Graue Pferdefliegen, funkelnde Schmeißfliegen krochen und purzelten an den Glaswänden entlang. »Da sitzt ein alter Mummelgreis im Chejder, weißt du.«
»Mit Backenbart wie der Rabbi!« teilten ihm die übrigen mit. »Wir haben ihn vor dir gesehen. Er gibt Unterricht.«
»Neee, er gibt überhaupt keinen Unterricht«, sagte Srooly. »Er sitzt nur da und schaut zu.«
»Was will er denn dann?«
»Wie soll ich das wissen?« Srooly zuckte mit den Achseln. »Der Rabbi will sich nur großtun, mehr nicht. Und jetzt – Hsch! Hsch! Hsch! ist Moisch am Lesen und stellt sich dabei so blöd an wie

sonst was. Hsch! Hsch! Der Rabbi wird ganz schön wütend werden.«
»Auch nicht blöder als ihr!« entschied Izzy messerscharf.
»Das soll seine Sorge sein«, sagten die übrigen, um einander zu trösten. »Übrigens schlägt der Rabbi nie, wenn jemand zusieht.«
»So . . .? Mich hat er mit dem Zeigestock geschlagen – unter dem Tisch! Damit's der alte Mummelgreis nicht sieht!«
»Ppprr!« Lefty gab Izzy das zollange Rohrstöckchen zurück. »Hier! Es ist heiß geworden!«
»Gib jetzt die Fliege her, wenn du rauchen willst.«
»Welche Sorte willst du? Die glänzende oder die Pferdefliege?«
»Die Pferde! Die kämpfen besser.«
Das Fläschchen kippend, schüttete Srooly zwei oder drei Fliegen in seine Handfläche, stopfte alle bis auf eine in den Flaschenhals zurück und gab sie Izzy. Zum Entgelt wurde ihm der Rohrstummel gereicht. Die flügelberaubte Pferdefliege kroch hilflos auf Izzys Hand umher.
»Jetzt zeig' *ich* euch, wie man raucht!« Srooly steckte das Stückchen Rohr in den Mund. »Nun könnt ihr euch einen echten, regelrechten Raucher ansehen – so wie ich's von meinem Vater gelernt habe! Schaut!« Und er saugte mit solcher Hingabe, daß die Glut am anderen Ende Funken sprühte – »Ach, du Schreck!« Jäher Schmerz verzerrte sein Gesicht. »Eieieiei! Autsch! Das brennt ja wie Feuer! Autsch!« Er warf den Stummel weg. »Ach, du Schreck!«
»Jiiiii! Seht, wie er sich windet!« Jubel erfüllte sie. Sie heulten vor Begeisterung.
»Ooooo! So ein Mist! Autsch!« Wie besessen leckte er die Glasflasche rundherum ab. »Oooo, ist das heiß!«
»Waschlappen!« höhnten sie.
»Das kommt davon, wenn man ein Schweinehund ist!«
»Warum hast du auch so stark gezogen!«
»Ach, halt's Maul!« Srooly war den Tränen nahe. »Das bezahlt ihr mir noch, paßt bloß auf. Ihr alle, samt und sonders! Wartet nur, bis ich meinen großen Bruder auf euch hetze – Lausebiester!« Und fort latschte er, die Zunge im Wind.
»Großer Raucher!« heulten sie hinter ihm her. »Angeber! Jaaa! Geschieht dir recht! Jaaa!«
Als ihr Gejohle, ihr Pfeifkonzert, ihr Getobe verebbt war – »Wem gibst du sie?« fragte Lefty.

»Der Scholoimis auf der ersten Stufe.« Izzy winkte der Fliege auf seiner Handfläche Lebewohl. »Winke, winke, Brummer!«
»Na, gib sie ihr nicht – sie ist schon so fett. Gib sie Babymörder am Zaun!«
»Na!« drängte Zucky, »Schreckdreck an der Tür – die ist die beste Spinne auf der Welt.«
»Kommt nicht in Frage!« Izzy ließ sich nicht überstimmen. »Scholoimis ist die größte, drum kriegt sie Scholoimis.«
Er stand auf. Man folgte ihm lärmend durch den Hof.
Nein! Nein! Nein! (Ohne sich zu rühren, starrte er gebannt hinter ihnen drein.) *Nein! Nein! Nein! Hast vergessen! Hast vergessen!*
»Erschreckt sie nicht! Schüttle nicht ihr Haus! Sch! Hör auf mit dem Stoßen!« Sie zogen die Kellertreppe hinunter. Wie aus dem Untergrund tönten ihre verstohlenen Stimmen aus der Tiefe. »Kannst du sie sehen? Ja! Siehst du sie in dem Loch dort? Siehst du? Sie wartet!«
– *Au!* (Wie befreit von einem Stöpsel oder Zapfen, schoß der erwachte Schrecken wieder hervor.) Der Keller! Der Keller! Der Keller! Hat's ihr jetzt gesagt! Sie, Polly! Tante Bertha! Weiß es! Schon lange! Schon lange! Weiß es! Was? Was wird sie tun? Was? Nein! Nein! Sag's nicht, Tante Bertha! Sag's nicht! Nein! Nein! Au, Mama! Mama!
Schrill dröhnten ihre Stimmen aus dem Keller:
»Dort! Schau! Schau! Wirf sie ihr vor! Vorsichtig, zerreiß es nicht! Schau! Sie läuft rund rum! Wiiii! Da kommt sie! Da kommt sie! Sie greift an! Wehr dich! Wehr dich! Gib ihr Saures, Pferdefliege! Hinein mit ihr – nochmal, feste, los, Scholoimis! Jupie! Schnür sie ein! Sie hat sie! Mit den Beinen! So ein Brocken! Zieht ihn! Zieht ihn! Heiliger Moses! Schau! Ins Loch! Winke, winke, Brummer! Ja! Ja!« Aufgeregte Stimmen verschmolzen zu einem Grabgesang im Diskant. »Winke, winke, Brummer! Ja, Spinne! Ja!«
Die Chejdertür flog auf. Mit gehetztem Gesichtsausdruck kamen Schloime und Moisch herausgerannt, und eine Sekunde später der Rabbi, in seinem schwarzglänzenden Bart waren die Winkel seiner sichtbaren roten Lippen zürnend heruntergezogen.
»Wo sind sie?« Er runzelte stumpfe Brauen gegen David. »Dort unten? In dem schwarzen Chaos?«
Schreckgebannt versuchte sein Geist zu entfliehen und zog den Schrecken mit. Er konnte nicht sprechen.

»Was ist los mit dir? Hast du einen Knebel im Mund? Sprich!«
»D–die sind dort unten!« stammelte er.
»So!« intonierte er heimtückisch. »Wenn ich fertig bin mit ihnen, wird sogar der Tod sie verschmähen!« Und den Kopf hebend, bellte er durch den Hof: »Dreckstücke! Schwarz und ewig! Kommt heraus aus dem Loch, hört ihr? Kommt heraus, bevor ein Dreschhagel euch ersäuft!«
Unten überstürztes, aufgestörtes Krakeelen, Schlurren, Drängeln. Sie stießen einander die Kellerstufen hinauf, blieben im Trupp stehen, beschämt, kleinmütig. Er musterte sie: »Mäuse!« Seine Stimme sank. »Mäuse! Wer knabbert als nächster an der Thora?«
»Ich.« Zuck schlurfte vorsichtig näher.
»Du?« kam es angewidert. »Was ist das? Habt ihr Gipsgolems im Chejder euch verschworen, in Stafetten zu lesen? Haaa! Wollt ihr mich wie den Heidengott quälen? Oder was?« Sein säuerlicher Blick wanderte über sie hin, landete auf David: »Du! Komm rein!«
»Ich?« Er zuckte zusammen.
»Wo hält mein Blick an? Steh auf!« Und nochmals zu den anderen: »Und die übrigen sollen meinetwegen in Todesqual sitzenbleiben. Und zwar sitzenbleiben!« Er schüttelte einen drohenden Finger, dann krümmte er ihn gegen David.
Der hatte sich aufgerafft und war neben den Rabbi gelaufen. Zum ersten Mal seit seinem Eintritt in den Chejder kam ihm die gefahrvolle Aufgabe des Lesens, wenn der Rabbi verärgert war, wie gerufen. Alle Angst, alle Unruhe war ihm willkommen, sofern sie den wütenden Ansturm seines Schreckens einzudämmen oder abzulenken vermochten.
»Nur noch einer!« Während er eintrat, redete der Rabbi jemanden drin an. »Habt Geduld, Reb Schulim! Wollen Sie mich in meiner Schmach verlassen und nicht wenigstens *eine* behende Zunge hören? Hanh? Das werden Sie mir doch nicht antun!«
Hinter ihm herzottelnd, spähte David an ihm vorbei ins Licht. In dem wirbelnden Sepiaschimmer, der nach der blendenden Helligkeit im Hof stets den Chejder zu füllen schien, konnte er niemanden erkennen. Doch als er zum Fenster stapfte, traten wie ein viereckiger, buntscheckiger Felsblock die schwankenden Umrisse eines Mannes aus der dämmrigen Ecke neben dem Stuhl des Rabbi. Die Gestalt saß auf einen Stock gestützt. Der schwache Schein auf seinem grauen Bart war wie ein Geflüster zwischen Licht und Schatten.

Der Rabbi kicherte befangen und zog seinen Stuhl heran: »Wenn ich starres Messing mit einem Haar meines Kopfes durchstoßen kann, werde ich ihre Schädel mit Weisheit durchbohren. Amerikanische Esaus, alle miteinander. Aber dieser, Reb Schulim, dieser ist ein wahrhaft jiddisches Kind.«
Als einzige Antwort räusperte sich Reb Schulim.
David schlüpfte in die Bank, und während der Rabbi die Seiten umbog, lichtete sich das Dämmer, und schüchtern schielte er zu dem Fremden auf. Er war alt, Reb Schulim, habichtnasig. Obgleich sein lippenloser Mund in dem grauen Bart verzerrt und grimmig aussah, waren seine dunklen Augen in ihren verwinkelten Säcken flüssig, seltsam traurig und aufmerksam. Im Gegensatz zum Rabbi war sein Anzug ordentlich, er trug einen schwarzen Rock aus dünnem, verschossenem Stoff, und statt eines öligbraunen Strohhuts zerdrückte ein breitrandiger schwarzer Filzhut die Schädelkappe auf dem Hinterkopf seines rosa-silberkrausen Hauptes. Er räusperte sich unablässig, was David immer wieder zu ihm aufblicken ließ, nur um von der trauervollen Ruhe seiner Augen gefangen zu werden. Diese Augen berührten ihn seltsam.
»Ein merkwürdiges Kind.« Reb Schulims Stimme klang heiser und entschieden. »Sein Blick ist hungrig und unstet.«
»Sie haben's getroffen, Reb Schulim!« Der Rabbi breitete behaarte Finger über die Buchseite – ließ sie ausgebreitet darauf liegen. »Manchmal betet er wie der Blitz, manchmal reitet ihn der Teufel, und dann sieht er kein einziges Wort. Heute weiß ich, daß er beten wird. Hier ist etwas, was ihn dazu bringt.« Als sei sie am Buch festgehakt, hob er seine Hand, doch nur hoch genug, um Reb Schulim lesen zu lassen – nicht David. »Wissen Sie noch, ich habe Ihnen doch einmal erzählt ...«
Reb Schulim schürzte die Lippen, räusperte sich, hob ernste, gütige Augen zu Davids Gesicht, gab aber keine Antwort.
»Ich würde ihn im Chumesch unterweisen.« Der Rabbi drehte das Buch herum. »Aber ich sehe seine Mutter so selten. Ich hab' sie nie gefragt – hören Sie jetzt!« Er nahm die Hand von der Seite. »Fang an, mein David!«
Der Buchdruck war klein. Die bebende Beklommenheit, die ihn durchlief, ließ die Buchstaben vor ihm verwackeln. Nun konzentrierte er den Blick auf sie und brachte ihr Schwimmen zum Stehen. »Im Jahr, als der König Usia starb!« Er stockte und starrte darauf.

Die Seitenzahl war achtundsechzig. Die Ecke des Buchs war blau.
»Was gibt's?« Ungewohnte Duldsamkeit machte die Stimme des Rabbi weich. »Worauf wartest du?«
»Das ist ... Er ist's!« Vergangener Glanz warf einen letzten scheidenden Strahl in die Tiefen seines Geistes. »Der eine!«
»Welcher eine? Wer?«
»Der Mann! D–der Mann, von dem Sie gesprochen haben! – Jsaia! Er hat gesagt – er hat gesagt, er hat Gott gesehen und es – und es war Licht!« Erregung lähmte seine Zunge.
»Nun, Reb Schulim!« Die dunkle Braue des Rabbi kantete sich triumphierend. »Er brauchte nur einen Blick, und das liegt Monate und Monate zurück! Dies hier!« Sein stumpfer Finger hämmerte auf Davids Stirn. »Der hat ein eisernes Hirn! Nein?« Sein schwarzer Bart schien Funken der Befriedigung zu sprühen.
Reb Schulim schlug mit seinem Stock gegen die Bank. »Ein gesegneter Sämling von Juda. In der Tat!«
»Und nun das Ganze!« Der Rabbi kam wieder zur Sache. »Fang noch mal von vorne an, und auf Hebräisch!«
»Im Jahr, als der König Usia starb, sah ich den Herrn sitzen auf einem hohen und erhabenen Stuhl, und sein Saum füllte den Tempel. Seraphim standen über ihm.« Diesmal war es kein eintöniges Gesumm, keine von einer trostlosen Haspel abgespulte Silbenschnur, sondern von neuem wie das erste Mal ein Gesang, ein Hymnus, als poche ragende sinngeprägte Gegenwart hinter den Worten. Ein Rhythmus wie ein Taubenschwarm, gewaltig, himmelfüllend, schwebte und kreiste, glitzerte, dunkelte, funkelte von neuem wie Wind über der Prärie. »Ein jeder hatte sechs Flügel: mit zweien deckten sie ihr Antlitz, mit zweien deckten sie ihre Füße.« Die Wörter, Formen ungeheurer Größe hinter einem wolkigen Schirm, überwältigten ihn ... »Und mit zweien flogen sie ...« – »Als wüßte er, was er liest«, ließ Reb Schulim sich heiser vernehmen. »Diese junge Stimme spricht zu meinem Herzen!«
»Wäre ich meiner Sache nicht sicher – ja, kennte ich ihn nicht, ich würde sagen, er hat es verstanden!«
David machte eine Pause. Der Rabbi, die Hände verschränkt, setzte sich zurück.
»Und einer rief zum andern und sprach ...«
Der Knauf des Spazierstocks klapperte gegen den Tisch; ein Schatten glitt über die Buchseite. Sich mit ausgestrecktem Arm vorleh-

nend, tätschelte Reb Schulim Davids Wange mit kalten Fingern.
»Gesegnet ist deine Mutter, mein Sohn!«
– (*Mutter!*) »*kadosch, kadosch, kadosch!* Heilig, heilig, heilig ist der Herr Zebaoth!« Die Worte verschwammen. Schreckensgebrüll schlug alle Hoheit nieder. (– *Mutter!* »Alle Lande sind seiner Ehre voll . . .« Er strauchelte. (– *Mutter!*)
»Was ist?« Die Finger des Rabbis entflochten sich auf seinem Bauch und streckten sich aus, wie um etwas zu greifen.
»Bebten von der Stimme ihres Rufens . . .« (– *Mutter!*) Ohne zu antworten, brach er plötzlich in Tränen aus.
»Halt? Was ist?« Seine hastige Hand stieß Davids Kinn in die Höhe. »Warum weinst du?«
Reb Schulims große, mitleidige Augen waren gleichfalls auf ihn gerichtet. »Reb Jidel, ich sag' Ihnen, er versteht es wirklich.«
David schluchzte gebrochen.
»Komm, antworte!« Vor Verblüffung drängte der Rabbi ihn. »Nur ein Wort!«
»Meine – meine Mutter!« weinte er.
»Deine Mutter – und?« Plötzliche Beruhigung beschleunigte sein Sprechen. »Was ist mit ihr? Sprich! Was ist passiert?«
»Sie . . . sie ist . . .«
»Ja! Und?«
Er wußte nicht, was ihn dazu trieb, aber der Drang war stärker als sein Widerstand. »Sie ist tot!« Und er brach in lautes Wehklagen aus.
»Tot? Tot? Was sagst du da?«
»Ja! Ooh!«
»Still! Warte!« Der Rabbi kämpfte gegen seine eigene Verwirrung an. »Ich hab' sie doch noch gesehen. Erst kürzlich! Was . . .! Wann ist sie gestorben, frage ich dich!«
»Schon lange! Schon lange!« Sein Kopf schwankte in seinem ausweglosen Elend hin und her.
»*Hanh?* Schon lange? Sprich doch!«
»Schon lange!«
»Aber wie kann das sein? Wie nur? Ich hab' sie doch gesehen. Sie hat dich doch hergebracht! Sie hat mich bezahlt! Sag, was ist lange her?«
»Das – das ist meine Tante!«
»Deine . . .!« Der Atem stieß hörbar gegen seine Kehle. »Aber –

aber du hast sie doch Mutter genannt! Ich hab' dich doch gehört! Sie hat mir's selbst gesagt.«

»Sie hat's nur so gesagt! Owuuuu! Hat's nur so gesagt! Nur gesagt! Zu jedem! Will, daß ich sie auch so nenne ...« Ein Sturmwind des Schmerzes beraubte ihn der Stimme.

»Aha!« machte er in spöttischem Argwohn. »Was für ein Garn erzählst du uns da? Woher willst du das wissen? Wer hat es dir gesagt?«

»Meine Tante – meine Tante hat mir's gesagt.«

»Welche Tante? Wie viele gibt es denn?«

»Gestern!« Er weinte. »Nein. Nicht – nicht gestern. Als Sie mich – mich schlagen wollten. Damals. An dem – dem Tag, als ich nicht l–lesen konnte. Sie hat einen Sü–Süßwarenladen. Sie hat mir's gesagt.«

»An dem Tag – Montag?«

»J–ja!«

»Und sie hat's dir gesagt? Die andere?«

»Ja. Uwuuu! Sie hat einen S-süßwarenladen.«

»Ai, schlimm!«

»Törichtes Weib!« tadelte Reb Schulim traurig. »Das einem Kind zu sagen.«

»Töricht – paah!« spuckte der Rabbi angeekelt. »Feine Schwester, das Weibsbild! Was ging sie das an! Wie kam sie dazu? Lästerzunge! Sie verdient den Galgen! Nein?«

Reb Schulim seufzte und schüttelte David sanft: »Komm, mein Kind! Trockne deine Tränen! Wenn es so lange her ist – dann war's schon zu spät für deine Tränen. Komm! Da, wo sie liegt, kann sie nicht mehr hören. Gott hat es so gewollt.«

»Schön, wo ist dein Rotzlappen?« Gereizt betastete der Rabbi Davids Taschen. »Der Galgen! Hier!« Er zog es heraus. »Schnaub!« Und als er Davids Nase sauber gedrückt hatte: »Dann erinnerst du dich gar nicht an sie, oder? Wann ist sie gestorben?«

»Nein! Ich weiß nicht – weiß nicht mehr. Sie hat mir's nicht gesagt.«

In neuer Verblüffung runzelte sich seine Stirn. »Schön, warum wohnst du nicht bei deinem Vater? Wo ist er?«

»Ich – ich weiß nicht.«

»Hmmph! Hat sie etwas von ihm erzählt?«

»Sie hat gesagt, daß er ein ... ein ...«

»Was?«

»Ich hab's vergessen! Ich hab' vergessen, wie das heißt.« Er weinte.
»Dann denk mal nach. Denke. Was war er, Schneider, Schlachter, Trödler, was denn?«
»Nein. Er war – er war – er spielte . . .«
»Spielte? Ein Musiker? Was spielte er denn?«
»Ein – ein wie ein Klavier. Ein – eine Orgel«, stieß er hervor.
»Eine Orgel? Eine Orgel? Reb Schulim, sehen Sie Land?«
»Ich glaube, ich sehe, was man zuerst sieht, Reb Jidel. Die Turmspitze.«
»Mann! Warum bist du nicht bei ihm?« Seine Stimme klang abwartend.
»Weil – weil er in Eu–Europa ist.«
»Na und?«
»Und er spielt in – in einer – sie sagte, er spielt in einer K–Kirche. Einer Kirche!«
»Weh mir!« Er fiel gegen seine Stuhllehne. »Ich hab's vorausgesehen! Hören Sie, Reb Schulim? Als er sagte, daß er die Orgel spielt, da wußte ich's! Oh!« Sein Gesicht erhellte sich. »Haben Sie dasselbe gemeint, als Sie Turmspitze sagten – eine Kirche?«
»Nur das.«
»Ha, Reb Schulim, wollte Gott, ich hätte Ihre Weisheit! Und was meinen Sie jetzt?«
Reb Schulim strich bedächtig seinen grauen Bart auf dem Rock glatt.
»Es liegt Weisheit in einem alten Witz.«
»Daß ein Bankert weise ist?«
Reb Schulim räusperte sich, räusperte sich wieder, spuckte unter den Tisch. Ein oder zwei Sekunden war im Raum nur das schmierige Scharren seines Fußes auf dem Fußboden zu hören. »Wollen hoffen, es wurde Sorge getragen, daß er ein Jude geworden ist.«
»Ich will mehr tun, als nur hoffen.« Rechtschaffen stirnrunzelnd kratzte sich der Rabbi mit dem stumpfen Ende seines Zeigstocks zwischen dem spärlichen Haarwuchs seiner Unterlippe. »Ich will mehr tun!« Dabei sah er David fest an. »Also, mein David, sag mir doch dies. Hat sie, die immerwährende Schlampe, die Süßwarenladenmistwühlerin, deine Tante, hat sie dir gesagt, wo – in welchem Land deine Mutter den, hm – den Orgelspieler kennengelernt hat?«
»Sie – sie – ja – sie hat es mir gesagt.«
»Wo?«
»Dort, wo, wo Weizen war.«

»Wo?« Seine Brauen zogen sich zu zerfurchten Wülsten zusammen.
»Wo Weizen wu–wuchs. Hat sie gesagt. Wo Weizen war. Dorthin sind sie gegangen. Sie hat mir's so, so gesagt, daß sie dorthin gegangen sind.«
»Oi!« Der Rabbi klang, als ersticke er. »Genug! Genug! Gott sei Dank sind Sie hier, Reb Schulim! Wer hätte mir sonst geglaubt! Ai! Ji! Ji! Ji! Können Sie sich eine so verkommene, so entartete *Sie* vorstellen, die das einem so kleinen Kind erzählt!«
»Niederträchtige, lose Zunge!«
»Ach! Puh!« Der Rabbi spuckte über den Tischrand. »An den Galgen, sage ich! Schwarzer, heilloser Tod! Aber du ...« Jäh wandte er sich an David. »Geh jetzt! Weine nicht mehr! Und höre: Sag kein Wort – kein Wort zu irgendwem! Verstanden? Kein Wort!«
»Ja.« Jämmerlich ließ er den Kopf hängen.
»Geh!« Hastige Finger flatterten vor ihm. David schlüpfte aus der Bank, machte kehrt, fühlte ihre Augen auf seinem Rücken und stolperte zur Tür.
Der Hof. Noch immer lungerten sie an der Chejderwand herum.
»Hurra! Heiliger Moses!« begrüßte ihn Izzys betrübte Stimme. »Er ist schon raus! Hurra!«
David eilte auf die Holztreppe zu.
»Heda, schau, Iz, er weint!«
»Daß ich ausgerechnet nach ihm drankomme!«
»Wofür hat er dich denn geschlagen? He!«
»He, was ist los mit dir?«
Der Gang dämpfte ihre Stimmen. Er floh hinaus auf die Straße. Ein wilder Blick auf sein Haus, und er rannte westwärts. Eine seltsam chaotische Empfindung nahm ihn gefangen – eine verworrene, taumelnde Freiheit, eine grausame Launenhaftigkeit, die ihn trieb, Bocksprünge zu machen, herumzuhüpfen, seine Hände zu verkrallen, sich zu zwicken, bis er schrie. Immer wieder stieg ein geheimes, übermütiges Lachen zu seinen Lippen auf, brach jedoch nie hervor, gurgelte statt dessen schmerzhaft in seiner Kehle. Er hätte gerne den Vorübergehenden Grimassen geschnitten, hätte sie verhöhnen, sie schmähen, hätte pfeifen, ihnen eine lange Nase machen mögen – doch er wagte es nicht, bis sie vorübergegangen waren. Er ratterte an den losen Kugeln auf den Pfosten der Vortreppen, stieß gegen die Quasten der Markisen, setzte die Ketten vor den Kellern in schwingende Bewegung, kickte gegen die Ascheneimer.

»Scheißbiest! Scheißbiest!« Der Druck seiner Besessenheit war stärker als seine Selbstbeherrschung und schäumte über seine Lippen. »Du! Du! Was glotzt du! Juup! Tritt nicht auf die schwarze Linie! Bing! Tritt nicht auf die schwarze Linie, wer sagt denn, daß ich's tu? Puh für dich du Lilulibu! Tritt nicht auf die schwarze Linie! Ich bin jemand anderes. Bin jemand anderes – *anderes* – ANDERES! Das nämlich bin ich. Huu! Huu! Johnny Cake! Blt! Das bist du! Bliu! Stinker! Paß auf den Fuchs auf. Fuchs, Fix, Fux, paß auf! Tritt nicht auf die schwarze Linie! Juup! Los, spring! In den Kasten! Juup! Juup! Zwei Juups! Juup! Hi! Hop, spring auf einen Juup! Hi! Komisch! Auch! Juhuu!«

An der Avenue C rannte er blindlings nordwärts.

»Juup! Alle Linien zerbrochen. Hier sind alle zerbrochen. Paß auf! Paß auf! He, zerbrochener Gehsteig, lausig zerbrochener Gehsteig, warum bist du zerbrochen? Macht doppelte Sprünge! Dreifache Sprünge! Vierfache Sprünge! Fünffache Sprünge! Juup! Juup Dreifach! Vierfach! Fünffach! Kiffach. Kippel. Ist ein Kuchen. Johnny-Kuchen! Warum bist du zerbrochen? Berühr einen Riß, berühr einen Keller, berühr einen Teufel. Er, schwarzer Schinder! Zerbrich es! Hii, ji! Fii, wii, wii. wii. wii. Pii pinkeln! Pii, pii, tii, tii. Juup! Sch! Was glotzt du? Mach, daß ich drauftrete. Zähl nicht, Teufel, weil . . . Pii, pinkeln, da! Blia! Pii, pinkeln, Jia, muß mal, manchmal muß ich. Muß jetzt! Naa! Ja! Muß jetzt. Hol ihn raus! Schau! Seht! Seht! Alle Mädchen. Sch! Klappe halten. Was schert's mich! Sieh! Es kommt. Wagt's nur, mich anzuhalten. Wagt's . . .«

Er trat an den Randstein.

»Izz wit! Zzz! Lagerbier kommt von – hat er gesagt, der Goj, Hurensohn! Goj Hurensohn! Leo Hurensohn! Hat er gesagt! Zzz! Ha! Pinkle höher! Sieh meinen Bogen! Wen schert es! Oh! Besser! Ein Knopf, zwei Knöpfe. Kann jetzt springen. Juup! Hi . . .«

Tenth Street. Straßenbahnschienen. Ostwärts das Bild aus Fluß, Ufer und dunstigem Himmel.

»Es kommt mit! Lauf zur Eleventh. Lauf, lauf, Johnnykuchen! Juup! Schaut her, jeder! Schaut her! Nein, nein! Nicht mich! Ihn – ihn – mich! Mich – ihn. Was glotzt du? Scheißbiest, er ist's! Hat ihn zum Narren gehalten! Den alten Rauchmaulstinker! Hat ihn genarrt, den alten Mummelgreis. War nicht ich. Er! Er hat's getan! Ich nicht! Ich bin nicht mal. Drum sag's! Kann mich nicht verpetzen. Ich bin ja nicht. Drum sag's! Sag's ihr! Sag's Tante Bertha!

Sag's meiner Mutter! Ich bin ja nicht. Juup! Sieh mich–nein–ihn–gehen! Sieh ihn an! Ihn! Ihn! Bin nicht mal müde! Bin nicht mal ich! Schon die Eleventh! Folgt mir, das Wasser. Folgt nicht mir, ihm! Warum kommst du mit? Lausig, bist ein Nachäff-Fluß! Abhauen! Kümmer dich um deinen eigenen, lausigen Kram! Drum scher dich, scher dich, Lausepack! Scher dich, scher dich! Scher dich! Juup, Juhuu!«
Schreiend lief er nordwärts . . .

XVI

Sich einen Weg bahnend, zwischen Horden von Kindern, Hürden von Kinderwagen, flitzenden Dreirädern und Rollern, die den Gehsteig der Avenue B versperrten, watschelte der untersetzte, unordentlich gekleidete Jude auf schwachen, schwabbeligen Schinken nordwärts. Er ging leicht vorgeneigt. Von vorne gesehen, hing ein glänzender schwarzer Bart an einem braunen Strohhut; die Arme, die hinter seinem Gesäß verschränkt waren, stemmten beide Seiten seines verblichenen Alpakamantels auf und enthüllten eine speckige, knapp bemessene Weste, die vor Erreichen seines Gürtels zu Ende ging; auf der fleckigen, breiten Westenfläche hing eine breite, den Zwischenraum zwischen Tasche und Tasche stramm überspannende Uhrkette über dem gewölbten Wanst; zwischen Weste und Gürtel sah der gefältelte Leinenkeil schmutziger, zerknautschter Hemdzipfel hervor. Von der Seite gesehen, schwangen sackartige Hosen von unbestimmbarer Düsterkeit in sanften Kurven ein- und auswärts und umklammerten gleichsam das heraushängende Hemd. Schräges Sonnenlicht im Rücken, mal die glattrasierten, fast lackierten Backen, mal die Röhren seiner Hose bescheinend, zitterte gemeinsam mit seinen zitternden Gliedern und prallte von ihnen ab. Nordwärts gehend, bahnte er sich seinen Weg.
Als er die Ecke von Sixth Street und Avenue B erreicht hatte, blieb er stehen, um ein Automobil vorbeifahren zu lassen, und nutzte die wenigen Sekunden des Aufenthalts, um seine Uhr zu ziehen. Unter dem Druck des dicken, öligen Daumens schnappte das Gehäuse auf wie eine goldene, gehorsame zweischalige Muschel. Er sah aufs Zifferblatt. Zehn Minuten vor sechs. Hi! (Er seufzte in Gedanken.)

Noch über eine Stunde vor Sonnenuntergang. Zeit genug. Zeit genug. Niemand würde vor sieben in der Synagoge sein. Viel Zeit übrig. Er drückte die goldenen Lippen über das weiße Geglitzer. Als er die Uhr der Westentasche näherte, fuhr sein Kopf zurück, schob seinen braunen Strohhut über die Augenbrauen, und er nieste. Zitternde Finger fanden nicht den Schlitz in der Weste. Der Zeitmesser prallte von seinem Wanst ab und schwang an seiner goldenen Kette wie ein Pendel. Er fluchte auf Jiddisch, packte die Uhr, zog sie herein und stieß sie unsanft an ihren Platz. Dann trat er einen Schritt vom Randstein zurück, bückte sich, und seine Nasenflügel zusammendrückend, trompetete er ihren Inhalt in den Rinnstein. Der Schleim zerstob in den Staub wie graue Lilien. Er zog sein graues Taschentuch hervor, knöpfte seinen Mantel zu (es war kühl für Juli) und machte sich wieder auf den Weg.

Ji! Ji! Ji! sinnierte er bitter, als seine streifenden Finger die Trokkenheit seines Bartes prüften. Nichts war an diesem Tag nach Wunsch gegangen. Nichts. Unglückseliger Jude! War er nicht ein unglückseliger Jude? Guter Gott! Guter Gott! Zu niesen, wenn man eine Uhr in der Hand hält! Hi! Hi! Hi! Freilich war sie an seine Person gekettet. Und wenn auch? Weiß das das Herz? Das närrische Herz! Wie es hüpft, furchtsam wie ein Füllen! Und dann herausfindet. Verflucht! Was? Das Herz? Nein, nicht das Herz, die Uhr! Nein, auch nicht die Uhr. Hi! Hi! Hi! Mit den Jahren wurde er töricht. Nicht die Uhr, das Ereignis. Verflucht sei das Ereignis! Unbedingt! Hi–i! Ein böser Tag! Und dieser Morgen, an dem er die Straße überschritt, in Anspruch genommen von schlechten Nachrichten (wahrhaft der Grund für alles, so versicherte er sich), nahm ihn in Anspruch! Wo war sein Gehirn in diesem Augenblick? In Anspruch genommen, wie er war, hatte sich sein Spazierstock in der Öse eines Abflußdeckels verfangen. Er soll zu Staub zermahlen werden! Hatte sich verfangen und war oberhalb der Zwinge abgebrochen. Dabei hatte er vor nicht allzu langer Zeit einen Dollar und dreißig Cents dafür bezahlt, einen Dollar und dreißig Cents. Bei Labele Rifka, seinem Vetter, wäre es nicht schicklich in den Augen des Allmächtigen, daß der Tod Labele träfe, weil dieser ihm einen Strohbesen für einen Dollar und dreißig Cents verkauft hatte? Für diesen Preis würde Gott sicherlich zustimmend nicken. War oberhalb des Eisenrings abgebrochen. Und die Rangen hatten ihn umringt und gelacht...

Verflucht seien sie! Er blickte auf die Kinder in der Runde und die halbwüchsigen Jungen und Mädchen, welche die Vortreppen bevölkerten und auf Gehsteige und Fahrbahnen strömten. Der Teufel soll sie holen! Was sollte aus der jüdischen Jugend werden? Was sollte aus dieser neuen Saat werden? Diese Amerikaner? Diese Gehsteig- und Asphaltgeneration? Er kannte sie alle, und sie waren alle gleich – frech, selbstsüchtig, ungezügelt. Wo war Frömmigkeit und Observanz? Wo Lernbegier, Ehrfurcht vor den Eltern, Achtung vor den Alten? In der Erde! Tief in der Erde! Ballspiel hatten sie im Kopf, Rollschuhlaufen, Drachen steigen lassen, Murmelspielen, Glücksspiel um Pappbilder, und die älteren dachten nur ans Tanzen, an das wütende Gedudel von Hörnern und Saiten und das Gezappel von Füßen. Und Gott? Vergessen, völlig vergessen. Frag einen, wer Mendel Beiliss ist! Frag einen, ob er gojisches Blut für Pessach vergossen hat! Wußten sie das? Konnten sie das beantworten? Landstreicher! Strolche! Zappelfüße! Verdorbene Generation! Schmielike, sein leibliches Enkelkind, hatte ihm einen Nickel aus der Geldbörse gestohlen. (Ah, aber er hatte ihm ein paar tüchtige Backpfeifen verabreicht, als er ihn erwischt hatte. Zwar wenige, aber dafür tüchtige.) Und seine hölzernen Zeigstöckchen aus seinem Chejder gestohlen. Und die Rasselbande auf der Straße lachte, wenn er seinen Spazierstock abbrach. Er, ein alternder Mann, und sie hatten ihn verhöhnt. Besonders der Lausejunge, möge er sich die Knochen vor den anderen brechen; der hatte ihn gefragt, ob er den Abflußdeckel hochheben wolle, hatte ihn gefragt, ob er einen Ball verloren hatte in dem fauligen Wasser darunter. Er, ein Rabbi, ein alternder Mann! Hi! Hi! Mochte ein Geschwür in seinem Bauch und ein Geschwür in seinem Kopf wachsen, so groß wie der Ball. Sich über einen alternden Mann lustig zu machen! Jüdische Jugend! Kot war sie wert. Aber so war auch seine Jugend in Wilna, in Russisch-Polen, gewesen. Haar-ge-nau so-o! Andere waren Schlitten gefahren. Er nicht. Andere waren mit den Gojs auf dem Eis gerutscht. Er nicht. Im Chejder hatten sie sich gegenseitig mit Nadeln gepikst. Er nicht. Hi! Selbst in seiner Jugend hatte er selten gelacht. Pogrome. Armut. Was gab es da zu lachen? Reb R'fuhl war damals sein Rabbi. Der war ein Rabbi gewesen! Von dem hatte man keine Verlegenheitsohrfeige bekommen, wenn er ärgerlich war. Der hatte einen nicht milde in die Backe gekniffen. Ha, nein! Wenn der böse war, prügelte er, und wenn er prügelte, zog er einem die Hosen runter, zog den Hosenlatz runter – und all das so bedächtig und mit so liebevollen Worten. Hi! Ha! Ha! Das war ein Anblick! Das vergaßen sie nicht, die Jungen. Nicht die verwässerte Disziplin, die er selber durchsetzte. Das war's, was diese Generation auf den Hund brachte. Verwässerte Disziplin. Hi! Und er, selbst ein Rabbi jetzt, er hatte die Beine des Sünders gehalten, wenn die Riemen in die weißen Hinterbacken schnitten. Es war im Grunde eine Art Vergnügen gewesen, einen anderen heulen zu hören, einen anderen verdroschen zu sehen, das nackte Fleisch sich krümmen, sich winden und die Spalte der Hinterbacken unter den beißenden Hieben zusammenzucken zu sehen. Ein Vergnügen, ja, aber das war jetzt vorüber, und der Reiz war vermutlich vom übertriebenen Gebrauch verraucht. Hi! Hi! ...

Ein böser Tag ...

Und um Mittag hatte er mit Ruchel, seiner Tochter, wegen des schikanösen Verhaltens ihres Mannes Avrum, des Fleischers, gestritten. Gefrierleber hatte er als frische Leber verkauft. Eine verlogene Generation. Warum sollten die Kinder besser sein als ihre Eltern? Nirgendwo mehr Heiligkeit, nirgendwo mehr Glauben. Es ist koscher, sagte sie. Rachel, seine Tochter, sein Dorn im Fleisch. Es schmeckt ebensogut. Man sollte sich auf Lebensmittel verlassen können, hatte er geantwortet. Wenn du Spazierstöcke verkaufst, so verkaufe verfaulte, verkrüppelte, brüchige. Sag nichts, erzähle nichts. Aber was in den Mund kommt, muß sauber und zuverlässig sein. Wenn du *trejfenes* verkaufst, sag, es ist *trejfe,* und Männer werden dich für einen Mann halten. Wenn du aber Gefrierfleisch als frisches Fleisch verkaufst – es ist aber koscher, hatte sie gesagt. Natürlich ist es koscher, hatte er geantwortet. Leber ist koscher, bis sie fault. Sie braucht vor dem dritten Tag nicht gewaschen zu werden. Nicht gesalzen. Selbst ein Goj weiß das. Hi! Hi! Meine Tochter, meine Tochter! Es ist gut. Es schmeckt gut, sagst du. Einmal reiste ein Jude nach Odessa, und er aß in einem Gasthaus, ohne zu wissen, was er aß. Gutes Rindfleisch, nannte er es. Schmackhafte Bratensoße. Und dann sagte man ihm – was? Man sagte ihm, es sei Pferdefleisch. Und hi-hi-hi, meine Tochter, wenn er nicht bis zum heutigen Tag seine grüne Galle herauskotzt, dann nur, weil er tot ist. Und so ist's auch mit dir, meine Tochter – es schmeckt gut. Und wie groß ist der Schritt vom Gefrierfleisch zum nicht koscheren Fleisch, und wie groß ist der Schritt vom nicht koscheren zum Schweinefleisch?

Hi! Hi! Hi! Meine Tochter! Du wirst mich in die tiefe Erde mit einem Gewicht aus Scham treiben. Möge dein Kopf dir von den Schultern fallen und der deines Mannes dazu! Meine Tochter ...
Hi ... Ein böser Tag ...
Und am Nachmittag war Reb Schulim in seinen Chejder gekommen, Reb Schulim, sein Landsmann, um den Unterricht zu überwachen. Und er überwachte nicht den Unterricht, sondern eine lange Prozession von Holzköpfen, Stotterern, Tölpeln, halbblind vom allzu langem Trödeln in Kellern. Schwarzes Unheil hatte die Besten als erste lesen lassen, und die Besten waren in alle Winde zerstreut, bevor Reb Schulim kam, und nur die Dummbärte waren geblieben, um ihm Schande zu bereiten. Ein feiner Rabbi, Reb Jidel, muß er gedacht haben – Hmmmmm–m–m! H–m–m–m! Ein feiner Rabbi! Nicht einer konnte die Sprache sprechen, ohne zu schnauben oder zu schnaufen – mit Ausnahme dieses Kindes, David, dieses Bankerts, Gott habe Erbarmen mit ihm, eines Gojs Sproß, eines Kirchenorganisten. Hi! Hi! Im übrigen war es doch seltsam, daß echt jüdische Kinder frommer Eltern sich als solch gottverlassene Tölpel erwiesen und daß dieser, nur ein Halbjude – vielleicht nicht mal beschnitten (obgleich ich es auf der Stelle hätte feststellen können) – ein eisernes Gehirn hatte. Gottes Wege: verborgen. Eine jämmerliche Geschichte und ein dreifacher Fluch falle auf die Tante, Schwester, Schlampe, die es ihm erzählt hat. Da sage ich nur: Galgen! Hamans Schlinge, hoch ... oben ...
Hm–m–m–m! Böser Tag! ...
Warum gehst du dann? Reb Jidel, warum gehst du? Wäre es nicht besser, an einem Tag wie diesem nicht der Überbringer böser Botschaften zu sein? Verfluchter, unheilvoller Tag! Wäre es nicht sicherer, kehrtzumachen und zur Synagoge zurückzugehen? Sie werden es vielleicht nicht verstehen. Wenn sie dir vorwerfen, Haß zu züchten, und dich Unheilstifter nennen, bist du darauf vorbereitet? Wenn sie dich verlachen und verspotten und sagen, Reb Jidel, deine Nase zeigt in jede Windrichtung wie die Speichen eines Rads, bist du dagegen gewappnet? Hast du eine Antwort? Keine. Aber ich bin ein aufrechter Mann, und einer muß es ihnen sagen. Soll es das Kind wissen, und sie wissen nicht, daß er es weiß? Ist er wirklich ein Jude, dieser David? Soll die niederträchtige Schwester ungeschoren bleiben? Einer muß sie warnen, beraten. Und ich habe es gelobt. Habe gelobt. Hi! Hi! Ach! Vorahnung!

So heftig Grimassen schneidend, daß sein schwarzer Bart an mehreren Stellen zugleich zuckte, zuckte und das Sonnenlicht in einem Knäuel von zerlassenem Pech, Nadelkopfgeglitzer und Geschiller einfing, blieb der untersetzte, alternde Jude an der Ecke der Avenue C und Ninth Street stehen, blickte westwärts in die Sonne, während er nach Osten zu gehen beabsichtigte, und knöpfte den abzugshahngespannten Knopf seines trüben Alpakamantels auf. Erlöst vom Druck fiel der Stoff in knittrigen Falten gegen seine Arme. Bei aufgezogenen Vorhängen glänzten die Speckflecken seiner Weste wie Glasmalerei. Schnabelförmiger Daumen und ein Zeigefinger pickten in seinen Taschen, zogen ein zerrissenes Stück Papier hervor, entfalteten es.

»Siebeneinundfünfzig«, brummte er, nachdem er die hebräischen Buchstaben überflogen hatte. »Vierter Stock. Vielleicht ist's diese Ecke von Avenue D. Vielleicht auch die andere. Ich hoffe zu Gott, ich hab's richtig aufgeschrieben.«

Er steckte das Papier wieder weg, wandte sich um und schritt ostwärts durch die vertraute Straße. Vor seinem Chejdereingang fühlte er die gewohnte Regung des Erkennens, er warf einen Blick in den Gang und überquerte die Straße. Mit erhobenem Kopf ließ er die Augen über die zunehmenden Hausnummern gleiten.

»Siebeneinundfünfzig.« Stumm formten seine Lippen die Wörter. »Vierter Stock«, fügte er im Geist hinzu. Und sich gegen die zu erklimmende Treppe mit einem tiefen, seufzenden Atemzug rüstend, erklomm er die Vortreppe, betrat den Eingang und stieg die dämmrigen Stufen hinauf.

Außer Atem, röchelnd, verwirrt, erreichte er den obersten, hellsten Treppenabsatz und beäugte mit wogendem Wanst die teils noch hellen, teils übermalten *m'susess* über den verschiedenen Türen. Und klopfte an der nächstgelegenen.

»Wer ist da?« wollte die scharfe weibliche Stimme hinter der Tür auf Jiddisch wissen.

»Wohnt hier Mrs. Schearl?« fragte er und wußte irgendwie, daß sie das nicht war. »Nein.« Eine vollbrüstige, nacktarmige Frau öffnete die Tür. »Sie wohnt dort. Die vordere Tür. Diese da.«

Seine Augen flogen von der grobkörnigen, roten Haut ihres Halses zu der von ihrem Finger bezeichneten Tür. Er nickte, nicht verwundert, daß sie ihre eigene Tür offenhielt und ihm neugierig nachblickte. Wieder klopfte er.

»Oh! David! David! Bist du's?« rief ihm eine unendlich begierige Stimme entgegen. »Hab' ich abgeschlossen? Ich warte schon auf dich . . .«
»Ich bin's – Reb Jidel Pankower«, sagte er, als die Tür aufging.

XVII

Schade, daß ich keinen Stein habe, Stein zum Werfen. Könnte langsamer gehen. Langsamer gehen. Rumschauen. Sehen, was es zu sehen gibt. Rumschauen. Nie hatte er größere Erschöpfung empfunden, eine Erschlaffung, welche die längste Ruhepause nicht wettmachen konnte. Er war so müde, daß sogar sein Denken eine Funktion seines Atmens zu sein schien, als wäre sein Geist so erschöpft, daß er den Antrieb des Atems brauchte, um sich ein Wort bewußt zu machen und es dann wieder fortzuschaffen, damit es nicht unablässig weiterhallte. Er schleppte torkelnde, widerwillige Beine den Straßenbahnschienen der Tenth entgegen.
– Hätte ich einen Stein, ich würde länger brauchen. Länger, viel länger. Könnte ihn kicken, damit er hierhin geht. Und dorthin und dorthin und dorthin kicken, damit er hierher geht. Hierher und ihm folgen. Ihm folgen, wohin er ginge. Und wenn er wegginge, weggehen. Mit ihm gehen. Und wenn er zurückkommt, zurückkommen. Au! Mama! Mama! So müde! Au! Mama! Hätte weggehen sollen. Irgendwo weg. Weg. Einundvierzigste Straße, hat er gesagt. Großes Haus. Einundvierzigste Straße war der Fluß. Und Dreißigste Straße war er. Da war er und folgte einem. Und die Bahn, und folgte einem. Und er hat gesagt, sie fährt ab. Wohin? Br–Bronx, Bronx Park, hat er gesagt. Da gibt's Tiere, hat der mit dem Paket gesagt. Viele und Bäume. Viele. Dann kommt sie zurück. Fünf Cents. Muß immer zurückkommen. Heimgehen. Mich nie mehr verirren. Nie mehr. Kenne die Nummer. Nie mehr. Langsam. Gehe langsamer. Straßenbahnschienen! Au! Zu nah! Schon zu nah! Au! Au!
Mit allen Schrecken eines Menschen, der über einen Abgrund torkelt, starrte er auf die Pflastersteine, die glänzenden Schienen.
– Bleib hier! Geh zurück! Bleib hier! Au! Was soll ich tun? Wohin

soll ich gehn? Mama! Mama! Bleib hier bis zu fünfzig Waggons; mach einen Schritt. Fünfzig Autos; mach einen Schritt. Fünfzig – Müde! Übermüdet! Kann nicht warten! Kann nicht länger warten. Er darf mich nicht schlagen, Mama, ich gehe hinüber! Mama! Au! Komm nahe! Komm näher! Wo ist ein Stein? Ein Stein. In Mülleimer schauen. Ist noch nicht raus. Hat Fliegen gefunden. Keller. Die Bande! Au! Ein Stein! Ein Stein zum Werfen! Irgendwas. Such! Such!

Betrübte Finger kramten benommen in seinen Taschen.

– Bleistift. Geht nicht. Gold und Gummi brechen ab. Geh weiter – geht nicht! Geht nicht! Was? Leine, wenn ich Drachen dachte. Wozu sollte ich raufgehen? Warum! Warum! Kanarienvogel! Au! Lausig! Lausiger Sohn einer! Rücktasche ... Sie! Sie sind's. Geht nicht mit den beschissenen Dingern. Kick sie herum! Schmeiß sie weg! Zerreiß sie! Beschissene Gojperlen! Zerreiß sie! Kick sie statt eines Steins! Los! Sie werden's sehen! Aber sie werden's sehen! Ist mir gleich! Au! Komme näher! Ich komme näher! Mein Laternenpfahl! Ninth! Oh, Mama, Mama, er darf mich nicht schlagen! Ich mach' eine Runde! Ich mach' eine Runde! Oooooh, schau in jeden Winkel! Schau in jeden Winkel!

Nur sein eigenes Gesicht begegnete ihm, ein bleiches Oval und dunkle, furchtgepeinigte Augen, die unten an den Schaufenstern entlangglitten, von Scheibe zu Scheibe hüpften, mit den Klistieren verschmolzen, mit den Salbentöpfen, den grünen Kugeln des Drugstores – absprangen und mit den Kinderkleidern verschmolzen, mit den Knopfhäufchen, mit der Unterwäsche des Kurzwarenladens, hinübersprangen zu den Farbtöpfen, Stahlwerkzeugen, Bratpfannen, Wäscheleinen des Eisenhändlers, von neuem absprangen. Eine buntscheckige Blässe, doch immer Blässe, eine farbenfrohe Furcht, doch immer Furcht. Oder er war nicht.

– Wie ich auf den Fenstern gehe. Kann es sehen und bin es nicht. Kann sehen und bin es nicht. Und wenn ich nicht bin, dann wo? Wenn ich zwischen ihnen anhielte, wo? Bin niemand. Nirgends. Stehe also hier. SEI niemand. Immer. Niemand würde es sehen. Niemand würde es wissen. Immer. Immer? Nein. Nimm – ja – nimm einen Spiegel mit. Einen klitzekleinen wie in einer Handtasche, Mamas. Ja. Ja. Ja. Bleib vor dem Haus stehen. Sei niemand. Kann nicht sehen. Warte auf sie. Sei niemand und sie kommt runter. Nimm ihn! Nimm den Spiegel raus, sieh! Mama! Mama! Hier bin ich! Mama, hatte mich versteckt! Hier bin ich! Wenn aber Papa kommt, zack, weg damit! Bin nicht mehr! Bin nirgends! Au! Verrückt! Nahe! Bin nahe! Au!

Mit panikerfülltem Blick kroch er seinem Haus zu, und während er ging, griff er nach dem Geländer und jedem Pfahl in Reichweite – nicht um sich zu stützen, obgleich er sich schwach fühlte, sondern um hinauszuschieben. Und doch ging er weiter, als zerre eine unerbittliche Gewalt ihn weg von jedem Ankerplatz, an den er sich klammerte.

Ein Junge lehnte am Messinggeländer der obersten Vortreppenstufe. In der Hand hielt er einen geplatzten roten Ballon, den er mit den Lippen in kleine Fetzen zerriß und diese zu winzigen karmesinroten Bläschen aufpustete. Als David halbtot vor Schrecken sich die Steinstufen hinaufschleppte, saugte der andere an einer feuchten, neufabrizierten Kugel. Sie platzte. Der Junge grinste vergnügt.

»Siehst du, wie ich sie esse? Nur ein Bissen!«

David blieb stehen, starrte ihn blind an. In dem Trancezustand, der ihn umschlossen hielt, besaß nur eine Sinneswahrnehmung Bedeutung. Die Kühle des polierten Geländers unter seiner Handfläche, die Kühle und die Erinnerung an dessen Glanz und schalen Fäulnisgeruch.

»Jetzt mach' ich eine große!« sagte der Junge. »Paß auf!« Das gedehnte Stück roten Gummis rundete sich zu einer kleinen Höhle in seinem Mund, wurde verschlungen, verdreht zutagegefördert.

»Hast du's gesehen! Mit einem Biß!«

Pop!

Verzweiflung ...

XVIII

»Eis für einen Penny, Missis! Eis für einen Penny! Eis für einen Penny, Missis!«

Der schmutzige Sechsjährige, der gerade hereingekommen war, klopfte mit seiner Kupfermünze auf den marmornen Ladentisch.

»Eis für einen Penny, Missis!«

Doch weder der hagere, langnasige Ladenbesitzer, der vergrämt an seinem vergilbten Schnurrbart knabberte, noch sein schlampiges, rothaariges Weib blickten ihn an, aber auch die pickelige, verschüchterte Tochter im Hintergrund bediente ihn nicht.
»Für einen Penny, Eis, Missis! He!«
Ein zweiter Sechsjähriger kam in den Laden.
»Läßt du mich mal lecken, Motke?« bat er.
»Die wollen mir nicht mal was geben!« wandte Motke sich mit beleidigter Miene an seinen Freund.
»Los, gehen wir zu Solly. Ja?«
»Neee!« brummte der Besitzer auf Jiddisch. »Willst du ihn endlich bedienen, oder soll er den ganzen Abend so weiterjaulen?«
»Kochendheißes mit Pfeffer, das werd' ich ihm geben!« Herausfordernd verschränkte sie die Arme. (Der Sechsjährige blickte gekränkt drein.) »Kannst du's nicht tun? Bist du gestorben?«
»Ich tu's nicht!« Sein kleines, grämliches Kinn schoß so weit vor, wie seine Zähne es erlaubten. »Und wenn der ganze Laden zu Asche verbrennt, ich tu's nicht!«
»Dann verbrenne mit!« Sie spuckte ihn an. »Dich und dein Pfennig-geschäft hab' ich nötig! Einen Süßwarenladen hat er mir aufgeladen – ein feiner Gatte! Polly, komm, bedien ihn.«
Verdrossen, die rote Unterlippe wie ein scharlachrotes Schneckenhaus vorgestülpt, hörte Polly auf, an ihrem Kleid zu zupfen, und kam nach vorne. Dort hob sie den rostigen Deckel von der in dem halbgeschmolzenen Eis des Fäßchens schwimmenden Blechbüchse, schöpfte den blaßgelben, dampfenden, kristallenen Brei in eine Papiertüte und reichte ihn dem Jungen. Die beiden Kinder gingen hinaus. Und als das Mädchen sich wieder in den Hintergrund zurückzog, nickte ihre Mutter ihr rachsüchtig zu ...
»Und du mußtest's ihm sagen, ha! Verrottete Bettpinklerin! Nachdem ich dich gewarnt hatte, es nicht zu tun!«
»Du bist ja nicht meine Mutter«, brummte Polly auf Englisch.
»Ich verpaß' dir gleich was.« Ihre Stiefmutter löste die verschränkten Arme. »Du glaubst wohl, du bist sicher, weil dein Vater da ist?«
»Laß sie in Ruhe!« mischte sich ihr Mann unmutig ein. »Glaubst du vielleicht, sie hat unrecht? Wäre sie dein eigenes Fleisch und Blut, du wärst im Handumdrehen dagewesen, oder? Du hättest aufgepaßt. Wärst nicht auf deinem fetten Loch hier vorn sitzengeblieben, während der Esau meine arme Tochter befummelte ...«

»Prügelknabe für Hunde!« Ihre Stimme stieg zu beängstigenden, stürmischen Schreien. »Und für Ratten! Und für Schlangen! Kann ich auf alles ein Auge haben? Auf den Laden! Auf die Kunden! Die Verkäufer! Die Küche! Und dazu noch auf deine stinkigen Töchter! Genügt es nicht, daß du mir einen Süßwarenladen aufgedrängt hast, an dem ich alt und grau werde, und du mir außer dem Süßwarenladen noch den Bauch gefüllt hast mit einem von deinen ... hier!« Sie hob die schokoladeverschmierte, gewölbte Schürze, als wolle sie sie ihm ins Gesicht werfen. »Und neben all dem soll ich noch diese dreckigen Dirnengesichter beaufsichtigen! Wenn sie nicht auf mich hören, wie soll ich sie dann bewachen? Sind sie nicht alt genug! Haben sie nicht genug gelernt? Und die in der Küche, wo sie tut, als heule sie – ein Mädchen von zwölf Jahren! Soll sie dort ersticken! Und du – du verdienst nicht mal, daß die Erde dich zudeckt. Mir vorzuschreiben, daß ich sie bewachen soll. Und wenn du noch was wissen willst: Hör endlich auf mit dem Getue, geh in die Küche und iß dein Abendessen!« Atemlos keuchend brach sie ab.
»So?« Obgleich er nach Worten rang, ließ nicht Wut ihn stocken, sondern eine Art unbezwinglicher Hartnäckigkeit, die sich mühsam tief und tiefer in ihm einnistete. »Abendessen – soll – ich – soll ich – essen? Dein Lebenshunger – möge dein Lebens–Hunger dein Leben lang so gering sein – wie meiner nach Nahrung! Abendessen – nach dem, was geschehen ist! Schande über dich! Aber diesmal – ich – wirst du mich nicht reiten wie einen – lahmen Gaul! Nein! Diesmal – diesmal laß ich dich nicht aufsitzen ...«
»Leck mich am Arsch!« fuhr sie wieder auf ihn los. »Dich reiten! Und auf mir reitet niemand, wie? Ach, was bist du für ein Narr – dich deshalb groß aufzuspielen! Als sei das nie zuvor passiert, daß zwei Rangen wie Tiere zusammen spielen. Ist sie etwa verstümmelt? Hat er ihr etwa was wegstibiezt – ihre kostbare Knospe? Wird sie nicht heilen, bevor sie heiratet?«
»Woher weißt du das? Weißt du, wie groß er war? Was er angestellt hat? Hast du dir je die Mühe gegeben, nachzusehen?«
»Nachzusehen? Ja!« Schnarrte sie plötzlich spottend. »Ich habe nachgesehen! Ihre Hosen waren dreckig – wie sie es immer sind! Warum gehst du nicht rein und schaust selber nach!«
»Möge dir ein Blutgefäß platzen!« brummte er.
»Kinderspiele – und da regt er sich künstlich auf! Und worüber, weiß nur Gott – vielleicht über die Zukunft, Heirat, Anwärter. Die

werden sie groß untersuchen, bevor sie sie heiraten, ist das etwa deine Sorge? Du Idiot! Willst du einen Verehrer für sie? Schneuz dir die Nase – sie wird einen großen kriegen!«
Seine schmale Gestalt straffte sich. Blut schoß in seine hohlen Wangen.
»So hat deine Mutter wohl deinem Vater geantwortet, wie? Wegen deiner Schwester Genja, ha? Und mit der war's genau dieselbe Geschichte. Ein Goj! Das ist, scheint's, mittlerweile Familiengewohnheit geworden! Drum ist für dich so was eine Bagatelle!« Der Zornausbruch, der seine Worte gelenkt hatte, ließ ihn plötzlich im Stich. Er trat den Rückzug an.
»Verbrenne wie eine Kerze!« Wütend ging sie auf ihn los. »Willst du etwa verjährte Schande auskotzen! Und hast den Nerv, dich mit einem Geheimnis, das ich dir anvertraut habe, über mich lustig zu machen? Ich werde dir was geben, daß deine Welt koppheister geht!«
Mit dem Rücken gegen die Glastüren des Spielzeugschranks, hob er abwehrend die Arme. »Fort mit dir! Laß mich in Ruhe! Wenn du bei meinem Begräbnis Erfrischungen schleckst, schlecke ich welche bei deinem!«
»Ein Chinese soll dich abschlachten!« Verächtlich wandte sie ihm den Rücken zu. »Männlein, ich hör' dich nicht mehr! Geh und rede mit meinen Hinterbacken!«
»In Ordnung! In Ordnung!« Er schwankte ohnmächtig. »Es soll sein, wie du sagst! Meine Gerechte! Meine Rechtschaffene! Es soll sein, wie du sagst. Aber er, der kleine Schurke mit den großen Augen, der kommt ungerupft weg, ha? Das nennst du Gerechtigkeit üben, ha? Ein Neffe ist dir teurer als die Töchter, die ich mitgebracht habe. Aber denk daran, es ist ein Gott im Himmel – Er wird dich dafür zur Rechenschaft ziehen!«
»Hab' ich gesagt, er soll ungestraft durchgehen?« Wieder fuhr sie herum. »Hab' ich das gesagt? Ich hab' dir gesagt, ich würd' es Genja morgen sagen. Beim ersten Tageslicht werd' ich ihr's sagen. Was willst du mehr? Möchtest du, daß Albert es erfährt? Würde nur dies dich zufriedenstellen? Wie viele Male habe ich dir gesagt, was der für ein Wahnsinnsmensch ist? Hast du ihn nicht selber gesehen? Er würde das Kind in tausend Fetzen reißen! Willst du das? Schön, das kriegst du nicht! Nun geh rein und iß! Geh rein, wie ich dir sage, und hämmre nicht die ganze Zeit auf den Samowar ein. Toch-

ter! Tochter! Denn sofern Gott es nicht verhütet, wirst du als Appetitanreger Seitenstiche und Hämorrhoiden kriegen!«

Völlig eingeschüchtert und dennoch zu halsstarrig, um sich zu rühren, stand Nathan brummend da, während sie ihn anstarrte. »Genja ... gut! Gut! Die mit ihrer leichten Hand und ihrer weichen Stimme. Ja. Ja.« Er nickte verbittert. »Sie wird nie mehr die eine oder die andere gegen ihn erheben. Sie wird mit ihm reden, das wird sie tun – ihn umschmeicheln. Und damit wird er gestraft sein – mit Worten. Mit Worten, nach dem, was er meiner Esther angetan hat. In Ordnung! In Ordnung! Wenn das die Behandlung ist, die ich kriege – gut – gut! Gut! Aber ich bin nicht zufrieden – das sollst du wissen! Ich bin nicht zufrieden!«

»Gehst du endlich rein?«

Er wandte sich zum Gehen. Als er sich aber umdrehte, kam eine Frau in den Laden.

»Hallo, Mrs. Sternowitz!«

»Hallo!«

»Und Mr. Sternowitz! Hab' Sie nicht gesehen. Wie geht's?«

»Es geht.«

»Nicht mehr? Tt! Tt! Schön, geben Sie mir für zwei Cents Haarnadeln. Sie verkaufen doch zwei Päckchen für zwei Cents, nicht?«

»Ja.«

Mrs. Sternowitz drehte sich um und watschelte schwerfällig in den hinteren Teil des Ladens. Polly, noch immer mit hängendem Mund, trat mürrisch zur Seite. Als sie unter den auf den Borden gestapelten Schachteln kramte, kramte und mühsam seufzte und über die Dunkelheit murrte, beobachtete ihr Mann sie, der nervös die Hände spreizte und wieder schloß. Plötzlich ballte er die Faust, und während der Rücken seiner Frau ihm noch immer zugekehrt war, drückte er sich nach vorn, witschte an der verblüfften Kundin vor dem Ladentisch vorbei und schlich hinaus. Polly starrte ihm mit offenem Mund nach. Derweil hob ihre ahnungslose Stiefmutter wahllos bald diese, bald jene Schachtel. Die Kundin lachte.

»Was ist mit Ihrem Mann los?« fragte sie.

»Ach!« warf Mrs. Sternowitz beiläufig über ihre Schulter. »Gott allein weiß, was ihm fehlt. Seine Nase ist auf den Boden gefallen, und er will sie nicht aufheben.«

»So sind die Männer«, schmunzelte die Frau. »Sie werden bald niederkommen, oder?«

»Zu bald. Oh! Hier ist es! Eine neue Schachtel?« Sie zerrte sie heraus. »Die haben was zwischen ihren Beinen, diese Haarnadeln, tscha! Tscha! Eine neue Sorte.« Jäh brach sie ab, und ihr fragender Blick flitzte von Tochter zu Kundin. »Wo ist er? Nathan!«

»Deshalb hab' ich Sie gefragt.« Die Frau lächelte. »Er sah aus, als nehme er Reißaus.«

»Reißaus?« Sie stand stocksteif. »Wohin?«

»Dort rüber. Alden Avenue zu, glaube ich. Was ist los?«

Aber Mrs. Sternowitz hatte bereits die Klappe am Ladentisch zurückgeschlagen, und mit erschrockenem, aber wütendem Gesichtsausdruck hastete sie zur Tür. Eilte auf den Gehsteig hinaus, lief wie besessen ostwärts, rannte ein paar Schritte und kam zurückgefegt.

»Kann ihn nicht sehen! Kann ihn nicht sehen!« sprudelte sie hervor, kniff sich wie verhext in den Hals und zupfte sich am Fleisch. »Er hat mich zum Narren gehalten! Er ist fort – zu Genja!« Wütend fuhr sie ihre Tochter an. »Warum hast du mir nicht gesagt, daß er sich fortgestohlen hat, du kleine Schlange!« Sie holte zum Schlag aus, überlegte es sich dann aber anders. »Ai!« Sie warf die Schachtel mit den Haarnadeln auf den Ladentisch und fummelte wild an ihren Schürzenbändern. Und während die andere Frau sie beunruhigt anstarrte, schrie sie Polly abgehackte, wirre Anweisungen zu.

»Geh und ruf Esther!« Endlich riß sie die Schürze ab und bückte sich, um ihre Schuhe zuzuknöpfen. »Beeil dich! Eil dich! Ruf sie raus! Schnell! Oh, wenn ich ihn zu fassen kriege! Oh, Gott sei ihm gnädig. Schnell! Oh, wenn ich ihn zu fassen kriege. Rasch! Ruf sie! Halten Sie bitte ein Auge auf den Laden. Rufen Sie Mrs. Zimmermann, wenn ich nicht rechtzeitig zurückkomme! Passen Sie auf die Kassenschublade auf! Rasch, hören Sie! Er kann nicht weit gelaufen sein! Ich hol' ihn schon ein! Ich werde ihm eine Szene machen, mitten auf der Straße. Werde ihn an den Haaren zurückzerren! schnell! Passen Sie gut auf! Dieser heuchlerische ...« Sie jagte aus dem Laden.

Die andere Frau blickte ihr verblüfft nach, dann drehte sie sich zu Polly um. »Was ist mit deiner Mutter los?«

»Ich weiß nicht«, war die verdrossene Antwort. Dann ging sie in den rückwärtigen Teil des Ladens, stieß die Küchentür auf und schrie hinein:

»Komm her, Esther! Poppa ist fort! Momma ist fort! Komm raus! Du mußt aufpassen!«

XIX

Auf dem zweiten Absatz des unbeleuchteten Eingangs reizte der herbe Gestank eines Desinfektionsmittels seine Nasengänge. Hinter der Tür, durch die Kinderstimmen drangen, hatte Mrs. Glantz' Brut die Masern. Vorbei ging's und aufwärts, mühsam, an der Treppenbiegung stand das schmale, verklebte, drahtvergitterte Fenster offen. Wieder verweilte er, blickte hinunter. Im ergrauenden Hof unten sprang eine magere, graue Katze auf den Zaun, verpaßte die Höhe und krallte sich mit verbissener, stummer Gewalt aufwärts. Auch er klomm aufwärts, mühsam.
– Ihr Fehler. Ihrer. Nicht meiner. Nein, nicht meiner. Nein. Frag irgendwen. Steig eine Stufe hinauf und frag. Ist es meiner? Geländerstäbe, ist es meiner? Es ist meiner ... Ist nicht meiner ... Ist meiner ... Ist nicht meiner. Ist meiner ... Ist nicht meiner ... Da! Siehst du! Chinamann zeigt's! Ihr Fehler. Sie hat von ihm erzählt. Ja, das hat sie. Sie hat es Tante Bertha gesagt. Ihr Fehler. Wenn sie einen Goj mochte, habe ich auch einen gemocht. Also! Sie ist schuld. Wie konnte ich das wissen? Alles ihr Fehler, und das werd' ich auch sagen. Werd's ihr in die Schuhe schieben. Deiner, Mama! Deiner. Geh weiter! Geh weiter! Nächster! Nächster Stock! Mama! Mama! Uwuu!
Und während er den dritten Absatz verließ, wo der schale Gestank von Kohl und saurer Sahne das unsichere Licht füllte, drängte sich leises Wimmern durch seine Lippen und hallte mit fremdem Zittern in der hohlen Stille wider. Aufwärts ging's, und klamme Handflächen klammerten sich ans Geländer und quietschten in leisem Groll. Wieder die Treppenbiegung und das offene Fenster, das mit seiner neuen Höhe eine weiche Helligkeit rahmte. Hinter dem Hof schnitt ein Gesicht zwischen Vorhängen eine Grimasse und verschwand; krumme Finger knöpften einen Kragen ab.
– Hör auf zu schimpfen! Aufhören! Du da drinnen, aufhören! Weiß es nicht. Sie wissen es nicht. Wer hat's ihnen gesagt? Sag mir, wer hätt's tun können? Nun, sag mir's! Da! Sieh! Polly hat's nicht gesagt – Esther hätte sie nicht gelassen. Sie ist hinter ihr hergelaufen. Aber vielleicht hat sie sie nicht eingeholt. Sie hat's! Hat's nicht. Hat! Und wenn schon? Tante Bertha wird's nicht weitersagen. Tante Bertha mag mich. Siehst du? Tante Bertha wird mich nicht

verpetzen, nicht um eine Million, eine Zillion Dollars. Sie haßt doch Papa! Sie zog mich doch denen vor. Oder nicht? Drum wird sie's nicht sagen. Jii, ooh Gott! Natürlich hat sie's nicht gesagt. Na und? Warum hab' ich Angst? (Er lehnte sich in einem Rausch der Hoffnung aus Geländer.) Kein Mensch weiß es! Ooooh Gott, mach, daß es niemand weiß! Also, geh weiter! Tu, als sei nichts gewesen. Jii, nichts, aber – aber er. Der Rabbi! Aaa, er vergißt. Klar tut er das! Die ganze Zeit. Warum soll er sich auch dran erinnern? Geh zu, jii, Gott! Geh zu! Aber – wo bist du gewesen? Es ist arg spät. Ich? Wo war ich? Hab' mich verirrt, das ist's. Weit hinter Avenue A. Warum? Dachte, es wär' die andere Seite. Dort war ich. Geh weiter! Ooooh Gott! Wollt', ich hätte ein Bein gebrochen. Au! Nicht doch! Ja! Sch!

Der bleiche Schein des Oberlichts schräg über ihm.

– Niemand – da?

Er schlich zu seiner Tür, steife Fußgelenke krachten wie Flintenschüsse. Stimmengewirr hinter der Tür.

– Pst. Wer? Wer ist da?

Verhaltener Atem zitterte in seiner Brust, er lehnte sich vor, lehnte sich weiter vor, bereit zur Flucht.

Jemand lachte.

– Wer? Sie? Mama? Ja! Ja!

Wieder, im Stimmengesumm, wieder das Lachen – zwar gezwungen, nervös, aber ein Lachen. Hoffnung klammerte sich daran.

– Sie! Das Lachen ist ihres! Sie weiß es nicht! Weiß nichts! Würde nicht lachen, wenn sie's wüßte. Nein! Nein! Weiß es nicht. Ich kann hineingehen!

Sein Gehirn sprang auf, als hätte ein Lichtstrahl hineingeleuchtet.

– Niemand weiß es! Kann hineingehen!

Und doch zuckte sein ganzes Wesen schreckhaft zurück, als er die Hand nach dem Türknopf ausstreckte.

Die Tür, die aufschnappte, schnappte über ihren Stimmen zu. Und dann –

»David! David, Kind! Wo bist du gewesen?«

»Mama! Mama!« Doch so rasch konnte er sich ihr nicht an die Brust werfen, konnte seine Augen nicht so rasch hineinbetten, als daß er nicht in einer verschwommenen Vision die bärtige Gestalt am Tisch erblickt hätte.

»Mama! Mama! Mama!«

Nur das schützende Tal zwischen ihren Brüsten dämpfte seinen ihrem Herzen geltenden Schreckensschrei. Zuckende, aber sichere Hände flogen zu ihrem Hals auf, suchten und umklammerten in diesem Zusammenbruch die einzige standhafte Säule.

»Sch! Sch! Bitte, Kind, still! Hab keine Angst!« Ihr Körper wiegte ihn.

Und hinter ihm die Stimme seines Vaters, mürrisch, höhnisch. »Ja, beruhige ihn! Tröste ihn! Tröste ihn!«

»Mein armes, geängstigtes Kind!« Ihre Worte kamen zu ihm aus Brust und Lippen. »Sein Herz klopft wie das eines Diebs. Wo bist du gewesen, mein Leben? Ich war halbtot vor Angst. Warum bist du nicht nach Hause gekommen?«

»Verirrt!« stöhnte er. »Hab' mich auf der Avenue A verirrt.«

»Ach!« Wieder drückte sie ihn an sich. »Du hast nämlich eine merkwürdige Geschichte erzählt.«

»Ich hab' doch nur so getan! Hab' doch nur so getan!«

»Wirklich?« Hinter ihm die rätselhafte Stimme seines Vaters. »Hast du das wirklich?«

Er fühlte, wie seine Mutter zusammenzuckte. Das Herz unter seinem Ohr begann heftig zu schlagen.

»Hi! Ji! Ji! Ji!« In einer anderen Ecke des Raums ging das schmerzliche Stöhnen des Rabbi über in endlose Seufzer. »Ich sehe, ich habe Unheil gestiftet, als ich hierher kam. Nein?« Er machte eine Pause, doch niemand beantwortete seine Frage. Statt dessen schnappte sein Vater:

»Hör auf mit dem Gejammer, du!«

»Aber was sollte ich tun?« begann der Rabbi von neuem. Seine so ungewohnt salbungsvolle, beschwichtigende Stimme klang seltsam in Davids Ohren, trotz seines Elends. »Wäre er ein Hohlkopf gewesen, ein Gipsgolem, wie sie nur der König des Weltalls mit seiner heiligen, gütigen Hand mir zu schenken versteht, hätte ich dann ihm geglaubt? Psch! Ich hätte gesagt: Bah! Ochsenhirntrottel, Schluß mit dem Gesabbel! Und hätte ihm auf der Stelle eine solche Backpfeife verpaßt, daß noch seine Kindeskinder laut herausgebrüllt hätten! Hören Sie, Freund Schearl, er wäre fortgeflogen wie ein Fußnagel von einer Schere! Aber nein!« Seine Stimme gewann Höhe, Tiefe, wurde sonor vor Heiserkeit. »Er war in meinem Chejder wie eine Krone im Kehricht, wie ein Seraph unter Esaus Gojim! Wie konnte ich ihm nicht Glauben schenken? Ein so unglaubliches

Garn mußte wahr sein. Nein? Sein Vater ein Goj, ein Orgeldreher – ein Orgelspieler in einer Kirche! Seine Mutter tot! Sie traf ihn im Weizen ...«

»Was!« Beide Stimmen, doch in welch verschiedenem Tonfall!

»Ich sagte, im Weizen. Sie, Mrs. Schearl, seine Tante! Was! Dergleichen will ich nie wieder hören, bis der Messias ein Bräutigam ist. Sagen Sie selbst! Oder?«

Wieder die Stille und dann, als bräche die Stille unter ihrem eigenen Druck, der unheilvoll knarrende Laut eines gestrafften Kabels, die knirschenden Zähne seines Vaters. Unter seinem Ohr hüpfte der schwere Herzschlag, flatterte, hämmerte unregelmäßig. Der beklommen stockende, überstürzte Atem in ihrer Kehle war wie der hörbare Niederschlag seines eigenen Schreckens.

»Aber uh – uh – jetzt ist's ein Witz, nicht? Uh – ah, was! Ein Witz!« Seine hastigen Fingernägel kratzten vernehmlich in seinem Bart. »Nicht – eh – ah – puu! Kein Schatten eines Zweifels!« Zunächst stockte seine Rede, dann stolperte sie und wurde desto verwirrter, je fröhlicher sie wurde. »Jetzt ist er Ihr Kind. Nein! Er ist Ihr Kind! Immer! Worüber sollte man sich noch beunruhigen? Ha! Ein Witz! Die Geschichte von – einem Jäger und einem wilden Bären! Verstehen Sie? Etwas, worüber man lachen kann! Was diese Kerlchen sich alles ausdenken! Ha! Ha! Ein Witz, nicht?«

»Ja! Ja!« Ihre verstörte Stimme.

»Hmh!« kam es wild von ihrem Mann. »Du bist so schnell damit einverstanden! Wo hat er denn die Geschichte her? Laß ihn reden! Woher? Woher? War es Bertha, die rote Kuh? Wer?«

David stöhnte, klammerte sich fester an seine Mutter.

»Laß ihn in Ruhe, Albert!«

»Das sagst du, wie? Wir werden's schon noch herausfinden!«

»Aber uh – Sie werden es mir nicht nachtragen – uh – ich meine, daß ich es Ihnen gesagt habe. Gott soll mich strafen, wenn ich hierher gekommen bin und mich einmischte, um Unfrieden zu stiften. Ja! Ich will verdorren, wo ich sitze! Hören Sie. Es liegt mir nicht das geringste daran, meine Nase in fremder Leute Angelegenheiten zu stecken! Lassen wir die Füße wachsen, wo sie wollen, ich wollte es wirklich nicht! Ich nicht! Aber ich dachte: Ich bin sein Rabbi, und ich dachte: Es ist meine Pflicht, es zu erzählen – damit Sie wenigstens wissen, daß er es wußte – und auf welche Weise er es erfahren hat.«

»Ist schon in Ordnung!« Sie löste einen Arm. »Ich bitte Sie, machen Sie sich deshalb kein Kopfzerbrechen!«

»Na schön! Gut! Gut! Ha! Ich muß gehen! Die Synagoge! Es ist schon spät.« Das Krachen seines Stuhls und das Scharren seiner Füße füllten die Pause, während er aufstand. »Dann sind Sie also nicht böse auf mich?«

»Aber nein! Nein! Überhaupt nicht!«

»Dann gute Nacht, gute Nacht.« Und hastig: »Möge Gott Ihnen Appetit fürs Abendessen schenken. Ich werde Sie nicht wieder belästigen. Wenn Sie es wünschen, werde ich ihn bald in Chumesch unterweisen – selten bei jemand, der erst so kurz im Chejder ist. Gute Nacht allerseits.«

»Gute Nacht!«

»Hi – ji – ji – ji–ji! Das Leben ist ein blinder Wurf, ein blinder Sturz ins Dunkle. Gute Nacht! Hi–i! Ji! Ji! Ein böser Tag!«

Der Knopf drehte sich. Die Tür ging auf, quietschte, schloß sich hinter seinen vom Hi-ji begleiteten Tritten. Und in der eintretenden Stille teilte das Pochen ihres Herzens die Beklommenheit in dichte Abstände. Dann kam die Stimme seines Vaters, zitternd vor Verachtung –

»Der alte Narr! Der blinde, alte Nörgler! Dabei hat er's besser gemacht, als er ahnt!«

Er fühlte, wie die Schenkel und Schultern seiner Mutter sich strafften. »Was meinst du damit?« fragte sie.

»Ich werd' dir's gleich sagen«, antwortete er unheilvoll. »Nein, wenn ich mir's recht überlege, brauch' ich dir's überhaupt nicht zu sagen. Es erklärt sich von selbst. Aber beantworte mir dies: Wo war mein Vater, als ich dich heiratete?«

»Mußt du mich das fragen? Das weißt du doch selber – er war tot.«

»Ja, ich weiß«, lautete seine vielsagende Antwort. Und seine Stimme spannte sich argwöhnisch. »Hast du meine Mutter gesehen?«

»Natürlich! Was ist über dich gekommen, Albert?«

»Natürlich!« wiederholte er langsam, verächtlich. »Warum grinst du mich mit deinem ausdruckslosen, verwirrten Gesicht so an? Ich meine: hast du sie gesehen, bevor ich sie selber zu dir brachte?«

»Was willst du von mir, Albert?«

»Eine Antwort ohne Falsch«, schnappte er. »Du weißt, wovon ich rede! Ich kenne dich nur zu gut. Ist sie allein zu dir gekommen? Heimlich? Na? Ich warte!«

Als sei ihr Körper gezwungen, dem Schwanken einer ungeheuren Unentschlossenheit zu folgen, neigte sie sich vor und zurück. Und David mit ihr. Schließlich sagte sie ruhig: »Wenn du es wissen willst – sie kam allein.«
»Ha!« Plötzlich rutschte der Tisch über den Fußboden. »Ich hab's gewußt! Oh, ich kenne ihre Art! Und sie hat es dir gesagt, nicht wahr? Sie hat dich gewarnt! Vor mir! Vor dem, was ich getan hatte?«
»Darüber fiel kein Wort ...«
»Kein Wort? Kein Wort worüber? Wie kannst du nur so einfältig sein?«
»Kein Wort!« wiederholte sie. »Hör auf, mich zu quälen, Albert.«
»Sonst hättest du nichts gesagt.« Unnachgiebig setzte er ihr zu. »Du hättest mich gefragt: Was? Was hast du getan? Sie hat's dir gesagt.«
Seine Mutter schwieg.
»Sie hat's dir gesagt! Ist deine Stimme eingefroren? Sprich!«
»Ach ...!« – Sie brach ab. Nur David hörte das wilde Pochen ihres Herzens. »Jetzt nicht! Nicht, wenn er dabei ist!«
»Jetzt!« schnarrte er.
»Sie hat es gesagt«, entrang sie sich. »Sie hat auch gesagt, ich soll dich nicht heiraten. Aber was macht das schon aus ...«
»Das hat sie dir gesagt! Und den übrigen? Den anderen? Wem noch?«
»Warum bist du so versessen drauf, das zu hören?«
»Wem noch?«
»Vater und Mutter. Bertha.« Nun klang ihre Stimme gezwungen. »Die anderen wissen es. Ich hab's dir nie erzählt, weil ich ...«
»Sie wußten es!« unterbrach er sie in bitterem Triumph. »Sie haben's die ganze Zeit gewußt! Warum haben sie dich dann mich heiraten lassen? Warum hast *du* mich geheiratet?«
»Warum? Weil ihr niemand geglaubt hat. Wer hätte ihr glauben sollen?«
»Oh!« machte er spöttisch. »Also deshalb? Das war eine schnelle Ausrede. Euch fiel es leicht, die Ohren zu verschließen. Aber sie schwor, es sei wahr, oder nicht? Sie muß es getan haben, da sie mich hinterher so gehaßt hat. Hat sie dir nicht gesagt, daß mein Vater und ich an jenem Morgen gestritten hatten, daß er mich schlug und ich schwor, das würde ich ihm heimzahlen? Ein Bauer hat uns

aus der Ferne beobachtet. Hat sie dir das nicht erzählt? Er hat gesagt, ich hätte das vermeiden können. Ich hätte den Stock packen können, als der Stier ihn meinem Vater aus der Hand riß. Als er im Gatter auf der Erde lag. Ich hab' aber keinen Finger gerührt! Ich habe es zugelassen, daß er aufgespießt wurde! Hat sie dir das nicht gesagt?«

»Ja! Aber Albert, Albert! Sie war wie eine Wahnsinnige! Ich habe es damals nicht geglaubt und glaube es auch heute nicht! Laß uns damit aufhören, bitte! Können wir nicht später darüber sprechen?«

»Jetzt, wo mir alles klar geworden ist, willst du aufhören, nicht wahr?«

»Und warum ist es plötzlich so klar?« Ihr Ton war scharf, beharrlich. »Was ist dir so klar? Was willst du beweisen?«

»Das fragst du mich?« kam es unheilvoll. »Das wagst du mich zu fragen!«

»Ja, das tue ich! Was meinst du?«

»Oh, eure Kaltschnäuzigkeit! Wie lange, glaubst du, kannst du das geheimhalten? Soll ich für immer und ewig beschwichtigt und besabbelt werden? Muß ich dir's sagen? Muß ich es herausschreien? Daß meine Sünde eine andere aufwiegt? Genügt dir das?«

»Albert!« schrie sie bestürzt.

»Schrei mich nicht so an!« schnarrte er. »Ich sag's wieder – sie wollten dich los sein!«

»Albert!«

»Albert!« äffte er sie nach. »Wem ist der, den du in den Armen hältst? Ha! Wie sollte er heißen?«

»Du bist wahnsinnig! Guter Gott! Was ist bloß mit dir?«

»Wahnsinnig, wie? Also wahnsinnig, aber kein Betrüger! Komm! Worauf wartest du? Los, runter mit der Maske. Ich bin dir jahrelang ohne Maske gegenübergetreten. All die Jahre hast du nichts gesagt. Du gabst vor, nichts zu wissen. Warum? Du hast gewußt warum! Ich hätte dich gefragt, was ich dich gerade gefragt habe! Ich hätte gesagt: Warum hat man dir die Ehe mit mir erlaubt? Dahinter muß etwas gesteckt haben. Ich hätte es erfahren. Ich hätte es dir gesagt. Aber nun sprich! Sprich mit lauter Stimme! Wozu Furcht? Du weißt, wer ich bin! Die rote Kuh hat dich verraten, nicht? Mit der werd' ich auch noch abrechnen. Aber glaub nicht, in diesem Schweigen hätte sich nichts geregt. Die ganzen Jahre hat mein Blut es mir gesagt! Mir zugeflüstert, wenn ich ihn ansah, mich angestoßen, mir gesagt, daß er nicht meiner ist. Vom ersten Augenblick an, als ich ihn nach deiner Landung in deinen Armen sah, hab' ich es geahnt. Geahnt!«

»Und du glaubst an kindliche Fantastereien?« Sie sprach mit der trostlosen tonlosen Stimme eines vom Unglaublichen erschütterten Menschen. »An das Geplapper? An den Fieberwahn eines Kindes?«

»Nein! Nein!« schlug er mit wütendem Hohn zurück. »Nichts dergleichen. Kein Wort. Wie könnte ich auch? Natürlich ist alles Wirrwarr. Aber hast du eine Erklärung von ihm verlangt? Laß ihn wieder reden. Dann wird vielleicht alles klarer.«

»Ich habe dich immer merkwürdig gefunden, Albert, und sogar wahnsinnig, aber das war Stolz und heftiges Mitleid mit dir. Aber jetzt sehe ich, daß du völlig wahnsinnig bist, Albert!« Plötzlich schrie sie auf, als könne ihr Schrei ihn wecken. »Albert! Weißt du, was du sagst?«

»Eine Komödiantin bis zum Schluß!« Er machte eine Pause, holte tief Luft wie jemand, der sich wundert – »Hm! Wie hältst du das durch! Kein Zittern! Nichts verrät dich! Aber beantworte mir dies!« Seine Stimme wurde nadelspitz. »Hier! Hier hast du die Möglichkeit, mir meinen Wahnsinn zu beweisen. Wo ist seine Geburtsurkunde? Ha? Wo ist sie? Warum haben sie sie uns nie nachgeschickt?«

»Ach das? Hat dein Blut dich dieser einen Sache wegen so heftig gewarnt? Guter Gott, sie haben dir doch geschrieben, mein eigener Vater. Sie haben überall gesucht und sie nirgends gefunden – sie ist verlorengegangen! Im Durcheinander der Abreise. Was sollte sonst der Grund sein?«

»Ja! Ja! Was sollte sonst der Grund sein? Aber wir – wir wissen, warum sie weiterhin verloren blieb, oder nicht? Es war besser, sie nicht zu finden. War ich denn dort, als er geboren wurde? War ich überhaupt dort, als du ihn trugst? Nein! Ich war in Amerika – mit ihrem Geld, wohlbemerkt! Sie hatten die Reise bezahlt. Warum waren sie so erpicht darauf, mich loszuwerden? Warum diese Hast, kaum, daß ich einen Monat verheiratet war?«

»Warum? Siehst du das nicht selber ein? Wir waren zu neunt in der Familie. Dienstboten, andere, Außenstehende erfuhren es nach und nach. Sie hatten gehofft, ich würde dir bald nachfahren. Im Haus war kein Geld. Der Laden ging nicht mehr. Die Söhne waren noch nicht erwachsen. Du konntest mich nicht nachkommen lassen . . .«

»Oh, genug, genug! Ich weiß das alles. Wovon erfuhren sie nach und nach – von dir oder von mir?«

»Hackst du noch immer drauf rum? Von dir natürlich! Deine Mutter erzählte es jedem, der es wissen wollte.«

»Und sie schämten sich, wie? Ich verstehe! Aber jetzt sollst du meine Version hören. Ich hocke hier in Amerika und rack're mich für deinen Paß ab, schnalle mir den Gürtel enger. Verstehst du? Tausende von Meilen weg. Allein. Hab' nie jemand anderem geschrieben als dir. Und nun wird er einen oder auch zwei Monate zu früh geboren, um mein Sohn zu sein – vielleicht noch früher. So lange wartest du. Diesen einen oder auch den zweiten Monat, und dann, warum schreibst du mir dann, warum, genau auf die Stunde, schreibst du mir: Ich habe einen Sohn bekommen! Eine Freude! Ein Glück! Ich habe einen Sohn! Ha! Aber als du rüberkamst, wußten die Ärzte sofort Bescheid. Den Mann an der Nase herumführen – sagten sie. Du bekamst es mit der Angst. Für siebzehn Monate war er zu groß. Also dann einundzwanzig! Einundzwanzig würden sie vielleicht schlucken, und ich dachte natürlich, er sei einundzwanzig. Da hast du's! War's nicht so? Ich hab's nicht vergessen. Mein Gedächtnis ist gut. Ein Organist, eh? Ein Goj, Gott sei dir gnädig! Ah! Die Sache ist klar! Aber mein Blut! Mein Blut, ich sage es dir, es hat mich gewarnt!«

»Du bist wahnsinnig! Es gibt kein anderes Wort dafür!«

»So. Aber gut genug für deinesgleichen. So dachten sie daheim – der alte, betende Vielfraß und sein Weib – hast du einen Organisten gekannt? Los, warum antwortest du nicht?«

»Ich – oh, Albert, laß mich in Ruhe!« Wie besessen schob sie David unter ihren Armen hin und her. »Laß mich in Gottes Namen in Ruhe! Du hast genug Schande auf mich gehäuft wegen nichts und wieder nichts. Und mehr, als ich ertragen kann. Du bist völlig aus dem Häuschen! Wir wollen jetzt nicht mehr darüber reden! Später! Morgen! Ich habe doppelt gelitten.«

»Doppelt! Ha!« Er lachte. »Du hast eine Gabe, dich zu verplappern. Du hast also einen Organisten gekannt!?«

»Das behauptest du!« Plötzlich klang ihre Stimme steinern.

»Hast du einen gekannt? Sag's!«

»Ja, damals. Aber das war einmal . . .«

»Also!« Seine Worte hallten wieder hell. »Es paßt zusammen! Es stimmt! Drum schau! Schau da hinauf! Sieh! Der grüne Weizen –

über mannshoch! Es kam deiner Phantasie entgegen, oder nicht? Natürlich tat es das! Der dichte Weizen über euren Köpfen, eh? Sommerliches Stelldichein! Aber ich – ich habe im November geheiratet! Ha! Ha! – Sch! Kein Wort! Du machst dich nur lächerlich, bist völlig durcheinander.«

»Und das glaubst du? Das glaubst du? Du glaubst, was du sagst? Kannst du das glauben?«

»*Anrh!* Glaube ich der Sonne? Ich hab's Jahre hindurch gerochen, sag' ich dir. Auf Schritt und Tritt hab' ich mich dran gestoßen. Es stand mir im Wege, hat mich belästigt. Und weißt du wie? Hast du's nie gesehen? Warum vergehen dann Wochen um Wochen, wo ich überhaupt kein Mann bin? Kein Mann wie andere Männer? Du weißt, wovon ich spreche! Du solltest es wissen, da du andere gekannt hast! Verdacht hat mich vergiftet. Verderbtheit hat mich gehetzt. Ich habe es gespürt! Ich hab's gewußt! Verstehst du? Und alles war wahr!«

Sie stand auf. David lag noch immer in ihren Armen, hielt noch immer ihren Arm umklammert, wagte in seinem Schrecken weder zu atmen noch zu wimmern, wagte nicht, die Augen aus dem Schutz ihrer Brüste zu heben. Und die nun nähergekommene Stimme seines Vaters hieb wie eine Rute aus steifen, metallischen Worten auf seinen Rücken ein:

»Halt ihn fest! Er gehört dir!«

Sie antwortete, und kaltes, berechnetes Erbarmen schwang in ihrer Stimme mit: »Und nun, da du weißt, was du zu wissen glaubst, ist die Verderbtheit verflogen. So bist du, nicht wahr? Der Nebel ist zerrissen. Warum hast du mir nicht früher gesagt, was dich bedrückte? Ich hätte dich früher befreit.«

»Und jetzt machst du dich über mich lustig, wie über jeden entlarvten Betrüger?«

»Ich mache mich nicht über dich lustig, Albert. Ich bitte dich nur, mir genau zu sagen, was du willst.«

»Ich will«, seine Zähne zermahlten die Worte, »diesen Balg nie mehr sehen.«

Sie sog den Atem ein, als mache sie einen letzten Versuch.

»Du treibst mich zum Wahnsinn, Albert! Er ist dein Sohn. Dein Sohn! O Gott! Er gehört dir. Was tut's, wenn ich lange vor dir einen anderen Mann gekannt habe ...! Es war viel früher, ich schwöre es dir! Kann er, muß er sein Sohn sein? Er ist deiner!«

»Das glaub' ich dir nie und nimmer!«
»Gut, dann gehe ich!«
»Geh. Und ich werde mich überschlagen vor Freude. Ich werde auf den Dächern tanzen! Dann bin ich's los! Ich bin's los, sage ich dir! Die Nächte im Milchwagen! Die Gedanken! Die Qual! Die Stallungen ... das Anschirren des Pferdes. Die anderen Männer! Die Qual! Ich bin's los, alles! Seinen ...«
Doch wie als Antwort auf seinen unterdrückten Jubelschrei schlugen im Hausflur streitende, ärgerliche, wirre Stimmen wie wütende Wellen gegen die Tür. Wie vom Donner gerührt, brach er ab. Die Arme seiner Mutter umklammerten schützend Davids Beine. Wieder die drohenden, vorwurfsvollen Rufe, dann stampfende, scharrende Füße. Ein heftiger Stoß gegen die Tür, die aufsprang und gegen einen Stuhl knallte.
»Laß mich los! Ich bin hier! Ich werde sprechen!«
Er kannte die Stimme, warf einen wilden Blick über die Schulter – die mit ihrem Mann ringende Tante Bertha wirkte in dem grau gewordenen Küchenlicht weniger merkwürdig auf ihn. Mit verzweifeltem Wimmern klammerte er sich an den Hals seiner Mutter, begrub sein Gesicht an ihrem Halsansatz. Und sie rief verstört:
»Nathan! Du? Bertha? Was ist denn los? Ihr seid ja außer euch!«
»Ich – ich bin wütend!« Onkel Nathan keuchte gequält. »Ich habe viel ...«
»Nicht der Rede wert ...«, Tante Bertha übertönte seine Worte. »Mein Mann ist ein Narr! Schau ihn dir an! Er hat den Verstand verloren!«
»Laß mich sprechen! Willst du mich sprechen lassen!«
»Dann ersticke vorher!« fuhr sie ihn giftig an. »Er will – weißt du, was er will? Errätst du's nicht? Was will ein Jude? Geld. Er kommt, um Geld von euch zu leihen. Und wozu will er Geld? Um den Laden zu vergrößern. Nichts anderes! Er hat den Kopf verloren! Ich werd' dir sagen, was mit ihm los ist. Er hat gestern nacht geträumt, die Polizei sei gekommen und habe ihm die Stiefel heruntergerissen, so wie sie es mit seinem bankrotten Großvater in Wilna gemacht hat. Das ist ihm zu Kopf gestiegen. Er hat Angst. Sein Gehirn schäumt. Frag ihn, wo er jetzt ist. Er könnte es dir nicht sagen. Ich bin sicher, er kann's nicht. Und wie geht's dir, Albert? Hab' dich monatelang nicht mehr gesehen! Du solltest uns einmal besuchen, dir unseren kleinen Laden ansehen und die vielen

verschiedenen Bonbons. Tsche! Tsche! Und eine Limonade bei uns trinken!«

Davids Vater gab keine Antwort.

Und leichthin, als erwarte sie keine Antwort: »Warum hältst du ihn im Arm, Genja?«

»Nur so – nur um sein Gewicht zu fühlen«, erwiderte seine Mutter unsicher. »Dabei ist er so schwer!« Sie beugte sich vor, um ihn niederzusetzen.

»Nein, Mama!« flüsterte er und klammerte sich an sie. »Nein, Mama!«

»Nur einen Moment, Liebes! Ich kann dich nicht so lange in den Armen halten. Du bist mir zu schwer!« Sie stellte ihn auf die Füße. »So! Wenn er einmal auf meinem Schoß sitzt, will er nicht wieder runter!« Und noch immer ihre zitternde Hand auf seiner Schulter lassend, wandte sie sich an Nathan: »Geld? Wieso ...!« Sie lachte verwirrt. »Ich finde, die Welt ist wahnsinnig geworden! Wie kommst du ausgerechnet auf uns? Bist du von Sinnen, Nathan?«

Seinen grollenden, gehetzten Blick auf David heftend, öffnete Nathan den Mund, um zu sprechen ...

»Natürlich!« schnitt Tante Bertha ihm das Wort ab. »Natürlich habt ihr kein Geld.« Heimtückisch stieß sie ihrem Mann den Ellbogen in die Rippen. »Das hab' ich ihm bereits gesagt. Und zwar mit denselben Worten. Oder nicht?«

Fast schwindelig vor Schrecken und Schuldbewußtsein hatte David sich hinter seiner Mutter verkrochen. Neben ihr stand sein Vater, die Arme auf der Brust verschränkt, ihnen fern, wenngleich seine Nasenflügel noch immer in der Ebbe und Flut der Leidenschaft flatterten. Im grau werdenden Licht wirkte sein Gesicht wie aus Stein, nur seine Nüstern und die krumme Ader auf seiner Stirn waren lebendig. Dann ließ er die Arme sinken. Seine dicht zusammenstehenden schwelenden Augen wanderten von Gesicht zu Gesicht, streiften David, der in panischer Angst den Kopf herumwarf, wanderten weiter und kehrten zurück, verharrten. Ohne hinzuschauen wußte David, daß er angesehen wurde, so greifbar war dieser Blick, so bedrückend. Wie er ihn umschloß, schien er ihn von außen auszusaugen. Ihm wurde schwindlig, und er streckte gefühllose Hände nach dem Kleid seiner Mutter aus und hängte sich kraftlos daran. Sein Vater veränderte seine Blickrichtung. Und als habe er bis zu diesem Augenblick unter Wasser gekämpft, schluckte David seinen

Atem hinunter und hörte wieder Laute, Stimmen.
»Wollt ihr euch nicht setzen?« fragte seine Mutter beflissen. »Ihr müßt müde sein, ihr beiden. Das sieht man euch an. Abendessen kochen für zwei Münder mehr braucht auch nicht länger. Bitte, bleibt da!«
»Nein! Nein! Danke, Schwester!« sagte Tante Bertha entschieden. »Wenn er schon auf Jagd nach rostigen Hufen ausgezogen ist, bevor er sein Abendessen gegessen hat, kann er auch ein bißchen länger warten – ich bin ebenso müde wie er. Und ich habe ihn gewarnt!«
»Tut mir leid, daß wir euch nicht aushelfen können, Nathan. Du weißt, wir würden's gern, wenn wir könnten. Oh! Es ist alles so ein Wirrwarr! Ich bin ganz durchgedreht!« Sie lachte verzagt. »Wenn es nicht so absurd wäre, Nathan, wäre es recht schmeichelhaft für uns, wenn du glaubtest, wir hätten Geld.«
Sich auf die Lippen beißend, starrte Onkel Nathan auf den Fußboden und schwankte, als müsse er in der nächsten Sekunde umfallen. »Ich hab' nichts zu sagen«, sagte er dumpf. »Sie hat alles gesagt.«
»Siehst du?« Triumph klang in Tante Berthas Stimme mit. »Jetzt schämt er sich. Aber jetzt mag ich ihn leiden!« Damit schubste sie ihn zur Tür. »Nun ist er mein Mann und so gut wie jeder Mann, der jemals Zwetschgen zum Fleisch gegessen hat. Komm, gutes Herz! Mrs. Zimmermann wartet – meine Kunden werden glauben, ich beerdige dich.«
»Bist schlau und verschlagen!« gab er zurück und schüttelte sie mürrisch ab. »Hast mir meinen Schornstein gut verstopft! Aber warte! Du wirst noch in Krämpfen lachen!«
»Komm! Komm!« Sie gab ihm einen neuen Schubs, der Tür entgegen. »Die Nase hoch! Das Abenteuer, für das du Geld brauchst, kann warten.«
Onkel Nathan riß seinen Arm los, schüttelte einen verzweifelten, trotzenden Finger gegen seine Frau. »Verflucht sollst du sein und dein Geld und deine ganze Geschichte! Ich bleib' hier! Ich werde sprechen!«
Tante Bertha überhörte ihn und machte die Tür auf. »Gute Nacht, Schwester! Verzeih ihm! Er ist immer ein so guter Ehemann gewesen, aber heute abend – du weißt, wie Männer sind!«
Hinter seiner Mutter kauernd, beobachtete David, wie Tante

Bertha ihren eigensinnigen Mann zur Tür zog. Ihr Fortgang würde keine Erlösung sein – nur eine neue Wartezeit, ein aufgeschobenes Verhängnis. Der Schrecken würde nicht abnehmen, gleichgültig ob sie blieben oder gingen. Wie er es auch drehte und wendete, überall sah er nichts wie Angst. Diesmal war er entkommen. Tante Bertha hatte ihn gerettet. Aber sein Vater! Wieder sein Vater! Ihr Weggehen lieferte ihn seiner Wut aus! Aber –

»Warte!«

Zum ersten Mal, seit sie gekommen waren, sprach sein Vater. Nun löste er die Arme aus der Verschränkung und schritt zur Tür.

»Warte!« Er packte Onkel Nathan an der Schulter, stand wie ein Turm über ihm. »Komm zurück!«

»Was willst du von meinem Mann!« schnarrte Tante Bertha, ärgerlich überrascht. »Laß ihn gefälligst in Ruhe! Er ist schon so genügend durchgedreht, ohne daß du ihn belästigst. Komm, Nathan!« Und zerrte ihn um so stärker an der anderen Schulter.

»*Du* solltest ihn in Ruhe lassen!« brummte ihr Schwager bedrohlich. »Du und deine verdammte Verlogenheit! Komm, Nathan!«

Verblüfft von Gesicht zu Gesicht blickend, brachte Onkel Nathan nur ein verwirrtes Knurren heraus.

»Ich sage, laß ihn los!« kreischte Tante Bertha wütend. »Raubtier, fort mit deinen Pfoten!«

»Aber erst, wenn ich fertig bin!«

»Albert! Albert!« rief seine Mutter mit verstörter Stimme. »Was tust du! Laß ihn gehen!«

»Nein! Nein! Nicht, bevor er nicht gesprochen hat.«

Einen Augenblick lang rangen sie um ihn, halb im dunkelnden Licht der Küche, halb im düsteren Eingang, wobei Onkel Nathans bleiches, bestürztes Gesicht zwischen beiden hin und her tanzte, und alle drei waren kämpfende Gestalten, schattenhaft, unwirklich wie ein Alptraum. Noch einen Augenblick, und Davids Vater riß sie mit einem wütenden Zerren zurück in den Raum, und zwar mit solcher Kraft, daß der andere Mann vorwärtsschoß und ihm sein Hut vom Kopf flog. Er schlug die Tür zu.

»Hör zu, Nathan!« Er trommelte mit steifer Hand auf die Brust des anderen. »Du bist hergekommen, um etwas zu sagen, nun sag's! Stopf ihr Lügenmaul! Sag es! Es geht nicht um Geld!«

»N–nichts! Nichts! So G–Gott mir helfe!« Vom Stoß des anderen taumelte Onkel Nathan gegen seine Frau zurück. »Bertha hat dir alles gesagt! Unheil soll mich treffen, wenn sie's nicht getan hat! Ein Laden! Ich wollte ihn! Ich hab' einen gesehen! Das war's, nicht mehr! Nicht wahr, Bertha?«

»Du Narr!« Sie spuckte ihn an. »Hab' ich dich nicht gewarnt herzukommen! Hab' ich dir nicht gesagt, du würdest es stöhnend bereuen! Ich hätte gute Lust und – Was willst du von ihm?« Wütend fuhr sie zu ihrem Schwager herum. »Laß ihn in Frieden, du unzähmbares Scheusal! Hörst du? Er ist wegen Geld gekommen und wegen nichts anderem! Wie oft muß man dir das noch sagen? Ich hab's nicht nötig, deine Wutausbrüche länger zu ertragen! Merk dir das!«

»Halt den Mund!« Sein Vater begann zu zittern. »Hinterhältige Kuh! Ich kenn' dich lang genug. Ich weiß, was du auf dem Kerbholz hast. Sprich, Nathan!« Und seine Faust sauste auf das Waschbecken herunter. »Laß dich nicht von ihr einwickeln! Sprich! Gleich, was es ist! Vor mir brauchst du keine Angst zu haben! Nur die Wahrheit! Es wird mir vielleicht guttun, es zu hören!«

»Was sagt er da?« Tante Berthas Augen traten aus den Höhlen. »Was für ein neuer Irrsinn hat ihn da gepackt?«

»Albert, ich bitte dich!« Seine Mutter faßte den Arm ihres Mannes. »Wenn du mit jemand zu streiten hast, dann nur mit mir. Laß den Mann in Ruhe. Er hat dir alles gesagt.«

»Hat er das? Das glaubst du! Oder tust nur so! Aber ich weiß Bescheid! Ich habe Augen im Kopf! Ich hab' was gesehen! Wirst du endlich sprechen?« In seinem Zorn reckte er sich zu seiner vollen Höhe. Mit gefletschten Zähnen ging er auf den zwergenhaft Geduckten zu.

»Ich – ich habe schon alles ge–gesagt.« Mit bebenden Lippen griff Onkel Nathan hinter sich nach der Tür. »Ich will weg! Bertha! Komm!«

Doch Davids Vater hielt mit der flachen Hand die Tür zu.

»Du wartest! Hörst du mich? Du wartest, bis du mir etwas beantwortet hast! Und das wirst du beantworten!«

»W–was willst du?«

»Bevor du den Mund aufgemacht hast, um zu sprechen – bevor dieses Eselsweib dir die Sprache und den Willen verschlagen hat – warum hast du den da so angestarrt?« Dabei hämmerte er die Luft in Davids Richtung. »Warum dieser Blick? Was wolltest du über ihn sagen?«

»Ich – ich habe nichts zu sagen. Ich habe ihn nicht angeschaut. Laß mich in Gottes Namen gehen. Genja! Bertha! Macht, daß er aufhört, mit mir zu streiten.«
»Albert! Albert! Hör auf, den Mann zu quälen!«
»Verfluchter Teufel!« Tante Bertha versuchte, sich zwischen sie zu drängen. »Wahnsinnsmensch! Laß ihn in Frieden!«
Bösartig stieß er sie beiseite. »Und du, willst du mir sagen, was er getan hat! Oder willst du, daß ich vor Wut platze ...«
»Oh! Oh! Weh mir! Weh mir!« Tante Bertha füllte den Raum mit lautem, keuchendem Wehklagen. »Weh mir! Hast du gesehen, was er getan hat? Er hat mich brutal fortgestoßen! Und das mit einem Kind im Bauch. Ungeheuer! Tollwütiger Hund! Diesmal hast du keine Hose zerrissen. Diesmal hast du ein Kind vernichtet! Meine Mißgeburt kommt auf deinen Kopf. Das wirst du mir bezahlen. Du gehörst gehängt. Du gehörst ...«
»Und selbst wenn's Zwillinge wären, würd's mich nicht um meinen Schlaf bringen. Deine Brut ist mit gutem Grund vernichtet. Ich werd' schon noch herausfinden, was er getan hat. Der Balg da! Ich warte!« Seine Stimme klang erstickt. »Ich warne euch, ich bin mit meiner Geduld am Ende.«
Onkel Nathan sackte zusammen, als drohe er in Ohnmacht zu fallen.
»He–uh–uh–oi! Oi! Er ...«
»Kein Wort!« kreischte Tante Bertha. »Mach die Tür auf, oder ich schreie um Hilfe! Laß uns raus!«
Sie blickten einander in einem so schrecklichen Stillschweigen an, daß der Raum vor lauter Spannung zu bersten schien.
Blind vor Schrecken, unbemerkt von allen, war David mittlerweile zum Ofen gewankt. (– *Sie ist da! Sie ist da!*) Eine gequälte, geängstigte Stimme stammelte in ihm. (– *Sie ist da! Sie hat sie da hingelegt! Sie ist da!*) Tastende, torkelnde Hände griffen in die dunkle Nische zwischen Ofen und Wand –
»Sprich!« In dem zusammengeschrumpften, dämmrigen Raum war sein Vater ganz Stimme geworden, und seine Stimme rollte wie Donnergetöse.
»Bertha!« jammerte Onkel Nathan. »Rette mich! Rette mich, Bertha! Er schlägt gleich zu! Bertha! Bertha!«
»Hilfe!« kreischte sie. »Laß die Tür los! Hilfe! Hilfe! Rufe! Genja, mach's Fenster auf. Hilfe!«

»Albert! Albert! Hab Erbarmen!«
»Sprich!« Über ihrem Gekreisch sein fürchterliches Zähneknirschen.
»Ich – ich – uh – er war es – uh. Oh, Bertha! Mich ...«
»*Anh!*« Das wahnsinnige Knurren. Der schattenhafte Arm holte aus. »Du ...!«
»Papa!«
Der gebogene Arm hing in der Luft, hing regungslos. Das verzerrte Gesicht darüber drehte sich um.
»Papa!« In seinem wirbelnden, zerbröckelnden, dunkelnden Geist sammelte diese eine Zwangsvorstellung wie eine Standarte Körper und Verstand. Ein Traum? Nein. Kein Traum. Kein Traum, auch nicht die Erinnerung an einen Traum. Eine Tat, verfügt, vorgesehen, unausweichlich wie der Augenblick, durch Erfahrung bestimmt, durch Jahrhunderte geprägt, durch Jahrhunderte wiederholt, vertraut wie der Atem.
Er trat näher. Die anderen standen gebannt.
»Ich – ich war's, Papa ...«
»David! Kind!« Seine Mutter sprang auf ihn zu. »Was hast du da in der Hand!«
Doch bevor sie ihn erreichen konnte, hatte er die zerbrochene Peitsche in die gekrümmten Finger seines Vaters gedrückt.
»Das?« Sein Vater senkte die Lider über flammenden Augen. »Was tust du da? Warum gibst du sie mir? Du weißt doch, was mit der passiert ist? Willst du dein Schicksal herausfordern?«
»Ich – ich – bitte, Papa!«
»Du rührst ihn nicht an! Hörst du, Albert! Ich dulde es nicht!« Alles Flehen, alle Scheu waren verflogen, nun war sie ganz glühende Entschlußkraft. Wie ein Felsvorsprung beugte sie sich über David. »Was er auch getan hat, was irgend jemand meint, daß er getan hat, du rührst ihn nicht an!«
»Eine Verschwörung gegen den Fremden, den Ausländer!« Die Stimme seines Vaters klang hohl und gefährlich: »Aber ich will ihn hören!«
»Sag nichts, Kind!« rief Tante Bertha warnend.
Aber er sprach schon. Und seine Worte waren wie schwankende Lasten, die er einen Steilhang hinaufschleppte, wo sein Seufzen ihn marterte, wo seine Tränen ihn zum Stolpern brachten.
»Ich war – ich war auf – dem Dach. Papa! Ich war auf dem Dach. Da war ein Junge. Ein großer – und – und er hatte einen Drachen –

D–rachen nennen sie es. Drachen – geht höher als Dächer – er geht ...«

»Was redest du da?« knirschte sein Vater. »Hör auf mit dem Gesabbel! Eil dich!«

»Ich bin ... ich bin ...« Er rang nach Atem.

»Gottes Narr!« krächzte Tante Bertha unter ihrem Keuchen. »Oh, mein Mann! Mein Mann! Die Erde soll dich in dieser Sekunde verschlingen! Siehst du, was du angerichtet hast!«

»Ich?« stöhnte Onkel Nathan. »Das soll mein Fehler sein? Wie konnte ich ...«

»Also jemand – wollte ihn wegnehmen. Den Drachen. Drum hab' ich gerufen. Und gesagt: paß auf! Paß auf! Drum wurde ich auch sein Freund. Leo. Er hatte Rollschuhe und dann ... Au! Papa! Papa! Und wir fuhren zu Tante Bertha. Und wir kriegten Polly dazu, auf die andere Seite zu kommen – in den Hof. Und er kriegte sie rum – und gab ihr seine Rollschuhe. Und dann, au! Au! Er nahm sie in den Keller mit. Und er – er ...«

»Er was!« Seine unbarmherzige Stimme war wie ein Stachel.

»Ich weiß nicht! Au! Er hat gespielt – er hat schmutzig gespielt!«

»Anh!«

»Komm ihm nicht zu nahe!« kreischte seine Mutter. »Untersteh dich! Genug, Kind! Sch! Das genügt!«

»E–er hat's getan! Nicht ich, Papa! Papa, nicht ich! Ich hab's nicht getan! Au, Papa! Papa!« Wie besessen klammerte er sich an seine Mutter.

»Das ist ihrer! Ihr Sproß! Hört ihr's! Ihr Werk!« Er schien in wilder, wahnsinniger Freude zu ersticken. »Nicht meiner! Kein Tropfen Blut von mir! Bertha, du Kuh! Nichts von mir! Und du, Nathan! Weck dein Schafshirn! Dein Gespons hat meine Frau verraten! Wußtest du das? Hat ihr Geheimnis ausgeplaudert! Hat ihm gesagt, wer er war. Ein Organist irgendwo. Und daß ich den Ableger eines Gojs aufgenommen habe! Eines Schurken. Eines Schufts. Von ihm und von ihr. Aber nicht von mir! Ich hab's gewußt. Hab's die ganze Zeit gewußt. Und jetzt schmeiß' ich sie raus! Sie und ihn, den Balg! Soll er sie in künftigen Zeiten verdreschen. Aber ich bin frei! Er gehört nicht mehr zu mir! Ich bin frei!«

»Er ist wahnsinnig!« flüsterten die beiden anderen heiser und wichen zurück.

»Hört ihr!« rief er schäumend. »Ich habe ihn ernährt! All die Jahre habe ich jeden Verdacht unterdrückt, habe den Lastesel gemimt. Habe nie Dusel gehabt! Keine Freude erlebt! Kein Glück! Aber das ist mir recht geschehen. Warum sollte mir was anderes blühen als Unglück? Geschah mir recht. Ich war gezeichnet. Ich war belastet mit der Sünde eines anderen. Aber trotz all des Leidens habe ich ein Vorrecht! Wer will es mir streitig machen? Wer? Ein Vorrecht! Meine Wut auszulassen! Zu stillen! Einmal!«

Und bevor sich jemand rühren konnte, stürzte er auf Davids Mutter zu.

»Au! Papa! Papa! Nicht!«

Seine Stahlpranken schlossen sich wie eine zuklappende Falle über Davids Schultern – rissen ihn aus ihren Händen. Und die Peitsche! Die Peitsche in der Luft! Und ...

»Au! Papa! Papa! Au!«

Biß wie Feuersbrunst in seinen Rücken. Wieder und wieder. Heulend stürzte er zu Boden.

Seine Mutter schrie. Er fühlte sich gepackt, auf die Beine gerissen, fortgezerrt. Und nun schrie seine Tante, und Onkel Nathans heiserer Aufschrei steigerte noch den Aufruhr. Im Dämmer schwankten Gestalten, rauften – Und plötzlich seines Vaters Stimme, frohlokkend, besessen, betäubt –

»Was ist das? Das? Seht! Seht auf dem Boden! Dort! Wer glaubt mir jetzt immer noch nicht? Seht, was dort liegt! Dort, wo er hinfiel! Ein Zeichen, sag' ich euch! Wer zweifelt noch? Ein Zeichen!«

»Unh!« Onkel Nathan grunzte wie in plötzlichem Schmerz.

»Weh mir!« Tante Bertha sperrte entsetzt den Mund auf. »Es ist ... Was! Nein!«

Ein Schrecken zeugte einen neuen. David wand sich in den Armen seiner Mutter – blickte zu Boden –

Dort, zwischen einem grünen und einem weißen Viereck des karierten Linoleumbodens lagen die schwarzen Perlen ... das goldene Kreuz, gerahmt von bleich schimmerndem Glanz. Entsetzen vergrößerte die Gestalt darauf. Er schrie:

»Papa! Papa! Leo – hat sie mir gegeben! Der Junge! Es ist rausgefallen! Papa!« Seine Worte gingen in dem Lärm unter.

»Gottes eigene Hand! Ein Zeichen! Ein Zeugnis!« Sein Vater wütete, wirbelte die Peitsche in der gestikulierenden Hand. »Ein Beweis für meine Worte! Die Wahrheit. Er ist das Kind eines ande-

ren! Eines Gojs! Ein Kreuz! Ein Zeichen des Schmutzes! Ich will ihn erwürgen! Ich will die Welt von einer Sünde befreien!«
»Schaff ihn weg, Genja! Schaff ihn fort! David! David! Ihn! Eil dich! Er soll weglaufen!« Tante Bertha und Onkel Nathan rangen mit seinem Vater. »Schnell, hinaus!«
»Nein! Nein!« tönte der besessene Schrei seiner Mutter.
»Schnell, sage ich! Schnell! Hilfe! Wir können ihn nicht länger halten!« Onkel Nathan war bereits abgeschüttelt. Mit durchgeknickten Knien hing Tante Bertha wie ein totes Gewicht an der Peitschenhand seines Vaters. »Er wird ihn totschlagen«, kreischte sie. »Er wird ihn tottrampeln, wie er seinen Vater hat tottrampeln lassen. Eil dich, Genja!«
Schreiend sprang seine Mutter zur Tür, riß sie auf ... »Lauf! Lauf runter! Lauf! Lauf!«
Sie stieß ihn von sich, schlug die Tür hinter ihm zu. Er hörte ihren Körper gegen die Tür prallen. Wild kreischend stob er die Treppe hinunter –
Auf dem ganzen Stockwerk, selbst auf dem darunterliegenden, gingen die Türen auf. Speere von Gaslicht stachen kreuzweise in das unbeleuchtete Treppenhaus. Atemlose, gereckte Gesichter glotzten heraus, horchend, rufend, anderen hinter ihnen Bericht erstattend –
»He, Kleiner! Was ist? Ein Krach? Heda, was ist bei euch los? Wer schimpft denn so? Leibele, geh nicht rauf! Hörst du, was ich sage! Geh nicht rauf! Oi! Hol einen Polypen! Nimm dich in acht! Schnell! Wo läufst du hin? He, Kleiner!«
Ein schwirrendes Geschmier aus Wörtern, zuckenden Gebärden, Lichtfetzen, Gesichtszügen, ein flackerndes Spießrutenlaufen durch Aufruhr und Qual. Verzweiflung. Er gab keine Antwort, stürzte hinunter. Keiner hielt ihn auf. Nur ein Wunder rettete ihn davor, auf den dunklen Stufen zu fallen. Nun hallten die Stimmen über ihm, er hörte trampelnde Füße auf der Treppe, und alle Geräusche verschmolzen zu einem erregten Gesumm, das bald erstarb – seine abwärtstrommelnden Tritte hatten die Eingangshalle erreicht –
Blaues Licht im Türrahmen.
Keuchend wie ein Sprinter streckte er die Arme dem Zielband entgegen –
Die Straße.
Die Straße. Er wagte zu atmen. Und torkelte auf den Gehsteig und blieb stehen, stehen.

XX

Dämmerung. Ladenlichter und Lampenlichter verschmelzen – noch zu früh zur Selbstbehauptung. Das zufällige, wie aufgehobene Rumoren und Knurren der Ferne. Und auf den Gehsteigen Männer und Frauen, dahineilend mit allzu sicherem Schritt, und auf der Straße umhertollende, rufende Kinder, die der Dunkelheit noch nicht die Herrschaft gönnen. Die Welt, mattgesichtig im vergehenden Licht, facettiert und ohne Umrisse. Einen Augenblick sprengten die wild polternden Stimmen, Körper, die Schreie, die Wut in der engen, zusammengeschrumpften Küche ihre Fesseln in seinem Gehirn und strömten hinaus in den verdunkelten Osten, in den erschlafften Westen jenseits der Hochbahn, in die steile Riesigkeit des Zwielichts, das die Luft über den Hausfirsten färbte. Einen Augenblick löste die seltene Kühle des Juliabends allen Schmerz im Wind, der so leicht war wie das Wehen eines Zauberstabs. Und plötzlich war sogar Raum zwischen den Steinhecken, und plötzlich war sogar Ruhe im Aufruhr der Städte. Da war auch Zeit, unempfindlich selbst gegen Schrecken; Zeit zu sehen, wie die verschmierte, gehäufte Röte im Westen die Nacht rief, um sie zuzudecken. Einen Augenblick, nur einen Augenblick, dann schluchzte er auf und rannte weg.

– Kann's nicht! Au! Kann's nicht! Kann nicht laufen! Kann es nicht! Tut weh! Tut weh! Au! Mama! Beine! Mama!

Kaum hatte er die Ecke erreicht, als jede gemarterte Faser seines Körpers erschöpft aufschrie. Jeder Schritt, den er machte, war, als träte er durch seinen Schädel hindurch. Mit weichen Knien überquerte er Avenue D, hielt an, schwankend vor Schwäche, rieb sich die Schenkel.

– Kann nicht weiter! Kann es nicht. Tut weh! Au! Mama! Mama!

Angstvoll blickte er über seine Schulter zurück, und seine Augen wanderten aufwärts. Vom ersten bis zum dritten Stock seines Hauses warfen die beleuchteten Küchen hinter den Schlafzimmern ihre stumpfen Flecken auf die Fenster – die eine trübes Messing, die zweite helles Braun, die dritte rauchiges Grau. Eine Säule toten, doch tröstenden Lichts – bis auf sein Fenster im vierten Stock, noch immer verdrossen, fremd und dunkel. In neuem Ansturm des Schreckens stockte sein Atem. Wellen der Angst preßten ihm Brust und Rücken zusammen –

– Sind noch nicht! Au! Raufen noch! Er! Was tut er! Mama! Mama! Mama! Er schlägt zu! Au! Kann nicht laufen! Irgendwo! Bleibe hier! Finde was! Passe auf! Warte bis – warte! Warte! Angst! Verstecke mich! Irgendwo . . . Wo?
Nicht weit entfernt war links von ihm der geschlossene Milchladen zwischen Ninth und Tenth unbeleuchtet. Dorthin stolperte er. Hinter der Barrikade der ans Kellergeländer geketteten Milchkannen kauerte er auf der Ladentreppe nieder und heftete erhobene, flehende Augen auf seine Fenster. Dunkel, noch immer dunkel. Düster, unerbittlich verbargen und verrieten sie das dahinter wütende Unheil. Er stöhnte, biß sich in seiner Qual in die Finger, starrte um sich mit wildem, gequältem Blick.
Jenseits der Straße, im Fotografenladen, flammte der grüne Lichtstab auf. Menschen gingen vorbei, müßig, versunken, und sobald sie den Lichtkreis betraten, bannte dieser sie sekundenlang in ätzendes Aasgrün. Keiner bemerkte ihn dort, sondern trieb vorüber zu schwebend, zu ziellos, um sein Elend zu bemerken, trieb vorbei mit geblähtem, gebeiztem Gesicht, mit schwellenden Seetangaugen, schwimmend in Meerestiefen.
– Noch immer dunkel oben. Dunkel . . . Erster, zweiter, dritter Stock ist hell. Meiner dunkel. Nur meiner dunkel. Papa, hör auf. Hör auf! Hör auf, Papa. Mach jetzt Licht! Ist nicht mehr wütend. Mach Licht, Mama. Jetzt! Eins, zwei, drei, jetzt! Eins, zwei, drei, jetzt! Jetzt! Aaa! Nicht! Nicht! Au! Lauf weg, Mama! Laß ihn nicht! Lauf weg! Hier! Hier bin ich! Renn! Mama! Mama! Mama!
Er wimmerte.
Ein Mann, dickbäuchig, schwerfüßig, kam näher, sein Körper rollte auf beutelig-steifen Knien. Auf Davids Höhe wandte er langsam den Kopf dem Licht zu, fuhr mit der Hand über einen merkwürdigen, veilchenfauligen Flecken auf seiner Wange, kniff sich in die Unterlippe und latschte weiter.
– Mit der Peitsche. Der abgebrochenen. Hier hat er auch geschlagen. Wie den vom Wagen. Und ich hab' sie ihm gegeben. Bricht nicht mehr ab. Wenn er – laß ihn nicht! Laß ihn nicht! Lauf hinein! Schlafzimmer! Halt die Tür fest. Ganz fest! Laß sie nicht los! Tante Bertha! Onkel! Du auch! Haltet fest! Fest! Er darf sie nicht schlagen! Haltet fest! Au! Mama! Halt! Halt, Papa! Bitte! Au! Sieh! Ist – dunkel – noch dunkel. Dunkel.
Neben ihm im Erdgeschoß, wo er versteckt hockte, knarrte ein Fen-

ster, schwirrte auf. Und die Stimme eines Mannes in singendem Gezeter:
»Aaa, spiel bloß nicht den Schlauberger! Wer spricht vom Gewinnen! Ein Dollar und fünfundsechzig Cents gestern! Ein *Tholer* und sonstwas, über vierzig Cents, Sonntag! Und Montag abend beim Rommé in der Hinterstube von Hymens Schneiderwerkstatt zweiundsiebzig. Oi, sollst verrecken. Und ich sag' dir, wenn du nicht richtig geben kannst, Abe, wirst du's bald im Kittchen lernen! Und wenn ich wieder verliere, dann soll dich bald ertreffen ein Feuer!« Die Stimme zog sich zurück.
– Wenn das Licht angeht, was dann? Was soll ich dann tun? Er wird mich fragen. Was soll ich tun? Was? Was? Papa, nichts. Ich wollte ... Ich wollte. Was? Die ... die ... auf dem Fußboden. Perlen. Fielen heraus ... Tasche. Was willst du damit? Au! Papa, ich weiß nicht. Was? Warum? Er wird mich ansehen. Wird sagen. Kugel. Kugel wollte ich. Kugel, wird er sagen – Kugel? Ja. Kugel. In meinem Kopf. Au! Kann's nicht erzählen. Muß es! Hab's in meinem Kopf gesehen. War. In der Ecke. Bei den Milchgestankkinderwagen. Weiß. Hatte keine Angst. Was? Was? Was? Ja. Hatte keine Angst. Wie ich mal eines gesehen habe, wann – Wann? Schwert im Feuer. Tenth Street. Frag den Rabbi. Schwert. Licht in der Ritze, und er hat gelacht. Als ich las, daß er – Feuer. Licht. Als ich las. Hatte immer Angst bis dahin – sie haben mich dazu gezwungen. Gojim am Fluß. Und sie. Drum bekam ich's. Verlor ich's. Wollte es wieder, Papa! Papa! Wollte es wieder. Und er hat ja gesagt. Leo. Wie die inneren-äußeren Eingeweide, brennend. Und er hat ja gesagt. Kommen aus der Schachtel. Gott stand drauf – Warte, Papa! Papa! Nicht schlagen! Nicht! Au! Wollte keine großen, nur zwanziger. Kleiner sogar. Nur nickelgroß. Wie der unten gefischte – wie alle – au! Deshalb, Papa! Deshalb, Papa! Hab' nicht ... Au! Ist nicht! Ist nicht! Ist noch nicht hell! Was soll ich tun? Ist noch nicht hell!
Auf der anderen Straßenseite vor dem Haus neben dem Friseurgeschäft an der Ecke hatten sie sich versammelt, Jungen, behende, unruhig und gellend. Einer stand drohend auf der Vortreppe, während die übrigen gespannt auf dem Randstein hockten –
»Wolf, bist du fertig?«
»Ich steh' aus dem Bett auf!«
»Wolf, bist du fertig?«

»Ich geh' zum Ausguß.«
»Wolf, bist du fertig?«
»Ich wasch' mir's Gesicht . . .«
Mit geziertem, affektiertem Gang kamen zwei Frauen daher und streiften mit totem, kosendem Augengeflatter die toten Gesichter der an ihnen vorübergehenden Männer. Im Giftglanz des Fotografenschaufensters wirkten ihre Wangen schlaff und doch kieselhart; grünes Licht lackierte den samtenen Puder, schlug das hektische Rot zu Schaum, legte Fahles auf Feuriges. Eine, die ihm nähere, sandte mit künstlich geschwelltem Busen aus sachlichen, blanken Fäulnisaugen einen flüchtigen Strahl auf David. Sie schlenderten weiter und hinterließen eine schmachtende Spur von Fleisch und Parfum, duftend trotz des Dreimeterabstands, und betonten ihre Verderbtheit, indem sie sie leugneten.
– Milch – auch hier Gestank. Wo? Kannen, deshalb. Milch – stinkt aus den großen Kannen. Was ist das dort vor dem Keller? Was? Ein Schwert. Nein! Ist mir gleich! Mama! Mama!
»Wolf, bist du fertig?«
»Ich zieh' mir die Schuhe an . . .«
– Wenn sie läuft, läuft sie weg. Such mich nicht. Kannst mich nicht sehen. Wenn sie – wie sie gesagt hat. Werd' sie nicht wiedersehen. Nimm mich mit, Mama! Lauf nicht weg! Mama! Hier bin ich, Mama! Hab' mich hinter den Kannen versteckt! Am Laden! Ist noch dunkel – dunkel. Immer noch dunkel! Sie ist schon weg. Hat nicht geschaut. Will mich nicht finden! Nie mehr! Nie mehr! Ist schon fort. Ist fort! Au! Schau woanders nach! Sieh! Schau wo nach! Schwert bei den Kannen! Nein, ist nicht. Vergessen! Er hat's vergessen. Ladenlöffel, Milchlöffel. Warum! Au! Mama! Mama! Ist kein Licht! Niemals! Nie!
»Wolf, bist du fertig?«
»Ich zieh' mir die Hose an . . .«
»Gilt nicht! He, du ziehst schon die Hose an!«
»Na schön! Dann zieh' ich eben mein Hemd an!«
»Wolf, bist . . .«
Das Rattern eines Pferdewagens übertönte alles. Und aus dem Fenster neben ihm jähes, lautes Gelächter –
»Ein Bluff, ha? Nischt bei Mordechai! Ha! Ha! Ha! Wenn Harry es sagt, full-house ist full . . .«
– Wenn es wär' –! Wenn es ein Schwert wäre. Und dann! Du hast

Angst. Habe keine. Du hast Angst! Hab' keine! Hab' keine! Hab' keine! Ja, du weißt es, weil es keines ist. Fordere mich bloß nicht heraus! Fordere mich bloß nicht heraus! Ich könnte. Selbst wenn's kein Schwert ist, könnte es in die Ritze passen. Wo es sprüht, könntest die Kelle hinhalten, wo du das Schwert hingehalten hast. Du hast Angst. Fordre mich dreimal heraus. Jemand wird's sehen. Laß sie! Macht mir nichts aus! Kann's nicht rauskriegen. Wenn schon. Kannen zu schwer – die Kanne auch. Leer. Glaubst es nicht? Warte! Aaa, hab' gewußt, daß du Angst hast. Wart! Dreimal warten. Nicht mehr. Nicht mehr. Nur dreimal warten. Nicht mehr! (Jetzt brummte er laut vor sich hin.) »Wirst du hell werden, Fenster? Fenster! Fenster! Wirst du hell werden, Fenster?«

»Wolf, bist du fertig?«

»Ich binde mir die Schnürsenkel fest!«

– Fenster, zweite Chance! Wirst du hell werden, Fenster? Ich gehe! Ich gehe! Fenster! Mama! Mama! Ich gehe!

Er stand auf. Noch einmal flehten seine gequälten Augen zum Fenster auf, dann zuckte er in einem fürchterlichen Wutanfall zusammen, wand sich und hämmerte auf die Mauer neben ihm. Sekunden vergingen. Der Anfall verebbte, er schmeckte das salzige Blut auf seiner zerbissenen Lippe und spähte mit einem neuen, seltsamen Gefühl von Eingeweihtsein die grünliche Straße hinauf und hinunter.

Menschheit. Auf Füßen, Krücken, in Karren und Kutschen. Der Eisverkäufer. Der Waffelwagen. Menschliche Stimmen, Bewegung, Sieden, Pulsen, Brüllen, hupende Hörner und Pfeifen. Wie ein Windstoß stiftete ihr Vorübergleiten Unruhe unter den fernen Klumpen der Straßenlampen und brachte die Ladenlichter zum Zerfließen. Er schauderte, blickte sich in der Nähe um. Auf der anderen Straßenseite duckte sich der Wolf, bereit zum Sprung; die Jungen, die ihn reizten, zuckten behutsam, kicherten nervös bei jedem Schrei. Im Fotografenladen blickten ihn die vergrößerten Bilder der Alten an, mumienhaft, furchterregend. Von den Mauern und Gehsteigen hatten Lampenlicht und Quecksilberdampf die Dämmerung zu Nacht verdichtet; über den Straßen verwischte die hohle kobaltblaue Luft den Unterschied zwischen Dächern und Himmel. Niemand achtete auf ihn.

Haßerfüllt, herausfordernd durchstachen diesmal seine Augen das Fenster. Dunkel. Er bot ihm die Stirn.

Heimlich schob er sich zur nächsten Milchkanne, packte den Griff des Deckels und den Henkel. Unter seinen Handflächen war das Metall kalt, die schwere Kanne unhandlich, unsteter stählerner Glimmer unter seinen Augen. Er lehnte sich daran – härter. Sie rührte sich, klang hohl. Wieder stemmte er sich dagegen, stieß zu – Klank!

Zwischen Kannenrand und Kellergitter geklemmt, rasselte die Milchkelle zu Boden. Er bückte sich, um sie aufzuheben –

»Tadam, padam, pam! Tu! Tu! Er mußte runter, raus und runter...« Mit forsch stolzierendem Schritt, näselndem Gesumm und durch die Zähne pfeifend, kam ein großer Mann mit kantigen Schultern daher. »Um seine kleine Maschine zu reparieren!« Zwischen Mütze und schwarzem Hemd blinzelten frostig grünblaue Augen zu David hinunter, blickten weg und ließen ihr kühles Feuer in der Luft zurück. »Pam! Pam! Prrra! Um seine kleine Maschine zu reparieren!«

Die Küste war jetzt klar. Drüben, über der Straße, kreischten aufgeregt die Kinder. David hob den Schöpflöffel auf, kroch aus dem Ladeneingang hervor, und die Kelle unter der Achsel, den langen, flachen Griff in der Hand, latschte er behende Tenth Street zu –

»Wolf, bist du fertig!« verfolgten ihn ihre Stimmen.

»Ich k–o–o–mm–e die V–or–treppe r–un–ter!«

– Ich gehe! Ich gehe, Fenster! Fenster! Fenster! Ich gehe! Er lief den sanften Hang hinauf, steil für schmerzende Beine, und vermied den sorglosen Blick der wenigen, die ihn bemerkten. Tenth Street. Eine Straßenbahn überquerte die Avenue in westlicher Richtung. Der Flußwind blies Salzluft in Häuserschluchten. Scharf bog er hinein, betrat den Fluß-Block, der schwach erleuchtet, leer war. Vor ihm wie eine Barriere die einzige Bierstube, die Schwingtür in eine Lichtzwinge geklemmt, das bunt gesprenkelte Glasfenster gebläht von schäbigem Schimmer.

– Jemand wird's sehen.

Er drückte sich in den Schatten an die rauhe Wand des Stahlwerks, kroch vorwärts. In der Ebbe des Flußwinds schwamm bitter-schaler Biergeruch und schwand im raschen Nippwind. Ein Mann, Fingerknöchel am Schnurrbart, riß die Schwingtür auf, zweimal blitzten Bar und Spiegel, Flaschen, Gesichter, Schürzen auf und David schlich an ihm vorbei in tieferen Schatten.

Jetzt der alte Wagenhof, das gereckte Dickicht von Stangen; die leeren Ställe, die zerfallenen Rampen, kreidebeschriebene Türen, zerbrochene Fenster hielten noch ihr Glas wie Gerippe ihre Fangzähne, ranzige Dungfeuchtigkeit verströmend. Die letzte Straßenlampe summte in einer Zyste aus Licht. Das düstere massige Lagerhaus, und dahinter zog sich das verstreute Durcheinander des Müllbergs zum Fluß. Er blieb stehen. Und wich dahin zurück, wo zwischen Lagerhaus und Müllberg eine beschattete Senke lag.

– Du hast mich herausgefordert ... Hast mich doppelt herausgefordert ... Nun muß ich.

Vor ihm lagen die Schienen – nicht in einer Doppelspur, sondern in einer einzelnen. Denn er stand genau hinter der Gabelung der Weiche, und das letzte Glitzern der Zinken ging in Rost über und der Rost in Pflastersteine und die Pflastersteine verschmolzen mit dem dunklen Dock und dem Fluß.

– Angst! Angst! Angst! Schau nicht hin!

Er riß den Blick los, stieß besessene Augen in die Runde. Zur Linken schloß die zerbröckelte Backsteinmauer des Lagerhauses den Westen und die Menschheit aus, zur Rechten und hinter ihm ragte der Keil des Müllbergs; vor ihm das Ende des Festlands und das Glitzern auf den Schienen.

– Hast mich herausgefordert – Hast mich doppelt herausgefordert ... Nun muß ich. Ich muß es herauslocken.

Das leise Wortgesprudel in seinem Kopf schien ihm nicht mehr zu gehören, schien nicht mehr umschlossen, sondern losgelöst von seinem Schädel inmitten seiner Umwelt zu tönen. Er hörte es, als habe der weite Raum es aus dem eigenen, berstenden Rahmen gepreßt, und nun dröhnte es in seinen Ohren, weithin hallend und fremd.

– Hast mich doppelt herausgefordert! Nun muß ich! Doppelt herausgefordert. *Nun muß ich es herauslocken.*

XXI

Im Königlichen Lagerhaus, am East River und der Tenth Street, schleppte sich Bill Whitney, ein alter Mann mit schwerem Körper, kurzatmig und steif, mit rheumatischen Beinen, die Treppe zum ersten Stock hinauf. In seiner linken Hand trug er eine Laterne, die er von Zeit zu Zeit zerstreut schüttelte, um das Gegurgel des Brennstoffs zu hören. In seiner rechten hielt er einen Schlüssel, der bei jedem Aufwärtsschieben seines Arms gegen das Geländer klimperte – den Schlüssel, der die Uhren auf jedem Stock bediente, Beweis seiner Wachsamkeit und Zuverlässigkeit. Und während er die schwärzlichen Stufen erklomm, bei jedem Aufschritt gefleckt von schwachem, schwankendem Laternenlicht, murmelte er vor sich hin, und das tat er weniger, um die Stille mit flüchtigen Phantasiewesen zu bevölkern, als um den Verbindungen seines eigenen langsamen Denkens zu folgen, das ihm entfloh, sobald er es nicht mehr hörte:

»Na, was? Ha! Hast runtergesehen – und – sss! Gott verdamm mich, wenn nicht der Trampelpfad unter dir war. Und ha! Ha! Ho! Keine Räder. Die Pedale waren noch da – oder etwa nicht? Hab' sie ganz deutlich gesehen – aber die Räder waren fort – nirgends zu sehen. Himmel nochmal, denk ich – Himmel nochmal, ist das nicht verquer? Der alte Ruf Gilman steht dabei, steht da und sperrt den Mund auf. Steht nur da und sperrt den Mund weit auf – Und der Backenbart, den er sich vor dem Winter hat wachsen lassen ... Am Brunnen mit der weißen Nische. Und hat den Tabaksaft im Mund behalten, bis er eine gute Tasse voll hatte ... Whowmmmmm! ging's plumps hinein in den Winterschnee ...«

Tönten, tauchten und tönten, wie
ewig schwellende Brandungswellen:
– Zweimal! Zweimal! Zweimal hast du mich herausgefordert!
Wo das Licht in der Ritze ist, hast du mich herausgefordert!
Jetzt muß ich!

Im blauen, rauchigen Licht von Callahans Bierstube drehte Callahan, der bleiche, feiste Barkeeper, den tropfenden Bierhahn zu, lehnte sich über die Bar und wieherte. Husky O'Toole – der Breitschultrige mit den himmelblauen Augen – beherrschte die vor der Bar Versammelten (unter ihnen einen Buckligen auf Krücken mit säuerlich zerknittertem Mund und einen verhutzelten Kohlenschipper mit rußigem Gesicht und hellen Augenbällen) und machte sie zu Zwergen. Während er sprach, hörten sie gierig grinsend zu. Jetzt kippte er den letzten Fingerbreit Whisky hinunter, nickte dem Barbesitzer zu, kniff seinen schmalen Mund zusammen und blickte umher.

»Gar nicht so dumm, der Bursche!« soufflierte Callahan und füllte dessen Glas.

»Schön.« O'Toole drückte die Brust heraus. »Er holt Luft, verstehst

du? Er hat die Nase voll. Nun, sag' ich, nun erzähl' ich dir was von der Fotze – Noch immer steht er vor dem Schmiedefeuer, verstehst du, mit seinem Schraubenschlüssel in der Hand. Und ich sage, du magst doch auch andere Dinge, oder? Was meinst du damit, sagt er. Schön, sag' ich, du hast Religion, oder? Ja, sagt er. Nun, sag' ich, du setzt doch auf Ponys, oder? Ja, sagt er. Und du magst doch deinen Schnaps, oder? Klar, sagt er. Schön, sag' ich, nichts von alledem für mich! Was meinst du damit, sagt er. Schön, sag' ich, deine Religion kannst du behalten, sag' ich. Ich scheiße auf den Papst, sag' ich – um ihn hochzubringen, versteht sich – und zum Teufel mit deinen Ponys, sag' ich – ich setze auch gelegentlich mal auf ein gutes, aber das hab' ich ihm nicht verraten – und was den Schnaps anlangt, so kannst du dir den in den Arsch schieben! Fotze für mich, zu jeder Zeit, sag' ich. Verstehst du, jeder Zeit!«
Sie wieherten. »Bist vielleicht eine Nummer!« sagte der Kohlenschipper. »Bist ein prima Kerl! . . .«

Als läutete er die riesige Glocke
des innersten Herzens der Stille,
blickte er um sich in Schrecken.

»Gott verdammt, Kumpel!« Jim Haig, Schmierer auf dem britischen Trampschiff *Eastern Greyhound* (das augenblicklich an der Cherry Street-Pier lag), lehnte sich über das Hafengeländer und spuckte aus. Hab' seit dem Auslaufen keinen Fisch und Chips mehr gegessen. Warum kommt denn nicht ein Kerl auf die Idee, eine gemütliche Kneipe in New York aufzumachen – Coney Island zum Beispiel. Würd' einen Haufen Geld verdienen. Nimmst zum Beispiel einen großen Kabeljau . . .«

»Jetzt! Jetzt muß ich's. In die Ritze,
denk dran. In der Ritze wirst du geboren.

»Bu! Es gibt Nächte, da würd' ich schwören, die Treppe ist höher.« Auf dem ersten Stock blieb Bill Whitney stehen und blickte aus dem Fenster, das auf den East River ging. »Stinkerei, der Haufen da drüben!« Und die Augen über die im schwarzen Gewirr schimmernden Öfen, Emailtöpfe, zersplitterte Waschbecken, Pißpötte hebend, starrte er auf den von den dahingleitenden Lichtern eines Schiffs gestreiften dunklen Fluß, ließ den Blick zum anderen Ufer hinüberwandern, wo verstreute, erleuchtete Fenster in Fabriken und

Mühlen gefangen schienen, wie Blitze in Blöcken aus Ruß, und lenkte die Augen wieder südostwärts, zum Perlenstrang der Brücke. Über flüchtige Purpurblüten glitt der ferne Zug wie tröpfelndes Gold den sanften Hang hinab. Dahinter und davor spärliche Autoscheinwerfer, verspäteter oder verkündender Tau auf dem Ast der Nacht. »Und George mit offenem Mund und ich schimpfe und berühre den Boden mit meiner Stiefelspitze und keine Räder unter mir. Ha! Ha! Mmm! Was träumt einer nicht alles in seinem Schlaf ... Ein Rad ... Ein Fahrrad ... Er wandte sich ab und suchte die Uhr. »Dabei bin ich auf einem ... nicht mehr gesessen ... seit ... mehr als fünfunddreißig ... vierzig Jahren. Nicht, seit ich ein kleiner Milchbart war ...«

Klamme Finger fuhren der scharfen Kante
des Schöpflöffels nach. Vor seinen Augen
flitzte das Glitzern über die Schienen ...
fuhr zurück, flitzte vor ...

»Hör mal, O'Toole, da hinten sind ein paar Flittchen.« Der Barkeeper deutete mit dem Biermesser hin. »Genau deine Umdrehungszahl?«
»Scheißklöten!« entgegnete Terse O'Toole. »Meinst du, ich hätt' mir grad erst meinen Picker zurechtbiegen lassen für nichts und wieder nichts? Habe mir die Eier schön festhalten müssen, wenn ich pissen ging!«
»An den Dosen bei uns gibt's keine Spleißen, du. Ehrlich, O'Toole! Wir haben nur saubere Ware ...«
»Laß ihn ausreden, ja!« unterbrach der Bucklige säuerlich. »O'Toole braucht für seine Schlitze nicht zu berappen.«
»Schön, sagt er. Ja. Auch ich sag' ja. Und die ganze Zeit waren Steve und Kelly unter den Trägern und brüllten: ›He, wirf uns eine Niete zu!‹ Und ich sag' ...«

– Niemand in Sicht!

Kläng! Kläng! Kläng! Kläng! Kläng!
Der ballenwunde Plattfuß von Dan MacIntyre, dem Wagenführer, trommelte auf die Glocke. Unmittelbar vor der lärmenden Straßenbahn schob der Verkäufer von Halwa, gezuckerten Erdnüssen, gebrannten Mandeln und kandierten Früchten, gemächlich watschelnd seinen Karren über die Schienen. Dan MacIntyre war wütend. War

er nicht Blocks um Blocks hinter seinem Vordermann zurück? Hatte sein Schaffner nicht beschissen langsam geläutet? Würde Jerry, der Starter auf Avenue A, ihn nicht mächtig zur Sau machen? Und da mußte der lausige Levantiner noch den Verkehr aufhalten. Er hätte gute Lust, ihm die Pisse aus dem Wanst zu prügeln. Statt dessen hämmerte er auf die Glocke ein.
Gemächlich, ganz gemächlich, steuerte der armenische Trödler seinen Karren aus dem Weg. Doch bevor er den Schienenstrang räumte, hob er seine geballte Faust, hoch und freundlich. Durch die dichte Gabelung von Zeige- und Mittelfinger guckte ein schmutziger Daumen hervor. Leck mich, MacIntyre!
»Gott verdamm dich!« röhrte er beim Vorbeifahren. »Gott zerreiß dich!«

– Also los! Also los! Also los!
Dann stand er still und steif als
sei er an die Wand gefroren, gefrorene
Finger umklammerten die Kelle.

»Und ich sag's dir ehrlich, Mimi, Herzchen ...« Der Eingang zu Callahans Wohnung lag in einem von einer roten Lampe erleuchteten, breiten Hinterhof. Drinnen, unter einem ausladend rankenden bronzefarbenen Aluminiumkandelaber saß Mary, steingutwangig, feuchtäugig, vor der rosafarbenen, mit schabenbraunen Kehlungen verzierten Wand am Tisch und sprach mit rührseliger, beschwipster, piepsiger Stimme. Mimi, die steingutwangige, steingutäugige, eine schmierige Blonde mit strohfarbenem Haar wie ein Subway-Sitz, saß zusammengesackt und hörte zu. »Ich war doch so jung und unschuldig, und ich sag's dir ehrlich, ich hab's auf der Stelle der Kassiererin gebracht, das habe ich. Und, iiii! schreit sie und duckt sich hinter die Kasse, iiii! Schmeiß es weg, du blödes Stück! Aber wie sollte ich das wissen – ich war kaum fünfzehn, als ich Saaltochter war. Die hatten's auf dem Teller gelassen – waaa, Kerle gibt's auf der Welt – und ich dachte, es wär' so'n Ding, das du auf den Finger stülpst, wenn du dich geschnitten hast ...«
»Wenn du dich geschnitten hast, sagtest du, Mary, Liebchen?« Die Steingutbacken bekamen Sprünge.
»Klar, geschnitten, geschn ... Wii! Hii! Hii! Hii! Hii! Aber ich war doch so jung und unschuldig, bis er kam. Wii! Hii! Hii! Ehrlich, ich war's. Ich hätte damals in eine Bierflasche pissen können ...«

Aus den Schatten jetzt, aus der dämmrigen, leeren
Straße trat er vom zersplitterten
Randstein hinunter aufs Pflaster.
Trotz all des Spähens, Horchens, Zusammenzuckens
war er blind wie ein Schlafwandler, war er
taub. Nur das stählerne Glitzern auf den
Schienen war in seinen Augen, festgeheftet
wie eine Fackel, ihn anziehend mit Seilen,
so hart wie Stahl. Nur noch wenige Schritte und
er war da und stand zwischen den
Geleisen, über die versunkene Schiene gespreizt.
Er spannte seine Beine zum Sprung, hielt
den Atem an. Jetzt fand die schwankende
Spitze des Kellengriffs die langen,
dunklen grinsenden Lippen, scharrte, und
wie ein Schwert in seine Scheide –

»Oi, Schmaihe, Goj! Was für ein Dusel! Was ein Dusel! Solltest nur noch quaken.«
»Tscha! Tscha! Tscha! So spiele ich Karten!«
»Hat ihn mit einem *flush* geschlagen! Ai, ji, ji!«
»Wetten, daß er gestern nacht bei einer Niggerin gewesen ist!«
»Er ist auf einer Schweifrübe geritten, um keine Buben mehr zu verlieren. Tscha! Tscha!«
»Er ist ein Dichter, der Bursche!«
»Ein Putz!«
»Hast eine Metze dabei gehabt, Morr's?«
»Maul halten, Schaute! Meine Clara ist nebenan!«

Hineingestoßen! Und er rannte! Rannte!

»Nichts? Nein, sage ich, nichts. Aber jedes Mal, wenn ich eine hübsche Fotze die Straße raufkommen sehe, sag' ich, mit runden Waden und einem Paar prächtigen Türklopfern, Jesses, O'Toole, sag' ich, da ist eine Stute, auf die ich mich lieber lege, als daß ich drauf setze. Kapiert, was ich meine? Lieber ein Bett drunter als drauf eine Wette. Kapiert?«
»Ho! Ho! Ho! Jesses!«
»Ja! Ha! Der sagt ihm Bescheid, verstehst du? Der mag die *fica stretta!*«

Herablassend blickten sie auf den kalkverspritzten Makkaroni im Arbeitsanzug, und –

»Ach, Quatsch!« sagt er. »Ja, sag' ich. Und Schnaps, sag' ich. Mein Schnaps ist, was ich aus fixen Titten sauge, sag' ich. Lallalmm, sag' ich. Und wenn's ans Beten geht, sag' ich, kannst du mir sagen, ob's was Besseres gibt, als auf einem sauberen Pfirsichschlitz zu beten?« O'Toole tat das Gelächter hastig mit einer Handbewegung ab. »Du bist ein Atheist, du Scheißkerl«, schimpft er. »Ein Scheißatheist, sag' ich – Und die ganze Zeit hingen Steve und Kelly unter den Balken und schimpften, he, wirf uns eine Niete zu . . .!«

Rennend! Doch kein Licht überholte ihn,
kein Lodern unerträglicher Flamme. Nur
in seinen Ohren hielt das hohle
Klimpern von Eisen an. Hohl, vergeblich.
Fast schon im Bierstubenlicht, lief er
langsamer, schluchzte laut auf und blickte
zurück –

»Aber wer hätte das gedacht?« Bill Whitney stieg von neuem die Treppe hinauf. »Gott nochmal, wer hätte das gedacht? Die Wochen, wo ich die Stange für ihn gehalten habe . . . Wochen . . . und er stieß zu und traf nie vorbei . . . Betrunken? Nein, den Morgen war er nicht betrunken. Nüchtern wie ein Pfaffe. Stocknüchtern. Schwang seine zwölf Pfund wie eine Uhr. Vielleicht hab' ich drangestoßen, vielleicht war ich's . . . Herrgott nochmal, ich wußte es. So ein Gefühl, ich hätte den schwarzen Schlitten in der Luft gesehen. Ich wußte es schon, bevor er runterkam. Dabei hatte er eine ganze verdammte Landschaft, wo er reinfallen konnte. Aber ich mußte es sein . . . Was? Mußte es sein? Der Gips um mein Bein? Eine Schweinehitze! So mußte es sein . . .«

Wie eine eingetauchte Metallflagge oder
ein komischer Helmkopf, der das Pflaster
mustert, ragte die mattglänzende Schöpfkelle
zwischen den Schienen hervor,
seitwärts gelehnt.
– Ging nicht. Ging nicht rein. Hat nicht ge-
leuchtet. Geh zurück.

Er kehrte um – langsam.
Nie–mand – sieht zu –

»Brüllen? Sag mal, hab' ich gebrüllt? Was hätte eine Kleine sonst tun sollen, wenn ihre Geschichte nicht kommt – Sag's! Aber ich rechne noch mit dir ab, hab' ich gesagt, ich mach' dich fertig, wie du mich fertig gemacht hast. Wart's nur ab! Mit sowas kommst du bei mir nicht durch. Geh doch los, hat er gesagt, du kleines Freiloch – so hat er mich genannt. Worauf bist du aus? Auf Zaster? Schön, ich hab' keins. Da hast du's! Und jetzt kleb nicht länger an mir, sonst kleb' ich dir welche! Hat er gesagt.«

»Wo hast du's gekriegt?«

»Ich hab' mir's geliehen – war nicht viel. Sie hat sich eine H–hebamme genannt. Bin allein hingegangen. Meine alte huhu, meine alte D–dame hat's nie . . . o Jesus!« Tränen gruben Rillen in ihren Wangenkleister.

»Hör mal her – dreh deinen Hahn zu, Mary, um Gottes willen!«

»Ach! H–halt d–die K–klap–pe, ja! Darf ich nicht b–brül–len, wenn ich – ich – uh–uh–uh – Los g–geh mit deinem H–höcker h–hausieren, h–hat er gesagt . . .«

»Aber nicht hier, Mary. Um Peters Liebe willen. Wir kriegen alle mal einen vor den Latz geknallt . . .«

– Lauf! Lauf rasch zurück!

»Sie werden uns verraten!« In die Tenth-Street-Stadtbahn, die auf der Avenue A langsamer fuhr, drang die Stimme des bleichen, goldbebrillten fanatischen Gesichts und übertönte alle anderen Geräusche: das schlickrige, sehnsüchtige »Öffne Jesus die Tür« der im Park singenden Heilsarmee, die Worte der in der Bahn hin und her schwankenden feisten Frau, als sie sagte: »Deshalb hat der Arzt gesagt, vermeiden Sie jedes Fleisch, wenn Sie keine Gallensteine bekommen wollen. Also hab' ich jedes Fleisch vermieden, aber hin und wieder brate ich mir ein Stückchen Mortadella mit Eiern – dafür schwärme ich!« Das Gemurmel des alten graubärtigen jüdischen Trödlers (er wiegte seinen Kinderwagen, auf dem Brezeln wie Ringe auf senkrechten Stöcken aufgespießt waren). »Schöpfer des Weltalls, warum hast du mich an diese Maschine gekettet? Schöpfer des Weltalls, werde ich je mehr verdienen als Wasser zu meinem Schwarzbrot? Schöpfer des Weltalls!« Die gleichbleibende Begeisterung der gutmütigen Amerikanerin: »Und wissen Sie was, Sie können innen ganz hinaufgehen, für fünfundzwanzig Cents. Für nur fünfundzwanzig Cents, denken Sie! Jeder Amerikaner, ob

Mann, Frau oder Kind, sollte innen hinaufsteigen, es ist unheimlich spannend. Die Freiheitsstatue ist ...«

– Er schlich zum Schöpflöffel, vorsichtig,
auf Zehen –

»Schnauze, ihr da unten, ihr irischen Bullenfressen, sag' ich, wartet gefälligst, bis ich fertig bin! Fotze sag' ich, hitzig oder rotzig, ist mir Jacke wie Hose. Das da macht sie heiß. Das da macht sie heiß, sag' ich. Ein Blick auf mich, sag' ich, und du kannst die Niete da in den Eiskasten legen – die hält sich! Damit bohrst du sie aus, sagt er – so ziemlich rotzig. Scheiße mit Ei, nein, sag' ich, ich brenn' sie aus. Warum wirfst du sie ihnen nicht zu, sagt er, die brüllen noch immer nach einer Niete. Aa, ich will den Scheißbalken nicht sprengen, sag' ich. Du bist gut, sagt er. Gut, sag' ich, hast du schon mal den neuen Kolben gesehen, wenn er durch einen Träger brennt oder durch eine Flansche oder irgendein Scheißstück Eisen – was da für Funken runtersprühen ...? Hast du's gesehen? Na schön, so komme ich. Jedenfalls hatten die das behauptet – und dabei hingen Steve und Kelly die ganze Zeit unter den Trägern und kriegten Scheißhämorrhoiden und brüllten he, wirf uns doch ...«

– spitzen, vorsichtig über seine Schulter blickend,
auf Zehenspitzen, über geschlossene
Pflastersteinreihen, vorsichtig –

»Es mußte kommen. Und Gott verdammt, es hätte rauskommen können, als ich mich ins Bett legte und fest gequetscht habe. Gott verdammt, es hatte kein Recht, so zu brennen ... Mußte sein ... echter Meerschaum. Besten Dank, hab' ich gesagt. Besten Dank, Miß Taylor. Und ich stand auf der Hintertreppe mit der Eiszange in der Hand. Danke Ihnen und Dank den Herren Doktoren ... Boston, das Jahr, in dem ich ... Ho, Gott verdammt. Und das ganze verdammte Laken flammendrot. Und Kate schrie neben mir ... Gott verdammt nocheins! Das hätte es nicht tun sollen ... Noch jetzt sehe ich, wie sie mich anschaut ... Wie sie ihren Hals in den weißen Raum streckt ... im Hospital ...«

Als könnte sein eigener Tritt den schräg
stehenden Griff in seinem Nest
unter der Erde lockern. Und jetzt, und –

»Warum nicht? fragte sie mich. Lefty mit gezinkten Würfeln abservieren. Die Ratte! Mit sowas darf er nicht durchkommen, weißt du. Ich weiß, Mag, hab' ich gesagt. Es täte meinem Herzen wohl, ein Messer in seinen lausigen Kutteln zu sehen – ich hab' nur eine beßre Idee. Was? fragt sie mich. Spuck's aus! Ausspucken ist das richtige Wort, sag' ich zu ihr. Ich kenn' einen Drogistenmenschen, hab' ich gesagt, ein guter Freund von mir. Jawohl, und da schaut sie mich blöd an. Ihn mit einer Dosis abmurksen, o nein! – hab' ich gesagt. Kein Gift. Hör zu, Mag. Schmeiß einen Budenzauber bei dir, verstehst du? Schick ihm eine Einladung. Der kommt. Und dann laß mich ihm einen Drink fixen. Und ich blinzle ihr zu. Hast du nie von der Spanischen Fliege gehört . . .«

kauerte jetzt darüber,
streckte eine Hand aus, um

»Sie werden uns betrügen!« Über all diese Stimmen stieg die Stimme des Sprechers. »Im Jahre 1789, im Jahre 1848, im Jahre 1871, im Jahre 1905, der, welcher irgend etwas zu sparen hat, wird uns von neuem versklaven! Und wenn er uns nicht versklavt, wird er uns im Stich lassen, wenn der rote Hahn kräht! Nur die arbeitenden Armen, nur die verbitterten, verwirrten, betrogenen Massen können uns befreien am Tag, wenn der rote Hahn kräht!«

die Kelle hochzuheben. Das fast greifbare
Gefühl einer gezügelten drohenden
und schrecklichen Kraft

»Du bist der schlimmste, beschissenste Lügner, den ich jemals gesehen hab', sagt er, und duckt sich auf dem Träger.«

sammelt sich wie in einem Brennpunkt auf
seiner Hand über
dem haarbreiten

»Hast du mehr als ein Paar Siebenen?«

Abstand zwischen seinen Fingern und der
Schöpfkelle. Er wich

»Es sind immer die Wohlbestallten, die predigen, es mußte so kommen.«

zurück, richtete sich auf. Vorsichtig

»Ich ließ es also hineinfallen, als er tanzte – O hii! Hii! Mimi! Eine gesunde Dosis, die ich . . .«

auf dem linken Fuß balancierend, schob

»Ja, ich sage, zieh deine Hosen aus.«

er den rechten vor –

Krritlkt!

– Was?
Er starrte auf den Fluß, sprang vom
Gleis weg und stürzte in den
Schatten.

»Hast du ihn gehört, Mack? Den glotzäugigen Jid mit seinem roten Hahn?«

Der Fluß? Das Geräusch da! Das Geräusch
war von dort gekommen. Alle seine Sinne
streckten sich dem Dock entgegen, rangen mit
Stille und Schatten. Leer . . .?

»Back's gut aus in Eierteig. Kumpel, das ist eine blühende Goldmine! Das ist ein Schlager! Christus weiß, wie viele Jungs du mit einem einzigen Scheißkabeljau abfüttern kannst . . .«

Ja . . . leer. Nur seine hohlen Nüstern
machten die leise Bewegung in der
Stille aus; der wandernde Flußwind umsäumt
vom leichten Duft salzigen

»Und der ist fast durchgedreht! Ich sag' dir, Mimi, wir sind fast geplatzt vom Zuschauen . . .«

Verfalls, gesprenkelt von zähem Teergeruch –
Krrritlkt!

»Kann nicht, sagt er, ich hab' einen Blechbauch.«

– Es ist. Oh – Es ist – es ist Papa! Fast
wie er. Es ist – fast wie seine Zähne.
Nichts . . . Ein Lastkahn an schlaffem Tau oder
ein Schandeckel, der gegen das Dock knarrt,
weil ein

»Ich setze höher.«

Schiff vorbeifuhr.
– Fast wie Papa.
Oder eine Tür, die im Wind hin und her kichert.

»Da hast du einen Büchsenöffner, sag' ich.«

Nichts. Er kroch zurück.

»Hemm. Die letzten verdammten Stufen.«

Und stand da, über dem Gleis. Die
Pracht verborgen in der Erde, der Titan,
schlummernd in seinem Bau, verächt-
lich. Und seine Augen

»Und lief hii! hii! hii! In alle Himmelsrichtungen hii! Hii! losschießend.«

hoben sich

»Und ich greif' eine Niete mit der Zange, und ich sag' ...«

und da lag die letzte Kreuzung der
Tenth Street, die letzte Kreu–

»Da hast du eine Blume, du Brüllwampe, schieb sie dir in den Arsch!«

zung, und dahinter, hinter der Hochbahn,

»Wie oft soll dein roter Hahn krähen, Peter, bevor du aufgibst? Dreimal?«

wie in der Grube des Westens, tönte die
letzte

»Jii! Hii! Hii! Mary, losschießend ...«

rosige Färbung den Stengel des

»Nichts zu tun als steigen ...«

bebenden, gekerbten

»Bekenn Farbe, wenn du's besser kannst!«

Kelchs des nachtstraffen Steins mit

»Und ich schmeiß' ihm die beschissene Niete zu.«

der Abtrift des Tages. Und seine Zehe krümmte
sich in die Kelle wie in einen Steigbügel.
Der kratzte, regte sich, rutschte, und –

»Hier hab' ich einen Stern für dich! Paß auf! Drei Könige hab' ich. Sind zu Pferd gekommen. Jii! Hii! Hii! Mary! Da bleibt nichts übrig, als aufs Tageslicht zu warten und heimzugehen. Zum Krähen des roten Hahns. Über die Statue der. Losschießend. Kabeljau. Kläng! Kläng! Oi! Maschine! Freiheit! Aufruhr! Erlösung!«

Macht
Macht! Macht wie eine Klaue, titanische Macht
brach aus der Erde und prallte
gegen seinen Körper und bannte ihn
an Ort und Stelle. Macht! Unglaubliche,
barbarische Macht! Ein Blitz, eine Lichtsirene
in ihm, zerreißend, erschütternd, Hirn und
Blut, zu einem Springquell aus
Flammen zusammenschweißend, ungeheure Raketen
im ätzenden Gesprüh!
Macht! Der Falke aus Strahlenglanz riß ihn mit
Feuerklauen, zerschmetterte seinen Schädel mit
einem Feuerschnabel, zerrieb seinen Leib mit
Schwingen aus unerträglichem Licht. Und er
wand sich reglos im Würgegriff heillosen
Ruhms, und sein Gehirn schwoll und dehnte sich,
bis es die Milchstraße verzwergte
zu einem funkelnden Bläschen.
Und zuckte zurück, und sein
letzter schreiender Nerv krallte nach Überleben.
Er trat mit dem Fuß – einmal. Ungeheure Widder
der Dunkelheit prallten aufeinander; durch den Stoß
stürzte der Raum ins Verderben. Ein leiser Schrei
wankte durch die Spiralen des Vergessens, fiel
wie eine Fackel auf Wasser, z–i–s–s–c–c–h–h–t–e–

»Was?

»Wat?

»Waas?

»Gott verdammt!

»Was ist denn los?«

Die Straße blieb stehen. Augen, eine Myriade Augen, fröhlich oder versunken, wässerig oder klar, scheel, blutunterlaufen, hart, versoffen oder hell, fuhren von ihrer Arbeit auf, ihrem Spiel, von Gesichtern, Zeitungen, Tellern, Karten, Bierseideln, Ventilen, Nähmaschinen, fuhren auf und strömten zu einem Punkt zusammen. Während am Fuß der Tenth Street bebende Pracht die Pflastersteine, die rußigen Bauten, die trüben Stallungen, den Müllhaufen, den Fluß und den Himmel in einen einzigen Zymbelschlag aus Licht auflöste. Im grauen Rachen der Schiene wirbelte und tanzte der Schöpfer, verzehrt vom donnernden Strahlen, weißglühend –

»He!«

»Jesus!«

Schau mal hin! Es ist Regen . . .«

»Kurzschluß, Mack . . .«

»Mary, was ist denn los . . .?«

»Schloime, ein Blitz wie . . .«

»Heda, Kumpel!«

Auf der Avenue D schoß eine Stichflamme aus dem Untergrund empor, grollte, als zerrisse die Schale der Erde. Nun hasteten die Leute, rannten Kinder an ihnen vorbei, kreischend. Auf der Avenue C verblaßten die Lichter der Straßenbahn, flackerten. Der Wagenführer fluchte, fühlte, wie der Strom nachließ. Im Königlichen Lagerhaus zerrte der blinzelnde Nachtwächter an dem festgeklemmten, widerspenstigen Fenster. Der zerknitterte Kohlenschipper lehnte unsicher zwischen den Flügeln der Schwingtür – blinzelte, schielte mühsam und –

»Heilige Mutter Gottes! Kommt und schaut!«

»Was?«

»Dort liegt einer! Der brennt!«

»Naa! Wo denn?«

»Gottverdammtes Fenster!«

»Es ist in der Tenth Street! Sieh!«

»O'Toole!«

Die Straße füllte sich mit rennenden Männern, die Gesichter gemeißelt und geisterhaft in dem wütenden Licht. Sie brüllten heiser. Die Straßenbahn kroch vorwärts. Oben rasselte ein Fenster auf.

»Herrgott, es ist ein Kind!«

»Ja!«

»Rührt's nicht an!«

»Wer hat einen Stock!«
»Einen Stock!«
»Einen Stock, um Jesu willen!«
«Mike! Die Schaufel! Wo ist deine Scheißschaufel . . .«
»Hinten bei Call . . .«
»Oj, 's is a kind . . .«
»Hol Peters Krücke! Heda, Peter!«
»Aaa! Wer hat deinen Buckel angerührt, du Scheißkrü . . .«
»Tut doch was! Miister! Miister!«
»Du mieser Bankert, hab' gesehen, wie du dich fortgeschlichen hast . . .« Der Bucklige wirbelte herum und schwang sich fort auf seinen Krücken. »Scheiß die Wand an!«
»Oj! Oj wej! Oj wej! Oj wej!«
»Holt einen Polypen!«
»Eine Ambulanz – los, ruf eine!«
»Rühr ihn nicht an!«
»Bambino! Madre mia!«
»Mary, schau, es ist noch ein Kind!«
»Helfts! Helfts! Helfts jidn, ratewet!«
Eine stetig wachsende Menge rottete sich zusammen, verwirrt, gelähmt, schwatzend. Sie blinzelten ins Licht, auf die im Herzen des Lichts hingestreckte Gestalt, warfen die Arme hoch, deuteten darauf, kniffen sich in die Backen, pufften einander, schrien, stöhnten – »Hei! Hei dort unten! Hei!« brüllte eine Stimme aus der Höhe. »Paßt auf dort unten! Paßt auf!«
Die Menge rückte vom Lagerhaus ab.
»Ungeheuerlich!«
»Das ist ja . . .«
»Nimm du ihn!«
»Greif ihn!«
»Gib mir den Scheißbesen!«
»Nimm dich in acht, O'Toole!«
»Oj, der brave Mann! Gott soll . . .«
»Oooo! Armes, kleines Kind, Mimi!«
»Er wird's tun!«
»Paß auf!«
»Nicht anrühren!«
Der Mann im schwarzen Hemd ging behutsam auf Zehenspitzen auf die Schienen zu. Mit seinen gegen den schrecklichen Glanz zu-

sammengekniffenen Augen schielte er über seine hochgezogene Schulter.

»Schieb ihn weg!«

»Langsam!«

Aufpassen!«

»Braver Kerl!«

»Oj gotinju!«

Die zerschlissenen, geschwärzten Strohborsten des Besens keilten sich zwischen die Schulter des Kindes und die Pflastersteine. Ein Drehen des Griffs. Und das Kind rollte aufs Gesicht.

»Gib ihm noch einen Schubs!«

»So ist's recht! Zieht ihn da weg!«

»Rasch! Rasch!«

Noch einmal stieß das Besenstroh gegen die hingestreckte Gestalt. Sie rutschte übers Pflaster, weg von den Schienen. Einer auf der anderen Seite packte seinen Arm, hob ihn hoch, trug ihn zum Randstein. In dichtem, drängendem Strudel wirbelte die Menge herum.

»Oj! Gewalt!«

»Mach ihm Luft!«

»Ist er verbrannt?«

»Benny, bleib bei mir!«

»Und ob er verbrannt ist! Schau dir seinen Schuh an!«

»Ach, die arme Mama! Die arme Mama!«

»Wem gehört das Kind?«

»Weiß nicht, Mack!«

»Wer drängelt da so?«

»Jesus, tragt ihn in einen Drugstore!«

»Nee, einer muß ihn gleich hier behandeln. Ich hab' in einem Kraftwerk gearbeitet!«

»Tut doch was! Tut was!«

Der sich windende Schöpflöffel war nun fast verzehrt. Im flammenden Licht wechselten die unheimlichen, weißlippigen, starrenden Gesichter der quirlenden Menge von Kalkweiß zu Ruß und von Ruß zu Kalk – wie Flammenmasken, die verrußten und sich von neuem entfachten, und ihre wie besessenen, verrenkten Körper warfen ein gewaltiges, schräges, zuckendes Schattenspiel auf Müllbergen, Lagerhaus, Fluß und Straße –

Kläng! Die Straßenbahn fuhr heran und hielt.

»Ojjj! Er's tojt! Er's tojt! Ojjj!« Eine Frau kreischte, würgte, fiel in Ohnmacht.

»He! Fang sie auf!«

»Schlep's awek!«

»Die hatte's grad nötig . . .«

»Wasser!«

Man zerrte sie auf scharrenden Hacken beiseite.

»Scheiße!« Der Wagenführer sprang von der Bahn und packte den Besen –

»Fächelt ihr mit dem Hut zu!«

»Gehn Sie von meinen Füßen runter, Sie!«

»So ist's recht! Lehn dich auf ihn, O'Toole! Drück fest – so ist's recht! So ist's richtig! Ich hab' in einem Kraftwerk gearbeitet . . .«

Und mit dem Besen schnipste der Wagenführer das verformte Metallstück aus der Schiene. Ein Beben! Als wäre Leviathan auf den Angelhaken losgesprungen und dröhnend zurückgeprallt. Und Dunkelheit.

Dunkelheit!

Sie grunzten, die Menschenmassen, standen plötzlich eine Sekunde stumm, eine Sekunde still, geschlagen, zusammengekauert, zerschmettert vom Niederschlag zehnfacher Nacht. Und eine Stimme sprach, gespannt, geschrumpft, tastend –

»He, Kumpel! Sie ist noch immer so weiß – so wie du immer beim Kalklöschen aussiehst. Weißt schon, eh?«

Jemand kreischte. Die ohnmächtige Frau stöhnte. Die Menge murmelte, flüsterte, brodelte unruhig im Dunkeln, war froh über die lauten Neuankömmlinge, die den dichten Umkreis durchstießen –

»Aus dem Weg!« »Aus dem Weg!« Vor Machtbefugnis krächzend, bahnte sich ein steingrimmiger Uniformierter schulterstark einen Weg durch die Menschen. »Aus dem Weg!«

»Die Polente!«

»Treten Sie doch nicht auf ihn drauf!«

»Zurück da! Zurück! Hast du mich gehört, Moses? Zurücktreten! Abhauen! Los schon!«

Angesichts des gefährlich geschwungenen Gummiknüppels trat man den Rückzug an. »Abhauen, bevor ich euch fächle! Zurücktreten! Damit man hier was sieht! Los, los, sage ich!«

Künstlicher Zorn trieb ihm den Speichel auf die Lippen. »He, George!« ranzte er einen Stämmigen an, »faß mal mit an, ja!«

»Klar! Geh zurück da, Pete! Geh auf die andere Seite rüber!«
Der Polizist machte auf den Fersen kehrt und kauerte sich neben dem Schwarzhemdigen nieder. »Sieht nicht verbrannt aus.«
»Nur sein Schuh.«
»Wie lange ist er draufgewesen?«
»Wenn ich das wüßte! Ich weiß nur, daß ich aus Callahans Bar komme und einer gerade einen Besen aus dem Fenster schmeißt und ich den packe und ihn da von dem Scheißding fortschiebe ...«
»Still! Das hat er wohl selbst getan – Naa! Doch nicht so! Laß mich mal machen.« Er schob den anderen beiseite, drehte das Kind aufs Gesicht. »Erste Hilfe fängt hier an.« Seine massigen Hände umfaßten fast ganz die schmale Taille. »Wie bei Abgesoffenen, verstehste?« Er drückte.

Ch–r–r–r–f! S–s–s–s–.

»Ich hab' ihn gehört!«
»Ja!«

»Er bringt ihn zum Atmen!«

»Sieh? Er schafft ihm wieder Luft!«

Ch–r–r–r–f! S–s–s–s–.

»Schaut schon ziemlich hinüber aus, du. Wo zur Hölle ist bloß die Ambulanz?«
»Wir haben sie doch schon gerufen, Herr Uffizier.«
»Arrch!«

»Klopfen Sie ihm auf die Füße, Wachtmeister, ich hab' in einem Kraftwerk ...«

Ch–r–r–r–f! S–s–s–s–
»Kennt ihn jemand? Kennt jemand von euch den Jungen?«
Der innere und der halsgereckte Halbkreis brummten tonlos. Der Polizist legte das Ohr auf den Rücken des Kindes.
»Scheint erledigt zu sein, aber man kann nie wissen ...«
Ch–r–r–f! S–s–s–s–

»Der sagt, er ist tot, Mary.«

»Tot!«

»Oj! Tojt!«

Gott sei Dank, daß es nicht mein Elis is ...«

Ch–r–r–f. S–s–s–s–.

»set im helfn wi a tojten banke.« Der untersetzte Jude in Hemdsärmeln, dessen enger Gürtel seinen runden Bauch zu einem B schnitt, wandte sich an den kalkbesudelten Makkaroni – schielte und sah,

daß die Verständigung nicht geklappt hatte. »Das hilft ihm soviel, wie einen Leichnam schröpfen«, übersetzte er – und tippte sich mit einem Pik-Aß auf die Brust.

C–h–r–r–r–f. S–s–s–s–
(I–i–i–i. I–i–i–i.
Ein Stückchen Glut kam zum Leben . . . schwächlich . . . ungewiß.

»Hier ist das verdammte Ding, das er reingeschmissen hat, Herr Wachtmeister.« Der Wagenführer schüttelte die Menge ab und hielt das geschrumpfte, gezwirbelte Stück Metall hoch.
»Ja. Was ist es?«
»Keine Ahnung. Heiß ist es, heiliger Jesus!«

Ch–r–r–r–f. S–s–s.
(I–i–i–i.
Wie die rote Pupille vom Auge der Dunkelheit, weitete sich die kleine Glut, drehte sich wie ein Feuerrad, dehnte sich, dehnte sich, bis im Kern eine weiße Blase den scharlachroten Stoff zerriß und sich ausdehnte und wie ein Fleck den Rand verschlang –)

»Fünfhundertundfünfzig Volt! Schöne Ladung!«
»Der ist abgekocht, was meinst du?«
»Ja, Jesus! Was denn sonst!«
»Anh!« Der Polizist grunzte vor Anstrengung.
Ch–r–r–r–f! S–s–s–s.
»He, Miister, vielleicht ist er draufgefallen – auf das Eisen . . .«
»Klar, so ist's!«
»Das ist der Fehler von der Kompagnie, von der Straßenbahn!«
»Astloch, wie soll er da draufgefallen sein, um der Liebe Jesu willen!« fuhr der Wagenführer sie wütend an.
»Klar hätte er das können! Und zwar spielend!«
»Aber der Stock stickte – stakte – stach doch raus!«
»Der wird euch schon verklagen, keine Angst!«
»Zurück da!«

Ch–r–r–r–f! S–s–s–.
(Tiiii–i–i–i
Und im weißen, frostigen Licht im Innern

der roten Iris schlich eine kleine Gestalt
über eine verlassene Straße mit brüchigem Pflaster,
mit gefurchter Fahrbahn, schlich hinüber und hinweg,
und über ihm seufzten die straffen frostigen
Drähte an ihren Kreuzen –
I–i–i–.
Sie seufzten und überspannten Erde und Himmel.
– Aufw! A–a–u–u–f–w–ie! Aufw–i–e! Aufwieder-
sehn! . . .)

»Ein gefundenes Fressen für einen Winkeladvokaten! Hat man Worte!«

»Ha–a–ha! Huhu!«

»Ich bin spät dran. Da, nehmt euer Ding.« Der Wagenführer ließ den zerknitterten, geschwärzten Schöpflöffel neben den Randstein fallen.

»Ein irischer *chochem*, ein Weiser!«

»So eine Affenschande . . .«

»Na was denn!«

»Was ist hier los, Chef?«

»Schauen Sie mal her!«

»Lassen Sie mich mal hier durch!«

»Uuh!«

Ch–r–r–r–rf! S–s–s–f.
(– Wiedersehn, M–i–s–t–e–r, M–i–s–t–e–r. H–i–i–i.
W–a–a–a–l–d–
Und ein Mann in einem Schlepper mit Haaren unter
den Achseln hing an einem Mast zwischen den
Drähten, sein weißes Unterhemd schimmerte.
Er grinste und pfiff, und bei jeder Note
flogen gelbe Vögel zum Dach auf.)

»Ja, mein. Ein Schluck von irgendwas würd' ihm gut tun!«

»Nee! Da würd' er dran ersticken, wenn er noch lebt.«

»Ja! Wenn er noch lebt!«

»Wo ist er verbrannt?«

»Wo ist er verbrannt?«

»Die sagen, an den Füßen, an den Händen, überall.«

»Uuh!«

C–h–r–r–f! S–s–s–.

(W–i–i–i–
Der Mann in den Drähten bewegte sich. Die
Drähte klirrten hell. Die frohe
goldene Wolke aus Vögeln füllte
den Himmel.)

»Uuh!«

(Kläng!
Der Milchträger klapperte. Springend
kam er näher. Von Hausdach zu Hausdach,
über Straßen, über Gassen, über Hinter-
höfe und leere Grundstücke schwebte feder-
leicht sein Vater. Er setzte die Tragkästen
ab, bückte sich wie suchend, hielt inne –)

»Uuh!«

(Ein Hammer! Ein Hammer! Er schnarrte,
schwang ihn, er knallte wie eine Peitsche.
Die Vögel verschwanden. Entsetzen verdichtete
die Luft.)

»Uuh!«

»Er schuftet schwer!«
»Oj! Sol im got helfn!«

»Der wacht nicht auf.«

(Um ihn nun dehnte sich das Pflaster.
Dehnte sich im wirbelnden Dunkel
wie die Gesichter einer Menge,
bestürzt und erfroren –)

»Uuh!«

(W–i–i–i–i–p) Wiip! Über ihm
schwirrte und pfiff der geschwungene Hammer.
Die Türen eines Hausflurs gingen langsam auf.
Vom Dunkel getragen, trieb ein Sarg heraus,
schwebte die Vortreppe hinunter, und während
Konfetti darauf regnete, schwoll er
und wogte –)

»Uuh!«

Ch–r–r–rf! S–s–s–s–
(– Zwank! Zwank! Zwank!
Der Mann in den Drähten wand sich und
stöhnte, seine schleimigen, veilchenfarbenen
Hühnereingeweide glitschten ihm durch die Finger.
David berührte seine Lippen. Der Ruß
blieb an seiner Hand kleben. Unrein.
Schreiend wollte er fliehen, packte
ein Wagenrad, um hinaufzuklettern. Das hatte
keine Speichen – nur Zähne wie ein
Uhrenrad. Wieder schrie er, schlug mit
den Fäusten auf die gelbe Scheibe.)

»Uuh!«

Ch–r–r–rf! S–s–s–.

»Hast du's gesehen?«
»Wie soll ich's gesehen haben? Oben in der Twelfth!«
»Ich hab's sogar im Haus sehen können – auf den Karten.«
»Ich? Ich stand im Erdgeschoß – bin fast blind geworden!«
»Fünfhundertfünfzig Volt!«

(Wie an Angeln stiegen blicklose riesige
Spiegel auf, schwangen langsam aufwärts,
Angesicht zu Angesicht. In ihrem Gegenblick
entfalteten sich Wände, hoben ein
ständiges Geblinzel undurchsichtiger Seiten,
bis ein endloser Gang dahinschwand in die
Nacht.)

»Uuh! Schaut mir jüdisch aus.«
»Ja, echt Jerusalemer Landkarte.«
»Armer Bankert! Uuh!«

»Hab' ihn zuerst nicht recht sehen können!«

»Uuh!«

Ch–r–r–rf! S–s–s–s.
(»Du!« Über dem Zischen des
wirbelnden Hammers donnerte

seines Vaters Stimme. »Du!«
David weinte, näherte sich dem Spiegel,
blickte hinein. Nicht er war darin,
nicht einmal im letzten und kleinsten der
endlosen Spiegel, sondern die Chejdermauer,
der Chejder)

»Jesusjesus!«

Ch–r–r–r–rf! S–s–s–s.
(Sonnenerleuchtete, geweißte Wand. »chad-gadje!«
stöhnte der Mann in den Drähten. »Ein Kind,
ein einziges Kind.« Und die Mauer schwand dahin
und war ein gepflasterter Platz, darin ein
Fußabdruck – halb grün, halb schwarz.
»Auch ich bin hier gegangen.« Und
schrumpfte im Spiegel, und der
Eiskuchen schmolz in der Wand dahinter.
»Ewige Jahre«, klagte die Stimme,
»Nicht einmal er.«)

»Uuh!«
»Geht Ihnen die Puste aus? Soll ich's mal versuchen?«
»Neiin!«
»Seht, wie er schwitzt!«
»Wie sollte er nicht? In dem dicken Mantel!«
»Was ist geschehen, Bruder?«
»Tsch! Der fragt noch!«
»Zurück da, Sie!«
»Uuh!«

Ch–r–r–f! S–s–s–s.
(Und schwand dahin und enthüllte eine Schuh-
schachtel voller Kalenderblätter, »der rote
Tag muß kommen«.)

»Uuh! Hat er sich bewegt oder was?«
»Hab's nicht sehen können.«

(Und die fiel in ein Holzkästchen mit einem
Schiebedeckel wie die Kreidekästen in der
Schule, und darauf saß rittlings eine umflammte

Gestalt auf einem Fisch. »G–e–e–o–o–o–t–e–e–e–!« buchstabierte die Stimme. Und schrumpfte und war ein Zuckerwürfel gepackt von)

»Uuh!«

Ch–r–r–f! S–s–s–s.

»Still! Hast du's gehört?«

»Was?«

»Ja! Sie kommt!«

»Sie kommt!«

»Ich seh' sie!«

»Herr Polizist, die –«

»Zurück da, ihr!«

Ein schwaches Geklingel sickerte durch das Dröhnen der Menge.

»Uuh!«

(der warm glühenden Zange. »So weit, aber nicht weiter –« als er jedoch dahinter zu spähen suchte, verschob sich der Spiegel plötzlich, und – »Geh runter!« donnerte seines Vaters Stimme, »geh runter!« Nun lagen die Spiegel unter ihm; was Rippen gewesen war, sprang als Treppe vor, konzentrische Bogen, Wendeltreppe ohne Ende. »Geh runter! Geh runter!« Die unerbittliche Stimme schlug wie eine Hand auf seinen Rücken. Er schrie, stieg –)

Klingeling! Klingeling! Klingeling!

»Da! Sie kommt!«

»Sieh! Sieh dort drüben!«

»Wachtmeister!«

Klingel! Ling!

»Herrgott, 's ist Zeit!«

Die Menge spaltete sich wie Wasser vor einem Bug, schloß sich im Schlepptau, umflutete die Ambulanz, schwatzend, schrei–

(hinunter. Hinunter! Hinunter ins Dunkel, Dunkel, das das Herz der Dunkelheit durchbohrte, bodenlose Dunkelheit. Bei jedem seiner

Schritte schrumpfte er, wurde kleiner
mit den unsichtbaren Wänden, mit dem sinkenden
Schraubstock, glitt von einem schwindenden
Absatz zum nächsten, schwindend. Bei jedem
Schritt verlor er eine Schale des Seins,
nahm ständig ab beim Abstieg durch
den Trichter der Nacht. Und jetzt
ein Span – eine Stufe – eine Flocke – eine Stufe –
ein Fädchen. Ein Stäubchen. Ein Nadelkopf. Und nun
das Saatkorn aus Nichts und nebelhaftes Nichts
und nichts. Und er war nicht . . .)

end, die Dunkelheit mit Händen erdolchend. »Ppprrr!« Lippen flackerten hörbar, als der Blaurock aufstand. Mit einem Griff wischte seine Handfläche über die Stirn und stieß unter den schweißgefleckten Kragen. Halbkahl hüpfte der barhäuptige, weißgekleidete Internist, die schwarze Handtasche schwingend, munter vom Ambulanztrittbrett und keilte sich weiß durch die mahlende Menge. Muschelgleich umringte ihn der Mob, zog sich zusammen, lief ihm innerhalb des Kreises nach, nabelförmig –

»Elektrischer Schlag, Doktor!«
»Das Hospital!«
»Hat ihn kalt gemacht!«
»Schock?«
»Ist er tot?«
»Klar, wenn man mit dem Ding da rumspielt . . .«
»Hat einen Kurzschluß verursacht, Doktor!«
»Ja, verbrannt!«
»Wir haben es gesehen, Doktor!«

»Zurück da, Leute!« Der Polizist kniete auf dem Boden, schnarrte, sprang aber nicht auf. »Sonst spuck' ich euch auf die Maske!«
»Mmm!« Der Arzt kniff seine Bügelfalte, zog sie hoch, kniete –
»Glaub', Sie nehmen ihn besser mit, Doktor. Hab' nichts ausrichten können . . .«
»Er hört das Herz ab, schau!«

(Aber –)

neben dem abgekanteten Randstein nieder und legte das Ohr auf die schmale Brust.
»Der Schuh ist verbrannt. Haben Sie's gesehen, Doktor?«

(– die Stimme peitschte noch immer das Nichtsein,
das war, versagte ihm Vergessen. »Jetzt finde!
Jetzt finde! Jetzt finde!« Und das Nichtsein,
losgetrennt von der Nacht, wimmerte
und wollte sich wieder verstecken. Doch
aus dem Dunkel blühte)

»Ziehen Sie ihm den Schuh aus, ja, wir wollen uns das mal ansehen.«

(ein Stückchen Glut, blühte in einem Spie-)

»Klar!« Unbeholfene, willige Finger rissen die

(gel, bewegungslos schwimmend in der
Bewegung seines Lichts.)

Knöpfe auf,
»Er will ihn ansehen.«

(In einem Keller ist)

zogen ihm die Schuhe aus,

(Kohle! In einem Keller ist)

rissen die Strümpfe herunter, und ent-

(Kohle! Und sie war heller als das
Mark des Blitzes und milder als Perlen,)

blößten einen weißen, geschwollenen Ring um das Fußgelenk, auf das

(Und machte die Dunkelheit dunkel, weil
das Dunkel sein Strahlen für dieses Juwel
gewählt hatte. Zwank!)

»Ist er verbrannt?«

»Sehen Sie das denn nicht, wie?«

der Arzt blickte, während er ein
»Was sagen Sie, Dok?«
flaches blaues Fläschchen aus seiner Tasche zog, eine Grimasse schnitt, es ent-

(Zwank! Zwank! Glückseliges Nichts
streckte die Hand aus. Nicht kalt war
die Glut. Nicht sengend. Doch so als

sei aller Ewigkeit Liebkosung verschmolzen
und gewährt in einem Lidschlag. Schweigen)

korkte und fachmännisch an

(schlug die schreckliche Stimme auf der
Höhe, brachte den wirbelnden Hammer zur Ruhe.
Entsetzen und die Nacht fielen zurück.
Begeistert hob er den Kopf und schrie
zu dem zwischen den Drähten – »Pfeif,
Mister, Pfeif!«)

die unbewegten Nasenflügel hielt. Die Menge verstummte, beobachtete gespannt.

»Ammoniak!«

»Riecht stark!«

»Stinkt wie in der Schule zu Jom Kippur.«

(Mister! Pfeif! Pfeif! Pfeif!
Pfeif, Mister! Gelbe Vögel!)

Auf dem dunklen, unebenen Gehsteig rang der leblose Körper nach Atem, zitterte. Der Arzt hob ihn auf, sagte scharf zu dem Polizeibeamten: »Halten Sie ihn an den Armen fest! Er wird um sich schlagen!«

»He, schau! Schau!«

»Er stößt um sich!«

(Pfeif, Mister! P F E I F !«)

»Was sagt er?«

»Da! Jetzt! Halten Sie ihn!«

(Ein stachliger Stern der Bewußtseinsqual
barst in ihm)

»Mimi! Er ist wieder da! Er ist wieder da!«

»Ja?«

»Ja?«

»Spaß beiseite! Spaß beiseite!«

»Ja!«

»Jo!«

»Je!«

»Oj, a dank got!«

XXII

»So, mein Kleiner! So, mein Kleiner!« Die schleppende, beruhigende Stimme des Arztes erreichte ihn durch einen Wirbel zerbrochener Bilder. »Du bist nicht verletzt. Brauchst keine Angst zu haben.«
»So ist es!« bestätigte der Polizist neben ihm.
David öffnete die Augen. Hinter ihnen, zwischen ihnen und rundherum drängten wie eine festgefügte Mauer die Körper, Stimmen, Gesichter in allen Höhen, Gebärden in allen Höhen, alle strebten auf ihn zu, reckten sich, gafften, zeterten, deuteten auf ihn, redeten über ihn. Ein Alptraum! Erlösung lag im Denken. Er schloß die Augen und versuchte sich zu erinnern, wie man erwacht.
»Wie fühlt sich der Fuß an, Jungchen?« Wieder fragte die berufsmäßig besorgte Stimme. »Gar nicht so übel, wie?«
Zum erstenmal wurde er sich der Kühle an seinem nackten Bein bewußt und darunter eines unbestimmten Pochens im Gelenk. Und sich dessen einmal bewußt, konnte er die Wirklichkeit nicht mehr abschütteln. Dann war es also kein Traum. Wo war er gewesen? Was hatte er getan? Das Licht. Kein Licht in den Fenstern droben ... Sein Vater. Seine Mutter. Der Streit. Die Peitsche. Tante Bertha, Nathan, der Rabbi, der Keller, Leo, die Perlen – all das stürmte auf ihn ein, kämpfte um Vorrang in seinen Gedanken. Nein. Es war kein Traum. Wieder öffnete er die Augen, hoffend, die Wirklichkeit würde seine Überzeugung widerlegen. Nein, es war kein Traum. Die gleichen zwei Gesichter beugten sich über ihn, die gleiche Menschenhecke hielt alle Augen auf sein Gesicht gerichtet.
»Scheint noch ziemlich schwach zu sein«, sagte der Arzt.
»Werden Sie ihn mitnehmen?«
»Nein!« Nachdrücklich das Gesicht verziehend, schloß der Arzt seine schwarze Tasche. »In weniger als fünf Minuten kann er zu Fuß heimgehen. Sobald er wieder Luft kriegt. Wo wohnt er?«
»Ich weiß nicht. Keiner von denen hier weiß es – hör zu, wo wohnst du? Huh? Du willst doch heimgehen, oder?«
»N–ninth Street«, stammelte er. »Siebenneunundvierzig.«
»Ninth Street«, hallte es in der Menge wider. »Hören Sie, Herr Wachtmeister.« Ein Mann in Hemdsärmeln trat vor. »Das ist doch Ecke Avenue D.«

»Ich weiß! Ich weiß!« Der Polizist winkte verdrossen ab. »Sagen Sie, Doktor, können Sie uns mitnehmen?«
»Klar. Brauchen ihn bloß hochzuheben.«
»Ja, hopsala! Und los geht's!« Stämmige Arme schoben sich unter seine Knie, unter seinen Rücken, wuchteten ihn mit Leichtigkeit hoch, trugen ihn durch die gaffende Menschenmenge zur Ambulanz. Durch die Bewegung schwamm sein Kopf wieder. Dann lag er weich auf einer langen Lederbahre zwischen grünlichen Wänden, gewahrte Gesichter, die an der offenen Tür vorbeiflitzten, hereinspähten. Der Arzt setzte sich hinter ihn, rief dem Fahrer etwas zu. Die Glocke klingelte, und der Wagen holperte vorwärts, der Polizist sprang auf das hintere niedere Trittbrett. Hinter der Ambulanz, die auf Gummirädern über das Pflaster rollte, konnte er die wegweisenden Stimmen hören. »Ninth Street! Ninth Street!« Jetzt wurde das Pochen in seinem Fußgelenk tiefer, dumpfer, drang aufwärts wie eine marternde Flut im Mark. Was hatte er getan? Was würden sie sagen, wenn er heraufgebracht wurde? Sein Vater, was? Er stöhnte.
»Es kann doch nicht so weh tun, oder?« fragte der Arzt aufmunternd. »Morgen kannst du bestimmt wieder herumtollen.«
»Es geht dir schon viel besser, als ich zuerst glaubte«, sagte der Polizist hinter ihm. »Jesses, Doktor, ich dachte schon, er sei abgekocht.«
»Nein. Der Schlag ging durch den unteren Teil. Das hat ihn gerettet. Ich verstehe nicht, warum er so lange weg war. Aus Schwäche vermutlich.«
Hinter klappernden Hufen und klingelnder Glocke fühlte er, wie die Ambulanz um die Ecke der Avenue D bog. Der Polizist blickte nach hinten, dann schielte er seitwärts auf Davids Fuß.
»Sein Schuh ist vorn verbrannt. Und dabei hat's ihn am Knöchel erwischt.«
»Der schmalste Teil.«
»Aha. Das soll dir eine Lehre sein, Junge.« Er löste eine Hand von der Wand des Krankenwagens und drohte David streng mit dem Finger. »Das nächste Mal loch' ich dich ein. Auf welchem Stock wohnst du?«
»O–oberster.«
»Das hat noch gefehlt«, brummte er unwirsch. »Nächstes Mal loch' ich dich ein – mir machst du einen Haufen Arbeit und hältst oben-

drein den Doktor von einer gemütlichen Runde Besik ab. Was die gottverdammten Jungens nicht alles aushecken. Jesses!«
Die Ambulanz bog um die zweite Ecke und hielt. Grinsend sprang der Arzt ab. Sich vorbeugend und dabei grunzend, hob der Polizist ihn auf und trug ihn rasch durch die neue Menschenmenge um die Ecke. Auf der Vortreppe erkannten ihn mehrere Kinder und brüllten aufgeregt: »'s ist Davy! 's ist Davy!« In dem gaserleuchteten Hauseingang drückte eine Frau entsetzt ihre Wange in die Hand und wich zurück. Sie stiegen die Treppe hinauf, hinter ihnen der Arzt, und dahinter die Überreste der Meute, Kinder des Hauses, die begierig, aber in gebührendem Abstand, folgten, plapperten, riefen: »Was ist los? Was ist nur los, Davy?« Türen gingen auf den Treppenabsätzen auf. Vertraute Köpfe guckten heraus. Vertraute Stimmen schrillten anderen über den Flur zu. »Der Kleine von oben ist's! Wo der Krach war!« Als sie sich dem Oberstock näherten, atmete der Polizist mühsamer und blies zähen, heißen Atem auf Davids Wange, grunzte, und die Anstrengung grub in sein finsteres, derbes, rotes Gesicht tiefere Furchen.
Oberstock. Davids Augen flogen zum Querbalken auf. Erleuchtet. Sie waren da. Was würden sie sagen? Wieder stöhnte er vor Entsetzen.
»Wo ist es?« schnaubte das rote Gesicht vor ihm.
»Dort – dort drüben!« zitterte er schwach.
Die Tür. Der Arm unter seinen Knien glitt vorwärts. Fleischige Knöchel klopften, suchten den Türgriff. Bevor eine Antwort kam, ging die von seinen eigenen Schenkeln angestoßene Tür auf.
Vor ihm stand seine Mutter, angespannt und verstört sah sie aus, ihre Hand ruhte auf der Schulter seines Vaters, und der saß da, die Wange auf der Faust, die Augen erhoben, säuerlich dreinblickend, beleidigt, mit straffem, peitschengleichem Blick fragend. Die anderen waren fort. Es schien David, als sei der Augenblick Ewigkeiten lang, da sie einander erstarrt musterten. Und gerade als der Polizist sprechen wollte, flog die Hand seiner Mutter zu ihrer Brust, entsetzt öffnete sie den Mund, sterbensbleich verzerrte sich ihr Gesicht, und sie schrie auf. Sein Vater stieß den Stuhl zurück, sprang auf die Füße. Seine Augen traten aus den Höhlen, sein Kinn fiel herunter, er wurde aschfahl.
Einen Lidschlag lang fühlte David, wie wilder, schriller Triumph in ihm hochschnellte, Triumph, daß sein Vater mit hängendem Mund

dastand, mit verkrampften Fingern, vorgebeugt, dann wurde der Raum plötzlich finster und kreiste. Willenlos fiel er in den bergenden Armen in sich zusammen.

»David! David!« Die Schreie seiner Mutter durchstießen das schemenhafte Gewoge. »David! David! Liebes! Was ist los? Was ist geschehen?«

»Immer mit der Ruhe, Missis! Immer mit der Ruhe!« Er fühlte, wie der Ellbogen des Polizisten vorstieß und sie zurück hielt. »Lassen Sie mich mal reden, ja! Er ist nicht verletzt! Es fehlt ihm überhaupt nichts. Heda, Doktor!«

Der Arzt trat zwischen sie, und David, schwach durch den betäubenden Nebel vor ihm spähend, sah, wie er sie entschlossen fortschob. »Nun regen Sie sich mal nicht auf, Lady! Das ist schlecht für ihn! Sehr schlecht! Sie jagen ihm ja Angst ein! Verstanden? Nicht ver-, ver – –schlecht! Verstehen sie?«

»David! Mein Kind!« Sie hörte nicht zu und stöhnte verzweifelt, hysterisch, die eine Hand nach ihm ausgestreckt, die andere in ihr Haar gekrallt. »Dein Fuß! Was ist, Kind? Was hast du da, Liebling?«

»Legen Sie ihn aufs Bett!« Ungeduldig deutete der Arzt aufs Schlafzimmer. »Und hören Sie, Mister, sagen Sie ihr, sie soll endlich mit dem Gejammer aufhören. Es gibt keinen Grund zur Beunruhigung. Das Kind ist außer Gefahr! Nur schwach!«

»Genja!« Wie von der Tarantel gestochen, fuhr sein Vater sie an. »Genja!« rief er auf Jiddisch. »Hör auf! Hör auf! Er sagt, es ist nichts Böses. Hör auf!«

Vom Vorplatz strömten jetzt die Kühneren der Nachbarschaft, die den Hausflur belagerte, in die Küche und machten sich leise oder laut an den Wänden breit. Einige deuteten beim Schwatzen vorwurfsvoll auf Davids Vater und wiegten vielsagend die Köpfe. Und als David ins Schlafzimmer getragen wurde, hörte er Geflüster auf Jiddisch: »Ein Streit! Sie haben sich gezankt auf Leben und Tod!« Im heißersehnten Halbdunkel des Schlafzimmers wurde er aufs Bett gelegt. Seine noch immer stöhnende Mutter folgte, ihr auf den Fersen, die wehrende Hand auf ihrer Schulter, kam der Arzt. Dahinter versperrten die gereckten, drängelnden Körper und bleichen, verzerrten Gesichter der Nachbarn die Tür. In einem Wutanfall ballte er krampfhaft die Fäuste. Warum gingen sie nicht weg? Fort mit ihnen, alle! Warum ließen sie nicht ab, auf ihn zu zeigen?

»In dem Augenblick wollte ich runtergehen!« Seine Mutter rang die Hände und weinte: »Genau in dieser Minute wollte ich dich suchen! Was ist nur, Liebling? Tut es dir weh? Sag mir's . . .«
»Ach, Missis!« Der Polizist wedelte unwirsch mit den Händen. »Er ist in Ordnung. Seien Sie doch vernünftig, ja? Nur ein bißchen verbrannt, mehr nicht. Ein klein wenig verbrannt. Sehen Sie denn nicht, daß ihm gar nichts fehlt?«
Sie starrte ihn verständnislos an.
»schrekt's ajch nischt! schrekt's ajch nischt!« übersetzte der Weiberchor heiser auf der Türschwelle. *»'sis im gor nischt geschen, gor nischt geferlich!«*
»So ist's, sagen Sie's ihr!« Der Polizist bahnte sich mit den Schultern einen Weg durch die Tür.
Der Arzt hatte ihn ausgezogen, jetzt deckte er das Bett auf und mummte ihn darunter ein. Die glatten Laken fühlten sich kühl an auf seinem pochenden Fuß.
»Nun!« Er richtete sich auf und wandte sich unverblümt an Davids Mutter. »Mit Ihrem Weinen helfen Sie ihm nicht, Lady. Wenn Sie ihm helfen wollen, machen Sie ihm einen Tee. Einen ganzen Topf voll.«
»kejn gefarnischt?« fragte sie dumpf, ungläubig.
»Ja! Ja! Das ist's!« antwortete er ungeduldig. »Keine Gefahr! Aber machen Sie ihm jetzt Tee.«
»tej? Mrs Schearl!« Eine Frau in der Tür trat näher. *»gemacht 'm tej!«*
»tej?«
»Ja! *tej!«* wiederholte der Arzt. »Rasch! Schnell! Ja?«
Wie betäubt wandte sie sich um. Die Frau bot ihr Hilfe an. Sie gingen hinaus.
»Nu, wie geht's dem Kind?« grinste der Arzt zu ihm herunter. »Fühlst du dich gut?«
»J–ja.«
»So ist's fein! In einem Weilchen bist du wieder obenauf.«
Er wandte sich zum Gehen. Eine feiste, nacktarmige Frau stand am Kopfende des Betts. David erkannte sie. Sie wohnte auf dem gleichen Stock.
»Doktor«, flüsterte sie hastig. »Sie hätten sehen sollen, was es hier für einen Krach gegeben hat!« Sie zuckte zusammen, schüttelte sich. *»Oj–joj! Joj–o–joj!* Er, der Mann, sein Vater, der prügelte vielleicht

auf ihn ein! Schrecklich! Ein schrecklicher Mensch! Und auch seine Verwandten sind hier gewesen – oder ihre Verwandten – ich weiß es nicht! Und die rauften miteinander. *Oj–joj–joj!* Mit Geschrei! Mit Geschimpf! Pwhihiiiijoj! Und dann haben sie den Jungen aus dem Haus gejagt. Und dann haben sie die beiden anderen Leute auch fortgejagt! Und wir haben alles gehört, und dieser da – der Mann, jammerte die ganze Zeit: Ich bin verrückt! Ich bin verrückt! Ich weiß nicht, was ich tu'! Ich weiß nicht, was ich gesagt habe! sagte er. Ich bin verrückt! Und jammerte. *Oj!*«

»So, so?« sagte der Arzt gleichgültig.

»Oh, es war schrecklich! Schrecklich! Und Herr Doktor«, sie tätschelte seinen Arm, »vielleicht können Sie mir sagen, warum mein kleiner Elis nicht ißt? Ich geb' ihm Eier mit Milch mit *kigl* und Koseworten. Und trotzdem will er nichts essen. Was soll ich nur tun?«

»Weiß ich nicht!« Er schob sie fort. »Gehen Sie zu einem Arzt.«

»Oh, bist du ein Kluger!« spuckte sie hinter ihm auf Jiddisch. »Kostet dich der Atem in deinem Mund Geld?«

Seine Mutter kehrte zurück. Ihr Haar war zerzaust. Tränen befleckten noch ihre Wangen, obgleich sie nicht mehr weinte. »Du kriegst gleich deinen Tee, Liebling.« Als Folge des Weinens schüttelte sie heftiges Keuchen. »Tut dein Fuß sehr weh?«

»N–nein«, log er.

»Sie haben mir erzählt, daß du bei den Straßenbahnschienen warst«, sagte sie und schauderte. »Wie bist du nur dorthin gekommen? Du hättest dabei – daß Gott behüte! Wie kamst du nur darauf? Warum hast du es getan?«

»Ich – ich weiß nicht«, antwortete er. Und die Antwort war wahr. Nun konnte er nicht mehr sagen, warum er gegangen war, ausgenommen, daß ihn etwas gezwungen hatte, etwas, das dann klar war und unvermeidlich, das aber mit jeder verstreichenden Minute unerklärlicher wurde. »Ich weiß nicht, Mama.«

Sie stöhnte leise, setzte sich auf sein Bett. Die fette Frau mit den nackten Armen berührte ihre Schultern und beugte sich über sie.

»Arme Mrs. Schearl!« sagte sie mit knirschendem, herausforderndem Mitleid. »Arme Mrs. Schearl! Warum fragen Sie ihn? Wissen Sie es nicht? Die denken doch nur daran, unser blutendes, treues Mutterherz zu quälen. An nichts anderes! Weh über Sie! Weh über mich! Bis sie herangewachsen sind, wie viele Tränen haben wir da

schon vergossen! *Oj–joj–joj!* Ohne Maß. Ja, unsere Kinder bringen uns Leid. Und unsere Männer auch. Ach ja, das ist unser bitteres Los! Oder nicht?« Ihr sägendes Geseufze stieg lustvoll an, erklomm hörbare Höhen. Sie faltete die Hände auf ihrem schlaffen Hängebauch und wiegte sich sorgenvoll.
Seine Mutter gab keine Antwort, blickte ihm jedoch fest in die Augen.
In der Küche konnte er den Polizisten hören, der seinen Vater ausfragte, und seinen Vater, der mit benommener, unsicherer Stimme antwortete. Das Triumphgefühl, das David empfunden hatte, als er hereingetragen worden war, schwoll von neuem in ihm, als er seinem Vater zuhörte und wußte, daß er erschüttert war.
»Ja. Ja«, sagte er. »Mein Sohn. Meiner. Ja. Alter acht. Acht und – und einen Monat. Geboren in ...«
»Warten Sie einen Moment!« Die Stimme des Polizisten unterbrach ihn. »Hören Sie, Doktor, bevor Sie gehen, sagen Sie mir doch, hab' ich das richtig gemacht? Sie wissen schon – die Erste-Hilfe-Sache. Was meinen Sie? Für den Fall, daß es da eine Würdigung oder sowas gibt.«
»Klar! Prima! Hätt' es selber nicht besser machen können.«
»Danke, Doktor. Und hören Sie, geben Sie mir doch das ärztliche Gutachten, ja? Schock? Spielen mit Straßenbahnschienen in – He! He! – böswilliger Absicht!«
»Oh – ehr – sagen Sie einfach: Schlag ... verursacht durch ... Kurzschluß ... in den – wie sagt man – Straßenbahngleisen ...«
»Ja.«
»Und dann – elektrische Verbrennung ... am Fußgelenk ... rechter Fuß ... zweiten Grades. Haben Sie's?«
»Zweiten Grades, ja.«
»Außerdem angewandte künstliche Beat ...«
»Herrschaft, Doktor, machen Sie's gnädig, ja?«
»Ich dachte, Sie wären auf eine Würdigung aus, oder?« lachte der Arzt. »Na schön, irgendwas – Erste Hilfe. Kind wiederbelebt – Ich habe einen Zettel für Sie dagelassen, Mister. Auf dem Tisch. Carron-Öl. Reiben Sie den Knöchel damit heute abend ein, morgen nochmal. Die Blasen werden wohl in ein oder zwei Tagen verschwinden.
»Ja.«
»Und wenn er sich morgen nicht wohl fühlt, bringen Sie ihn ins

Hospital vom Heiligen Namen – es steht auf dem Rezept. Aber er wird sicherlich wieder gesund sein. Nun, Wachtmeister, bis zum nächsten Mal.«

»Ja. Bis dann, Doktor.«

Die Frau, die mit Davids Mutter hinausgegangen war, kam herein, eine Tasse Tee balancierend. Schweigend setzte seine Mutter ihn gegen die hochgestellten Kopfkissen auf und gab ihm löffelweise zu trinken. Der heiße, gezuckerte Tee beschleunigte seinen Blutkreislauf. Er seufzte, fühlte seine Kräfte wiederkehren, gerade genug, um seine Müdigkeit zu spüren. Jetzt war zwischen den Laken keine kühle Stelle mehr für seinen pochenden Fuß. Die Frauen im Eingang hatten ihm den Rücken zugekehrt und hörten dem Polizisten zu, der in der Küche tönte.

»Und das sag' ich Ihnen«, dröhnte seine beruhigende Stimme. »Ich hab' mich um ihn bemüht, Mister, und zwar nicht zu knapp! Sie haben doch gehört, was der Doktor gesagt hat, oder? Wäre ich nicht gewesen, das Kind läge jetzt nicht da drin. *Yessir!* Die Leute wissen in dieser Gegend einen Polypen nicht zu schätzen. Erst wenn sie in der Patsche sitzen – Hören Sie, ich habe schon welche kohlschwarz verbrannt gesehen, Mister! Das kann ich Ihnen flüstern. Hab' einen Weichensteller gesehen, der war vielleicht verbrannt – Uiii! Muß auf die Gleise gestürzt sein. Und kein Mensch hat was gewußt. Draußen beim Depot an der Hundertfünfundfünfzigsten und Eighth Avenue. Hat da sicherlich stundenlang gelegen. Und bevor man wußte, was los war, sind seine Knochen durch die Hochbahn hindurchgerutscht – bis runter auf den Boden – schwarz wie der Ofen da, Mister! Man mußte sie in einem Tuch einsammeln. Und trotzdem, wär' ich nicht gewesen – Sagen Sie, wollen Sie all die Leute hier drin haben?«

»Ich – ich weiß nicht . . .« Sein Vater klang verblüfft. »Ich – ich – Sie . . .«

»Klar. Los, ihr Mädchen. Der Junge braucht jetzt ein bißchen Ruhe. Meinen Sie nicht? Na also, Leute.«

»Wir kennen sie«, protestierten Stimmen. »Wir wohnen hier.«

»Aber doch nicht hier drin«, sagte er nachsichtig. »Doch nicht alle von euch. Los schon, Leute! Kommt später wieder – einer nach dem anderen . . .«

Allgemeines Fußgescharre, gemurmelte Einwände.

»er fumfet schojn for a bissel geld«, höhnte die Frau mit den nack-

ten Armen beim Hinausgehen. »Für Geld schnauft er – die Grätze!«
»Ich hab' Davids Schuhe und Strümpfe, Mister«, piepste eine Jungenstimme. »Er geht in meinen Chejder.«
»Braves Kerlchen, laß sie hier. Kommt mit, ihr übrigen. Das gilt auch für Sie, Salomon.«
Füße schoben sich durch die Tür, Stimmen verschwanden. Die Tür wurde geschlossen.
»Schön, nun hab' ich Ihnen die Bude geräumt«, sagte der Polizist. »Komisch, all die Sorgen, die einem diese Rangen machen, hah? Sie sagen's ja selbst. Jesses, ich bin Polyp und kann meinen eigenen nicht mal auf Vordermann bringen. Der kommt mir mit Noten nach Hause, daß einer graue Haare kriegt. Schön, mein Revier ist hier in der Gegend, für den Fall, daß Sie mich mal brauchen. Walsh ist mein Name.« Er tauchte in der Tür auf. »Na, wie schaut's aus, Jungchen? Der ist bald wieder auf dem Damm. Klar. Ist schon wieder voller Teufelsspuk. Aber nächstens fächle ich dir eins mit meinem Prügel, wenn du mir wieder mit den Schienen rumblödelst. Verstanden? Nacht.« Er winkte mit der offenen Handfläche und ging hinaus.
David hatte seinen Tee ausgetrunken. Die Hitzewelle, die seinen erschöpften Körper durchflutete, trieb Schweißperlen auf Stirn und Oberlippe. Sein Unterzeug klebte und scheuerte zwischen seinen Schenkeln. Die Kuhle, in der er lag, war feuchtwarm geworden und unbehaglich. Er schlängelte sich näher an die kühlere Bettkante, wo seine Mutter saß, und ließ sich willenlos zurückfallen.
»Noch mehr?« fragte sie und stellte die Tasse aufs Fensterbrett.
»Nein, Mama.«
»Du hast seit heute früh nichts mehr zu essen bekommen, Liebes. Du mußt hungrig sein, nicht?«
Er schüttelte den Kopf. Und um das Pochen seines rechten Fußes zu lindern, streckte er ihn hinter ihr verstohlen unter der Decke hervor.
Sein Vater stand in der Tür, seine Gesichtszüge lösten sich im Dunkeln auf. Nur das Funkeln in seinen Augen war sichtlich auf Davids geschwollenen grauen Knöchel gerichtet. Seine Mutter drehte sich beim Geräusch seiner Schritte um, blickte gleichfalls auf den dicken Fuß. Ihr eingesaugter Atem zischte zwischen schmerzgeschürzten Lippen.
»Armer Liebling! Armes Kind!«

Die Hand seines Vaters fiel schwer gegen den Türrahmen. »Er hat den Namen von einer Arznei aufgeschrieben, die wir besorgen sollen«, sagte er unvermittelt. »Zum Einreiben des Fußes.«
»Aha!« Sie stand halb auf. »Ich geh' sie holen.«
»Bleib sitzen!« Seinem herrischen Tonfall fehlte es an Kraft, als spräche er aus Gewohnheit, nicht aus Überzeugung. »Es geht rascher, wenn ich's hole. Deine Nachbarn dort draußen werden *mich* nicht mit ihren Ratschzungen aufhalten.« Doch statt zu gehen, blieb er, wo er stand. »Er hat gesagt, in ein oder zwei Tagen würd's ihm wieder besser gehen.«
Sie blieb stumm.
»Ich habe gesagt, in einem oder zwei Tagen würd's ihm wieder besser gehen«, wiederholte er.
»Ja, natürlich.«
»Na, und?«
»Nichts.«
Pause. Sein Vater räusperte sich. Als er wieder sprach, schwang eigentümliche Herbheit in seiner Stimme mit, als wolle er einen Schlag herausfordern und sich gleichzeitig gegen ihn wappnen.
»Es – ist mein Fehler, willst du damit sagen. Oder etwa nicht?«
Sie schüttelte müde den Kopf. »Was haben wir davon, wenn wir von Fehlern sprechen, Albert? Niemand konnte es voraussehen. Niemand ist allein daran schuld. Wenn wir aber von Fehlern sprechen müssen, so ist es genauso meiner. Ich habe es dir nie gesagt: ich habe ihn mal lauschen lassen, vor Monaten. Ich hab' ihn sogar runtergeschickt, um ... um ...«
»Zum Schutz vor – vor mir?«
»Ja.«
Seine Zähne knirschten, sein Brustkasten dehnte sich. Das Ausstoßen seines Atems schien ihn leicht zu schütteln. »Ich geh's holen.« Schwerfällig machte er in der Tür kehrt.
David lauschte den dumpfen, schwerfälligen Tritten seines Vaters auf dem Küchenfußboden. Die Tür ging auf, zu. Unbestimmtes, fernes Mitleid rührte sich in seiner Brust wie ringelnder Rauch, der in seinem Inneren sanft zerfloß, eine Art stumpfer Wehmut, die er bisweilen im Winter empfunden hatte, wenn er tief in der Nacht erwachte und den dumpfen Schritt die Treppe hinuntersteigen hörte.
»Vielleicht bist du etwas später hungrig«, sagte seine Mutter über-

redend. »Wenn du dich ein wenig ausgeruht hast und wir deinen Fuß eingerieben haben. Dann kriegst du ein Glas Milch und ein gekochtes Ei. Das wirst du doch mögen?« Ihre Frage klang so bejahend, daß sie keine Antwort zu erwarten schien. »Und dann wirst du schlafen und alles vergessen.« Sie brach ab. Ihre dunklen, ruhigen Augen suchten die seinen. »Müde, Liebes?«

»Ja, Mama.«

Er konnte es auch schlafen nennen. Nur beim Nahen des Schlafs konnte jedes Blinzeln der Lider einen Funken aus dem wolkigen Zunder des Dunkels schlagen, konnte aus den dämmrigen Winkeln des Schlafzimmers solche Myriaden, solche lebendigen Ströme von Bildern entfachen – aus dem Glimmen auf geneigten Bärten, aus dem ungleichen Glanz auf Rollschuhen, aus dem dürren Licht auf grauen Steinpflöcken, aus dem spitz zulaufenden Glitzern von Gleisen, aus dem öligen Schimmer auf nachtglatten Flüssen, aus dem warmen Leuchten auf seidigem blondem Haar, auf roten Gesichtern, aus dem Schein auf den ausgestreckten, offenen Handflächen von Legionen über Legionen auf ihn zuschießender Hände. Er konnte es auch Schlaf nennen. Nur beim Nahen des Schlafs besaßen Ohren die Macht, den schrillen Schrei zu wählen und zu sammeln, die heisere Stimme, das angstvolle Kreischen, die Glocken, das keuchende Atmen, das Tosen der Menge und alle Geräusche, die in den Kufen der Stille und der Vergangenheit gärten. Nur beim Nahen des Schlafs wußte man, daß man noch auf dem Pflaster lag, fühlte man das Pflaster unter sich, über sich, fühlte wie schwarzen Schaum auf sich zujagen, das unablässige Gescharre rennender beschuhter Füße, zerrissene Schuhe, neue Schuhe, kantige, spitze, kotige, gewichste, ballenentzündete, gehsteigzerschlissene, klumpige Schuhe, unter Röcken, unter Hosen, Schuhe über einem und unter einem, und man fühlte sie alle und fühlte nicht Schmerz, nicht Schrecken, sondern höchst seltsamen Triumph, seltsame Zustimmung. Man konnte es auch Schlaf nennen. Er schloß die Augen.

NACHBEMERKUNG DES ÜBERSETZERS

Henry Roth, der in den New Yorker Ghettos aufgewachsen ist, läßt seine Personen Jargon sprechen. Es ist der verstümmelte Straßenjargon einer vorwiegend zweiten Generation jüdischer Einwanderer aus Polen und Italien, die stärker amerikanisiert ist als ihre Eltern. Da ihr Dialekt aber weniger mit ihrer Herkunft zu tun hat als mit ihrem sozialen Status, ist dieser im Deutschen weder wiederzugeben noch jiddisch einzufärben. Die Umgangssprache von *Nenne es Schlaf* ist somit ein Großstadt-Dialekt wie Londons Cockney oder das Berlinische. Doch gerade die »Berliner Schnauze« wäre zur Wiedergabe des Brooklyn- oder Bronx-Jargons ungeeignet, da ja Berlin nicht mehr die Hauptstadt Deutschlands und die einstmals landbekannte Berliner »Chuzpe« kein lebendiges Element mehr ist. Somit blieb nichts anderes übrig, als das Jiddisch-Amerikanisch, das Polnisch-Amerikanisch, das Italo-Amerikanisch, das Irisch-Amerikanisch (z. B. des Polizisten) ins Hochdeutsche zu übersetzen oder in eine Art Zwischensprache, untermischt von Idioms, die möglichst keine falschen Assoziationen im Leser erwecken.

Otto F. Best, Fachmann des Hebräischen und Jiddischen, hat die hebräischen Passagen, »ein phonetisches Konglomerat von Cockney-Englisch, Hebräisch und Jiddisch, das für den deutschen Leser keinen Sinn ergibt« – wie er erläutert – einheitlich in die deutsche Schreibweise übertragen. Er hat auch zugunsten des Lesers die hebräischen Texte gekürzt und sie jeweils nach wenigen Worten des direkten Zitats, Hebräisch, ins indirekte Zitat Deutsch überführt.

Für seine unersetzliche Ratgeberschaft und Mitarbeit danken Otto F. Best herzlich Verlag und Übersetzer.

Curt Meyer-Clason